U0806308

淳安年鉴

郭仲选题

（2022）

淳安县地方志编纂委员会　编

方志出版社
Publishing House of Local Records

图书在版编目(CIP)数据

淳安年鉴. 2022 / 淳安县地方志编纂委员会编. —
北京 : 方志出版社, 2022.12
ISBN 978-7-5144-5733-9

Ⅰ. ①淳… Ⅱ. ①淳… Ⅲ. ①淳安县—2022—年鉴
Ⅳ. ①Z525.54

中国国家版本馆CIP数据核字(2023)第015488号

责任编辑：丛　珺
责任校对：刘玉霞
责任印制：梅中英
出 版 者：方志出版社
地　　址：北京市朝阳区潘家园东里9号(国家方志馆4层)
邮　　编：100021
网　　址：http://www.zgfzcb.cn
发　　行：方志出版社图书营销中心(010-67110500)
印　　刷：浙江新华印刷技术有限公司
开　　本：787毫米×1092毫米　1/16
印　　张：24.5
字　　数：627千字
版　　次：2022年12月第1版
印　　次：2022年12月第1次印刷
定　　价：120.00元

·版权所有　侵权必究·

(如有印装质量问题,请与我社图书营销中心联系)

淳安县地方志编纂委员会

主　　任　王　翀

副 主 任　许海波　卜利斌　金晨旦

成员单位　县委办公室　县政府办公室　县委党史研究室　县财政局　县档案局

《淳安年鉴》编辑部

主　　编　朱华民

副 主 编　吴丁红　程中青

编　　辑　刘东山　方红娟　王丛丹　章小玲

编　　务　刘东山

编 辑 说 明

一、《淳安年鉴(2022)》以马克思列宁主义、毛泽东思想、邓小平理论、“三个代表”重要思想、科学发展观、习近平新时代中国特色社会主义思想为指导,坚持辩证唯物主义和历史唯物主义的立场、观点和方法,全面、系统地记载淳安自然、政治、经济、文化和社会等方面的基本情况。资料起讫时间:2021年1月1日至2021年12月31日。个别事件为反映其本末因果,时限上有所突破。

二、《淳安年鉴》是淳安县地方志编纂委员会编纂的综合性地方年鉴。1998年首次出版,《淳安年鉴(2022)》为第24卷。

三、本年鉴采用分类编辑法,设特载、大事记、县情概览、中国共产党淳安县委员会、淳安县人民代表大会、淳安县人民政府、政协淳安县委员会、中国共产党淳安县纪律检查委员会淳安县监察委员会、群众团体、法治、军事、平台·园区、农业、生态·环保、国有企业、商务·贸易、交通运输·邮政、通信、财政·税务、金融、综合管理与监督、城市建设与管理、教育、文化·旅游·体育、卫生健康、社会、乡镇、重要名录、附录等29个类目,类目下设分目,分目下设条目。条目是反映情况和动态的主要形式。

四、本年鉴大事记按时序记载。

五、先进名录收录标准:县委、县政府表彰的先进集体和先进个人;获得市级以上先进单位、先进个人、科技奖励、文艺奖励等。

六、本年鉴所涉省委、市委、县委,一般是指中共浙江省委、杭州市委、淳安县委。

七、本年鉴资料均由淳安县各乡镇和县级机关各部门(县一级公司)提供,并经各级领导审核,主要数据以县统计局提供为准。文后署作者姓名。

八、数字用法、标点符号、计量单位分别执行国家标准《出版物上数字用法》(GB/T 15835—2011)、《标准符号用法》(GB/T 15834—2011)、《国际单位制及其应用》(GB 3100—1993)和《有关量、单位、符号的一般原则》(GB 3101—1993)。

2021年11月2日，浙江省“污水零直排区”建设和农村生活污水处理工作现场会在淳安召开。图为副省长高兴夫（前左三）在姜家镇听取“生态浮岛”项目介绍　（杭州市环保局淳安分局　供稿）

2021年8月18日，县委书记黄海峰（前左三）调研库区108米高程以下耕地处置、高陆坡退耕还林工作　（安阳乡　供稿）

2021年12月5日，县委书记杨建根(中)在安阳乡调研新农村建设　（安阳乡　供稿）

2021年10月25日，省发展改革委一行到淳安开展共同富裕调研　（县发展改革局　供稿）

2021年11月11日，县政府召开生态综合保护工作推进会第五次会议

（杭州市环保局淳安分局　供稿）

2021年5月25日，参加浙江省“百名书记话共富”人员在大墅镇听取新农村建设情况介绍

（大墅镇　供稿）

2021年11月10日，淳安县内库湾水质提升现场会暨千岛湖“净湖卫士”护水队成立仪式在金峰乡举行

（金峰乡　供稿）

2021年4月14日，浙江淳安、安徽歙县开展“建党百年创伟业，护渔保水再亮剑”浙皖2021渔政亮剑联合执法行动（县农业农村局　供稿）

2021年4月22日，淳安县在千岛湖开展增殖放流（淳安县新安江生态开发集团公司　供稿）

2021年4月，千岛湖农发集团进行湖面垃圾打捞

（千岛湖农发集团 供稿）

2021年9月16日，淳安县与滨江集团乡村振兴战略合作框架协议签约暨千岛湖滨江云顶桃源项目启动仪式在王阜乡胡家坪村举行

（王阜乡 供稿）

2021年9月17日，安阳乡红山谷景区暨市级精品村项目开工仪式

（安阳乡 供稿）

2021年11月20日，富文乡未来乡村发布会暨乡村振兴共富论坛举行　（富文乡　供稿）

2021年，淳安县农村环保设施继续改善。图为建成使用的浪川乡芹川古村落农村生活污水真空排水系统　（浪川乡　供稿）

2021年5月，千岛湖建设集团职工在进行污水运维操作　（千岛湖建设集团　供稿）

2021年10月1日，县城市管理局开设移动小课堂，开展垃圾分类宣传　（县城市管理局　供稿）

2021年秋色
（王建才　摄）

2021 年梦姑路远景

（县住建局　供稿）

2021年汾口夜景

（汾口镇　供稿）

天屿望湖

（陈兴中　摄于2021年）

2021年8月，千岛湖镇第八小学建成并投入使用

（县教育局　供稿）

2021年12月，第19届亚运会淳安场地自行车馆及五项赛事完成体育工艺验收

（千岛湖旅游度假区　供稿）

2021年12月，大下姜展示馆主体工程竣工

（枫树岭镇　供稿）

2021年11月，第19届亚运会赛道提升工程完成

（县交通运输局　供稿）

2021年12月24日，杭州师范大学淳安科技孵化园项目启动装修改造工程。图为杭师大淳安人才公寓外立面改造后的效果图（县对外合作与投资促进局　供稿）

2021年4月26日，千岛湖智邦大厦项目动工建设（县对外合作与投资促进局　供稿）

2021年9月，国家统计局统计督察组在淳安开展统计督察
（县统计局　供稿）

2021年2月20日，浙江省审计厅组织人员到淳安开展世行贷款项目审计
（县审计局　供稿）

2021年7月15日，来料加工应用平台“伊加工”应用场景正式发布（县妇联　供稿）

2021年6月4日，2021年淳安县重点企业专场招聘会举行
（县人力资源和社会保障局　供稿）

2021年10月21日，“百县千碗·淳安味道”2021美食品鉴发布会举行（县文广旅体局　供稿）

2021年2月4日，县发展改革局为外地留淳务工人员送上新春祝福
（县发展改革局　供稿）

2021年12月2日，县发展改革局领导带队走访民营企业　（县发展改革局　供稿）

2021年10月，县生态产业和商务局组织人员深入企业舒难解困　（县生态产业和商务局　供稿）

2021年9月，淳安农商银行工作人员在营业网点为客户办理个体劳动者（灵活就业人员）参保登记业务　（淳安农商银行　供稿）

2021年10月1日，县城市管理局开展城管、环卫“双色”志愿服务　（县城市管理局　供稿）

2021年9月10日，由浙江大有集团有限公司投资的全省在建最大光伏项目中洲镇樟村毛山岗集中式农光互补项目正式开工

（国网淳安县供电公司　供稿）

2021年千岛湖旅游度假区界首区块场馆群全景

（千岛湖旅游度假区　供稿）

2021 年 4 月 26 日，梦幻千岛湖时光隧道项目建成试营业（千岛湖旅游集团　供稿）

2021 年，千岛湖樱花岛项目有序推进（界首乡　供稿）

2021 年，“善农农业”田园体验型农旅融合项目初具规模（浪川乡　供稿）

2021年1月6日，杭州市副市长胡伟（右二）到淳安调研“三服务”工作

（安阳乡　供稿）

2021年6月26日，淳安千岛农品区域公用品牌正式发布

（县农业农村局　供稿）

2021年6月21日，淳安县乡村振兴局挂牌成立

（县农业农村局　供稿）

2021年10月17日，中央广播电视总台农业农村节目中心浙江首个乡村振兴观察点落户淳安

（县委宣传部　供稿）

2021年3月18日,浙江大学动科学院教授时连根（左二）到淳安指导蚕桑养殖。图为时连根在汾口镇宋祁蚕桑基地现场指导

（县茧丝绸公司　供稿）

2021年7月18日，淳安县第三届优质水蜜桃大赛举行

（县科协　供稿）

2021 年 9 月 30 日，淳安县护农狩猎队成立大会召开
(县林业局　供稿)

2021 年 2 月 24 日，淳安农商银行工作人员到茶叶专业合作社了解春茶收购情况，并提供资金支持
（淳安农商银行　供稿）

2021 年 8 月 31 日，人保财险淳安支公司与县农业农村局签署《病虫害防治政府救助保险协议》
（人保财险淳安支公司　供稿）

2021 年 10 月，浪川乡举办第四届蚕桑养殖技术比武
（浪川乡　供稿）

2021 年，石林镇村民春日晒面忙　（毛勇锋　摄）

2021年，界首柑橘喜获丰收　（界首乡　供稿）

2021年，大墅镇的艾草收割场景

（大墅镇　供稿）

2021年，县农发集团开发整理的土地

（县农发集团　供稿）

2021年11月1日，淳安县组织15家企业参加第十四届中国义乌国际森林产品博览会

（县林业局　供稿）

2021年，枫树岭镇茶叶基地一角

（枫树岭镇　供稿）

2021年，临岐镇中药材产业进一步做大。图为黄精晒制现场　（县工贸公司　供稿）

2021年3月26日，淳安县召开自然灾害风险普查动员部署会议　　（县应急管理局　供稿）

2021年7月13日，县纪委开展安全生产工作督查　　（县应急管理局　供稿）

2021年3月11日，县公安局召开全县公安队伍教育整顿暨党史教育党风廉政建设动员部署会

（县公安局　供稿）

2021年12月8日，县委检察工作会议召开

（县人民检察院　供稿）

2021年4月15日，县人民法院在威坪法庭举行"向日葵留守儿童工作室"揭牌仪式

（县人民法院　供稿）

2021年12月4日，淳安县开展"以习近平法治思想为指引坚定不移走中国特色社会主义法治道路"为主题的宪法日宣传活动

（县司法局　供稿）

2021年5月28日，淳安召开食品生产监管及浙食链工作推进会　（县市场监督管理局　供稿）

2021年6月7日，县机关事务服务中心在各集中办公楼开展消防安全检查

（县机关服务中心　供稿）

2021年8月5—6日，县人民法院开展"鲲鹏风暴"专项执行行动　（县人民法院　供稿）

2021年10月14日，县公安局民警在街头进行防诈骗宣传　（县公安局　供稿）

2021年3月4日，浙江省副省长成岳冲（右二）到淳安县调研西湖益联保工作

（人保财险淳安支公司　供稿）

2021年12月15日，浙江省副省长王文序（右五）调研淳安县养老服务中心疫情防控工作

（县民政局　供稿）

2021年8月25日，淳安县“红十字救在身边”项目动员部署会召开

（县红十字会　供稿）

2021年7月2日，全县医疗保障工作会议召开

（县医疗保障局 供稿）

2021年6月1日，淳安县召开工程建设项目用工信息管理“真薪”数智平台推进部署工作会议（县人力资源和社会保障局 供稿）

2021年7月19日，淳安县城乡居民基本养老保险参保工作布置会召开（县人力资源和社会保障局 供稿）

2021年8月18日，淳安县"医银合作"项目启动仪式举行　（县医疗保障局　供稿）

2021年9月15日，中科院科学家到校园开展科普讲座　（县科协　供稿）

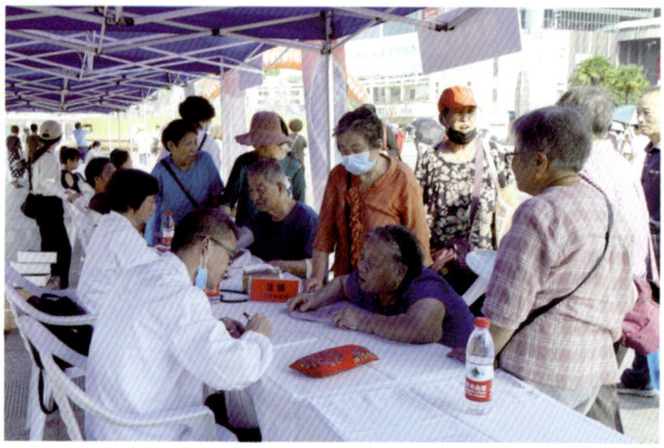

2021年9月19日，县科协组织开展社区义诊活动　（县科协　供稿）

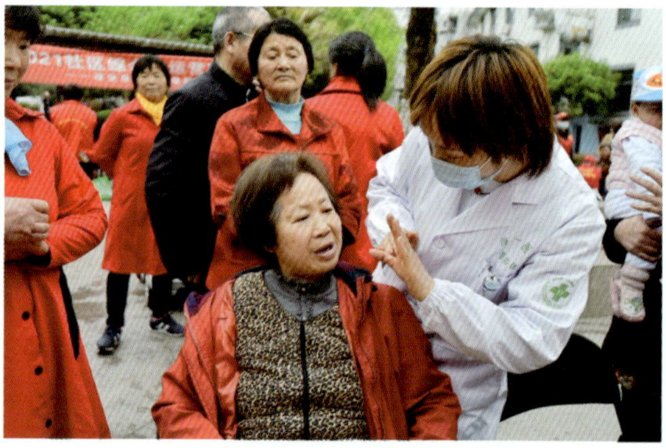

2021年4月8日，千岛湖社区分院组织医护人员为绿园新村居民提供健康宣教服务

（县卫生健康局　供稿）

2021年6月29日，县残联在里商乡举行残疾人帮扶性就业签约仪式　（县残联　供稿）

2021年10月12日,淳安新时代文明实践杭州分中心为居民提供志愿服务

（县对外合作与投资促进局　供稿）

2021年,县行政服务中心开设老年人政务服务专区

（县审管办　供稿）

2021年9月,县机关食堂“一卡通”项目启用

（县机关事务服务中心　供稿）

2021年,淳安县继续实施老旧小区改造。图为改造后的火炉尖小区

（县住建局　供稿）

2021年,千岛湖建设集团推进智慧停车建设。图为阳光路无人值守停车场　（千岛湖建设集团　供稿）

2021年4月，千岛湖镇排岭北路36号公租房加装电梯建成使用　　（县住建局　供稿）

2021年10月18日，王建红（右）成功领到野生动物侵害政府救助责任保险赔款。此为淳安县发放的第一笔野生动物致害赔款　　（县林业局　供稿）

2021年11月，淳安县中银富登村镇银行工作人员深入田间地头为客户排忧解难　　（方永辉　摄）

2021年9月2日，淳安县文物局挂牌成立　　（县文化和广电旅游体育局　供稿）

2021年5月20日，千岛湖文创客厅正式启用　　（县委宣传部　供稿）

中央广播电视总台大型乡村美育真人秀节目《田野里的歌声》全部在淳安完成录制，并于2021年9月起在央视农业农村频道播出

（县委宣传部　供稿）

2021年10月28日，淳安县乡镇微融媒体中心建设推进会暨浙报集团融媒共享联盟乡镇微融站授牌仪式在县融媒体中心举行

（县融媒体中心　供稿）

2021 年 10 月 16 日，第十五届环千岛湖公路自行车赛举行（县文化和广电旅游体育局　供稿）

2021 年 10 月 30 日，浙江省第二届生态运动会千岛湖徒步大会举行（县文化和广电旅游体育局　供稿）

2021 年 6 月 15 日，由县睦剧团创作的红色题材睦剧大戏《茶山村的故事》正式开演（县文化和广电旅游体育局　供稿）

2021年6月12日，“喜迎亚运　乐跳竹马”淳安县第三届竹马大赛举行（县文化和广电旅游体育局　供稿）

2021年10月28日，举办淳安县老干部艺术团走进社区文艺演出

（县委老干部局　供稿）

2021年4月6日，千岛湖镇第一小学学生在淳安县庆祝建党百年文艺会演上进行舞竹马表演　（县教育局　供稿）

2021年4月22日,富文乡在富文乡中心小学举办以“人才引领乡村振兴”为主题的第26个世界读书日系列活动　　（县教育局　供稿）

2021年4月17日,石林镇举办2021年中国体育彩票杭州市淳安县第一届校园棋类星锐赛　　（石林镇　供稿）

2021年10月30日,富文乡第七届乡村旅游文化节——赛艇千峰联赛在培生船艇水上运动训练基地举行　　（富文乡　供稿）

2021年11月27日,“望山见水看梓桐”千岛湖·梓桐镇第七届书画文化节举行　　（梓桐镇　供稿）

2021年,淳安县在全县小学生中开设“双减”拓展课　　（县教育局　供稿）

2021年3月9日，淳安县党史学习教育动员部署会召开　（县委宣传部　供稿）

2021年4月16日，淳安县"建党百年　百堂党课进百校"红色宣讲活动在千岛湖镇第七小学启动

（县委老干部局　供稿）

2021年6月29日，"永远跟党走　奋进新时代"淳安县庆祝中国共产党成立100周年歌咏大会举行

（县委宣传部　供稿）

2021年9月17日，淳安县2021中秋茶话会举行　　（县委统战部　供稿）

2021年5月25日，以“践行‘四种人’，区域共同富”为主题的浙江省“百名村书记话共富”主题峰会在淳安县枫树岭镇下姜村举行　　（县农业农村局　供稿）

2021年6月18日，淳安县第三次归侨侨眷代表大会召开　　（县委统战部　供稿）

2021年12月31日，庆祝淳安县第一人民医院成立90周年颁奖联欢会举行

（县卫生健康局　供稿）

2021年7月30日，千岛湖镇命名三十周年纪念活动举行　　（千岛湖镇　供稿）

2021年10月26日，县级离退休干部参观淳安档案事业60年成就展　　（占毅韬　摄）

2021年6月28日，县人民法院组织全体党员开展重温入党誓词活动　　（县人民法院　供稿）

2021年9月26—28日，县退役军人事务局举办"兵支书"创业培训班　　（县退役军人事务局　供稿）

2021年9月29日，"庆国庆　迎亚运"淳安县"邮储杯"退役军人乒乓球比赛举行

（县退役军人事务局　供稿）

2021年12月3日，淳安县"助力民生实事"开放日暨庆祝第30个国际残疾人日活动举行

（县残联　供稿）

目 录

特 载

大 事 记

县情概览

中国共产党淳安县委员会

淳安县人民代表大会

淳安县人民政府

政协淳安县委员会

中国共产党淳安县纪律检查委员会 淳安县监察委员会

群众团体

法　治

军 事

平台·园区

农　业

生态·环保

国有企业

商务·贸易

交通运输·邮政

通　信

财政·税务

金　融

综合管理与监督

城市建设与管理

教 育

文化 · 旅游 · 体育

卫生健康

社　会

乡 镇

重要名录

附　录

特 载

纵深推进特别生态区建设
奋力开启共同富裕新征程

——在县委十四届十一次全体(扩大)会议上的报告

黄海峰

(2021 年 7 月 14 日)

这次全会的主要任务是:坚持以习近平新时代中国特色社会主义思想为指导,全面贯彻省委十四届九次全会、市委十二届十二次全会精神,研究部署我县共同富裕建设工作,进一步动员全县上下坚定践行"绿水青山就是金山银山"理念,勇扛使命、勇闯新路、勇当先锋,纵深推进特别生态区建设,奋力开启共同富裕新征程,为全省高质量发展建设共同富裕示范区贡献淳安力量。

下面,我代表县委常委会向全会报告工作。

一、坚定推进破旧立新,县域发展呈现新气象

今年以来,县委充分发挥总揽全局、协调各方作用,团结带领广大党员干部,以"发展双提年、改革创新年、狠抓落实年"为主题,以特别生态功能区"十大攻坚战"为抓手,持续振奋精神、破旧立新,全力推动"十四五"迈好第一步、见到新气象。

(一)聚焦提速提质,高质量发展见到新气象。持续巩固深化临湖地带彻整彻治、空间规划调整完善、新冠疫情有效防控,推动淳安逐渐摆脱发展困境,我们卸下历史包袱,把发展"双提"作为"三个年"之首,建立专班推进、月度调度、比学赶超、亮榜赛绩、督考联动等机制,心无旁骛推发展,全力以赴抓落实。一是项目建设提速提质。亚运场地自行车馆通过竣工预验收,亚运大道一二期正式通车,亚运分村项目顺利推进,亚运区块英姿展露。福朋喜来登、易禾乐园、时光隧道等一批项目建成开业,千岛湖银泰新城店、香里开元度假村、阿尔法城等一批

项目初具形象,凯斯泰克制造、修正健康小镇等一批项目加速推进,大下姜文旅客厅、三特牧心谷等一批项目相继开工,原大藕电子、玲珑湾等盘活项目进展加快。冰雪联合体、燕山文化景区、智力小镇、鳌山樱花岛等招商项目稳步推进,总投资60亿元的噢麦力产业综合体以及天润农业、焕睿饮料等项目成功签约,水饮料产业倍增后劲明显增强。二是转型升级提速提质。国家全域旅游示范区启动创建,千岛湖旅游度假区跻身全省首批大花园“耀眼明珠”高能级景区,我县被列为全省旅游业“微改造、精提升”试点,千岛湖及下姜村景区、“千岛湖茶”寻根探源之旅入选建党百年红色旅游百条精品线路。服务业高质量发展、科技创新等引导政策完善出台,“两山”高层次人才集聚区共享研发中心正式投用,千岛湖啤酒等5家企业成为首批杭州市“未来工厂”培育企业。三是开放发展提速提质。“飞地”经济强势发力,千岛湖智邦大厦、博华食品、电商产业园等项目加速推进,园区新增入规企业8家,飞地税收征管、统计机制落地实施。积极争取特别生态功能区市级支持清单落地落实,深入开展“生态保护前提下的点状开发利用”课题研究,全力配合制定跨越式高质量发展“一县一策”政策,山区26县跨越式高质量发展支持举措相继出台,推动淳安等山区县加快发展成为全省共同富裕建设重大战略。1—6月,全县实现财政总收入27.62亿元,同比增长28.5%,其中一般公共预算收入14.38亿元,同比增长23.9%;生态金融(总部经济)税收7.17亿元,同比增长129.8%。据预测,上半年实现规上工业总产值45.6亿元,同比增长14%;根据省市新测算方法,接待游客430万人次,同比增长35%;城镇常住居民人均可支配收入2.81万元,农村常住居民人均可支配收入1.18万元,同比分别增长13%、15%左右。

(二)聚焦全域提升,生态建设见到新气象。深入落实“确保水质持续改善、确保景观持续优化”要求,强化山水林田湖草协同治理,全县上下生态文明理念不断深化,打造全域大花园的行动更加自觉。一是系统保护持续加强。巩固提升临湖地带综合整治成果,坚决整改中央环保督察反馈问题,农业、林业、工业、生活四个污染防治方案出台实施,“五水共治找寻查挖”、“千吨万人”饮用水源地保护等专项行动深入开展,城乡治污设施提升、中小流域综合治理、无废城市创建等工作全面推进,生态浮岛、中水回用、108米高程以下土地退耕休耕等试点有序进行,中科院千岛湖生态系统研究站组建成立,全领域、全过程、全地域、全方位保护能力不断增强。二是美丽建设深入推进。“环境大整治、面貌大提升”、“迎亚运”山体生态修复景观提升等行动纵深推进,沿湖森林生态修复、沿路沿线黄土裸露整治、高速两侧景观改造以及大棚设施整改等工作深入落实。美丽乡村升级版建设全面铺开,246个美丽城镇建设项目全部开工,完成进度接近70%,美丽宜居示范村等建设快马加鞭,城乡环境品位持续提升,成为全省首批5A级景区城。三是生态质量高位改善。1—6月,千岛湖国控断面水环境质量保持为优,23个乡镇考核断面Ⅰ类水质占比73.9%,县域空气优良率97.2%,$PM_{2.5}$浓度均值20微克/立方米,较去年同期持续改善,我县被评为美丽浙江建设工作优秀县,捧回“大禹鼎”银鼎。

(三)聚焦数字赋能,改革创新见到新气象。以数字化改革为牵引,撬动各领域不断深化改革,淳安大地改革氛围日益浓厚。一是数字化改革掀起热潮。“1+5”建设全面推进,首批特色应用场景谋定实施,“秀水卫士”“电力关爱码”上线运行,“淳@童”“伊加工”入围全市数字群团特色应用场景十强,其中“伊加工”率先上线群团集市,“学习啦”“智慧助老”“千岛智农”等数字信息平台相继推出，成为杭州首个农村集体“三资”管理数字化改革试点，大下姜综合智治内容不断丰富，数字化技术、认知、思维和变革日益深入人心。二是“两山”转化纵深推进。“两山银行”交易平台成功上线，“三园贷”等转化产品全面推行，水权交易、碳排放权交易等试点积极争取，“两山银行”分公司实现乡镇全覆盖，在闲置物业盘活、空心村有机更新以及绿色金融创新等领域形成一批实施项目，初步完成2019—2020年GEP核算。三是各项改革协同推进。数字地理空间平台建设持续深化，县乡两级国土空间总体规划编制、过渡期城镇开发边界划定等工作积极推进，“最多跑一次”改革迭代升级，基层减负属地管理“两张清单”进一步落实到位，市场主体住所登记申报承诺等制度创新推出，交通运输部农村公路管理养护体制改革试点等项目有序实施，各项重点改革进展顺利。

（四）聚焦全面惠民，民生事业见到新气象。将“以人民为中心”的发展理念具化于行，突出强村惠民、全面惠民，坚持迈小步、不停步，不断增进人民群众在特别生态功能区建设中的获得感。一是脱贫攻坚与乡村振兴有效衔接。中央农村综合性改革试点、省级乡村振兴集成创新示范县建设、大下姜共富示范带建设、低收入农户同步现代化试点等乡村振兴项目接连落地，农业主体综合保险试点全面铺开，“千岛农品”区域公用品牌正式发布，农企利益联结机制不断完善，低收入农户增收工作再获省政府督查激励，下姜村党总支获得全国脱贫攻坚先进集体荣誉称号，文昌镇提前半年完成“5030”消薄任务。二是社会保障与公共服务持续优化。农村居民基础养老金、低保（残保）标准高于周边县（市），“西湖益联保”参保率全市第一，基本医疗保障水平进一步提升。常态长效做好疫情防控，新冠疫苗两剂次接种率均暂列全市第一，免疫屏障加快形成。健康浙江考核继续进入优秀行列，公立医院综合改革连续五年省考优秀、全市第一。千岛湖镇第八小学、千岛湖中心幼儿园、县一医院二期工程基本完工，培智学校、县第二幼儿园、县中医院综合楼等建设加快实施，鼓山农贸市场、汾口敬老院、姜家卫生院等民生项目顺利推进。淳安中学教育集团组建成立，富文小学、梓桐小学分别入选教育部未来学校探索案例和中国基础教育典型案例，高考成绩稳中有进，2名淳中学子被清华大学录取。三是城市设施与农村设施同步改善。330国道千岛湖大桥至临岐段改建启动建设，屏三公路东方大桥至唐村段改建、亚运赛道提升、阳光路改造等项目全力推进，杭淳开高速被列为浙江省交通“十四五”规划新开工项目，老旧特韵小区改造有序开展，农村饮用水工程建设滚动实施，110千伏毛演输变电等项目完成基础施工，城乡基础设施不断改善。

（五）聚焦平安护航，社会治理见到新气象。注重系统观念，突出强基导向，全力统筹发展与安全，以安定祥和的社会环境迎接党的百年华诞。一是文明建设追求高线。深入开展全国文明城市创建，积极发挥新时代文明实践中心作用，深入整治不文明行为顽疾，大力普及文明公约和“淳十条”行为规范，国卫县城复评高分通过省级复查，城市文明水平明显提升。二是安全生产守住底线。全面推进安全风险隐患大排查大整治、消防安全“百日整治”、燃气领域安全生产隐患周排查月整改等专项行动，深化施工、交通、地下空间等领域安全整治，全县安全生产形势总体平稳，未发生较大以上安全生产事故。三是安保维稳筑牢防线。项目化监管重大涉稳问题全力化解，扫黑除恶常态推进，电信网络新型违法犯罪防打并举，“积案化解和访源治理攻坚年”活动取得阶段性成果；高标准开展政法队伍教育整顿，深化践行“三能”要求，学习教育满分通过，查纠整改动真碰硬，得到中央领导及中央督导组充分肯定，护航建党100周年安保维稳工作圆满完成。今年以来，“平安指数”全市领先，领先优势逐步显现，人民群众安全感满意率达98.5%，连续三年居于全省前列，并呈逐年提高态势，实现省平安县“十六连创”。

（六）聚焦全面从严，党的建设见到新气象。自觉将政治建设摆在首位，不断提高政治判断力、政治领悟力、政治执行力。一是党史学习教育有声有色。《习近平在浙江》采访实录和“习近平科学的思维方法在浙江的探索与实践”等专题研讨学习深入开展，“民呼我为”主题实践活动全面推进，《我的家乡在下姜》通俗理论读本创作发行，睦剧《茶山村的故事》编排完成，庆祝建党100周年系列活动精彩举办，“学党史、悟思想、办实事、开新局”氛围持续浓厚。党史学习教育的深入开展，推动意识形态工作责任制得到有效落实，全县意识形态领域总体保持平稳可控、向上向好的积极态势。二是基层组织建设有序有效。乡镇换届工作稳妥推进，村社书记季度擂台、党建双强“三级比拼”活动相继开展，纪念“四种人”提出15周年暨“百名书记话共富”主题峰会成功举办，生态农业、渔业、大健康产业等3个大党委组建成立，“两优一先”评选表彰与“光荣在党50年”纪念章发放隆重举行，基层党组织的凝聚力战斗力持续增强。三是清廉淳安建设有力有为。扎实推进中央、省委巡视反馈以及“七张清单”问题整改，清廉机关、清廉国企、清廉医院、清廉交通等清廉单元建设深入开展，庆祝建党100周年平安维稳、粮食安全、亚运场馆建设等重点工作专项监督精准实施，国企领域、交通领域、影响亲清政商关系、漠视侵害群众利益、党员干部参与网络赌博等突出问题专项治理持续推进，本届县委任期内巡察实现全覆盖，推动党风政风持续净化优化，反腐败斗争压倒性胜利不断巩固发展。今年以来，全县各级纪检监察组织共立案120件，处分党员干部67人，采取留置措施6人。四是统战建设有方有度。精心组织“淳商心向党·共赴新征程”主题活动，“先富带后富，乡贤来相助”“统战大联盟助力乡村振兴发展”等工程深入实施，村企结对帮扶不断深化，党外代表人士队伍建设以及民族宗教、对台侨务等工作进一步加强，爱国统一战线持续巩固壮大。县委积极支持人大、政协履行职责、主动作为，人武、群团等组织围绕中心、服务大局，凝聚了强大的工作合力。

以上工作取得的良好成效，为我县共同富裕建设打下了坚实基础。这些成绩来之不易，得益于中央和省市委的坚强领导、关心支持，是全县广大党员干部群众攻坚克难、奋力拼搏的结果，是社会各界人士携手奋进、风雨同行的结晶。在此，我代表县委，向所有关心、支持、参与、推动淳安发展的同志们，表示崇高的敬意和衷心的感谢！

在肯定成绩的同时，我们也要清醒地看到，工作中还存在一些问题和不足：以水环境质量为核心的保护与治理还存在短板，共同富裕的本底还不够牢固；发展的基础还不牢、实力还不强、结构还不优、速度还不快，共同富裕的基础还比较薄弱；发展还不平衡不充分，基础设施建设和公共服务优质供给较为乏力，共同富裕的成色还不够足；数字化应用、“两山”转化等重大改革进展还不快，共同富裕的动力还不够强劲；干部干事创业的本领能力、作风素养与新时代的要求还有差距，少数干部担当意识、风险意识、底线意识还不强，工作浮在表面的现象仍然存在，共同富裕的队伍保障还不够有力。对于这些问题，我们必须引起高度重视，采取有力措施加以解决。

二、始终牢记殷殷嘱托，深刻领会共同富裕新内涵

省委十四届九次全会对我省高质量发展

建设共同富裕示范区工作进行全面部署，市委十二届十二次全会提出"争当浙江高质量发展建设共同富裕示范区城市范例"的目标。高质量发展建设共同富裕示范区，是习近平总书记亲自谋划、亲自定题、亲自部署、亲自推动的重大战略决策。党的十八大特别是十九届五中全会以来，习近平总书记就扎实推动共同富裕发表了一系列重要论述，为共同富裕建设提供了根本遵循和行动指南。习近平总书记对下姜村和淳安推动共同富裕寄予殷切期望，要求"发扬先富帮后富精神，带动周边走共同富裕之路"。我们要牢记嘱托、深刻领会，为全省高质量发展建设共同富裕示范区扛起淳安担当、作出淳安贡献。县委专门研究制定了《关于纵深推进特别生态功能区建设促进共同富裕的实施意见》，提交本次会议审议。

（一）科学把握共同富裕建设总体要求。实现共同富裕是社会主义的本质要求，是我们党坚持全心全意为人民服务根本宗旨的重要体现。我们要深刻认识到，共同富裕是"五位一体"全面跃升的共同富裕，既包括物质富裕，又涵盖人民对美好生活向往的方方面面，是全体人民普遍达到生活富裕富足、精神自信自强、环境宜居宜业、社会和谐和睦、公共服务普及普惠，实现人的全面发展和社会共同进步。要深刻认识到，共同富裕是以高质量发展为基石的共同富裕，是在做大"蛋糕"的基础上分好"蛋糕"，只有不断提高发展的水平，才能不断满足人民对高品质生活的要求。当前淳安高质量发展存在速度不快、质效不高等问题，亟须下大气力推动高质量绿色发展。要深刻认识到，共同富裕是共建共治共享的共同富裕，不能靠政府大包大揽，社会要成为推动共同富裕的重要力量，企业要勇当创富带富帮富先锋，个人要积极奋斗，依靠全体人民共同奋斗、辛勤劳动和相互帮助，共享改革发展成果和幸福美好生活。要深刻认识到，共同富裕是效率公平、目标进程辩证统一的共同富裕，是中国特色社会主义制度优越性的集中体现，不是西方的福利社会；是普遍富裕基础上的差别富裕，不是同等富裕、同步富裕，更不是均贫富、劫富济贫；是一项长期艰巨的任务，要在现代化建设过程中逐步实现。我们要完整、准确、全面贯彻新发展理念和共同富裕总体要求，立足淳安实际，顺应群众所盼，找准主攻方向，明确工作重点，在特别生态功能区建设高质量发展中扎实推进共同富裕。

（二）科学把握共同富裕建设基本原则。推动共同富裕建设对于淳安而言，是重大机遇，也是重大挑战，更是重大责任，我们要切实把握好6项基本原则：一要坚持党的领导。充分发挥党总揽全局、协调各方的领导核心作用，坚定不移推进全面从严治党，不断提升党员干部推进特别生态功能区建设和实现共同富裕的新能力，把党的政治优势和制度优势转化为推动共同富裕建设的强大动力和坚强保障。二要坚持绿色发展。坚定践行"绿水青山就是金山银山"理念，坚守"共抓大保护，不搞大开发"，坚持创新发展、融合发展、高质发展，全面推进生产生活方式绿色转型，让绿色成为共同富裕亮丽底色。三要坚持全面惠民。坚持以人民为中心，加快生态为民、产业富民、改革惠民，瞄准人民群众所忧所急所盼，在更高水平上实现幼有所育、学有所教、劳有所得、病有所医、老有所养、住有所居、弱有所扶。四要坚持共建共享。弘扬勤劳致富精神，鼓励劳动者通过诚实劳动、辛勤劳动、创新创业实现增收致富，在人人参与、人人尽力的基础上，努力让发展成果更多更公平惠及人民群众。五要坚持改革创新。构建以数字化改革为牵引、以创新驱动为支撑的发展模式，着力破除制约高质量发展高品质生活的体制机制障碍，强化有利于调动全社会积极性的重大改革创新举措，营造有利于推动共同富裕的制度环境和政策环境。六要坚持系统观念。统筹考虑需要和可能，按照经济社会发展规律循序渐进，不吊高胃口、不搞“过头事”，尽力而为、量力而行，注重防范化解重大风险，使共同富裕建设与经济发展阶段相适应、与现代化建设进程相协调，不断形成推动共同富裕的阶段性标志性成果。

（三）科学把握共同富裕建设主要目标。根据省委“每年有新突破、5年有大进展、15年基本建成”的安排，衔接我县“十四五”规划，我县共同富裕建设2025年的主要目标是：共同富裕取得明显实质性进展。生态建设方面，生态环境状况指数稳定为优，千岛湖出境断面水质始终保持Ⅰ类，县域内35条主要入湖溪流优秀率保持100%，空气质量优良率保持在95%以上，$PM_{2.5}$平均浓度21微克/米^{3}以下，实施碳达峰碳中和行动，推动全面绿色转型取得明显成效，生态产品价值实现机制全面推行，生态文明创新制度体系率先形成，创建成为全国生态文明示范县。高质量绿色发展方面，经济发展质量效益明显提高，常住人口人均生产总值达到10万元，市场主体总量达到4.8万户，“两山银行”改革取得显著成效，“美丽＋智慧”特色经济体系基本建立，产业竞争优势明显提升，成为全国“两山”实践创新基地示范案例。收入分配方面，居民人均收入高于经济增长水平，居民人均收入与人均生产总值之比持续提高，城乡居民收入倍差缩小到2.0以内，城镇居民、农村居民内部高低收入人群收入差距持续缩小，低收入群体增收能力、社会福利和生活品质水平明显提升。公共服务方面，每千人拥有婴幼儿照护设施托位达到4.5张，二级以上幼儿园、普惠性幼儿园在园幼儿占比分别达到90%、100%。高等教育毛入学率达到70%，儿童预期受教育年限达到16年，劳动年龄人口平均受教育年限超过12.5年，技能人才占从业人员比例提高到30%。人均预期寿命超过82.5岁，县域就诊率90%以上。社会保障方面，社会保障和养老服务体系更加完善，实现法定人员社保全覆盖，基础养老金、低保等标准达到全市平均水平，社会福利制度更加健全。人文建设方面，文化软实力全面提升，社会新风尚更加鲜明，城乡一体的现代公共文化服务体系全面覆盖，县、乡、村三级文化设施覆盖达标率100%，全域文明创建覆盖率达到100%，文明好习惯养成实现率达到90%以上，创成全国文明城市。社会治理方面，党建统领的整体智治体系基本建成，公民法治素养大幅提升，新时代“枫桥经验”持续深化，生产安全事故死亡率、万人犯罪率、万人诉讼率逐年下降，风险闭环管控大平安机制更加完善，实现富民与安民有机统一，基本形成共建共治共享的社会治理格局。

展望2035年，主要目标是：高质量绿色发展取得更大成就，基本实现共同富裕。基本实现“人与自然和谐共生”的生态文明建设现代化、“经济生态化、生态经济化”的深绿经济体系现代化、“全县人民共同富裕”的生活水平现代化、“整体智治”的县域治理现代化，实现人的全生命周期公共服务优质共享，形成以中等收入群体为主体的橄榄型社会结构，生态环境质量总体达到国际先进水平，治理体系和治理能力现代化水平明显提高，共同富裕现代化基本单元、基本场景、基本规则全面推行，形成更加完善的共同富裕制度体系。

三、正确把握十大关系，全面开启共同富裕新征程

共同富裕是一场深刻的社会变革，是全面建成小康社会后的一种更高级的社会形态，我们要正确把握“十大关系”，推动共同富裕建设始终朝着正确方向探路前行。

（一）正确把握传承与创新的关系。特别生态功能区建设立足“生态美、水质好、百姓富”，以打造生态更优、发展更好、生活更幸

福的美丽浙江大花园样本地为总体目标，与共同富裕建设要求是一致的、路径是相通的、工作是连贯的，要保持定位定力，坚持一张蓝图绘到底，接续推进特别生态功能区建设各项任务，一步一步实现共同富裕。同时，要清醒认知共同富裕是一场深刻的社会变革，始终要以改革的思路，推进共同富裕体制机制以及路径模式创新。一要更加突出数字改革。把数字化改革放到共同富裕这个宏大场景中审视、思考、谋划，加快构建“152”体系，聚焦破解资源要素优化配置、公共服务均衡供给等基础性堵点，完善整体架构、推动接口互联、促进制度重塑，谋深抓实“成果智享”“资源智配”“政务智服”“生态智卫”等多跨场景重大改革。二要更加突出生态赋能。杭州市将西部三县市确定为生态赋能型郊区新城，作为特别生态功能区的淳安，更要在生态赋能改革上勇探新路、勇当先锋，我们要持续深化“两山银行”改革试点，建立健全GEP核算体系以及绿色发展绩效考核奖补机制，开展公益林占补平衡置换等探索，推动水权、林权、碳汇等交易破题，推进千岛湖旅游、千发集团等生态企业上市取得实质性成果，参与新安江—千岛湖生态补偿试验区建设，形成“全民参与、全民受益”的生态产品价值实现机制。三要更加突出综合集成。共同富裕本质上是重大集成改革，要深入推进农村集成改革、市民化集成改革，持续深化农村“三块地”及户籍制度改革，推进农村集体建设用地入市试点、空心村有机更新以及宅基地有偿使用、自愿有偿退出等创新，实行以经常居住地登记户口制度，完善以居住证为载体、与居住年限等相挂钩的基本公共服务供给机制，有序推进农业转移人口全面融入城镇。

（二）正确把握保护与发展的关系。生态保护是淳安的首要责任，共同富裕则是新时期的重大使命，推进高质量绿色发展，是取得两者最大公约数的不二选择，我们要始终坚持“生态优先、绿色发展”，以生态为本底做大深绿发展蛋糕。一要坚定不移腾笼换鸟转型升级。积极构建大水业、大旅游、大健康、数字智能、生态金融等深绿产业体系，高水平举办2022年杭州亚运会淳安赛区赛事，加快鲁能胜地、冰雪联合体、三特牧心谷等项目建设，创成国家全域旅游示范区；加快投用噢麦力产业综合体、修正健康小镇等项目，提前实现水饮料产业倍增目标；持续实施“千岛农品”区域公用品牌、环千岛湖生态资本金融圈等培育行动，深度释放千岛湖生态价值。二要全力推进平台能级提升。落实生态保护前提下的点状开发利用政策，完善新增用地高效配置、存量土地盘活机制，推进高铁新区、汾口浪川产业园建设，构建高铁新区与经济开发区规划、招商一体化工作机制，建立经济开发区对重点乡镇产业平台的托管机制，发挥国家级旅游度假区对周边乡村振兴、共同富裕的辐射带动作用；建立飞地与本域联合招商机制，加快在杭飞地千岛湖智邦大厦、电商产业园、智造产业园等项目建设，争取嘉兴飞地、城西科创产业飞地取得实质性进展。三要积极优化创新创业生态。创新“信用＋”治理体制，推进网上行政服务中心建设，推动涉企高频事项“智能秒办”“无感智办”，有序实施国有企业混合所有制改革，建立健全支持民营企业、小微企业和个体工商户发展的政策制度，扶持建设科技孵化器、众创空间及产业创新服务综合体，鼓励更多市场主体做大做强，支持更多有意愿有能力有条件的人先富起来、快富起来。

（三）正确把握效率与公平的关系。共同富裕既要大力发展生产力、不断提高效率，又要防止两极分化、促进和维护公平，要完善包括机会公平在内的社会公平保障体系，优化收入和财富分配格局，加快“扩中”、全面“提低”，让发展更平衡、机会更均等。一要千方百计拓宽居民增收渠道。实施技工教育提质增量计划，健全退役士兵、应届大学生、残疾人等群体就业创业扶持体系，确保零就业家庭动态清零。健全完善利益联结机制，稳步提高劳动报酬占比，健全企业职工工资正常增长机制，落实最低工资标准与经济增长、社会平均工资增长联动机制，完善快递小哥、网约车司机、网络主播等新业态从业人员劳动权益保障机制。二要稳定和扩大中等收入群体。健全扶持中等收入后备群体发展的政策体系，实施新时代千岛湖工匠培育工程和“金蓝领”职业技能提升行动，激发技能人才、科研人员、小微创业者、高素质农民等重点群体增收潜能；拓宽城乡居民财产性收入渠道，支持企业实施灵活多样的股权激励和员工持股计划、现金分红，完善常态化财政资金惠企利民直达机制，实施低收入群体同步基本实现现代化行动，加快形成以中等收入群体为主体的橄榄型社会结构。三要探索完善收入分配调节机制。高度关注“平均数以下”问题，高效运用低收入群体持续增收数字化应用场景，打好产业、金融、就业、结对和保障帮扶组合拳，多管齐下推动低收入群体收入增长快于居民收入平均增长，全县低收入农户收入年增幅保持在12%以上。健全有利于慈善组织健康发展的体制机制，引导慈善组织购买或支持社会工作服务机构开展公益服务，落实公益性捐赠税收优惠政策，鼓励高收入者和企业家积极回报社会，充分发挥第三次分配作用。

（四）正确把握共建与共享的关系。共同富裕需要人人参与、人人尽力，党委政府则要更高水平保基本，要围绕人的全生命周期多元化需求，扎实推进补短板、促均衡、兜底线，力争在解决群众急难愁盼问题上取得突破性进展。一要推进幼有善育。研究制定三孩生育配套支持政策，加快婴幼儿照护体系建设，增加优质学前教育资源有效供给，支持有条件的幼儿园推进幼托一体化服务，构建生得起、养得好的育儿友好环境。二要推进学有优教。探索建立新时代城乡教育共同体，持续深化我县高中与市属优质高中组建紧密型教育集团，统筹推进乡镇教育资源优化整合，实现义务教育城乡一体化均衡发展。积极推进职业教育资源优化改革，建成中高职一体化人才培养体系。三要推进病有良医。深入实施健康淳安行动，推动县一医院、县中医院“三乙”创建，探索成立市县一体的医院集团，确保三甲医院实现突破。建立乡镇卫生院与杭州市主城区社区卫生服务中心结对机制，全面提升基层卫生机构服务能级。四要推进老有颐养。全面推动养老服务智慧化发展和公共服务适老化改造，深化养老服务业综合改革，推进长期护理保险试点，积极构建居家社区机构相协调、医养康养相结合的养老服务体系，加快实现乡镇级居家养老服务中心、村社级照料中心全覆盖。五要推进住有宜居。完善住房保障基础性制度和支持政策，推动城乡房屋安全隐患排查整治和品质提升，积极推进老旧小区“拆改结合”试点，实现老旧小区加装电梯“能改尽改、愿改就改”，保持农村困难家庭危房“动态清零”。六要推进弱有众扶。建立基础养老金、低保提标机制，探索实行低边家庭参照低保家庭享受教育、医疗等援助政策，完善帮扶残疾人、孤儿等社会福利制度，基础养老金、低保标准达到全市平均水平。

（五）正确把握物质与精神的关系。共同富裕要统筹物质文明、政治文明、精神文明、社会文明和生态文明建设，走出一条生产发展、生活富裕、生态良好的文明发展道路。一是人与自然要和谐共生。深入贯彻习近平生态文明思想，坚持山水林田湖草系统治理，全面实施四张污染防治清单，构建生态保护普法司法执法协调联动机制，强化上下游生态环境联治共保，推行全域生态环境数字化治理，严格执行以“三线一单”为核心的生态环境分区管控体系，协同推进国土空间生态修复和生物多样性保护；全面实施碳达峰碳中和行动，深入开展绿色社区、绿色建筑等生态文明细胞创建，加快能源、工业、建筑、交通、农业、居民生活等重点领域绿色低碳转型，争创国家生态文明示范县。二是城乡居民要精神富足。深入实施文化惠民工程以及全民人文素养提升、全域文明创建等行动，构建县乡村三级新时代文明实践体系，建好用好“礼堂、家园、书房、客厅”等文化矩阵，加快实现“县有四馆一院，乡镇有综合文化站，村有文化礼堂”。加强社会主义核心价值观引领，健全志愿服务体系，全力打好全国文明城市创建战，特别是要通过“办好亚运会、当好东道主”，增强全县上下的家国情怀、责任担当与骄傲自信。三是特色文化要传承创新。加快推进文化基因解码工程，加强传统文化和非遗民俗资源的保护开发，推动传统非遗文化元素活态传承。实施红色基因薪火传承行动，充分挖掘红色文化资源富矿，做精做深一批红色精品旅游线路，打造“绿色＋红色”的沉浸式体验范本。

（六）正确把握均衡与特色的关系。共同富裕，根本靠发展，关键靠统筹，要树立城乡“一盘棋”发展思路，坚持区域协调发展，注重特色优势挖掘，加快构建城乡均衡高质量发展的新格局。一要编制城乡空间规划一张图。以国土空间规划为统领，完善城乡一体化规划体系，稳妥有序推动乡镇撤并及千岛湖等乡镇撤镇设街道。坚持县域大统筹，根据区域资源禀赋、空间承载能力，按照“多中心、网络化、组团式、生态型”原则，把产业空间塑起来，千岛湖镇及周边重点发展城市旅游、生态制造业，临岐镇及周边重点发展中药材种植和加工业，姜家、界首及周边重点打造全域旅游新中心，威坪镇及周边重点打造滨湖旅游度假区，淳杨线、白小线沿线乡镇重点打造乡村振兴农旅、体旅融合示范区，汾口镇重点实施中心城镇建设，实现区域差异化特色化集约化发展。二要推进城乡基础设施建设一体化。积极推进杭淳开高速、抽水蓄能电站等重大项目谋划建设，启动全县打通“断头路”及新一轮“四好农村路”建设三年行动，城乡公交一体化率和县域较大自然村客运通达率均达100%，基本建成乡镇20分钟通达高速口、千岛湖2小时连接长三角主要城市的交通圈。积极推进城乡水、电、气、网均等化进程，提升城乡水务一体化和规模化供水水平，完善10千伏电网网架，加快燃气管网向农村延伸，推动乡镇5G基站、重点行政村5G网络全覆盖。三要打造共同富裕现代化基本单元。积极探索未来社区建设，遵循“三化九场景”建设原则，以未来社区理念实施城市有机更新、老旧小区改造、交通治堵、景观提升等行动，打造舒适、便捷、高效、安全的城市生活。持续深化“千万工程”，到2025年全县所有建制村达到新时代美丽乡村标准，并开展未来乡村建设试点，建成一批示范性乡村新社区。

（七）正确把握先富与帮富的关系。共同富裕要鼓励勤劳致富、率先致富，在此基础上探索形成先富带后富、先富帮后富的新机制新模式，加快缩小城乡差距、区域差距、收入差距。一要深化推广大下姜联合体模式。持续加强功能性大党委建设，扎实推进大下姜乡村振兴五年行动计划，加快大下姜文旅客厅、智能蜂业、研学营地等项目推进，迭代升级统一经营服务、集体资产盘活、股份合作发展等机制，积极打造省级新时代美丽乡村大下姜共富示范带，努力推动淳北中药材、淳西南旅游产业联盟取得新突破，推动乡镇片区组团发展模式向全县覆盖。二要全力推进消薄增收。大力实施强村惠民行动，加大农业龙头企业、农民专业合作社、家庭农场和农创客培育力度，梯次创建农业现代化示范园。完善“两进两回”机制，实施“先富帮后富、强村带弱村"等帮扶行动，健全村集体经济收入增长长效机制。力争到2022年年底，所有建制村集体经济总收入达到50万元、经营性收入达到30万元。三要大力实施区域协作。统筹用好联乡结村、山海协作、区县协作资金政策，打造一批产业链协作、公共服务合作的标志性工程，推动做大产业扩大税源，实现协作政策集成、帮促力量集成、共富成果集成。扎实推进东西部协作和对口支援，探索打造东西部协作示范新模式、新路子。

(八)正确把握改革与稳定的关系。实现共同富裕，改革是动力，稳定是前提，要更好统筹发展与安全、改革与稳定，全面建设人人有责、人人尽责、人人享有的社会治理共同体，打造低风险社会。一要强化安全生产能力。落实"管行业必须管安全、管业务必须管安全、管生产经营必须管安全"要求，强化"1+10+2"安全生产工作机制，健全安全风险闭环管控机制，完善道路交通、消防安全、城市运行和食药环等安全责任体系，健全完善应急管理体系，统筹推进防洪排涝、应急避难等防灾减灾体系建设，建好用好地下空间智防、交通智慧疏导等一批应用场景，实现县域安全风险隐患灵敏感知、应急指挥快速精准，坚决遏制重大、全面防控较大生产安全事故发生。二要提高基层治理能力。坚持和发展新时代"枫桥经验"，把传统治理智慧和现代治理理念结合起来，规范提升"一中心四平台一网格"数字化治理能力，强力推进重复信访治理、信访积案化解，全面实施"县乡一体、条抓块统"的县域整体智治改革。常态化开展扫黑除恶斗争，持续打击电信网络诈骗等新型犯罪，坚决守住不发生系统性风险底线。三要提升法治建设能力。完善"综合执法+部门专业执法+联动执法"体系，推动行政执法"三项制度"全覆盖，深化公检法司一体化办案平台建设，构建普惠均等、便捷高效、智能精准的现代公共法律服务矩阵。

(九)正确把握外力与内力的关系。深刻认识共同富裕内因的决定性作用和外因的重要推动作用，既要不等不靠、自立自强，坚决扛起加快高质量发展的主体责任，又要善于借力发展、借智发展，实现内外同向发力。一要主动争取政策机遇。抓住省市实施共同富裕战略的重大机遇，积极争取以往想争取而难以争取的政策试点，着力解决过去想解决而难以解决的重大问题，抓紧补齐一直想补齐而难以补齐的短板弱项，重点推动"一县一策"政策、大下姜财政部试点、特别生态功能区省级部门支持清单、杭州共同富裕行动计划和专项方案涉及政策的落地落效，推动特别生态功能区和共同富裕建设不断取得突破性成效。二要积极招引优质项目。坚持高标准选商，推进全县招商"一盘棋"、投资促进服务"一条龙"，发挥产业商会、落地企业、专业机构等独特作用，招引重点央企、实力民企，深化淳商回归，完善重点项目盯引、落地和服务机制，每年争取一批产业强链补链扩链项目落地，并引进1-2个大商优商落户。三要持续推进引才聚才。突出引育领军人才、青年人才和技能人才，发挥千岛湖论坛、"两山"高层次人才集聚区作用，推进千岛湖智谷、浙江人才大厦淳安区等"人才飞地"建设，促进人才链与产业链、创新链、资金链深度融合，持续把人才智慧力量转化为高质量发展的强大动力。

(十)正确把握当前和长远的关系。共同富裕是社会主义现代化的一个重要目标，也是一项长期任务、更是一项紧迫任务。要打好攻坚战。按照高质量走前列、阶段性有突破的要求，制定路线图、任务书、时间表、责任制。坚持实事求是、尊重规律、尽力而为、量力而行，高标准推动共同富裕当前阶段各项任务的落实，针对性解决人民群众当前最关心最直接最现实的利益问题，滚动推进、迭代深化，不断形成具有淳安辨识度的标志性成果，让共同富裕看得见、摸得着、真实可感。要打好持久战。保持高质量绿色发展的战略定力，不拘于短期的、一时的数据，着眼长远坚持腾笼换鸟、转型升级和创新培育，接续推动重大平台、重大项目、重大改革、重大政策，脚踏实地、久久为功、善作善成。特别是要实施新一轮扩大有效投资行动，大力推进产业投资工程，扩大生态环境、产业发展、民生保障、基础设施等领域多元投入，为共同富裕提供强劲动力。

四、持续加强作风锤炼，坚决扛起共同富裕新使命

推进共同富裕，关键在党、关键在人，必须全面加强党的领导，广泛团结社会各界力量，把共同富裕的美好蓝图变成淳安的生动实践。

（一）加强组织领导。县委、县政府将建立高质量发展推动共同富裕领导小组，实行常态化实体化专班运作，与特别生态功能区管委会办公室合署办公。县委还将成立社会建设委员会，统筹协调全县社会建设和社会改革工作。要扎实做好县乡换届工作，加强领导干部业务能力培训提升，打造一支推进特别生态功能区建设和共同富裕能力强的高素质专业化干部队伍。落实村级组织“五项机制”，巩固村社组织换届成果，充分发挥基层党组织战斗堡垒作用和党员先锋模范作用。

（二）推动担当攻坚。深化“四种人”标兵选树和“揭榜挂帅”机制，开展大比武、村社书记季度擂台等活动，设置共同富裕“红黑榜”，激励广大党员干部奋勇争先、担当作为。从严从实抓整治纠“四风”，坚决查处腐败行为，推动构建亲清政商关系，驰而不息推进转作风、优作风，落实“三个区分开来”要求，做好不实信访举报澄清正名工作，加强对敢担当善作为干部的激励保护。

（三）完善工作机制。坚持定量与定性、客观评价与主观评价相结合，建立符合经济社会发展规律和淳安实际的共同富裕指标体系、评价体系、考核体系。建立健全清单化管理、“大监督”等工作机制，迭代更新重点任务、突破性抓手、重大改革、最佳实践“四张清单”，实行年度动态管理，确保每项任务落地见效。

（四）凝聚全县合力。要持续推进党史学习教育，深入开展“民呼我为”主题实践活动，坚持问需于民、问计于民，推动大成集智、群策群力。充分发挥人大、政协以及各民主党派、工商联、无党派人士的积极作用，强化工会、共青团、妇联等人民团体联系群众功能，让每个人都成为共同富裕的直接参与者、积极贡献者、共同受益者。

同志们，奋斗百年路，启航新征程。让我们更加紧密地团结在以习近平同志为核心的党中央周围，激扬砥砺奋进精神，永葆唯实惟先之风，奋楫前行、只争朝夕，不断开创特别生态功能区建设新局面，为全省高质量发展建设共同富裕示范区贡献更多淳安力量！

政府工作报告

——在淳安县第十六届人民代表大会第五次会议上

县长　张鸿斌

2021年2月23日

各位代表：

现在，我代表县人民政府向大会报告工作，请予审议，并请县政协委员和其他列席人员提出宝贵意见。

一、2020年工作回顾和“十三五”规划执行情况

2020年是“十三五”收官之年，更是极不简单、极不平凡的一年。面对突如其来的新冠肺炎疫情和前所未有的梅雨汛情，县政府在省委省政府、市委市政府和县委的正确领导下，在县人大、县政协的监督支持下，坚持以习近平新时代中国特色社会主义思想为指导，紧紧围绕特别生态功能区建设，坚持“两手抓、两手硬、两战赢”，克难攻坚，砥砺奋进，争先创优，经济社会保持平稳发展。

据初步统计，2020年，全县实现地区生产总值240.62亿元，其中服务业增加值139.77亿元，一般公共预算收入22.77亿元，社会消费品零售总额83.74亿元，城乡居民人均可支配收入分别为48985元、22465元。由于受新冠肺炎疫情和宏观经济形势的影响，部分主要指标未能实现预期目标，但全县在抓“六保”、促“六稳”等方面取得较好成效。

（一）坚持高标准保护，生态建设持续加强

系统治理深入推进。统筹推进国家山水林田湖草系统生态修复试点，获评全国村庄清洁行动先进县、全国节水型社会建设达标县，千岛湖湖区水质总体保持为优，水质综合营养状态指数在全国重要水库中排名第4，县域内35条主要入湖溪流水质均为优，其中Ⅰ类水质达到21条。完成金峰、大墅等8个乡镇和51个城镇生活小区“污水零直排区”创建，提升改造农村生活污水治理设施项目250个。完成山核桃、茶叶等统防统治10.3万亩，农药化肥使用量持续负增长。退出国三柴油车1023辆，改造锅炉65台，空气质量优良天数达351天。完成界首亚运区块森林生态修复提升工程，修复武强溪等重点流域森林生态系统3.1万亩，新增国土绿化面积1.17万亩，临岐镇、枫树岭镇获评浙江省森林城镇。千岛湖配水工程取水口一级保护区完成硬隔离。高标准做好第二轮中央环保督察迎检工作，26件信访件如期办结。整合城乡生活垃圾二元分类模式，精准实现生活垃圾投放、收集、运输、处置全流程闭环管理，垃圾分类“杭州模式”实现县域全覆盖。光大二期餐厨垃圾处置项目建成投运。

共保机制日臻完善。与安徽歙县联合举办浙皖两省“流域共治生态共享”接力护水、“六五”环境日等活动，成立浙皖两省河长先遣队及新安江生态环境保护党建联盟，流域

共保不断深入。落实河(湖)长制,六都源、东源港成功创建省级美丽河湖。完成新安江水库淳安段管理和保护范围划定,开展新一轮国土空间规划编制,优化调整"三线一单"生态环境分区管控方案,争取生态红线、国家森林公园等规划调整,全力优化发展空间。举办千岛湖论坛、千岛湖旅游峰会等系列活动,成立千岛湖水环境研究所、千岛湖水库生态系统研究中心等智库,设立全省首个生态环保检察官办公室和千岛湖环境资源法庭。

"两山"转化迈出新步。特别生态功能区管理体制、财政体制等重大问题落地明确,立法工作顺利推进。探索生态产品高水平转化机制,被列入全省县级生态系统生产总值(GEP)核算试点,生态系统价值位居全省首位。建成全国首个"两山银行"数字驾驶舱,挂牌成立全市首家"两山银行"实体化运营平台,组建县级两山生态资源经营开发有限公司和13家乡镇分公司。深化农村产权制度改革,创新推出农林业综合经营权证质押融资模式。临湖整治成果持续巩固提升,收回项目后续综合利用加快推进,逸和源项目转化成"两山"高层次人才集聚区,24个科研机构和专家团队入驻。

(二) 坚持高质量发展,深绿产业企稳向好

服务经济彰显韧劲。放大零疫情效应,在全国首推"景区安全官",承办省市旅游消费活动启动仪式,抢抓省内疗休养市场,旅游产业在复工复产中率先突围。全年接待游客1928.52万人次,实现旅游经济总收入232.04亿元,较上年同期均略有增长。全域旅游纵深推进,姜家沪马探险乐园等旅游项目建成开放,银泰二期、阿尔法城等项目顺利推进。亚运场馆主体完工,亚运分村一期工程主体结顶。举办千岛湖铁人三项赛、环千岛湖自行车赛等大型赛事,千岛湖马拉松晋升全国金牌赛事,成功入选中国体育旅游目的地。创新在线消费、健康消费等新型消费模式,推出旅游电子消费券15.57万份。打造左口毛岭心宿湾等网红直播基地和梓桐书画院、大墅自由野等研学基地,大培训产业有效破题。成功创建千岛湖新安文化创意街区等3个市级文创街区。

生态工业加快转型。坚定做强水饮料产业,氢功科技、丹然饮用水等个性化水产品项目建成投产,实现水饮料产业主营业务收入86.98亿元。扎实推进"腾笼换鸟",盘活闲置土地及低效用地439亩,完成闲置资源招商28个,标普健康食品二期、大可智能家居等生态工业项目投产。加快生态制造业数字化转型,规上工业企业数字化改造实现全覆盖,新增企业上云526家,完成机器换人技改项目26个,千啤公司入选国家级两化融合管理体系贯标试点。突出科技创新驱动,邦弘电子等16家企业签约入驻千岛湖科创园,新增国家高新技术企业7家、省级研发中心2家。新引进昆阳创投等总部类税源项目538个,实现税收7.18亿元。推进"飞地经济"发展,"3+X"空间布局正式落地,钱塘新区商务楼启用,智邦大厦启动建设,智谷大厦成为全省首批数字经济"飞地"示范基地,新引进浙江远算、微链等7家数字经济创新型企业,完成招商引税1.57亿元。

绿色农业提质增效。通过全国首个国家特色农产品生态气候适宜地认证,获评省级林下经济产业示范县。建成下姜省级现代农业园区,威坪镇被认定为省级特色农业强镇,临岐镇国家级农业产业强镇试点项目基本完工。新增县级以上新型农业经营主体51家,千岛玉叶茶业有限公司等5家农业企业获评种植业"五园"省级示范基地,华腾牧业等3家规模养猪场建成投产。新认证无公害农产品2个、绿色食品农产品27个,实现绿色有机食品生产主体追溯管理全覆盖。成功举办首届中国千岛湖农博会,深化"千岛农品"区域公用品

牌营销推广，千岛湖品牌农产品馆实现销售额3117万元。与盒马鲜生开展合作，共建大下姜盒马村产销协同常态化供应基地。

（三）坚持高要求建管，美丽城乡焕发新颜

城市管理日趋精细。开展“城市环境大整治、城市面貌大提升”攻坚行动，城市道路两侧、建筑工地周边、住宅小区环境秩序等十大专项整治成效走在全市前列。实施阳光路、环湖北路绿化美化工程，启动迎亚运无障碍环境建设，完成2149处无障碍环境问题点位整改。银泰城交通组织优化工程、新安南路改造工程完工，望江垄配套道路、馆南路建成投用。完成贸易弄等14个区块老旧小区改造提升，既有住宅加装电梯35部。物业菜单式服务扩面增效，银杏山庄等6个小区成功创建市美好家园。深化城市精细化管理，设立时光心宇等11处地摊经济经营点，“一条黄线”人行道序化管理向背街小巷延伸。深化礼让斑马线、绿色餐饮革命等文明行动，“秀水卫士”“天使导医”等志愿服务品牌引领城市文明新风尚。

美丽乡村内外兼修。深化省美丽乡村示范县建设，汾口镇、威坪镇成功创建美丽城镇省级样板，中洲镇、屏门乡成功创建省级美丽乡村示范乡镇，鸠坑有机茶风景线入选省美丽乡村风景线，文昌镇王家源等8个村获评省美丽乡村特色精品村。大下姜联合体模式纵深推进，新组建淳北中药材产业、淳西南乡村旅游产业等区域发展联盟。淳安—西湖山海协作生态旅游文化产业园启动建设，实施区县协作项目177个，到位资金1.11亿元。创新开展消薄增收“先富带后富、强村带弱村”行动，全面完成村集体经济“3020”消薄任务，圆满实现脱贫攻坚“三个清零”目标，获评全省低收入农户增收成效明显县。

基础设施持续改善。千黄高速淳安段建成通车，获评全国“最美绿色高速”，杭淳开高速工可通过省级预审。枫常公路建成通车，淳杨公路获评全国“十大最美农村路”。屏三公路东方大桥至唐村段改建工程加快推进，330国道城区段完成路面大中修。优化完善城区公交网络，建成威坪客运中心站，新开通51个自然村客运班线，实现200人以上较大规模自然村客运班线全覆盖。深入实施农村饮用水达标提标行动，解决8.5万农村人口饮水安全问题，获评全省农村饮用水达标提标行动成绩突出县。完成排岭北路、贸易弄等区块“上改下”工程，220kV浪川变、35kV王阜变建成投用。新建5G基站329个，万人5G基站拥有量达杭州县域领先水平。

（四）坚持高品质民生，社会事业协调发展

公共服务持续提升。严格落实“一图一码一指数”防控机制，开展防疫物资、冷链食品专项排查整治，推动形成“人”“物”同防工作闭环，常态化推进“精密智控＋网格化管理”，有效守住全市唯一零疫情净土。县一医院二期、县妇保院业务综合楼等项目完工，县疾控中心和4家县级医院新冠核酸检测实验室建成。县一医院挂牌杭州医学院附属医院，公立医院综合改革评价结果全省第一。浪川、安阳等12个乡镇成功创建国家级卫生乡镇。持续推进美好教育建设，涌现出梓桐镇中心小学、富文乡中心小学等一批独具特色的乡村小规模学校。高考成绩实现新突破，全市状元花落淳安。排岭初级中学、千岛湖镇第七小学启用，第八小学建成。巩固城镇小区配套幼儿园整治成果，千岛明月等3个小区配套幼儿园启用。瀛山书院保护修缮工程完工，农村历史建筑修缮13处，新建文化礼堂107个。持续开展送戏下乡、送书下乡、文化走亲活动，推出线上阅读、网上展览、网络讲座等便民举措。获评“中华诗词之乡”，屏门乡成功创建省文化强镇。电影《我和我的家乡》之《最后一课》在淳拍摄。成功举办绿水青山运动会、首届全民龙舟赛等系列活动。

民生保障持续加强。十件民生实事项目圆满完成。创新推出电视招聘、云招聘等新举措，城镇新增就业3968人，登记失业率控制在2.42%。举办“百业百匠”百场技能竞赛，培养高技能人才806人，新增市级乡村产业技能大师工作室2家。完善城乡居民基本养老保险待遇调整机制，城乡居民基础养老金由每人每月160元提高到180元，城乡居民医保县内基层医疗机构门诊报销比例提高至60%。强化救助兜底保障，落实困难群众基本生活价格补贴1750.58万元，最低生活保障标准由每人每月833元提高到955元。新建乡镇级示范型居家养老服务中心13家，汾口敬老院启动迁建。高质量完成残疾人社区精准康复省级试点，建成三星级以上残疾人之家19家、儿童之家66家。巩固“无欠薪县”创建成果，在全省率先出台小额工程项目“两备案一承诺”制度。

社会秩序持续稳定。荣获全省首批“平安一星金鼎”，省“平安县”有望实现十六连创。县乡村三级社会矛盾纠纷调处化解中心建设全面完成，信访积案攻坚行动扎实开展。深化扫黑除恶专项斗争，全方位开展防诈骗宣传，有效遏制通信网络诈骗犯罪。实施道路交通综合整治和电动车专项治理，事故总量及电动车事故下降率均位列全市第一。全力抓好防汛抗洪工作，精心组织开展灾后重建。顺利完成建制村规模调整和村(社)组织换届。建成全国示范型退役军人服务中心(站)9个。完成第七次人口普查入户登记工作。与此同时，民宗、外事、气象、人民武装、国防动员、人民防空、住房公积金等工作得到加强，工青妇、科协、文联、红十字、关心下一代等事业健康发展。

(五) 坚持高水平创新，自身建设切实增强

依法行政全面落实。坚持把政治建设摆在首位，增强“四个意识”、坚定“四个自信”、做到“两个维护”。坚持重大事项向县委请示报告、向县人大报告、向县政协通报，高质量完成156件人大代表建议、214件政协委员提案办理。深入推进政务公开，强化政府法律顾问制度，组织县政府常务会议学法4期。严格落实行政机关负责人出庭应诉制度，行政复议规范化建设通过省级验收。“七五”普法圆满完成。

行政效能持续提升。高标准开展“十大专项行动”，以大比武推动大落实。完成政府机构、事业单位改革。深化“最多跑一次”改革，创新推出与安徽边界地区警务便民“跨省办”等业务，政务服务事项网上可办率达99.75%。深化城市大脑智慧应用，推广“亲清在线”、民生直达、国有停车场库撤杆等便民惠企举措。纵深推进国企改革，组建农发集团。深化“三服务”机制，精准开展“一对一”驻企服务，落实减税降费10.68亿元。成功举办第三届淳商大会。

廉政建设深入推进。全面落实党风廉政建设责任制，严格贯彻执行中央八项规定及其实施细则精神。深化招投标管理改革，推进建设工程招投标领域违规问题整治。开展扶贫领域专项审计。积极主动做好中央巡视配合工作，落实省委巡视反馈问题整改。加强财政预算绩效管理，实现非刚性、非重点项目支出压减10%，三公经费压减9.6%。

2020年目标任务的顺利完成，也为“十三五”画上圆满句号。回首过去五年，全县上下深入践行“绿水青山就是金山银山”理念，坚持高标准保护、高质量发展、高品质生活、高水平创新，经济实力不断增强，生态环境全面优化，城乡面貌明显改善，社会事业稳步发展。

据初步统计，2020年地区生产总值、服务业增加值、一般公共预算收入分别比2015年增长23.4%、50.7%和46.3%；城乡居民

人均可支配收入分别比 2015 年增长 46.5% 和 53.5%。

五年来,我们坚持保护优先,生态底本更加夯实。坚定"共抓大保护,不搞大开发"理念,坚决破旧立新,举全县之力完成千岛湖临湖地带综合整治,水功能区水环境功能区完成优化调整。推动千岛湖保护立法,出境断面水质持续保持Ⅰ类,三获省治水最高荣誉"大禹鼎",列入国家第三批山水林田湖草生态保护修复工程试点,成功纳入省级大花园示范县建设单位,千岛湖成为上千万人口的重要优质饮用水源地。

五年来,我们坚持深绿发展,产业结构不断优化。三次产业结构由 2015 年的 15.4∶40.3∶44.3 优化至 2020 年的 16.0∶25.9∶58.1。成功创建国家级旅游度假区、省级首批全域旅游示范县、省级农业绿色发展先行县。亚运分村落户淳安,体旅融合加快步伐。常住人口人均 GDP 突破 1 万美元。

五年来,我们坚持城乡统筹,人居环境持续改善。成功创建全省首批"无违建县",小城镇环境综合整治、小城市培育试点均获全省优秀。获评全省深化"千万工程"建设新时代美丽乡村工作考核优秀县,连续 2 年全市乡村振兴考核优秀。荣获全国"四好农村路"示范县,杭黄高铁、千黄高速淳安段正式通车,"两高"时代正式到来。

五年来,我们坚持民生为本,百姓福祉切实增强。成功创建国家义务教育基本均衡县、省教育基本现代化县。医共体建设、综合医改、国家基本公共卫生项目和健康浙江考核连年优秀。成功创建省级体育强县。连续获评省"平安县",创建省"无欠薪"县,群众安全感满意率位居全省前列。

五年来,我们坚持深化改革,创新活力日渐迸发。省政府批复设立淳安特别生态功能区。成功入选全国第四批"绿水青山就是金山银山"实践创新基地,"两山银行"改革率先试点。"飞地经济"全面开启,异地发展迈出新步伐。大下姜联合体模式被农业农村部作为全国乡村振兴典型案例推广。

各位代表,淳安今日所取得的成绩,是上级党委政府和县委正确领导的结果,是县人大、县政协有力监督支持的结果,是全县上下同心同德、克难攻坚、奋力拼搏的结果。在此,我谨代表县人民政府,向全县 46 万人民,向所有关心、支持和参与淳安经济社会事业发展的同志们、朋友们,表示衷心的感谢和崇高的敬意!

同时,我们也要清醒地认识到政府工作还存在不少困难和挑战。主要表现在:受全域性保护带来的环境风险、各项保护规划多重性带来的空间资源环境约束趋紧等因素影响,以更高标准推进千岛湖保护的压力持续加大;对照特别生态功能区高质量发展要求,经济总量偏小、深绿产业发展约束较多等问题仍比较突出,新旧动能转化亟须加快;对照人民群众对美好生活向往的要求,在城乡基础设施、民生保障以及公共服务等方面还存在明显差距,推动和实现群众高品质生活的任务还十分繁重;少数公职人员在改革创新、攻坚克难、善作善成等方面还存在明显短板弱项。针对上述问题,我们将高度重视,切实采取有效措施努力加以解决。

二、"十四五"时期主要目标

根据县委十四届十次全会和《中共淳安县委关于制定淳安县国民经济和社会发展第十四个五年规划和二〇三五年远景目标的建议》精神,今后五年淳安经济社会发展的主要目标是:聚焦聚力生态富民、绿色崛起、融合创新,在"四个区"建设上取得整体性重大突破,创成一批"特色窗口"标志性成果,实现高标准保护、高质量发展、高品质生活和高效能治理,为率先基本实现社会主义现代化开好局、起好步。

——探索建成人与自然和谐共生的饮用

水源保护区。生态环境质量保持全国领先，以水功能区保护为主体的国土空间规划体系、系统保护体系和环境治理体系持续优化，千岛湖水质始终处在全国重点湖库前列，出境断面水质始终保持Ⅰ类，县域内35条主要入湖溪流优秀率保持100%，森林覆盖率、水质、空气质量等主要指标率先迈向国际化先进水平。

——探索建成“绿水青山就是金山银山”理念践行引领区。“美丽+智慧”特色经济体系基本建立，成为全国重点生态功能区生态经济、文旅经济、数智经济、飞地经济的绿色发展先行标杆。“绿水青山”保值增值制度和千岛湖生态产品价值实现机制作用充分发挥，“两山银行”实践探索实现重大突破，为全国“两山”转化提供经验示范。实现生态系统生产总值（GEP）和地区生产总值（GDP）协同增长，成为长三角首选、国内一流、国际有影响力的休闲度假旅游目的地和世界级魅力生态湖区。

——探索建成城乡融合生态富民的示范区。乡村振兴全面推进，90%以上的建制村达到新时代美丽乡村标准。城乡居民人均可支配收入增速高于全省平均水平。人民全生命周期需求普遍得到更高水平满足，民生保障和公共服务水平全面达到杭州市平均标准。推进县域社会治理现代化，“整体智治”模式基本形成，现代应急体系基本建成，平安建设体系更加完善，发展安全保障更加有力。

——探索建成生态文明制度改革创新的先行区。全面贯彻落实《生态保护补偿条例》和《杭州市淳安特别生态功能区条例》，跨区域流域生态补偿新机制作用更加明显，自然资源资产产权制度更加完善，建成具有鲜明千岛湖特色的生态保护、绿色发展、生态富民、互动协作等特别生态功能区体制机制，形成若干有实效、好操作、可复制推广的生态文明制度成果，成为全国生态文明体制改革探路先锋。

三、2021年工作预期目标和主要任务

2021年是“十四五”开局之年，也是淳安特别生态功能区建设的纵深推进之年。新的一年，要始终坚定“绿水青山就是金山银山”理念，坚持以人民为中心，紧紧围绕特别生态功能区建设各项任务，加快推进高标准保护、高质量发展、高品位建设、高品质民生、高效能治理，共建特别生态区，共享康美千岛湖，奋力打造具有淳安特点的县域发展新路子。按照上述工作要求，2021年我县经济社会发展的主要预期目标是：生态环境类指标：千岛湖出境断面水质保持Ⅰ类，县域内35条主要入湖溪流优秀率保持100%，其中Ⅰ类水质占比稳定在50%以上；$PM_{2.5}$年均浓度控制在每立方米22微克以内。绿色发展类指标：地区生产总值增长6.5%，服务业增加值、农业增加值分别增长8%、1.5%，规上工业增加值增长6.5%；社会消费品零售总额增长10%；固定资产投资增长6.5%；一般公共预算收入增长8%。社会民生类指标：城镇居民人均可支配收入增长7.5%，农村居民人均可支配收入增长8.5%，其中低收入农户收入增长12%以上，城镇登记失业率控制在3.5%以内。

围绕上述目标，2021年着重抓好以下五个方面的工作：

（一）聚焦高标准保护，努力在打造生态保护新高地上下功夫

围绕全领域、全过程、全要素保护，坚持生态优先，加快构建全域生态环境现代化治理新体系，确保千岛湖环境持续向好，景观持续优化，生态价值持续转化。

推动全域系统治理。坚持山水林田湖草共治，科学推动农业、林业、工业、生活等污染防治，实施系统修复、综合治理。深化县域“污水零直排区”建设，完成汾口集镇污水处理终端及管网改造。启动“污水零直排村”创建，提升改造500套农村无动力治污设施，完

成1500个农户生活污水纳管项目。实施城区污水处理设施提升改造工程,落实城区污水一体化运维机制,提升污水处理质效。深化美丽河湖建设,开展上梧溪、梓桐源等中小流域治理,完成汾口湿地水上森林建设,探索试点河流入湖口生态湿地建设。完成农业统防统治10万亩,确保化肥农药使用量负增长。开展扬尘、锅炉、汽修行业等大气污染治理,力争空气质量优良天数达到95%。加强耕地保护,推进乱占耕地建房整治。深化百万亩国土绿化行动,推进国家森林城市创建,完成千岛湖珍稀植物园建设,持续抓好松材线虫病防控。开展"无废城市"建设,建成投用再生资源分拣中心,新建50座农村建筑垃圾填埋场。深化城乡生活垃圾分类,实现资源化、减量化、无害化处置。

推进科学精准保护。严格落实"三线一单"、千岛湖环境质量规范等刚性要求,研究出台新安江水库淳安段管理和保护范围管控措施,强化临湖项目监管,严守项目建设生态红线。巩固第二轮中央环保督察整治成果,健全源头防控、过程控制、损害赔偿、责任追究的生态环境保护体系,完善"一巡多功能"机制,严厉打击生态环境违法违规行为。发挥专家智库、科研院所作用,加快千岛湖生态系统研究站建设,强化千岛湖保护技术支撑。积极探索上下游共保共建共享机制,推动与新安江上游及千岛湖下游地区联动共保。

拓宽两山转化路径。坚持生态惠民、生态利民、生态为民、生态富民,加快绿水青山向金山银山转化。制定实施"绿水青山就是金山银山"实践创新基地年度实施方案,巩固创建成果。深化"两山银行"试点,探索开展生态资产产权、用水权、用碳权等交易,在生态信用、绿色金融、生态景观增值等领域取得创新突破。完善"两山银行"数字驾驶舱和应用场景建设,实现生态资源资产整合和转化项目全生命周期数字化管理。建成GEP信息化核算平台,探索建立以GEP核算为导向的绿色发展绩效考核和奖补机制,推动县乡两级两山公司实体化运营。

(二)聚焦高质量发展,努力在重塑深绿发展新格局上下功夫

围绕创新提级、融合提效、集约提质、内需提档,坚持绿色发展,全力开创重点生态功能区绿色转型发展新路子。

推动空间集约集聚。坚持要素整合,推动重点平台向生态型、创新型、特色型平台发展。经济开发区要注重整合提升,深入实施"腾笼换鸟",加快千岛湖银泰城新城店商业综合体、千岛湖标普健康食品三期等项目建设,推动特色水饮料、大健康项目落地。科学有序推进汾口浪川城乡统筹产业园招商利用。旅游度假区要以成功创建国家级旅游度假区为引领,聚焦亚运,推进亚运场馆、亚运分村以及千岛湖亚运公园建设。加快排岭半岛、进贤湾等区块存量资源盘活利用,推动智汇欣态、蓝德等项目建设。高铁新区要以千岛湖站为依托,发挥交通和生态叠加优势,重点推进生命健康、水饮料、数字经济、文化创意等产业集聚发展。千岛湖区域合作开发区要瞄准淳安高质量发展新蓝海、全省乃至全国异地发展新标杆的目标,积极争取杭千"飞地"税收征管、土地委托开发合作及亩均税收转移支付等政策实质性实施,加快智谷项目招引,推进智邦大厦建设,加快恒华食品项目落地,努力推动嘉兴"飞地"落位。山海协作产业园要立足"一园多点"布局,突出"补短板、强特色、建平台、兴产业"总体定位,加大项目招引力度,建成大下姜文旅客厅,积极打造山海协作生态旅游文化产业园示范区。

突出旅游龙头引领。围绕打造国际一流休闲度假旅游目的地,实施旅游"四化四全四优"转型提质工程,推动全域景区向全域度假转型。全年实现游客人均消费增长5%,游客人均逗留1.6天,旅游经济收入增长15%。

全面实施亚运“五色工程”，高质量推动亚运会淳安分赛区筹办工作。借助亚运测试赛，聚焦休闲运动产业培育，精心举办自行车、马拉松、铁人三项等品牌赛事，支持石林运动休闲、界首自行车等特色体育小镇建设。深入实施全省首批“未来景区”试点，深化景区智慧化改革，推动月光岛等湖区旅游景点提升，引导民宿、星级酒店等传统旅游产品转型发展，全力争创国家全域旅游示范区。大力发展夜间经济、冬天经济、疗休养经济等各类经济新业态，丰富特色餐饮、夜间精品文艺演出。加快主题乐园、滑雪、会展中心等旅游产品引进，推进龙华禅寺、电竞小镇、三特牧心谷等项目建设。加大新兴服务业培育力度，积极发展会议会展业，优化日月天地等城区商业业态。搭建数字平台，打造特色精品课程，加快基地引进建设，全面推进大培训产业发展。探索推进网红、定制、体验、时尚等消费新模式，促进线上线下消费融合发展。

聚力生态工业质效。围绕构建“小空间、新科技、低能耗、零污染、高效益”深绿发展体系，推动生态制造业高质量发展。实施水饮料产业双倍增、大健康产业集聚延链发展行动，启动农夫山泉扩迁建，推进大地至坪山取水隧道及管网建设，推动瑞士燕麦奶、延中水饮料等项目落地。加快修正健康小镇、凯斯泰克等项目建设。实施传统制造业转型提质行动，深化“三化融合”，新增 4 家国家高科技企业，高新技术产业增加值增长 4%以上，数字经济增加值增长 5%以上。引导总部经济健康发展，实现税收 6 亿元以上。实施生态制造业项目招新引优行动，完善乡镇平台组团联动招商、项目指标分成等机制，用好深绿产业资源信息共享平台，强化项目落地个性化、一站式、全方位优质服务。深化“引乡贤兴乡村”行动，助力“两进两回”行动见实效。推进银政企合作，加大金融支持实体力度。鼓励来料加工业发展，实现总产值 1.8 亿元以上。

彰显生态农业品质。围绕做优品、保优质、强品牌，持续发展壮大生态农业。稳固发展茶、桑、果、药等主导产业，统筹抓好粮油生猪保供，提标改造粮食生产功能区 2000 亩，改造中低产田 1500 亩。强化新型农业经营主体培育，创建县级以上示范性农业经营主体 20 家。完成临岐镇国家级农业产业强镇创建，实施鸠坑、里商整乡镇推进山区农业产业发展项目。优化林下经济种植模式，扩面试种三叶青、灵芝等新品种，新发展林下经济 1.5 万亩。建立有机农业引导资金，推广绿色栽培技术，拓宽绿色优质农产品认证领域，新增绿色、有机农产品 10 个。推进农业标准化生产，建立农产品质量安全监管体系。强化农产品区域公用品牌建设，开展农业品牌整体策划，建立政府推动、市场运作的多方协同运营机制。深化与盒马鲜生战略合作，助力生态农产品优质优价。

（三）聚焦高品位建设，努力在展现全域美丽新风采上下功夫

围绕建设美丽新城乡，坚持建管并重、产城融合、县乡联动，实施美丽浙江大花园示范区创建行动，构建“一户一处景、一村一幅画、一乡一天地、一城一风光”的全域大美格局。

打造国际化休闲度假旅游小城市。坚定“精致、精细、精品”理念，用绣花功夫推进城市建设管理，全力营造“整洁有序、温馨文明”的城市环境。按照多规融合要求，加强城市风貌管控和地下空间开发利用，完成县域国土空间规划编制，推动不同规划之间的融合互动、有序衔接。加快新城开发，完善珍珠半岛、坪山及鼓山区块城市配套。实施迎亚运生态景观提升、新安东路交通治堵工程，推进无障碍环境建设，完成阳光路、新安大街路面大中修，做精做细城市家具、花卉小品，打造串点成线的城市生态景观。实施 17 个区块老旧小区改造，启动庄天岭区块公租房及城

区市政给水管网改造提升工程。巩固城市综合执法改革成果,推进"城市环境大整治、城市面貌大提升"长效管理,加强地下管线和建筑工地施工管理。加强出店经营、地摊经济、自产自销、街头办公等城市管理品牌推广,深化智慧停车、智慧交通等数字场景应用。积极培育新时代文明实践体系,深化"礼让斑马线""微笑亭"等文明活动,启动全国文明城市创建,全力抓好国家卫生县城复评迎检工作。

建设新时代美丽乡村升级版。深化"千万工程",创建省级美丽乡村示范县。发挥区域联盟作用,推动大下姜联合体、淳北中药材产业、淳西南乡村旅游产业等区域协同发展。加快美丽城镇建设,积极打造汾口现代田园小城市和威坪滨湖新镇,临岐镇、姜家镇争创美丽城镇省级样板。推进农村人居环境提升,推行农房智慧监管,持续开展AAA级景区村庄、未来村庄建设。统筹抓好美丽河湖、美丽田园、美丽庭院"三美工程",建成市级风情小镇2个、精品村20个,创建省级新时代美丽乡村63个、美丽宜居示范村4个。突出美丽乡村产业发展,强化资金扶持和产业配套,打造一批运动休闲、创意农业、养生度假等多业态融合的产村融合示范村,串点成线建设一批农旅融合美丽乡村风景线。

夯实一体化城乡基础配套。加快推进杭淳开项目前期,力争年底前开工建设。启动330国道千岛湖大桥至临岐段改建,完成屏三公路东方大桥至唐村段改建。启动淳杨线、淳开线、郑鸠线、千威线等公路路面大中修,完成亚运会赛道提升160公里。配合做好市域水务一体化改革。持续推进农村饮用水提升改造,建成厦山、屏门水厂,启动汾口、瑶山、梓桐等水厂建设。完成17座山塘水库除险加固,实施河湖库塘清淤15万方。完成110kV毛演变和110kV燕山变建设。新建5G基站150个,实现千岛湖镇城区、主要景区及公共场所5G网络全覆盖。

(四)聚焦高品质民生,努力在实现幸福生活新提升上下功夫

围绕民生保障和社会公共服务水平达到或高于全市平均的目标,坚持既要量力而行,更要尽力而为,全力保障和改善民生,切实增强群众的获得感和幸福感。

完善公共服务体系。坚持预防为主,突出重点人群、重点场所、重点环节,落深落细精密智控措施,常态化抓好新冠肺炎疫情防控工作。深入实施健康淳安行动,加强县疾控中心建设,完善疾病预防控制体系和重大疫情防控体制机制,推进家庭医生签约服务。巩固深化县域医共体建设,做优乡村基本医疗卫生服务。启动姜家镇卫生院迁建工程,推进县中医院病房楼建设,全力推动县一医院、县中医院争创三级乙等医院,王阜乡、宋村乡等9个乡镇争创国家卫生乡镇。优化教育资源布局,启动乡村学校资源整合,推进县第三中学、培智学校建设,启用千岛湖镇第八小学、千岛湖镇中心幼儿园。完善公共文化服务体系,推进杭州书房建设,实施新一轮农村历史建筑综合保护工程,完成文昌镇文屏村、石林镇岭足村等6个文化礼堂建设,实现文化礼堂建制村全覆盖。实施淳安体育馆改造提升,广泛开展全民健身活动。启动新工人文化宫建设。

健全民生保障体系。完善城乡居民基本养老、基本医疗保障制度,规范执行企业职工基本养老保险省级统筹。深化医保支付方式、医疗服务价格改革,稳步提高基本医疗保险待遇水平。落实就业优先政策,促进创业带动就业。完善重点群体就业支持体系,确保零就业家庭动态清零。深化和谐劳动关系建设,健全防欠薪机制,推进农民工工资支付监控预警平台建设。实施社会救助精准提升工程,深化低保家庭动态管理,多层次、多渠道保障困难群众基本生活。完善老年人助餐服务,完成200户以上困难老人家庭适老化

改造。巩固残疾人社区康复服务试点成果，残疾人精准康复服务率达75%以上。深化区县协作、联乡结村，持续推进低收入农户增收，完成60%以上村集体经济“5030”消薄目标。

构建现代治理体系。深化“平安千岛湖”建设，完善重大决策社会风险评估机制，突出源头防控、纠纷化解、应急处置，力争实现省“平安县”十七连创。强化源头治理，推进信访积案化解专项行动。全力推进数字赋能县域社会治理现代化，加快“一中心四平台一网格”社会治理体系迭代升级。巩固扫黑除恶专项行动成果，深化智慧安防、雪亮工程，持续打击通信网络诈骗等新型犯罪，加强金融风险防范，切实守护公共安全。推进农村房屋安全隐患排查整治，规范网约日租房管理。健全完善应急管理制度，培育和发展社会救援力量，加快构建“大安全、大应急、大减灾”体系。深化双拥共建活动，持续推进新时代枫桥式退役军人服务中心（站）建设。加强人民武装和国防教育，认真抓好征兵、民兵、预备役工作，推动军民融合。启动“八五”普法，积极做好档案、民族宗教、外事、港澳台侨事务、工青妇、科协、文联、红十字、关心下一代等工作。

为民办实事是县政府长期坚持的一项制度。前期，县政府按照民生实事项目代表票决制要求，在各乡镇、各部门和党代表、人大代表、政协委员、商会、市民等层面，广泛征集民生实事项目。经充分论证和遴选，确定了四好农村路、农村饮用水提质、老旧小区提升改造、国家登山健身步道扩容提升、无障碍环境建设、提高城乡居民基本养老保险基础养老金、农村教师“两堂两室”建设、中小学校教室空调安装、全民健身设施改造提升、关心关爱留守儿童、老年活动中心改造提升、既有住宅加装电梯等12项民生实事候选项目，提交大会请各位代表审议。对代表票决确定的10项民生实事项目，县政府将认真抓好落实，确保把实事办好、好事办实。

（五）聚焦高效能治理，努力在增强自身建设新活力上下功夫

围绕建设人民满意政府，坚持法治为基、担当为要、创新为源、清正为本，全力打造一流政务团队。

要守法治之理。坚定法治信仰。深入贯彻落实习近平法治思想，弘扬宪法精神，自觉运用法治思维开展工作，将法治理念融入政务公开、行政复议、合法性审查等政府工作的各个方面和全部环节。坚决依法行政。严格按照法定权限和法定程序用权履职，坚决贯彻落实县委各项决策部署，自觉接受县人大及其常委会的法律监督、工作监督和县政协的民主监督，主动接受舆论监督和群众监督。坚守法治精神。完善政府议事规则和决策程序，坚持民主决策和重大问题集体研究，发挥政府法律顾问作用。常态化实施县政府常务会议学法、干部法治培训、行政机关负责人出庭应诉等制度，推进行政执法监察规范化建设，不折不扣做到尊法、学法、守法、用法。

要强担当之为。要主动担当。对标特别生态功能区各项建设任务，不折不扣抓保护，心无旁骛促发展，知任重任谋民生，让担当成为规矩，成为责任，成为自觉。要务实担当。大力倡导钉钉子精神，以坐不住、慢不得、等不起的使命感，咬定青山不放松，唯实惟先，久久为功，锚定目标抓落实，项目化、清单化、节点化推动各项决策部署落地见效，确保“件件有落实、事事有回音”。要合力担当。坚决整治只表态不落实、光有唱功没有做功的口头行为，坚决杜绝蜻蜓点水、走马观花的表面行动，坚决反对部门与部门之间、部门与乡镇之间推诿扯皮，坚定支持能理旧账、动真碰硬的担当干部，切实褒奖积极向上争取、关键时刻冲得出来的有为干部，让担当成为新风尚。

要谋创新之举。适应新常态。积极顺应经济社会发展以及疫情防控新常态，主动应

变,科学求变,持续放大零疫情效应,努力在危机中寻新机,于变局中开新局。增强新动能。坚持以供给侧结构性改革为主线,全面落实新一轮产业扶持政策,助力产业转型升级,致力打造新经济、新业态、新模式。深化国企改革,着力打造富有活力的运营团队,推动千岛湖生态旅游和千发集团上市,加速"两山"资本转化,努力实现更高质量、更优效益、更强动能的发展。激发新活力。深化"最多跑一次"改革,将"亲清在线"的理念、方法和机制运用到商事改革、民生保障等领域,创新改革思路和举措,加快取得更多实质性、突破性、系统性成果。

要树清正之风。恪守清正廉洁。切实履行党风廉政建设责任制,严格贯彻落实中央八项规定及其实施细则精神,坚持无禁区、全覆盖、零容忍,让干部不敢腐、不能腐、不想腐,着力营造风清气正的良好政治生态。力戒形式主义。驰而不息推进作风建设,最大限度削减"文山会海",坚决戒除"以文件代替落实""以会议落实会议"等形式主义,切实优化整合和削减各类节庆活动。厉行勤俭节约。牢固树立过紧日子的思想,加强预算标准化建设,强化政府投资项目预算审核,严格控制和压减一般性支出,新增财力优先用于民生支出,严防地方政府性债务和基层财政资金管理风险。

各位代表,雄关漫道真如铁,而今迈步从头越。让我们更加紧密地团结在以习近平同志为核心的党中央周围,牢记总书记的殷殷嘱托,在市委、市政府和县委的坚强领导下,紧紧依靠全县人民,勠力同心,奋楫笃行,为全力开创特别生态功能区新局面、全面开启社会主义现代化新征程而努力奋斗!

参阅资料

《政府工作报告》名词解释

1. **十大专项行动**:是县委县政府推动年度工作的重要载体,分别指:千岛湖水质高水平保护专项行动、生态环境系统防控治理专项行动、美丽城乡环境整治提升专项行动、深绿产业培育发展专项行动、平台拓展转型升级专项行动、公共服务优质供给专项行动、民生保障提档共享专项行动、深化基层社会治理专项行动、人才智力支撑专项行动、体制机制改革创新专项行动。

2. **六保六稳**:六保是指保居民就业、保基本民生、保市场主体、保粮食能源安全、保产业链供应链稳定、保基层运转;六稳是指稳就业、稳金融、稳外贸、稳外资、稳投资、稳预期。

3. **两山银行**:是指按照"生态优先、绿色发展,政府主导、市场主体,点面结合、先试先行,淳安特色、利益共享"的原则建立的中介平台和服务体系;依托此平台,对全县分散零碎、闲置沉睡的生态资源进行有序地收储流转、整合提升,引进社会资本进行适度开发和盘活经营,从而打通资源变资产、资产变资金、资金变资本的"最后一公里",可以形象地称之为"存入绿水青山,取出金山银山"。

4. **景区安全官**:是千岛湖景区在疫情防控和游客安全保障方面的创新举措,安全官队伍由景区各涉旅企业自行招聘或内部调派人员担任,主要负责景区安全管理、公共场所消毒、查验入园游客健康码以及测量游客体温等安全管理工作。同时,充分利用城市大脑文旅大数据平台,为游客提供扫脸入园、自助排航、分时预约、智慧语音导游等全时段的"非接触式"综合服务。

5. **"3+X"空间布局**:3是指钱塘新区工业飞地、西湖区千岛湖智谷科创飞地、千岛湖智邦消薄飞地,X是指拓展的其他空间。

6. **三个清零**:根据《关于开展全省低收

入农户高水平全面小康攻坚的通知》(浙委办发〔2020〕29号)文件精神,要求切实做到“三个清零”,即“两不愁三保障”突出问题清零、年家庭人均可支配收入10000元以下情况清零、集体经济薄弱村清零。

7. 一图一码一指数:是浙江省在新冠疫情防控工作中创新推出的精密型智慧管控体系。一图是指五色“疫情图”,以县域为单元,用五色反映全省各县(市、区)新冠疫情风险等级。一码指“健康码”,是以大数据为支撑的个人健康凭证,分绿码、黄码、红码三种。一指数指“精密智控指数”,自2020年2月16日首次评价起,从1.0版的管控指数、畅通指数逐渐迭代至7.0版的“境内人员管控”“入境人员管控”“物品风险防控”“防控能力提升”四大模块。

8. 小额工程项目“两备案一承诺”制度:是指对500万元以下未纳入六项制度管理的在建工程项目全面落实“用工协议备案、农民工工资支付结清备案、施工方向业主出具工资支付结清承诺书”制度。

9. 无废城市:是指通过推动形成绿色发展方式和生活方式,持续推进固体废物源头减量和资源化利用,最大限度减少填埋量,将固体废物环境影响降至最低的城市发展模式。

10. 生态资产产权:是指可用于流转交易的具有资产属性部分的生态资源的各项权能,包括所有、占有、处分、受益权利,可通过市场交易等机制实现自然资源的收益性和价值性。

11. 用水权:是指在合理界定和分配水资源使用权基础上,通过市场机制实现水资源使用权在地区间、流域间、流域上下游、行业间、用水户间流转的行为。

12. 用碳权:指对大气或大气环境容量的使用权。这种使用权可以通过法律规定被私有化,并进入市场进行交易,从而实现全社会低成本控制排放目的。

13. 一园多点:一园是选址在大下姜核心区,主要规划布局在枫树岭、大墅两个镇可开发建设区块,规划范围约2平方公里;多点是根据生态旅游文化产业园发展的需求,点状辐射至县域范围内其他乡镇和区块。

14. 四化四全四优:四化是淳安旅游发展新目标,即实现国际化、融合化、品质化和智慧化;四全是淳安旅游产品体系目标,即培育全域、全季、全时、全链的产品体系;四优是全方位提升淳安旅游服务水平的目标,即体现优越的生态、优良的产品、优质的服务和优秀的管理。

15. 亚运“五色工程”:是指底色、本色、成色、特色、亮色工程,底色工程主要指基础设施建设,本色工程主要指环境保护提升,成色工程主要指健康淳安推进,特色工程主要指产业提质转型,亮色工程主要指文化文明传播。

16. 三化融合:是指推进数字产业化、产业数字化、城市数字化,推动互联网、大数据、人工智能与实体经济深入融合,实现人产城、数产城深度融合。

17. 未来村庄:是指秉承创新、协调、绿色、开放、共享的新发展理念,运用“政府支持、群众主体、基金撬动、市场运作”建设运营创新机制,充分调动国有资本、社会资本、集体经济、投资基金和乡贤群体等共同参与,打破旧的村庄发展边界和局限,建设原住民和新村民的利益共同体,实现科学可持续发展的美丽乡村升级版。

18. 一中心四平台一网格:一中心即淳安县社会治理综合服务中心(县社会矛盾纠纷调处化解中心),四平台即乡镇综治工作平台、市场监管平台、综合执法平台、便民服务平台,一网格即全科网格。

大事记

1月

1月6日,副市长胡伟到淳安就2021年杭州市《政府工作报告》《"十四五"规划纲要》征求意见。

1月14日,县政府召开"十四五"规划和《政府工作报告(征求意见稿)》座谈会,征求县级退休老干部的意见建议。

1月15日,县政府召开"十四五"规划和《政府工作报告(征求意见稿)》座谈会,征求县政协常委会的意见建议。

同日,国家重点研发计划"蓝色粮仓科技创新"专项"典型湖泊水域净水渔业模式示范"项目启动会在淳安县召开。

1月22日,"先富帮后富、区域共同富"大下姜联合体模式成功入选2020年度浙江省改革创新最佳实践案例。

1月26日,淳安县举办2021年首场"亲清直通车·政企恳谈会"。

1月29日,淳安县召开千岛湖旅游上市和游船艇公司重组问题专题研究会。

2月

2月6日,淳安县举行龙华禅寺迁建项目意向书签约仪式。

2月9日,《淳安县人民政府关于进一步明确集体土地地上附着物和青苗补偿标准的通知》发布。

2月18日,淳安县召开全面推进数字化改革大会。

同日,淳安县获评2020年全国村庄清洁行动先进县。

2月19日,省委书记袁家军到淳安调研,指导数字赋能乡村治理、大下姜联合体建设、"两山银行"改革试点等工作。

2月20日,县政府发布《关于在千岛湖等水域实施禁渔制度的通告》。

3月

3月17日,生态环境部水生态环境司一行到淳安调研千岛湖河湖氮磷标准衔接问题。

3月23日,《淳安县人民政府关于印发淳安县国民经济和社会发展第十四个五年规划和二〇三五年远景目标纲要的通知》发布。

3月23—24日,杭州市"污水零直排区"建设现场会在淳安县举行,杭州各区、县(市)治水办的相关负责人在汾口镇现场观摩淳安"污水零直排区"建设,并进行经验交流。

3月26日,千岛湖生态系统研究站揭牌成立。千岛湖生态系统研究站是由中国科学院南京地理与湖泊研究所负责建设的水库生态学科研、科普基地。

3月29日,淳安县召开新冠疫苗全民接种工作部署会议。会议深入贯彻落实中共中央国务院、省委省政府、市委市政府的决策部署,对全县接种工作再细化、再推进、再落实。

4月

4月2日，淳安县举办2021年中国·千岛湖茶博览会。

4月8日，2021年淳安县重点项目第一批集中开工暨大下姜文旅客厅项目开工仪式举行。

同日，《淳安县人民政府办公室关于印发“千岛农品”区域公用品牌建设三年行动计划(2021—2023年)的通知》发布。

4月14日，2021年千岛湖红色旅游年启动仪式暨千岛湖旅游奖励政策发布会举行。

同日，淳安县与省人民医院签署第二轮合作办医协议。

同日，以“学党史、提素质、展技能、建新功”为主题的2021年淳安县第四届“百业百匠”百场技能竞赛“大擂台”暨“鱼味馆”杯“百县千碗·淳安味道”厨艺技能比武大赛启动仪式举行，来自全县各行各业技能人员代表500余人参加。

4月17—18日，2021年千岛湖·界首自行车运动小镇“鲁能胜地杯”泳渡挑战赛与铁人三项赛举行。

同日，2021年千岛湖茶博览会——“鸠坑种·母亲茶”助力乡村振兴千岛湖鸠坑有机茶小镇推介会在杭州市运河广场举行。

4月21日，淳安县与杭州银行股份有限公司签订全面战略合作协议。

4月25日，全县数字化改革大会召开。

4月29日，《淳安县人民政府办公室关于下达淳安县农业、林业、工业和生活四个污染防治项目(2021—2025年)计划的通知》发布。

5月

5月8日，农夫山泉坪山工厂项目签约仪式举行。

5月12日，中共中央政治局委员、中央政法委书记郭声琨到淳安调研政法队伍教育整顿。

5月14日，“心灵绿洲康养福地”2021年千岛湖疗休养旅游恳谈会在宁波海曙区举行。

5月16日，2021年浙马跑团百公里接力赛·第四届千岛湖女子乡村马拉松赛举行。

5月18日，淳安县获得2020年度“大禹鼎”。这是淳安县第四次获得“大禹鼎”，首次捧得“大禹鼎”银鼎。

5月19日，《淳安县人民政府关于印发淳安县生态文明建设规划(2020—2030年)的通知》发布。

5月21日，330国道千岛湖大桥至临岐段改建工程征迁动员大会召开。

5月24日，“千岛农品进市民中心”启动仪式在杭州市举行。

6月

6月3日，安徽歙县·浙江淳安县庆祝2021年“六五环境日”暨新安江流域生态补偿机制建立10周年活动在歙县举行。

6月7日，淳安县有2240人参加2021年全国高考。

6月25日，淳安县召开国家卫生县城第五轮复评情况反馈会。淳安县以高分通过省级复评。

6月26日，淳安县在杭州千岛湖智谷大厦举办“千岛农品”区域公用品牌发布会。

6月29日，浙江省人民检察院检察长贾宇到淳安调研革命烈士纪念设施保护工作。

7月

7月7日，县睦剧团负责创作的红色题材

睦剧大戏《茶山村的故事》在县睦剧团剧院举行首演。

7月16日,千岛湖旅游产业生态融合发展论坛举行。

7月30日,《杭州市淳安特别生态功能区条例》经省十三届人大常委会第三十次会议批准,将于2022年1月1日起施行。

同日,《淳安县人民政府办公室关于印发淳安县农村公路管理养护体制改革实施方案(试行)的通知》发布。

同日,千岛湖镇命名30周年纪念活动举行。

8月

8月2日,淳安县特别生态功能区建设卫生健康领域市县协作会议暨签约仪式在淳安举行。

8月13日,西湖区与淳安县对接山海协作工作会议在西湖区召开。

8月18日,医银合作项目启动仪式举行。

同日,淳安县开展大规模人群新冠病毒核酸检测应急演练。

8月20日,《淳安县人民政府办公室关于印发淳安县中小学教育布局优化调整实施方案(2021—2025年)的通知》发布。

8月25日,淳安县专用校车运营启动仪式举行。

8月27日,《淳安县人民政府办公室关于扶持农村客运发展的实施意见》《淳安县人民政府办公室关于扶持城市公交优先发展的实施意见》发布。

8月30日,千岛湖镇第八小学正式投入使用。

9月

9月1日,淳安"大下姜共同富裕"应用场景正式上线发布。

9月7日,《淳安县人民政府办公室关于印发淳安县开展全域全物种生物多样性调查评估工作方案的通知》发布。

9月10日,淳安县举行杭州2022年第19届亚运会倒计时一周年活动淳安赛区启动仪式。

同日,淳安县举行中国银行浙江省分行与山区26县跨越式高质量发展合作协议签约仪式。

同日,浙江大有集团有限公司光伏攻坚暨淳安县樟村农光互补项目启动仪式举行。

9月16日,淳安县·滨江集团乡村振兴战略合作框架协议签约暨千岛湖滨江云顶桃园项目启动仪式在王阜乡胡家坪村举行。

9月22日,淳安县举办2021年第二届中国千岛湖农业博览会暨千岛农品丰收节擂台赛、淳安县第六届村歌大赛。

9月28日,省妇联、省农业农村厅、省商务厅、建行浙江省分行、杭州市人民政府联合主办的"建行杯"浙江省首届巾帼村播大赛在淳安县举行。

9月29日,屏三公路(东方大桥至唐村段)改建工程建成通车。

10月

10月1—8日,"十一黄金周"全县接待游客115.21万人次。

10月11日,淳安县"千岛鲁能胜地生物多样性保护与可持续利用"案例、"千岛湖水基金——千岛湖流域生态可持续发展探索"案例在联合国《生物多样性公约》缔约方大会第十五次会议(COP15)上入选"生物多样性100+全球典型推荐案例"。

10月12日,淳开公路入选"第二届全国美丽乡村路"榜单。

10月17日,淳安县举办"迎亚运"2021

年中国·杭州第十五届环千岛湖公路自行车赛。

10月21日，诗画浙江·百县千碗——2021年“百县千碗·淳安味道”美食品鉴发布会举行。

10月23日，淳安运动员汪霞红获全国第十一届残运会女子T44级200米项目金牌。

10月24日，淳安县举办2021年千岛湖公开水域游泳公开赛。

同日，2021年“和邑杯”中国桨板俱乐部联赛全国U系列赛·千岛湖站在石林镇举行。

10月25日，《淳安县人民政府关于进一步完善养老服务体系扶持政策的意见》发布。

10月26日，《淳安县人民政府关于规范全县第一批历史建筑名录的通知》发布。

10月27日，淳安县王年法、宋世兰、何仁德3名市级非遗代表性传承人成功入选第六批省级非遗代表性传承人名录。

10月30日，浙江省第二届生态运动会（淳安站）开幕式在淳安县举行。

10月31日，淳安县举办浙江省第二届生态运动会（淳安站）2021年STC千岛湖大铁113铁人三项赛。

11月

11月1日，《淳安县人民政府关于砂石资源管理的实施意见》《淳安县人民政府关于进一步加快电子商务产业发展的意见》发布。

11月2日，全省城镇“污水零直排区”建设和农村生活污水治理工作推进会在淳安县召开。

11月9日，中央扫黑除恶督导组一行到淳安督导。

11月22日，淳安县举办以“学百年党史、护一湖秀水、迎亚运盛会、创共富渔业”为主题的2021年千岛湖迎亚运渔业资源增殖放流活动。

11月24日，淳安县召开领导干部会议，宣布浙江省委关于淳安县委主要领导调整的决定：杨建根任中共淳安县委委员、常委、书记。

11月25日，“绿水青山·亚运淳安”2021年淳安千岛湖亚运观赛空间启动仪式举行。

11月29日，“高原江南·走进淳安”巴塘县优势资源特色、农产品推介暨文化交流活动在淳安县举行。

是月，淳安县司法局临岐司法所被司法部命名为全国模范司法所。

12月

12月3日，淳安县举办第四届屏门乡睦剧文化旅游节暨杭州千岛湖睦剧院成立20周年活动。

12月17日，淳安中学与香港福建中学举行结对启动仪式。

12月27日，淳安县城市管理局（淳安县综合行政执法局）正式更名为淳安县综合行政执法局，并举行县综合行政执法指导办公室揭牌仪式。

12月27—30日，中国共产党淳安县第十五次代表大会在千岛湖镇召开。会议主要议程为：听取和审查中国共产党淳安县第十四届委员会的工作报告；审查中国共产党淳安县第十四届纪律检查委员会的工作报告；选举中国共产党淳安县第十五届委员会；选举中国共产党淳安县第十五届纪律检查委员会；选举淳安县出席中国共产党杭州市第十三次代表大会的代表。杨建根代表中共淳安县第十四届委员会向大会作了《共建特别生态区　共享魅力千岛湖　为争当跨越式高质量发展和共同富裕排头兵而努力奋斗》的工作报告。

12月30日，县委十五届一次全体会议在千岛湖镇召开，出席会议的有县委委员、候补委员，纪委委员。会议选举杨建根、张鸿斌、许海波、鲁连美、何烨锋、卜利斌、徐新勇、罗孙一鸣、沈国红、章临凯、王刚为县委常委，选举杨建根为书记，选举张鸿斌、许海波为副书记。

12月30日，淳安县与华能(浙江)能源开发有限公司签署战略合作协议，加快推进千岛湖抽水蓄能电站项目建设。

12月31日，《淳安县人民政府关于印发淳安县政府投资项目管理办法的通知》《淳安县人民政府关于推进健康淳安行动的实施意见》发布。

同日，淳安县第二届“最美退役军人”发布仪式举行。 (编辑　刘东山)

县情概览

·地理位置·

淳安县位于浙江省西部，地处北纬29°11′～30°02′，东经118°20′～119°20′。东邻桐庐、建德，南连衢江区、常山，西南与开化接壤，西与安徽休宁、歙县为邻，北与临安毗连。全境东西最大距离96.80千米，南北最大距离94.40千米，面积4427平方千米，占全省总面积4.35%，是浙江省地域面积最大的县。属杭州市，距杭州市区151千米。是著名国家AAAAA级风景区千岛湖所在地，又是浙江省政府批准的革命老根据地县。

·建置沿革·

淳安县历史悠久。在新石器时代就有人类活动。春秋属吴、越，战国属楚，秦时为歙县辖地。东汉建安十三年(208年)，孙权遣威武中郎将贺齐击山越，分歙县东之叶乡置始新县，治所在今淳安县威坪镇南3.5千米水域。又分歙县南之武强乡置新定县，治所在今淳安县西南仙居村附近。此为淳安、遂安建县之始。三国吴置新都郡，以始新县治为郡治。西晋太康元年(280年)，易新都郡为新安郡，始新县县治仍为郡治，改新定县为遂安县。隋开皇九年(589年)，废郡置州，属婺州，改始新县为新安县，并遂安、寿昌县入新安县。仁寿三年(603年)，置睦州，县为州治并属之，遂安县从新安县分出复立。隋大业三年(607年)改新安县为雉山县。唐武德四年(621年)遂安县移治狮城(今淳安县西千岛湖五狮岛)。唐文明元年(684年)，复改雉山县为新安县，移治今淳安县西。开元二十年(732年)改新安县为还淳县。永贞元年(805年)，避宪宗李纯名讳，改还淳县为青溪县。北宋属严州，宣和三年(1121年)改青溪县为淳化县。南宋属建德府，绍兴元年(1131年)改淳化县为淳安县。元时，淳安、遂安属建德路。明、清属严州府。民国元年(1912年)属浙江省，3年(1914年)属金华道，24年(1935年)属第五行政督察区。后又多次变更，至1949年，淳安、遂安两县改隶第四行政督察区。1949年5月两县解放，初属建德专署，1950年撤建德专署，改属金华专署，1955年划归复设的建德专署。1958年撤建德专署，淳安属金华专署，10月，淳安、遂安两县合并为新的淳安县，县政府迁建排岭。1963年，淳安县划属杭州市。1965年11月，设排岭镇。1991年9月，改排岭镇为千岛湖镇。

·行政区划·

2021年年末，全县设23个乡镇，其中，11个镇、12个乡，有337个建制村、18个社区。全县总户数14.69万户，常住人口33.0万人，户籍人口45.28万人。在户籍人口中，男性228858人，女性223905人。全县人口出生率5.67‰，人口自然增长率－1.3‰。

2021年淳安县行政区一览表

表1

乡镇名称	面积(平方千米)	人口(人)	村		社区	
			个数(个)	名称	个数(个)	名称
千岛湖	356	84974	16	屏湖、进贤、汪宅、青溪、周坑、宋家坞、富城、马路、云村、汪家、联丰、宕里、坪山、前坞、富泽、淡竹	13	西园、江滨、新北、南山、南苑、望湖、李家坞、施家塘、火炉尖、城东、阳光、新城、青城
石林	144	4940	7	茶园、千岛湖、富德、棠高、双西、岭足、玳瑁	—	—
文昌	221	14481	14	东树坑、卢家庄、西河、潭头、下潘、王家源、丰茂、文屏、浪洞、西阳、市畈、文昌、富山、光昌边	—	—
里商	276	11223	13	塔山、江村、村坑、里阳、鱼泉、向阳、武源、五兴、里商、郎范、洞坑口、石门、石湾	—	—
富文	151	8266	8	青田、富文、漠川、聚璧源、方家畈、查林、重坑、六联	—	—
左口	175	11509	9	桥西、瑶村、显后、左口、方家、芳桥、塘边、雌龙源、龙源庄	—	—
金峰	150	6009	9	景源、金峰、殿峰、百照、锦溪、山后、锦湖、朱家、安上	—	—
临岐	222	20298	16	范村、叶家畈、临岐、梅口、吴峰、仰韩、新华、高峰、里口、审岭脚、夏中、半夏、右源、左源、溪口、五庄	1	望溪
屏门	163	12199	11	将坑、屏门、佛岭后、圭川、齐坑、童家坪、金陵、五和、秋源、上中、隐将	—	—
瑶山	112.4	9529	10	琅坑源、爱国、张家、琅洞、幸福、贡坑、何家、富岩、天坪、岭后源	—	—
威坪	301	46183	35	合富、石柱、新茂、西山、长岭、桐溪、笔峰、唐村、坑下、凤凰、河村、茶合、洞源、妙石、贤茂、叶家、三坦、安川、杨家畈、岭脚、洪圻、旗山、琴坑、横塘、五丰、三洲、邵宅、方宅、青联、厚屏、蔗川、杜川、汪川、蜀阜、驮岭脚	1	虹桥
鸠坑	104	7425	8	中联、乳洞、星光、赋置、青苗、金塔、严村、常青	—	—
王阜	168	17254	15	金紫、管家、长川、柳塘、郑中、新畈、华坪、王阜、山川、马山、严家坪、横路、金家岙、闻家、胡家坪	—	—
宋村	80.16	6886	6	青山口、胡家畈、镜洪、宋村、白云溪、云港口	—	—
姜家	206	25950	17	双溪、玉泉、桂溪、黄村桥、霞社、姜家、银峰、郭村、霞五、赤城、浮林、章村、沈畈、郁川、石颜、夫畈、郁源	1	墨香湖
梓桐	156	18458	18	西湖、梓溪、并峰、富石、叶家庄、黄村、杜井、杏富、常宁、胡江、姜桐、唐家、卢家、结蒙、河联、三联、程家源、尹山	—	—
浪川	105.1	19944	17	汇源、狮古山、裕丰、鲍家、大联、联欢、峰川、大塘、杨家、新桥、马石、桃源、占家、洪家、芳梧、芹川、全朴	—	—

续表1

乡镇名称	面积（平方千米）	人口（人）	村		社区	
			个数(个)	名称	个数(个)	名称
界首	121	9416	8	姚家、燕源、鳌山、严家、桐子坞、松源、洋田、周源	—	—
汾口	237	54532	42	赤川口、龙门、三渡、富占源、红星、天林庄、舒翠、杨旗坦、祝家、汾口、章姚、仙居、翁川源、龙山、射墩、茅屏、云林、鲁村、桃林畈、栗园里、毛家、百亩畈、岭后、荷塘、龙源、红旗、富溪、石峰、交界、汪家桥、三底、水南、郑家、宋祁、寺下、石畈、西村、禾田、横沿、陆乡、宋京、湛川	1	杨旗
中洲	166.3	19968	15	叶村、徐家、中洲、余家、樟村、长埂、左川、乘风源、茶山、霞童、李家畈、畈头、札溪、木瓜、南庄	—	—
大墅	163	13780	13	上坊、桃林、岭干、儒洪、桃源凌家、栗月坪、凤山、高山、洞溪、大墅、大坞、西园、孙家畈	1	凤林
枫树岭	308	18154	18	下姜、源塘、枫树岭、薛家源、上江、夏峰、丰家源、夏村、汪村、湖景、铜山、鲁家田、大源、衍昌、白马、大桥头、周家桥、官川	—	—
安阳	146	11385	12	昌墅、山下、上梧、乌龙、红山岙、下栖梧、五堡、黄川、安阳、外畈、桐川、崀岭	—	—

·自然资源·

【概况】 淳安县属浙西山地丘陵区，由中低山、丘陵、小型盆地、谷地和水库组成。土壤分为4个土类、9个亚类、29个土属、40个土种，以红壤、黄壤、岩性土、水稻土为主。其中：红壤为本县面积最大的土属，全县有27.47万公顷（412.11万亩）；黄壤土3.68万公顷（55.26万亩）；岩性土6.14万公顷（92.14万亩）；水稻土1.82万公顷（27.25万亩）。土壤黏质占22.56%，砂质占28.41%，砾质占20.77%。土壤肥力中等，适宜种植水稻、小麦、玉米、六月豆等多种作物和各种经济林木。

矿产资源点多、面广、规模小。燃料矿主要有石煤、沥青煤；非金属矿主要有黄铁矿、磷矿、萤矿、耐火黏土、纬晶岩、大理岩和石英（脉）等；金属矿主要有磁铁矿、赤铁矿、锡铁矿、褐铁矿、铁铜锡矿、铜锌矿、铅锌矿、铜矿、锑矿、钨矿、汞矿、钒矿、钼矿、铍矿、毒砂矿等。按矿种分类，全县有燃料矿产15处、非金属矿产53处、金属矿产84处。

全县植被属中亚热带常绿阔叶林北部亚地带，为浙皖山丘青岗、苦槠林栽培植被区，全县森林覆盖率达78.63%，其中千岛湖内森林覆盖率达82.50%，生物种类繁多、资源丰富。已鉴定维管束植物1824种，蕨类植物35科、69属、126种，种子植物159科、761属、1698种。有国家保护珍稀树种20种；有国家Ⅰ级保护植物银杏、南方红豆杉，国家Ⅱ级保护植物浙江樟、浙江楠、鹅掌楸、香果树、厚朴、花榈木、羊角槭等。野生动物有兽类51种，鸟类224种，爬行类50种，昆虫类16目、320科、1800种；两栖类2目、4科、12种，鱼类有13科、94种。有国家一级重点保护野生动物云豹、金钱豹、黑麂、中华秋沙鸭、白颈长尾雉、穿山甲、大灵猫、金猫、鼋9种，国家二级保护野生动物猕猴、黑熊、水獭、河麂、鬣羚、海南鹅、鸳鸯、黑翅鸢、黑鸢、蛇雕、白尾鹞、赤腹鹰、松雀鹰、灰脸鵟鹰、普通鵟、大鵟、林雕、红隼、灰背隼、燕隼、游隼、勺鸡、白秋鹤、褐翅鸦鹃、领角鸮、斑头鸺鹠、鹰鸮、长耳鸮、仙八色鸫、雀鹰、苍鹰、白鹇、草鸮、红嘴相思鸟、画眉鸟、短耳鸮、大鲵37种。

【湖泊河流】 全县各河流统属钱塘江水系。境内溪河纵横、流向复杂,水系呈羽状。主要河流有新安江及其支流东源港和遂安港。新安江,又名徽港,1985年浙江省钱塘江河源河口调查考察确认新安江全长373千米,境内长82.69千米,主要支流有桐溪、六都源、鸠坑源、梓桐源、云源港、清平源和商家源;东原港又名进贤溪、富强溪,今流长40.90千米,主要支流有十八都源、潭头源和琅洞源;遂安港,全长80余千米,主要支流有武强溪、凤林港、浪川溪、上梧五都源、上坊溪、丰家溪、龙泉溪和龙川溪。

·气象·

【天气概况】 2021年,淳安县气温异常偏高、降水量偏少、日照偏少。年平均气温18.9℃,打破历史极值。年极端最低气温-5.8℃(出现在1月8日),年极端最高气温37.0℃(出现在7月12日)。全年总降水量1520.9毫米,比上年偏少728.4毫米,比历年平均偏少77.3毫米。年降水日数218天,比上年少24天,比历年平均多63天,其中有5天出现暴雨天气。全年总日照时数1700.4小时,比上年多220.4小时,比历年平均偏少115.4小时。

2021年气温异常偏高,但1月1日、8日,出现阶段性低温与寒潮天气,最低气温普遍在-3℃~-8℃,道路结冰状况严重,部分农作物受冻减产乃至绝产。

2021年6月10日入梅,7月5日出梅,梅雨期25天,全县平均梅雨量403毫米,枫树岭、汾口、中洲、姜家有25个站(占22%)雨量超过500毫米,最大雨量为枫树岭镇大源村685毫米。最大小时雨量为汾口镇寺下村6月10日6—7时81.7毫米。受灾情况:全县受灾人口542人,倒塌房屋12间,交通中断6处,农作物受灾面积210.35公顷,绝收0.79公顷,直接经济损失426.45万元。投入抢险人数644人,转移人口12户、25人。全县没有发生人员因灾伤亡事故,整体防汛救灾形势保持平稳。

2021年9—12月,全县持续晴多雨少,累计降雨量143.4毫米,较常年同期272.1毫米偏少47%,个别乡镇出现短时间的轻度干旱,山塘水库蓄水量开始明显减少,局部高山区出现饮用水困难。

2021年、2020年淳安县气象要素对照表

表2

要素 年份	平均气温(℃)	降水量(毫米)	光照(小时)	雨日(天)	暴雨日数(天)
2021	18.9	1520.9	1700.4	214	5
2020	18.0	2249.3	1480.0	238	10
历年	17.6	1598.2	1815.8	151	5

(徐雪兴)

·水文·

【概况】 2021年,淳安县水文站下设1个水文站(中洲水文站)和管家、千岛湖、下洪、小毛岭、西岭、荷岭后、双溪口、仙人潭、金竹岭、百罗畈、瑶山、大墅、白马、樟村、陈家村、姜家、杜井、塔山18个雨量代办站。负责全县雨情、水情的搜集、分析和整编,积累县境全年水文资料,为防汛防旱、水利水电工程建设及其他经济建设提供服务。

【雨情】 2021年,淳安县降雨属正常偏多年份,全县年平均降雨量为1950.9毫米,比多年平均降雨量偏多12.8%。因受县境地域广、地形复杂的影响,时空降水分布不均,县西部的浪川乡陈家村雨量站降水量为2325.5毫米,而在县西南部临岐镇百罗畈雨量站降水量只有1484.0毫米，两站相差达841.5毫米。全县最大24小时降水量出现在王阜乡仙人潭雨量站为153.5毫米。

【水情】 2021年8月20日4时实测新安江水库水位104.71米(千岛湖站)，为年最高水位，比上年度最高水位低3.74米；2月24日实测水位98.64米，为年度最低水位，比上年度最低水位低0.37米；水位年变幅6.07米，年平均水位101.09米。（郑红日）

·国民经济和社会发展情况·

【经济总量】 全县实现生产总值255.17亿元，按可比价格计算，增长5.2%。其中，第一产业增加值40.42亿元，增长2.6%；第二产业增加值63.70亿元，下降0.5%；第三产业增加值151.05亿元，增长8.5%。全县按常住人口计算的人均生产总值77676元，增长5.5%。按国家公布的2020年平均汇率折算，人均生产总值12041美元。三次产业结构比为15.8∶25.0∶59.2。数字经济实现增加值7.41亿元，按可比价格计算，增长3.6%，占全县生产总值的比重为2.9%。

【财政收支】 全县实现财政总收入47.76亿元，增长19.0%。一般公共预算收入25.94亿元，增长13.9%。其中实现税收收入22.95亿元，增长10.1%。一般公共预算支出77.37亿元，增长0.9%。其中，卫生健康支出7.00亿元，增长1.3%；公共安全支出3.12亿元，增长3.8%；教育支出10.28亿元，增长8.5%；社会保障和就业支出10.03亿元，增长17.7%。

【市场主体】 2021年年末，全县有各类市场经营主体34152户，其中内资企业13543户、个体工商户19974户、农民专业合作社515户。全年新设各类市场主体5038户，其中内资企业1945户、个体工商户3072户、农民专业合作社10户。

【劳动就业】 全县城镇新增就业人员8379人，失业人员实现再就业2245人，其中就业困难人员再就业1287人；城镇登记失业率为2.34%。全年开展各类职业技能培训6280人次，其中开展企业技能等级认定2585人次，创业培训165人，组织企业新型学徒制培训220人；核发技能等级证书2536本，专项能力证书1218本；培养高技能人才1288人，其中高级工1031人，技师、高级技师257人。

【人民生活】 全年城镇常住居民人均可支配收入53002元，增长8.2%；人均生活消费支出30755元，增长17.2%。全年农村常住居民人均可支配收入24675元，增长9.8%；人均生活消费支出16366元，增长15.0%。

【社会保障】 全县各类养老保险应参保人数381495人，已参保377902人，参保率99.06%；全县各类医疗保险应参保人数为451993人，已参保人数450415人，参保率99.65%；工伤保险参保人数为76911人。

【社会福利】 全县有养老机构30家，其中县级公办1家，乡镇级敬老院23家，民办养老机构6家，有机构养老床位3118张，在院供养老人1125人。年末，全县有在册低保户数9543户12384人，其中残疾人单列户5680户5795人。

【城市建设】 完成新安东路(花园饭店至浪达岭加油站)交通治堵改造工程，实施景湖花园康和路改造提升工程、富力幼儿园门口道路堵点治理工程及一家山水、城东停车场等处红绿灯改造工程，新增地下空间面积约28

万平方米。城市污水处理率为97.13%。改造17个老旧特韵小区,创建6个市级美好家园,安装55部电梯,提升改造阳光公园,完成坪山路、阳光路2条道路无障碍设施改造,公共租赁住房360户配租。

【公用事业】 全社会用电量15.19亿千瓦时,增长6.2%。其中,一产用电0.21亿千瓦时,增长38.1%;二产用电6.94亿千瓦时,增长3.6%;三产用电4.91亿千瓦时,增长11.6%;城乡居民生活用电3.12亿千瓦时,增长2.4%。

【环境建设】 全年空气优良天数356天,优良率97.8%。细颗粒物($PM_{2.5}$)年均浓度18微克/米^3;二氧化氮年均浓度值12微克/米^3;二氧化硫年均浓度值4微克/米^3。地表水国控断面达到或优于Ⅲ类比例100%,市控以上断面达到或优于Ⅲ类比例100%。

【农业生产】 全县农林牧渔业增加值41.07亿元,增长2.7%。完成农林牧渔业总产值57.20亿元,增长5.8%。其中,农业产值40.74亿元,增长9.2%;林业产值7.16亿元,下降1.4%;畜牧业产值4.87亿元,下降1.2%;渔业产值3.18亿元,增长16.2%。实现粮食总产量4.56万吨;茶叶产值9.67亿元,增长20.5%;水果产值6.90亿元,增长6.9%;中药材产值5.07亿元,增长4.3%;肉类产量1.01万吨,增长35.6%。

【美丽乡村】 全县创建省级美丽乡村示范乡镇11个、省级美丽乡村特色精品村33个、省级新时代美丽乡村达标村275个;创建市级中心村30个、市级精品村92个、市级风情小镇9个、市级精品示范线12条;创建县级富丽乡村示范村15个。

【工业生产】 全年实现工业增加值39.66亿元,增长1.5%,其中规模以上工业增加值28.79亿元,增长6.4%。规模以上工业新产品产值10.77亿元,增长36.2%;新产品产值率11.5%,比上年提升2.1个百分点。高新技术、装备制造业、战略性新兴产业增加值分别为12.14亿元、3.73亿元、2.24亿元,其中高新技术产业增加值增长18.8%,装备制造业和战略性新兴产业增加值分别下降1.5%和16.8%。

【固定资产投资】 全县固定资产投资下降14.8%,其中项目投资下降38.4%。按投资"4+1"结构看,交通投资下降82.5%;生态环保、城市更新和水利设施投资增长19.7%;高新技术产业投资增长40.4%;民间项目投资增长19.0%;工业投资增长41.9%。

【房地产业】 全年房地产业实现增加值24.25亿元,增长3.6%。全县房地产开发投资增长19.4%;房屋施工面积284.09万平方米,下降0.5%;竣工面积50.94万平方米,增长116.4%。全年商品房销售面积32.11万平方米,增长1.0%;实现商品房销售额43.90亿元,增长1.1%。

【贸易】 全县实现批发零售业增加值27.26亿元,增长12.5%;住宿餐饮业增加值8.09亿元,增长10.5%。全县实现社会消费品零售总额90.03亿元,增长7.5%。全县外贸进出口总额2.23亿美元,增长20.5%。其中,出口额2.04亿美元,增长23.5%;进口额0.19亿美元,下降4.1%。

【招商引资】 全县新引进个性化产业项目91个(其中生态金融项目29个)。全县有生态金融(总部经济)2242家,其中当年新引进510家;实现税收15.65亿元。全年实际利用外资3326万美元。

【交通运输】 全年实现交通运输、仓储和邮政业增加值6.94亿元，增长12.6%。全县公路总里程2862.271千米，其中高速公路65.618千米、国道89.777千米、省道29.264千米、县道721.913千米、乡道277.549千米、村道1678.15千米；有公路桥梁804座、59705.6米，公路隧道143座、87551.6米。

【安全生产】 全年发生生产安全事故8起，死亡6人、受伤2人。其中，道路交通事故5起，死亡3人、受伤2人；建设施工事故2起，死亡2人；其他领域事故1起，死亡1人。

【旅游业】 实现旅游经济总收入154.18亿元，下降33.7%；旅游总人数932.50万人次，下降51.6%。年末各类旅行社66家。星级宾馆14家，其中五星级2家；挂牌五星及标准建造酒店14家、挂牌四星及标准建造酒店22家、精品度假及主题特色酒店8家。

【金融业】 2021年年末，全县金融机构本外币各项存款余额408.78亿元，增长3.5%，其中人民币存款余额405.59亿元，增长3.2%；金融机构本外币各项贷款余额414.61亿元，增长15.9%，其中人民币贷款余额414.60亿元，增长15.9%。

【教育】 2021年年末，全县有学校110所，在编教职工3858人，在校学生42028人，其中幼儿园40所，在校幼儿9222；小学48所（含17所校区），在校学生15856人；初中13所，在校学生8417人；普高5所，在校学生5277人；职高2所，在校学生3217人；培智学校1所，在校学生39人；电大教师进修学院1所。

【科技】 全县拥有有效发明专利309件。全年新增国家高新技术企业9家。新增省科技型中小企业27家，市雏鹰企业2家。新增省级企业研究院1家，省级高新技术企业研发中心1家。有14名市级科技特派员和9名县级科技特派员。

【文化】 全县有文化馆（站）24个，公共图书馆（含乡镇分馆）24个，城市书房（含新安书屋、杭州书房）25个，艺术馆1个，业余文艺团队近千支。

【卫生健康】 全县有各类医疗机构331家，医护人员3052人。全县医共体总门诊211.85万人次，增长1.8%，其中县级医院增长14.9%，基层医院下降6.6%；医共体总出院60750人次，增长1.4%，其中基层增长45.5%。县域就诊率90.07%，基层就诊率69.6%。全年上报出生2583人，减少634人；全县办理生育登记1924例，全年新增奖扶对象1258例，新增特扶对象47例，全年发放奖特扶资金总金额1629.19万元。

【体育】 全县新建和改造绿道174千米，建成基层体育场地设施75处，新增体育场地总面积9.26万平方米，人均体育场地面积4.33平方米。淳安籍选手在全国第十一届残运会、杭州市第二十届运动会中分别获得6金2银和4金4铜。淳安县获评“2017—2020年度全国群众体育先进单位”。新培育浙江省运动休闲乡镇1家，获评浙江省运动休闲旅游优秀项目1个，成功举办千岛湖公开水域游泳公开赛、环千岛湖公路自行车赛、千岛湖铁人三项赛等大型精品体育赛事15场、群众体育活动100余场。全年运动休闲游总人数312.4万人次，实现旅游收入18.7亿元。

（编辑　刘东山）

中国共产党淳安县委员会

·县委全委会·

【县委十四届十一次全体(扩大)会议】 2021年7月14日在千岛湖镇召开,出席会议的有县委委员、候补委员,纪委委员、监委委员,其他县领导,退居二线的县级领导,副县级以上退休老同志,各乡(镇)党委书记、乡(镇)长,各部委办局(公司、行社)党政正职或主持工作的副职,部分党代表。会议的主要任务是坚持以习近平新时代中国特色社会主义思想为指导,全面贯彻省委十四届九次全会、市委十二届十二次全会精神,研究部署淳安县共同富裕建设工作,进一步动员全县上下坚定践行"绿水青山就是金山银山"理念,勇扛使命、勇闯新路、勇当先锋,纵深推进特别生态区建设,奋力开启共同富裕新征程,为全省高质量发展建设共同富裕示范区贡献淳安力量。县委书记黄海峰代表县委常委会向全会作了《纵深推进特别生态区建设　奋力开启共同富裕新征程》的报告。

【中国共产党淳安县第十五次代表大会】 2021年12月27—30日在千岛湖镇召开,出席会议的有全体党代表和特邀、列席人员。会议的主要任务是:高举习近平新时代中国特色社会主义思想伟大旗帜,全面贯彻中共十九大和十九届二中、三中、四中、五中、六中全会精神,深入贯彻习近平总书记对浙江、杭州、淳安的重要指示批示精神,坚决落实省市委决策部署,回顾总结县第十四次党代会以来的工作情况,分析研判当前面临的发展形势,谋划部署今后五年的目标任务,选举产生新一届县委和纪委班子,动员全县广大党员干部和人民群众,锐意进取,开拓创新,深化特别生态区建设,共享魅力千岛湖精彩,为争当跨越式高质量发展和共同富裕排头兵而努力奋斗。会议主要议程为:听取和审查中国共产党淳安县第十四届委员会的工作报告;审查中国共产党淳安县第十四届纪律检查委员会的工作报告;选举中国共产党淳安县第十五届委员会;选举中国共产党淳安县第十五届纪律检查委员会;选举淳安县出席中国共产党杭州市第十三次代表大会的代表。杨建根代表中共淳安县第十四届委员会向大会作了《共建特别生态区　共享魅力千岛湖　为争当跨越式高质量发展和共同富裕排头兵而努力奋斗》的工作报告。

【县委十五届一次全体会议】 2021年12月30日在千岛湖镇召开,出席会议的有县委委员、候补委员,纪委委员。会议选举杨建根、张鸿斌、许海波、鲁连美、何烨锋、卜利斌、徐新勇、罗孙一鸣、沈国红、章临凯、王刚为县委常委,选举杨建根为县委书记,选举张鸿斌、许海波为县委副书记。会议通过中国共产党淳安县第十五届纪律检查委员会第一次全体会议选举结果的报告。

·重要会议·

【县委书记专题会议】 2021年1月5日，召开县委书记专题会议，交流1月重点工作。

1月21日，召开县委书记专题会议，研究县委组织部提交的有关事项。

1月28日，召开县委书记专题会议，研究县委组织部提交的有关事项，听取县委第十三轮巡察工作情况汇报。

1月31日，召开县委书记专题会议，研究县委组织部提交的有关事项，交流2月重点工作。

3月3日，召开县委书记专题会议，交流3月重点工作。

4月1日，召开县委书记专题会议，研究县纪委提交的有关事项，研究县委组织部提交的有关事项，交流4月重点工作。

4月19日，召开县委书记专题会议，研究县纪委提交的有关事项，研究县委组织部提交的有关事项。

4月30日，召开县委书记专题会议，交流5月重点工作。

5月13日，召开县委书记专题会议，研究县委组织部提交的有关事项。

5月31日，召开县委书记专题会议，交流6月重点工作，研究县委组织部提交的有关事项。

6月9日，召开县委书记专题会议，研究县委组织部提交的有关事项。

7月2日，召开县委书记专题会议，研究县委组织部提交的有关事项，研究县纪委提交的有关事项，听取县委第十四轮巡察工作情况汇报，交流7月重点工作。

7月14日，召开县委书记专题会议，研究县纪委提交的有关事项。

8月9日，召开县委书记专题会议，研究县委组织部提交的有关事项。

8月17日，召开县委书记专题会议，交流8月重点工作。

9月2日，召开县委书记专题会议，研究县委组织部提交的有关事项，传达有关会议精神，交流9月重点工作。

9月13日，召开县委书记专题会议，研究县委组织部提交的有关事项。

9月23日，召开县委书记专题会议，研究县委组织部提交的有关事项。

10月11日，召开县委书记专题会议，研究县委组织部提交的有关事项，交流10月重点工作。

10月25日，召开县委书记专题会议，研究县委组织部提交的有关事项。

11月3日，召开县委书记专题会议，交流11月重点工作。

11月25日，召开县委书记专题会议，研究县委组织部提交的有关事项。

12月2日，召开县委书记专题会议，交流12月重点工作。

12月11日，召开县委书记专题会议，研究县委组织部提交的有关事项。

12月14日，召开县委书记专题会议，研究县委组织部提交的有关事项。

12月22日，召开县委书记专题会议，研究县委组织部提交的有关事项，听取县委第十五轮巡察及回访检查情况汇报。

【县委常委会会议】 2021年1月5日，召开十四届县委常委会第145次会议，学习中央农村工作会议精神，中央政治局会议和中央经济工作会议对强化反垄断和防止资本无序扩张的要求精神，省委经济工作会议精神和省委常委会、市委常委会专题研究反垄断和防止资本无序扩张工作精神，听取县新冠疫情防控工作情况汇报，研究春节期间新冠疫情防控和新冠疫苗接种相关工作，审议《关于加快科技创新推动高质量发展的若干意见

(送审稿)》，审议《关于进一步促进现代服务业高质量发展的实施意见(送审稿)》，研究《2021年民生实事工程》《2021年政府投资项目》《2021年政府投资项目资金盘子》《“四本”预算盘子》。

1月21日，召开十四届县委常委会第146次会议，听取《县政府工作报告》《淳安县国民经济和社会发展第十四个五年规划和二〇三五远景目标纲要》有关情况的汇报，《县人大常委会工作报告》《县政协工作报告》《县法院工作报告》《县检察院工作报告》《淳安县2020年国民经济和社会发展计划执行情况与2021年国民经济和社会发展计划草案的报告》《淳安县2020年财政预算执行情况和2021年财政预算草案的报告》《淳安县2020年度环境状况和环境保护目标完成情况的报告》作书面汇报，研究县两会有关日程议程安排和县人大、县政协有关人事事项，听取县人大常委会、县政府、县政协、县法院、县检察院党组工作情况的汇报，听取县人大常委会、县政府、县政协、县法院、县检察院党组落实党风廉政建设责任制情况的汇报，研究县农发集团有关事项，研究县委组织部提交的有关事项。

1月31日，召开十四届县委常委会第147次会议，传达学习省两会精神，听取淳安县龙华禅寺(密山禅寺)迁建情况的汇报，研究县委组织部提交的有关事项。

2月20日，召开十四届县委常委会第148次会议，传达学习省委书记袁家军到淳安调研精神，传达学习中央、省、市纪委全会精神，研究县纪委十四届七次全会暨2021年巡察工作动员会方案和县纪委全会工作报告。

3月3日，召开十四届县委常委会第149次会议，学习中央、省委、市委农村工作会议、全国脱贫攻坚总结表彰大会和2021年中央一号文件精神，听取《淳安县2020年度实施乡村振兴战略工作报告》《2021年淳安县乡村振兴工作要点》《淳安县2020年消除集体经济薄弱村及有关问题报告》的汇报，听取《淳安县村集体经济高质量发展三年行动计划(征求意见稿)》《“千岛农品”区域公用品牌打造三年行动计划(征求意见稿)》的汇报，听取2021年县委农村工作暨乡村振兴工作推进会议安排和各类奖项情况的汇报，研究2020年机关乡镇大党建考核结果，研究2020年机关乡镇综合考评结果，听取2021年特别生态功能区建设暨高质量发展推进大会安排和各类奖项情况的汇报，听取2021年“十大攻坚战”方案、“十大攻坚战”大比武活动方案和2021年大督查工作方案的汇报，听取县政法队伍教育整顿有关工作情况的汇报，听取全国文明城市创建工作情况的汇报，听取开展党史学习教育工作情况的汇报，研究县委组织部提交的有关事项。

3月10日，召开十四届县委常委会第150次会议，研究政法、信访、扫黑除恶有关工作，研究群团相关单位有关工作。

3月15日，召开十四届县委常委会第151次会议，传达学习贯彻全国两会精神，研究淳安县落实中央巡视反馈意见整改方案，传达学习习近平总书记在听取《十九届中央第六轮巡视情况综合报告》和《2020年中央巡视工作领导小组重点工作报告》后的讲话精神、《关于加强巡视巡察上下联动的意见》、赵乐际和杨晓渡在中央单位巡视工作调研座谈会上的讲话精神传达提纲，传达学习全国和省市组织部长会议精神，听取县委组织部工作汇报，研究2020年度淳安县“四种人”标兵及最佳乡镇班子结果，传达学习全国宣传部长会议和省市宣传思想工作会议精神，听取县委宣传部工作汇报，传达学习全国、全省统战部长会议和市委统战工作领导小组全体(扩大)会议精神，听取县委统战部工作汇报，研究乡镇人民武装部政治教导员任命方案，研究县委组织部提交的有关事项。

4月1日,召开十四届县委常委会第152次(扩大)会议,学习十四届省委第十二轮巡视暨巡察指导督导工作动员部署会精神,听取千岛湖临湖地带综合整治"回头看"督查情况的汇报,听取全国文明城市创建暗访情况的汇报,研究《关于完善淳安县招商引资和投资促进工作体制机制的实施意见(送审稿)》,研究燕麦奶OATLY项目事项,研究县纪委提交的有关案件,研究县委组织部提交的有关事项。

4月19日,召开十四届县委常委会第153次会议,听取县委依法治县办汇报有关工作,听取县委国安办汇报国家安全有关工作,研究2021年度机关乡镇综合考评实施意见,研究2020年度县管干部考核等次结果,研究县委组织部提交的有关事项。

4月30日,召开十四届县委常委会第154次会议,传达学习上级关于乡镇换届工作精神,研究淳安县乡镇换届工作,研究"一肩挑"后村干部报酬,研究2020年度综合考评专项工作考核结果和综合考评奖项设置调整情况,研究农夫山泉坪山工厂项目相关政策。

5月13日,召开十四届县委常委会第155次会议,学习十九届中央第七轮巡视动员会会议精神,听取市党史学习教育第二巡回指导组进驻淳安督导相关情况和下步工作汇报,传达学习全省农村文化礼堂2.0版建设暨新时代文明实践中心建设工作现场会精神,听取淳安县下步贯彻落实意见,研究世界银行贷款项目审计问题整改工作,研究县委组织部提交的有关事项。

5月27日,召开十四届县委常委会第156次(扩大)会议,县委网信办汇报县委网络安全与信息化工作情况,县城市管理局汇报明察暗访和上一次巡察曝光问题整改落实情况,市生态环境局淳安分局汇报生态综合保护专项行动推进情况,传达学习中央和省委重要指示和《中国共产党机要密码工作条例》,传达学习《中共中央关于加强对"一把手"和领导班子监督的意见》,传达学习中央第七督导组督导淳安县政法队伍教育整顿工作有关精神,研究有关科级领导职数调整事项,研究乡镇领导班子职数方案。

5月31日,召开十四届县委常委会第157次会议,传达学习杭州市《关于支持淳安县跨越式高质量发展的若干举措》文件精神,研究淳安县贯彻落实任务分解方案,听取中国共产党成立100周年安保维稳和信访保障工作情况汇报,研究深入推进党史学习教育"民呼我为"主题实践活动方案,研究县委组织部提交的有关事项。

6月9日,召开十四届县委常委会第158次会议,研究噢麦力(OATLY)亚洲生态工厂项目相关事项,研究大藕(数科)电子业态改造奖励(规费计提)政策事宜,研究下姜党性教育基地提升方案,研究信访维稳工作情况,研究淳安赛区亚运场馆群运行团队组建事项,研究县委组织部提交的有关事项。

6月17日,召开十四届县委常委会第159次(扩大)会议,传达学习省委全会精神和《中共中央国务院关于支持浙江高质量发展建设共同富裕示范区的意见》,研究关于有序推进县开发区(园区)人大工作的试行实施方案,研究县委组织部提交的有关事项。

6月23日,召开十四届县委常委会第160次(扩大)会议,传达学习省长郑栅洁到淳安调研和安全生产督查指示精神,听取天然气领域专项整改落实情况汇报,听取全县面上安全生产大排查大整治存在的问题和下步整改方案汇报,研究平安护航中国共产党成立100周年维稳安保工作。

7月2日,召开十四届县委常委会第161次会议,传达学习市委十二届十二次全体(扩大)会议精神,听取省党史学习教育第一巡回指导组到淳指导检查有关情况汇报,听取关于深化东西部协作和对口支援工作省市精神传达及淳安县相关工作情况汇报,研究县纪委提交的有关案件,研究县委组织部提交的有关事项。

7月6日,召开十四届县委常委会第162次(扩大)会议暨县委理论学习中心组党史学习教育专题研讨交流会,下姜村党组织书记姜丽娟围绕参加中央庆祝中国共产党成立100周年大会和全国"两优一先"表彰大会体会发言,交流发言。

7月8日,召开十四届县委常委会第163次会议,研究县委十四届十一次全体(扩大)会议安排、工作报告,审议《中共淳安县委关于纵深推进特别生态区建设奋力开启共同富裕新征程的决议(草案)》《关于纵深推进特别生态功能区建设促进共同富裕的实施意见(草案)》,研究《淳安县中小学教育布局优化调整实施方案》。

7月14日,召开十四届县委常委会第164次会议,观看换届纪律教育警示片《警钟长鸣》,听取《关于全面推行林长制的实施意见》的情况汇报,研究县纪委提交的有关案件。

7月19日,召开十四届县委常委会第165次(扩大)会议,考察组组长王歆作换届考察动员,县委书记黄海峰作表态发言,观看警示教育片《警钟长鸣》。

7月27日,召开十四届县委常委会第166次(扩大)会议,传达学习山区26县跨越式高质量发展暨山海协作工程推进会会议精神,研究分析淳安县上半年经济形势,

8月9日,召开十四届县委常委会第167次会议,研究县委组织部提交的有关事项。

8月12日,召开十四届县委常委会第168次(扩大)会议,传达学习中央和省市关于疫情防控工作重要批示指示及会议精神,听取县防控办汇报近期疫情防控工作情况、存在问题和下步工作建议,听取县公安局、县市场监管局、县教育局、县文广旅体局、千岛湖镇汇报疫情防控有关情况。

8月17日,召开十四届县委常委会第169次(扩大)会议,学习《中国共产党机构编制工作条例》《国家档案局关于认真学习贯彻习近平总书记重要批示的通知》,传达杭州市争当浙江高质量发展建设共同富裕示范区城市范例领导小组第一次会议精神,研究省市对县考核工作情况,研究《淳安县"大党委"建设与运行管理办法(试行)(送审稿)》,研究审议《2021年度大党建考核实施方案(送审稿)》,研究县委组织部提交的有关事项。

8月20日,召开十四届县委常委会第170次(扩大)会议,市委换届考察组通报有关情况,观看习近平关于安全生产重要论述《生命重于泰山》。

8月22日,召开十四届县委常委会第171次(扩大)会议,传达省、市委常委会和全市领导干部会议精神。

9月2日,召开十四届县委常委会第172次会议,传达贯彻省委文化工作会议、省市"双减"工作会议、全省新一轮制造业"腾笼换鸟、凤凰涅槃"攻坚行动暨传统制造业改造提升推进大会精神,研究未成年人思想道德建设工作,研究审议《政协淳安县委员会关于强化政协委员责任担当的意见(送审稿)》,研究县委组织部提交的有关事项。

9月8日,召开十四届县委常委会第173次会议,传达贯彻中共中央《关于加强新时代检察机关法律监督工作的意见》、省委《关于学习贯彻中央〈意见〉的通知》及市委全市检察工作会议精神,研究县乡两级人大代表换届选举有关工作,研究审议《淳安县进一步减轻义务教育阶段学生作业负担和校外培训负担实施方案(送审稿)》,研究审议《淳安县整县推进分布式光伏规模化开发工作实施方案(送审稿)》,传达省、市维护安全稳定工作专

题会议精神，研究国家统计督察迎检工作。

9月13日，召开十四届县委常委会第174次会议，传达学习《浙江省乡村振兴促进条例》，传达学习省委书记袁家军在省防指检查指导防御台风“灿都”时的讲话精神，研究淳安县台风防御落实情况及下步举措，研究淳安县对口支援和东西部协作、山海协作2021年工作任务书，研究县委组织部提交的有关事项。

9月23日，召开十四届县委常委会第175次会议，传达学习习近平在中央党校中青班开班式上的重要讲话精神，传达学习中央、省委民族工作会议精神，传达学习《省委关于规范领导干部廉洁从政从业行为进一步推动构建亲清政商关系的意见》，传达学习贯彻高质量推进乡村振兴促进城乡共富工作会议精神，传达学习省委书记袁家军关于“非农化”“非粮化”工作批示精神，研究淳安县耕地“非农化”“非粮化”工作，审议《关于淳安县第三中学项目情况的报告》，研究县委组织部提交的有关事项。

10月11日，召开十四届县委常委会第176次会议，传达学习习近平在中央人才工作会议上的重要讲话精神，传达学习习近平在纪念辛亥革命110周年大会上的讲话精神，传达市委落实省委巡视整改工作动员会、全市组织系统落实省委巡视反馈意见整改工作动员部署会精神，传达省市“双控”工作会议精神，研究淳安县贯彻落实意见，研究县委组织部提交的有关事项。

10月25日，召开十四届县委常委会第177次会议，研究县委组织部提交的有关事项，研究县第十五次党代会筹备工作有关事宜。

11月3日，召开十四届县委常委会第178次会议，传达学习习近平在中央人大工作会议上的重要讲话精神、省委书记袁家军在贯彻中央人大工作会议精神部署会和全省各级人大常委会主任学习会上的讲话和会议精神，研究淳安县贯彻落实意见，传达学习袁家军在全省基层党建工作会议上的讲话精神，研究淳安县贯彻落实意见，传达全省城镇“污水零直排区”建设和农村生活污水治理工作推进会精神，研究淳安县贯彻落实意见，审议《关于建立常态化疫情防控县级突发疫情指挥长制度的通知》，研究政协第十届淳安县委员会换届人事安排。

11月25日，召开十四届县委常委会第179次会议，传达学习全国换届风气监督会议精神、四川自贡自流井区违反换届纪律问题情况通报，研究县人大代表候选人初步人选名单，研究县委组织部提交的有关事项。

12月2日，召开十四届县委常委会第180次(扩大)会议暨县委理论学习中心组开展“党的十九届六中全会精神”专题学习研讨会，传达省委全委(扩大)会议精神，“党的十九届六中全会精神”专题学习研讨。

12月11日，召开十四届县委常委会第181次会议，研究县委社会建设委员会机构编制事项，研究县委组织部提交的有关事项。

12月14日，召开十四届县委常委会第182次会议，传达学习中央经济工作会议精神，传达学习习近平总书记在中央政治局第三十五次集体学习时的重要讲话精神，研究县委组织部提交的有关事项。

12月22日，召开十四届县委常委会第183次会议，传达学习省委常委、市委书记刘捷到淳安调研精神，研究中国共产党淳安县第十四届委员会工作报告，研究县纪委工作报告，研究县党代会有关文件草案、各类建议人选名单等筹备工作情况，研究县两会召开时间及有关日程议程安排，研究抽水蓄能项目合作协议，研究县委组织部提交的有关事项。

12月30日，召开十五届县委常委会第1次会议，研究淳安县推荐中共二十大和浙江省第十五次党代会代表候选人初步人员名单。

【重要工作会议】 2021年,县委、县政府召开的重要会议有(以召开时间先后排序):

2020年度全县党委(党组)书记抓基层党建和人才工作述职评议会,2021年全县公安工作会议,2021年淳安县特别生态功能区建设暨高质量发展推进大会,淳安县创建全国文明城市暨国家卫生县城复评迎检工作动员大会,2021年县委农村工作暨乡村振兴工作推进会议,2021年全县党建工作暨县委党的群团工作会议,2021年全县政法、信访工作会议暨政法队伍教育整顿专题党课,2021年淳安县党管武装工作暨国动委、国教委全体会议,2021年中国·千岛湖茶博览会开幕式活动,县委学习《习近平在浙江》座谈会,全县数字化改革大会,全县庆祝“五一”暨建党百年职工文艺会演,“百名村书记话共富”主题峰会,新时代美丽淳安建设暨特别生态功能区“十大攻坚战”推进会,深入推进党史学习教育“民呼我为”主题活动部署会,2021年千岛湖论坛·金融会客厅活动,2021年第二届中国千岛湖农业博览会暨千岛农品丰收节擂台赛暨淳安县第六届村歌大赛,淳安特别生态功能区“十大攻坚战”第二次大比武活动,全国文明城市创建推进会,全县学习贯彻中共十九届六中全会精神大宣讲行动。

·县委新设立的议事协调和临时机构·

【县委新设立的议事协调和临时机构】 2021年,鉴于工作需要和人员变动,县委新设立和调整一批议事协调和临时机构:

调整县委全面深化改革委员会等12个委员会(领导小组),淳安县碳达峰碳中和工作领导小组,独立学院转设涉稳工作领导小组,县房地产项目风险处置工作专班,淳安县创建全国文明城市工作领导小组,淳安县数字化改革领导小组,淳安县配合保障国家统计督察工作领导小组,县新型冠状病毒肺炎疫情防控工作领导小组增设核酸检测、流调溯源、农村疫情防控工作专项组,调整充实燕山文化景区项目建设工作领导小组,调整县信访工作联席会议和信访稳定专项工作组,调整淳安县防范金融风险暨网络借贷风险处置工作领导小组组成人员,调整美丽淳安建设领导小组成员,调整县委人才工作领导小组组成人员,成立浙江杭州下姜党性教育基地提升工作领导小组,成立“千岛农品”区域公用品牌建设工作领导小组,调整淳安县乡村振兴工作领导小组,组建全县“一表通”应用场景建设推进工作专班,调整淳安县接待工作领导小组组成人员,成立淳安县县域共青团基层组织改革试点工作领导小组,成立淳安县推进《浙江省中长期青年发展规划(2017—2025)》试点培育工作领导小组。

·政研工作·

【主要工作】 县委政策研究室立足服务领导决策、重大会议文稿起草两大任务,紧紧围绕县委中心重点工作,组织开展发展性保护、共同富裕以及县十五次党代会等课题的专题调研,参与县委全会、县纪委全会、特别生态功能区建设暨高质量发展大会、全县农村工作暨乡村振兴发展推进会、全县新时代美丽淳安建设暨特别生态功能区“十大攻坚战”推进会、数字化改革推进大会等重要会议文稿起草的调研工作。 (王智伟)

·组织工作·

【乡镇换届】 2021年,县委组织部先后3次书面征求乡镇部门领导班子意见和个人意愿,全面深入掌握个人进退留转实际意愿和班子优化调整建议。配备“85后”(1985年1月后出生)年轻干部85人,其中“90后”(1990年1月后出生)23人,“五类人员”22人,其中村组织书记1人。换届后，乡镇领导班子平均年龄下降3.52岁，全日制大学及以上学历占比提高22.2%。认真实施干部考察“十部联审”、“凡提四必”、基层评价、大额资金往来申报等制度，对档案存疑、个人事项报告瞒报问题的2名考察对象暂缓提拔，换届后未发生违反换届纪律问题，换届配备指标要求全面达标，乡镇党委班子选举全部满票当选。

【干部监督】 2021年，县委组织部全面清理干部违规兼职，对全县14986名公务员、事业干部、国企干部兼职情况进行全面排查，发现并整改违规兼职或从业行为5起。深入开展因私出国境专项整治，面向全县10796名县管干部、公务员，以及副高及以上专业技术人员开展2019年7月以来的因私出国(境)违规问题专项整治工作，发现有违规问题的2人，按规定处理整改到位。成功创建全市公务员平时考核联系点1家。全面完成公务员、事业人员、国企干部档案专项审核全覆盖，多次成立档案工作专班，开展专项审核“回头看”集中整治，审核县管干部及公务员档案3000余卷，国有企事业干部档案8400余卷。

【干部交流】 2021年，县委组织部创新年轻干部一线墩苗实训，探索实施“90后”年轻干部“基层墩苗、一线实训”专项工作，安排51名“90后”年轻干部分2批到乡镇实践1个月，乡镇换届新进班子的“90后”干部，全部从参与一线实训的对象中选拔产生。结合四川省甘孜州巴塘需求和高海拔藏区工作实际，精选3批15名干部人才挂职帮扶，帮助当地开展工作。推进干部上挂下派双向锻炼，召开双向挂职干部座谈会，开展生态特区互派挂职干部期满考核工作。扎实推进选调生基层实践锻炼，先后开展“《中华人民共和国民法典》宣讲进乡村”“送文化下乡”等活动。

【关心关爱干部】 2021年，县委组织部关注“85前”(1985年以前出生)干部的使用，腾出部分空岗余地，给35周岁以上的非结构性干部留出配备空间，乡镇换届全县提拔“85前”干部21人，超过总人数的四分之一。对有乡镇基层一线工作经历的公务员在同等条件下予以优先晋升，全年晋升三、四级调研员中，有乡镇工作经历的干部占相当比例。建立乡镇综合补贴制度，精准落实“乡镇干部经济待遇(全口径收入)一般高于县级机关同职级干部20%以上”政策要求。

【开展中国共产党成立百年庆祝活动】 2021年，县委以习近平提出“四种人”要求15周年为契机，举办“百名书记话共富”主题峰会，邀请全省具有代表性的100名农村党组织书记、全国乡村振兴领域专家以及中央和省市领导，围绕乡村振兴和共同富裕进行研讨交流、圆桌对话，率先搭建村书记共富交流平台。在做好市级以上“两优一先”(优秀党员、优秀党务工作者和先进基层党组织)推荐工作的基础上，同步表彰县级层面200名“两优一先”，严格把关人员摸底、名单公示等环节，营造比学赶超、争先创优的浓厚氛围。为全县2463名符合条件的老党员颁发“光荣在党50年”纪念章。推进全县党史学习教育，深入挖掘淳安红色资源，授牌白马红色革命遗址、唐敦禄故居及烈士墓等10个党员干部教育基地。

【村级组织建设工作】 2021年，县委组织部结合淳安实际，因地制宜制定村级组织日常运行、服务群众等工作机制，将制度落实情况纳入党建督查重要内容。深入分析换届以来村社组织的整体运行情况和村社区“两委”班子的干事情况，全面推动“找问题、补短板、促提升”。扎实开展村社区书记季度擂台、党建双强“三级比拼”等活动,激励村社区班子脚踏实地干事创业。制定加强农村党员发展指导性意见,注重挖掘培养在村大学生、实用人才、致富能手等群体,进一步建强建优农村党员队伍。实施村社区党组织书记分类轮训与“一村一名大学生”创业扶持,提升共富“领航头雁”“高飞雏雁”的内生动能。

【“大党委”基层党建品牌打造】 2021年,县委组织部持续深化“大党委”模式推广,新组建生态农业、渔业资源保护和发展、大健康产业3个大党委,通过加强部门单位和企业经营主体的协调联动,提升资源整合力度和配置效率,有效解决三大产业规模化程度低、产业链过短、附加值不高等问题,促进产业集约化、规模化、高效化发展。优化完善“大党委”工作机制,制定下发《淳安县“大党委”建设与运行管理办法(试行)》,牵头制定定期例会、交办督办、专项协调、工作月报等工作机制,如每月要求各大党委以项目化形式上报月度工作进展及计划,经梳理整合后报县委主要领导审阅。通过一系列机制的建立、完善和实践,形成系统成熟、可复制可推广、具有淳安辨识度的“大党委”品牌。

【基层党建工作】 2021年,县委组织部开发党员发展对象政治审查线上“云联审”特色应用场景,依托机关内部“最多跑一次”平台生成线上云联审路径,打通纪委监委、公安、法院、税务、人社等部门和各基层党(工)委的数据库资源,全县党员发展计划数690名,完成全部发展任务。持续深化西湖先锋推广运用,着重加强管理员队伍建设,建立业务交流、工作督办、实时反馈、工作通报等机制,坚持每月月底召开线上西湖先锋使用推进会,让工作好的交流经验、工作差的表态发言,倒逼各单位抓好数据维护,为工作推进提供精准有效的数据支撑。

【人才工作】 2021年,县委组织部牵头召开全县人才工作领导小组会议,明确成员单位职责。研究制定新一轮人才政策及实施细则,制定新一轮考核细则和人才分类目录,召开人才政策业务专题培训会。上线“‘两山’数智e点通”数字化人才服务平台,为人才提供刷脸入园、刷脸入住和“两山银行”资源项目对接服务等11项人才服务特色应用场景。积极争取市级政策支持,试点市高层次人才自主认定、降低企业人才享受“四项待遇”(落户、子女入学、购房、车牌竞价补贴)税收门槛。完成淳安“人才脸谱”建设方案,以人才脸部识别的模式替代原有的持卡验证或扫码验证模式,提升人才服务便捷度与现代化。“两山”高层次人才集聚区新增挂牌入驻温医大健康产业产教融合联盟等人才项目机构29家;建成共享研发中心,全年吸引中国科学院大学、浙江大学和每日互动、远算科技等科研团队开展各类研发、培训活动26次,参研人数达10503人次。建成千岛湖生态系统研究站、千岛湖金融会客厅等学术科研、金融对接高端人才平台。指导申报国家及省市级海外引才计划人才6人次,市级计划人才认定1人。指导申报评审海内外高层次人才项目14个,创历史新高。对接浙江大学,持续实施“百名硕博士进淳安”实践活动。举办30余场“云聘会”,跨地域招才引智,引进大学生124人,卫健及教育人才95人,新增认定市E类以上人才78人。以五星级乡土人才评鉴为抓手,培育国务院政府特殊津贴专家1人,全国第一批“农机土专家”1人(全省共7名),申报市级专家工作站9家。举办“两山”高层次人才集聚区周年活动暨“两山TALK”思想分享会、“1024程序员节”、“智领千帆”数字经济创新创业大赛等一系列“千岛湖论坛”品牌子活动。新增聘任中国工程院院士邬江兴、阿里巴巴达摩院院长张建锋等6位数字化领域专家加盟“千岛湖智库”，涵盖生态保护、旅游发展、金融资本等多个领域。2篇专报获时任市委常委、组织部部长毛溪浩的批示肯定，相关案例获评2021年(第五届)全国人才工作优秀案例和2021年中国乡村人才振兴优秀案例，21篇人才振兴乡村文章刊登于《中国组织人事报》等主流媒体。（周 娟）

·宣传工作·

【概况】 2021年，全县宣传思想文化战线坚持以习近平新时代中国特色社会主义思想为指导，深入学习宣传贯彻中共十九大和十九届二中、三中、四中、五中、六中全会精神，围绕开局“十四五”、开启新征程，自觉扛起举旗帜、聚民心、育新人、兴文化、展形象的使命任务，稳中求进、守正创新，持续推动习近平新时代中国特色社会主义思想入脑入心，全面做实做好中国共产党成立100周年庆祝活动和党史学习教育，为“共建特别生态区，共享魅力千岛湖”提供有力思想保证、精神动力、舆论支持和文化条件。

【党史学习教育】 2021年，县委宣传部绘制淳安红色体验和沿着习近平总书记足迹学党史的“红色地图”，开辟“红动浙江、红动浙赣皖、红动长三角”等8条党史研学线路。开设《淳安党史学习教育》专栏，发布《一堂特殊的党课 传承唱响红色精神》等融媒体产品10余个。组织“永远跟党走 放歌新时代”网络歌咏大赛等党史学习教育宣传活动。紧扣群众急难愁盼办实事，全年为民办实事9288件、为企业解难题4811个、为基层减负担399项。淳安县党史学习教育工作经验在中央、省、市简报刊载37篇次，在全市排名第一。

【理论学习】 2021年，县委制定《中共淳安县委理论学习中心组2021年学习计划》，完善县委理论学习中心组学习制度，组织县委理论学习中心组学习17次，严格抓实全县二级理论学习中心组学习情况督查指导。制定《2021年淳安县党员干部理论学习意见》，征订必读书目12万余册，实现党员全覆盖。持续推广“学习强国”学习平台建设，纳入学员数167517人，占户籍人口的36.4%，先后在“学习强国”杭州学习平台推出“红色印迹”等主题宣教作品10余个，全年刊发相关稿件3326篇。

【理论宣讲】 2021年，全县成立下姜梦想宣讲团、“淳安青年说”等县乡村三级宣讲团队316支，成员1461名，围绕建党百年、“四史”(党史、新中国史、改革开放史和社会主义发展史)教育以及中共十九届五中、六中全会精神等主题，开展宣讲3464场，受众24万多人次，下姜梦想宣讲团获浙江省基层理论宣讲成绩突出集体。探索大思政课程体系建设，面向青少年开展以听红色思政课、读红色书籍、唱红色歌曲、写红色征文、作红色演讲等为主要内容的“五红”系列活动，组织领导干部进学校、进农村、进企业开展理论宣讲30余场。构建社科普及基地四大联盟，推出“百课百讲”系列课程菜单，开展各类社科普及活动300余场，受众达2万余人次。

【理论研究转化运用】 2021年，县委宣传部组织编撰出版《我的家乡在下姜——美丽蝶变20年启示录》通俗理论读本，入选长安街读书会干部学习新书书单。下姜村成功入选浙江省习近平新时代中国特色社会主义思想研究中心第一批调研基地。深入开展社科研究，推动15项县社科重点课题研究，“特别生态功能区背景下千岛湖旅游业发展的思考”课题获市党政系统年度优秀调研成果二等奖，“千岛湖旅游业发展的路径研究”课题获市社科联课题立项。持续发挥咨政功能，编发县《社科要情》专报4期，借力全省"社科赋能山区26县跨越式高质量发展"第一轮行动，完成交通建设、旅游产业等阶段性调研成果3篇。

【主题宣传】 2021年，县委宣传部聚焦淳安乡村发展故事，突出共同富裕的主旋律，联合中央、省、市各级媒体力量，完成"沿着高速看中国""田野里的歌声""百城百台"大型融媒体联合采风、"共同富裕"联合采访、"走进亚运"联合采访等重大主题报道、直播活动10余场，其中"田野里的歌声"网络平台视频播放总量超1.4亿次，主话题阅读量超6.6亿次。全年在中央、省、市主流媒体刊播有关淳安经济社会发展报道6000余条次，其中中央广播电视总台《新闻联播》栏目13条次，《人民日报》27篇，浙江卫视《浙江新闻联播》栏目43条次，《浙江日报》104篇。

【融媒体改革】 2021年，县委宣传部推进融媒体改革，推动传统媒体和新兴媒体加快融合步伐，完成23个乡镇微融媒体中心挂牌，设立浙江省首个中央广播电视总台"乡村振兴观察点"，实现融媒体中心矩阵发展。坚持"移动优先"发展战略，不断优化新媒体传播形式，创作各类视频短片140余个。加快"视界千岛湖"客户端建设推广，推出"谱写特别生态功能区建设新篇章"等专题专栏30余个，承接各类直播活动40余场，在线观看人数达180万人次，获评浙江省"融媒中心20强"。

【庆祝中国共产党成立百年】 2021年，县委宣传部开设"奋斗百年路　启航新征程"专栏，动态刊发全县上下庆祝中国共产党成立百年有关报道800余条次。组织开展《唱支山歌给党听》音乐快闪拍摄、庆祝中国共产党成立100周年歌咏大会等多形式主题宣传活动20余次。开展"寻访红色淳安"大型融媒体新闻行动，推出"红色淳安20章""红色群英谱""荣誉背后的故事"等专题融媒体报道50余篇，浏览量超200万次。下姜村好山好水好生活小康圆梦、老报刊串联中国共产党百年历史等报道得到中央广播电视总台《新闻联播》栏目关注。

【群众性精神文明建设】 2021年，县委宣传部启动新一轮文明细胞创建，推荐全国文明单位1家、全国文明村2家，省级文明单位3家、文明乡镇3家、文明村8家，市级文明单位6家、文明乡镇3家。持续选树最美典型，宣传展示最美人物5期85人，入围杭州好人4人，开展道德模范进中心、进机关、进学校、进乡村宣讲活动32场次。广泛开展"礼让斑马线"、"文明出行我先行·机关干部作表率"、光盘行动等活动，市民文明素养有效提升。开展"春泥计划"、"天堂儿歌"、"我们靓·杭州靓"新童谣大赛等教育实践活动，枫树岭镇下姜村被评为浙江省爱国主义教育基地。

【全国文明城市创建】 2021年，淳安县成立创建全国文明城市工作领导小组，建立"一办十组""29个网格"创建组织体系。交办问题1.2万余个，整改问题1.1万余个，整改率91.6%，通报公职人员交通不文明行为4期800余人。开展"百日攻坚"行动，指导推进17个老旧特韵小区改造，打造文明创建示范点24个。全面加强创建氛围宣传，推出"沙画说文明""赞文明　曝陋习"等各类宣传200余期，刊发创建报道近1000篇，开展"入户入店"集中走访宣传，发放倡议书2万余份，网上问卷调查参与市民1.5万余人，问卷调查满意度显著提升。

【文明实践】 2021年，县委宣传部充分发挥新时代文明实践体系作用，全年开展各类文明实践活动6000余次，惠及群众20余万人，社会影响力与社会效应逐渐凸显。创新建设新时代文明实践杭州分中心，打造服务11万名淳安籍在杭州人员的新窗口，获省委宣传部领导肯定批示。深化志愿浙江、文明帮帮码和新时代文明实践云平台建设，推进文明实践数字化场景应用，推出“我们的亚运”“我们的家园”“我们的宣讲”等“我们的文明”系列活动，抓好志愿者队伍建设，注册志愿者队伍1282支，注册志愿者数63632人，开展志愿服务活动4832次。

【文化产业政策体系】 2021年，县委宣传部编制《淳安县文化产业发展“十四五”规划》，对产业布局进行科学调整。修订文化创意类服务业发展引导资金实施细则、制定《淳安县文创村落、文创基地认定管理办法》，进一步规范平台认定管理和资金补助工作。对接上级资源，争取市级文化赋能特别生态功能区建设专项资金500万元，用于扶持千岛湖文创客厅、城市动漫IP“湖包包”周边衍生产品开发、睦剧大戏《茶山村的故事》等文化项目。开展旅拍产业专题调研，制订旅拍产业发展规划，积极扶持旅拍产业发展，打响千岛湖旅拍目的地知名度。

【特色文化名片打造】 2021年，淳安县持续推进影视摄影产业发展，完成网络电影《爱笑江湖之返乡记》和院线电影《晚安，好梦》的拍摄协调工作。动漫片《下姜村的绿水青山梦》在中国教育频道、哔哩哔哩等平台播出，并获得中国动漫最高奖项“金猴奖”红色动漫优秀奖、浙江省第三十一届“牡丹奖”最佳作品奖等荣誉。成功举办“建党百年 未来启航”少儿漫画大赛、“康美千岛湖”全国摄影大展等品牌活动。完成“最江南·醉杭州”微纪录片8个篇章拍摄，睦剧大戏《茶山村的故事》入选市重点精品扶持项目，《海瑞夫人》入选市精品扶持项目。千岛湖艺术馆举办各类书画摄影作品展10余场。

【文旅融合发展】 2021年，淳安县启用千岛湖文创客厅，先后与旭光照明、大下姜振兴发展有限公司签署战略合作协议，举办乡村文创艺术展等活动10余场，实现文创客厅赋能传统产业升级。发布“千岛秀水 礼堂有约”文旅精品线，推动创意农产品与市场有效融合。积极对接杭州市文创产业发展中心和玩物得志App，联合策划举办淳安首届非遗国风集，为淳安非遗开发提供智力支撑。举办“创意千岛湖”文创伴手礼设计大赛，组织10家文创企业和手工艺人参与第十五届杭州市线上文博会，直播观看人数22万人，交易额超50万元。

【文化惠民】 2021年，县委宣传部完成6家农村文化礼堂新建任务，实现所有建制村文化礼堂全覆盖，完成里商乡五兴村墨香文化礼堂建设，成功创建省五星级农村文化礼堂8家、市四星级礼堂20家、市“十佳红色文化礼堂”5家，获评省最美礼堂人1名、市“十佳文化礼堂人”3名，枫树岭镇获评省文化礼堂建设先进乡镇。持续关注文化礼堂作用发挥，实施社会化管理，实现23个乡镇“文化管家”全覆盖。举办“感党恩 唱丰收 奔共富”淳安县第六届农村文化礼堂村歌大赛、建党百年“双百服务”进文化礼堂等各类文体活动4000余场次，参与人数达20余万人。

【新闻出版】 2021年，淳安县健全工作机制，全面净化县域出版物市场，重点开展校园周边出版物零售单位、印刷企业等文化市场专项整治，全年出动执法人员1335人次，检查出版物单位259家次，网吧日常巡查117次，查处“扫黄打非”行政案件3起、刑事案件

2起，开展出版物零售单位和印刷企业行“双随机”抽查58次，抽查经营场所226家次。全面落实出版物零售单位和印刷企业的行政审批，实现业务网上办结。有序推进中华版本资源征集，呈缴相关中华版本资源5305件。

【人才队伍建设】 2021年，县委宣传部完善县宣传文化领军人才315计划方案，召开宣传文化人才座谈会，完成10名宣传思想文化领域领军人才培养。开展新闻媒体专业人才培养，与浙江传媒学院建立长期培训合作，指导县融媒体中心安排采编人员赴浙江日报社等单位挂职锻炼，提升新闻业务能力。扎实做好干部培训，赴歙县开展“淳歙与共”网信跨区域交流培训，开展乡镇宣传干部培训班、农村文化礼堂管理员培训班、文创人才培训班等各类培训10余场，提升全县宣传文化队伍的综合素质和实战能力。 （管卫亮）

·统战工作·

【概况】 2021年，县委统战部以习近平新时代中国特色社会主义思想为指导，深入贯彻中共十九大和十九届二中、三中、四中、五中、六中全会以及省委市委县委全会精神，以学习宣传贯彻习近平总书记关于加强和改进统一战线工作的重要思想为主线，以学习宣传贯彻《中国共产党统一战线工作条例》为重点，以共同富裕示范区建设为抓手，坚持守正创新，服务全局有高度，改革创新有深度，品牌打造有亮度，为淳安争当跨越式高质量发展和共同富裕排头兵贡献统一战线的智慧和力量。

【基层统战工作】 2021年，县委常委会专题研究统战工作6次，县委理论学习中心组专题学习统战工作知识4次，审议制定统战制度文件11个，组织开展基层统战干部培训班6期，县委主要领导听取统战专题工作汇报及对统战工作作出批示6次。全年县领导带头开展党外代表人士走访谈心220余人次，调研淳商企业、民营企业30次，举办中秋茶话会等统战各领域联谊活动42次。左口乡、鸠坑乡、枫树岭镇获评第三批市级基层统战工作典型范例，汾口镇、姜家镇、千岛湖镇获评第三批市级基层统战工作单项特色示范项目。授牌成立浙江康盛集团、千岛湖啤酒有限公司、淳安长运发展有限公司3家企业党委统战部，实现全县民营企业党委统战部全覆盖。结合区域特色突出新阶层特点，在现有10家同心荟的基础上，打造“同心荟”实践创新示范点。其中，中央广播电视总台农业农村节目中心“乡村振兴观察点”项目落在“蓝马直播·同心荟”，该同心荟被评为杭州市首批精品同心荟。县网联会会长、无党派人士洪建华受邀成为全县首位乡村振兴观察点特邀观察员。

【党外人士工作】 2021年，县委统战部巩固发展多党合作良好局面。召开民主党派2021年工作部署会议、民主党派人士代表座谈会，增进政治共识。通过“同心汇直通车”、提案议案、社情民意信息等形式资政建言，全年提交代表建议、政协提案25件，上报社情民意43篇。民盟淳安县总支部被民盟杭州市委会评为2021年度先进集体。农工党淳安县总支部被农工党浙江省委员会评为2021年度组织工作、社会服务工作先进集体。引导民主党派建立各类“同心实践基地”，开展“烛光行动”“云帆计划”等志愿服务活动。认真学习贯彻《关于加强无党派代表人士培养使用的办法》，做好无党派人士的认定登记工作。举办四明山党外知识分子培训班，引导党外知识分子在培训学习中凝聚共识。下发“同心行活动日”方案，开展全国文明城市创建宣传、毅行植树、清明祭先烈、关爱儿童等主题鲜明、形式多样、内容丰富的各类志愿服务活动,不断画大同心圆。全年开展12场主题活动,辐射带动党外知识分子1000余人。制定《关于加强淳安县新的社会阶层人士统战工作实施方案》,召开“我为家乡发展献一策”座谈会,引导新的社会阶层代表人士发挥专业所长,当好淳安经济社会发展的“智囊团”。抓好党外代表人士队伍建设。认真落实《2020—2023年淳安县党外干部队伍建设规划》,做好党外代表人士发现、培养、使用、管理工作,健全完善组织部、统战部协作配合机制,做好党外代表人士政治安排的统筹规划。进一步加强党对政协换届工作的领导,制定《中共淳安县委组织部、中共淳安县委统战部关于做好政协第十届淳安县委员会换届人事安排工作的意见》,建立协调小组,广泛酝酿协商,深入沟通对接,严肃标准程序,从界别、党派等多个维度进行摸排,确保委员结构合理、代表性强、综合素质好。

【非公有制经济】 2021年,县委统战部常态化开展“走亲连心三服务”活动,举办4场“亲清直通车·政企恳谈会”活动,建立亲清直通车基层站点1个,为企业解决问题38个。与县人民法院建立沟通联系机制,与县司法局开展“律所联商会”活动,与金融机构签订合作协议,建立金融指导员制度,开展“百地千名行长进民企送服务”活动,推进清廉民企建设,千啤公司在全市清廉民营企业建设推进会上作了典型发言。以商会扩面提质为重点,挖掘淳商资源,落实商会换届、财务、党建等业务规范化建设指导工作,发布《乡镇商会换届指导手册》,落实商会工作情况月总结、季报告、年总评制度。指导文昌、姜家等10家商会顺利换届,姜家商会获评省“四好”商会;召开基层商会座谈会,对各级“四好”商会进行表彰;开展“商会党建全覆盖攻坚”专项行动,实现20家乡镇商会党组织和党建工作全覆盖。成功召开淳安县工商业联合会(总商会)第十次会员代表大会。县工商联获评全国“五好”县级工商联、市服务“两个健康”优秀单位。完善异地商会考核评价制度,由县工商联会同县财政局按照考核结果兑现到各异地商会。开展知名浙商助力淳安跨越式发展活动,省工商联主席、富通集团董事长王建沂率35名知名浙商走进淳安,达成合作项目1个、合作意向2个,设立100万元关爱困境留守儿童专项基金,“大下姜——红色茶山”成功创建浙江省第二批民营经济人士理想信念教育基地。发挥商会优势助力招商引才,第三届淳商大会以来成功招引“梦幻千岛湖·时空隧道”、红山谷景区等项目49个,引导江苏杭州商会、浙江河南商会、上海浙江商会等商会走进淳安,考察项目。

【宗教工作】 2021年,淳安县召开全县宗教工作会议和宗教政策学习会,坚持宗教中国化道路。完成2个宗教团体人事调整。围绕宗教活动场所规范和安全体系建设,开展宗教活动场所安全风险大排查大整治活动。夯实宗教工作县乡村三级网络和乡村两级责任制,完善“三人驻堂小组”工作机制。药王寺获评2021年度省级宗教活动场所消防安全标准化管理“百优争创”活动优秀单位。王阜乡马山村基督教聚会点获评2021年度省级宗教法治宣传教育基地。依法有序推进龙华禅寺(蜜山禅寺)异地重建工作。设立工作专班,强化协调服务,全力支持项目建设。召开各种层次的座谈会,如老干部座谈会、宗教文化座谈会等。持续向省、市民宗部门汇报工作进展,争取上级业务部门的政策指导和业务支持。积极推进规划选址、项目报批、林地征用、土地农转用、方案设计、配套项目建设等工作。

【民族工作】 2021年,淳安县开展民族团结进步宣传月启动仪式暨铸牢中华民族共同体意识进校园主题教育活动,全县121所中小学校组织开展“民族团结第一课”“山歌献给党,红色迎亚运”等系列活动,淡竹小学获评第四批省级民族团结进步创建重点培育单位。千岛湖镇民族村立足畲族特色编制规划积极培育省级少数民族特色村寨,开展“畲乡九月九,同饮共富酒”“三月三”等节庆活动,加强畲族文化保护传承,打响畲族风情旅游发展品牌,助推民族村实现共同富裕。做好少数民族考生优待审核工作,全年审核符合要求的中高考考生12人。实现全县清真餐饮店标识、标牌优化提升全覆盖。

【侨务工作】 2021年,淳安县开展稳侨、安侨、暖侨、护侨、助侨服务活动,结合“民呼我为”工作要求,全年走访侨眷侨属150余人次、侨资企业8家,举办“三服务”活动23次。依法维护侨胞侨眷的合法权益,做好华侨回国定居、华侨身份认定等审批事项,接待和处理侨胞侨眷来信来访15件(次),成功帮助侨胞侨眷解决个人社保缴费、建房咨询等问题9件。发动侨企和被帮扶村参与市“百家侨企(团)兴百村”活动。依法选举产生淳安县侨联第三届委员会,积极引导侨联组织参与基层社会治理与服务。重点落实境外新冠疫情输入防控常态化工作及阶段性集中输入隔离安排要求,强化对入境涉浙人员的核查与管控,做好航班集中到淳安乘客的人员信息比对工作。落实精密智控指数“入境涉浙人员核查”考核要求。动员号召广大侨商侨企和侨界爱心人士充分发挥自身优势和热心公益优良传统,积极配合落实新冠疫情防控工作要求及志愿服务工作。对全县有意愿免费接种的华侨开展排摸,统一做好华侨的新冠疫苗接种工作,开通24小时华侨联络服务热线,为海外华侨在淳安接种新冠疫苗、咨询等提供服务帮助。全年接访30余次,流转相关问题9件。

【统战大联盟】 2021年,淳安县以共同富裕行动为契机,制定《淳安县统一战线助力高质量发展建设共同富裕示范区实施方案(2021—2025年)》,组建新乡贤、商会、民主党派、党外知识分子、新的社会阶层人士等联盟,以统战大联盟助力乡村振兴为指引,深入实施“先富带后富,乡贤来相助”“先富带后富,淳商助共富”等工程,挂牌“统一战线助力共同富裕示范点”。《浙江淳安:凝聚商会力量　激活共同富裕内生动力》被《中国统一战线》刊发。《县委统战部探索统战大联盟模式赋能乡村振兴新路径》被县主要领导批示肯定。全年统战大联盟招引项目44个,投资金额达7.845亿元,带动就业人数1460余人次,帮助家乡农民解决岗位700余个,增加群众收入2000余万元。完善县、乡镇、村(社区)三级联动的新乡贤工作格局。打造以乡情乡愁为纽带、线上线下相结合的联络服务平台,建立新乡贤回归投资项目库,办好新乡贤发展大会、新乡贤论坛、新乡贤恳谈会等,深化“两进两回”工作机制,推广“摸、建、访、引、树”五字新乡贤工作法,广泛发动新乡贤开展公益活动,助推共同富裕。如姜家镇《探索共同富裕新路径,新乡贤担任村级“共富指导员”》先后被《杭州统一战线》、浙江统战公众号、《情系中华》、人民日报社新媒体录用刊发。千岛湖镇凝聚新乡贤力量实践共富新路径的相关做法被《中国统一战线》刊发。全年发动统战成员3210人次,募集社会公益捐赠物资达350余万元,惠及5万人次。建立淳安县统战系统数字化改革工作专班,制定改革工作方案,完善“浙统云”人物库的采集录入,重点推进“浙统云”组织库、场所库基础数据录入和晾晒台共同富裕有关数据录入。截至年底,“浙统云”人物库已采集录入2399人;组织库采集录入信息31条，场所库信息14条。推进民宗、侨务事项“最多跑一次”改革和数智群团工作，积极在载体、平台、形式、品牌等领域创新。其中，县侨联积极推进数智群团五共协同管理平台和侨联系统驾驶舱及“为侨服务一键通”应用场景建设，注册量达8000余人，各类平台发布信息50余条，阅读量突破10000人次。（范小青）

·巡察工作·

【概况】 2021年，淳安县委开展1轮对10家单位的常规巡察和1家单位的巡察“回头看”，1轮对两个学校的专项巡察，开展巡察整改“回访检查”。全年向25家被巡察单位党组织反馈问题878个，通过巡察整改，推动各被巡察单位完善制度194项，清退、收缴资金541.5万元，运用执纪监督“四种形态”约谈提醒146人次，作风效能问责45人次，党纪政务处分4人，采取留置措施4人。配合中央巡视办、省委巡察指导督导组下沉淳安调研；完成市委巡察指导督导淳安巡察工作；市县上下联动共同完成实施乡村振兴战略促进共同富裕专项巡察工作任务。

【重要会议】 2021年7月2日，召开县委书记专题会议，听取第十四轮巡察情况汇报。2021年12月22日，召开县委书记专题会议，听取县委第十五轮巡察及回访检查情况汇报。2021年12月28日，召开淳安县巡察指导督导暨实施乡村振兴战略促进共同富裕专项巡察情况反馈会议，县委书记杨建根参加。

【常规巡察】 2021年开展1轮对10家单位的常规巡察，发现问题296个，移交有价值的问题线索10条。

【巡察“回头看”】 2021年3月2日至4月23日，县委根据省市要求，由县委巡察办统筹巡察组现有人员力量，抽调县委巡察组、县纪委监委派驻纪检监察组和县财政局等单位人员6人组成县委专项巡察组，对县供销总社开展巡察“回头看”，发现问题36个，有价值的问题线索5条。

【回访检查】 2021年11月5—25日，县委各巡察组对县委第八至十一轮部分单位、第十二至十四轮以及县属部分国企“机动式”巡察暨巡察“回头看”的31家单位进行回访检查，发现思想上被动应付、行动上避难就易、效率上拖沓延误、举措上敷衍了事、成效上存在偏差等5个方面40个未整改到位问题。

【中央巡视办到淳安调研】 2021年7月4—5日，中央巡视办主任王鸿津带队到淳安县调研，召开多个层面的座谈会、汇报会，并深入农村基层一线检查指导巡察工作开展情况，对淳安工作给予充分肯定，特别是对淳安以解决民生实际问题为导向，推进村级巡察的做法表示赞赏。

【省委巡察指导督导组到淳安调研】 2021年4月24—25日，省委巡察指导督导组对淳安县委巡察工作开展调研。4月25日，召开淳安县委巡察工作情况汇报会和巡察工作座谈会。省委巡察指导督导组认为，淳安县的巡察情况报告实事求是、客观全面、剖析问题深入。

【市委巡察指导督导】 2021年9月22—26日，市委巡察指导督导组对淳安县委巡察工作开展实地指导督导。通过听取汇报、召开座谈会、个别谈话、查阅台账、实地走访等方式，对淳安县巡察工作开展情况进行指导和督查。12月22日，向淳安县委反馈指导督导发现的问题和整改要求。县委书记杨建根严格履行“第一责任人”职责,在县第十五次党代会期间参加反馈见面会,沟通对接整改要求和任务,2次给予专门批示,要求严格抓好问题整改,有力推动整改工作。整改工作领导小组2次召开整改工作推进会,听取整改工作情况汇报,研究疑难问题破解。

【上下联动专项巡察】 2021年9月18日至10月29日,市委第二巡察指导督导组与淳安县委巡察机构联合开展对淳安实施乡村振兴战略、促进共同富裕工作的专项巡察。主要目的是通过开展一次市县上下联动形式的专项巡察,探索总结市县上下联动的有效路径、实践经验和特色做法,建立健全专项巡察报备审核和成效评估机制,为全市、全省乃至全国提供试点成效经验。巡察期间,专项巡察组和相关部门乡镇领导、职能科室负责人、村党组织书记、农业经营主体负责人等82人进行个别谈话,查阅成员单位会议纪要、制度文件、工作总结等材料,受理群众来信来电28件,下沉千岛湖镇、汾口镇、威坪镇等14个乡镇、42个建制村、7个产业项目基地开展调研,形成重点领域专项巡察五项工作机制,并于12月28日向县委、县政府进行反馈。

【巡察整改及成果运用】 2021年度反馈的878个问题,完成整改796个,整改率为90.7%。通过整改推动各被巡察单位完善制度194项,清退、收缴资金541.5万元,运用执纪监督“四种形态”约谈提醒146人次,作风效能问责45人次,党纪政务处分4人,采取留置措施4人。梳理形成未整改到位突出问题情况报告向县委汇报,严格督促限期整改,40个突出问题完成整改3个,制定整改举措明确整改期限26个,情况复杂提出明确意见11个。将巡察反馈意见整改情况纳入各单位党建责任制考核,4家单位因个别问题整改不力在大党建考核中扣分。

(袁　涛)

·党校工作·

【概况】 2021年,县委党校按照县委、县政府的工作部署,深入学习贯彻中共十九大和十九届二中、三中、四中、五中、六中全会精神和习近平新时代中国特色社会主义思想,坚持“红色领航秀水,智慧助推富民”的办校理念,在做好新冠疫情防控的同时,认真履行党校主责主业,服务县委县政府中心工作,较好地完成年度各项工作任务,全年牵头完成大下姜培训产业组115个班次,培训学员10800人次;高质量完成主体班次培训任务,培训学员13000余人次;开展各类社会宣讲200余场。

【下姜党性教育基地提升工作】 2021年5月,县委党校依托“千岛湖梦想大讲堂”平台,举办“百名书记话共富”主题峰会,省市领导和来自全省各地的150余名村党组织书记参加。聘任27位全国知名优秀村党组织书记为“千岛湖梦想大讲堂”讲师。在全县新培育“红绿蓝”三色干部教育培训现场教学基地20余处,扩大培训产业覆盖面。

【科研咨政】 2021年,县委党校撰写调研报告7篇,其中获得省委党校专项课题立项2项;完成市委党校社科联课题申报6项并结项,县委主要领导批示肯定1篇。在2021年度全市党校系统推进高质量办学研究论文评选各奖项中,县委党校获组织奖,3篇论文分获一等奖、二等奖、三等奖。

【教育教学】 2021年,县委党校围绕习近平总书记对淳安提出“在生态建设上当好示范、在欠发达地区的跨越式发展上当好示范、在党的先进性建设上当好示范”的要求,整合师资资源,撰写“习近平‘三农’思想与下姜村”

和“心无百姓莫为官”2堂核心课；开发“生态保护的淳安实践”“特色产业星火燎原”“下姜村群众的日子越来越红火”“大下姜联合体模式引领共同富裕”“农村好干部标准——‘四种人’”等5堂系列特色课；开发设计“千岛湖保护路”“习近平总书记下姜村帮扶路”“大下姜共富路”等3条现场教育路线。

【党建工作】 2021年，县委党校严格落实党委主体责任、书记第一责任和班子“一岗双责”，全年召开4次党建专题会议，10次党委会研究党建工作，党委书记带头讲党课8次。牵头组织举办2021年度“党建双强”大比武活动，充分营造党建工作“比学赶帮超”的浓厚氛围。常态化开展廉政学习教育活动，持续深入纠正“四风”，从思想上筑起抵御腐朽思想侵蚀的坚固防线。制定下发《关于规范日常工作制度的通知》，对教师外出社会宣讲、周报、月报、加值班申报等工作事项进行进一步规范，有效提高行政效能。在下姜村举办以“百名书记话共富”为主题的论坛，邀请全国知名村组织书记、知名乡贤和商会联盟代表一起交流乡村振兴经验。通过座谈、走访、慰问等途径，围绕“先富带后富，乡贤来相助”“统战大联盟助力乡村振兴发展”等主题和非公有制经济企业界人士、乡贤和党外人士等群体深入交流，征求改进学校管理和培训的意见建议。在新冠疫情防控中，作为社区共建牵头部门，主动协调其他成员单位，组织党员干部深入施家塘社区参与新冠疫情巡查和值守工作；在文明城市创建中，组织志愿者开展“入户入店”集中宣传活动，走访商户300余次，发放宣传单500余张，确保居民知晓率达到100%，并积极做好全国文明城市创建迎检工作，确保所管路段不失分；在脱贫攻坚中，县委党校党员干部主动与枫树岭镇汪村村、薛家源村贫困群众结成对子，给予全方位帮扶。

【党校异地新建工程】 2021年，淳安县按照省委党校办学质量创优评估反馈意见要求，认真落实好党校异地新建工作。2021年全年投资1500万元，至12月底，土石方工程招标进场开挖，主体施工图及编制预算完成。计划2022年完成投资8500万元，主体工程结顶。 （许　鹏）

·老干部工作·

【概况】 2021年，县委老干部局内设办公室（挂县关心下一代工作委员会办公室牌子）、服务保健科、组织指导科3个科室。下属有老年大学服务中心和老干部活动中心2个事业单位。全县有机关事业单位离退休干部5091人，其中退休干部5042人（行政1992人、事业3050人），离休干部49人（县处级离休干部24人，有8名离休干部安置在本省县外，有1名离休干部安置在外省，有1名离休干部由外地安置在淳安县）；县（团）级退休干部53人（其中副县以上退休干部27人），局（乡）级退休干部489人。

【应敏杨到淳安调研基层工作】 2021年6月10—11日，市委组织部副部长、老干部局局长应敏扬一行到淳安县调研老干部工作。调研组实地考察浪川乡小镇客厅和乡镇企业，看望结对帮扶困难群众，听取工作情况汇报，开展“走亲连心三服务”工作座谈会暨党史学习教育主题宣讲会，听取意见建议。

【曾东元、郑柯荆到淳安调研关心下一代工作】 2021年4月8—9日，市政协原副主席、市关工委副主任曾东元到淳安调研，杭州市关工委专职副主任郑柯荆、一级调研员王福生、市关心下一代基金会副理事长蒋健安、理事吴维康，淳安县人大副县级干部、县关工委副主任徐月焕等陪同调研。调研组走访火炉尖社区“火树银花”工作室、参观梓桐镇流动县委博物馆和书画小镇。认真察看每个教育基地的建设情况,听取相关负责人的详细介绍。座谈会上,淳安县人大副县级干部、县关工委副主任徐月焕汇报淳安县建设“五红”教育品牌、培育教育基地以及基金会资金落实情况等工作。

【党史学习教育】 2021年,县委老干部局邀请县委党校名师、县党史宣讲团成员和“五老”为老干部工作者上专题党史课。组织党员干部学习党史知识并开展“学党史四问”主题思想大讨论活动,开展习近平总书记“七一”重要讲话精神讲授专题党课6次,开展全体人员专题学习4次,开展学习心得交流4次。组织全局党员干部举行“沿着红色足迹学党史”活动,接受爱国主义和革命传统教育。组织开展“民呼我为”实践活动,帮助小区、社区清理卫生死角、清除牛皮癣,达到以知促行,知行合一的目的。采取“1+6+N”的活动模式,党史学习教育亮点纷呈。在老年大学开设“七一”重要精神学习班,在老干部活动中心举办建党百年书画展,促进效果提升。向老干部发放经典读物12000册,组织参观学习60余次,组织专题党课72场,培树老干部典型10人,开展走访慰问50余次。采取“线上+线下”互补联动的方式,开展线下党史学习教育专题课堂118场次,提供“数智学党史”8期,举办线上党史知识竞答1次。在4个临时党总支、33个临时党支部中开展学习感悟大讨论活动,举办座谈会50余场。举办“建党百年百堂党课进百校”红色宣讲教育,形成宣讲课题30多个,分赴学校、社区、农村开展党史学习教育。“五四”青年节期间组织“五老”人员分赴乡镇学校,开展“五老”五四寄语青少年活动,向青少年宣扬革命传统、传承红色基因,助立报国之志。

【老干部党建工作】 2021年,老干部党建工作推陈出新,打造老干部党建融入城市基层党建的“快速路”。整合资源共建共为。通过社区共建共享,整合社区老年协会活动室、党群服务中心、公共服务场地等资源,用于社区老干部党组织日常开会、学习教育。通过向社区提供共建经费,打造“银耀千岛服务站”“老干部工作室”等家门口的老干部党组织活动阵地。建立“火树银花”“张志强”“徐大姐”“民呼我为”“九悦九”5个老干部工作室,助力社区治理。创建载体共享共乐。社区层面组织引导老干部党员加入社区文体活动团队,通过与老干部艺术团联手,开展交流培训、文艺汇演,积极为老干部党员展现风采搭建平台。在社区党组织、小区老干部党组织的引领下,携手老干部艺术团开展“一月一礼堂”文化下乡活动,在相关乡镇、村(社区)分别开展“庆祝建党百年助推共同富裕”“文化走基层颂歌献给党”“知党史颂党恩”“感党恩贺华诞迎亚运”等主题文艺演出活动,营造党史学习教育和迎亚运的浓厚氛围。政治学习持续深化。举办全县离退休干部党支部书记培训班,抓好领头雁的培训教育,会议紧扣中共十九届六中全会精神,号召各支部党员积极发挥战斗堡垒作用,用实际行动践行“六讲六做”,全县70多名老干部党支部书记参加培训。有12个离退休干部党支部获得杭州市首批标准化离退休干部党支部。

【老干部作用发挥】 2021年,县委老干部局充分挖掘全县离退休党组织党员在政治、经验、威望等方面的优势,整理推出志愿服务菜单,根据专业、特长重新划建志愿服务队,开展特色志愿服务活动。开展驻点宣传。深入开展驻点服务老年人行动,定期向驻点联系社区宣传防诈骗、迎亚运、文明创建、垃圾分类等方面的最新方针政策。以防诈骗代言人为示范引领,带动公安退休老干部党员定期定点为社区、小区老年人开展防范电信网络诈骗宣传。全年开展防诈骗驻点宣传6场次，发放防诈骗宣传资料2700余份。开展融入服务。依托老干部工作室、老党员驿站等平台，引导老干部党员逐步融入全县乡村振兴、帮困济贫、矛盾调解、文明城市创建、关心下一代等领域，发挥老干部党员先锋模范作用、服务居民，选培市级金秋驿站1家，自主选培金秋驿站2家。全年开展各类志愿服务活动230场次，成为各社区、小区最美"夕阳红"。其中，老干部方清爱被省关工委评为"红船精神优秀五老宣讲员"。开展民生建言。持续深化"8号民生会客厅"活动，在确定好主题内容、民生关切、群众期盼等主要问题的基础上，积极引导老干部党员建言献计。共收集归纳老干部宝贵意见42条并转递相关部门，解决民生问题8件。"8号民生会客厅"被列入党史学习教育"民呼我为小事快办"主题活动十大听民意平台之一。

【老干部待遇落实】 2021年6月26日，县委老干部局针对空巢、失独、失能等有特殊困难的居家养老离休干部，推出并完成离休干部适老化改造项目；坚持每周1次电话慰问和"四必访"制度，全年看望住院老干部52人次，帮助协调解决问题6起。中国共产党成立100周年前夕，上门走访慰问53名离休干部，为每位离休干部发放2000元慰问金，并为每位离休干部增发1个月基本离休费。明确结对帮扶机制，建立"一人一策"健康档案49份；完成46名离休干部、55名县团级、448名局乡级老干部的体检和疗养工作。

【关心下一代工作】 2021年六一儿童节，县关工委"五老"携手农村留守儿童，赴中洲镇中国工农红军北上抗日纪念馆开展"六一"红色之旅，并向小朋友发放节日礼物；6月10日，淳安县关工委"五老"科技团走进千岛湖镇第七小学，开展"科技托起强国梦"主题讲座；8月17日，县关工委赴王阜乡严家坪村、屏门乡金陵村开展捐书活动，为留守儿童送去精神食粮和文具用品；8月25日，县关工委"五老"网吧义务监督员配合全县创建全国文明城市活动，开展网吧监督活动；9月29日，杭州市关工委、杭州市关心下一代基金会在王阜乡中心学校郑中校区举办"金秋助学"捐赠仪式。杭州市关心下一代基金会向该校区捐赠资助金10万元，主要用于改善学生的学习和生活条件。开展"奋飞助学"活动，淳安县57名贫困大、中、小学生得到资助，助学金额7.3万元，缓解贫困家庭的经济压力；全年走访里商乡村坑村、文昌镇王家源村、大墅镇大墅村等地的儿童之家，了解其学习状况，并送去慰问金；为了给留守儿童创造更好的学习环境，投资16.5万元，用于改善留守儿童之家的硬件设施。

【文化阵地建设】 2021年，县委老干部局继续实施老干部活动大楼提质改造，对乒乓球室、台球室、阅览室、象棋室、排练厅等活动场所进行整体提升，新增沙壶球、电子射击、门球训练道等活动项目。5月，老干部活动大楼重新投入使用。优化老年大学教育教学。在课程设置上，做到动静结合、求知求健结合、传统现代结合、科学性思想性结合；在班级设置上，采取分层开班的模式，基础教学满足广大老干部老有所学的需要，提高班及研究会教学满足部分老干部学有提高、学有成就的愿望。开展丰富多样的文体活动。除有序开展日常的娱乐活动和读书看报外，在重大节日和法定假日期间，老干部活动中心及老年大学积极组织全县老干部参与重阳登山、乒乓球比赛、武术表演、送春联下乡等活动，多渠道多形式搭建活动载体，满足老干部精神文化需求。（何　珊）

·机构编制工作·

【概况】 2021年,县委编办坚持习近平新时代中国特色社会主义思想,围绕县委、县政府中心工作,坚持党建引领,激活内生动力,扎实推进机构编制工作,为推动康美千岛湖高水平转化,推进千岛湖特别生态功能区高质量发展提供体制机制保障。

【党史学习教育】 2021年,县委编办全体党员干部学习贯彻习近平总书记在党史学习教育动员大会上的重要讲话精神和庆祝中国共产党成立100周年大会上的重要讲话精神,把"专题学""集中学""个人学"相结合,汇集形成"常态学"机制,多次进行交流发言、交流学习心得、共促学习成效。制订《县委编办党史学习教育暨同心同拍同发力担当作为我行动工作方案》,赴淳安县红色教育基地接受革命历史教育,大力弘扬伟大建党精神、红船精神、浙江精神,开展听老党员讲党课活动,使党员干部在感悟党的事业发展壮大的宝贵经验中汲取奋进力量。

【五星支部建设】 2021年,县委编办党支部严格落实议事决策机制,履行"一岗双责"责任,强化全面从严治党主体责任意识,在抗击新冠肺炎、全国文明城市创建、国家卫生城市创建等急难险重各项工作中,经受住实践考验,全体党员干部发挥骨干作用,被县委组织部评为五星支部。

【创先争优活动】 2021年,县委编办营造团结干事、奋发争先的良好氛围,明确全年争先进、创优秀的具体目标任务,每月支部主题党日,轮流阐述创优想法和做法,针对信息考核方面的短板,制定信息写作考核办法,每人负责对接若干单位,知晓信息考核要求,负责考核任务。针对信息薄弱的短板,完善信息写作考核办法,每人负责对接一个单位,弄清信息考核要求,完成信息考核任务,全年全办完成信息报送67篇,发表27篇,报送和发表数量均达到历史新高。

【行政机构变动】 2021年,县委编办贯彻落实乡村振兴战略,推动设立县乡村振兴局,在淳安县农业农村局增挂淳安县乡村振兴局牌子;促进淳安县文物保护和文化旅游管理职责有机融合,推动设立县文物局,在淳安县文化和广电旅游体育局增挂淳安县文物局牌子;推进法治建设,顺应行政执法体制改革,完成县综合行政执法局主副牌调整及加挂县综合行政执法指导办公室牌子。县城市管理局(县综合行政执法局)更名为县综合行政执法局,挂县城市管理局、县综合行政执法指导办公室牌子。设立中共淳安县委社会建设委员会,为县委派出机关,与县发改局合署办公。

【开发区管理机构】 2021年,根据中央、省、市关于开发区整合提升及其管理机构清理规范工作部署,淳安经济开发区管委会作为开发区整合提升后保留的管理机构,精简内设机构50%,精简领导职数33%。高铁新区管委会作为其他开发建设类园区管理机构,继续与文昌镇人民政府实施"区政合一"体制,实行"一个机构、两块牌子"。千岛湖旅游度假区管委会作为其他非开发建设类园区管理机构继续保留设置。

【人才工作】 2021年,制定《淳安县县属事业单位编制周转管理细则》,建立事业编制周转制度,解决部分单位人员结构老化、人员新老交替过程中出现的超编等问题,从体制机制上破解淳安县编制动态调剂难、编制"部门所有"的制度障碍,提升编制使用效益。全年核定县文化馆周转编制1名,用于舞蹈编导、舞蹈表演、作曲与作曲技术理论等专业技术岗位人才招聘；为农业系统提供3名周转编制，缓解人手紧张、青黄不接的问题。在党政机关引进选调生8名，及时办理用编手续，录入实名制系统。

【违规问题整改】 2021年，完成18家单位编制职数倒挂问题整改；全面完成396家单位编外人员的调查摸底工作。

【第二次全国机构编制核查】 2021年，按照中央编委《关于开展第二次全国机构编制核查的通知》和上级编委关于开展第二次全国机构编制核查的工作部署，根据淳安县实际情况，颁发《关于印发〈全县机构编制核查工作方案〉的通知》，按照“一个结合、三个阶段、五个环节”开展机构编制核查工作。全县列入此次核查范围的单位总数为351家，实地核查单位130余家。经过核查，淳安县机构编制使用情况总体较好，全县无未经机构编制部门批准擅自设立机构、擅自加挂牌子、擅自变更机构名称等情况，各类机构编制资源使用有序规范。

【日常审核工作】 2021年，审批全县机关事业单位用编464名；审批全县机关事业单位中层职数196名；审批使用编外用工指标126名；审核全县机关车贴金额1980余万元。

【事业单位登记管理】 2021年，完成269家事业单位年度报告并公示，完成116家学校、医院事业单位章程制定和备案工作。为净资产大幅减少、法定代表人调整等情况的80家事业单位办理变更登记，为24家证书到期的事业单位更换新证书，设立事业单位法人1家，注销5家，为11家机关团体单位更换新的统一社会信用代码证。

【车贴补发】 2021年，按照县车改办关于职务与职级并行文件要求，做好实名制系统中900余人的车贴补发相关信息修改，补发车贴86万余元，调整后全县车贴发放实现零差错，职务职级并行平稳过渡。

【教育系统机构编制】 2021年，核增淳安中学编制1名，总量至206名；核减千岛湖中等职业学校编制1名，总量至210名。设立千岛湖镇第八小学，编制96名，领导职数4名。设立王阜乡中心学校，编制59名，职数4名，核销王阜乡初级中学、王阜乡中心小学、王阜乡严家小学；设立梓桐镇中心学校，编制55名，职数3名，撤销梓桐镇初级中学和梓桐镇中心小学；大墅镇初级中学增挂大下姜初级中学牌子，编制54名，职数3名；撤销左口乡光昌小学、威坪镇叶家小学、威坪镇唐村小学、姜家镇郭村小学、汾口镇界川小学、枫树岭镇白马小学、中洲镇初级中学、枫树岭镇初级中学。撤销金峰乡中心小学、金峰乡中心幼儿园，原学校各2名编制分别划入千岛湖镇第三小学、千岛湖镇中心幼儿园。2021年年底，全市中小学教职工编制统筹调剂，淳安县事业编制使用权划出数额较大，约占全县事业编制基数的9%。

【卫健系统机构编制】 2021年，核增县疾病预防控制中心事业编制1名，强化专业人员力量做好突发新冠肺炎疫情应对工作和2022年亚运会疾控预防保障。同意县第一人民医院以事业编制等额置换报备员额70名，同意县第二人民医院以事业编制等额置换报备员额46名，同意县中医院以事业编制等额置换报备员额33名，同意县妇幼保健院以事业编制等额置换报备员额9名。

【部门乡镇职责变动】 2021年，县建设工程质量安全监督站增加协助工程消防审验职责。明确县农业农村局承担农村宅基地改革和管理有关职责，县农业综合行政执法队(县渔业行政执法队)承担农村在基地行政执法职责。明确县融媒体中心主要职责、内设机构和人员编制规定，编制数103名，单位领导职数4名，内设机构职数21名。明确淳安县乡镇新增2项属地管理事项：商贸企业安全生产行业管理和农村集体聚餐食品安全监管。

(詹思君)

·史志工作·

【概况】 2021年，县委党史研究室扎实开展党史学习教育，与县文联联合开展第五届千岛湖文学创作大赛；与县教育局、县社科联、团县委联合举办“薪火相传听党话　唱支山歌给党听”庆祝中国共产党成立100周年综艺联欢活动；与县关工委、县教育局联合举办“大手牵小手，永远跟党走”主题教育活动；与省新四军研究会、县党史学习教育领导小组等单位举办淳安县“建党百年　百堂党课进百校”红色宣讲活动；邀请方志敏之女方梅到县北上抗日先遣队纪念馆给中洲镇中心小学师生讲述方志敏生前的故事；组织开展“百名党员讲党史”活动，进社区、进学校、进机关宣讲淳安党史；组织讲解员参加“百年征程，致敬英烈”杭州市首届英烈讲解员比赛，参赛的2名讲解员1人获三等奖、1人获优秀奖；组织讲解员参加省退役军人事务厅在长兴县举行的“百年·百人·百场——庆祝中国共产党浙江英烈故事宣讲活动”；与县博物馆联合举办“红色印记　红色之旅　红色回响——淳安县红色资源展”活动，展示淳安丰富的红色资源；组织开展“筚路蓝缕　峥嵘辉煌”淳安百年党史百幅展活动；组织开展“奋斗百年路　启航新征程”红色讲解员技能比武大赛；组织开展“百年党史百幅展暨红色故事宣讲进校园”活动。

组建党史宣讲团，开展“史志服务我先行”活动，深入机关、学校、社区，宣讲淳安党史和先烈故事。全年开展党史宣讲20余场，上党课85次，受众党员群众1万余人。选派讲解员拍摄《淳安青年说》宣讲视频和西湖明珠电视台微党课。在县委旧址纪念馆举行“学党史　强信念　跟党走”主题团日活动。该活动当晚在中央广播电视总台《新闻联播》栏目播出。《杭州日报》以“用红色精神为砥砺前行注入强大精神力量”为题，宣传县先遣队纪念馆周边的红色遗址和红色旅游精品路线。淳安县中国工农红军北上先遣队纪念馆先后获得浙江省党员教育培训基地和杭州市党员教育培训基地称号。

新建威坪镇三坦村解放淳安第一村展示馆、浪川乡红色狮古山展示馆和富文乡金萧支队历史馆，打造成为新的党史学习教育阵地。淳安县红色研学中心列入淳安县“十四五”规划，申报纳入2021年文化保护利用工程中央预算内投资计划。浪川乡孤魂碑论证及保护工作有序开展。

打造“红＋红”“红＋绿”“红＋绿＋红”等多条红色文化主题精品旅游路线，全面展示淳安党史发展历程。重点推介下姜村及周边地区乡村振兴发展规划展示馆为核心的红色旅游精品线路，并通过《浙江工人日报》、微信等新媒体发布淳安红色疗养套餐，成功吸引全国各地企事业单位和旅行团到淳安参观学习。全年接待游客超80万人次。

3月，完成《浙江年鉴(2021)》淳安概况篇和《杭州年鉴(2021)》淳安概况篇撰写；4月，完成“红色淳安20章”素材整理、审核，并配合拍摄“寻访淳安红色记忆”大型融媒体新闻行动；5月，《新安印记》出版；6月，《红色威坪》出版；10月，《淳安老区发展史》出版；12月，《中国共产党淳安历史(1978—2002)》《淳安年鉴(2021)》出版。全年高质量编辑出版《淳安史志》4期。

继续推进《新安文化研究丛书》编撰工作。8月，赴黄山召开新安文化丛书编写座谈会，协调解决编写中的困难和问题；10月，《新安文化丛书》18册分卷初稿基本完成。

成立燕山文化景区历史文化资料收集工作组，走访龙华寺知情人士，收集燕山文化景区诗词楹联，努力为燕山文化景区建设提供新安文化元素。先后完成《淳安古楹联选辑》《淳安寺庙庵殿的传说》《新安神话故事》初稿编写。

【刘芸对淳安党史工作作出批示】 2021年4月26日，省委党史和文献研究室主任刘芸在《淳安县党史工作情况报告》上作出批示："淳安县委党史研究室积极深挖红色资源，加大基地建设，充分发挥了以史鉴今、资政育人作用。希望围绕习近平总书记及各位省委主要领导联系下姜村的独特资源优势，加强研究，挖掘新的深刻内涵，成为激发全省党员干部践行'八八战略'，打造'重要窗口'，争创社会主义现代化先行省更充足的精神力量。"

【《淳安年鉴(2021)》出版】 2021年11月，《淳安年鉴(2021)》由方志出版社出版，开始向国内外公开发行。全书设30个类目，419页，68万字，彩色插图33页133幅，印数800册。该年鉴全面系统地记载2020年淳安县政治、经济、文化和社会生活等各方面的基本情况，反映淳安县三个文明建设的新特点、新成就、新经验，资料丰富、信息准确、内容权威。

【《中国共产党淳安历史(1978—2002)》出版】 2021年12月，《中国共产党淳安历史(1978—2002)》(简称淳安党史三卷)由浙江人民出版社出版。这是淳安县委党史研究室编写的第三部中共地方党史。是杭州市出版的首部党史三卷。淳安党史三卷编写工作于2013年启动，历经纲目设计、专题征集、搜集资料、初稿编写、合成统稿、专家初审、审后修改、征求意见等阶段，先后进行5轮修改，于2021年7月形成送审稿。8月，县委召开评审会，形成终审稿并送出版社。淳安党史三卷5编25章250目41万多字，客观翔实记述1978年中共十一届三中全会后至2002年年底，中共淳安县委团结带领全县人民进行改革开放和社会主义现代化建设的艰辛历程，取得的巨大成就和获得的宝贵经验；记述中共淳安县委不断加强和推进党的自身建设的历史进程。是深入了解淳安党史的重要读本。2021年12月27日，省委党史和文献研究室特向淳安县委党史研究室致贺信。贺信中说：在中国共产党成立100周年之际，《中国共产党淳安历史(1978—2002)》顺利出版，敢为人先、令人振奋，在此谨致热烈的祝贺！希望你们继续发扬干在实处、走在前列、勇立潮头的精神，给兄弟单位提供编写经验和智力支持，为推进全省地方党史三卷编写工作贡献力量。

（刘东山）

（编辑　王丛丹）

淳安县人民代表大会

·人民代表大会会议·

【县第十六届人民代表大会第五次会议】 2021年2月22—25日在千岛湖镇举行。大会应到代表232名,出席214名,因事因病请假18名,列席人员223名。会议听取和审议县长张鸿斌所作的县人民政府工作报告、县人大常委会主任董文吉所作的县人大常委会工作报告、县人民法院代院长张波所作的县人民法院工作报告、县人民检察院检察长杨勇所作的县人民检察院工作报告。会议决定批准以上报告,并作出相应决议。会议审查和批准《淳安县国民经济和社会发展第十四个五年规划和二〇三五年远景目标纲要》、县发展和改革局《关于淳安县2020年国民经济和社会发展计划执行情况与2021年国民经济和社会发展计划草案的报告》、县财政局《关于淳安县2020年财政预算执行情况和2021年财政预算草案的报告》及市生态环境局淳安分局《关于淳安县2020年度环境状况和环境保护目标完成情况的报告》。会议依法选举张波为淳安县人民法院院长,选举产生县第十六届人民代表大会常务委员会部分委员。会议收到代表提出的议案、建议150件。这些建议涉及高标准保护方面18件,占12%;高质量发展方面42件,占28%;高品位建设方面27件,占18%;高品质民生方面63件,占42%。经大会主席团研究,全部作为代表建议处理,交县政府和有关单位办理。

·人大常委会会议·

【县第十六届人大常委会第三十四次会议】 2021年1月17日举行。会议讨论通过有关人事任免事项,举行宪法宣誓仪式。会议任命:王新华为淳安县人大常委会教育科学文化卫生和民族宗教华侨工作委员会主任,杨武军为淳安县人大常委会代表工作委员会主任,方四雷为淳安县人大常委会监察和法制司法工作委员会主任、社会建设工作委员会主任,陆发平为淳安县人大常委会农业和农村工作委员会主任,汪新明为淳安县人大常委会城乡建设环境保护工作委员会主任,徐夏冰为淳安县人大常委会财政经济工作委员会主任,方亚平为淳安县人大常委会社会建设工作委员会副主任;免去:余樟来的淳安县人大常委会农业和农村工作委员会主任职务,姜玉梁的淳安县人大常委会财政经济工作委员会主任职务,姜作军的淳安县人大常委会城乡建设环境保护工作委员会主任职务,王昌迪的淳安县人大常委会监察和法制司法工作委员会主任职务,王苏宝的淳安县人大常委会教育科学文化卫生和民族宗教华侨工作委员会主任职务。会议审查提交县十六届人大五次会议的县人大监察和法制司法委员会、财政经济委员会工作报告、社会建设委员会报告;审查2020年县人大常委会关于开展规范性文件备案审查工作情况的报告。

【县第十六届人大常委会第三十五次会议】

2021 年 1 月 21 日举行。会议讨论通过关于召开县十六届人大五次会议的决定;讨论通过县十六届人大五次会议议程(草案)、日程(草案);听取和审议拟提交县十六届人大五次会议的人大、“一府两院”、计划、财政、民生实事候选项目形成情况、生态环境状况等八个报告。会议对八个报告给予充分肯定,同时也提出修改意见,要求各起草单位作进一步修改完善,提交县十六届人大五次会议;听取和审议 2020 年政府投资项目实施情况和 2021 年政府投资项目计划安排情况的报告、政府投资项目 2020 年收支执行情况和 2021 年收支预计情况的报告;听取和审议 2020 年财政收支预算执行和 2021 年财政收支预算安排情况及 2021 年部门预算编制情况的报告;听取和审议淳安县国民经济和社会发展第十四个五年规划和二〇三五年远景目标纲要(草案);审议通过县人大常委会 2021 年工作要点;讨论通过关于接受余樟来等 9 人辞去淳安县第十六届人民代表大会代表职务的决定;作出关于补选淳安县第十六届人民代表大会代表的决定,决定补选 10 名淳安县第十六届人民代表大会代表,同时确定 2021 年 2 月 2 日为选举日。

【县第十六届人大常委会第三十六次会议】

2021 年 2 月 1 日举行。会议讨论听取和审议县十六届人大常委会代表资格审查委员会关于县十六届人大五次会议代表资格的审查报告;听取大会各项建议名单(草案),讨论通过列席人员名单。会议讨论通过有关人事任免事项,举行宪法宣誓仪式。会议决定任命:许海波、罗宝华为淳安县人民政府副县长;决定免去:赖明诚、商松懋的淳安县人民政府副县长职务;决定任命:叶俊军为淳安县司法局局长,汪荣富为淳安县千岛湖生态综合保护局局长;任命:闻云发为淳安县人大常委会代表工作委员会副主任;免去:方加鹏的淳安县人大常委会代表工作委员会副主任职务。

【县第十六届人大常委会第三十七次会议】

2021 年 3 月 31 日举行。会议讨论通过淳安县人大常委会开展党史学习教育方案。会议讨论通过人事任免事项,举行宪法宣誓仪式。会议任命:方四雷为淳安县第十六届人民代表大会监察和法制司法委员会副主任委员、社会建设委员会副主任委员,徐夏冰为淳安县第十六届人民代表大会财政经济委员会副主任委员,汪仁发为淳安县第十六届人民代表大会监察和法制司法委员会委员,钱红建为淳安县第十六届人民代表大会财政经济委员会委员,吴家有为淳安县第十六届人民代表大会财政经济委员会委员,何琪峰为淳安县第十六届人民代表大会财政经济委员会委员。会议听取和审议县司法局局长叶俊军受县人民政府委托所作的县法治政府建设情况的报告,25 位县政府组成部门负责人报告个人依法履职情况,其中县公安局政治委员胡国宏、县城市管理局局长方开银作口头报告;邀请杭州市司法局法治督查处处长、一级调研员卞军民作了法治政府建设专题讲座。

【县第十六届人大常委会第三十八次会议】

2021 年 5 月 31 日至 6 月 1 日举行。会议审议并表决通过 2021 年度政府投资项目计划新增项目;通过人事任免事项,举行宪法宣誓仪式。会议决定免去方爱民的淳安县监察委员会副主任职务,决定任命方爱民为淳安县市场监督管理局局长;免去:余利明的淳安县人民法院立案庭庭长、审判员职务,李霞的淳安县人民法院审判员职务。会议邀请浙江省人大常委会委员、省人大法制委员会主任委员丁祖年作了《中华人民共和国全国人民代表大会和地方各级人民代表大会选举法》专题讲座。

【县第十六届人大常委会第三十九次会议】 2021年7月28日举行。会议讨论通过县长张鸿斌提请的人事免职议案，决定任命汪丽霞为淳安县统计局局长，决定免去吴立新的淳安县统计局局长职务；讨论通过关于接受张飞燕辞去淳安县第十六届人民代表大会代表职务的决定；听取和审议县审计局局长徐建球受县人民政府委托所作的《关于2020年度淳安县本级财政预算执行和其他财政收支的审计工作报告》；听取和审议县财政局局长陆建育受县人民政府委托所作的《关于淳安县2020年财政决算草案的报告》和《关于淳安县2021年1—6月份财政预算执行情况的报告》，并批准县人民政府提出的2020年财政决算。

【县第十六届人大常委会第四十次会议】 2021年9月30日举行。会议讨论通过有关人事任免事项，举行宪法宣誓仪式。会议决定任命金晨旦为淳安县人民政府副县长；决定任命：洪余良为淳安县交通运输局局长，唐敏为淳安县退役军人事务局局长；决定免去：何小林的淳安县交通运输局局长职务，姜建明的淳安县退役军人事务局局长职务；任命：钱立华为淳安县人大常委会农业和农村工作委员会主任，姜建明为淳安县人大常委会社会建设工作委员会主任，程建渭为淳安县人大常委会办公室副主任，洪永流为淳安县人大常委会城乡建设环境保护工作委员会副主任，蔡茂恒为淳安县人大常委会社会建设工作委员会副主任；免去：方四雷的淳安县人大常委会社会建设工作委员会主任职务，陆发平的淳安县人大常委会农业和农村工作委员会主任职务，姜浩强的淳安县人大常委会办公室副主任职务，方亚平的淳安县人大常委会社会建设工作委员会副主任职务，程建渭的淳安县人大常委会城乡建设环境保护工作委员会副主任职务；任命：王艳、毛勇锋为淳安县监察委员会委员；免去：吴社平的淳安县监察委员会委员职务，商贵华的淳安县监察委员会委员职务。会议审议通过《淳安县人大常委会关于设立淳安县选举委员会的决定》《淳安县人大常委会关于设立乡(镇)选举委员会的决定》《淳安县人民代表大会关于县、乡两级人民代表大会换届选举有关事项的决定》；审议通过《淳安县人大常委会关于开展第八个五年法治宣传教育的决议》；听取国有资产管理情况报告；讨论通过关于接受徐晓晶等4人辞去淳安县第十六届人民代表大会代表职务的决定；邀请浙江省人大常委会法制委员会副主任委员尹林作了《浙江省数字经济促进条例》专题讲座。

【县第十六届人大常委会第四十一次会议】 2021年11月29日举行。会议讨论通过有关人事任免事项，举行宪法宣誓仪式。会议任命许哲丰为淳安县人民检察院副检察长、检察委员会委员；决定接受杨勇辞去淳安县人民检察院检察长、检察委员会委员职务，许哲丰副检察长代理淳安县人民检察院检察长职务；任命杨柳青为淳安县监察委员会委员，免去黄立新的淳安县监察委员会委员职务；任命：洪来兵为淳安县人民法院立案庭庭长，邵智峰为淳安县人民法院行政审判庭庭长，方林为淳安县人民法院汾口人民法庭副庭长，方莹为淳安县人民法院威坪人民法庭副庭长，余秀玲为淳安县人民法院千岛湖环境资源法庭副庭长，方钢军为淳安县人民法院立案庭副庭长，张鑫为淳安县人民法院审判员、民事审判二庭副庭长，章财溪、方丹、邵露为淳安县人民法院审判员；免去：周红斌、方军生的淳安县人民法院审判委员会委员职务，洪来兵的淳安县人民法院汾口人民法庭副庭长职务，邵智峰的淳安县人民法院临岐人民法庭副庭长职务，方林的淳安县人民法院立案庭副庭长职务，方莹的淳安县人民法院民事审判二庭副庭长职务，余秀玲的淳安县人民法院民事审判一庭副庭长职务，方钢军的淳安县人民法院行政审判庭副庭长职务，王贤云的淳安县人民法院行政审判庭庭长职务，汪早发的淳安县人民法院威坪人民法庭副庭长职务。会议听取审计问题整改落实情况报告和开发区审计情况报告；审议通过调整千岛湖智邦大厦和淳安县第三中学项目投资计划的议案；听取和审议2022年部分拟建政府重大投资项目计划安排情况的报告，票决2022年部分拟建政府重大投资项目；审议通过关于2021年地方政府债务限额及新增债券资金预算调整方案和关于2021年预算调整方案。

【县第十六届人大常委会第四十二次会议】 2021年12月23日举行。会议讨论通过有关人事任免事项，举行宪法宣誓仪式。会议决定任命：卜利斌、姜君为淳安县人民政府副县长；决定免去：余红英、方飞燕的淳安县人民政府副县长职务；任命沈国红为淳安县监察委员会副主任。会议接受许海波辞去淳安县人民政府副县长职务、徐恒辉辞去淳安县监察委员会主任职务。会议决定沈国红副主任代理淳安县监察委员会主任职务；免去胡永新的淳安县人民检察院检察员职务。会议听取县人民政府2021年民生实事项目完成情况的报告，开展满意度测评；讨论通过关于召开淳安县第十七届人民代表大会第一次会议的决定；通过县十七届人大一次会议议程（草案）、日程（草案）；讨论通过关于接受董文吉、叶春晖等辞去县（乡、镇）选举委员会职务的决定；审查2021年县人大常委会关于开展规范性文件备案审查工作情况的报告。

·常委会日常工作·

【专项工作审议和视察检查】 2021年4月29日，县人大常委会主任会议专题听取和审议高质量发展农业产业情况的报告；5月18日，县人大常委会主任会议专题听取和审议城乡污水处理设施运维情况报告；6月11日，县人大社会建设委员会视察县医保政策宣传、医保智慧监管等工作，并专题听取和审议医保基金运行监管情况的报告；6月22日，县人大常委会组织代表视察部分重点项目，23日主任会议听取和审议县政府关于全县重点项目建设情况的报告；8月23日，县人大常委会主任会议专题听取和审议保障性住房建设情况报告；9月6日，县人大常委会主任会议专题听取和审议县文旅融合发展情况的报告；9月22日，县人大常委会主任会议专题听取和审议代表建议办理情况的报告；10月18日，县人大常委会主任会议专题听取和审议县认罪认罚从宽制度实施情况的报告。

【规范性文件备案审查】 2021年，根据《淳安县人民代表大会常务委员会规范性文件备案审查规定》的要求，县人大常委会依法对县政府报送的19个规范性文件进行备案审查，具体是：《淳安县人民政府办公室关于印发淳安县无规定马属动物疫病区保护区建设方案的通知》《淳安县人民政府关于加快科技创新推动高质量发展的若干意见》《淳安县人民政府关于促进高质量发展生态农业产业的实施意见》《淳安县人民政府关于进一步促进现代服务业高质量发展的若干意见》《淳安县人民政府关于划定禁止使用高排放非道路移动机械区域的通告》《淳安县人民政府关于进一步明确集体土地地上附着物和青苗补偿标准的通知》《淳安县人民政府办公室关于进一步提升来料加工产业发展的实施意见》《淳安县人民政府办公室关于印发“千岛农品”区域公用品牌建设三年行动计划（2021—2023年）的通知》《淳安县人民政府办公室关于切实抓好粮食生产的实施意见》《淳安县人民政府办公室关于全面加强知识产权工作的实施意见》《淳安县人民政府办公室关于印发淳安县农村公路管理养护体制改革实施方案(试行)的通知》《淳安县人民政府办公室关于印发淳安县中小学教育布局优化调整实施方案(2021—2025)的通知》《淳安县人民政府办公室关于扶持城市公交优先发展的实施意见》《淳安县人民政府办公室关于扶持农村客运发展的实施意见》《淳安县人民政府关于进一步完善养老服务体系扶持政策的意见》《淳安县人民政府关于砂石资源管理的实施意见》《淳安县人民政府关于进一步加快电子商务产业发展的意见》《淳安县人民政府关于公布淳安县自然资源价格体系建设成果的通知》《淳安县人民政府关于调整我县最低工资标准的通知》。

【代表工作】 2021 年,县人大常委会认真做好代表工作。代表队伍建设有新提升。组织乡镇人大主席、人大办主任开展能力培训,组织代表开展“建党百年学党史、百字感悟话初心”征文比赛,强化党史学习教育,赓续红色血脉。有序安排代表列席人大常委会、参加重点项目视察检查和县乡民生实事项目监督、参与县乡中心工作等活动,丰富代表履职方式。组织 7 个县代表中心组开展履职竞赛,召开全县人大工作务虚会,开展优秀代表建议、优秀“农家式”代表联络点、优秀建议评选活动,激发代表争先创优。民生实事监督有新进展。把县第十六届人大五次会议产生的 10 件民生实事监督作为代表活动的主抓手,开展“一月一检查,一季一督查,半年一报告,年度一测评”监督活动,有效推进各项民生实事落实落地。10 项民生实事项目的满意率达到 87%以上。人大工作创新有新突破。在总结部分乡镇试点经验的基础上,推行“农家式”代表联络点群众意见“闭环快办、无缝联办、明责促办”“三办”模式,力促群众意见“事事早着落、件件快回音”。“三办”模式推行以来,全县代表联络点收集群众建议 584 件,较好地实现群众意见“民有所呼,我有所应”。人大换届选举有新业绩。坚持党的领导、充分发扬民主、严格依法办事。自觉服从党对选举工作的全面领导,确保党的领导贯穿换届选举全过程和各方面,充分发挥人大和选举机构的能动作用,通过法定程序落实党委人事安排,确保换届选举工作依法、平稳、有序进行。全县依法选举产生县人大代表 256 名,乡镇人大代表 1349 名。

【建议督办】 县十六届人大五次会议期间,代表提出议案及建议、批评和意见 150 件。根据县人大常委会督办重点建议工作和《关于县政府领导领衔办理县人大代表重点建议的意见》的要求,为切实做好代表议案建议办理工作,县人大常委会研究决定将《关于要求建立农村困难群众返贫监测机制的建议》等 9 件建议作为重点建议。坚持重点建议县政府领导领办和人大常委会领导督办制度,5—6 月,县领导进代表联络站接待代表和群众,73 件困难问题得到有效解决。各承办单位坚持办理工作“一把手”负责制,专题审议建议办理情况报告,落实网上公开、中期督办、不满意件重办、代表小组集体评议、办理情况督查考核等措施,建议办理质量与效果实现新提升。县十六届人大五次会议上代表提出的 150 件建议均在法定期限内办结,解决率达 63.3%,9 件重点建议有效落实,得到群众普遍好评。

【代表选举】 2021 年,依法完成县第十七届人民代表大会代表的选举工作,选举产生新一届人大代表 256 名。

【自身建设】 2021 年是中国共产党成立 100 周年,是“十四五”规划的开局之年,是县乡两级人大代表换届之年，更是特别生态功能区建设的关键之年。县人大常委会高举习近平新时代中国特色社会主义思想伟大旗帜，深入学习贯彻习近平总书记关于坚持和完善人民代表大会制度的重要思想、习近平法治思想，深入贯彻落实中共十九届六中全会精神和中央人大工作会议精神，认真落实县委十四届十次全会和县第十五次党代会精神，坚持党的领导、人民当家作主、依法治国有机统一，履行宪法和法律赋予的职责。按照“政治坚定、业务精通、务实高效、作风过硬”的要求，不断夯实履职基础，提高履职水平。坚决落实县委决策部署，深入开展党史学习教育，始终与县委同频共振、同向发力，切实增强政治定力，忠诚拥护“两个确立”，坚决做到“两个维护”。积极推动人大工作与时俱进，“一体化全覆盖建设‘农家式’代表联络点的探索与实践”荣获“杭州人大工作与时俱进案例”奖，监督推动全省首家生态环保检察官办公室挂牌成立工作获得“杭州人大工作与时俱进案例”提名奖；推进审议意见问题整改销号等工作，有力提升人大监督实效；坚持开展“人大讲坛”，落实人大新闻宣传工作制度，完善信息宣传考核办法，常委会机关获全省人大信息工作成绩突出单位称号。

（向　健）

（编辑　王丛丹）

淳安县人民政府

·重要会议·

【县政府常务会议】 2021年1月20日，县政府召开第五十一次常务会议。会议由县长张鸿斌主持，副县长赖明诚、余红英、李浙峰、黄青、方飞燕出席会议，县人大常委会副主任章传强、县政协副主席邵文涛应邀参加会议。会议就政府工作报告、国民经济和社会发展第十四个五年规划和二〇三五年远景目标纲要、2020年国民经济和社会发展计划执行情况与2021年国民经济和社会发展计划、2020年财政预算执行情况和2021年财政预算、2020年度环境状况和环境保护目标完成情况、集体土地地上附着物和青苗补偿标准、县融媒体中心增设绩效专项奖励、划定禁止使用高排放非道路移动机械区域、龙华禅寺(蜜山禅寺)迁建、千岛湖农业发展集团有限公司法人治理结构等事项进行研究和审议。

2021年3月3日，县政府召开第五十二次常务会议。会议由县长张鸿斌主持，副县长许海波、吴克青、余红英、余飞、黄青、方飞燕、罗宝华出席会议，县人大常委会副主任章传强、县政协副主席邵文涛应邀参加会议。会议就2021年度县政府重大行政决策事项目录、续签千岛湖(始发)—北京南列车运营补贴协议、淳安县村集体经济高质量发展三年行动计划、生态公益林补偿收益权质押贷款投资千岛湖智谷项目和1.89亿元资金投资千岛湖建设集团税收缴纳情况、“千岛农品”区域公用品牌建设三年行动计划(2021—2023年)、进一步提升来料加工产业发展等事项进行研究和审议。

2021年3月12日，县政府召开第五十三次常务会议。会议由县长张鸿斌主持，副县长许海波、吴克青、余红英、余飞、黄青、方飞燕、罗宝华出席会议，县人大常委会副主任章传强、县政协副主席商松懋应邀参加会议。会议就淳安县过渡期城镇开发边界划定相关事项进行研究和审议。

2021年3月25日，县政府召开第五十四次常务会议。会议由县长张鸿斌主持，副县长许海波、吴克青、余红英、李浙峰、黄青、方飞燕、罗宝华出席会议，县人大常委会副主任章传强、县政协副主席汪雪梅应邀参加会议。会议学习《中华人民共和国统计法》和相关规定，并就鼓励大培训产业发展、加快涉企政策兑现、移民资金投资杭州钱塘新区“智海大厦”合作项目、专用校车运营工作、小客车直接配置指标等事项进行研究和审议。

2021年4月28日，县政府召开第五十五次常务会议。会议由县长张鸿斌主持，副县长许海波、余红英、余飞、李浙峰、黄青出席会议，县人大常委会副主任章传强、县政协副主席商松懋、县人武部部长王刚应邀参加会议。会议就政府投资信息化建设项目计划、生态文明建设规划(2020—2030年)、金融(总部经济)产业发展补充意见、粮食生产、村干部报酬制度、县开发集团退出浙江青绿科技有限公司股份、行政争议协调化解工作机制、农夫山泉坪山工厂项目招商政策等进行研究和审议。

2021年6月2日，县政府召开第五十六次常务会议。会议由县长张鸿斌主持，副县长许海波、吴克青、余红英、余飞、李浙峰、黄青、方飞燕、罗宝华出席会议，县人大常委会副主任章传强、县政协副主席汪雪梅应邀参加会议。会议学习《中华人民共和国固体废物污染环境防治法》《政府投资条例》，并就全面加强知识产权工作、医疗卫生“山海”提升工程合作、中小学教育布局优化调整等事项进行研究和审议。

2021年7月2日，县政府召开第五十七次常务会议。会议由县长张鸿斌主持，副县长许海波、吴克青、余红英、余飞、李浙峰、黄青、方飞燕、罗宝华出席会议，县人大常委会副主任章传强、县政协副主席邵文涛应邀参加会议。会议学习《中华人民共和国旅游法》《统计法应知应会》，并就旅游业高风险项目安全监管、加强政府投资项目工程价款结算审核管理、全面推行林长制、自然资源评价评估工作成果、农村公路管理养护体制改革、“两山银行”试点三级联审议事决策等事项进行研究和审议。

2021年8月19日，县政府召开第五十八次常务会议。会议由县长张鸿斌主持，副县长吴克青、余飞、李浙峰、黄青、方飞燕出席会议，县人大常委会副主任章传强、县政协副主席汪雪梅应邀参加会议。会议就天然气体制改革、整县推进分布式光伏规模化开发、公办幼儿园保教费标准、两山生态产业基金、机关事业国有企业不动产登记历史遗留问题处置、扶持城市公交优先发展、扶持农村客运发展等事项进行研究和审议。

2021年9月18日，县政府召开第五十九次常务会议。会议由县长张鸿斌主持，副县长许海波、吴克青、余红英、余飞、黄青、方飞燕、罗宝华，县政府党组成员金晨旦出席会议，县人大常委会副主任管国良、县政协副主席邵文涛应邀参加会议。会议就2021年9—12月能源“双控”和遏制“两高”项目盲目发展、《淳安县“十四五”综合交通运输发展规划》等6个“十四五”重点专项规划、2021年全县数字化改革信息化建设项目计划、县第三中学建设等事项进行研究和审议。

2021年10月14日，县政府召开第六十次常务会议。会议由县长张鸿斌主持，副县长许海波、吴克青、余飞、李浙峰、黄青、方飞燕、罗宝华、金晨旦出席会议，县人大常委会副主任管国良、县政协副主席商松懋应邀参加会议。会议学习《中华人民共和国文物保护法》，并就第二轮中央生态环境保护督察报告反馈问题整改、加快电子商务产业发展、完善养老服务体系扶持政策、砂石资源管理及销售收益分配等事项进行研究和审议。会议还书面审议《县五水共治指挥部工作情况汇报》。

2021年11月19日，县政府召开第六十一次常务会议。会议由县长张鸿斌主持，副县长余红英、余飞、李浙峰、黄青、方飞燕、罗宝华、金晨旦出席会议，县人大常委会副主任章传强、县政协副主席邵文涛应邀参加会议。会议就全县工业企业综合评价、最低工资标准调整、健康淳安三年行动等事项进行研究和审议。会议还听取浪川乡“孤魂碑”墓葬群保护、教育“双减”、2021年全县食品药品安全等工作情况汇报。

2021年12月22日，县政府召开第六十二次常务会议。会议由县长张鸿斌主持，副县长卜利斌、吴克青、余飞、李浙峰、黄青、金晨旦、姜君出席会议，县人大常委会副主任章传强、县政协副主席王晓林应邀参加会议。会议就促进建筑业、物业服务业健康发展的若干意见，产业发展导向目录，政府投资项目管理办法，“十四五”生态渔业发展规划（2021—2025），基本医疗保险市级统筹等事项进行研

究和审议。 (王跃峰)

·政务公开工作和电子政务·

【政府数字化转型工作】 2021年，县政府加强一体化公共数据平台建设。实现全县政务数据目录编制、归集、治理、共享和开放等功能。围绕大环保、大旅游、大治理等重点领域，建设具有淳安特色的专题库6个，乡镇专题库23个、耦合共享接口154个。实现基于数据共享、业务协同、政企融合的数据共享新模式。

统筹信息化项目。构建省市县三级信息化项目专家库，有效支撑项目全生命周期、全要素管理。审核信息化项目83个，涉及项目预算资金1.4亿元。对照“三张清单”要求，开展数字化改革项目统筹工作，安排项目50个，共6964万元。改造提升电子政务外网。快速推进电子政务外网县级提升改造工程，县级节点达万兆、乡镇部门节点达千兆。统筹全县电子政务视联网建设保障，制定视联网管理办法，接入重点部门、乡镇90家，保障会议248场；统筹全县政务云资源。制定管理办法，开展服务器等资源统筹，开放云资源48台，支撑84套信息系统，云上资源费用下降30%。筑牢数据安全防线。梳理现有网络数据安全架构，启动编制全域网络数据安全(2021—2023)三年行动计划，构建覆盖淳安县云、网、端、边界、数据全链路防护、检测、预警、处置、反馈体系。狠抓网络安全常态化治理，开展数据安全保障能力建设，部署审计、防水坝、水印溯源、脱敏等数据安全系统，处理安全漏洞5500个、违规外联37起，涉及91个单位。入选市域全链路网络安全监管平台建设试点。

积极参与创新场景建设。全年立项开发数字化改革项目11个，省级揭榜挂帅2个。“伊加工”和“两山银行”两个应用场景顺利入选省数字政府系统“一地创新、全省共享”第一批14个揭榜挂帅项目，“伊加工”还被评为数字政府全省最佳应用；淳安县通过全省综合评价进入省数字政府系统领跑单位；“肥药双控”“真薪系统”“淳爱童”等9个应用场景入选省级单位揭榜挂帅和先行先试项目。

加强运维，“两端一门户”(电脑端、手机端、政府门户网站)高水平集成。“浙里办”发布一网通办2.0事项1928个，达到91.78%，上线“两山银行”、“伊加工”等特色应用；“浙政钉”协同办公应用有成果，共富大下姜、真薪系统等一批协同应用先后入驻，日均活跃率保持93%以上；“数字门户”总体开发建设有序，集合五大领域30个板块，数字政府门户12项重大任务细化梳理指标体系88个，梳理政策体系85条，制定工作体系56项，量化评价体系27项，初步构建1.0版本。“共富大下姜”“真薪系统”评为省级优秀门户应用；完成县政府网站无障碍浏览改造、适老化改造、移动端改造和门户网站与政务新媒体同源工作，同时还新开设“数字化改革”“疫情防控”等8个专题专栏，全年审核发布信息22900条。 (周雅婷)

·外事工作·

【概况】 2021年，县政府外事部门在新冠疫情防控常态化形势下，持续做好境外疫情防输入工作。对照杭州市精密智控评价指标体系考核要求，会同县公安局、县卫健局、县数据中心、各乡镇做好省外入境涉淳人员核查。及时通知、指导、督促乡镇正确处理省新冠疫情系统下发的入境人员信息数据，落实好人员的核查、转运和管控，确保入境人员按“14+7+7”的防疫要求闭环管理到位。会同公安部门对全县外籍及港澳人员进行排摸，掌握在淳常住境外人员底数。做好外籍人员新冠疫苗接种的政策宣传。协助做好新冠疫情期间的领事保护和涉外事件处置。修订完善《淳安县涉外突发事件应急预案》，建立健全县处置涉外突发事件应急机制。会同县生态产业和商务局做好“境外浙企服务”工作，发送防诈小视频提醒境外企业人员防范电信诈骗，推送国家安全形势、预警提示、安保知识及全球新冠疫情动态，了解企业新冠疫情防控情况，提醒做好新冠疫苗的接种，并为人员回国返淳做好跟踪服务。做好APEC商务旅行卡、“快捷通道”政策便利优势的宣传和推介，为县内企业“走出去”开拓国际市场，为外籍重要商务、技术人员“走进来”提供支持帮助。在中国共产党成立100周年之际，配合市外办完成在杭外籍专家、学者代表团走进美丽乡村系列活动，让来宾深度体验和感受淳安绿色发展、乡村振兴的成果。配合县委宣传部做好境外媒体采访应对工作。

（王淑萍）

·住房公积金管理和住房保障·

【概况】 2021年，公积金淳安分中心以党史学习教育为抓手，持续推进“最多跑一次”改革、“数字化改革”、优化“一件事”办理、提升“窗口+”服务，缴存、提取、信贷等工作取得新成效。全年归集住房公积金7.87亿元，比上年增长11.3%，发放住房贷款3.93亿元，增长18.5%，上交城市廉租住房建设补充资金120.33万元，增值收益定期存款1.11亿元。

【住房公积金归集】 2021年，全县新增住房公积金建制职工9622人，净增正常缴存职工1263人，年末建制单位2364家，建制职工46691人，其中正常缴存职工34989人，封存停缴职工33484人(其中未结清人数11702人)。住房公积金归集总额7.87亿元，增长11.3%，其中一般住房公积金7.82亿元，增长11.4%；住房公积金补贴525.90万元，增长2.1%；一次性住房补贴11.67万元，下降39.3%；年末归集余额14.77亿元，其中一般住房公积金余额14.56亿元，住房公积金补贴余额1409.22万元，一次性住房补贴余额697.15万元。7月，调整住房公积金缴存基数，进一步明确住房公积金缴存基数组成范围、统一标准、规范操作，首次实现缴存基数限高标准、统计口径与全市统一，月缴存最高限额与全市同步，调整为7698元；根据《淳安县人民政府关于调整我县最低工资标准的通知》规定，从2021年8月1日起，淳安县新增职工的住房公积金最低调整为496元，严格执行“限高保低”政策。

【住房公积金提取】 2021年，全县住房公积金提取总额6.73亿元，比上年增长8.0%。其中，职工住房消费提取6.15亿元，比上年增加11.2%。

【住房公积金贷款】 2021年，全县办理住房公积金贷款927户，增长16.5%；发放贷款资金3.93亿元，增长18.5%。全年回收住房贷款本金2.62亿元，年末贷款余额20.28亿元，存贷比179%，逾期贷款率为零。为解决资金不足问题，向杭州公积金中心申请低息(年息2.145%)借款4.09亿元，以公积金转商业贴息贷款方式筹资6.11亿元。全面实行委贷银行从业人员准入制度，规范人员管理。全年组织委贷银行从业人员公积金业务知识测试4批次21人次。对委贷银行严格落实考核管理制度，并推行贷款办理退件制，每月一排名、每季一通报，倒逼银行改进办事流程、提升业务质量和压缩办理时限，确保公积金贷款服务更高效。加强房产公司期转现办证率排名，排名结果与放贷资金安排挂钩，降低抵押风险；修订《住房公积金贷款监督支付协议》和《住房公积金二手房贷款合作协议》,实现房产过户后即可向委贷银行申请公积金贷款。

【公积金增值收益】 2021年,全县住房公积金业务收入6125.15万元,业务支出4794.25万元,增值收益1330.90万元,比上年降低13.7%,主要原因为公转商融资贴息支出增加。年末分配提取个人贷款风险准备金1651.52万元,提取廉租房建设补充资金120.33万元。

【竞争性存款政策】 2021年,公积金淳安分中心委托浙江之信工程项目管理有限公司于3月、12月分2次开展风险准备金和增值收益存款竞争性存放招投标工作,金额11340万元,中标单位分别为建设银行淳安支行、农业银行淳安支行、农行、工行等9家委贷银行。

【淳安县住房公积金管理工作会议】 2021年7月14日,由县人民政府办公室召集各乡镇、部门分管领导及业务经办人,在千岛湖开元名庭酒店举行淳安县住房公积金管理工作会议。会议主要任务是通报2021年上半年全县公积金运行情况,部署2021年度公积金缴存基数调整、建制扩面工作,并对公积金信贷和归集业务进行培训。

【抵押权证管理和楼盘准入风险防控】 2021年,淳安县实现公积金贷款结清与抵押注销"一件事"办理,贷款还清客户只需在委贷银行还清贷款时授权线上代办抵押注销。持续开展贷款抵押权证清理催办工作,完善抵押权证管理制度,定期开展抵押权证办理情况检查催办,落实抵押权,确保每一笔贷款抵押权落到实处,防范资金安全隐患。组织专人对接房地产开发商,新增期转现办证1300余户,确保期转现办证工作的落实。实地走访楼盘进行准入调查,与委贷银行互动,动态跟踪管理,有效防控风险,及时了解楼盘建设、销售、交付办证情况。全年新准入楼盘9个,走访楼盘30余人次。

【公积金档案全面数字化】 2021年5月,公积金档案数字化被列入淳安县2021年政府投资信息化建设项目计划,项目实施主体变更为公积金淳安分中心。项目包含:公积金信贷、归集、提取、财务、文书等档案电子化扫描,电子档案管理系统(网络版)。11月完成项目招标并签订合同,12月项目入驻,预计2022年5月完成。

【"就近办"网点业务】 公积金淳安分中心委托县农商银行全面代办公积金业务服务事项29项,36个公积金"就近办"网点业务实现全覆盖。

【住房公积金制度建立30周年纪念活动】 为纪念住房公积金制度建立30周年,公积金淳安分中心开展宣传活动。通过传统媒体、新媒体、宣传短片、送电影下乡、银企联动、现场服务、冠名活动等平台,宣传公积金管理政策、年度重点工作、日常工作动态、业务培训、提升微信公众号影响力。 (毛红萍)

·行政审批·

【概况】 2021年,县审管办聚焦特别生态功能区"十大攻坚行动",坚持党建引领,以数字化改革为总抓手,大力推动"最多跑一次"改革向政务服务数字化改革迭代,实现服务效能不断提升。县行政服务中心办结政务服务事项189万项,其中线上办结161万项。县公共资源交易中心完成工程招投标项目277个,预算金额23.2亿元,中标金额20.72亿元,节约资金2.49亿元;政府采购项目36

个，预算金额0.824亿元，中标金额0.779亿元，节约资金0.45亿元；土地招拍挂项目37个，中标金额17.17亿元；国有资产交易项目27个，交易金额0.81亿元。全县各乡镇完成各类交易事项1729起，金额8.3亿元，增收节支0.9亿元。

【党史学习教育】 2021年，县审管办认真贯彻落实中央和省市县党史学习教育会议精神和工作部署，召开“党史学习教育、传承红色基因”“总书记在行政服务中心”新老传承座谈会，举办“总书记的为民情怀”专题党课，开展党史学习教育阵地建设、党支部业务、服务、协同“三学三比”“百名办事专员走出窗口办实事”等主题活动，推动党史学习教育落地生根结果。深入开展为民办实事解难事活动，推动政务服务数智化、适老化、阳光化改革，“淳心助老”工作登上《人民日报》客户端，点击量超过11.7万人次。

【党建工作】 2021年，县审管办深化“党建双强”创建，推进“人才一件事”服务，参加杭州市行政服务系统集体、个人“双十佳”评选，公安窗口获评集体“优秀案例”。完善窗口服务规范、文明标语、学雷锋志愿服务站，持续抓好青年文明号、巾帼文明号、宣传屏栏、“悦读益站”等平台建设，文明创建、文化建设取得良好成效。坚持围绕中心、服务大局，开展“同心服务行，办事我帮你”统战志愿服务，助力垃圾分类、审批服务、文明创建、社区共建等工作。

【项目审批服务工作】 2021年，县审管办以“发展双提年、改革创新年、狠抓落实年”为载体，强化服务培训，增强服务意识，提升服务能力，优化项目审批。组织窗口党员服务小分队到高铁新区、界首、姜家、大墅、汾口等单位上门服务，通过提前介入、实时跟踪、数智赋能等方式，助推项目审批和招投标提质提效，保障项目顺利快速落地实施。

【打造政务服务特色应用场景】 2021年，县审管办按照县数字化改革工作部署，聚集老年人和外出务工创业人员两大特殊群体，围绕“淳心助老”“安心近办”两大服务，打造“安心办”数字化特色应用场景，在“浙里办”淳安频道开通运行，老年人和外出务工创业人员办事更便捷。

【构建“就近办”服务新机制】 2021年，县审管办针对县域广、人居散、出行远等县情实际，深化推进“就近办”改革，与县农商银行建立便民服务事项“一行联办”机制，191项政务服务事项延伸到农商行36家网点窗口和智能柜员机。深化政务服务公共场所“就近办”，在千岛湖、西园、南苑、明珠4个农贸市场和万诚广场设立“政务服务网办点”，深化就近办。

【优化营商环境】 2021年，县审管办推广投资项目审批“不见面”审批、工业项目“亲清在线”联合验收、商事登记“线下一窗、线上一网”办理、不动产抵押登记“全程网办”等服务。实行新设企业刻章、税务UK服务以及证照快递免费，为常态化新设企业送章7123枚，节约刻章费用21.19万元、证照快递费用12.08万元。推进“亲清D小二”服务，全年应答各类咨询1481条。

【加强行政服务中心建设】 2021年，县审管办认真贯彻落实省市关于加强行政服务中心建设的文件精神，制定《淳安县进一步加强行政中心建设任务清单》。加快推动政务服务2.0平台事项落地和下沉。大力实施政务服务“适老化”改革，设立“老年人服务专区”，实现基本养老保险领取等11项老年人高频办理事项“统一受理、一窗通办”,老年人办事便利度进一步提升。

【招投标监管】 2021 年,县审管办推动建设工程限额以上项目招投标数据纳入县纪委“智能监管”。针对 100 万元服务类项目、1000 万元以上的施工项目或复杂项目,建立招投标文件联审机制。全年招管办受理建设工程招标备案项目 246 个,预算金额约 16.6 亿元;召开招管办主任会议 4 次,招管委会议 4 次,研究有关招投标事项 107 个,合计金额 6.55 亿元;组织项目中标企业约谈会议 20 余次;受理投诉案件 6 起,其中 2 起复议、1 起诉讼。

【招投标运行】 2021 年,县审管办以招投标限额以上全市“一盘棋”、限额以下全县“一盘棋”为引领,电子招投标范围从建设施工类项目扩大到交通、水利等行业项目,从限额以上项目扩展到限额以下项目,23 个乡镇公共资源交易平台全部完成电子招投标改造、实现全流程电子化运行,进一步方便企业参与,提高招投标活动透明度。

【招投标内部管理】 2021 年,县审管办全面梳理、制定实施工程建设项目招投标、政府采购项目交易《流程管控表》和《重要节点责任落实表》“一标两表”管理制度,对交易进场受理、信息发布、保证金收退、专家抽取、开评标、中标结果公示公告、质疑处理、档案管理等 21 项流程、18 项重要节点责任进行逐一细化,确保程序到位、操作规范。

(钱　民)

·档案工作·

【档案接收】 2021 年,县档案馆接收县林业局、县文化馆、左口乡政府等 12 家单位的文书档案 506 卷,2018 年度婚姻档案 5736 件,疫情防控档案 1948 件,光盘 5 个,临湖地带综合整治档案 497 卷。接收县教育局学籍、民办教师等业务档案数据 1.52TB,民生档案数据 4.5TB。馆藏档案总数达 9.4 万卷,31.4 万件。

【档案资料征集】 2021 年,县档案馆征集到《紫阳朱氏宗谱》《青溪济阳江氏宗谱》《荥阳东汉郑氏宗谱》3 函 14 册,县党代会、人大政协两会、党和国家领导人到淳安活动照片 82 张,《淳安县地图(2020 年版)》《中国共产党淳安历史(1978—2000)》《陈硕真传奇》《新安记印》等图书资料 46 册。馆藏图书资料总数达 1.6 万册。

【中共十九大首日封被列为国家级文物】 2021 年 7 月,浙江省委办公厅到馆了解习近平给下姜村的中共十九大首日封保管情况,明确指出中共十九大首日封已列为国家级文物,县档案馆为文物保护单位,要加强对首日封的保管。随后县档案馆赴省博物馆参观学习,配备专属文物展柜,调整存放场所,提高保管级别。

【特种载体档案数字化】 2021 年 12 月,县档案馆馆藏特种载体档案数字化加工项目完工并通过验收,具体内容为数字照片 3215 张,数字音像 198 件、63GB,数字印张 4629 枚。完成 2.5 万条文件级条目、5.4 万页电子图像的质检工作,完成 5 万条国家重点档案目录基础体系建设项目。

【全宗卷规范化整理】 2021 年,县档案馆根据《全宗卷规范》要求,对馆藏 190 个单位的全宗卷重新整理,补充缺失的材料,重新分类和编号,更换全宗盒,增加档案数字化内容。年底,通过验收。

【局馆联动实施监管】 2021 年，县档案馆配合县委办公室（档案局）对全县档案工作进行日常监管。对 23 个乡镇档案工作进行调研，到县法院、县司法局、县妇幼保健院等单位开展业务指导，在“十大攻坚战”、重点建设项目领域全程介入，重点指导，组织验收，办理档案移交。举办全县数字档案室建设培训班和档案移交进馆培训班。

【档案公共服务体系建设】 2021 年，县档案馆深化长三角地区民生档案“异地查档、便民服务”项目，推进跨馆跨平台民生档案利用全程网办，引导群众通过电话预约、浙里办 App、浙江档案服务网、微信小程序“掌上查档”等方式查档。开通“机关查档直通车”，实现机关查档跑零次，开通县婚姻登记处、县民政局、经济开发区管委会等 10 家单位。全年接待查档 2327 人次，提供档案 3420 卷（件），复制档案 3750 页，其中异地跨馆查档 245 人次、邮寄档案 39 份、电子邮件发送 102 份。

【智慧数字档案馆建设】 2021 年，县档案馆完成智慧数字档案馆终验，依托数字档案馆管理平台，开展民生档案数据备份整合，接收县公安局、县人社局、县民政局、县教育局 4 家单位的电子档案，新增 5 个专题数据库，总数目达到 4.5TB。完成浙江省一体化数字资源系统录入关联工作，积极探索馆、室一体化模式，实现三山林延包档案 79290 条文件级档案的资源共享。

【档案事业 60 年成就展】 2021 年 6 月 9 日国际档案日，县档案馆为弘扬“为党管档、为国守史、为民服务”的档案工作主旋律，总结和宣传淳安档案工作，举办一期淳安档案事业 60 年成就展。展出内容包括档案的起源和演变、馆藏珍贵档案（复制件）、淳安档案事业的发展与成就三大块，共计 22 个版面 5 个展柜，全面展现淳安档案工作的业绩和档案人员的风采。 （江宣之）

·信访工作·

【概况】 2021 年，县信访局以“积案化解和访源治理攻坚年”活动为抓手，全力实现“减存量、降总量、控增量、防变量”目标，全县信访形势有序，信访生态持续向好。5 月，淳安县被国家信访局评为全国信访“三无县”。县信访局（县长公开电话受理中心）获得国家及部门级先进集体荣誉 1 项，市及市属部门先进集体荣誉 1 项，县及县属部门级先进集体荣誉 2 项，1 人获得市及市属部门级先进个人，3 人获得县级先进个人荣誉。

【信访工作责任落实】 2021 年，淳安县按照全省加快构筑“党建＋信访”工作体系的目标要求，强化党建引领、共建共治“一盘棋”，织密明责尽责、条抓块统“一张网”，推动信访矛盾事项全覆盖、全链条、全周期防范化解。县委、县政府高度重视，坚持以党建引领，将信访工作融入党建工作进行同谋划同部署，不断压实信访工作“责任链”。县委常委会专题研究信访工作，将信访重点工作纳入县委、县政府重点工作统筹推进。坚持定期召开信访联席会议，分析研究全县面上信访情况。县主要领导亲力亲为，带头包案化解疑难复杂信访积案，带头下访接访群众；分管领导集中精力抓化解，牵头协调处置重难点案件；其他领导分线研究推动分管领域的信访工作并定期到基层联系点下访接访、会商研判、化解积案，形成攻坚合力。乡镇、部门将信访工作贯穿推进中心工作的全过程，坚持事前风险评估、事中研判分析、事后巩固提升，全过程预防处置矛盾纠纷和风险隐患。县信访联席会议各专项工作组牵头单位切实履行工作职责，不定期召集成员单位会商研判，联动协调处置信访突出问题,形成“管行业就要管信访”的责任共识。信访部门积极推动信访工作责任制的落实,在认真落实信访事项接谈、登记、转送、交办、督办、办理、答复、送达、评价等各项制度的基础上,强化信访事项的督查督办,牵头协调疑难、职责界定有模糊、推诿事项的处理,深入一线、深入现场推动信访事项解决,召开有关信访事项协调会100余次,有效推动信访事项解决和经济社会发展信访保障工作。

【信访工作重实效】 2021年,淳安县在信访源治理上,重视初次信访事项办理工作,提高一次性化解率和办结率,初信、初访、初网化解率分别达到93.6%、98.3%、97.6%。坚持以机制建设为中心,从源头上规范信访处置,压实党政机关及其领导干部、工作人员信访工作责任。规范信访事项办理流程,明确“主要领导签批、涉事分管领导牵头协调、信访分管领导全程跟踪”的信访事项办理责任体系。全年全县信访总量下降42.4%,县级接访占比85.8%,县领导接访占比69.8%,党政主要领导批阅来信占比52.9%。淳安成为全市信访三色预警管理中唯一一个绿色管理的县(市、区)。在积案攻坚上,始终坚持“化解是最好的管控”理念,国家和省、市第一批交办淳安县131件积案(其中,国家级97件,省级20件,市级14件),通过领导包案、专班化攻坚、项目化推进,全部审核通过,实现动态清零。在保障大局上,重点敏感时期,全县上下形成一盘棋。

【规范信访工作秩序】 2021年,县信访局充分发挥9家常驻、8家轮驻单位的作用,努力实现群众诉求解决“最多跑一地”。强化信访代办制度,提高基层吸附效果,强化乡镇部门的协同联动,加大协调化解,努力构建矛盾纠纷化解“136”格局。整合全县政务服务热线和市县“12345”一体化以及“110”联动机制,实现统一、便民、高效的服务体系。全年受理群众来电52335个,“12345”效能指数考核稳步提升,发挥“12345”在信访工作中的过滤作用。全面梳理2000多项依法分类处理信访事项清单,为依法分类处理信访事项提供精准指引,依法分类处理工作不断提升。通过公开听证终结、涉法涉诉司法终结、复查复核三级终结等方式,依法推进信访事项终结工作,组织公开听证会2场,推进1件听证终结和3件涉法涉诉司法终结。持续推进法治信访宣传,不断规范信访行为,坚持“依法解决问题”和“依法处置”两手抓、两手硬,针对少数信访人违法违规行为,果断进行依法处置,推动信访秩序进一步好转。 (童星林)

·机关后勤服务·

【概况】 2021年,县机关事务服务中心紧紧围绕县委、县政府“发展双提年、改革创新年、狠抓落实年”工作目标,立足“风雨兼程三十年、奋发有为新征程”实际,主动适应新形势、新任务、新要求,坚持实干至上、勇于争先创优、强化执行力度、狠抓重点工作有效落实,全力打造“智慧高效务实”的机关事务服务团队。

【党史学习教育】 2021年,县机关事务服务中心始终坚持党建引领,重视党史学习教育,健全组织,加大宣传,每月一主题,开展一系列活动,巩固党史学习教育成果。召开专题会议,研究确定中心党史学习教育领导小组,由主要领导任组长,分管领导任副组长,各科负责人任组员,全员参与党史学习教育。结合单位工作实际,制定具有机关后勤特色的党史学习教育实施工作方案,利用多种学习教育载体和灵活多变的形式,重走红军之路、参观茶合革命烈士纪念馆、收看《红船》电影等，推动机关事务服务中心党史学习教育工作走实走深。组织全体职工开展“团建＋党史”活动，提升党史学习氛围，提高知晓率和覆盖面。在各大管辖食堂电子屏，滚动播放党史学习教育标语。制作单位文化走廊，设立党史学习教育专栏，分享学习成果。全年组织党史学习教育集体活动 5 次，个人撰写心得体会 10 余篇，报送党史学习相关信息 20 余篇。

【公务接待】 2021 年，县机关事务服务中心下属事业单位接待服务中心接待来宾 253 余批次，13900 余人次，其中党和国家领导人 7 批次，省部级领导 60 批次。与以往相比，接待任务呈现批次多、层次高的特点。

【公务用车】 2021 年，县机关事务服务中心登记在册的各类公车 102 辆，其中行政化平台 45 辆，乡镇 24 辆，执法平台 33 辆。2021 年派车趟次 6500 趟，总里程数达 88.55 万千米。

【会务保障】 2021 年，县机关事务服务中心严格按照“快落实、高标准、零失误”的工作要求，切实强化责任担当、提高服务意识，从会场布置、设备维护操作、人员服务质量等各个方面进行精抓细管。圆满完成县党代会、县两会、“十大攻坚战”比武等各类全县性大会的会议保障任务。管辖范围内的会议室接待会议 340 场（其中视频会议 142 场），保障参会人员 1.4 万人次。

【办公用房管理】 2021 年 6 月和 12 月，县机关事务服务中心分 2 批对全县 23 个乡镇的办公用房使用情况进行巡检，并督促做好巡检相关问题的整改落实。调配办公用房 160 余间面积 9000 平方米，涉及 20 家单位。

【财务管理】 2021 年，县机关事务服务中心负责县委办公室、县政府办公室及中心本级的财务管理，负责亚运专班、秀水节组委会、国卫复评迎检办等临时机构的财务核算工作，做好“四办”公务接待费用审核支付业务，以及负责对机关食堂和机关公务用车公司等单位的财务监管和业务指导。定期组织财务业务指导，组织内部审计 1 次，账本达 372 本。

【项目建设】 2021 年，县机关事务服务中心完成行政服务中心及青少年活动中心无障碍设施改造项目，县人武部改造项目，推进县政府大院二楼食堂改造、县政府四楼会议室改造，县政府大院外墙粉刷，县规划展示中心临时停车场地建设，市民中心屋面维修等集中办公大楼零星维修事项，进一步提升公共机构整体形象，为广大机关工作人员构建更优质的办公环境。

【餐饮服务】 2021 年，县机关事务服务中心开展智慧食堂“一卡通”升级改造。县政府大院、市民中心、县规划展示中心、县行政审批服务中心及县民生事务服务中心 5 家食堂“一卡通”项目完成升级改造，办理智慧就餐卡 3000 余张，日均服务人次 2800 人。

【节约型机关创建】 2021 年，县机关事务服务中心管辖的各集中办公大楼 36 家入驻单位完成节约型机关创建，实现全县公共机构节约型机关完成创建 60％以上的目标。

【共同富裕工作】 2021 年，县机关事务服务中心根据“十大攻坚战”工作部署，推进中心“三服务”、消费扶贫及共同富裕工作，及时与省、市机关事务部门对接，组织开展以“千岛农品走进市级机关助推共同富裕”为主题的 2021 年第二届千岛湖农业博览会暨“千岛农品”走进市级机关活动。协助做好农产品生产销售工作,助推“千岛农品”系列产品走进省市机关,打响“千岛农品”区域公共品牌。月均服务乡镇、企业及农户40余家,各食堂超市完成助农消薄产品销售70余万元。

【公车公司管理】 2021年,淳安县机关公务用车服务有限公司有车辆56辆,其中轿车35辆、商务车17辆、中巴车2辆、面包车2辆,有职工42人,在原国资和财政、机关事务等相关单位共同设立的公司管委会体制下进行企业化运作。全年出车5500余车次,安全行驶近185万千米,实现营业收入450万元。

(刘玲燕)

(编辑　王丛丹)

政协淳安县委员会

·全体会议·

【县政协九届五次会议】 2021年2月21—24日在千岛湖镇举行。会议听取并同意县九届政协主席刘小松所作的《政协第九届淳安县委员会常务委员会工作报告》和县九届政协副主席王晓林所作的《政协第九届淳安县委员会常务委员会关于九届四次会议以来提案工作情况的报告》。与会人员列席淳安县第十六届人民代表大会五次会议第一次会议,听取并讨论县长张鸿斌所作的《政府工作报告》及其他报告。大会根据选举办法,以无记名投票方式补选郑志光为县九届政协委员会主席,商松懋为县九届政协委员会副主席,卢合理、吴玉玲、余建成、余顺明、张辉、陆新辉、洪莉、黄雅琴为县九届常务委员。会议审议通过《政协第九届淳安县委员会第五次会议提案审查情况报告》和《政协第九届淳安县委员会第五次会议决议》。杭州市政协副主席叶鉴铭到会祝贺。县委书记黄海峰作重要讲话。

·常委会会议·

【县政协九届常委会第二十五次会议】 2021年1月15日,县政协召开九届二十五次常委会会议,会议由县政协主席刘小松主持。协商讨论《政府工作报告(征求意见稿)》和《"十四五"规划和二〇三五年远景目标纲要(征求意见稿)》;听取县委、县政府关于县政协九届四次会议以来提案办理情况通报;传达学习县委十四届十次全体(扩大)会议等有关会议精神;会议协商同意任命余建成为中国人民政治协商会议淳安县委员会委员工作委员会主任,免去祝云祥中国人民政治协商会议淳安县委员会委员工作委员会主任职务;会议协商通过《政协第九届淳安县委员会常务委员会工作报告(讨论稿)》和《政协第九届淳安县委员会常务委员会关于九届四次会议以来提案工作情况的报告(讨论稿)》,并协商决定由刘小松作《政协第九届淳安县委员会常务委员会工作报告》,由王晓林作《政协第九届淳安县委员会常务委员会关于九届四次会议以来提案工作情况的报告》;通报2020年度"委员活动月"开展情况;听取部分工作组组长述职;通报县政协2020年度各项考核结果。

【县政协九届常委会第二十六次会议】 2021年2月7日,县政协召开九届二十六次常委会会议。会议由县政协主席刘小松主持。会议协商通过人事任免事项;协商通过召开县政协九届五次会议的决定(草案);协商讨论县政协九届五次会议有关筹备工作事项;通过关于授权县政协主席会议审议县政协九届二十六次常委会会议未尽事宜的决定;传达学习省政协十二届四次会议精神和市政协十一届五次会议精神。

【县政协九届常委会第二十七次会议】 2021年2月23日，县政协召开九届二十七次常委会会议。会议由县政协主席刘小松主持。会议协商有关刘小松辞去政协第九届淳安县委员会主席职务，占志明辞去政协第九届淳安县委员会副主席职务的决定(草案)，并提交大会酝酿讨论；会议协商通过郑志光为政协第九届淳安县委员会主席职务候选人，商松懋为政协第九届淳安县委员会副主席职务候选人，卢合理、吴玉玲、余建成、余顺明、张辉、陆新辉、洪莉、黄雅琴等8人为政协第九届淳安县委员会常务委员会候选人，并提交大会酝酿讨论；会议协商讨论大会选举办法(草案)，总监票人、总计票人、监票人建议名单，并提交大会讨论；听取各小组对政协两个报告讨论情况的汇报。

【县政协九届常委会第二十八次会议】 2021年2月24日，县政协召开九届二十八次常委会会议，会议由县政协主席刘小松主持。会议听取各小组对辞去主席、副主席决定(草案)，候选人建议名单和总监票人、总计票人、监票人建议名单酝酿情况，以及对大会选举办法(草案)讨论情况的汇报；听取各小组对《政府工作报告》《淳安县国民经济和社会发展第十四个五年规划和二〇三五年远景目标纲要(草案)》《大会决议(草案)》《政协第九届淳安县委员会第五次会议提案审查情况报告(草案)》讨论情况的汇报；协商同意《中国人民政治协商会议第九届淳安县委员会第五次会议大会决议(草案)》和《中国人民政治协商会议第九届淳安县委员会第五次会议提案审查情况报告(草案)》，并提交大会审议。

【县政协九届常委会第二十九次会议】 2021年3月17日，县政协召开九届二十九次常委会会议，由县政协主席郑志光主持。会议传达学习全国政协十三届四次会议、十三届全国人大四次会议等有关会议精神；协商讨论县政协部分工作组负责人调整事项；协商通过《淳安县政协常务委员会2021年工作要点(讨论稿)》；动员部署县政协系统开展党史学习教育。

【县政协九届常委会第三十次会议】 2021年6月22日，县政协召开九届常委会第三十次会议，会议由县政协主席郑志光主持。会议协商通过有关人事任免事项；传达学习省委十四届九次全体(扩大)会议精神和《中共中央 国务院关于支持浙江高质量发展建设共同富裕示范区的意见》；邀请县委宣传部副部长徐小晟开展以“将改革开放进行到底”为主题的党史学习教育专题讲座。

【县政协九届常委会第三十一次会议】 2021年10月8日，县政协召开九届常委会第三十一次会议，会议由县政协主席郑志光主持。会议协商通过有关人事任免事项；听取县法院、县检察院工作情况通报；协商讨论《政协淳安县委员会关于加强和促进人民政协凝聚共识工作的实施意见(讨论稿)》等3个制度文件；协商讨论政协常委会调研课题报告(讨论稿)；传达学习全省、全市政协主席暑期读书会暨宣传思想工作会议精神，习近平总书记有关“毫不动摇坚持和加强党的全面领导”等重要讲话精神以及《关于推进“请你来协商·民生议事堂”平台建设的实施意见》。

·日常工作·

【县政协常委会课题调研】 2021年，县政协将“打造国际化休闲度假旅游小城市”作为常委会调研课题，成立专题调研组，深入乡镇部门、涉旅企业等开展现场走访、座谈交流、协商研讨等多形式、多层次的专题调研，提出针对性的对策建议，并形成《关于打造国际化休闲度假旅游小城市的建议》调研报告。

【专项课题调研】 2021年，县政协为助力助推特别生态功能区建设，开启共同富裕新征程，并根据县委主要领导的有关工作要求，就“乡村人口转移集聚”开展专题调研。县政协主席郑志光带领课题调研组深入乡镇部门开展现场走访、座谈交流、协商研讨等，针对“乡村人口转移集聚”工作中存在的困难和问题进行综合分析，提出对策建议，并形成《关于促进我县乡村人口转移集聚和市民化的建议》课题调研报告，供县委、县政府决策参考。

【“请你来协商”活动】 2021年4月21日，县政协举行2021年度首场“请你来协商”活动。县委书记黄海峰与7名县政协委员围绕“坚持先富带后富，走共同富裕道路”主题，开展“面对面”协商，相关部门作了现场应答。县政协将协商建议汇总形成《“坚持先富带后富，走共同富裕道路”专题协商建议书》，供县委、县政府决策参考。4月29日，县政协举行2021年度第二场“请你来协商”活动，围绕“构建大防范体系，预防电信网络诈骗案件的发生”主题，结合《关于加大宣传力度，预防网络诈骗的建议》《关于加强我县网络平台融资者风险教育宣传的建议》两个重点提案的协商和督办，开展专题协商。县政协主席郑志光主持协商会议，副县长黄青与部分县政协委员开展“面对面”协商，县政协副主席胡敏出席协商会议。在听取委员的意见建议及相关部门回应后，汇总梳理形成《“构建大防范体系，预防电信网络诈骗案件的发生”专题协商建议书》，供县委、县政府决策参考。5月17日，县政协举行“请你来协商”活动。县委副书记、县长张鸿斌与部分县政协委员围绕“‘美丽杭州创建暨迎亚运城市环境大整治、城市面貌大提升’长效管理”主题，开展面对面协商。县政协主席郑志光主持座谈会，副县长余飞参加协商活动。在听取委员的意见建议和相关部门现场回应后，县政协梳理形成《“‘美丽杭州创建暨迎亚运城市环境大整治、城市面貌大提升’长效管理”专题协商建议书》，供县委、县政府决策参考。6月10日，县政协举行“请你来协商”活动，围绕“做强水饮料特色支柱产业”主题开展专题协商。县政协主席郑志光主持协商会议，县委常委、常务副县长许海波与部分县政协委员开展“面对面”协商，副县长罗宝华、县政协副主席汪雪梅出席协商会议并讲话。在听取委员的意见建议和相关部门现场回应后，县政协梳理形成《“做强水饮料特色支柱产业”专题协商建议书》，供县委、县政府决策参考。8月2日，县政协举行“请你来协商”活动，围绕“深化‘千岛农品’区域公用品牌建设”主题开展专题协商。县政协主席郑志光主持协商会议，县委副书记赖明诚、副县长方飞燕、县政协副主席王晓林出席协商会议并讲话。在听取委员的意见建议和相关部门现场回应后，县政协梳理形成《关于“深化‘千岛农品’区域公用品牌建设”专题协商建议书》，供县委、县政府决策参考。10月27日，县政协举行“请你来协商”活动，围绕“建立健全医疗卫生专业人才培养机制”主题开展专题协商。县政协主席郑志光主持协商会议，副县长余红英与部分县政协委员开展“面对面”协商，县政协副主席何建法出席会议。在听取委员的意见建议和相关部门现场回应后，县政协梳理形成《“建立健全医疗卫生专业人才培养机制”专题协商建议书》，供县委、县政府决策参考。

【委员组调研视察】 2021年，县政协各委员组围绕优化水源结构、乡村国土空间开发与保护、大培训产业提升、居家养老服务等课题，深入调研，并通过实地走访、问卷调查、座谈交流等多种形式，积极建言献策，形成调研报告12份，有关对策建议在协助党政决策科学化方面发挥积极作用。5月,县政协金融财贸组就淳安县2018—2020年税收情况开展专题调研,向县政府报送《关于优化水源结构促进我县税收的建议》。9月,县政协祖统民宗组就县工程运输车行业协会的运行进行视察,向县政府报送《关于加大对我县工程运输车行业协会扶持力度的建议》;县政协城建环保组围绕"优化我县乡村国土空间开发保护格局"进行深入调研,向县政府报送《关于优化我县乡村国土空间开发保护格局的建议》。10月,县政协工业交通组就县大培训产业发展情况专题进行深入调研,向县政府报送《关于促进我县大培训产业发展的建议》;县政协社会法制组就社区构筑社会化居家养老体系进行专项调研,向县政府报送《关于推进我县城区居家养老服务工作的建议》;县政协城建环保组围绕农村住房建设工作进行视察调研,向县政府报送《关于进一步优化我县农村住房建设管理的建议》。11月,县政协旅游工作组就县民宿产业高质量发展开展专项视察监督,向县政府报送《关于促进我县民宿产业高质量发展的建议》。12月,县政协提案工作组就县茶产业发展进行专题调研,向县政府报送《关于进一步提升茶产业发展基础的建议》。

【提案工作】 县政协九届四次会议后,广大政协委员、政协各参加单位紧紧围绕县委、县政府的中心工作,着眼于全县经济社会发展大局和事关人民群众切身利益的实际问题,积极建言献策,以提案形式提出意见建议270件,经审查,立案214件,32件内容相近的意见建议予以归并。提案交由40个承办单位办理,均已按时办复。从提案办理情况来看,所提问题已经解决的有155件,占提案总数的72.4%;部分解决的有41件,占提案总数的19.2%;列入计划拟解决的有15件,占提案总数的6.5%;留作参考的有4件,占提案总数的1.9%。提案办理面商率、委员满意和基本满意率、办理结果上网公开率均达到100%。21件提案被评为优秀提案。

【社情民意信息】 2021年,县政协收集政协委员社情民意信息404条,经整理编辑向县委、县政府编报《社情民意反映》专刊16期、增刊5期,转送部门28条,其中"规范'直播带货'助推产品销售"等建议,引起县委、县政府主要领导的高度重视。

【民主监督员工作】 2021年,县政协着眼提高派驻监督的针对性和实效性,继续向12家事关全县经济社会发展和民生事业保障的重要部门派出民主监督组,在加强日常监督的基础上,先后形成"关于进一步加强沿街商铺垃圾分类投放、分类收集工作的建议""关于进一步优化农业产业发展工作的建议"等11份民主监督建议书。县政协常委会还先后选派20批次100余名委员参与基层党建述职评议等活动,充分发挥政协民主监督的独特作用。

【专项民主监督】 2021年,县政协按照省市政协统一部署,深入开展"推进美丽大花园建设、打造美丽中国先行示范区",提升基层治理"四平台"建设水平,助推无障碍设施建设等专项集体民主监督,通过查短板、提建议,助推中心工作落地见效。持续推进"全县餐厨垃圾处理""应急管理能力体系和现代化建设""国家级卫生乡镇创建""临湖整治成效巩固""生态环保检察工作"等专项监督,先后组建12个监督小组深入城区12个社区、47个居民小区及部分乡镇开展明察暗访活动26次,收集各类问题147个,提出意见建议150多条。

【团结联谊】 2021年,县政协加强与民主党派、工商联、港澳台胞、侨胞、宗教界、新社会阶层等人士的交往交流，举办中秋茶话会、新年茶话会和卫生、教育、企业等界别委员约谈会，积极为全县中心工作寻求最大公约数、增进最大共识度。充分发挥政协之友联谊会、政协企业家联谊会、政协书画院等平台作用，通过影响有影响力的人，把更多的人凝聚在党的周围。加强与上级和兄弟县市政协的联谊交流，主动宣传推介淳安。加强与外地淳安商会的联系，新冠疫情期间专门组织人员进行上门走访，及时了解外地淳商企业复工复产情况，齐心抗疫，共克时艰。

【委员活动月】 2021 年 9—10 月，县政协组织开展以“我为群众办实事，政协委员在行动”为主题的“委员活动月”活动。活动月期间，各委组高度重视、周密安排，全体委员踊跃参与，开展视察调研、民意调查、民情恳谈、便民服务等各类服务活动 60 余次，征集民生实事项目建议 70 余条，征集提案线索 80 余条，反映社情民意 30 余篇，撰写调研报告 6 篇。此次活动，既提升委员们的群众观念，发挥委员们的主体作用，也为淳安县纵深推进特别生态功能区建设、奋力开启共同富裕新征程建设贡献政协智慧和力量。

【文史工作】 2021 年，县政协强化文史资料存史资政、团结育人功能，深入挖掘和弘扬本土历史文化，合力推动新安文化研究，有序推进《淳安村落》《淳安印迹》《当代淳商》《淳安政协志》等文史资料编撰。支持政协书画院开展文化采风、创作交流，先后与省政协诗书画之友社等联合举办书画联展活动，深入开展“送书画艺术进基层”活动，进一步营造发展氛围、汇聚人文力量。

【县政协党组织建设】 2021 年，县政协党组织认真落实“党的组织对党员委员的全覆盖、党的工作对政协委员的全覆盖”要求，制定完善《政协党组议事规则》《政协机关党组议事规则》《专委会党支部工作规则》《党的工作对政协委员全覆盖的联系制度》等 12 项制度，进一步推动政协党建工作制度化、规范化。积极支持县纪委监委派驻纪检监察组履行职责，大力营造风清气正的政治生态环境。先后完成机关党总支、机关党支部、离退休党支部换届，重新调整 6 个专委会党支部成员和部分党小组组长，进一步强化政协党组织的结构体系。 （钱万明）

（编辑　王丛丹）

中国共产党淳安县纪律检查委员会 淳安县监察委员会

【县纪委十五届一次全会】 县纪委十五届一次全会于2021年12月30日召开,县纪委委员19人出席会议。会议选举产生县纪律检查委员会常务委员会委员和书记、副书记,沈国红当选为县纪委书记,严国栋、汪发通当选为县纪委副书记,胡正阳、王艳、余绍银、洪嘉仁当选为县纪委常务委员会委员。

【政治监督】 2021年,县纪委监委坚守政治监督首要职责,持续开展对习近平新时代中国特色社会主义思想和习近平总书记重要指示批示精神贯彻落实情况的监督,督促各级党组织和党员干部增强践行"两个维护"的政治自觉、思想自觉和行动自觉。紧紧围绕贯彻落实中共十九届六中全会精神和中央、省市县委重大决策部署,开展新冠疫情防控、亚运会筹办、特别生态功能区建设、数字化改革、庆祝中国共产党成立100周年平安维稳等中心工作专项监督,发现各类问题586个,下发抄告单227份,处理"不担当、不作为、不落实"各类监察对象86人,有力保障中心工作高质高效推进。深化"四责协同"机制,县纪委常委会分批次专题听取各单位党委(党组)履行主体责任、主要负责人"第一责任人"责任和单位班子成员履行"一岗双责"情况汇报,推动主体责任落细落实。

【违纪案件查处】 2021年,县纪委监委坚持减存量、遏增量,持续保持惩治腐败高压态势,全年受理检举控告136件次,下降42.37%;立案216件,增长4.85%;党纪政务处分205人,增长0.49%;采取留置措施7件7人,移送司法机关4件4人,挽回直接经济损失近800万元。严肃查处一批发生在千岛湖建设集团城建发展公司、千岛湖林业工程公司、县保安服务公司等国企领域的严重违纪违法案件。稳步推进政法队伍教育整顿,处置问题线索26件,党纪政务处分2人、通报批评等组织处理9人。坚持以案促改、以案示警,发放监察建议书7份,提出监察建议21条。运用监督执纪"四种形态"处理637人次,第一、第二种形态占"四种形态"总数的93.3%。筑牢"不想腐"的思想防线,加强党性教育、思想教育和法纪教育,做精《漫说隐形"四风"》《纪委来了》等淳安廉政教育品牌,党风廉政宣传继续保持在全省前列。

【正风肃纪工作】 2021年,县纪委监委坚持驰而不息纠治"四风",紧盯关键少数、重点领域和重要节点。全年查处形式主义、官僚主义问题6起6人,通报违反中央八项规定精神典型问题6起9人、发生在群众身边的不正之风和腐败问题典型案例4起4人,清退各类重复发放奖励性补贴68万余元。重点抽查近几年公款收支额度较大、公款使用问题较为突出的乡镇、部门,发现问题26个,向6家单位下发整改通知。扎实推进影响亲清政商关系、漠视侵害群众利益等有关问题和供销系统、国企领域、交通领域等突出问题专项治理，严肃核查，严肃纠治，一批群众反映强烈的突出问题得到有效解决。持续做好澄清正名工作，给予3名党员干部不实举报澄清正名，保护干部干事积极性。

【推进改革创新】　2021年，县纪委监委深化派驻改革，制定下发加强派驻机构履职的具体要求，完善派驻机构考核细则，探索实施"巡察式""驻点式"监督，提升监督实效。全年各派驻机构处置信访件84件、问题线索180件，问责56人次，党纪政务处分33人。深化"提质增效年"活动，开展乡镇纪检监察机构规范化建设专项检查，进一步提升基层纪检监察组织履职能力。成立数字化建设专班，完成涵盖国有资产、工程建设、民生补助等六大监督模块的清廉淳安智慧监督平台建设，汇集数据938万余条，产生预警信息5500余条，实现实时监督、精准监督、智慧监督。

【巡察工作】　2021年，县纪委监委积极推进常规巡察，完成十四届县委任期内巡察全覆盖。联合市委巡察机构开展实施乡村振兴战略促进共同富裕专项巡察，探索总结市县上下联动的有效路径。做实做细巡察整改"后半篇文章"，落实县委县政府主要领导约谈、问题整改"五方联签"机制，形成多方合力的整改格局。全年向25家被巡察单位党组织反馈问题878个，完成整改796个，整改率为90.7%；完善制度194项；清退、收缴资金541.5万元；对巡察移交问题线索处置，谈话提醒146人次，问责45人次，党纪政务处分4人，采取留置措施4人。

【纪检监察队伍建设】　2021年，县纪委监委紧扣"学党史、悟思想、办实事、开新局"要求，开展主题党课宣讲、集中专题研学、老干部上党课、党史知识竞赛等活动，扎实推进党史学习教育，纪检监察干部信念得到加固、党性修养得到淬炼、斗争本领得到提升。持续优化"钉钉直播大讲堂"，采用集中培训、以案代训和片组研学等形式，实现纪检监察干部培训全覆盖，有效提升干部专业素养和实战能力。坚持刀刃向内，强化教育，以"五张清单一张网"为抓手，全面开展内部廉政风险排查，严抓严管，真抓真管，切实增强纪检监察干部自我约束、自我管理能力，把"打铁必须自身硬"的要求落到实处。　　（朱华强）

（编辑　王丛丹）

群众团体

·总工会·

【概况】 2021年,县总工会紧紧围绕县委、县政府中心工作,立足工会特色和优势,团结带领全县广大职工在淳安特别生态功能区建设中,稳步推进维护职工权益、服务职工群众、产业工人队伍建设改革试点、数智群团、职工疗休养、参与基层社会治理等各项工作,较好地完成年初制定的各项工作目标。

【弘扬劳模工匠精神】 2021年4月29日,县总工会举行"咱们工人有力量　红心永向共产党"全县庆祝"五一"表彰大会暨建党百年职工文艺汇演。表彰淳安县劳动模范14人。成功推荐获评浙江工匠1人,杭州工匠1人,市五一劳动奖状2个,市五一劳动奖章4个。申报市级工人先锋号4个、市高技能人才(劳模工匠)创新工作室1个,评选县级工人先锋号18个。通过电视台、报纸、公众号等各类载体广泛宣传劳模工匠先进事迹。通过讲好劳模故事、讲好工匠故事,进一步鼓舞和激励全县职工以劳模、工匠为榜样,学习先进、争当劳模,在自己工作岗位上开拓创新、锐意进取。

【服务企业】 2021年,县总工会统筹推进疫情防控和经济社会发展工作要求,开展"两节"送温暖慰问行动,慰问资金20万余元,走访慰问一线职工1000余人。发放外省务工人员返岗回淳安车票补贴1.9万元。落实小微企业工会经费返还等惠企助企政策,缓减企业上缴工会经费695万余元,返还小微企业工会费169万元。

【产业工人队伍建设改革】 2021年8月20日,县总工会召开新时代淳安产业工人队伍建设改革工作推进会,重点在康盛、千啤、旭光、旅游集团等4家试点企业的基础上进行产改工作的扩面提升,稳步有序推进产改工作。进一步提升职工技能素质,在亚运场地自行车馆工程等10个重点工程项目中开展立功竞赛活动,组织4000余名职工参加"百业百匠"百场技能竞赛活动,选树工人先锋号18个,评选"五小"(指小发明、小革新、小改造、小设计、小建议)创新成果42项,为212名职工发放高技能人才奖励,资助14名优秀外来务工人员上大学。

【职工疗休养】 2021年,县总工会制定新一轮职工疗休养政策,组织全县1万余名机关企事业单位职工参加疗休养。创建省级疗休养基地2家,市级疗休养基地8家。组织334名淳安一线职工免费疗休养。

【参与社会治理】 2021年,县总工会发挥工会组织在基层社会治理创新中的积极作用,深化和谐劳动关系创建。多措并举着力构建和谐劳动关系,参与"防欠薪"和"平安千岛湖"建设,助力社会治理攻坚。指导各乡镇、部门开展工资集体协商集中要约行动。对九大重点群体开展劳动关系和职工队伍和谐稳定分析研判，排查企业347家，涉及职工1.2万人，并形成调研报告。举办“规范企业用工

保障职工权益”专题普法培训会，开展“尊法守法·携手筑梦”服务农民工公益法律服务行动6场，各类法律宣传咨询活动惠及职工近5000人。创建杭州市和谐劳动关系建设标杆园区1个，杭州市“贯彻新发展理念”企业社会责任建设A级企业5家，杭州市创建和谐劳动关系先进企业4家。

【职工文体活动】 创新推出“淳工学堂”公益课，主动送培训到基层，开设手机摄影、化妆、中医养生等5种课程8个班次，免费培训职工190余人次，社会反响良好。举办职工书画摄影展，收集200余幅作品，评选一、二、三等奖30人，并在工人文化宫展出。新建省级职工书屋1家、市级职工书屋2家。成功举办2021年迎新登高活动。

【工会组织建设】 开展全县工会组建攻坚行动，大力推进企业普遍建会，新建基层工会48家，新发展会员1400余名，其中全年新建新业态新就业群体工会组织6个，新发展会员500余人，进一步扩大组织覆盖。深入推进“五有”职工之家建设，全年创建市县级先进职工之家11家，全县基层工会职工之家建设达标率保持在85%以上。

【精准帮扶】 2021年，县总工会开展疫情防控期间困难职工地毯式排查，实现困难职工全面建档，救助困难职工169人次，发放各类补助金58.94万元。大力推行在职职工医疗互助，参保人数达5.6万人次，受益职工4041人次，发放医疗补助343.20万元。关爱户外劳动者，为4500名户外高温作业者“送清凉”。关心外来务工人员及其子女、青年职工、女职工等群体，新建“妈咪暖心小屋”4家和“爱心驿家”2家，举办暑期“小候鸟”爱心班4期。为1010名一线职工提供免费健康体检服务。 （柯红槐）

·共青团·

【概况】 2021年，中国共产主义青年团淳安县委员会（以下简称团县委）紧紧围绕县委、县政府和团市委决策部署，精准把握党政要求和青年需求，在完成常规工作的基础上，着力打造工作亮点。至年底，全县有团（工）委61个。

【党史学习教育】 2021年，团县委成立县级青年宣讲团，在全县范围内开展党史宣传教育活动60余场次，受众5000余人次，在学习强国等平台发布各类宣讲视频20余条。与在外流动团员区域化大团委形成工作合力，深入企业开展宣传，全年走访企业80余家，受众4000余人次。

【出台青年发展规划】 2021年，团县委以成为《浙江省中长期青年发展规划》实施试点培育单位为契机，借势借力开展《淳安县青年发展“十四五”规划（2021－2025年）》撰写工作，为青年在各方面发展定标定档。

【组织改革】 2021年，团县委开展县域共青团基层组织改革工作，形成87项细化举措并落实责任到18个部门、23个乡镇，聚焦重点、上下联动，力求通过改革扩大组织影响力，引领青年思想和行动。

【数智改革工作】 2021年，团县委以问题、需求、实效为导向，充分运用数字化改革手段，建设“浙@童——留守儿童数智关爱平台”，实现留守儿童关爱可视化、可量化，建设

成效逐步形成。“五四”青年节期间举办“数智青春,淳享未来”主题论坛活动,邀请国内知名数字改革专家现场授课,2万余名观众通过现场直播的方式参与其中。为了让更多热爱科学零基础的农村青少年有机会接触科技,足不出户就能学习编程,联合深圳点猫科技有限公司开展2021年淳安县青少年“趣味编程,数智未来”AI科普活动,有约500余名学生参加。

【人才培育】 2021年,团县委成功举办“2021年中国·淳安青村创客大赛”,9个项目陆续落地。依托每月一期的“青友学院”,加强人才交流活动的精度和效度,吸引700余名青年参与,其中硕士学位及以上青年150余人。立足淳安县两山高层次人才集聚区,成立“青创学院”,着力打造高层次外来青年人才间互动频繁、联系紧密的交流平台。根据“青马学院”梯度成长班规划,开设“青马学院”,强化年轻干部的交流互动,提升年轻干部综合素质和工作能力。

【志愿服务工作】 2021年,全县志愿者工作稳步推进,志愿服务活动场次、参与人次及时长均创历史新高。3500余名志愿者参与到“菜单式”“实训式”“集中式”志愿服务培训,提高专业素质,提升服务能力。团县委联合县农商银行为淳安志愿者推出“志愿者卡”,共建志愿驿站1个,方便服务更多志愿者。

【共同富裕建设】 2021年,团县委推出“青春消消团”2021年版——“团青带你游千岛”杭州推介专场。70余名团青采取“线上+线下”融合的模式重点推介千岛湖旅游、帮助农户销售农产品,仅4月一场两天就售卖各类农产品价值7万余元,现场签订旅游项目两项。在千岛智谷开设农产品展销专区,由县青年发展中心管理,为各乡镇打通进杭城农产品直销渠道,全年帮助各乡镇销售农产品价值50余万元。乡村少年宫姜家分宫基本建成,积极开展“流动少年宫”工作,全年走入乡镇开展“流动少年宫”活动27场,2000余人次参与。

【关心留守儿童】 2021年,由团市委、团县委、淳安农商银行、杭州青荷公益基金会联合发起成立“萤火虫关爱基金”,首期注资200万元,依托基金开展各类公益活动十余场,惠及留守儿童600余人。全县农村重点青少年有,全县各级基层团组织针对农村2209名重点青少年开展至少3次走访,帮助解决困难300余件。并以偏远农村枫树岭镇白马村、界首乡严家村为建设试点建设青少年俱乐部,开展关爱活动12场次,600余人参加。

(陆嘉楠)

·妇女联合会·

【概况】 2021年,全县有基层妇联组织411个,其中乡镇妇联23个、县属单位(部门)妇联35个、建制村妇联337个、社区妇联16个;选树县级三八红旗手6个,县级三八红旗集体6家。县妇联年度综合考评结果为“优胜(满意)单位荣誉奖”,县级机关、直属单位党组织落实党建工作责任制考核结果为优秀等次。

【来料加工】 2021年,县妇联制定第七轮来料加工产业扶持政策。举办第八届来料加工技能大比武,10198名来料加工从业人员报名参赛,1000名加工高手参加套笔、家纺等10个项目的技能比拼,选拔产生全县100名来料加工技能能手,每人发放奖金1000元。评选出2020年度十佳来料加工经纪人,每人发放奖金1万元。根据县政府《关于进一步提升来料加工产业发展的实施意见》评选产生一乡一品乡镇18个;鼓励规范发展203人,兑现奖补资金101.87万元;鼓励布点带动74人,兑现奖补资金35.2万元;助力消薄增收1396人,兑现奖补资金58.2685万元;扶持来料加工厂房58个,兑现奖补资金53.86万元。至年底,全年全县新培育来料加工经纪人45人,新创办来料加工企业16家,辐射带动从业人员3.15万人,发放来料加工费1.85亿元。

【数字化改革】 2021年,县妇联与市妇联共同打造“伊加工”助力共同富裕特色应用场景,7月15日召开全县来料加工推进会暨“伊加工”应用场景发布会,“伊加工”应用场景于当日正式上线;8月13日,纳入杭州市争当浙江省高质量发展建设共同富裕示范区重大改革清单;10月23日,入选省数字政府首批14个“一地创新、全省共享”揭榜挂帅项目之一;10月29日,淳安县被列入全省数字政府首批“一地创新、全省共享”领跑榜单。11月12日,淳安县委副书记赖明诚在县妇联二楼会议室召开“伊加工”应用场景全省推广攻坚会,成立数字化(伊加工)改革攻坚组。

【美丽庭院】 2021年,县妇联围绕庭院美、厅堂美、家风美“三美”联创主题,打造“菜园、花园、艺园”三园庭院特色品牌。除亚运场馆周边村庄外,每个乡镇原则上创建1个村,创建村所有农户达到100%示范户。全年创建精品型美丽庭院示范村12个、奖励12万元,示范型美丽庭院示范村12个、奖励10万元,共计奖励264万元。5月,启动全县村社区妇联主席美丽庭院创意大赛。6月,举行全县村妇联赛庭院、赛厅堂、赛家风“三赛”大比武,开展“扮靓美丽庭院,喜迎绿色亚运”全县村社妇联主席美丽庭院创意大赛,24个创建村进行大比武,邀请各乡镇分管领导现场评分,评选一等奖30个,各奖励800元;二等奖30个,各奖励500元;三等奖30个,各奖励300元;入围奖120个,各奖励100元,总共发放奖金6万元。9月,进行第三季度督查,11月,进行第四季度督查,对24个美丽庭院示范村进行验收。

【村姑主播活动】 2021年,县妇联持续推进“巾帼助农·千名村姑当主播”活动,成立村姑主播孵化基地,组织村姑主播赴杭参加“千岛集市”主题党日。9月26—28日,承办由浙江省妇联、省农业农村厅、省商务厅、建行浙江省分行、杭州市人民政府联合主办的“建行杯”浙江省首届巾帼村播大赛,来自全省的54位巾帼村播参加比赛,淳安推送的2名选手,在省级巾帼村播大赛上分别获得三等奖和优胜奖。全年全县培养“村姑主播”1560名,上线“青麓小姑”“热心村委小梅姐”等微淘平台385个,实现线上线下销售额1100余万元。

【“123”巾帼暖心行动】 2021年,县妇联实施“123”巾帼暖心行动,倡导淳安籍在外人员安心留工作地过年,组织党外干部、党外知识分子、新的社会阶层人士、乡贤争当“代理妈妈”“爱心妈妈”,辅导留守儿童假期课业,送上100份学习用品,零食等爱心大礼包;争当“代理女儿”,走访空巢老人家庭,为他们提供搞卫生、煮饭、视频连线在外家人等关爱服务。

【特色节庆活动】 2021年,县妇联围绕庆祝中国共产党成立100周年,开展“巾帼心向党·奋斗新征程”主题宣传教育系列活动,动员各行各业女性代表开展“百名巾帼颂百年”活动,拍摄“唱支山歌给党听”微视频,并在“学习强国”学习平台进行推广。3月2日,开设绿水青山间微党课,邀请全国三八红旗手王美仙在全国巾帼文明岗千旅之星1号红船上为150余名巾帼代表讲授“红心向党 巾帼筑梦”党课。该活动在《人民日报》报道。3月7日,组织县管女领导干部到界首亚运村开展种茶活动,成立浙皖环保党建巾帼联盟,200余名来自浙皖两地的女性在现场共植千岛湖茶、共护新安江流域绿树青山。该活动在中央广播电视总台《新闻联播》栏目、《人民日报》、新华社、学习强国、中国之声、《中国环境报》、《中国妇女报》等20余家媒体报道。

【开展最美系列评选活动】 2021年,县妇联组织开展淳安县三八红旗手(集体)、“颂党恩 传家风”最美家庭(文明家庭)选树活动,评选产生淳安县三八红旗手6名、三八红旗集体6家,“最美家庭”系列之廉洁自律美家庭10户、家风家训美家庭10户、创新创业美家庭6户、护水治水美家庭9户和庭院创意美家庭8户。方夏英获评全国城乡妇女岗位建功先进个人。

【县妇联第十六届五次执委会议】 2021年5月8日,县妇联第十六届五次执委(扩大)会议暨全县村社区妇联主席美丽庭院创意大赛启动仪式在开元名庭酒店17楼会议室举行,县妇联第十六届执委委员,各乡镇分管领导和妇联主席或主持工作的副主席,县属相关单位分管领导和妇联主席或主持工作的副主席参加,县委副书记赖明诚参加会议并讲话。

【县妇联第十六届六次执委会议】 2021年10月25日,县妇联第十六届六次执委会在妇女活动中心二楼会议室召开,县妇联第十六届执行委员会委员、执行委员会替补委员等29人参加会议。会议按照章程选举王丽娟为淳安县妇女联合会主席,钱爱芳为淳安县妇女联合会副主席。

【开展“送教下乡”活动】 2021年,县妇联实施《浙江省家庭教育促进条例》,开展相伴同行家庭教育宣传周,“父母大课堂——十万家庭亲子教育知识巡讲”以及“千名教师访万户家庭”“千万家长进家校”等活动;组建家庭教育讲师团,23名家庭教育讲师团成员与全县68家儿童之家结对认领,就近提供家庭教育指导服务。会同县教育局和家庭教育讲师团成员开展网上家庭教育讲座25场次。

【关心关爱困难妇女儿童】 2021年,县妇联向全国妇联争取农村妇女“两癌”补助名额1人,发放补助资金1万元;争取春风行动“两癌”补助对象4人,各补助3000元;争取困难女大学生“美丽基金”补助名额6个,每学年每人补助3000元;春节期间走访慰问100名困难退任村妇代会主任,每人发放慰问金500元。制定“十四五”妇女儿童发展规划。联合建设银行淳安支行、县女企业家协会、县来料加工经纪人协会开展“同在蓝天下,我们共成长”留守儿童“伊启爱”系列关爱活动。联合市妇联发起“关爱儿童公益行第一季——过一个有意义的儿童节”,募捐到的11000余册书本,5000余件玩具、4000余份文具等物资分批次送往全县68个儿童之家。

【阵地建设】 2021年,县妇联联合县财政局、县民政局新建儿童之家14个,提升儿童之家28个。打造示范妇女之家、妇女微家、儿童之家,创建示范性家长学校,评选淳安县示范妇女之家20个,杭州市示范妇女之家7个,杭州市示范妇女微家10个,社区建立家长学校或家庭教育指导站达80%以上。大墅镇大墅村妇联被评为浙江省示范乡镇(街道)妇联,界首乡周源村儿童之家,安阳中心小学儿童之家被评为浙江省示范型儿童之家。

(潘丽珍)

·科学技术协会·

【概况】 2021年淳安县科协以习近平新时

代中国特色社会主义思想为指导，深入贯彻中共十九大和十九届四中、五中、六中全会精神和习近平总书记在两院院士大会、中国科协第十次全国代表大会上的重要讲话精神，认真落实各级群团工作会议精神，立足“四服务”职能，团结动员全县广大科技工作者，围绕中心、服务大局、积极作为，为淳安特别生态功能区建设作出积极贡献。获评 2021 年中国科协科普中国信息员队伍建设优秀组织单位。主管 16 个学(协)会，会员 3150 人，其中老科技工作者协会和反邪教协会为直属协会；乡镇科协 23 个，会员 6388 人；企业科协 7 个，会员 730 人；全县注册科普志愿者 748 人。

【党史学习教育】 2021 年，县科协党组深刻领会党史学习教育的重大意义，紧紧围绕学史明理、学史增信、学史崇德、学史力行，学党史、悟思想、办实事、开新局，抓紧抓实党史学习教育。按照学组办和巡回指导组要求，制定本单位具体实施方案，党组书记动员部署党史学习教育，开展集中学、体验学、交流学、辅导学、自学等形式多样的“五学”，入脑入心、学深悟透，按时间节点推进党史学习教育各项工作。截至年底，全体党员均完成党史学习教育必读书目通读，开展集中学习教育 14 次，专题学习交流 6 次，走访服务企业 30 余次，上专题党课 3 次，志愿服务 9 人次。组建党员服务队，下沉企业积极开展“民呼我为”主题实践活动，柔性引进 9 名 B 类专家为淳安特别生态功能区建设提供强有力的人才智力支撑。

【数智群团建设】 2021 年，县科协根据省、市、县群团改革要求，积极推进数智建设。组织召开培训会，加强科协系统管理员队伍建设，提升业务水平，严格落实每日登陆、信息发布、及时反馈等各项工作制度，切实增强系统秩序，形成服务闭环。注重与省市科协、乡镇科协、县级学(协)会的上下联动，与群团部门的交流互动，统筹科普资源，切实提升科普活动的整体质效，全力配合做好“淳@童”“伊加工”特色应用场景建设。结合“我为群众办实事”主题实践活动，深入实施“银龄跨越数字鸿沟”、科普助力“双减”等科普专项行动，通过高质量活动引流，实现线上线下互动、特色服务活动全年贯穿，真正把“数智群团”用起来。截至年底，通过科协专属二维码注册用户 2000 余人，活动共推 55 场，参与人数 2000 余人次，风采共展 100 余条，阅读量 10 万余人次。

【科技工作者思想政治工作】 2021 年，县科协切实履行党和政府联系科技工作者的桥梁和纽带职责，引领广大科技工作者提高政治站位，充分运用党史学习教育、支部主题党日等载体，学习宣传贯彻中共十九大精神、习近平新时代中国特色社会主义思想和习近平总书记在两院院士大会、中国科协第十次全国代表大会上的重要讲话精神。“5・30”全国科技工作者日期间，走访慰问丰凯机械、湖酷农业、康诺邦等企业的科研团队和一线优秀科技工作者代表，邀请老党员给科协系统的科技工作者上党课，召开科技工作者代表座谈会，使科技工作者切实感受“家”的温暖和“节”的温馨。“七一”前夕开展“科技兴未来，老幼共奋进”党史知识竞赛，全县科协系统近 200 人参与活动。

【专家工作站申报】 2021 年，县科协注重专家工作站申报全过程服务，上门走访湖酷农业、唐圣茶叶、双英农场、秀姑生物等 18 家企业，多次召开申报、评审等环节业务工作培训会议，确保企业及时纠错，熟练掌握申报流程，积极对接杭州市院士专家中心，及时为申报企业答疑解惑，并宣讲解读市县人才政策。

全年推荐9家企业申报市级专家工作站，其中7家通过认定，申报建站数和通过认定数均列杭州市13个区县(市)第一。

【人才活动】 2021年，县科协联合市生态环境局淳安分局举办中国水库生态学学术研讨会，邀请水库顶尖研究团队的科学家，研讨水库生态学理论，促进千岛湖水环境科研发展。落实省科协“一县一业一学会”智汇山区赋能专项行动，邀请省健康产品安全研究会专家团队，下沉乡镇调研论证，深入了解淳安中药材现状、瓶颈问题，助力淳安中药材及大健康产业的发展。组织肖金平等省、市农科院专家团队到淳安开展淳安县第三届优质水蜜桃评比大赛和现场科技咨询活动，扩大桃品牌影响力，进一步提升全县鲜桃品质，促进县桃产业健康持续发展。

【提升全民科学素质】 2021年全国科普日暨淳安县35届科普宣传周期间，全县开展83余场科普活动，参与人数13000余人次，主场活动联合20余个部门在西园广场开展大型科技咨询和义诊活动。依托广播电视、报纸等传统媒介和中国科普App平台等新媒介，全方位、立体式、常态化地开展科普宣传，新增1000余名科普中国注册科普员，“淳安科普”微信公众号日均发稿3篇，全年向公众普及1000余篇科普知识文章。扎实开展科普进“一堂两中心”专项行动，联合县文明办、县委老干部局等单位在新时代文明实践中心开展10余场科普讲座，深受居民欢迎。

【科普活动】 2021年，县科协积极开展助力教育“双减”工作，依托青少年科普教育基地、校园科普馆等阵地开展形式多样的科技活动。邀请中科院老科学家科普讲师团教授刘大禾、朱进到千岛湖镇初中、镇三小等4所学校开展科普巡讲，受益师生2000余人次。联合县气象局、县应急管理局等举行“海洋，我们的气候和天气”为主题的气象知识科普宣传活动，受益群众1000余人。联合市科协组织科技工作者到梓桐镇开展文化、科技、卫生“三下乡”活动，受益群众500余人。开展以“喜迎亚运会　争创文明城”为主题的100场亚运、反邪教科普电影进村(社区)、进学校、进企业活动。开展“跨越数字鸿沟，共享智慧生活”科普专项行动，培训3000余名老年人使用智能手机。

【组织队伍建设】 2021年，县科协发挥基层科协组织在科普工作中的主力军作用，激发乡镇科协、县级学(协)会工作活力，制定《关于建立乡镇科协、县级学(协)会“六个一”工作机制的实施意见》，在有队伍、有阵地、有机制、有做法的“四有”基础上，建立“熟悉一套政策、制定一项制度、巩固一个阵地、建立一张清单、举办一场活动、开展一次调研”的“六个一”工作机制，推进基层科协工作标准化建设，着力提高公民科学素质。建立县科协领导成员联系科技工作者制度，及时了解企业、科普基地、学(协)会及科技工作者的所需所盼，畅通联系渠道，为企业招才引智牵线搭桥，为乡村全面振兴助力助推。接长手臂，健全科普阵地，培育建立33家县级农村科普示范基地和科普教育基地。

【建言献策】 2021年，县科协积极为党委政府建言献策，科协界别政协委员发挥科技工作者智力优势，提交提案8个，大会发言4篇，撰写社情民意8篇。老科技工作者协会积极开展科技调研，全年撰写调研报告11篇，其中3篇得到县委主要领导批示。

(徐剑锋)

·工商业联合会·

【概况】 2021年，县工商联深入贯彻中共十九大和十九届历次全会精神，习近平总书记考察浙江、杭州重要讲话精神和关于新时代民营经济统战工作重要指示精神，紧扣“两个健康”工作主题和特别生态功能区建设目标，开展“合力聚人心、奋力勇担当、活力展风采”三大行动，以奔跑的姿态推动工商联工作取得新成效。获得 2020—2021 年全国“五好”县级工商联，市工商联系统 2021 年度服务“两个健康”优秀单位等 11 项荣誉。有会员数 516 家，其中团体会员 31 家、个人会员 73 人、企业会员 412 家。

【“淳商心向党·共赴新征程”主题活动】 2021 年，县工商联深化“浙商永远跟党走”主题活动，结合淳安县民营经济实际，开展“淳商心向党·共赴新征程”主题活动，推动党史学习教育向商会组织延伸。邀请县领导和宣讲团成员为企业家作党史学习教育专题宣讲，举办基层商会红色教育专题培训班，组织商会开展党史知识竞赛、红色研学、专题党课等学习活动 40 余次，参与 1000 余人。

【省民营经济人士理想信念教育基地建设】 2021 年，县工商联抓住省工商联助力 26 县跨越式发展契机，总结提炼“大下姜——红色茶山”红色教育基地相关材料，积极向省工商联申报，顺利通过现场考察和评选，从全省 20 多家申报单位中脱颖而出，成功入选第二批浙江省民营经济人士理想信念教育基地。8 月 11 日，在省工商联十一届八次常委会上获授牌。

【县工商联九届七次执委会】 2021 年 3 月 26 日，召开县工商联九届七次执委会暨第一季度副会长轮值活动，深入学习习近平总书记在党史学习教育座谈会上的重要讲话、全国和县两会精神，动员开展“淳商心向党·共赴新征程”主题活动。会议选举陆新辉为县工商联九届七次执委会执委、主席、总商会会长。县委常委、统战部部长鲁连美出席会议并讲话。

【县工商联第十次会员代表大会】 2021 年 10 月 14 日，召开淳安县工商业联合会（总商会）第十次会员代表大会。市委统战部副部长、市工商联党组书记麻承荣应邀到会指导并讲话。县委书记黄海峰参加会议并讲话，县领导张鸿斌、董文吉、郑志光、赖明诚、鲁连美、徐新勇出席。各民主党派、群众团体、有关部门和 23 个乡镇主要负责人，兄弟县（市、区）工商联领导、县工商联老领导以及企业家代表 200 余人参加会议。会议回顾总结第九次代表大会以来的工作，深入谋划未来五年发展蓝图，向广大民营企业家发出共同富裕倡议书，并选举产生新一届执委会。郑晓峰当选第十届执委会主席。

【推荐工商联界别县政协委员】 2021 年，县工商联根据县政协换届工作安排，结合行业、性别、党派、年龄、代表性、履职能力等综合考虑，积极推荐工商联界别政协委员意向人选，经协商，28 人当选县十届政协委员。

【新生代培养】 2021 年，县工商联落实“青蓝接力”工程，重视对新生代企业家的教育培养，健全完善会员走访、小组活动、学习教育、公益慈善等机制。赴县中国工农红军北上抗日先遣队纪念馆举办红色主题教育活动。积极鼓励和引导新生代企业家有序参与政治生活，有 1 人当选市人大代表，6 人当选县人大代表，17 人当选县政协委员，30 人当选县工商联执委。

【知名浙商助力淳安跨越式发展专项行动】 2021 年，县工商联召开助力淳安跨越式发展专项行动座谈会，主动联合相关部门和相关乡镇开展助力需求排摸,积极对接省联、结对工商联和结对浙商企业。5月20日,省工商联主席、富通集团董事长王建沂率35名知名浙商走进淳安,召开座谈会,为淳安发展"把脉问诊"。达成合作项目1个,合作意向2个,设立100万元关爱困境留守儿童专项基金1个,与西湖区工商联、西湖区新生代企业家联谊会签署跨越式发展合作协议。

【营商环境优化】 2021年,县工商联持续优化营商环境,服务企业高质量发展。与县法院建立沟通联系机制成立"淳商共享法庭";与司法局开展"律所联商会"活动;与人民银行淳安支行开展"百地千名行长进民企送服务"活动,与建设银行淳安支行签订战略合作协议,建立金融指导员制度,向县工商联会员单位3年授信15亿元,支持淳安民营企业尤其是中小微企业发展。

【亲清政商关系】 2021年,县工商联聚焦为民营企业办实事、解难题,常态化开展"走亲连心三服务"活动,走访会员企业近200家,举办4场"亲清直通车·政企恳谈会"活动,为企业解决38个问题。县工商联入选"三服务"红榜单位1次,瑶山商会入选省工商联亲清直通车站点第一批试点单位。

【清廉民企建设】 2021年,县工商联推进清廉民企建设工作,将千岛湖啤酒公司作为县清廉民企建设示范点,打造可视化清廉基地。3月25日,在全市民营企业清廉建设推进会上,千岛湖啤酒公司作《倡导廉洁企业文化 推动企业健康发展》交流发言。

【"淳商回归"工程】 2021年,县工商联发挥商会优势助力招商引资,引进淳商回归项目49个,其中北京商会秘书长引进的"梦幻千岛湖·时空隧道"项目正式营业,宁波商会引进的红山谷景区项目10月底开工建设,引导江苏杭州商会、浙江河南商会、上海浙江商会等商会走进淳安举办活动,考察项目。

【商会助力共同富裕】 2021年,县工商联实施商会系统"先富带后富·淳商助共富"工程,各商会投入帮扶资金1278.41万元,其中帮助村集体消薄增收978.73万元;结对农民624人,学生45人,捐赠资金97.44万元;开展"爱心童行·共庆百年""捐赠参保"等公益慈善活动90余次,捐赠资金202.24万元。姜家商会"共富指导员"做法入选浙江省县级工商联服务"两个健康"优秀案例。

【数字化工作】 2021年,县工商联按照数字化改革和数字群团建设要求,加强系统谋划,认真梳理核心业务和亮点工作,及时报送基础数据,积极做好"群团集市"应用推广,发动商会3500余人注册。同时,坚持大场景、小切口,积极谋划服务"两个健康"应用场景,推进数字工商联建设。

【商会建设工作】 2021年,县工商联实行异地商会绩效管理,落实异地商会工作经费奖励160万元,杭州千岛湖商会《打造"146"综合服务平台,赋能会员企业高质量发展》入选全省服务"两个健康"最佳实践案例;召开基层商会座谈会,下发《商会组织规范化建设指导性意见》和商会换届会议模板,指导文昌、姜家等10家商会有序换届,推荐姜家商会申报省"四好"商会,里商商会申报市"四好"商会。持续加强商会党建工作,宁波商会党支部被评为淳安县先进基层党组织;开展"商会党建全覆盖攻坚"专项行动,实现20家乡镇商会党组织和党建工作全覆盖。

(方雅倩)

·文学艺术界联合会·

【概况】 2021年,县文联有作家、戏剧家、音乐家、舞蹈家、美术家、书法家、摄影家、民间文艺家、影视家、曲艺家10个文艺工作者协会,有会员876人,其中国家级会员44人、省级会员89人、市级会员166人。

【文艺阵地建设】 2021年4月25日,北京兰池书画院千岛湖写生基地在阳光水岸揭牌。9月24日,县戏剧家协会汾口分会成立。改版升级“淳安文艺”微信公众号,同步推出“淳安文艺”“电子杂志”“数智群团”三大版块,形成大文联平台,并将“后浪”“名家”“文库”三个数据库整合在内。抓好《千岛湖》和《千岛湖书画》杂志的编辑发行,《千岛湖》杂志发行6期,《千岛湖书画》杂志发行1期。

【赛事活动】 2021年,县文联与县委党史研究室联合举办第五届“锦山秀水千岛湖”文学创作大赛,评出特等奖1名、二等奖6名、三等奖10名、优秀奖20名。承办淳安县首届“清廉淳安”廉政书法、漫画大赛,评出书法、漫画入展作品各50件,其中一等奖各1件、二等奖各3件、三等奖各6件、优秀作品各37件。6月26日至7月26日,获奖作品在千岛湖艺术馆展出。与县政协书画院、县妇联共同举办“庆祝建党100周年女性书画摄影作品展”。与县政协书画院共同举办“庆祝中国共产党建党100周年书画展”,展出书画作品100幅,其中优秀作品60幅。与县委宣传部、县总工会共同举办“咱们工人有力量　红心永向共产党”淳安县职工书画摄影作品展,评出书法、绘画作品一等奖各2件、二等奖各3件、三等奖各5件,评出摄影类作品一等奖3件、二等奖5件、三等奖8件。与县委宣传部联合举办的“诗话乡镇”诵小康读诗会在县新时代文明实践中心举办,20余名文学爱好者参加诵读会。与县教育局共同主办的“学百年党史　聚奋进力量——庆祝建党100周年百人百米长卷书法献礼”活动暨县书法家协会“书法教学基地”授牌仪式在千岛湖镇第一小学举行,近百名县内外书法家和学生书法爱好者在百米长卷上挥毫泼墨,用书法表达对党对国家的情感。与浙江省雕塑学会、浙江省油画协会、县委宣传部、梓桐镇人民政府等单位共同举办的“巾帼心向党、献礼母亲节”浙江最美女艺术家作品巡展。举办庆祝中国共产党成立100周年暨“迎七一·学党史·展风采”巾帼书画展,展出作品80件,其中书法作品34件、美术作品23件、摄影作品23件。举办“大美走基层　钱塘似锦绣——杭州画院建院三十五周年”“百花程瑞——张子翔中国画作品展”在千岛湖艺术馆开展,张子翔中国画作品展座谈会同期举行。与县党史学习教育领导小组办公室、县委党史研究室、县社科联、县委党校联合主办“筚路蓝缕　峥嵘辉煌——淳安百年党史百幅展活动”。举办“初心永恒——庆祝中国共产党成立100周年北京·深圳·千岛湖三地书法篆刻交流展”,展出作品100幅,其中书法作品88件(北京44件、深圳15件、千岛湖29件)、篆刻12件。承办“同心跟党走　协力书华章”淳安·太和两地政协庆祝中国共产党成立100周年书画联展,展出两地书画作品140幅,其中淳安县100幅、太和县40幅。与杭州住房公积金管理中心淳安分中心联合举办“庆祝中国共产党成立100周年暨住房公积金制度建立30周年淳安县公积金杯书法作品展”,评出入展和入选书法作品82件,其中入展作品70件、入选作品12件。与县委宣传部联合举办“庆建党百年　享美好生活”淳安籍钢琴家洪勋钢琴独奏会。

【采风交流】 2021年4月13—16日,中国摄影家协会、《中国摄影》杂志社“建党百年　红色印记”采风活动走进淳安县枫树岭镇、中洲镇、浪川乡。4月16—17日，县民间文艺家协会组织部分会员赴常山开展采风走亲活动。5月25日，与浙江省文联《品位·浙江诗人》杂志、浙江诗人公众平台、姜家镇人民政府、县新联会文创同心荟共同举办“百年建党　百诗颂党”浙江诗人走进姜家文学采风公益活动。8月21日，县作协组织骨干会员赴瀛山书院、淳遂歙中心县委旧址采风，并举办作品改稿会。9月1日，组织书法家协会、美术家协会、民间文艺家协会文艺骨干赴开化开展文艺考察、交流活动。9月，县曲艺家协会组织骨干会员赴里商乡开展创作采风并进行团建活动。10月11—12日，组织县戏剧家协会、县音乐家协会、县舞蹈家协会骨干会员赴丽水市遂昌县开展为期两天的采风活动。11月12—13日，组织“与亚运同行”文艺家采风活动，10个协会30余名文艺骨干赴左口直播小镇和亚运小镇现场观摩并举行座谈。11月18—19日，组织摄影家协会、曲艺家协会、影视家协会文艺骨干赴富阳、桐庐开展文艺交流活动。

【人才培养】　2021年4月1日，县文联邀请县文化馆原馆长、浙江省音乐家协会会员余红斌在新时代文明实践中心开展睦剧基础知识讲座，县音乐家协会、县戏剧家协会会员及睦剧爱好者参加此次活动。4月28日，邀请杭州市星韵律师事务所主任、民商法博士、一级律师吴清旺为摄影家协会讲授《中华人民共和国民法典》有关摄影著作权和肖像权的法律知识。5月3日，邀请淳安籍著名诗人泉子为文学爱好者讲授诗的常识，30余名文学爱好者参加讲座。5月13—14日，举办2021年新会员培训班，来自十大文艺家协会的57名新会员参加培训。5月23日，组织20余名县书法家协会会员赴绍兴参观第七届中国书法兰亭奖作品展。8月18—22日，“寄情翰墨——2021年走进汾口书法封闭集训”在汾口镇西泠艺术馆举行，县书协会员和县老年书画协会汾口分会会员20余人参加集训。12月3日，召开中共十九届六中全会精神宣讲会，杭州市文联副主席张敏做宣传报告，各文艺家协会骨干共30余人参加会议。

【文艺服务】　2021年4月13日，县作协理事王丰在千中职校开设文学写作课。4月27—28日，县作协副主席徐富荣为千中职校水韵文学社的31位同学讲授报告文学的特征与创作技巧。8月18—20日，汾口镇24名留守儿童参加在汾口镇西泠艺术馆举办的暑期文艺公益培训。文艺家协会会员分别为孩子们讲授书法、武术、舞蹈、绘画等艺术课程。11月24日，浙江省舞蹈家协会和淳安县文联“结对提升”签约仪式在县文联李家坞文艺创作基地举行，根据淳安的舞蹈现状、文化现状和提升需求，共同拟定《浙江省舞蹈家协会与淳安县文联“结对提升”实施方案》。与县农商银行合作，县书法家协会骨干会员分别赴东汉村、方家畈村、王阜村、严村村，旭光照明等地开展“迎新春，奔小康——书法进万家送福送春联活动”。40余名会员书写对联1万余副，福字2万余个。摄影家协会开展“在杭过年·你我心相连”“我的中国梦·摄影进万家”摄影志愿服务活动，组织摄影家10名赴亚运分村为春节留淳建设者留下最美身影。赴下姜村等地为村民免费拍摄全家福，拍摄照片均现场打印赠送群众，发放500余张。开展百场文艺服务进文化礼堂活动，先后组织文艺家协会会员赴乡镇、村文化礼堂开展书法、美术、写作、剪纸、摄影等文艺培训100余场。

【县文联七届全委会议】　2021年1月8日，

召开县文联七届九次全委会(扩大)会议,组织学习中共十九届五中全会精神,表决通过《淳安县文学艺术界联合会所属文艺家协会(团体会员)管理制度(征求意见稿)》。各文艺家协会、梓桐镇文联和公安文联作总结交流。3月4日,召开县文联七届十次全委会(扩大)会议,表决通过县委组织部关于姚樟树任文联主席的建议。会议还对第十三届淳安文艺"秀水奖"评奖标准进行初步研究。7月6日,召开县文联七届十一次全委会(扩大)会议,传达杭州市第九次文学艺术界联合会代表大会精神,各协会交流上半年工作情况。

【文艺评奖】 举办第十三届淳安文艺奖"秀水奖",评出特等奖1项、一等奖5项、二等奖17项、三等奖24项、优秀奖22项。

【主要艺术成果】 2021年主要艺术成果有:《淳安守艺人》由现代出版社出版发行。该书从立项至出版,历经两年。由县作家协会近20名骨干会员采写,最终确定37篇结集出版。编撰完成书籍《淳安交通》。

作家协会詹黎平的组诗《金庭湖》获由省委宣传部、省文联、省作协主办的"浙东唐诗之路"全国诗画大赛诗歌三等奖;方汇泽的诗歌《山中》、吴祥丰的组诗《花园(5首)》在《诗刊》发表;方金华的纪实文学《茶山就是我的家》在《人民日报》发表。

戏剧家协会为庆祝中国共产党成立100周年,排演的原创睦剧红色经典剧目《茶山村的故事》,获较高的社会评价。

音乐家协会余远的作品获2021杭州市"三江"歌手大赛原创组金奖;倪佞的作品获2021杭州市三江歌手中年组一等奖。叶卫强指挥的杭州富春尚香女子合唱团获2021世界合唱节公开组金奖。

舞蹈家协会作品《都美新韵》和《屏门花灯》入围浙江省首届乡村舞蹈大赛决赛。作品《我可喜欢你》《街舞武士》《星星之火》入围"未来舞蹈家"第四届杭州市少儿舞蹈展演群舞组决赛。

美术家协会吴德昌、余国志的作品《春风送暖百花香》在市文联主办的"百年风华　千秋伟业"——杭州市庆祝中国共产党成立100周年书画印联展中入展。

书法家协会汪银贵的书法作品在浙江省书协主办的"浙江省书法家协会楷书百家作品展"中入展;黄裕成的书法作品在浙江省书协主办的"问道金庭"浙江省书法家协会行书百家作品展中入展。

摄影家协会郑进奇、方长建等的多件作品获得国际摄影比赛金奖;会员方高庆获得首届"鸟瞰世界"全国航拍大赛短视频类金奖。

民间文艺家协会洪发军的作品"青溪龙砚"参展浙江省文化和旅游厅举办的"双水擎莲·两地跨虹"诗画浙江澳门推荐会。

影视家协会拍摄完成纪录片《寻亲》、微电影《一张小票》和短视频《纪委来了之牌局》,收到较好的社会反响。

曲艺家协会方有禄创作的《拍张传家福》获省曲协故事大赛创作金奖。高烽创作的新故事《接班》获省故事征文一等奖。

(胡慧敏)

(编辑　王丛丹)

·残疾人联合会·

【概况】 2021年,县残联紧紧围绕淳安特别生态功能区建设目标,完成残疾人各项服务保障工作。全县残联系统4名干部获市政府个人嘉奖1次,1名专职委员获评"十三五"浙江省残疾人工作突出个人;县残联获2021年市政府集体嘉奖1次,在县级综合考评中获"先进"等次。配齐配强县、乡、村三级残疾人工作者队伍,县级层面残联理事长主持全面工作,配备专、兼、挂职副理事长各2名;全县各乡镇配备23名残联理事长和27名残疾人工作专职委员;各建制村(社区)配备354名残疾人工作联络员,建成“纵向到底、横向到边”的残疾人服务网络。

【全县残疾人概况】 2021年,全县持有“中华人民共和国残疾人证”18111人,其中农业16857人、非农业1254人。分类为:视力残疾2014人、听力残疾3078人、言语残疾121人、肢体残疾8413人、智力残疾1542人、精神残疾1635人、多重残疾1308人。

【扶残惠残政策】 2021年,淳安县相继制定《淳安县残疾人事业发展“十四五”规划》和《关于在淳安特别生态功能区建设中加快残疾人事业高质量发展的意见》,着力通过打造高质量就业、高质量康养、高质量保障、高质量文体、高质量数智、高质量融合“六个示范地”,推动残疾人事业高质量发展。对照“特别生态功能区建设三年行动计划”要求,残疾人康复、就业创业和困难生活补贴政策标准与杭州一致,新增残疾人意外伤害综合险保费提高到50元/年·人,理赔项目从5项增加至7项;新增到位市级残疾人事业调剂金、创业就业资金合计390.73万元,用于淳安县残疾人保障政策提标。

【新冠肺炎疫情防控】 2021年,县残联本着“疫情不灭,紧弦不懈”的态度,按要求组织全体干部员进行新冠病毒核酸检测和接种新冠疫苗,两针接种率为95%,加强针接种率达80%;积极参与千岛湖镇共建单位新北社区新冠疫情防控值班值守点工作;多次开展对全县20家残疾人之家、27家残疾人康复站等残疾人服务机构的新冠疫情防控专项督导工作。

【残疾人证管理】 2021年,全县办理残疾人证934人,其中组织集中残疾评定24场,办证841人;上门肢体残疾评定12次,办证93人。全年因死亡或康复注销735人,跨省通办残疾人证办理7人,遗失补办186人。

【残疾人民生实事】 2021年,县残联高质量完成残疾儿童康复机构规范化提升和省级无障碍社区创建两件省市政府民生实事。围绕以“康复一人、幸福一家”目标,指导淳安康富医院制定提升赋能清单21项,全年投入提升资金30万元,聚焦基础建设、专业设备、服务功能的提升。千岛湖镇望湖社区成功创建为省级无障碍社区。全县建成规范化“残疾人之家”20家,实现万人以上乡镇全覆盖和三星级以上全覆盖,其中四星级达到11家,在千岛湖镇汪宅村探索新建1家二星级“微型”残疾人之家,带动351名残疾人实现辅助性就业。

【残联改革】 2021年,全县各乡镇配齐残疾人专职委员(5个千人以上残疾人乡镇配备2名),30名专委待遇全部参照社区工作者执行。在全市率先成立县孤独症人士及亲友协会;召开淳安县残疾人专门协会第四次代表大会,为每个协会新配备1名大学生副秘书长。

【数字化改革】 2021年,县残联制定《关于印发〈淳安县残联数字化改革工作实施方案〉的通知》,成立专班,统筹推进党政机关整体智治(数智群团)、数字社会、数智残联建设等工作。截至年底,发动2973人注册群团集市,发布活动共推101次,风采共展246个,阅读量达364362人次,走在群团部门前列。配合省市做好数字社会“弱有所扶”场景中残疾人全周期服务“一件事”、无障碍一张图和辅具智配等3个项目建设。将年度“揭榜挂帅”项目之“残疾人康复服务提升”中的“家庭康复服务系统”进行优化提升，接入“数智残联”系统区县风采(淳安专区)，纳入年度市残联数字化改革评估项目。该平台为淳安县195名残疾人提供居家康复服务，家庭医生上门服务总数达1590次，协调员服务总数达61次。

【亚残运会筹备】 2021年，县残联选派1名工作人员全力配合做好2022年亚(残)运会淳安分赛区筹备工作；依托乡镇创立9支助力亚残运会志愿服务队，宣传和服务亚残运会；启动旭光电子企业“残疾人之家”市级亚残运会残疾人事业内宾展示点改造提升工作。组织县无障碍促进会成员先后55次到亚运场馆等处开展无障碍设施体验，积极建言献策。

【基本生活保障】 2021年，全县发放残疾人两项补贴资金5721.79万元，其中8515名困难残疾人享受生活补贴，发放金额3023.43万元；8454名重度残疾人享受护理补贴，发放金额2698.35万元；残疾人两项补贴于11月上线“民生直达”平台发放，实现补贴“一键直达，秒速到账”。全县有7196名残疾人享受最低生活保障，其中5797名智力、精神和其他重度残疾人享受单列户施保。全县有7户享受省第六批慈善助残危房改造补助共计29.5万元；为713户一、二级低保外的重度残疾人和一户多残家庭减免有线电视视听费13.5万元；为40名残疾人机动轮椅车车主，发放燃油补贴1.04万元。

【康复服务】 2021年，县残联依托淳安县妇幼保健院对0—6周岁疑似残疾儿童信息监测工作，监测1340人，确诊残疾儿童4例。为65名残疾儿童开展脑瘫、听力言语等抢救性康复服务，门诊医疗康复救助89人，疑似肢残住院医疗康复救助45人，残疾人免费配送590件大(小)额辅助器具；为719名严重精神障碍患者提供门诊免费服药；为14694名残疾人提供签约服务；为195名残疾人提供“家庭康复”服务。全县残疾人基本康复服务率和辅助器具适配率均达到100%，精准康复服务率达到91.56%。与浙江康复医疗中心签订“双下沉两提升”基地合作协议，推进“医康融合”服务新模式，7名省级专家来坐诊，辐射残疾人及老年人600余人次。

【宣传文体活动】 2021年，县残联精心组织开展全国助残日、全国特奥日、国际残疾人日等重大残疾人节日和“亚运四进”文体活动62场。在第十一届全国残疾人运动会中，淳安县选派的5名运动员获得6金2银好成绩(其中运动员向华兴、汪霞红荣获省政府个人二等功，童雅芳荣获省政府通报褒扬)；在杭州市残疾人青少年田径、游泳锦标赛中，淳安县选派的9名运动员获得6金14银2铜，县残联获得组织奖和体育道德风尚奖。千岛湖镇李富财、龙艺文家庭获评浙江省第二届“最美残疾人家庭”；里商乡商振洲获评2021年度“杭州市自强工匠”，千岛湖镇方勇良获评“杭州市自强创业之星”，其中商振洲的里商仁灯非遗文化还被纳入省残疾人之家的自强励志馆。杨洋获得杭州市第九届残疾人艺术会演男声独唱三等奖，《淳安竹马》获得优秀奖。《淳安县建议关注残障妇女面临的现实困境》被杭州政务信息录用并获得副市长陈卫强批示。

【创业就业】 2021年，全县持证残疾人新增就业230人；县内9家集中安置残疾人企业安置残疾人就业382人，增长241%；县机关、团体、企事业单位及城乡集体经济组织中，安排残疾人就业635人，增长205%；在全市率先开展残疾人帮扶性就业试点工作，借助人力资源公司平台，建立11个公益型就业基地和9个职康型就业基地，165名残疾人与新华三、搜狗(杭州)智能、云尖科技等爱心企业实现签约，年人均增收在2.4万元以上。依托各乡镇结合当地特色产业，组织开展茶叶种植、蚕桑、中药材管理等农村实用技术和职业技能培训23期，免费培训残疾人1047人；输送10名残疾人参加省市宠物美容护理、视障有声主播、盲人按摩、杭州市物流等培训。通过"亲清在线"发放用人单位按比例就业岗位补贴和超比例补贴164.95万元。

【教育培训】 2021年，全县有84名残疾学生和残疾人子女享受就学补助15.25万元，于10月就学补助上线"民生直达"平台，实现补助发放"一键直达"。有28名残疾人大学生列入省残联减免学费住宿费对象，共计减免费用28.01万元。配合教育部门做好残疾儿童特教上门服务工作，落实送教上门服务工作专项经费15万余元。

【生活困难救助】 淳安县第二十二次"春风行动"捐款合计2.52万元，其中个人捐款1.32万元，单位捐款1.2万元；开展"抗高温、送清凉"慰问活动，205名残疾人发放10.95万元慰问金。

【医疗救助】 2021年，淳安县对列入残疾人"家庭康复"服务行动和病程在两年以内的"三瘫一截"残疾人，其全年发生的门诊医疗费用给予最高1000元的救助；对病程在6个月以内，有康复需求且有康复训练价值的"三瘫一截"患者，给予1000元/月的住院康复救助，有134人享受到门诊和住院医疗康复救助。第七轮残疾人意外伤害重大疾病保险参保人数18668人，保费56.004万元，发生理赔案97件，赔付金额62.5297万元，赔付率达112%。

【无障碍建设】 2021年，县残联按照《淳安县"迎亚(残)运"无障碍环境建设行动计划(2020—2022年)》要求，加强无障碍建设宣传，积极发挥县无障碍促进会的作用，规范无障碍体验和督导。全县81户困难残疾人家庭实施无障碍设施改造，先后55次组织县残疾人无障碍环境促进会成员一起对亚运场馆、妇保院、行政服务中心等公共无障碍设施的重点改造区域进行现场体验。

【信访维权服务】 2021年，县残联处理各类信访103件，提供法律救助服务24件，举办2期残疾人普法培训班。

【残疾人数据动态更新】 从2021年9月10日起，正式开展全县持证残疾人基本状况调查工作，至11月全面完成。调查底册有残疾人18222人，完成登记18076人，完成率为99.2%，其中入户登记17480人，电话登记596人，入户调查率为96.7%，电话调查率为3.3%；未完成登记146人，未完成率为0.8%；App采集率为100%。

【东西部扶贫和区县帮扶协作】 2021年，县残联多载体开展东西部扶贫，提供10万元帮扶资金用于巴塘县残联开展残疾人家庭临时帮扶救助和康复服务等脱贫攻坚工作。加强与杭州市上城区、西湖区残联的区县帮扶协作对接，两地落实帮扶资金80万元，其中，上城区残联帮扶资金30万元、西湖区残联帮扶资金50万元。 (汪文平)

法 治

·政法委及平安建设·

【概况】 2021年,县委政法委紧紧围绕“特别生态功能区高质量发展,打造共同富裕示范窗口”中心大局,强化政治洗礼,高标准开展政法队伍教育整顿;强化统筹协调,圆满完成各个重要节点和重大活动维稳安保任务;强化机制协同,持续落实平安创建、基层社会治理攻坚、扫黑除恶斗争常态化等重要工作。全年,浙江省平安指数7次位列全市第一,4次进入全省前五,顺利实现省平安县十六连冠。

【全县政法信访工作会议】 2021年3月23日,全县政法、信访工作会议暨政法队伍教育整顿专题党课在阳光大酒店会议中心鲁能厅召开。县领导黄海峰、张鸿斌、赖明诚、许海波、胡拥波、汤燕君、洪永鸿、李浙峰、汪雪梅,县法院院长张波,县检察院检察长杨勇,各乡镇党委书记、分管副书记,各部委办局(公司、行社)主要负责人,消防救援大队、武警淳安中队、高铁派出所主要负责人,县委政法委全体成员,县委创建“平安千岛湖”领导小组全体成员,县信访工作领导小组全体成员,政法各部门、信访局领导成员及中层正职代表,千岛湖镇各社区负责人170余人参加会议。会议由县委副书记、县长张鸿斌主持,县委常委、常务副县长许海波通报各类先进;进行大会表彰;县委副书记、政法委书记赖明诚作政法信访工作报告;县委书记黄海峰上党课。

【淳安县连续十六年获评浙江省“平安县”】 2021年4月,淳安县连续十六年获省委省政府命名为“平安县”。全县上下持续扎实推进“平安千岛湖”创建,全县社会治安报警总量下降6.3%,有效警情下降4.0%,刑事案件发案率下降14.9%,全年命案零发生。全面推动县、乡、村三级矛调中心建设,实现三级中心全面覆盖,让老百姓发生矛盾纠纷有了可以坐下解决的地方。全年,县域矛盾纠纷总量为42334件,下降10.6%;矛盾纠纷调处成功率96%,上升0.7%。围绕群众关心的交通安全、消防安全等八大领域开展重点整治,全县火灾发生量下降5.6%,财产损失下降77%;各类道路交通事故下降26.3%,其中电动自行车事故起数下降25.9%,事故总量下降率、电动自行车事故下降率均位列杭州市第一,未发生较大以上安全生产事故,全县安全生产形势持续向好。人民群众安全满意率达98.4%,持续保持全省最前列。

【维护稳定工作】 2021年,县委政法委围绕平安护航中国共产党成立100周年庆典主线,常态化开展涉稳风险隐患及涉稳重点人员滚动排查工作,健全各项工作机制,圆满完成全国两会、中国共产党成立100周年庆典、中共十九届六中全会等重大活动期间的安保维稳任务。按照“应评尽评”原则指导督促全县212个重大决策(项目)开展社会风险评估,梳理排查风险点1048个,制定应对举措1749项,完成风险评估的项目后续均未出现大的涉稳问题。纳入2021年度市、县两级项目化监管的10件涉稳问题在全市率先销号“清零”,问题化解率100%、稳控率100%。

【第三届淳安县“最美政法人”】 2021年,淳安县政法干警在创新社会治理、平安创建等工作中,涌现一批可点可赞的“最美政法人”。为宣传典型,弘扬正气,传递正能量,县委政法委联合县委宣传部评选出10名淳安县“最美政法人”。分别是:夏祺(县委政法委综合信息指挥中心主任)、洪春贤(县公安局交通警察大队副大队长)、黄敏(县公安局千岛湖派出所副所长)、刘丰(县公安局团委书记、法制大队政治教导员)、徐宝林(县公安局威坪派出所一级警长)、吴琦倩(县检察院汾口检察室主任)、田丰(县法院威坪人民法庭庭长)、孙婷(县法院民事审判一庭庭长)、童雪(县司法局办公室主任)、毕成(千岛湖镇党委副书记、政法委员)。

【扫黑除恶斗争常态化】 2021年,扫黑除恶斗争转入常态化。淳安县坚持以扫黑专班“大专班小值班”工作机制和“纪法协同”机制强化扫黑除恶斗争常态化,持续做好与上对接、线索管理和流转核查、群众举报受理等统筹协调工作。紧紧围绕交通运输、信息网络、自然资源、工程建设等四大重点领域开展综合治理,侦破“6·18”特大跨境网络赌博案;打掉毛某某等4名非法采砂犯罪团伙;打掉工程领域宋某某等4人串通投标犯罪团伙等有影响力的案件。2021年11月8日,全国扫黑办第11特派督导组下沉督导期间,对淳安常态化斗争成果予以肯定。

【政法队伍教育整顿完成】 2021年3月,淳安县开展政法队伍教育整顿活动,分为学习教育、查纠整改、总结提升3个环节。教育整顿期间,全县组织政法各单位开展党组(委)集中学习29次、党组(委)成员交流发言77人次;举办政治轮训9期,开展政治教育177次、警示教育91次,英模教育73次,参与干警4472人次,收到干警学习心得体会856篇;开展“开门纳谏”活动和各层级意见建议座谈会17场,征求意见建议191条;开展“我为群众办实事”178次836件;开展智能化数据排查,排摸1452人,发现涉及“配偶、子女及其配偶违规从事经营活动”问题64个。排查信访案件405件,梳理出重点涉法涉诉信访案件2件。开展重点案件评查2047件,发现问题89个,处理23人。学习教育阶段“满分通过”杭州市教育整顿办评估;姜芊等10人被选树为县级英模,郑苏程、洪晓亮被选树为市级英模,政法委机关支部被授予杭州市政法系统最强党支部。

【淳安县法学会换届完成】 2021年6月2日,淳安县法学会第二次会员代表大会召开,来自全县法学、法律界的70名代表参加会议,县委书记黄海峰出席大会开幕式并作重要讲话。大会审议通过第一届理事会所作的工作报告,总结回顾一届理事会工作,提出了今后五年的工作目标任务,选举产生县法学会第二届理事会和领导机构。选举产生淳安县法学会第二届理事会理事31人,其中常务理事13人。

【淳安县社会治理要素统一地址库(二期)项目完工】 淳安县社会治理要素统一地址库(二期)项目于2021年10月开工建设,12月完工。主要建设内容为淳安县统一地址库应用与服务分平台升级(地址查询与服务系统升级、地址核采与救济系统升级、统一地址库建设看板建设、统一地址库应用看板建设)、淳安县统一地址库室外地址建设、淳安县统一地址库更新维护和常住人口地址数据清洗匹配。

【社会治理攻坚战】 2021年，县委政法委围绕特别生态功能区建设的总体目标，以及县域社会治理现代化建设、“平安千岛湖”创建和法治淳安建设的系列要求，通过不断激发治理主体活力、潜力，优化提升社会治理方式、手段，重点实现四大目标。筑牢社会面平安稳定基石，使人民群众的安全感满意率持续保持全省前列，实现省“平安县”十七年连创目标。以数字化改革撬动社会治理领域全面改革，以政法一体化办案体系、综合行政执法体系、社会矛盾纠纷调处化解体系建设为重点，构建数字法治系统，完成刑事案件卷宗源头数字化率达到40%以上、单轨制办案率达到90%以上目标任务，实现案由、办案单位、办案流程“三个全覆盖”。综合行政执法体系初步构建，县级综合行政执法事项比例达到12%以上，全省统一行政处罚办案系统全县应用率达到25%。进一步提升基层公共服务体系和能力，实现全县社会组织服务中心实体化运营100%，社工队伍持证率新增10%。突破基层治理的难点痛点，使基层法治氛围不断浓厚，依托基层治理“四平台”，整合资源、充实力量、优化机制、加强协同，发挥好矛盾纠纷调处化解的主阵地作用，努力把矛盾纠纷化解在萌芽状态。通过三级联动，确保全年县域社会矛盾纠纷总量下降10%以上，全县90%以上矛盾纠纷在镇村化解，实现小事不出村、大事不出镇。完成国家、省、市信访联席会议交办的131件重复信访件化解80%(105件)以上的目标任务。

（姜 帆）

·公安·

【概况】 2021年，县公安局按照“1234“总目标，聚焦中国共产党成立100周年大庆安保维稳主线，推进警务机制改革和教育整顿两大主题，深化“三能”公安创建和考核争先。全年受理警情71937起，比上年下降6.32%；有效警情29373起，下降3.0%，全县未发生重大影响案件。县公安局被评为“全省卷烟打私工作成绩突出集体”“2020年度平安创建先进集体”。情报指挥中心被评为“全市公安机关110工作成绩突出集体”，行政审批科被评为“全市公安机关户籍业务创新实践先进单位”，治安管理大队被评为“全市公安机关见义勇为行为行政确认、申报奖励工作先进单位”。大市、汾口、青溪、姜家派出所党支部获“全市公安机关第三批最强党支部”称号。淳安公安践行“三能”展示厅被评为杭州市党员干部教育培训基地。

【郭声琨调研指导政法队伍教育整顿工作】 2021年5月12日，中共中央政治局委员、中央政法委书记郭声琨，中央政法委秘书长陈一新，公安部副部长林锐一行赴县公安局考察调研政法队伍教育整顿。省委常委、政法委书记王昌荣，省委政法委副书记朱晨，市委副书记、市长刘忻，市委常委、政法委书记许明，省公安厅副厅长、市委常委、市公安局局长金志，以及淳安县有关领导参加调研。

【高潮调研践行“三能”工作】 2021年4月19—21日，公安部新闻宣传局副局长高潮率公安部新闻宣传局、治安管理局和人民公安报社相关领导到县公安局调研践行“三能”指示精神经验做法。省公安厅宣传处处长何雪龙，市公安局党委委员、副局长吴胜光，副县长、县公安局局长李浙峰，县公安局领导胡国宏、胡金河、徐梦发等陪同参加调研座谈等有关活动。

【王成国宣讲中共十九届六中全会精神】 2021年11月18—19日，副省长、省公安厅党委书记、厅长王成国到基层联系点淳安县公安局，宣讲中共十九届六中全会精神，看望慰问基层一线公安民警辅警，并调研"三能"主题教育实践活动。

【刘静调研淳安禁毒工作】 2021年11月16日，省公安厅副厅长刘静在省厅禁毒总队、办公室负责人陪同下到淳安调研禁毒工作，并召开座谈会。市公安局副局长贾勤敏，副县长、县公安局局长李浙峰，市公安局禁毒支队负责人及县公安局相关领导成员参加调研。

【孙永刚调研禁毒工作】 2021年4月13日，省公安厅禁毒总队副总队长孙永刚在市公安局禁毒支队副支队长龚放陪同下，到县公安局调研禁毒工作。县公安局领导余小阳，基础防控署、侦查打击署、千岛湖派出所、青溪派出所主要负责人参加座谈。

【金洪亮调研指导"三能"工作】 2021年3月11日，市公安局党委副书记金洪亮带领市公安局政治部、警察公共关系处、机关党委和教育训练处等相关负责人到县公安局调研指导"三能"工作。副县长、县公安局局长李浙峰，县公安局领导胡国宏、徐梦发陪同调研。

【李建明督导工程车管理工作】 2021年3月27日上午，市公安局副局长、交警支队支队长李建明在支队办公室、秩序、查案和交治大队负责人陪同下到淳安督导工程车管理工作，淳安大队领导成员、机关科室负责人参加会议。

【夏伟银宣讲中共十九届六中全会精神】 2021年11月24日，市公安局党委委员、副局长、特勤局局长夏伟银在市公安局特勤局相关领导陪同下到威坪派出所宣讲中共十九届六中全会精神并开展带班督导，县公安局领导严澎涛、基础防控署和威坪派出所负责人参加。

【王晨声调研指导情指工作】 2021年4月21日，市公安局情报指挥中心政治委员王晨声一行4人到县公安局调研指导情指工作。县公安局党委副书记、常务副局长胡金河，情报指挥署、千岛湖派出所、青溪派出所相关负责人参加调研座谈。

【许明调研督导教育整顿工作】 2021年4月14日下午，市委常委、政法委书记、教整组副组长兼办公室主任许明一行到县公安局调研督导教育整顿工作。县委书记、县教整组组长黄海峰，县委副书记、政法委书记、县教整组副组长兼办公室主任赖明诚，副县长、县公安局局长李浙峰，县法院党组书记、院长张波，县检察院党组书记、检察长杨勇陪同调研。

【社会面治理】 2021年，县公安局开展"清雷行动""忠诚行动"，以及长江大保护等系列工作，降低警控发案，全年受理警情71937起，下降6.3%；有效警情29373起，下降3.0%；刑事警情911起，下降1.7%；治安警情2683起，下降19.9%。全县未发生重大影响案件。

【风险管控】 2021年，县公安局完成10批次警卫任务，出动警力1785人次，19场次政府主导安保活动，出动警力1030人次。常态化做好26批次1565人次入境人员安全管理工作，6月阶段性新冠肺炎疫情暴发以来，接收上级部门落地核查指令16581人次，全县疫情防控安全无误。

【打处质效提升】　截至 2021 年 12 月 20 日，全县抓获各类犯罪嫌疑人 842 人，破获各类刑事案件 985 起（含破外地），分别较上年同期上升 13.5%、56.3%。全县恶性案件、百万以上电诈案件做到全破，传统侵财案件破案率达到 72%。成功处置“1·9”“5·29”两起外地绑架案嫌疑人窜逃至淳安的案件，迅速破获“4·1”汪某某故意杀人案。多起涉众、涉民生、涉食药环类案件规范稳妥处置。

【扫黑除恶】　2021 年，县公安局对信息网络、自然资源、工程建设等领域的黑恶犯罪不断深挖，截至 12 月 20 日，全县打掉裸聊敲诈勒索团伙 3 个，采取强制措施 34 人，扣押、冻结涉案资金 21.4 万元，深挖破案 69 起（本县裸聊敲诈勒索案件 8 起），移送起诉 34 人；破获非法采砂案件 2 起、串通投标案件 1 起，常态化扫黑除恶斗争机制和队伍不断完善，打击势头不减。

【新型犯罪惩治】　2021 年，县公安局针对电信网络诈骗突出领域犯罪打击成效明显。截至 12 月 20 日，全县受理电信网络诈骗案件 405 起，下降 23.1%，破获电信网络诈骗案件 450 起，抓获嫌疑人 143 人。其中案损 100 万元以上案件发生 6 起破获 6 起，省公安厅督办（指令）案件目标 3 起破获 3 起，案损 50 万元以上 100 万元以下电诈案件发生 17 起破获 11 起；全县打掉各类刑事犯罪团伙 61 个，其中电信诈骗团伙 18 个。

【智慧警务】　2021 年，县公安局聚焦生态安全、旅游安全等重大课题，全面提升公安机关风险感知能力和治安防控能力，大力推进“云上公安、智慧警务”。创新危化品车辆、物品监管，前科重点人员预警，渔业资源保护等场景应用模型，积极推动公共视频监控一体化。

【社会联动】　2021 年，县公安局以 110 现代勤务机制改革为抓手，加快非警务警情分流和纠纷类警情联动处置，扎实开展道路交通综合治理，强化隐患排查、源头治理和常态严管，落实平安考核、挂牌整治、隐患交办、警医联动、一案双查、领导到场七大机制。全县发生交通事故 8914 起，下降 11.2%，因事故造成死亡 24 人，下降 25%，连续三年实现事故总量、事故死亡人数双下降。

【机制创新】　2021 年，县公安局聚焦村镇两级主体责任落实，制定下发《2021 年度淳安县平安村（社区）创建“三色”考评办法》，对 337 个建制村、17 个社区落实平安创建考核。颁发《关于规范网络预约日租房屋管理工作的通知》，创新推动区域网约房公司化管理，全县成立经营公司 63 家，通过“线上审查＋线下核查”方式，联合乡镇、社区及相关责任部门开展网约房兜底式核查，核查总房源 13198 家，登记系统在册网约房 802 间，网约房管理工作取得跨越式提升。

【为群众办实事】　2021 年，县公安局围绕护航千岛湖特别生态功能区建设，坚持“群众有呼声，公安有回应”，开展“百万警进千万家”和“万警联村社、枝叶总关情”走访活动，开展结对帮扶和结对助学。推动区域网约房公司化管理，破解网约房管理难题。推进文明城市创建和国卫复评工作，实行社会环境专项治理。

【全民反诈】　2021 年，县公安局建立全县打击治理电信网络诈骗新型违法犯罪联席会议工作机制，落实县属各单位、各乡镇防诈宣传工作职责清单，指导全县电信诈骗防范工作推送防诈日历 288 期、防诈预警 31 期。建成防诈小区（村）322 个，在各人员密集场所、重点单位投放固态宣传产品 5400 余处、反诈真人秀1692个。实现全年电诈案件零发案104天,发案数下降11.3%。

【“最多跑一次”工作】 2021年,县公安局“通办”事项网上移动办率达到55%,异地办、上门办、快速办等亮点特色纷呈,多次得到上级领导批示和肯定。全面推行民警首问负责制、一次性告知制度和“一窗式受理、一站式服务”模式,进一步提升综合窗口办事效率,优化综合窗口服务流程。完成上门服务50余人次,为群众提供延时服务90余人次,错时服务40余人次。

【教育整顿工作】 2021年,县公安局责任落实清单化、督导推进常态化、外部监督公开化。细化制定《教育整顿工作方案》,明确10个牵头单位,制定15个专项整治细化方案。落实领导领衔、划片包干。坚持开门办事,开门搞教育整顿。注重思想引领,融入“三能”主题。精心挖掘“三能”内涵,丰富“三能”史料,在较短时间内较好实现“可看”“可讲”“可学”的目标。在“平安淳安”设立“教育整顿”专栏,各派出所自主推出学习载体,青溪派出所在公告宣传栏推出“青声青语”栏目,汾口派出所“党的光辉历程”展板;姜家派出所设计制作“一图读懂”教育整顿展板。全面落实教育引导与自查自纠相结合,群众路线与专业查摆相结合,重点对象和全警覆盖相结合。发放致家属一封信970余封,建立“家属微信群”27个,收集意见建议1300余条。推进“百万警情大起底、扫黑除恶再拓展、千起案件回头看”,全面排摸2018年后的涉案警情2997起,清查信访件2061件,评查重点案件408件,“减、假、暂”案卷232个,全局填报899个问题,线上系统填报问题总数6542个,人均16.5个。有6名人员主动向组织说明问题,按照“自查从宽,被查从严”政策相应作出处理。

【践行“三能”】 2021年,县公安局全面推进“三能”展示厅改造提升,全面收集总结“三能”先进事迹,深入推进“三能”主题教育。先后承办省市县三级公安机关“三能”现场学习会、市公安局学习践行习近平总书记“三能”重要指示理论培训会等活动。大力开展“三能”主题教育实践活动,强化思想认同,理论认同、行动认同,持续推进“三能”学习讨论、“三能”标兵选树、“三能”标准制定活动,同各项工作有机结合,把全面展示宣传“三能”同过硬的工作能力和工作业绩结合起来,在坚持党对公安工作的绝对领导上更进一步,在践行“两个维护”扎根铸魂、落细落实更进一步。

【全链条侦破“6·18”特大跨境网络赌博案】 2021年7月19日20时许,县公安局集中80余名警力在河北、河南、辽宁、陕西、广西等8省市同步对一特大网络赌博案进行集中收网,至7月21日8时,抓获并刑拘目标嫌疑人21人,另有一批涉案犯罪嫌疑人待后批次抓捕。初步查证涉案金额1000余万元,查扣作案手机100余部,服务器、电脑主机等12台,银行卡60余张。

【重大非法狩猎案】 2021年10月31日下午,青溪派出所民警在工作中发现,文昌镇一居民因不明原因受伤,经法医分析,疑似为射钉器具所伤。县局立即启动重大警情处置机制,由侦查打击署牵头,第一时间组织重案、环食药、技网侦等20余名警力组成专案组,联合青溪派出所同步开展分析研判、走访调查。3个小时后一非法狩猎团伙浮出水面。10月31日下午至11月1日晚,历时30多个小时,成功破获该起重大非法狩猎案,抓获犯罪嫌疑人7人,查扣火药动力枪2支、气枪1支,子弹200余发,疑似野生动物制品150余千克,以及热成像仪、匕首等大量作案工具。

(宋海谦)

·检察·

【概况】 2021 年,县检察院始终坚持以习近平新时代中国特色社会主义思想为指导,深入贯彻习近平法治思想,认真落实中央政法工作会议精神,以落实中央《关于加强新时代检察机关法律监督工作的意见》为契机,切实把增强"四个意识"、坚定"四个自信"、做到"两个维护"融入检察履职,全面履行法律监督职能,各项工作取得新发展。

【特别生态功能区建设】 2021 年,县检察院围绕特别生态功能区建设目标,不断深化生态环保检察职能,加大跨区域检察协作力度,与开化县、歙县分别建立林业、水资源一体化监督与保护协作机制,通过联合发文、联席会议等方式规范执法标准、强化协作力度。生态环保检察官办公室办理刑事案件 44 件,公益诉讼类案件 13 件,追偿生态损失费 9 万余元,努力用法治手段守护绿水青山。

【扫黑除恶专项斗争】 2021 年,县检察院始终保持"重拳扫黑、除恶务尽"的高压姿态,严守"一个都不放过,一个都不凑数"的法律底线,持续推动扫黑除恶斗争常态化开展,积极参与全市扫黑除恶联动,依法办理市检察院指定管辖的桐庐涉黑专案,移送桐庐组织卖淫案涉"保护伞"线索。

【法治营商环境优化】 2021 年,县检察院依法打击侵害企业合法权益案件,办理侵犯知识产权等涉企权益案件 6 件,切实保护企业合法权益。关注新冠疫情防控背景下企业发展的法治需求,审慎办理涉企业和企业家的案件,对轻微犯罪依法适用宽缓刑事政策,全力化解涉企民商事纠纷申请监督和行政争议,为企业提供风险防范、合规经营等方面的检察建议和法律服务,保障企业稳发展、渡难关。

【基层治理现代化】 2021 年,县检察院坚持和发展新时代"枫桥经验",深入推进检察环节诉源治理,综合运用人民调解、公开听证、司法救助等措施化解矛盾,积极助力诉源治理,办理群众信访 119 件次,不捕不诉 188 人,强化未成年人司法保护,依法办理涉未成年人案件 22 人,不起诉 7 人,开展涉未成年人性侵和毒品犯罪分析,向相关单位发出检察建议,全力发挥法治参谋助手作用。

【刑事检察工作】 2021 年,县检察院始终保持刑事检察惩防犯罪力度,积极参与平安千岛湖建设,全面实行捕诉一体办案机制,全年批准逮捕 134 件 206 人,提起公诉 266 件 457 人。积极转变司法办案理念,贯彻"少捕慎诉慎押"刑事司法政策,依法不批准逮捕 93 人,不起诉 192 人。针对司法活动不规范、不到位的情况,全面履行监督职能,确保案件质量,立案监督 19 人,其中 2 人被判处 10 年以上徒刑。积极开展刑事执行专项检察,确保监管活动和社区矫正监督全覆盖。

【民事行政检察工作】 2021 年,县检察院积极打破原有民事检察监督以个案监督为主的局面,审查办理民事监督案件 17 件,发出再审检察建议 15 件,发出审判程序监督检察建议 98 件,执行程序监督检察建议 112 件。加大对虚假诉讼监督力度,运用数字系统排查线索 200 余条,成功查实 20 起虚假诉讼案件。坚持补齐行政监督领域短板,办理行政审判程序监督和行政非诉执行案件 35 件,积极探索和推行行政争议实质性化解工作,参与促成 3 起行政争议实质性化解,全力解决"程序空转"等突出问题。

【公益诉讼检察工作】 2021年,县检察院高效推进公益诉讼检察工作,办理公益诉讼案件32件。办理的古树名木保护案被媒体和群众点赞;办理的跨流域水电站生态补偿行政公益诉讼案,推动职能单位强化该领域执法监督协作力度,协助追回生态补偿款277万元;与解放军杭州军事检察院联合办理的英雄烈士纪念设施行政公益诉讼案,有效聚力军地各方共同保护红色资源,推动行政执法和法律监督双赢共赢,相关做法被《人民日报》《浙江日报》等多家媒体报道。

【数字化改革】 2021年,县检察院坚持以数字化改革推动技术创新,加大政法一体化单轨制应用力度,进一步提高办案适用率和协同率,办案协同率达95%以上。依托数字监管平台,督促社区矫正机构落实监控措施,全面推广"罪羁码",对非羁押犯罪嫌疑人实现有效监管;数字法治项目"益眼守望"辅助办案平台投入试用。

【思想政治建设】 2021年,县检察院突出党建带队建,扎实开展党史学习教育和政法队伍教育整顿,把牢政治方向,锤炼政治品格,坚决捍卫"两个确立"、增强"四个意识"、坚定"四个自信"、做到"两个维护"。充分发挥党支部战斗堡垒和党员先锋模范作用,积极参与文明创建、联乡结村、法治宣传等活动,特别是在新冠疫情防控关键时期,全体党员干警积极投身防疫一线,协助社区开展卡点值守、隐患排查等工作,与全县人民同心战"疫"。

【党风廉政建设】 2021年,县检察院切实加强党风廉政建设,履行全面从严治党主体责任,落实"一岗双责"各项要求,层层压实廉政责任。落实政法队伍教育整顿各项要求,对标整治顽瘴痼疾,建立健全长效机制,切实规范司法行为。全面配合接受县委对县检察院党组的政治巡察,以问题清单推动整改销号,以落实成效体现巡察成果。全面支持纪委监委及其派驻机构的监督,严格执行中央八项规定精神、严格落实防止过问干预案件"三个规定",聚焦正风肃纪,坚持严管厚爱,确保检察队伍零违纪。

【司法能力建设】 2021年,县检察院采取强化阵地、庭审观摩和上挂下派等举措,不断强化岗位练兵。坚持办精品案、走精兵路,被授予全省"扫黑除恶先进集体"荣誉称号。深入开展党史学习教育,创新设立社区检察联络站,积极组织党员干警深入基层开展普法宣传、联防联控等志愿服务活动,真正为群众办实事,努力打造一支党和人民信得过、靠得住、能放心的检察队伍。

【接受监督】 2021年,县检察院狠抓中央《关于加强新时代检察机关法律监督工作的意见》落地见效,主动向县委报送年度法律监督报告,得到时任县委书记黄海峰的批示肯定。主动接受人大监督,接受县人大常委会审议认罪认罚从宽制度实施工作和检察官履职评议。主动接受政协民主监督,配合县政协开展生态环保检察工作专项视察监督。加强代表委员联络工作,班子成员分片联系乡镇基层,积极邀请代表委员参加庭审观摩、公开审查、公开听证等活动,主动征求意见建议。

(严巧莉)

·法院·

【概况】 2021年,县人民法院受理各类案件10960件,比上年上升15.9%;办结10863件,上升15.2%。审判执行工作运行态势良好,主要质效指标继续保持在省市法院前列。县人民法院临岐法庭获集体三等功,威坪法庭党支部被市委政法委授予"最强党支部"

称号。

【重大事件和活动】 2021年2月25日,县第十六届人民代表大会第五次会议选举张波为县人民法院院长。3月5日,县委第四巡察组巡察县人民法院党组工作动员会议召开。4月15日,县人民法院在威坪法庭举行“向日葵留守儿童工作室”揭牌仪式,副县长方飞燕,县人民法院党组书记、院长张波等出席。5月20日,中央政法队伍教育整顿第七督导组到县人民法院督导检查。7月7日,县委第四巡察组向县人民法院党组反馈巡察情况。9月15日,市中级人民法院党组书记、院长斯金锦到淳安调研,县委副书记、政法委书记赖明诚,县人民法院党组书记、院长张波等陪同。12月14日,淳安县召开“共享法庭”建设工作推进会,县委副书记、政法委书记赖明诚,县人民法院党组书记、院长张波等参加会议。

【刑事审判】 2021年,县人民法院受理刑事案件291件,审结295件,判处罪犯561人,其中三年以上有期徒刑127人。审结涉黑涉恶案件7件55人。审结涉电信网络诈骗各类案件92件181人,为186名被害人追回损失1476万余元。维护正常金融秩序,依法惩治涉“华赢贷”“华赢宝”平台非法吸收公众存款犯罪被告人6人。审结故意伤害、盗窃等犯罪案件50件62人。审结贪污、贿赂等职务犯罪案件6件6人。坚持宽严相济刑事政策,依法对217名罪行轻微、社会危害性较小的被告人适用非监禁刑。

【民商事审判】 2021年,县人民法院受理民商事案件5317件,审结5216件,结案标的金额5.98亿元。审结交通事故、劳动争议、婚姻家庭等领域案件813件,维护民生权益。审结买卖、租赁、承揽等合同纠纷案件645件,保障市场交易有序进行。审结涉房屋买卖、房屋租赁、建设工程纠纷等案件376件,引导房地产市场健康发展。审结物权保护、所有权确认、财产损害赔偿等案件69件,加强产权司法保护。审结金融借款、保险纠纷、民间借贷等案件2016件,规范金融市场秩序。

【行政审判】 2021年,县人民法院受理行政诉讼案件45件,审结34件。规制恶意诉讼和无理缠诉等滥诉行为,裁定不予立案、驳回起诉14件。维护行政执法权威,审查行政非诉案件19件,裁定准予执行18件。发挥行政争议调解中心作用,实质性化解行政争议6件;落实行政案件败诉风险预警告知制度,联合县司法局制定《淳安县行政争议协调化解工作机制(试行)》,借助该机制成功协调化解4起行政赔偿、补偿案件,行政机关零败诉。推动行政机关负责人出庭应诉常态化,行政机关负责人出庭应诉率达100%。

【执行工作】 2021年,县人民法院受理执行案件4090件,办结4099件,执行到位金额3.9亿元,平均执行天数、月均存案工作量两项指标位列全省基层法院第一。开展“鲲鹏风暴”专项行动,执结涉民生案件622件,到位金额1332.13万元。巩固“执前督促”制度成果,督促成功291件,到位金额1018.3万元。加大失信惩处力度,运用新媒体平台定期曝光失信被执行人信息。打击拒执行为,罚款、拘留1541人,追究刑事责任2人。推进执行“一件事”改革,执行协作办理实现“线上一键办”。

【保障中心】 2021年,县人民法院走访调研淳安亚运场馆建设项目,制定《服务保障亚运会的实施意见》。推动涉众类型化纠纷防范化解工作,妥善化解300余件涉碧桂园房产公司房屋买卖合同纠纷案件。加强部门协作联动，与县医疗保障局建立医保基金诉讼审查机制，保障医保基金安全。抓好庆祝中国共产党成立100周年等重要时期维稳安保工作，妥善化解涉法涉诉信访积案5件，组织130余名干警参与平安巡防。

【营商环境】 2021年，县人民法院提升“执行合同”“办理破产”两项牵头指标，买卖合同纠纷案件平均审理天数和平均执行天数分别为32.9天和42.19天，办结涉企纠纷案件1875件。与县工商联建立涉民营企业案件沟通联系机制，促进民营经济健康发展。受理破产案件16件，审结15件，推动12家“僵尸企业”有序退出市场。探索个人债务集中清理工作，审结首例个人债务集中清理案件。

【生态司法保护】 2021年，县人民法院审结环境资源刑事案件20件34人、民事案件47件、行政案件7件(含行政非诉案件3件)，2起案件入选全市法院环境资源审判十大典型案例。紧扣“预防为主、保护优先”司法理念，联合统战、公安、检察、司法、生态环境、农业农村、林业等部门分层分类开展各类环境资源宣传教育活动，精准普法1000余人次。成立“林长制法官工作室”，联合制定《关于建立林长制法官工作室的实施意见》，凝聚生态保护合力。

【多元解纷机制】 2021年，县人民法院发挥人民调解、律师调解、行业调解、特邀调解作用，诉前化解纠纷1562件，诉前化解率29.0%；数字赋能矛盾纠纷化解，运用“浙江解纷码”平台在线解纷1781件，化解成功率43.9%。按照“信访打头、调解为主、诉讼断后”原则，强化调解指导、诉调对接、司法确认等职能，民商事案件收案数与前三年收案平均值相比下降17.4%。推进137个村(社)“微法庭”迭代升级为“共享法庭”，并建成乡镇“共享法庭”23个，劳动纠纷、物业房地产、消费维权等特设“共享法庭”6个，提升基层纠纷化解能力。

【司法服务举措】 2021年，县人民法院拓展便民立案方式，推出“就近立案”举措，当事人可就近选择院机关诉讼服务中心或派出法庭办理立案手续，减少“立案跑”。简化执行立案手续，制订“执行立案时无须申请人提供法律文书和生效证明”规定，方便当事人申请执行。优化执行工作举措，联合县税务局建立不动产处置定向询价工作机制，减少当事人评估费用支出。

【保障民生权益】 2021年，县人民法院关注留守儿童需求，制定“向日葵”成长计划实施方案，成立工作室，为93名留守儿童建立联络卡及特别档案，提供法律咨询45次，开展法治宣讲17场、专题座谈15场。联合县妇联、县民政局制定《关于建立对服刑人员未成年子女关心关爱工作机制的实施意见》，呵护服刑人员未成年子女健康成长。保障劳动者合法权益，对195名劳动者向某建筑公司追索劳动报酬、181名遣散职工向某能源公司主张经济补偿案件，开辟“快立快审快执”绿色通道，短时间内帮助劳动者拿到627万余元工资和近700万元经济补偿金。

【数字法院改革】 2021年，县人民法院推进无纸化办案办公改革，努力实现全流程、全要素、全覆盖的无纸化运转模式。深度应用移动微法院，引入率99.83%，让指尖诉讼和掌上办案更加便捷高效。推进刑事一体化单轨制协同办案模式，实现刑事办案提质扩面，审判反馈协同率、换押协同率、法律援助协同率和入矫执行协同率均达100%。

【诉讼制度改革】 2021年，县人民法院抓好民事诉讼繁简分流改革试点工作，完善简案快办、难案精办工作机制。深化以审判为中心的刑事诉讼制度改革，适用认罪认罚从宽制度审结刑事案件246件470人，占同期审结刑事案件的89.8%；实现刑事案件律师辩护全覆盖，为229名被告人通知法律援助律师到庭辩护。成立领导小组、制定实施方案，启动完善四级法院审级职能定位改革试点工作。

【司法体制改革】 2021年，县人民法院遴选产生员额法官4名，保障审判力量。建立疑难复杂等"四类案件"全流程在线监管模式，压实院庭长监督管理职责。完善专业法官会议和审判委员会会议工作制度，推行类案与关联案件强制检索机制，统一法律适用和类案裁判尺度。健全瑕疵案件评查惩戒机制，一审判决案件改判发回0.2%，下降0.2%。建立法官和律师互评机制，推动案件承办法官和律师在线互评、相互监督。

【队伍建设】 2021年，县人民法院扎实开展政法队伍教育整顿和党史学习教育。落实"三个规定"平台月报告制度，定期分析和通报执行情况。制定出台三个主体责任清单和全县首个《关于支持保障派驻纪检监察组工作的实施意见》，严格落实全面从严治党主体责任，自觉接受派驻纪检监察组监督。完善政府采购、工程建设、财务审批等内控制度，健全内部管理机制。注重提升青年干警综合素养，通过青年中层干部论坛、青年法官论坛等形式，助推青年干警成长。组织开展中层干部竞争上岗，新提任中层干部7人，激发干事活力。

【接受监督】 2021年，县人民法院落实县十六届人大五次会议决议，认真办理代表建议，并向县人大常委会报告办理情况，7月21日专题向县人大常委会报告法院半年工作情况。制定《关于加强和改进代表联络工作的实施意见》，密切代表联络。自觉接受政协民主监督，及时落实县政协派驻民主监督小组工作建议。自觉接受检察机关监督，邀请检察长列席审判委员会会议，认真办理再审检察建议案件。县人民法院党组自觉接受县委第四巡察组开展的政治巡察，切实抓好巡察整改。

（汪 睿）

·司法行政·

【概况】 2021年，县司法局坚持全面贯彻落实省、市、县委全会精神，牢固树立中心意识、大局意识，不断深化破旧立新、解放思想，主动发挥司法行政职能作用，积极作为、干在实处，全程助力特别生态功能区建设，为法治淳安、康美千岛湖建设提供强有力的法治支撑。全县司法行政系统涌现一批先进集体和个人。临岐司法所被司法部评为"全国模范司法所"；汾口镇陆乡村被司法部评为"全国模范人民调解员会"。县司法局被省司法厅评为全省"枫桥式"司法所建设成绩突出集体；县司法局被省司法厅、省档案局评为"2021年度浙江省档案工作目标管理省一级单位"。县司法局被市委、市人民政府评为"2020年度杭州市平安创建(市域社会治理现代化)先进集体"；县司法局机关党支部被市司法局党委评为"最强支部"；县司法局机关党支部"青年法治宣讲团"项目被市司法局党委评为"最优项目"。县司法局被县委、县人民政府评为"2020年度县级机关、直属单位综合考评优胜(满意)单位"；县司法局被评为"2021年度县级机关、直属单位党组织落实党建工作责任考核优秀等次"；县司法局被评为2021年度"大党建考核进步奖"；县司法局被县委组织部、县公务员局评为"2021年度公务员平时考核工作示范单位”;姜家司法所党支部被县委组织部评为“2020年度‘五星级’基层党组织”;千岛湖司法所被县委政法队伍教育整顿领导小组办公室评为“淳安县政法系统模范单位”;县司法局被县财政局评为“县级部门预算管理考核先进单位”。施华聪被省委办公厅、省政府办公厅评为“2016—2020年全省普法工作先进个人”;程一平被省司法厅评为“全省社区矫正工作成绩突出个人”;叶惠娟被省司法厅政治部评为“全省司法行政系统岗位技能比武三等奖”;方雨昕被浙江日报报业集团党委评为“优秀通讯员”;陈富强被评为“浙江省律师行业优秀共产党员”;吴文书被省基层法律服务工作者协会评为“全省基层法律服务行业防疫抗疫工作先进个人”;章献彪被省律师协会评为“《中华人民共和国民法典》宣讲先进个人”及“全省律师行业防疫抗疫先进个人”;陈艳被评为“浙江省优秀公证员”;陈富强被评为“省律师行业优秀共产党员”。姚志刚被市委评为“最美公务员”;王海鹏获市司法行政系统庆祝中国共产党成立100周年“党课我来讲”青年理论宣讲暨党史故事分享大赛三等奖;张立真被市司法局党委评为“最美党员”;王海鹏被市司法局评为“2021年度社区矫正能手”;吕芳被市司法局评为“2021年度行政复议办案能手”;姚志刚被市司法局评为“2021年度人民调解能手”;程一平被市司法局评为“全市司法行政系统2021年度‘最美司法行政人’”;马超群被评为“杭州市律师行业优秀共产党员”;张欣苗被评为“杭州市律师行业优秀党务工作者”。汪丽霞、何芳、詹敏被县委、县政府授予三等功;叶俊军、叶良喜、徐涛、程一平、黄志梅、卢亮、潘凯华、童雪、童昱、汪信文、徐军、徐英、余娟娟、张立真被县委、县政府授予嘉奖;叶良喜被县委、县政府评为“2020年县级平安先进个人”;叶良喜被县委评为“淳安县优秀共产党员”;余敏、汪向华被县委组织部、县人力资源和社会保障局授予嘉奖;宋天策被县委组织部、县公务员局评为“2021年度‘三访’集训优秀学员”;汪淑俊被县委宣传部、县委政法委评为“第四届最美平安卫士”;姚志刚、何芳被县委政法队伍教育整顿领导小组办公室评为“淳安县政法系统模范个人”;章献彪被县政协评为“十佳政协委员”。

【法治建设】 2021年,县司法局全方位加强法治引领,营造全社会良好法治氛围。结合淳安实际,制定下发《淳安县贯彻落实习近平总书记在中央全面依法治国工作会议上的重要讲话精神任务清单》,明确责任时限,细化分解任务,压紧压实责任;将习近平法治思想纳入领导干部轮训、领导任前法律知识考试及法治专题培训范畴,结合习近平法治思想与工作实践,把握精神要义,实现淳安法治内容新突破。优化完善法治淳安考核工作细则,采取负面清单考核方式,针对性开展考核工作;将法治建设纳入党委巡察范围,结合党建类督查开展法治督察,细化分解考核任务,紧抓过程性目标,确保实现法治建设考核目标。2021年7月,县委全面依法治县办公室分6个组对23个乡镇和64家部门开展法治督查。深化巩固行政执法监督规范化建设实践。应用行政执法监督平台,摸排监督全县各部门高中风险线索,以线上案卷评查方式弥补线下案件评查缺漏;及时总结重点领域专项执法监督经验做法。深化行政执法监督规范化建设也被列入2021年度杭州市有辨识度有影响力法治建设项目。同时,强化落实外部监督。在实地调研、座谈会征求意见的基础上,2021年3月,淳安县十六届人大常委会召开第三十七次会议,首次听取和审议县司法局局长叶俊军受县人民政府委托所作的县法治政府建设情况报告,25位县政府组成部门负责人报告个人依法履职情况;会后下发关于县法治政府建设工作的审议意见，为进一步开展法治政府建设工作提出明确建议。为有效补齐2020年法治建设考核工作“行政败诉率”的重大短板，完成“行政案件败诉率控制在8%以内”的工作目标，制定《淳安县行政争议协调化解工作机制（试行）》，创新建立以县政府办公室为总负责，由县司法局牵头，涉案责任单位、县审计局、县财政局（县国资办）参与，县人民法院指导，县纪委监委、县人民检察院监督的行政败诉风险较大案件化解机制；针对有行政败诉风险的重难点案件发放预警通知书，以100万元金额为限实行分层处理，厘清多部门协同责任，行政调解前置，联合会商研判，促成案件庭前化解，有效提高结案率。截至年底，发放预警通知书的7起案件，成功化解6件，有效规避败诉风险。如，淳安县宁淳矿产品有限公司诉淳安县规划和自然资源局采矿权出让协议解除一案，重大复杂，提起行政诉讼达一年之久，通过上述工作机制得以妥善化解，取得良好的法律效果和社会效果。该案例在《杭州法院行政审判“两高一低”情况通报》第7期中获得通报表扬。全县新增行政诉讼案件59件，一审审结50件，败诉1件；新增行政复议案件50件，结案43件，其中调解结案24个，调解成功率41.4%。

【基层法治】 2021年6月28日，临岐镇确定为全省法治化综合改革试点乡镇之一。县司法局第一时间赴临岐镇对乡镇法治化综合改革试点工作开展情况进行实地调研，对党的领导法治化、权力运行法治化、营商环境法治化和社会治理法治化进行业务指导，增强改革试点业务支撑力，积极争创全省乡镇法治化综合改革试点。编印《淳安县乡镇合法性审查工作手册》，“一比一”为乡镇合法性审查工作全过程“画像”，通过“定期指导督查、季度考核反馈”等方式推动“司法所＋法律顾问”的合法性审查模式落地生效。在千岛湖镇、临岐镇等部分乡镇开展新一轮村规民约合法性审查试点，规范村级组织制度建设，实现合法性审查从乡镇向村（社区）延伸，打通基层依法治理“最后一公里”。开展乡镇合法性审查工作，23个乡镇无一行政败诉案件。举办县管领导干部法治教育培训班、新任领导干部任前法律知识考试等法治培训，以“关键少数”带头学法、模范守法、依法行政，增强干部队伍尤其是领导干部的法治素养。建设全县首个青少年法治教育基地，集沉浸式体验、互动式交流、融入式教育为一体，为青少年提供“一站式”法治教学服务，寓教于乐、寓学于乐。做好民主法治阵地建设。根据基层依法治理工作要求，结合县域调研实际，摸排乡镇创建省级民主法治村（社区）基本意向，成功创建枫树岭镇枫树岭村、金峰乡金峰村、中洲镇南庄村、梓桐镇黄村村、王阜乡柳塘村、临岐镇仰韩村6家省级民主法治村，以点带面，为基层社会民主法治建设提供有力法治保障。紧抓“枫桥式”司法所创建契机，对标对表“枫桥式”司法所创建要求，实现基层司法所建设提质增效。盘活属地闲置办公资源，加大司法所办公用房保障力度；强化资源优化配置，加强司法所信息化建设投入。各基层司法所以临岐司法所为引领，积极争创“枫桥式”司法所。千岛湖司法所被列入“枫桥式”司法所创建名单。

【法律服务】 2021年，县司法局开启“网上办”“掌上办”“预约办”服务模式，全面优化服务质效；全面构建县乡村三级公共法律服务系统，利用“12348”法律服务热线等线上线下平台，整合公共法律服务资源，打造“半小时公共法律服务圈”，全年接待来电来访1738人次。推行容缺受理、法律援助“反向跑”、法律援助代办申请、邮寄申请，远程视频申请、农民工讨薪“一站式”等服务，简化办理手续，实现群众“零次跑”。引进中央专项彩票公益金法律援助项目，成立“淳安县杭天信公益法律服务中心”，进一步降低法律援助申请“门槛”，全面托底农民工讨薪法律援助工作。实施“五位一体”的案件承办质量管理体系，借助服务平台对案件承办情况实行全程监控，确保法律援助服务合规合法。法律援助审批满意率为100%，承办满意率为96.7%。以党员律师、青年律师为主力，围绕生态旅游、产业发展等领域，组织开展“法雨春风”法律服务月企业法治体检“清患”专项行动、“庆祝建党百年共谋乡村振兴法律服务入网格”主题活动、“我为国企解难题法律服务面对面”集中服务月活动等。组织开展法治进村社“大走访”活动，结合“民营企业法治体检”活动，实地走访开展村集体经济法律风险排查工作，组织法律服务队伍走村访户排查化解重大复杂矛盾纠纷，提供免费商户法治体检风险排查，线上线下体检商户400余家，排查涉企矛盾纠纷100余件，提供法律帮助100余次，审查各类合同1000余份。推动市场主体法律顾问服务网格化全覆盖从“有形覆盖”向“有效覆盖”转变，为市场主体提供公益性、针对性、普惠性法律服务。优化专业人才队伍建设，对内细致摸底，建立人才数据库；对外招才引才，与浙江知名律师、法学博士、浙江省151工程第一层次人才、杭州市D级人才吴清旺签订柔性引才协议，设立“吴清旺博士工作室”，并邀请其于2021年9月到淳安进行现场教学，为淳安律师人才的培养、疑难案件的办理等方面提供全方位的指导和协助。设立“市场主体法律顾问服务网格化全覆盖工作”大下姜区域专项法律服务点，专项服务“大下姜乡村振兴联合体”，法治护航当地乡村驶入共同富裕快速道。健全以基层网格员为“前哨兵”、村“两委”为“调度点”、乡镇调委会为“指挥所”、县社会矛盾纠纷调处化解中心为“指挥部”的四级联调体系，不断充实基层调解力量，加强行业调解组织建设，积极推动医疗纠纷、物业纠纷等8个行业调解组织实体化运作。截至年底，全县有383个人民调解组织，其中村(社区)调委会352个。有针对性开展人民调解参与化解信访案件专项活动，明确工作流程、工作任务，实现人民调解化解信访案件活动全县“一盘棋”，2021年开展信访矛盾纠纷隐患排查711次，信访对接案件受理192件，成功调处190件。2021年3月淳安县人民调解委员会通过访调对接机制成功化解一起涉及杭黄高铁工程100余万元的工程欠款合同纠纷，有力维护辖区社会和谐稳定。同时，充分挖掘本地人文历史底蕴，鼓励“两代表一委员”“新乡贤”等社会群体参与协助纠纷化解，形成“矛盾调解人人参与，和谐成果人人共享”的解纷模式。2021年排查化解矛盾纠纷8335件，成功调处8332件(重大疑难300件)。2021年11月淳安县人民调解委员会成功化解一起涉及赔偿金额250余万元的交通事故意外受伤致残赔偿纠纷。从严落实春节、两会、中国共产党成立100周年等重点时期的社区矫正疫情防控、维稳安保工作，组织集中大走访1189人次，帮扶帮教率达100%，实现322名社区矫正对象“零感染”“零脱管”“零犯罪”的管控目标。开展社区矫正顽瘴痼疾专项整治活动，自查社区矫正案卷1504件，联合县检察院督查基层司法所31场次，随机现场抽查社区矫正对象3场次，推动矫正工作建设发展和牢牢守住社区矫正安全底线。与矫正工作人员签订矫正廉政承诺书，并向全体社区矫正对象发放监督卡，接受社区矫正对象廉政监督，落实“矫务公开”工作，着力推进“清廉矫正”建设。聚焦全面提升社区矫正工作现代化水平，全力争创部级“智慧矫正中心”，与设计开发智慧监管数字驾驶舱，协同县检察院首创“检矫通”软件平台，推动全县社区矫正工作高质量发展，夯实安全基础。

【党建工作】 2021年，县司法局全系统全面铺开党史学习教育，建立全员集中学、个人深入学、先进带领学和专家授课学的党史学习教育“四学联动”机制，开展党史专题学习18场次、领导干部和党支书记讲党课14场、撰写心得体会50篇，全面推动党史学习教育“学”起来。在青年干部中开展“学党史　悟思想　勇担当”“五四”青年节主题活动，在基层司法所中开展“学党史、观基地、强心态”主题活动，组织“结对共建、发挥合力、温暖人心”为主题的党建共建活动，全面推进“守初心、强信心、比作为、开新局”思想大讨论，让党员干部在学习活动实践中学深悟透党史知识，筑牢信仰之基。学用结合，引导党员在党史学习教育中，将群众路线植根于思想、落实到行动，在司法行政系统中开展“我为群众办实事”活动，梳理推出法律援助“反向跑”、推行法律援助申请代办服务、推行公证证明事项清单制、提供远程视频会见服务和建设公共法律服务爱心驿站等5项便民举措。活动期间开展各类法治宣传活动113场次，发放《以案释法口袋书》覆盖企业200家，覆盖群众22624人次；帮助修改村规民约300余份，出具审查意见100余条，开展村集体经济合作社法治体检100余家；办理免费小额继承公证100余件。在全体在编干部中开展以“刮骨疗毒式的自我革命、激浊扬清式的延安整风、铸魂扬威式的主题教育”为主题的队伍教育整顿，全方位开展队伍教育整顿。坚持学习贯穿始终，通过统一思想、统一标准和统一组织，全面开展“1＋4”模块学习，组织缅怀姜家唐敦禄烈士、参观县博物馆、“两山银行”展示馆和亚运分村及参观公安“三能”展示厅等实践活动，活动期间动组织集中学习14场次。深入开展查纠整改。公开举报渠道、向干部和家属发放公开信61封、召开座谈会3次征求各界意见19条、落实谈心谈话115人次、填报自查事项报告表161人次，自查问题填报率94.1％。建立司法行政系统干预司法“三个规定”相关机制和“三个违规”信息共享协查机制，细化明确违规从事或者参与营利性活动的行为、干预司法“三个规定”行为的界定，坚持领导带头，将执行防止干预司法“三个规定”情况和“三个违规”行为纳入请示报告重大事项，纳入常态化检查督导范畴，作为干部廉政建设、绩效考核、评优评先的重要内容，不断巩固教育整顿成果。同时，以“一案三查”方式对857件社区矫正重点案件进行评查，经自查加组织查处，未发现属于顽瘴痼疾问题。

（钱　玲）

（编辑　王丛丹）

军　事

【概况】　2021年,淳安县人民武装部(以下简称县人武部)坚持以习近平新时代中国特色社会主义思想和习近平强军思想为指导,深入学习中共十九届历次中央全会精神,全面贯彻落实上级决策部署和指示精神,着眼深化国防动员体系调整改革和军事斗争准备,狠抓党管武装制度落实和国防后备力量建设,圆满完成上级赋予的民兵整组、军事训练、兵员征集、国防动员、国防教育、战备执勤、安全管理、后勤保障、党的建设、支援地方等各项年度目标任务,人民武装事业始终保持向上向好、稳步发展的态势。

【党的领导】　2021年,县人武部在政治思想领域围绕“绝对忠诚”“绝对纯洁”“绝对可靠”的要求,把贯彻军委主席负责制作为首要政治任务,严格落实请示报告、督促检查、信息服务等“三项机制”,确保军令畅通。结合庆祝中国共产党成立100周年,扎实开展党史学习教育,赓续党的红色血脉,弘扬党的优良传统。在阅读规定书籍、参加辅导听课、观看红色影视的基础上,组织党员参观红军北上抗日先遣队纪念馆、白马红军标语墙、下姜村党性教育基地。以《新时代最可爱的人》《红船民兵连事迹》为主要教材,组织开展向卫国戍边英雄、先进民兵典型学习活动,组织观看《榜样5》专题片,集体学习党和政府领导全社会抗击新冠疫情的感人事迹,营造学习典型、效仿先进的浓厚氛围。严格落实党管武装各项制度,积极发挥县人武部特有的军地联系职能作用和政治优势,确保党对武装力量的绝对领导、有力领导、高效领导。

【乡镇人武部党管武装制度创新】　2021年,县人武部在杭州各区县市中率行落实乡镇党委书记兼任基层武装部政治教导员制度,在具体操作过程中遵循有序、正式、庄重的要求,由县委常委会专题研究任命事项,召开全县政治教导员大会宣读任命文件,由县委书记、县人武部党委第一书记亲自颁发任命书并发表讲话。这一创新做法进一步压实乡镇党委书记贯彻落实党管武装的责任,进一步强化党管武装的制度。

【民兵组织调整改革】　2021年,县人武部按照“平时服务、急时应急、战时应战”要求,持续推进民兵组织调整改革,保质保量完成基干民兵分队的编兵任务。在具体实施过程中,注重用好辖区特色潜力,编建水上搜救、跨江轮渡、船舶维修等8支水上分队;在实编上下功夫,克服县内大中企业少的困难,推动专业分队成建制编兵,提升专业技术岗位的专业对口率和人装匹配的结合率,编兵结构得到进一步优化;持续巩固“民兵+民间”编兵模式,加大民兵救援水上搜救排的帮建力度,该排在接受浙江省军区首长现地检查中得到好评。

【军事训练】　2021年,县人武部继续围绕“能打胜仗”的目标坚持“从难、从严、从实战出发”的原则，突出“全年抓练兵”的主基调，深入学习贯彻习近平主席新年度开训动员令，组织本级首长机关率战备值班分队开展紧急出动演练，完成应急连基地化训练和跨区联训、专武干部和民兵连长的基地化训练、情报信息员的业务集训，保质保量完成全年各项训练任务。在训练过程中，突出实用原则，选好自训动作，将人防专业队纳入应急连集训计划，加强磨合、增进交流，切实提升一体化应急应战能力；紧贴辖区应急救援需要，组织民兵水上搜救排特殊集训，提升应急救援专业化水平；将新任职专武部部长纳入各类复补训练，使其迅速形成履职所需能力。组织乡镇专武部部长、副部长参加杭州警备区军事训练考核，取得综合成绩第三。

【综合保障】 2021 年，县人武部继续把全方位抓好综合保障工作作为对开展军事训练、执行重大任务的强有力支撑，牢固树立全方位、全体系的保障工作理念，从三方面强化综合保障工作。选拔 17 名组训能手补充到民兵教练员队伍，为组织实施训练提供充分的人才支持。投入经费为应急连补充各种装备器材，对照编制表补充预征装备；为应急连和参加比武的民兵购置人身意外伤害保险，从根本上解除参训人员的后顾之忧。

【征兵宣传与政策落实】 2021 年，县人武部把精准做好基础性工作作为确保征兵工作顺利进行的重要举措。在政策保障上，协调地方政府研究制定《关于调整淳安县大学生义务兵优待政策的意见》，对大学生应征入伍待遇作了大幅提升。在宣传发动上，坚持早部署、多轮排查、反复动员的做法，先后 3 次组织各乡镇进行发动情况会审，并拉榜排名；除沿用新闻媒体发布、发放宣传手册、播放宣传视频等传统宣传手段外，还建立征兵短信群发平台、定制微信朋友圈广告、面向指定群体发送信息，强化了征兵宣传内容的覆盖面和受众知晓度。

【完成征兵任务】 2021 年，淳安县把征兵工作的重点放在审查把关上，确保高质量完成全年征兵任务。严密组织初审初检、县站体检、政治考核、学历审查、病史调查等环节工作。针对大学毕业生群体单独组织目测初检，适时精准掌握征兵对象的基本情况，保证县站上站质量；针对审查过程中出现把握不准的情况，坚持集思广益、集体会商，在确保稳妥的前提下拿出确定意见。加强动态考察把关，在役前教育训练中，采取模拟化组织、正规化训练、封闭式管理、全程化淘汰的方式，有序推进整个选兵过程，让参训青年在入伍前就在相当程度上体验军营生活，及时发现并淘汰思想犹豫不决、意志品质薄弱、身心难以适应部队生活的青年，确保高质量完成征兵任务，全年无一退兵。

【硬件基础设施】 2021 年，县人武部把提升硬件基础设施建设水平作为正规化建设的重要工程，协调地方政府出资 120 万元对办公楼、营区围墙、器材仓库边坡和通往外界的道路进行升级改造；投入 8 万多元对营区政治氛围进行重新布设，使整个营区和机关办公区的政治面貌与环境焕然一新，充满正能量。协调地方政府解决久拖多年不决的民兵训练基地历史遗留问题，并投资 1000 余万元实施训练基地大楼和训练场地的翻新改造工程，建成淳安首个完全符合正规化建设要求的高质量民兵训练基地。

【全县党管武装暨国动委国教委会议】 2021 年初，县委书记、县人武部党委第一书记黄海峰出席全县党管武装暨国动委国教委会议并讲话。县委常委、县人武部政治委员胡拥波宣读乡镇武装部政治教导员任命书，县人武部部长王刚作武装工作报告，部分乡镇书记述职发言。会上，表彰2020年度人民武装工作先进集体和先进个人。县有关领导和县人武部领导出席会议，各乡镇、行业系统党委书记、专武干部、县国动委国教委成员单位负责人、国动办“八办”负责人、县人武部各科科长和部分干部职工参加会议。

【学生军训】 2021年8—9月，县人武部组织80余名军训教官，分赴淳安中学、淳安二中、汾口中学、威坪中学、千岛湖中等职业学校、育才学校6所高中，组织学生开展军训，训练学生2700余人。为了保质保量完成军训任务，县人武部从专职人武干部和基干民兵中选拔一大批骨干，进行为期5天的教官集训，并经考核合格后发给军训教官证。军训期间，县人武部领导亲临现场指导，军事科负责人多次赴现场督导，确保学生军训取得良好效果。

【参与创建全国文明城市】 2021年11月，县人武部主动向地方党委、政府请缨，组织300余名基干民兵投身创建全国文明城市活动。县人武部成立由军政主官任组长的创建活动领导小组，召开专题会议进行研究部署，政工科科长全程负责活动的计划、协调、推进工作。全体参与人员分别被编入墙面清理组、杂物清运组、绿化维护组、文明宣传组、文明劝导组等5个小组，深入大街小巷和55个居民区，先后清理杂物50余吨，整治乱堆乱放200余处，处理僵尸车276辆，美化墙面近3000平方米，劝导不文明行为800余次，为全国文明城市创建工作做出积极贡献。

·人民防空·

【概况】 2021年，淳安县进一步加大资金投入，着力在补齐人防短板方面下功夫。全年完成投资总额560余万元，其中运行经费约160万元(含市办专项补助经费55.54万元)，项目建设经费400余万元，主要集中在工程提升改造、警报统控系统、应急指挥系统、战备值班室、自主选频通信系统、建成区人防警报盲区补点等项目，城区警报覆盖率达到86.70%。上述建设经费由人防易地建设费专项保障。进一步规范人防工作制度，制定《淳安县人防设施专项控制性规划》，堵住人防异地建设费收取、财务管理等方面的监管漏洞。按照人防工作制度要求，加大工程遗留问题的整改力度。

【队伍建设】 2021年，淳安县完成13支人防专业队617人的人防专业队整组工作，其中平战转换专业队277人、人防系统自主掌握的新置应急合成专业队100人。坚持以提高人防专业队伍遂行保障能力为导向，实现实编实体化运行，并按年度训练大纲推进人防基础理论、卫星通信、短波通信、报文抄译等常规人防施训课目；结合千岛湖地域特征，巧借人武部集训基地，开设水上救生、自然水域轻装泅渡、徒手队列、核生化防护、轻武器射击、应急救护等课目，人防队伍素质得到进一步提升。

【装备完善】 2021年，淳安县完成3台电动警报的升级更换、5台电声警报的盲区增设。按省市人防主管部门有关数字化改革要求，启动短波远遥、应急指挥箱和卫星天线设备的采购，完成卫星通信、短波通信、超短波通信、网络通信为一体的全要素人防应急指挥通信建设，实现与省市人防指挥系统的互联互通。利用人防警报、华数机顶盒、农村应急广播、电视、手机等多渠道多手段进行“5·12”“9·18”警报试鸣，试鸣率百分之百；完成“浙江金盾—21”系列阳光社区人口疏散掩蔽演练和人防专业队战备点验，人防装备完好率和可靠性在报警试鸣和战备点验中进一步得到全面验证。

【政务服务优化】 2021年，淳安县把优化人防政务服务的重点放在进一步巩固“最多跑一次”改革成效和提升人防“互联网＋政务服务”水平上，审批办件均以投资在线平台3.0、工程建设项目全流程审批管理系统、一窗受理、亲亲在线等互联网平台进行受理、审批、办结，网办率达到100％。全年受理办结行政许可、行政征收、行政确认等各类审批办件51件。（董学凯）

（编辑 章小玲）

平台·园区

·经济开发区·

【概况】 2021年,淳安经济开发区全年实现规上工业总产值66.12亿元,比上年增长11.0%,完成固定资产投资7.73亿元,增长44.5%。全年服务业营业收入190亿元,增长32.5%。新增规上工业企业5家,新增规(限)上服务业企业8家。实现入库税收17.66亿元,增长48.4%;实现财政收入6.2亿元,增长31.9%;工业企业税收6.29亿元,增长12.9%。全区经济运行在转型发展中呈现总体平稳的发展态势。

【项目招引】 2021年,淳安经济开发区依托淳安优质生态资源优势,将重大水饮料项目招商作为"一号工程",绘制水饮料产业招商地图,以水饮料产业链引入为主抓手,全年完成招商引资个性化项目12个,其中制造业项目6个,到位资金4.3亿元。12个项目中,噢麦力(OATLY)亚洲生态工厂项目、农夫山泉坪山工厂、QDOL焕睿饮品生产与研发项目、年产5000吨果蔬饮料生产项目、丸东果冻及软糖等水饮料和健康食品项目有5个,总投资额40亿元。

【项目推进】 2021年,全县十大攻坚战涉及淳安经济开发区的项目有14个,其中,政府投资项目3个,社会投资项目7个,其他项目4个。政府投资项目完成1.36亿元,增长8.9%;社会投资项目完成6.39亿元,增长19.4%。千岛湖镇第八小学投入使用,县第二幼儿园工程实现交付,大地至坪山取水隧道及管网工程完成形象进度80%以上,鼓山塘生态景观公园项目初具雏形、丰家山至坪山连接线(含桃源桥)工程发布招投标,银泰千岛湖银泰城(新城店)商业综合体、阿尔法城、凯斯泰克制造生产等项目实施。

【机构改革】 2021年5月,淳安经济开发区被省政府办公厅列入全省整合提升后的经济开发区名单,10月,县委公布整合提升后经济开发区管委会"三定"方案,核定编制30名,设主任1名(正科级)、副主任3名(副科级)。10个科室缩减到5个科室,分别为办公室、规划建设科、企业服务科、推进科、安全环保科,下设淳安经济开发区招商服务中心1个事业单位(正股级)。此外,直接领导青溪新城投资发展有限公司1家县级国企(副科级),与经济开发区管委会在珍珠半岛联合办公。

【亮点工作】 2021年,淳安经济开发区完成全区"污水零直排区"创建,承办浙江省"两污"现场会分会场,经济开发区成为全省工业园区"污水零直排区"创建示范样板点供学习参观。推进高新技术培育、数字经济及物联网项目申报等重点工作,永真木业、瑞淳机器人、欧雅光电等多家企业获批省科技型企业,千岛湖啤酒、农夫山泉等5家企业列入2021

年杭州市“未来工厂”体系培育企业(第一批)名单。康盛热交换器公司入选省“专精特新”中小企业名单,千岛湖啤酒微生物发酵技术研究院被认定为省企业研究院。

(汪霞飞)

·旅游度假区·

【概况】 2021年,千岛湖旅游度假区以“探求发展之策、搭建服务平台、努力破解难题”为导向,把握高质量发展为主线,推动党史学习教育、招商引资、项目推进、平台建设等工作取得较好成绩。完成招商引资实际投入资金26005万元,完成率130%;完成总部经济综合税收3.7亿元,比上年增长75%;完成地方财政收入2800万元,完成率105%;完成固定资产投资7亿元,完成率116%;完成重点项目投资6.6亿元,完成率110%。综合业绩考评获得第13名,党建工作责任考核获优秀奖。

【党史学习教育】 2021年,千岛湖旅游度假区以中国共产党成立100周年为主线,深入开展党史学习教育,召开党史学习教育动员大会,组织专题夜学、党史学习教育专题党课等8次,结合党支部主题党日,进行党史相关内容学习12次,走访慰问“光荣在党50年”荣誉获得者2次、拍摄党员风采展示视频2个。引导党员干部在党史学习教育中汲取“我为群众办实事”“民呼我为”的实际动力,帮助企业、基层、群众解决问题703件,并连续在“三服务”工作通报中取得红榜。做强做优区内基层党建工作,发挥大党委的引领作用,更好形成党建合力。千宇科技党支部连续三年获评县级“五星级党组织”;华联党支部党员胡壹望获评县级优秀共产党员;机关党支部获评县级“先进基层党组织”。

【品牌建设】 2021年,千岛湖旅游度假区依托国家级旅游度假区成功创建的良好氛围,推进品牌提升工作,打造国家级旅游度假区新的门户形象,入选全省首批大花园“耀眼明珠”高能级景区,获2020年度省级服务业集聚区综合评价旅游休闲产业类第一名,获2020年杭州亚运会、亚残运会筹办工作突出贡献集体。被国际滨湖度假区大会授予“国际滨湖度假最佳旅游目的地”称号。

【亚运会筹办】 2021年,千岛湖旅游度假区作为十九届杭州亚运会淳安亚运场馆项目建设主管单位,深化重大项目服务机制,建立亚运项目临时党支部和亚运项目推进攻坚小组,开通“绿色通道”助推项目建设。场地自行车馆及室外五项赛事于12月30日通过亚组委赛事功能综合验收,运动员村(法国地中海酒店)、技术官员村(郝力克酒店)、媒体村(亚运公寓)主体工程全面竣工并进入精装和室外市政景观施工阶段;公开水域游泳码头、公路自行车赛道、铁人三项赛道完成施工,淳安县亚运大道工程完成项目验收并通车。项目推进的阶段性成效《淳安县全力推进亚运场馆及设施建设按下赛事筹办“快进键”》在《杭州政务》上刊登,获得副市长陈卫强批示肯定。

【社会投资】 2021年,千岛湖旅游度假区新开工社会投资项目11个,续建项目6个,总投资37.5亿元。品湖度假村项目正式营业。三特牧心谷项目完成施工许可证办理及生态停车场土地划拨工作,推进道路场地平整施工;蓝德项目完成主体建设施工50%;智汇欣态项目进场施工;大石坪旅居综合体完成零星装饰工程及室外配套工程50%。

【总部经济招商】 2021年,千岛湖旅游度假区加大招引新兴产业税源,接待客商100余批,并多次分赴杭州、上海、江苏等地外出招商,先后与蓝城集团、瑞欧科技、九歌、蓝城宏创、普华资本、信雅达等创投类企业签订投资合作协议。其中,杭州蓝城宏创纳税签约后即缴纳综合税收 2600 万元,九歌缴纳 1 亿元。拓展总部招商方向,在销售总部、人才科技、信息数据等多个领域重点进行突破,新招引的中威电子、葫芦有车、浙股集团等优质增值税税源企业为淳安县服务业、科技创新、地方财政收入均作出贡献,税源结构从原来单一的创投类向"高、新、优"总部类优化。

【人才招引】 2021 年,千岛湖旅游度假区依托"两山"高层次人才集聚区平台,建成全县首个共享研发中心,并与个推、远算、微链、同济大学等 5 家机构签订合作协议,成功举办"两山"高层次人才集聚区一周年暨"两山 TAIK"思想分享会活动,2021 年 Datathon 数智马拉松大赛初赛及"招商蛇口"杯中国·淳安青村创客大赛决赛等重大活动,吸引中国科学院大学、浙江大学及每日互动、远算科技等 20 余家高校、企业科研团队开展各类研发、培训活动,活动开展 50 余场次,参研人数 12050 人次。人才项目孵化带动初显成效,在集聚区孵化的有武大绿洲乡村振兴示范点、风雷科技"千岛湖 1 号"、中科院声学所海洋智能装备研发与产业化基地、自主无人艇智能测试与评估等 8 个项目,有效推进绿色产业发展和乡村产业振兴。 (何骏华)

(编辑 章小玲)

农　业

·农村经济经营管理·

【概况】　2021年，淳安县实现农业总产值57.2亿元，比上年增长5.8%；农村常住居民人均可支配收入24675元，增长9.8%；村级集体经济总收入30310.95万元，增长22.1%，经营性收入14745.38万元，增长23.4%。

【农民减负工作】　2021年，根据浙江省农业农村厅关于切实加强减轻农民负担的相关工作要求，淳安县认真贯彻落实上级要求的各项强农惠农富农政策，减轻农民负担，坚持以维护农民合法权益为圆心，强化监督检查为辅助，完善制度建设，严禁各种不合理收费和集资摊派，坚决纠正违反政策规定加重农民负担和不落实惠农政策的各种行为，有效维护农村和谐稳定、促进农民持续增收。

【村集体经济发展】　2021年，全县337个建制村完成集体经济总收入30310.95万元，322个建制村完成集体经济总收入50万元且经营性收入达到30万元。继续推进生态公益林补偿收益权质押融资和市级联乡结村帮扶资金投资千岛湖智谷项目，全年获投资收益4692.17万元。整合移民项目资金7230万元，其中由131个移民村以参股方式飞地抱团投资6230万元购置钱塘区千岛湖智海大厦，保障前三年的年收益率不少于3.6%，第4年起按经营状况另行协商确定分红（年收益率不低于3.6%）。投资建设集团1.89亿资金获投资收益1287.45万元。

【村级"三资"管理】　2021年，淳安县农村集体"三资"管理服务列入全省首批多跨应用场景先行先试单位。结合农村集体"三资"数字化改革，开展固定资产、资源性资产盘点，清理存续期内买卖、租赁、工程、投资和其他5大类合同，全面盘点夯实基础；统一全县村集体会计科目明细，实行农村集体经济组织统一收据电子化管理，村集体资金支付实行线上审批，实现财务办理全程"零次跑""随时办"和全程公开，实现基层小微权力智能化监管及经济业务信息可倒查、可追溯，有效保障村民利益。组织全县农经干部、三资管理服务中心会计业务骨干和部分乡镇村报账员开展业务培训，提升业务水平、管理能力和综合素质。组织开展侵占农村集体资产资源问题集中治理和农村集体"三资"管理领域腐败突出问题专项治理等两项治理工作。加强审计监督，抽取40个村社区委托中介开展两项治理专项审计，组织站内工作人员选择城郊接合部的1个村社区开展专项审计调查，组织乡镇对村社区换届时点至2021年12月31日之间收支业务自行委托中介审计，加强审计整改和结果运用，完成131个村社区赋码登记系统法人变更修改和换证。起草下发村股份经济合作社章程范本，指导乡镇村修改完善。千岛湖镇排岭村股份经济合作社完成分社工作。开展对县乡党代表、人大代表、政协委员换届代表候选人资格联审。制定《淳安县农村集体经济组织“三资”管理制度》等系列文件,规范完善三资管理制度体系。

【土地确权登记颁证】 2021年,县农业农村局按照省市主管部门工作要求,做好农村土地承包法宣传和培训工作。做好土地确权档案整理移交、权证发放、权证信息纠错、纠纷调处等后续完善工作。按照全省统一的规范要求,完善土地承包经营权确权登记颁证数据库,加强承包合同、经营权流转等管理工作信息化管理。

【土地流转】 2021年,县农业农村局在稳定完善农村土地承包关系的基础上,按照“依法、自愿、有偿”原则,积极探索土地流转途径,土地流转稳步推进。全县新增土地流转面积191.13公顷,累计流转面积5580公顷(耕地流转面积统计范围2021年重新调整),流转率48.7%。截至12月底,新增土地流转经营权证5本,流转土地43.92公顷;为5家经营主体办理抵押贷款595万元。为79家农业经营主体办理土地流转经营权证,流转土地617.85公顷,其中80家办理抵押贷款9935万元。制定《淳安县农(林)业综合经营权证明书指导意见》,开拓农村金融服务新途径,把涉农经营主体的资源资产纳入可抵押范围。全年为各类涉农经营主体颁发“淳安县农林业综合经营权证明书”42本,支持金融机构发放贷款5710万元,为各类涉农经营主体颁证75本,支持金融机构发放贷款6060万元。 (周朝进)

·农业产业发展·

【县院合作】 2021年,淳安县开展第二轮县院合作项目,推进进行中的院县合作项目建设,新立项建设项目9个,从“科技强农、生态强农”等多个领域发力,为全县农业产业发展和乡村振兴提供高端智力支持。

【农业龙头企业】 2021年,全县新增市级农业龙头企业1家、县级农业龙头企业3家,县级及以上农业龙头企业达到116家。其中,国家级2家(农夫山泉浙江千岛湖有限公司、淳安县茧丝绸有限公司);省级4家(杭州千岛湖发展有限公司、淳安县千岛湖茶叶市场有限公司、浙江淳安新洲制茶有限公司、杭州千岛湖鲟龙科技股份有限公司);市级38家;县级72家。

【家庭农场培育】 2021年,根据《关于推进家庭农场高质量发展的意见》《杭州市示范性家庭农场评定及监测办法》的通知和《淳安县示范性家庭农场认定管理办法》要求,通过主体自主申报、乡镇初审、部门联审,全县新培育示范性家庭农场20家,其中省级3家、市级5家、县级12家。淳安县千岛湖瓦洱登家庭农场、淳安县千岛湖双英家庭农场入选全省家庭农场百佳案例。

【农民专业合作社培育】 2021年,县农业农村局按照合作社规范发展要求,深化农民专业合作社规范化建设,规范提升农民专业合作社。全县新增县级示范社16家,市级示范社10家。县级以上示范社达到69家,其中国家级2家、省级2家、市级38家、县级27家。

【农产品品牌建设】 2021年,淳安县举办2021年中国·千岛湖茶博览会、千岛农品区域公用品牌发布会、2021年第二届中国千岛湖农业博览会。注册“千岛农品”集体商标和版权登记,成立千岛农品共富促进会和千岛农品文化传播有限公司,以专班化培育和运营“千岛农品”全品类区域公用品牌。制定发布《“千岛农品”区域公用品牌使用管理办法》

《淳安县国家特色农产品生态气候适宜地标志使用管理办法》和“千岛农品”7个团体标准，推出千岛农品品牌管理数字系统。“千岛湖茶”获第十三届国际名茶评比3金、第十四届中国义乌国际森林产品博览会1金、2021年中国优质好茶评比4金等成绩，2021年品牌估值达21.35亿元，排名全国48、省内前10，估值增长15.2%。千岛湖品牌农产品馆实现自身销售及带动本地农产品销售4016万元，订单23.94万笔，分别增长28.8%和54.9%，与盒马鲜生、铁发集团、现代优选等平台合作，杭州盒马销售“千岛农品”系列产品达9000余万元。

【农村实用人才培训】　2021年，县农业农村局开设农村实用人才培训80个班次，培训4069人。开展新一轮五星级乡土人才评鉴，经各乡镇、单位推荐、评审、政审和公示，评鉴产生20名五星级乡土人才，全县五星级乡土人才达120人。配合市农业农村局开展杭州市产业技能大师、技能大师工作室的申报评审，评选出淳安县杭州市产业技能大师8人、技能大师工作室3个，全县有杭州市产业技能大师26人、技能大师工作室7个。

【推进山区农业发展项目】　2021年，淳安县稳步推进山区农业发展项目建设进度，界首乡、屏门乡完成第二年度建设计划；鸠坑乡、石林镇完成第一年度建设计划；启动汾口镇、宋村乡、文昌镇、中洲镇等4个整乡镇农业产业，建设计划3年，每个乡镇投入奖补资金1500万元。

【政策性保险】　2021年，县农业农村局推进农业政策性保险扩面提标，新增杭州市特色农业经营主体综合保险407单，涉保农户2.1万户，新增风险保障19.28亿元，新增保费702.38万元，财政新增保费补助551万元。全县落实共保体险种、市县特色险种参保主体994个，受益(参保)农户7.7万户，总保费1911万元，总保障34.55亿元，总赔付1350.78万元。实现生猪保险率98.6%，水稻参保率80.9%，农业主体综合险参保率45.6%。对年初低温寒潮天气影响的159户772公顷受灾农作物进行补助，补助资金327.24万元。

【数字化改革】　2021年，县农业农村局牵头推进农村“三资”管理系统、低收入农户帮促、浙农优品、数字畜牧等4个省级多跨应用场景落地，线上线下开展农民智能手机大培训，完成华腾牧业市级数字生猪产业园项目建设，新立项实施县级数字农业3个，实现“浙农码”赋码19623个，推进市级景秀计划“两山”任你淘应用场景开发，推进下姜村、文屏村、富文村、驮岭脚村等10个村市县级数字乡村样板村建设。

（包景曙　周朝进　黄小平）

·美丽乡村建设·

【美丽乡村建设】　2021年，淳安县完成千岛湖镇富城村、周坑村等20个精品村，界首乡“多彩玛璜”风情小镇、安阳乡黄川村滨湖风情小镇2个风情小镇建设，完成项目105个，总投资1.12亿元。启动千岛湖镇前坞村等15个市级精品村建设，总投资7500万元。完成千岛湖镇宕里村等15个县级重点村和千岛湖镇联丰村等88个县级一般村建设，总投资8000万元；完成省级达标村创建63个，其中省级新时代美丽乡村精品村21个。完成基础指标达标数创建583项、提升指标创建438项，投入资金1.22亿元；申报创建文昌镇、安阳乡2个浙江省美丽乡村示范乡镇，枫树岭镇枫树岭村、汪村村等7个浙江省美丽乡村特色精品村；以大下姜共同富裕为主题，启动省新时代美丽乡村大下姜共富示范带建设。计划实施领富、帮富、共富等8个具体子项目,项目计划总投资3120万元,分两年建设完成。启动建设6个项目,其中2个项目基本完成;推进省级历史文化村落保护项目建设。实施第九批一般村威坪镇茶合村、威坪镇横塘村建设,开展历史文化村落保护利用名录库调查修编,新增入库王阜乡金家岙村等7个村,其中枫树岭镇丰家源村确定为省历史文化村落保护项目重点村,并开展前期调查和规划方案设计;启动枫树岭镇大桥头村等4个市级特色村建设,项目建设进入施工阶段。启动枫树岭镇下姜村等4个未来乡村试点建设,统筹推进邻里、文化、健康、生态、创业、建筑、交通、数字、服务和治理十大应用场景打造,培育共同富裕的乡村基本单元。

【农村人居环境提升】 2021年,淳发县开展村庄清洁行动四季战役,参与村庄清洁行动整治71718人次,清理废弃杂物29443处、农业生产废弃物2805处、村内沟渠9920处,整治乱搭乱建4297处、乱贴乱画5558处、乱拉乱接941处,提升垃圾分类投放点5028处,美化庭院7177处;进一步完善农村公厕长效维护管理要求,落实每年300万元的农村公厕改造提升专项资金。开展新一轮全县农村公厕摸底调查和建档工作,实现"一厕一档"。全县有独立式农村公厕748座、附属式191座。按照省级星级公厕标准,全年完成新建5座、改造2座。开展省级星级公厕、示范公厕评定活动,创建省级星级农村公厕15座,其中省级示范性农村公厕1座。

【美丽乡村"千万工程"】 2021年,淳安县完成新时代美丽乡村建设工作年度目标任务,构建出"一户一处景、一村一幅画、一乡一天地、一城一风光"的全域大美格局,打造新时代美丽乡村淳安典范。农业农村部授予淳安县浙江省乡村振兴培训基地,淳安县农业农村局被省农业农村厅认定为"全省农业农村领域高质量发展推进共同富裕第一批实践试点单位"。 (王　鹏)

·帮扶协作工作·

【精准帮扶】 2021年,淳安县将巩固拓展脱贫攻坚成果与乡村振兴有机衔接,创新"先富带后富、强村带弱村"、区县协作、联乡结村等帮扶机制,推动低收入农户稳步增收,取得较好成效。全县低收入农户人均可支配收入16095元,增长16.2%,增幅位列杭州市第一、浙江省26个加快发展县第八。淳安县被省委省政府授予2019—2020年农村工作指导员工作成绩突出单位。做好低收入百姓增收工作,实施低收入农户全面小康计划工作获得省政府督察激励,淳安县农业农村局被市委市政府授予杭州市乡村振兴(城乡区域统筹与发展)工作成绩突出集体。

【区县协作】 2021年,落实区县(镇街)协作专项资金1.221亿元,比上一轮增加1110万元。其中西湖区出资4300万元,上城区出资3700万元,钱塘区出资4210万元。安排协作项目48个,其中8个区县协作项目安排协作资金10200万元,主要用于淳安县新时代美丽乡村建设、村集体经济消薄项目、低收入农户产业发展补助、教育基地和操场建设;40个镇街协作项目安排资金1860万,主要用于各乡镇申报的产业发展和基础设施项目及县残疾人事业建设。 (占建勇　张晓峰)

·农业科技·

【农业面源污染治理】 2021年,淳安县推广商品有机肥2万吨,推广配方肥0.4万吨,异地配送液肥2.85万吨，开展统防统治8067公顷（其中由专业化服务组织实施的3113.33公顷）、开展水土流失预防保护3400公顷，回收废弃农药包装物47.58吨、无害化处置59.09吨。通过各项措施推进，全县不合理化肥使用量减少231吨，下降0.7%；农药使用量减少7.26吨，下降1%；完成县委县政府提出的减量目标任务。

【世行贷款项目】　2021年是世界银行（以下简称世行）贷款项目实施的第四年，按照《淳安县世行贷款项目2021年度目标计划》具体要求，2021年推进实施统防统治项目面积8067公顷，举办农业面源污染治理技术培训班4期、培训人数达281人，推进农药化肥质量检测项目实施，完成配方肥抽样检测40批次、有机肥抽样检测24批次。推进世行项目报账工作，农业项目完成支付6710.35万元，其中世行资金支付4451.84万元、县财政配套资金2258.51万元。

【“肥药两制”改革综合试点县创建】　2021年，县农业农村局围绕《淳安县“肥药两制”改革综合试点县创建工作方案》总体建设任务目标，推进农业投入品减量增效、农业废弃物回收处置、养殖业综合治理提升、农产品绿色经济培育、肥药两制改革数字化提升“五大行动”，加快各项工作推进进度，争取在2022年底前完成“肥药两制”改革综合试点县创建工作。

【农业绿色发展项目建设】　2021年，县农业农村局根据市农业农村局支持淳安县特别生态功能区建设政策措施，编制《淳安县特别生态功能区2021年度绿色发展项目实施方案》，安排1500万元用于农业绿色发展项目建设，包含肥药两制数字化改革提升、农业投入品减量增效、农业生产尾水无害化处置、肥药两制改革示范、受污染耕地治理、农业面源污染治理课题研究、产地环境长期性监测、有机种植试点“八大工程”。淳安县“淳安统筹推进‘四大行动’，全力打造农业绿色发展样板”被中国绿色农业联盟、中国绿色农业发展报告编委会授予“2020全国绿色农业十佳发展范例”称号。　（汪　娜）

·农产品质量监管·

【农产品质量安全监测】　2021年，县农业农村局完成各级农产品定量检测1262批次，合格率99.0%，其中蔬菜食用菌435批次、水果151批次、茶叶86批次、中药材2批次、粮油41批次、畜禽产品129批次、猪尿130批次、水产品119批次、养殖环节投入品18批次、生产经营环节投入品5批次、土壤45批次、其他加工产品1批次。完成快速定性检测28931批次，合格率99.97%，其中乡镇及基地果蔬农残定性检测14934批次、瘦肉精检测13787批次、水产品违禁药物定性检测210批次，不合格处置率100%。

【农产品质量安全认证】　2021年，全县新增绿色食品22个，完成复查换证无公害农产品68个，新申报绿色食品50个，淳安花猪通过农业农村部专家评审，上榜农产品地理标志登记产品公示，主要食用农产品中绿色优质比率达到62.3%。

【标准化生产绩效评价】　2021年，县农业农村局组织开展浙江省农产品标准化生产绩效评价，受理评审初级农产品生产主体174家，规模主体参评率达到43%，其中千岛湖发展集团以104.5分通过省、市、县专家组现场评审，推荐申报省政府质量奖。

【农产品合格证制度】　2021年，县农业农村局集中开展规模农产品生产主体库信息梳理,实现应纳尽纳、动态管理,深化食用农产品合格证管理制度、智慧巡检机制落实。新建农产品质量安全追溯主体 29 家、基地快速定性检测室 2 个、高端合格证示范基地 12 家,全县二维码追溯主体达 243 家。数字农安 App 现场巡检记录 1250 条次,各二维码基地开具合格证 51493 批次、合格证 673900 张,实现全县规模农产品生产者质量安全追溯基本全覆盖。推进农产品生产主体信用联合惩戒分级分类监管,完成入库主体 435 家信用评级,其中 A 级 52 家、B 级 299 家、C 级 84 家。加大评信结果应用,统一主体信用信息公示牌,联合农商行出台“农业经营主体贷”。

【智慧监管体系建设】 2021 年,县农业农村局开展农产品质量安全追溯和监管系统整体提升,为所有入库主体开通全过程追溯管理功能,统一设计淳安特色合格证样式,实现主体掌上登记、“一扫即出”便捷化溯源管理。

【杭州市农产品质量安全保障项目】 2021 年,淳安传化现代农业科技有限公司、杭州千岛湖新桥食用菌专业合作社、杭州千岛湖纯浙农业开发有限公司、淳安县千岛湖益联茶果专业合作社、淳安县农友茶果专业合作社、淳安千岛湖珍草农业科技有限公司、淳安县枫树岭镇群聚家庭农场、杭州千岛湖鸠茗茶叶有限公司、淳安县鸠坑陆圣茶叶专业合作社、淳安县千岛湖德尧果蔬专业合作社、淳安县威虹畜禽专业合作社、淳安千岛湖桑都食用菌专业合作社、杭州方腊生态农业开发有限公司、淳安县文昌农盛粮油专业合作社、淳安县浙真淳家庭农场、杭州千岛湖金溢农食用菌专业合作社、淳安县永印家庭农场、淳安县金狮峰茶果专业合作社、淳安县农业农村发展服务中心等 19 家单位通过绿色品质农业创建审核。杭州绿润制茶有限公司、淳安千岛湖双英家庭农场有限公司 2 家单位完成杭州市绿色品质农业综合示范项目实施并通过验收。 (潘飞云)

·植保土肥·

【草地贪夜蛾监测防控】 2021 年,县农业农村局在全县设置草地贪夜蛾性诱监测点 45 个,举办各类培训会、防控工作部署会超过 10 场次,印发挂图、防治技术资料 2000 余份。

【冬绿肥种植推广】 2021 年,淳安县完成招标冬绿肥 30 吨,其中紫云英 7920 千克、黑麦草 7487 千克、白三叶 3000 千克、光叶苕子 1250 千克,全县冬绿肥种植面积 1300 余公顷。

【春季农村统一灭鼠】 2021 年春季农村统一灭鼠工作在全县的 23 个乡(镇)337 个村范围内展开,实施农田统一灭鼠面积 8333 公顷,农户统一灭鼠 9.5 万户,免费供应鼠药 72 千克,投放毒饵 7600 千克。

【测土配方和土壤监测】 2021 年,县农业农村局开展推广农作物测土配方施肥面积 36000 公顷,施用配方肥 3970 吨。完成标准农田 4 个土壤肥力长期定位监测点、生态、蔬菜、钱江流域和有机肥施用 22 个土壤肥力动态监测点的地力监测工作。完成农业“两区”污染监测常规点 9 个、综合监测点 2 个的布局和监测工作。完成土样采集 567 个,化验土样 567 个,测试项次 3402 项,测试植株样品 30 个,测试项次 90 项。

【受污染耕地安全利用工作】 2021 年,全县实施受污染耕地安全利用总面积 3675.8 公顷,受污染耕地安全利用率达到 96%。

(姜铭北)

·农田·

【高标准基本农田建设项目】 2021年，淳安县新建高标准农田1159.67公顷，总投资5660万元，新建排灌渠123.87千米，生产道路77.344千米，修建堰坝38座，挡土墙1.032千米。高标准农田改造提升300公顷，总投资429.59万元，新建排灌渠11.071千米，生产道路3.531千米，修建堰坝4座，疏浚渠道1.5千米。

【粮食生产功能区提标改造项目】 2021年，淳安县粮食生产功能区提标改造面积133.33公顷，工程总投资439.68万元。新建排灌渠11.97千米，生产道路3.34千米；配套设施提标改造3家，新建1500平方米水稻烘干中心房1栋，连栋水稻育秧大棚1920平方米。 （唐宁安）

·农业执法·

【废弃农药包装物回收】 2021年，淳安县回收各类农药包装废弃物47.58吨，完成回收考核指标42.66吨的111.5%；无害化处置59.09吨，完成处置考核指标38.39吨的153.9%，全年投入回收资金197.25万元。

【“绿剑”执法行动】 2021年，县农业农村局开展“绿剑”系列集中执法行动，出动执法人员968人次，检查农资经营网点和农产品生产基地326家次。通过执法检查和监督抽检等手段发现违法行为16起，立案16起，其中农药案9起、肥料案3起、种子案1起、农产品案3起，货值金额1.28万元，罚没款4.66万元，违法行为查处率100%，结案率100%，无行政复议和行政诉讼。

【农资质量监管】 2021年，县农业农村局抽检农业投入品120批次，其中种子18批次、农药35批次、肥料32批次、兽药11批次、饲料和饲料添加剂24批次。检测不合格样品2个，其中肥料2个，均立案查处，合格率98.3%。

【农业法律法规宣传培训】 2021年，县农业农村局组织开展肥药实名制销售、农药包装废弃物回收和红火蚁监测及防控技术培训会，培训300余人次。运用宣传栏、自媒体等形式开展农业法律法规宣传，充分利用乡镇、村宣传栏及农药经营门店张贴宣传资料，发放各类宣传资料3000余份，在新田野栏目播放红火蚁宣传小视频。

【植物检疫防控】 2021年，县农业农村局受理调运检疫11批次，检疫调运种子1批次841千克、苗木1批次10万株、中药材9批次61655千克。设置疫情监测点11个（含省市监测点），涵盖柑橘黄龙病、桑黄化型萎缩病、甘薯小象甲、葡萄根瘤蚜、亚洲梨火疫病、红火蚁等检疫性有害生物。开展加拿大一枝黄花、柑橘黄龙病、扶桑绵粉蚧、红火蚁及其他有害生物的普查和防控，全年出动普查人员1600余人次，各级投入普查经费20万元，铲除加拿大一枝黄花5公顷。开展植物检疫专项执法行动，出动检疫执法人员60余人次，检查种子经营门店24家次、种苗生产繁育单位3家次。

【“双随机、一公开”专项执法行动】 2021年，县农业农村局开展“双随机、一公开”（指随机抽取检查对象、随机选派执法检查人员，将抽象情况和查处结果向社会公开）专项执法行动6次，牵头组织跨部门联合执法行动3次，掌上执法应用率100%。

【农业农村领域违法案件】 2021年，县农业农村局收到农业农村领域投诉举报案件404起，110联动案情99起，处置率100%。

【罚没物品处置】 2021年，县农业农村局处置农业领域罚没物品16.84吨。

（吴韶东　叶　婷）

·蔬菜食用菌·

【概况】 2021年，淳安县蔬菜播种面积面积9800公顷，增长4.5%；产量26.85万吨，增长3.2%；产值5.42亿元，增长1.5%；食用菌栽培量1922.1万棒，增长4.4%；总产量8704吨，增长0.7%；总产值10882.7万元，增长3.3%。

【“菜篮子”基地建设】 2021年，县农业农村局立项实施淳安县生态农业产业发展“菜篮子”基地项目1个，组织申报“菜篮子”蔬菜种植补贴面积36.95公顷。

【农业科技示范推广】 2021年，县农业农村局实施“‘水稻冬闲田’耐寒蔬菜的开发利用与示范推广”院县合作项目1个；实施“秀珍菇优质菌包培育技术熟化与示范”省农业重大技术协同推广项目，建立浙江硕凯农业开发有限公司秀珍菇示范基地1个；主持实施“白灵菇设施化栽培技术研究与示范”市科技项目，开展工厂设施化白灵菇栽培；立项实施淳安县产业发展基地项目1个，杭州千岛湖兴宝菇业专业合作社、浙江硕凯农业开发有限公司创建浙江省高品质绿色科技生产示范基地。

【产品品牌宣传】 2021年，县农业农村局组织“首届千岛农品·淳安酱擂台赛”，主持发布团体标准《千岛农品　淳安酱》(T/QDNP 0103—2021)。杭州千岛秀菇生物科技有限公司生产的“樱花1号”秀球菌获“2021年浙江精品鲜菇”评选金奖，杭州千岛湖沪阳农业开发有限公司生产的“白灵菇2号”白灵菇获“2021年浙江精品鲜菇”评选银奖。杭州千岛湖沪阳农业开发有限公司生产的“杏鲍菇”获第14届中国义乌国际森林产品博览会(简称森博会)金奖。

（何爱珍）

·农机·

【概况】 2021年末，淳安县农机总动力291100千瓦，其中柴油机83095千瓦，汽油机37690千瓦，电动机170315千瓦。拥有耕作机械2828台13752千瓦，种植机械66台578千瓦，收获机械138台1875千瓦，植保机械3749台4358千瓦，其中农用植保无人机18台，粮食烘干机械29台571千瓦，批次烘干能力319吨，果蔬烘干机械36台242千瓦，食用菌机械534台套，茶叶机械38566台，冷藏保鲜设备292台套容积30400立方米，畜牧机械376台套1967千瓦，水产机械412台套16595千瓦。山地轨道运输车134条50281米，山核桃采收网面积461.93公顷，新增各类农机装备2153台(套)。

【农机推广与培训】 2021年，县农业农村局开展新机具推广应用完成“机器换人”新型常规农业机械、智能农机装备项目建设5个，新引进农业机械5台套，项目覆盖茶叶、水果、山核桃、中草药等特色农业产业，机具补贴资金44万元；开展新机具示范宣传，在威坪镇德饶白桃基地进行无人机植保演示，邀请无人机厂商现场演示用无人机配套热雾机对山核桃、水果基地的病虫害防治应用；10人参加省市植保飞防人员职业技能鉴定培训班并取得无人机驾驶资格证书；4人参加浙江省茶叶机械化技术培训班，成绩优异，合格结业。举办山地轨道运输机的安全使用和保养培训班，组织全县53名轨道运输机用户参加，邀请浙江农林大学和浙江职业技术学院教授进行安全使用和保养技术授课，取得良好效果；举办农机购置补贴政策培训班，全县乡农机管理人员和农机购置补贴机具经销商56人参加，对2021—2023年中央农机购置补贴政策进行解读，购机补贴新系统操作培训，培训考试农田拖拉机和联合收割机学员9人，合格率达100%。编印发放《农业机械化主推技术图册》《分析农机事故话安全》《单轨运输机及安全使用》宣传资料430份。组织参加全市农业职业技能选拔赛暨乡村振兴青年实用技能大赛农机驾驶操作赛，淳安县仙川农产品专业合作社选派的张腾获得2021年“优秀青年岗位能手”称号。杭州千岛湖兴宝菇业专业合作社“智能化”食用菌社会化服务入选2021年浙江农机社会化服务典型。

【农机监理】 2021年，县农业农村局开展路面巡查安全检查、农机质量检查、农机田间作业安全检查。出动执法人员165人次，联合公安交警部门开展路面巡查3次，依法检查拖拉机联合收割机70台，外籍拖拉机17台，检查农机大户(企业)108家次、农机经销企业12家、农机维修网点18家；签订安全责任书87份，发布各类警示短信11条，警示人员达3500人次；农机大户新增的拖拉机和联合收割机牌照上门免费办理13台；报废高耗能拖拉机9台，拖拉机报废补偿资金2.35万元；完成免费实地检验拖拉机和联合收割机56台，检验率92%，排查出隐患18处，当场整改10处，限期整改6处。践行“最多跑一次”，上门服务6台次，接到维权电话5起，问题办结满意率达100%。

【农机补贴】 2021年，县农业农村局落实中央农机购置补贴受理农户1654份，受益户数1423户，机具数量1875台套，总补贴353万元。省级农机补贴受理6.3万元，县级配套4.2万元。新铺设山核桃安全采收网283.2公顷，补贴资金273万元。 (章文卿)

·农村能源·

【农村户用沼气池大出料维护项目】 2021年，县农业农村局完成农村户用沼气池大出料维护313个，完成计划任务。

【小型沼气工程建设】 2021年，县农业农村局在石林、汾口、中洲3个镇的4个农业企业基地，新建小型沼气工程5处，合计250立方米。

(汪 娜)

·茶叶·

【概况】 2021年，淳安县生产各类茶叶5361.6吨，总产值103430万元，比上年增加471.96吨，增长9.7%，产值增加17574万元，增长20.5%。其中名优茶4018吨，产值95462.5万元，分别增长16.9%和21.76%，价格增长7.9%。

【低温指数保险政策】 2021年，淳安县有春茶投保主体6个，农户356户，投保茶园面积117.43公顷，投保金额(净保费)达52.84万元，完成理赔茶农保险金额11.3万元。

【茶产业品种结构优化】 2021年，淳安县换种改植连片5亩以上茶园基地28.8公顷，有茶产业基地5个，无性系良种茶园6600公顷，覆盖率50.8%。立项茶园统防统治1533公顷，水土保持项目1400公顷。

【茶叶产业品牌推广】 2021年，淳安县召开2021年中国·千岛湖茶博览会，发布千岛湖茶旅地图，推出淳安茶旅新线路。“千岛湖茶”被评为第四届中国国际茶叶博览会“推介产品”,“千岛湖茶寻根探源之旅”入选“百条红色茶乡旅游精品路线”。在第十七届中国茶叶经济年会开幕式暨2021年中国茶叶品牌盛典上,淳安县再次上榜“2021年度茶叶百强县”名单。至此,淳安连续3年获茶叶百强县殊荣。（程建明）

·畜牧·

【概况】 2021年,淳安县生猪年末总存栏11.22万头,增长9.1%;肉猪出栏13.28万头,增长23.0%。家禽存栏46.25万羽,增长2.3%;出栏48.07万羽,增长19.5%。牛存栏0.07万头,下降56.4%。羊存栏0.38万只,下降15.6%。兔存栏0.02万只。蜂存栏5.06万箱,增长12.3%。鹌鹑存栏40万羽。全年肉类总产量11706.58吨,增长21.4%;禽蛋产量4167吨,增长7.1%。

【重大动物疫病防控】 2021年,县农业农村局落实免疫、监测、流调、消毒等各项防控措施,禽流感、口蹄疫、猪瘟、高致病性猪蓝耳病和小反刍兽疫5种重大动物疫病免疫密度均达100%,下发各类疫苗182.14万头份(毫升)。选定3家生猪养殖企业开展动物强制免疫“先打后补”试点工作。监测养殖场/点1200余场次,出动人员1500余人次。严密布防布控,防范H7N9流感、布病等人畜共患疫情,印发流感、非洲猪瘟防控、布氏杆菌病和小反刍兽疫防控知识告知书4000余份,下发无规定马属动物疫病区保护区建设应知应会、宣传材料等11000份,悬挂宣传横幅180条。下发动物防疫消毒物资8.2吨,将H7N9流感、非洲猪瘟防控、布氏杆菌病和小反刍兽疫、日本脑炎、伊氏锥虫等防控知识宣传到场到户,保持疫病全县零输入。下拨基层动物防疫经费25.6万余元,核拨免疫应激死亡补助资金2.95万元。乡镇统筹购买服务经费160余万元。

【动物产地检疫监督】 2021年,县农业农村局开展动物检疫证章标志管理提升行动,规范检疫管理,全面实行检疫电子出证。完成产地检疫生猪1366批次139398头,活禽361批次339352羽,蜂20批次2791箱。事先申请备案调入生猪741批次85677头,活禽20批次139350羽,畜禽产品1113批次1336吨。

【畜产品安全监管】 2021年,县农业农村局统筹安排经费18万元开展瘦肉精监测工作,对规模养殖场、定点屠宰场盐酸克伦特罗、莱克多巴胺、沙丁胺醇和β兴奋剂监督定性检测及专项检测,监测1.08万份,检测结果均为阴性。县内未发现非法使用“瘦肉精”及其他违禁药物的行为,保障淳安县畜禽产品的安全供应。

【生猪屠宰检疫监管】 2021年,县农业农村局为保证全县生猪定点屠宰及肉品统一配送工作有序进行,严格落实屠宰环节“两项制度”,强化乡镇屠宰巡查,打击私屠滥宰行为,确保上市肉品质量安全,屠宰后生猪产品全部统一配送,配送率100%。杭州千岛湖泰众肉类食品有限公司全年屠宰生猪84942头,屠宰检疫检验84942头,定点屠宰检疫检验率达100%,屠宰企业开展非洲猪瘟PCR自检2421批次,检测结果全部为阴性。监督指导无害化处理病害生猪362头、生猪产品6644.1千克,检出病害生猪及产品无害化处理率100%。

【病死动物无害化处理】 2021年,县农业农村局按照“统一收集、集中处理、保险联动、智慧监管”的工作要求,从严做好县内死亡动物收集暂存点(冷库)监管工作,跨区域无害化处理病死猪11910头、病死禽7218羽、生猪产品及其废弃物31759千克。新建完成文昌镇等9个死亡动物乡镇公共收集点并投入使用，进一步健全病死动物无害化处理收集体系。

【非洲猪瘟防控】 2021年，县农业农村局实行非洲猪瘟防控24小时专人值班制度，开展疫情隐患排查和消毒灭源工作，强化非洲猪瘟防控宣传教育。加强外来生猪及其产品的排查力度，严查不法商贩从疫区省份运入淳安县销售的生猪及其产品，严厉打击非法违法调运生猪等犯罪行为，持续做好调入生猪及其产品的调入前备案、调入后核查等工作，严格执行省外调入生猪及其产品点对点调运和提供有效非洲猪瘟检测报告制度。经县政府协调，建成非洲猪瘟PCR兽医实验室并投入运行。按照省市安排，对调运外出的生猪全部进行非洲猪瘟病毒采样监测，及时掌握相关动态。监督指导县定点屠宰企业按照要求开展非洲猪瘟PCR自检，按照“批批检、全覆盖”的原则，对每批次的进场生猪在待宰圈及屠宰线采集血样，做到每头全覆盖。

【无规定马属动物疫病区保护区建设】 2021年，县农业农村局依据《淳安县人民政府办公室关于印发淳安县无规定马属动物疫病区保护区建设方案的通知》精神，对标对表无疫区96条评审建设任务，在2021年7月和2021年11月，分别顺利通过浙江省农业农村厅和农业农村部的验收评估，配合杭州高质量建成杭州桐庐无规定马属动物疫病区的保护区建设任务。

【动物卫生监督执法】 2021年，县农业农村局开展打击生猪屠宰违法行为、“双随机、一公开”抽查工作等6项专项整治行动，出动检查712次，出动检查人员1424人次，检查涉及规模养殖场35家，动物诊疗机构4家，定点屠宰场1个。全年查处动物卫生监督违法案件10起，罚款人民币7240元，配合公安部门捣毁县内私屠滥宰窝点3个。

【项目建设】 2021年，淳安县实施县生态产业健康养殖项目18个；2家杭州市高水平美丽生态牧场项目通过市级验收，年新增生猪设计存栏3.3万头、出栏2.7万头；浙江省淳安县国家地方鸡基因库改扩建项目顺利通过省市联合验收。

【品种保护】 2021年，县农业农村局组织开展第三次全国畜禽遗传资源普查，对照工作目标，及时组建普查队伍，全面部署到村入户调查，按时完成系统审核填报和专家现场信息核查跟踪完善工作；做好中华蜜蜂一级保种场指导和服务工作，积极探索、有序发展，开展县良种保护项目建设，积极探索蜂业共富产业发展模式；淳安花猪上榜农业农村部2021年第2批农产品地理标志登记产品公示，成为淳安县第4个农产品地理标志登记产品。

【畜牧绿色生态发展工作】 2021年，县农业农村局开展“兽药减量化和饲料环保化”两化建设，完成养殖场兽药减量化9家、饲料环保化3家试点工作；持续推进畜禽养殖废弃物高水平资源化利用工作，全面落实“一场一策”农牧对接方案，明确养殖主体责任，坚持因地制宜、因场施策，推行农牧结合、种养对接，确保设施运行、消纳落地，实现生态消纳，加快绿色生态畜牧业发展。

（徐　勇　徐旭敏　权普明）

·水果·

【概况】 2021年，淳安县水果生产总面积8738公顷（含西瓜、甜瓜），比上年下降

8.4%;总产量129484吨,下降1.0%;总产值6.90亿元,增长6.9%。

【防灾减灾抗灾工作】 2020年12月29日始的跨年强寒潮、2021年1月7日始的强寒潮,由于影响时间长、降温幅度大且极值在-5~-10℃,导致全县受灾果园达3667公顷,成灾1967公顷,绝收800公顷,直接经济损失7300余万元,其中枇杷、柑橘受灾最为严重,特别是白沙枇杷80%以上绝收;椪柑、杂柑、柚类受冻枝枯树死,果农损失惨重。省长郑栅洁亲自批示,全县联动,对申报的618.5公顷受灾果园给予救助资金261.91万元;邀请省市柑橘、枇杷专家到淳指导灾后恢复技术指导。举办全县性水果优质栽培技术培训班7期,邀请国家级、省级专家授课,帮助果家改造品种,提高技术,减少损失。

【水果评比活动】 2021年7月17—18日,县农业农村局、县科学技术协会和县文化和广电旅游体育局联合主办,淳安县千岛农品共富促进会和淳安县理性农业科普协会承办淳安县第三届雷力杯千岛湖水蜜桃大赛,来自全县农业企业、家庭农场、合作社、种植大户送选的18个鲜桃样品参加评比。千岛湖镇青溪村胡永祥选送的“新川中岛”摘得“千岛湖水蜜桃评比”一等奖,金峰乡金峰茅坪果蔬专业合作社选送的“颐红水蜜”摘得“千岛湖水蜜桃桃王”称号;金峰乡锦溪果蔬专业合作社选送的“迟玉露”摘得“千岛湖水蜜桃最甜鲜桃”桂冠。在2021年杭州市第四届优质鲜桃评比活动中,淳安县锦溪果蔬专业合作社的“迟玉露”水蜜桃、淳安县千岛湖孝良家庭农场“颐红水蜜”获得金奖,淳安县千岛湖德尧果蔬专业合作社“白丽”水蜜桃、淳安县千岛湖果林间家庭农场“新川中岛”水蜜桃、淳安县界首乡新红家庭农场“鹰嘴桃”获得银奖。

【生态高效水果基地建设】 2021年,淳安县新建生态高效水果基地面积109.33公顷,其中柑橘51公顷、桃22.93公顷、葡萄6公顷、猕猴桃7.67公顷、杨梅4.87公顷、其他16.86公顷。全县水果淘汰更新63.97公顷,其中柑橘27.67公顷、桃20.37公顷、葡萄5.03公顷、梨4.33公顷、猕猴桃3.7公顷、其他2.87公顷。水果产业基地建设项目实施8个、杭州市乡村振兴产业发展指导性任务31个、农业面源污染统防统治项目1333公顷、农业面源污染果树水土保持项目2000公顷。

(刘灵敏)

·种子·

【救灾种子储备】 2021年,淳安县实际储备种子6.7万千克,完成上级下达的计划任务。动用早稻应急种子500千克,发放救灾粮食作物种子12千克。

【试验示范展示】 2021年,淳安县承担南方(东南)鲜食甜糯玉米组3组44个、省级鲜食甜糯玉米组3组37个的区试试验;完成越优1510、越优518等12个油菜品种的展示试验和1个6.7公顷浙大630油菜展示基地;在粮食生产功能区内布置落实甬优31、甬优7860等18个单季籼粳杂与杂交籼稻的品比试验;安排甘薯品种5个、高粱品种5个、豆类2个展示示范。

【种质资源保护】 2021年,县农业农村局在枫树岭、王阜等乡镇安排23个点进行本地农家品种的原生境保护,涉及农作物品种有粮食、蔬菜、油料等三大类品种作物68个;在枫树岭、里商等地对山玉米、番薯、八月拔、黑豆进行展示示范,展示面积42.53公顷。

(何爱珍)

·粮油·

【概况】 2021年，淳安县粮食生产面积11440公顷，比上年增加67公顷，增长0.1%；总产量4.56万吨，增加0.31万吨，增长7.3%；单产265.7千克，增加7.53千克。油菜种植面积5666.67公顷，增加200公顷，增长3.7%；总产量1.02万吨，减少0.08万吨，下降7.3%；单产120千克，减少14.1千克，下降10.5%。

【粮食专班】 2021年，县农业农村局成立种子(粮食)与“菜篮子”工作专班，明确工作职责。将上级下达的2021年粮食综合生产能力实现13万吨粮食播种面积11433公顷、粮食产量4.25万吨的总目标任务，分解细化各乡镇粮食种植任务，落实到村、到户，层层压实责任。通过周通报、月通报等形式，督导粮食生产过程，全面完成上级下达的目标任务。

【新技术推广】 2021年，县农业农村局推广“中组143”“甬优1540”等优良早稻(再生稻)品种及“嘉丰优2号”等优质米品种，良种覆盖率达100%；开展5个品种再生稻品评试验，全县种植再生稻面积187公顷；组织开展水稻市县二级高产创建，创市级1个、县级3个。举办双季稻生产技术培训班，全县粮食生主体、大户、乡镇业务线人员等受，提高生产水平；指导水稻绿色种植，淳安县千岛湖仙川农产品专业合作社稻米通过绿色食品认定。

【扶粮政策兑现】 2021年，县农业农村局制订新一轮扶粮政策与资金管理办法，兑现水稻补贴面积1133公顷，达到高产示范创建要求的主体3个，符合提供社会化服务奖励的主体8个，符合粮食生产贷款贴息主体1个、旱粮种植直接补贴主体11个、油菜种植补贴主体15个；协助县生态和商务局民储早稻1000.09吨、晚稻953.21吨。

【扮靓田园风光】 2021年，县农业农村局在大墅镇孙家畈、汾口镇寺下稻香公园实施农业景观建设，大墅镇孙家畈彩稻区种植面积2.33公顷、汾口镇寺下稻香公园17.27公顷。做好彩稻图案布置、设计等，协助实施主体做好彩稻种子的落实，提供彩稻的田间管理生产技术，孙家畈形成“建党100”“盒马图标”“千岛农品”、汾口镇寺下形成“建党100”“米满库”等田画。汾口镇寺下稻香公园举办第三届稻香节，开展乡野拔河、运粮归仓等趣味活动，感受丰收的喜悦。 (何爱珍)

·中药材·

【概况】 2021年，淳安县中药材种植总面积9000公顷，产量9675.11吨，产值46869.95万元；分别比上年增长0.5%、0.2%、3.5%。

【第二批省级产业化联合体认定】 2021年，淳安县以浙江敬存仁生物科技有限公司、浙江金石生物科技有限公司、枫树岭中药材专业合作社3家市级农业龙头企业为龙头，联合23家专业合作社、家庭农场建设的淳安千岛湖中药材产业化联合体，通过省农业农村厅认定成为第二批省级产业化联合体。

【特色农产品优势区认定】 2021年，淳安县新浙八味中药材特色农产品优势区被省农业农村厅等7部门认定为浙江省特色农产品优势区。

【主体培育】 根据淳安县中药材发展的需要和市农业农村局政、产、学、研、用新型经营主体培育工作的要求，2021年，县农业农村局突出重点扶持品种和扶持环节,在省市农业农村主管部门的帮助下,积极借助新型农民产业主体培育活动的平台,选择14家具有一定规模、实力和代表性的中药材生产经营主体与浙江理工大学生命科学与中医药学院研究团队结对,开展为期3年的培育。

【重点项目】 根据杭州市政府与中国农科院合作框架以及淳安县政府与中国农科院特产所的合作协议,经市农业农村局组织申报,淳安县“淳六味道地特色中药材食用产品开发与品质提升”项目于2021年12月28日立项;争取中央资金扶持的淳安县2021—2023年浙八味集群项目,计划投资9960万元,其中中央资金2490万元。 (王玉萍)

·蚕桑·

【概况】 2021年,淳安县有桑园面积2546.67公顷(其中投产桑园2273.33公顷)。150个建制村4459农户饲养蚕种3.17万盒,生产蚕茧1301.6吨,蚕茧产值7455.59万元,蚕桑总产值8445.82万元,平均盒种产茧41.0千克,平均茧价每千克57.28元。与上年相比,呈现“四增二减”:蚕种减少1.0万盒,下降24.1%;蚕茧减少384吨,下降22.8%;蚕茧产值增加348万元,增长4.9%;蚕桑总产值增加70.1万元,增长0.8%;平均盒种产茧增加0.7千克,增长0.7%;平均茧价每千克增加15.1元,增长35.8%。新种桑50.4万株,新发展和更新改造老桑园41.55公顷;在浪川乡大联村建立新品种桑苗繁育基地1.33公顷,繁育“强桑1号”桑树优良品种桑苗38万株。

【技术推广】 2021年,县农业农村局举办蚕桑技术培训班90期,受训14296人次;发放蚕桑科技资料133期56076份;举办电视视频讲座1期;适时群发手机短信200余条。推广小蚕共育技术模式,全县有7个乡镇35个建制村44个小蚕共育示范点,配有小蚕饲育框56186只,空调169台,加温器248只,切桑机86台,补湿器65台。参加小蚕共育饲养蚕农有8520户次,饲养蚕种2.12万盒,占全县蚕种总饲养量的66.9%,比上年增长7.2%。应用桑树病虫害绿色防控技术,推广太阳能杀虫灯诱杀害虫,全县应用太阳能杀虫灯650余只,覆盖桑园面积2033.33公顷。应用“食诱剂”和性诱剂诱杀桑螟面积251.67公顷。全年利用无人机及人工开展桑园统防统治3次,防治面积1222.07公顷。

【项目实施】 2021年,县农业农村局完成2018年农业重大技术协同推广项目(小蚕人工饲料工厂化饲育技术推广和精品AAAAAA级原料茧生产示范基地)2个子项目的总结验收工作;引进遗传性三眠蚕“苏超2号”品种进行试验示范,饲养600盒,生产蚕茧1.93吨,蚕茧产值96.56万元,比常规品种“薪杭×白云”盒种产茧高1.9千克,每千克蚕茧价格高1.38元,实现整体效益18万元。开展小蚕共育技术示范,21207盒蚕种参加小蚕共育示范,生产蚕茧888.3吨,蚕茧产值5098.56万元,平均盒种产茧41.9千克,盒种平均成本279.8元,蚕茧价格每千克57.4元,比非共育户平均盒种产茧高1.3千克,盒种节约成本114.4元,每千克蚕茧价格高0.39元,实现整体效益756.16万元。

(方广生)

·渔业·

【概况】 2021年,淳安县渔业养殖面积41040公顷,与上年持平。全县渔业总产量14520吨,产值3亿元,分别比上年13443吨和2.67亿元增长8%和12.4%。

【渔政执法】 2021年，县农业农村局查处渔业违法案件2742起，罚没款349.53万元，清理密网、地笼网9642件，集中销毁21.83吨，移送公安机关12起19人。淳安县渔业行政执法队被浙江省农业农村厅授予浙江省农业和渔业执法工作先进集体。2021年12月，淳安县渔业行政执法队被农业农村部授予“中国渔政亮剑2021”系列专项执法行动成绩突出集体荣誉称号，成为浙江省唯一获此项荣誉的县级渔业管理部门。

【禁渔工作】 2021年3月1日至7月31日，千岛湖水域实行全面禁渔。禁渔期间，开展执法检查613次，参加执法人员1764人次，出动执法船艇、车辆873艘(车)次，检查渔船765艘次，检查涉渔企业6次。查处违禁捕捞案件21起，生产性垂钓案件644起，没收各类违禁渔具3000余件。

【安全生产】 2021年，县农业农村局完成水产品质量安全定量检测119批次，快速定性监测210批次，合格率均为100%；开展渔船安全检查43次，出动执法人员1546人次，排查渔船停泊点27个、渔船827艘，排查安全隐患28个，依法取缔涉渔“三无”船筏(指无船名船号、无船舶证书、无船籍港)81个。

【增殖放流】 2021年，淳安县投入资金1962.25万元，向千岛湖增殖放流黄尾密鲴、细鳞斜颌鲴、中华鳖、鲢、鳙鱼等优质苗种5531.2万尾，超额完成全年放流任务。通过承办全国放鱼日、“我在千岛湖有条鱼”、千岛湖学党史迎亚运增殖放流等一系列大型放流活动，在广大市民中营造“增殖资源护秀水、提升效益促富民”的浓厚氛围。

【渔业产业发展】 2021年，淳安县成立中共淳安县渔业资源保护和发展委员会，全面指导推动淳安县渔业资源保护和发展工作；完成浙江省省级渔业转型发展先行区建设，创建国家级水产健康养殖和生态养殖示范区，推动千岛湖保水渔业发展再上一个台阶。杭州千岛湖发展集团有限公司大库鲢鳙鱼养殖产量5570吨，产值13500万元，分别比上年4579吨和12100万元增长21.6%和11.6%；杭州千岛湖鲟龙科技股份有限公司全年鱼子酱产销量达182.6吨，其中出口168吨、内销14.6吨，鱼子酱及鱼加工产品产值突破4亿元，产销量位居世界第一。 (胡莉莉)

·机构设置·

【淳安县乡村振兴局挂牌成立】 2021年6月21日，淳安县乡村振兴局正式挂牌成立。淳安县乡村振兴局主要负责巩固拓展脱贫攻坚成果、统筹推进实施乡村振兴战略及完成上级交办的有关工作。成立淳安县乡村振兴局，既是深入贯彻落实习近平总书记重要指示和中央、省、市决策部署的具体行动，也是做好巩固拓展脱贫攻坚成果同乡村振兴有效衔接的重要举措，必将为统筹推进乡村振兴战略提供有力体制机制保障，标志着淳安县全面推进乡村振兴工作步入一个新的历史起点。

(宋旭英)

(编辑 章小玲)

生态·环保

·环境保护·

【水环境质量】 2021年，千岛湖总体水质符合《地表水环境质量标准》(GB3838－2002)Ⅱ类标准，整体水质状况为优且基本保持稳定。19个县控以上监测断面中(9个河流断面，10个湖库断面)，威坪林场1个断面符合湖库Ⅲ类标准，11个断面符合Ⅰ类标准，7个断面符合Ⅱ类标准，所有监测断面中，Ⅰ类、Ⅱ类、Ⅲ类所占比率分别为57.9%、36.8%和5.3%。对淳安县自来水厂、坪山自来水厂等集中式饮用水源地水质进行每月1次的常规监测，全年水质达标率为100%。全年开展12次乡镇交接断面水质监测工作，23个乡镇考核断面全部达到《地表水环境质量标准》(GB3838－2002)Ⅱ类水质标准。其中，Ⅰ类水质18个，占比78.3%；Ⅱ类水质5个，占21.7%。

【环境空气质量】 2021年，淳安县环境空气优良天数为356天，优良天数比例97.8%(有效监测天数364天)。二氧化硫年均值4微克/米^3，二氧化氮年均值12微克/米^3，一氧化碳年均值0.5毫克/米^3，臭氧8小时平均浓度第90百分位为124微克/米^3，可吸入颗粒物(PM_{10})年均值34微克/米^3，细颗粒物($PM_{2.5}$)年均值18微克/米^3，均符合《环境空气质量标准》(GB3095－2012)二级标准限值要求。市生态环境局淳安分局大楼设大气降水监测点1个，大气降水pH值范围3.6～6.3，pH年均值5.0，酸雨率79.3%。

【声环境质量】 2021年，淳安县区域环境噪声、功能区噪声、道路交通噪声均符合国家声环境标准要求，声环境质量较好。区域环境噪声监测覆盖面积约46.7平方千米，计有效测点101个，昼间监测统计值54.2分贝，区域环境噪声昼间总体水平等级为二级，评价为较好。千岛湖道路交通噪声监测，布设测点20个，路段总长26650米，等效声级计权均值为67.2分贝，道路交通噪声强度等级为一级，评价为好。

【"两山"实践创新基地年度建设】 2021年，市生态环境局淳安分局根据省生态环境厅对"两山"实践创新基地建设部署要求，印发"绿水青山就是金山银山"实践创新基地建设年度方案，完成2020年"两山"实践创新基地建设自查报告。《淳安县探索"生态银行"绿色金融模式》入选生态环境部首批绿水青山就是金山银山实践模式与典型案例。千岛鲁能胜地、千岛湖水基金成功入选"生物多样性100＋全球典型案例"。

【全域全物种生物多样性调查评估】 2021年，淳安县作为全省29个重点生物多样性调查评估区域之一，根据物种属性对8种类群开展调查评估，制定下发《淳安县开展全域全物种生物多样性调查评估工作方案》。完成水生生物多样性调查，已鉴定出浮游植物196种(属)、浮游动物79种(属)；鱼类107种(属)。在开展的全域调查中，发现高等植物约724种，隶属145科、439属，其中国家一级重点保护植物4种、国家二级重点保护植物15种、浙江省重点保护植物8种；发现两栖、爬行动物60种，其中国家二级保护动物5种，浙江省新纪录1种为古氏草蜥；发现黑熊、黑麂、黄喉貂、中华鬣羚和豹猫分布记录，其中国家一级1种、国家二级4种；发现鸟类158种，隶属于16目、48科、111属，其中国家一级保护鸟类2种，国家二级保护鸟类23种，省级重点保护鸟类17种；采集昆虫标本约2000号，拍摄电子照片约1000幅，发现国家二级重点保护动物2种（拉步甲、金裳凤蝶），发现三有保护昆虫8种，发现并记录到中国身体最长的蜻蜓巨圆臀大蜓；发现大型真菌60余种，隶属17科、38属。

【“绿盾2021”自然保护地专项行动】 2021年，市生态环境局淳安分局运用卫星遥感监测、无人机巡查等手段，定期开展自然保护地内生态遥感监测，形成生态监测排查清单和矢量图，构建千岛湖“天地一体化”生态环境监测网络体系。结合生态系统监测自查和卫星图斑比对，开展存疑点位现场查勘。

【环境审批】 2021年，市生态环境局淳安分局进一步深化“放管服”改革，推进“数字化”改革，优化营商环境，审批环评报告表19个，业主自行登记备案79个，辐射安全许可8个，夜间施工许可4个，权力事项及时办理，不存在超时、超要求办理。开展排污许可宣贯，完成11家企业固定源清理问题整改及新增8家企业排污许可发证发放，完成排污许可“双百任务”。

【环境执法】 2021年，市生态环境局淳安分局开展排污许可管理专项检查、环境问题排查百日攻坚专项行动、“双随机抽查”、沿湖酒店检查、涉挥发性有机物VOCs行业专项检查、砂石混凝土企业专项检查、打击涉危险废物环境违法行为专项排查、绿剑专项执法等多项行动，出动执法人员840批次、2420人次，监察企事业单位1080户次，严厉查处环境违法案件，实施行政处罚12起，处罚金额99.79万元。办理涉嫌环境犯罪刑事案件1件。受理环境信访投诉举报（含咨询）135件，全部按期办结。

【水污染防治】 2021年，市生态环境局淳安分局加强污水处理设施建设。完成汾口、姜家2个污水处理厂清洁排放技术改造；新建污水管网2千米；对农村治污864个日处理20吨以上终端设施进行标准化运维管理；对23个乡镇500个沿湖沿溪终端进行提升改造；在文昌镇、富文乡17个村建成智慧化“中水回用”喷滴灌系统。深化“美丽河湖”建设，完成河道综合治理20千米；创建省级美丽河湖2条；完成水土流失治理8平方千米。推进水生态环境治理。发布《淳安县生态环境保护“十四五”规划》《淳安县水生态环境保护“十四五”规划》；发布农业、林业、工业和生活四个污染防治项目（2021—2025年）计划和2021年度项目实施计划；编制并落实《千岛湖“一湖一策”治理方案》《国控断面一点一策治理方案》《淳安县共同富裕高标准保护专项计划》《淳安县水生态环境示范试点县建设方案》，水生态保护措施进一步精细化、精准化。

【饮用水源地保护】 2021年，市生态环境局淳安分局成梓桐水厂下水源水库、郭村水厂夫畈山塘等5个新增“千吨万人”饮用水水源地划分工作。结合“找寻查挖”工作开展饮用水源地排查及问题整改工作，在“千吨万人”饮用水水源地周边新设立20处道路警示牌和航道警示牌。完成县级饮用水水源地走航分析、《淳安县新安江水库饮用水水源“一源一策”保护方案》编制。

【"无废城市"建设】 2021年,淳安县全域"无废城市"建设任务、责任及指标3张清单66项任务,除了公众满意度需要等待省里开展民意调查获取以外,其余65项任务均达到目标值,完成度100%。推进"无废城市"建设任务,建成并投入使用小微企业危废收集点。加强企业危险废物处置规范化处置,制作企业危险废物规范化管理宣传折页,利用环保医生服务契机,开展危废管理处置服务指导,发放宣传折页300余份。开展无废细胞培育,完成4家无废工厂、10所无废学校、4个无废景区、31家无废医院、9个无废乡村、11个无废工地、1家无废酒店的县级无废细胞创建。

【大气污染防治】 2021年,县环保局实施"工业废气"治理,开展挥发性有机物VOCs专项整治,制定《淳安县2021年机动车维修行业挥发性有机物专项整治工作方案》。召开汽修行业、木质家具挥发性有机物专项整治工作会,完成26家汽修企业整治。推进"燃煤烟气"治理,开展9台燃用压缩成型生物质燃料锅炉深度治理的扫尾工作,完成1台工业燃气锅炉低氮改造工程。提升"扬尘灰气"治理能力,完成道路扬尘在线监测10个点位的安装验收,完成5个高空瞭望点建设任务。

【全国首个水库全域智治平台开放应用】 2021年,市生态环境局淳安分局按照"四水统筹,全域智治,保障饮用水安全为核心"的思路架构,建立"全域感知—预警研判—指挥调度—快速处置—督查督办"五位一体的全周期、全域一体化护水智治联动闭环体系。6月3日,"秀水卫士"千岛湖场景数据平台正式上线,实现对千岛湖13条入湖河流、546个农村污水处理终端、225艘游船污水上岸、9家重点污染源企业等数据的全面监控。该平台入选全省第一批生态环境系统共同富裕最佳实践名单、杭州市数字化改革场景应用范例。

【千岛湖库区氮磷管理】 2021年,市生态环境局淳安分局针对千岛湖部分库湾存在水体氮磷浓度升高、流域湿地空间不足的问题,委托中科院南京地理与湖泊研究所开展研究试验,开展千岛湖原位生态浮岛脱氮控磷技术研究。以水生植物无土栽培技术原理,筛选出绿色狐尾藻、黄花水龙和水芹3种适应性强、氮磷去除效率较高植物作为生态浮床推广植物,为环境污染治理提供新方向,实现环境效益与经济效益的共赢。截至年底,千岛湖有3处生态浮岛试点,约1公顷。

【实施环保医生签约机制】 2021年,市生态环境局淳安分局创新"环保医生"组团签约机制,开展生态环境风险隐患排查,指导企业整改,签约企业167家,帮助解决问题80个;完成全县企业排污许可证核发86家,排污登记1707条;分批次先后召集全县70余家持证企业开展《排污许可管理条例》的宣传贯彻工作。

【生态环境保护督察】 2021年,淳安县推进第二轮中央生态环境保护督察问题整改销号,26件信访件全部完成整改并销号,第二轮中央生态环境保护督察反馈问题淳安县仅涉及共性问题,按期完成整改方案编制,印发,公示,相关问题整改进度均达时序要求。同时开展举一反三的自查,自查问题全部完成整改。圆满完成2021年省委生态环境保护专项督察迎检工作。督察期间收到信访件5件,均按期办结并完成公示,相关整改内容全部完成。积极组织相关部门、属地乡镇开展"回头看"自查行动,市生态环境局淳安分局多次联合县委督查室、县纪委开展回头看督查,督促各单位做好上级生态环境保护督察信访件、反馈意见问题整改,巩固整改成果。

【“六五”世界环境日】 2021年6月3日，市生态环境局淳安分局、歙县深渡镇联合开展安徽歙县·浙江淳安县庆祝2021年“六五”环境日暨新安江流域生态补偿机制建立10周年活动。通过增殖放流、联合监测、联合执法、联合打捞，召开新安江流域生态环境保护党建联盟第二次联席会议的形式，保护源头水，提高新安江水质，呵护千岛湖。

【全省“两污”现场会】 2021年11月2日，全省城镇“污水零直排区建设”和农村生活污水治理工作推进会在淳安召开，浙江省副省长高兴夫、省政府副秘书长董贵波，省生态环境厅、省建设厅及其他省级有关单位分管负责人，各市、县(市、区)政府分管领导，各设区市财政、生态环境、建设、城市管理(综合行政执法)等主管部门主要负责人和治水办专职副主任等参观考察坪山工业园区、浪川乡芹川村、姜家镇等地。“不让一滴污水直排千岛湖”得到全省参会代表的一致点赞。

【多绿系列创建】 2021年，光大环保能源(淳安)有限公司、淳安县汾口镇生态湿地、千岛湖自然农法生态村、杭州可益农业科技有限公司(方盛农乐园)获评杭州市第十二批生态文明教育基地，淳安县千岛湖镇青溪小学，淳安县青溪新城小学获评杭州市第十二批绿色学校；淳安县汾口镇社区卫生服务中心、淳安县文昌镇卫生院获评2021年度淳安县绿色医院，杭州可益农业科技有限公司(方盛农乐园)、淳安县千岛湖自然农法推广和示范中心获评2021年度淳安县环境教育基地。

(鲍　静)

·规划和自然资源管理·

【划定过渡期城镇开发边界】 2021年3月12日，县政府常务会议对过渡期城镇开发边界进行专题研究，原则通过开发边界总规模6899公顷。其中集中建设区面积5690公顷，弹性发展区面积7790公顷，特别用途区430公顷，上报后经省政府批复同意。

【重点项目用地保障】 2021年，淳安县完成建设用地审批26批次，涉及用地面积123.96公顷。其中，7月28日完成龙华禅寺主体项目用地审批，12月6日完成330国道淳安千岛湖大桥至临岐段改建工程用地审批，12月22日完成淳安县第三中学项目用地审批。

【用地保障工作】 2021年，淳安县完成土地征收成片开发方案编制工作，划定26个区片，总面积216.3127公顷；全年完成土地经营性用地收储32宗54.93公顷。

【“迎亚运”山体生态修复专项行动】 2021年，县规划和自然资源局完成“迎亚运”山体生态修复专项行动332个图斑的整治工作，工作成效分别被《中国自然资源报》《浙江日报》《杭州日报》报道，并得到副市长廖承潮的批示肯定。

【不动产登记服务】 2021年，县规划和自然资源局深化不动产登记改革，登记办理时间加速，“互联网+不动产登记”服务升级。5月，全面启用电子证书及证明，实现抵押登记及预告登记“全流程无纸化”“不见面”即时办理；7月，优化提速，取消婚姻关系审查；12月，开通“不动产登记+法院服务”，实现查解封登记“零次跑”。办理各类不动产登记业务29305笔，其中网上办件6326笔，颁发不动产权证书18004本，电子证书2574本；不动产证明11200张，电子证明5106张。

【历史遗留问题破解】 2021年9月，县规划和自然资源局针对县机关事业单位、国有企业部分不动产问题，研究制定“淳安县机关事业国有企业不动产登记历史遗留问题处置专项方案”。经过全面梳理、实地摸排，涉及61个单位，房产2000余宗，至年底，解决300余件。

（徐良成）

·林业·

【概述】 2021年，县林业局紧紧围绕特别生态功能区建设，破旧立新，破难攻坚，坚持践行“绿水青山就是金山银山”理念，深化改革创新，全年实现林业总产值148.1668亿元，其中一产产值37.0863亿元，二产产值9.6306亿元，三产产值62.2875亿元。获得“森林浙江”建设工作突出贡献集体，全省松材线虫病防治工作和全面禁止非法交易、滥食野生动物工作突出贡献集体等多项荣誉。

【绿化造林】 2021年，淳安县完成造林1194.33公顷，其中人工造林935.47公顷（是计划任务数的149.6%），人工迹地更新258.86公顷。油茶造林431.93公顷（是计划任务数的123.3%），香榧造林20.47公顷。

【“一村万树”行动】 2021年，淳安县“一村万树”示范村创建计划任务数3个，实际完成5个，分别是文昌镇光昌边村、瑶山乡天坪村、梓桐镇梓溪村、中洲镇中洲村、安阳乡安阳村。5个示范村新植各类苗木69230株，其中珍贵树种16250株、彩色树种14460株。完成公园绿化8.67公顷，通道绿化23.7千米，片林建设33.7公顷。完成投资158.42万元，其中各级财政投资137.66万元、社会投资20.76万元。

【义务植树】 2021年，淳安县开展各种形式义务植树活动370余场次，参加人数18.9万余人次，种植各类苗木75.8万株。

【生态公益林补偿标准提高】 2021年，淳安县积极向上级相关部门争取提高淳安县生态公益林补偿标准。市林业水利局联合市财政局下达淳安县特别生态功能区生态公益林市级补偿资金2000万元。为规范特别生态功能区森林生态效益市级补偿资金管理，县林业局联合淳安县财政局共同制定《淳安县特别生态功能区生态公益林市级补偿资金管理办法》，淳安县市级以上公益林补偿标准统一调整到47.5元/亩，集体、个人公益林损失性补偿提高到42元/亩，国有公益林管护支出提高到43元/亩，护林人员管护费用4.0元/亩，公共管护费用1.5元/亩，管理费用0.5元/亩。

【苗圃建设】 2021年，淳安县各国有林场和苗木生产企业及时开展各类苗木的育苗工作。千岛湖林场培育黄山栾树、浙江楠、浙江樟等苗木，春季育苗45万株；富溪林场培育珍贵彩色树种苗木，完成省调控容器苗15万株和县骨干苗圃育浙江楠、浙江樟、红豆树等5万株；汾口林场春季调运油茶种子1000千克，育苗12万株；姥山林场完成国家良种培育基地146.67公顷，培育柏木苗木20万株；为2022年春季造林打下良好基础。

【“一亩山万元钱”行动】 2021年，县林业局根据省林业局要求，对全县开展“一亩山万元钱”行动实施情况专项梳理开展自查，对照分解任务指标，认真排查各项指标完成情况，建立2018—2021年的“一亩山万元钱”10967公顷示范基地台账。全县成功认定2个科技推广高质量示范基地，分别是枫树岭镇群聚家庭农场廖龙建的白马凤凰庙村香榧基地9.07公顷和枫树岭下姜村姜小平的林下种植中药材（黄精、白芷、重楼等）6.67公顷。

【林业科技】 2021年，县林业学会科技志愿服务队获评2020年度“优秀科技志愿服务队”。全县有2人被评为省级林业推广体系专家、9人评为市级林业推广体系专家、16人有被评为县级林业推广体系专家;12人被评为杭州市第一批林业乡土专家、9人被评为县级林业乡土专家;2人被推荐为第批省级乡土专家。鼓励基层科技人员深入林业大户的运作,合力组织科技培训116期,受训林农达到5000人次;现场技术指导80次,受益人数达到1000人次。

【“最多跑一次”改革】 2021年,根据国家、省统一部署,县林业局对办事事项进行颗粒细化梳理,“最多跑一次”办事事项细化为89项(其中行政许可事项37项、其他事项52项)。在事项颗粒细化调整后,按要求及时对办事指南和权力事项库进行完善的调整,确保权力事项库各项数据规范准确。

【野生动物救护】 2021年,县林业局创新野生动物救助机制,通过向社会购买服务的方式,不断完善野生动物救护工作,提高救助效率和放生质量,积极开展野生动物救护工作,全年救护野生动物62次、放生63只,其中国家一级保护动物穿山甲、白颈长尾雉等8只,国家二级保护动物白鹇、勺鸡、鸳鸯、领角鸮等16只,省重点及三有保护动物红嘴蓝雀、眼镜蛇、果子狸等39只。

【野生动物致害处置】 由于野猪种群数量的增加,致农作物损害的事件时有发生,2021年上半年,县林业局及时出台野猪防控应急处置方案,并向县政府请示,开展护农狩猎专项行动。联合县公安局、县财政局和县农业农村局印发《关于进一步创新狩猎模式实施方案》,授牌成立由50人组成的“淳安县护农狩猎队”,下设青溪、临岐、威坪、姜家、汾口、大墅6个分队,主要承担日常的护农驱兽、种群调控等职能。9月25日,推出“野生动物致害政府救助保险”,有效缓解野生动物保护与农业生产的矛盾,主动为野生动物“肇事行为”买单,全县一张网,农户无须承担任何费用。

(夏俊勇)

·生态综合保护·

【水利工程建设和管理】 2021年,县千岛湖生态综合保护局开展水利建设与管理工作32项,总投资5.77亿元。其中各类水利建设工程13项,投资额4.97亿元;水利管理类项目19项,投资0.8亿元。积极努力向上争取资金3.22亿元,获得浙江省年度水利综合考核优秀。

水利工程建设包括:续建淳安县千岛湖上游中小流域综合治理(世行贷款地方配套千岛湖水资源管理提升水利工程),整治河道长度32.3千米;续建世行贷款项目淳安农村饮水安全提升工程(集中式供水),完成厦山、屏门2个水厂及坪山、桥北、临岐、界首、千岛湖、姜家等6个管网延伸建设任务,完成威坪、汾口2个水厂管网延伸80%建设任务,完成白马、梓桐2个水厂60%建设任务;续建政府投资淳安农村饮水安全提升工程(集中式供水),完成郭村、汾口水厂80%建设任务,瑶山、里商水厂50%建设任务,配套实施王阜等7个水厂办公用品及化验设施。持续推进梓桐镇下水源水库、里商乡石门水库工程建设,完成姜家镇大同坑水库扩建;续建水文五大工程,完成新建通信双保障站5个,改建通信双保障站2个,新建干支流汇合口水文站(临岐)1处,重要水文站改造(中洲)1处,新建江河/城镇中心水位站26处,新建单雨量站50个,改建标准雨量站(严家水库、霞源水库)2处;新建40米长垃圾打捞船舶1艘;开展农村饮用水提质,对全县100个单村供水工程制水消毒设施、清水池、水源设施等提升改造及管网更新;完成上梧溪、梓桐源流域综合治理河长7千米;开展黄猛坑、江家源、梅峰、叶家源、合富等5座水库除险加固；完成库容量1万立方米以上山塘综合整治12座，库容量1万立方米以下山塘综合整治3座；完成河湖库塘清淤15万立方米；开展界首姜家片区水土流失综合治理，治理水土流失面积8平方千米。

水利工程管理包括：完成66座水库、27座山塘、19座水文测站、19座集中式供水水厂、19座水电站合计150项水利工程标准化运行管护、维修养护，完成未标化创建的213座山塘等水利工程运行管护、维修养护；开展小型水库核查评估，制定"一库一策""一县一方案"，推进产权化、物业化、数字化"三化"管理率，规模以上水利工程100%纳入水管理平台、开展登记名录内山塘安全评定工作；持续推进实施农业水价综合改革并获得省级先进；水资源节约与保护方面，完成枫树岭(下姜)小流域申报国家水土保持示范工程、亚运分村成功创建水保科技示范园、完成全县水资源节约保护和开发利用总体规划编制；继续开展节水型社会建设，完成5所学校厕所用水设施等节水改造，完成市民中心用水设施、节水智慧化管理改造提升及成功申报创建公共机构水效领跑者、成功创建一批省级节水型工业企业、节水标杆企业、节水标杆小区、节水型小区创建、节水标杆酒店、节水型灌区；小水电清理整改方面，对重点区域水电站生态流量泄放设施进行提升改造，安装计量设备；研究出台新安江水库淳安段管理和保护范围管控措施；开展小型水利工程"以奖代补"建设；开展美丽河湖创建；开展淳安县特别生态功能区"两山"价值转化水权交易价值评估服务。

【水库山塘除险加固工程】 2021年，县生态综合保护局完成5座水库(威坪镇合富水库、威坪镇叶家源水库、姜家镇黄猛坑水库、汾口镇江家源水库、界首乡梅峰水库)除险加固；完成12座库容量1万立方米以上山塘(步前坞、樟树岭、醉坑塘、邵家坞、程家坞、大坞、孙家坞、龟形、下柿坞、三角塘、东风、高塘)和3座库容量1万立方米以下山塘(羊毛川里、小子坞、温潭坞)综合整治。总计开挖土方3.4万立方米、石方0.7万立方米，筑混凝土0.4万立方米。工程总投资2450万元。

【河道建设和美丽河湖创建】 2021年，县生态综合保护局围绕"水清、岸绿、景美、河畅"的河道治理目标和年度工作任务，继续推进中小流域综合治理工程建设，完成中小流域综合治理长度54.83千米，完成投资13588.44万元；积极开展美丽河湖创建，成功创建商家源、王家源两条省级美丽河湖和汾口镇市级"水美乡镇"。

【千岛湖上游中小流域综合治理工程】 2021年，县生态综合保护局完成千岛湖上游中小流域综合治理长度44.64千米，其中新建堤防24.85千米，加固堤防4.81千米，建设堰坝14座，清淤疏浚3.7万立方米，安装护栏5.68千米，水文化景观节点14个，完成投资10147万元。

【上梧溪流域综合治理工程】 2021年，县生态综合保护局完成上梧溪流域综合治理工程7.0千米，其中新建堤防5.27千米，加固堤防0.49千米，建设堰坝2座，清淤疏浚0.31万立方米，安装护栏0.81千米，完成投资1560.85万元。

【梓桐源流域综合治理工程】 2021年，县生态综合保护局完成梓桐源流域综合治理工程长度3.19千米，其中新建堤防3.92千米，建设堰坝2座，完成投资1880.59万元。

【农村饮用水工程建设】 2021年，县生态综合保护局持续推进农村饮用水提升改造工作。新建厦山、屏门2个水厂，对桥北、界首、姜家、坪山和千岛湖5个水厂进行管网延伸，启动汾口、郭村、瑶山、里商、白马、梓桐等6个水厂的建设工作。投资6000万元完成涉及100个村的农村饮用水提升改造这一县为民办实事工程。

【农村饮用水日常管理】 2021年，淳安县落实农村饮用水"县级统管"，由县农饮公司定期开展清洗、消毒，实现水质监测全覆盖，落实水源保护等措施，对影响水质安全的问题及时得到排除。根据杭州市疾控中心出具的水质检测情况简报，淳安县水质抽检合格率达到94.0%，水质合格率高于周边县市（建德92.1%、桐庐93.2%、临安93.0%）。淳安县临岐水厂获得"全省首批农村供水规范化水厂"称号。

【农业水价综合改革】 为响应省、市农业水价综合改革号召，2021年淳安县启动堰坝取水型灌区提升改造工作，通过全县堰坝普查、实地调查，全面掌握堰坝水闸类型、数量、现状面貌、灌溉面积等基本情况，参照农业水价综合改革用水管理、维修管护等"四项机制"要求，积极参与省市创建评选工作。淳安县威坪镇水利站、大墅镇孙家畈和姜家镇郭村村用水管理小组、临岐镇仰韩灌区、汾口镇威山、寺下堰坝6个项目获得省级优秀典型示范工程；淳安县中洲余家堰坝等22个农水工程被市林业水利局等4部门授予"2021年度农业水价综合改革优秀典型案例"。

【农田灌溉水有效利用系数测算分析】 2021年，县生态综合保护局编制完成《淳安县农田灌溉水有效利用系数观测工作方案》，在样点灌区所在村庄安排专门的田间观测员负责水位数据的观测和记录，投资17万元对量水设施进行更新改造，实现自动化量测。

【水电站概况】 至2021年年底，全县建成投产的水电站103座，装机容量149400千瓦。全年小水电发电量30808万千瓦时，发电收入153541.53万元，与上年基本持平。

【小水电安全生产大检查】 2021年4—10月，县生态综合保护局开展全县小水电安全生产大检查活动，对全县水电站进行两轮现场检查。第一轮检查后针对存在的问题出具整改通知书，要求电站限期整改。第二轮检查主要针对第一轮检查提出的整改意见，检查电站是否落实整改措施，持续督促电站整改取得实效。通过两轮检查，以往电站存在的问题取得较好的整改效果，但是基础管理薄弱等一系列老问题仍然需要持续改进。

【农村水电增效扩容改造】 "十三五"时期淳安县农村水电增效扩容改造项目有7个，2021年列入竣工验收任务的有6个，8月底前均完成验收。

【小水电安全生产标准化复评】 2021年，淳安县列入小水电安全生产标准化复评的水电站有3座，分别是严家水库、木瓜水库、霞源水电站，于11月通过市林业水利局组织进行的复评，均保持二级标准化的等级。

【小水电生态运行方案】 按照省水利厅、省发改委、省财政厅、省生态环境厅、省能源局联合印发的《浙江省水利厅等五家单位关于进一步加强小水电管理工作的通知》，2021年，县生态综合保护局委托设计单位编制全县小水电生态运行方案，以指导水电站规范下泄生态流量，促进小水电长效管理。

【绿色小水电示范电站创建】 2021年，铜山一级水电站成功创建绿色小水电示范电站，成为继2019年木瓜水库水电站、2020年枫树岭水电站之后淳安县第三座绿色小水电示范电站。

【国家节水行动】 2021年，县生态综合保护局印发《淳安县“十四五”节约用水规划》，投入节水专项资金400万元。新增高效节水灌溉面积200公顷，新建供水管网85千米，改建供水管网40千米。创建省级节水标杆酒店1家、省级节水标杆学校1家、省级节水标杆小区3个、省级节水标杆企业3家，省级节水型单位14个、省级节水型小区4个、省级节水型工业企业7个、省级节水宣传教育基地1个，完成9个学校节水改造，评选12家节水荣誉学校。

【最严格水资源管理】 2021年，县生态综合保护局不断提升最严格水资管理能力和管理水平，规范小水电水资源费征收工作。完成取水工程核查27个整改对象的整改销号，开展重点用水户取用水自查。农村供水工程水资源费免征范围获县政府批复，规范农村供水工程水资源费征收。县水利水电局获得市政府办公厅最严格水资源管理集体嘉奖，淳安县政府获得省政府办公厅最严格水资源管理集体嘉奖。淳安县列入省水利厅水资源集约安全利用综合试验区试点。

【水土保持工作】 2021年，县生态综合保护局通过部门信息共享和跟踪监管，强化水土保持方案编报，全县水土保持编报率提高到90%以上。针对沿湖沿线重点生产建设项目加强监督检查，完成水利部和省市遥感图斑现场复核及整改工作。以界首、金峰水土流失综合治理项目为试点，积极探索适用于临湖地带的水土流失综合治理措施体系。完成水土流失治理面积16平方千米。成功创建下姜小流域国家水土保持示范生态清洁小流域。

【水法规宣传】 2021年，县生态综合保护局以3月22日第二十九届“世界水日”和第三十四届中国水周宣传为载体，围绕“启航新征程，共护幸福水”宣传主题，重点宣传新颁布施行的《中华人民共和国长江保护法》《浙江省水资源条例》等法律法规。配合县普法办制作“12·4”国家宪法日宣传展板，积极参加宪法日大型广场主题宣传活动。通过开展各种形式的宣传，努力扩大水法律法规宣传的影响面、知晓面，为推进淳安县依法治水，进一步创造良好的法治环境。

【水行政执法】 2021年，县生态综合保护局以河湖非法采砂专项整治、河湖四乱问题整治等专项工作为抓手，积极开展各类巡查检查和执法办案业务工作。开展各类日常巡查检查70余次，出动执法人员320余人次，办理各类涉水问题交办事项60余件。依法查处水行政处罚案4起，计罚没款人民币88.6万余元。与相关部门开展联合执法，依法拆除涉水违建5处300余平方米。

【涉水事务管理】 2021年，县生态综合保护局落实基础设施项目建设占用水域行为，重点加强沿湖区域涉水建设项目监管。对沿湖在建的基础设施项目开展检查，委托第三方技术服务机构对占用水域施工项目进行现场复核，及时通报检查复核成果并落实相应整改措施。认真及时完成省委生态环境保护督察交办信访件办理工作，对涉及水利部门管理职能的相关信访件积极配合办理，协调督促相关责任单位和属地乡镇及时落实好整改及上报销号工作。

（钱立军　汪增辉　胡新军　何海澎
俞发康　童文旭　王连春）

（编辑　章小玲）

国有企业

·淳安千岛湖建设集团有限公司·

【概况】 2021年，淳安千岛湖建设集团有限公司(以下简称建设集团)立足"城市建设的贡献者、品质生活的推动者、有故事城市的代言人"三大职责定位，围绕"做强主业、做活辅业、拓展新业"三大发展理念，致力于"城市建设、城市经营、城市服务"三大版块，深入践行"为城为民为精彩、同心同行同成长"企业核心价值观，主要从事城市资产的投资建设与经营管理。业务范围涵盖城市建设方面：政府项目建设、工程施工、土地开发整理、房地产开发及交易、工程检测；城市经营方面：国有经营性资产及物业管理、停车收费、公共自行车、城市旅游；城市服务方面：城市供排水、农贸市场管理、产权交易。至2021年年底，集团资产规模82.19亿元，有员工490人。

【建设项目】 2021年，淳安千岛湖建设集团承担46个项目建设任务，其中政府投资项目20个、世行贷款项目12个、自建项目10个、代建项目4个，投资额8.5亿元。亚运阳光路、千岛湖镇中心幼儿园、县培智学校、工人文化宫等各项政府投资项目完成计划任务。世行贷款项目稳步实施，完成王阜水厂、枫树岭水厂、叶家水厂、屏门水厂、厦山水厂、浪川管网延伸、临岐管网延伸、桥北水厂管网延伸、坪山管网延伸、界首管网延伸、姜家管网延伸、千岛湖管网延伸、汾口管网延伸、威坪管网延伸。颐景玉兰项目抢抓施工进度，18栋楼全部结顶，进度和销售金额较同期房产处于前列。

【杭州千岛湖城市旅游开发公司成立】 为用好建设集团现有资源和存量资产，深耕"为城为民"，提升千岛湖城市旅游品质、发挥国有资产效益，2021年5月，县政府批准成立杭州千岛湖城市旅游开发公司，为集团下属企业，专营城市旅游资产，参与燕山文化景区规划建设和环境整治专项行动，通过集团选任和自主招聘等方式选聘企业职工14人。

【燕山文化景区(天屿)实施景区化管理】 自2021年10月1日起，燕山文化景区(天屿)正式以景区模式运营管理，景区环境常态保持干净整洁、文明有序，原来无人无序管理带来的"脏、乱、差"问题得到解决，获得市民游客肯定。其中，"十一黄金周"期间，燕山文化景区(天屿)接待游客2.7万人。至2021年12月31日，经营收入近300万元。

【农贸市场"五化"改造提升】 2021年，县农贸市场公司立足自身实际，打造集"便利化、智慧化、人性化、特色化、规范化"为一体的市场服务体系，优化市场经营环境，完善市场设施设备，建立数字化管理系统，完成千岛湖、西园、南苑三家市场的"五化"提升改造工作。5月，顺利通过省级验收，其中千岛湖市场以满分通过。

【阳光路沥青路面(亚运赛道)大中修工程】 阳光路沥青路面(亚运赛道)大中修工程于2021年5月30日开工,2021年8月10日竣工,投资额6700万元。项目位于千岛湖镇城区,道路西起新安北路,东至千岛湖大道,全长5千米,分两段。新安北路至淳开线段长3.1千米,设计时速40千米/小时;淳开线至千岛湖大道段长1.9千米,设计时速60千米/小时。主要建设内容包括路面沥青修复12.2万平方米、人行道修复1万平方米、绿道修复1.4万平方米及其他配套设施等。项目中,在省内首次引入同济大学研发的非开挖数字化低碳超薄沥青路面技术,运用超薄沥青新材料,既满足亚运赛道品质要求,又减少开挖面,节省原材料40%,减少运输车次90%,噪声降低4～6分贝,降低施工成本3000万元,能源消耗和碳排放减少。

【廉政建设】 2021年,建设集团开展"学史崇廉再深入、巡察整改再发力"主题活动,围绕身边案例,深刻自我剖析,从严评定红黄双色警示对象,重点跟踪整改,如实报告大额资金等个人事项,并举一反三,形成长效机制,确保问题不反弹。

【党史学习教育】 2021年,淳安千岛湖建设集团深入推进党史学习教育,融合四本必读书目和《习近平在浙江》《中国共产党历史》等多种资料开展学习,党委理论学习中心组开展学习交流8次,党支部开展学习86场次。推出"党史我来说""退任干部宣讲团"等载体,创设"四学微课堂"党史学习教育新路径,推送指尖党课97期,开展党史晨读86次,开设午餐课堂80次,工间宣讲20次,受教育党员干部超1600人次。上专题党课14场,邀请县党史宣讲团讲师讲授党史课,退任党员现身讲企业发展史。推出"进工地、进厂区、进市场"三进活动,并在市委巡察组参加的全县党史学习教育座谈会上作经验交流。

【全国文明城市创建】 2021年10月,淳安千岛湖建设集团承担全国文明城市创建基础设计提升紧急任务,投入全员力量持续20天深入10个社区200余个小区、地段,对照创建要求排摸充电桩、停车位、晾衣杆、消防设施、破损路面、绿化补绿等,并在3天时间内完成10个社区18类提升项目排摸统计基础上启动及完成设计、施工。

【城区污水运维整改提升】 2021年,淳安千岛湖建设集团成立城区污水运维中心,疏通"久堵不通"的小区排水管9.1万米、清掏化粪池717座、清理检查井6770座,处理设计缺陷零星整改、地基沉降管网破损、纳管遗漏3大类问题496件,获得锦旗50余面。同时对109个小区的排水管线及窨井进行初步摸查统计并绘制CAD图纸,排查出2000多个小区排水设施问题点,经过立整立改,城区3座污水厂与上年同期对比污水收集量提高近40%。

【小区管网及窨井防坠网安装】 2021年,淳安千岛湖建设集团推进19个老旧小区约36千米供水管网的改造,并将重点区域钢纤维井盖更换为重型球墨井盖,改善市民的用水质量和用水安全。对辖区范围内所有窨井进行排查,对存在问题的窨井进行整改,制定窨井防坠网安装项目方案。先行启动市政道路、人行道等人流量较多的窨井防坠网安装,逐步覆盖绿化带、边坡等周边窨井,完成梦姑路、睦州大道、进贤大道及各小区的供排水检查井、阀门井防坠网安装3499个。

【桥北水厂联网工程竣工】 桥北水厂联网工程于2020年11月1日开工,2021年10月13日竣工,项目总投资1290.09万元。该工程位于千岛湖镇，主要建设内容包括敷设DN500球墨铸铁管1809米，De500PE管加筋管1900米，新建阀门井及其他配套设施等。通过湖底埋设供水管网贯穿千岛湖大桥湖段，将桥北区块与阳光路段供水主干管对接，实现城区及桥北区块供水管网全联通，经过管网调试，供水已正常输送。这是淳安县首次完成跨湖联网供水，真正构建城区、桥北、文昌“三区联网、双厂联供”的新格局，破解千岛湖城区长期以来单一水源供水及夏季高峰供水压力不足的难题，为推进“城乡供水一体化”建设发挥重要作用。

【千岛湖公共自行车获“碳减排优秀项目奖”】 2021年6月，“全国公共自行车碳减排十大优秀案例”评选活动在杭州举行，千岛湖公共自行车获“碳减排优秀项目奖”。

【先离场后付费功能全面覆盖】 2021年，淳安千岛湖建设集团完成外高桥、千岛湖大厦、新塘路51个泊位改造，开通城市大脑先离后付功能；完成明珠地下、新龙门隧道（原75号点）、景湖、阳光路719、阳光路989停车场无人值守调试并启用，全面实现城区路面泊位和停车场库1387个停车位的收费服务接入城市大脑，场库实现无人值守、先离场后付费功能。

【城区老旧供水管网系统升级改造工程】 城区老旧供水管网系统升级改造工程于2020年9月8日开工，2021年6月22日竣工。该工程位于千岛湖镇，市政工程涉及城区老旧供水管道改造、淳安县老旧小区户表改造、水务公司供水管网GIS升级改造等，总投资1499.59万元。主要建设内容包括改造管网长度2740米、新建闸阀井63座、新建室外消火栓2个、更换水表箱447个、更换阀门6661个、管线探测200千米、信息系统与基础软硬件设备购置及其他配套工程等。

【千岛湖镇中心幼儿园工程】 为保障城乡幼儿就近入园需要，满足周边居民学前教育要求，提升淳安学前教育服务质量，促进淳安县教育事业发展，2020年3月27日，淳安县启动千岛湖镇中心幼儿园工程建设，并列入政府投资项目和“十大攻坚战”现场考察点，淳安千岛湖建设集团负责施工。该工程位于淳安县千岛湖东庄村地块，总用地面积5314平方米，拟建9个班，总建筑面积6585平方米，其中地上建筑面积5422平方米，地下建筑面积1163平方米。主要建设内容包括新建教学大楼三层、室内装修、电气设备安装、给排水、景观绿化及其他配套设施工程等。2021年6月30日工程竣工，项目总投资3000万元。

【警务技能训练基地新建工程】 由淳安千岛湖建设集团负责施工的警务技能训练基地新建工程于2020年11月4日开工，2021年12月31日竣工，项目总投资3000万元，总建筑面积6600平方米。主要建设内容包括教学用房、室内外体能训练场、室内射击训练场、警用装备物资库房、设备用房等。

【新塘路拓宽改造工程】 为维护千岛湖农贸市场及周边自产自销经营秩序，改善市场及周边停车环境，助力全国文明城市创建，淳安县启动新塘路拓宽改造工程，并列入政府投资项目。工程由淳安千岛湖建设集团负责施工，于2021年6月9日开工，2021年8月8日竣工，项目总投资200万元。主要建设内容包括完成新塘路农贸市场段（长约120米）扩宽改造，包括市政管线改造、弱电上改下等。

【青小路公共停车场项目】 为改善城区停车

环境，便利市民出行，由淳安千岛湖建设集团施工的政府投资项目青小路公共停车场于2021年8月1日开工，2021年10月15日竣工，项目总投资200万元，用地面积0.26公顷。主要建设内容包括建设公共停车位54个，及相关的绿化等配套设施。

【界首自来水厂标准化建设及污水纳管工程】 界首自来水厂标准化建设及污水纳管工程于2021年9月26日开工，2021年11月16日竣工。项目由淳安千岛湖建设集团施工，总投资600万元。主要建设内容包括完成界首自来水厂进场道路护栏、路灯、围墙、电子护栏等及废水池至亚运会淳安场馆前1#污水泵站约3千米污水管网。

【2021千岛湖镇老旧特韵小区综合改造工程】 2021年千岛湖镇老旧特韵小区改造工程为政府投资项目，由淳安千岛湖建设集团负责施工，于2021年6月30日开工，2021年12月23日竣工，总投资13100万元，涉及施家塘、火炉尖、江滨3个社区17个小区的综合改造，改造总建筑面积46.55万平方米，楼房243幢、6811套。主要建设内容为建筑外立面整治、道路整治、绿化改造、小区基础设施更新、强弱电线路上改下及其他配套设施等。

【检测公司拓展检测业务】 2021年，工程检测公司将原有58个检测参数增加至100个检测参数，经过抗震钢筋、防水卷材等检测参数扩项后，材料检测经营范围进一步扩大，并走向市场拓展管道检测业务，年检测营收创历史新高。 (叶金磊)

·淳安千岛湖旅游集团有限公司·

【概况】 2021年，面对新冠肺炎疫情的反复持续影响，淳安千岛湖旅游集团有限公司(以下简称千岛湖旅游集团)围绕“项目效率年、队伍建设年”主题，抓好转型提升、旅游上市、提质增效和队伍建设四大任务，推进旅游产业转型升级，旅游经济发展复苏。

【产业升级】 2021年，千岛湖旅游集团以景区提升和精品开发为重点，完成固定资产投资5948万元，推动从观光游向体验游、从夏季游向冬季游、从白天游向夜间游延伸。启动千岛湖景区三年提升行动，月光岛推出网红打卡点萌宠体验游乐园，推出“清风之旅”专线，完成龙山岛廉政教育基地和“警钟长鸣”廉政文化提升，千岛湖贺城01号特色休闲船完成主体建造，建成网红打卡地“时光隧道”项目，城西蜗牛房车营地国庆对外开放，西南湖区水下古城探秘VR体验项目顺利试营业。

【旅游经济发展】 2021年，千岛湖旅游集团对接高铁运营公司开通福建、成都、云南、郑州等高铁沿线专列15列，接待5113人；编制《长三角人游淳安》疗养手册，推出疗休养线路22条，接待疗养团队251批次、2.2万人；与江浙沪闽赣皖113家组团社、47家活动组织单位、11家线上平台开展合作，招徕散客12万余人，招徕河南、山东、山西市场千人以上旅游团8个，承接宁波达人、奥帅全国经销商等千人会议会展7场；组织“奋进新时代，创造新生活”千岛湖高峰、富阳区“红色魂——长征路”红色教育等培训班45期、8674人；整合集团产品和下姜、中洲、王阜等红色旅游基地，策划推出党建精品线路3条、工会团建线路4条，接待8000余人。

【队伍建设】 2021年，千岛湖旅游集团聚焦紧缺领域和发展需求，引进营销、酒店、会展等专业人才18名，引进戏曲类、舞蹈类等演艺人才80余名。鼓励在职教育和职称晋级,推动"人才库"建设,其中1人获县级劳动模范、3人获副高职称、1人获省级非遗传承人、2人被评为市高层次人才。组织酒店服务技能比武、景区观光车大赛、旅游产品直播大赛和"金点子"策划大赛等系列大比武,系统开展1200余人轮训、17名优秀讲解员集训、30名服务人员赴五星级酒店带训,邀请旅游学院导师、国家一级导演、国家级非遗传承人等授课培训。针对市场化程度高的酒店和项目引进职业经理人,针对特色酒店店长、行政总厨等特殊岗位人才实行谈判工资,组织开展集团文艺汇演、职工运动会等,优化职工乐业环境。

【基层党建】 2021年,千岛湖旅游集团突出支部堡垒和党员先锋作用,编创睦剧大戏《茶山村的故事》并获市文化精品工程,开展项目提效率、营销壮市场、服务优品质等攻关活动,集团党建考核获优秀等次。创新服务载体,推出"周游千岛湖"活动10期,组织1200余名市民游客进乡村;成立"电商助农小分队",参与农户直播带货36场,销售"暖心年货"3800箱,带动各乡镇大米、蔬菜、覆盆子、蜂蜜、枇杷等农产品销售200万元;深化"文化下乡",送睦剧下乡演出60场次,承接乡镇节庆活动40余场;开展结对困难户活动和消薄增收工作,为结对村落实帮扶资金20万元,集团党员干部帮扶结对困难户133人,发放慰问金7.98万元。

【疫情防控】 2021年,千岛湖旅游集团开展常态化新冠疫情防控,守护千岛湖景区净土。46名党员主动请战成立突击队,带领221名职工全年奋战在3个隔离酒店,完成境外返回高风险隔离人员27批次3220人,紧急支援上虞1000份"千岛农品"抗疫爱心物资,获评杭州市新冠疫情防控先进集体。

(方勇飞)

·淳安县新安江生态开发集团有限公司·

【概述】 2021年,淳安县新安江生态开发集团有限公司(以下简称新安江开发公司)实现营业收入8.8亿元,实现利润总额5076万元。荣获"森林浙江"建设工作突出贡献集体、浙江省生态文明建设突出贡献集体称号;以林业总场为典型的"绿水青山就是金山银山"转化案例在全国国有林场GEF培训会上进行交流发言;参与研究的"柏木良种选育和繁育关键技术及应用"获得浙江省第二十一届科技兴林奖一等奖。

【森林品质提升】 2021年,新安江开发公司持以"美丽森林"建设为核心,做好春季造林、森林抚育、大径材培育和世行贷款生态修复项目等工程2000公顷,培育柏木、马尾松等苗木20万株。完成枯死疫木清理11000吨,对25333公顷松林开展常态化疫病源监测和防治。完成迎亚运生态修复图斑复绿工作14处,其中市级重点项目2个。开展良种选育、生物多样性和消落带研究等工作,科学编制《姥山林场国家马尾松良种基地发展规划(2021—2025年)》。

【人才培养工程】 2021年,新安江开发公司重点围绕"林业技术队伍提升"工程,组织下属林场场长、林业技术员赴百山祖国家公园参加"亚热带森林生物多样性研究和保护培训会",促进林业科技人才的交流与培养。由享受国务院政府特殊津贴高级工程师徐高福领衔成立林业专家工作室,为集团林业技术人才培养和林业科研高端平台搭建创造有利条件。界首林场科研新大楼落成并挂牌,并与浙江大学、华东师范大学等高等院校签订新一轮战略合作协议,就产学研项目实施、智慧林业、人才培养等方面进行全方位合作。

【制度体系建设】 2021年，新安江开发公司落实林长责任制，强化组织领导和统筹谋划，狠抓责任落实。优化林场巡防、林渔联防、乡村共防、信息员协防“四防”和备预案、备装备、备勤、备战“四备”体系建设，添置专业水罐消防车、护林巡逻艇等设备，完成林场森林消防应急指挥室(标准化消防仓库)和重点林区44个消防水桶建设，常态化开展业务知识培训、森林实战演练、集训拉练、体能测试，提升全员业务能力和身体素质。

【林场基础设施提升改造】 2021年，新安江开发公司以“景点化”林场为建设目标，完成界首、威坪、叶琪场部基础设施提升改造工程，职工生产生活条件持续得到改善。推进茅头尖、梓桐口、燕山林场项目改造前期工作，茅头尖林场改造开展施工图设计，梓桐口、燕山方见坞选址论证通过县土地联席会议审批，项目规划设计方案通过县城规办会议研究。完善场区污水处理设施的改造提升和第三方运维管理机制。完善林区承包户的经营管理，明确林下产业园管理的考核机制、卫生管理、统防统治和水土保持等环境保护要求，为林下经济产业的绿色、持续、可循环发展提供保障。

【森林旅游】 2021年，上江埠房车营地完成内外部设施改造提升，增加房车露营，丰富党群服务功能，5月1日对外营业并对接携程、去哪儿、美团完成产品上线。金山鱼湾于4月完成改造提升并投入运营，举办“我在千岛湖有条鱼”生态放流公益活动，与阿里健康、水基金、县文广旅体局等单位开展业务洽谈，拓宽引流渠道，被列为“千岛湖水生态保护社会共治示范基地”和“淳安县首批党员干部教育基地”。姥山森林研学项目受新冠疫情影响转变运作模式，开展线上松竹文化体验之旅，直播流量达11万人次。做好国家级户外指导员荒岛生存培训服务工作，有序稳妥保障夏令营开班，全年接待文旅研学游客1144人次。鳌山樱花岛完成樱花大苗种植、园区道路拓宽等基础设施建设。项目景点规划设计方案获省林业局批准，开展园区管理房提升改造、森林防火瞭望塔及森林步道建设，推进婚纱摄影、研学教育及旅游文创等配套产品开发建设。南泥湾研学基地完成室内装修工程、室外改造及户外拓展运动设施建设，一个功能完备、设施齐全的国防教育、民兵训练、户外拓展的崭新综合营地初步呈现。

【资源盘活】 2021年，施家坪项目完成招商，成功注册登记杭州千岛三舍文旅有限公司，推进项目规划设计相关工作。东山尖项目推进景区环境、道路等基础设施恢复工作，开展旅游度假村及特色精品民宿经营招标，经过多个方案比选与美客民宿签订合作协议，项目建设固定资产总投资500万元。云坑坞、石墙坞项目积极对接优质客商进行合作开发，利用两处地块的房屋资产、经济林地，建设以文化交流、体育拓展、生态农业开发、精品特色民宿为主要功能的农旅融合项目，带动周边乡村振兴。开展“建基地、做示范，抓招商、促合作，拓渠道，塑品牌”行动，联合县工贸公司等企业成立浙江黄精交易市场交易管理有限公司，利用林场丰富的资源做大做强黄精产业，助推乡村振兴。在金竹牌、界首林场建设精品果园、林下经济示范基地，改变茅头尖橘园以往分散、粗放的租赁方式，由杭州墨香湖休闲公司进行全面改造提升，开启农旅融合发展模式。

【重点企业经营】 2021年，林业工程公司以“走在三级企业同行前列和经营收入、利润总额双提升”为目标，迎难而上，主动出击，参与县内外的招投标工作，中标工程量850万元，直接交易项目978万元，高质量完成香里度假村景观工程、洞头区森林抚育项目、新昌韩妃江安岚酒店绿化工程等项目，实现营业收入4100万元、利润总额432万元目标。千发集团克服新冠疫情影响，淳鱼产销整体上扬，淳鱼餐饮稳步回升，淳鱼加工奋力开拓，旅游文创协调共进，主要经济指标保持稳定增长，全年实现营业收入7.7亿元、利润总额3046万元、净利润2730万元。入选首批国家级水产健康养殖和生态养殖示范区，成功举办全国大水面生态渔业培训班，行业影响力进一步扩大。针对市场变化，集团对新能源汽车的持股结构进行科学优化，加强对轻资产恒好用车的经营管理，不断提升投资安全，确保投资收益稳定。（许梅琳）

·淳安县工贸资产经营有限公司·

【概况】 2021年，淳安县工贸资产经营有限公司(以下简称县工贸公司)围绕县委县政府建设特别生态功能区和加快公司转型升级新要求，以提高国有资产经营效益为核心，抢抓发展机遇，做优资产、做响品牌、做大主业，推进公司跨越式高质量发展。完成营业收入3.37亿元，利润总额539.18万元，净资产收益率4.4%，超额完成县政府下达任务的127.7%、256.8%、5.8%；完成招商引资工作任务。

【深绿产业发展】 2021年，县工贸公司与参股企业天士力(汉广)淳安县中药材初加工厂有限公司合作，对淳安特色的覆盆子、花前胡、山茱萸等进行初加工，为中药饮品厂提供半成品，全年完成交易额4500万元。与安徽省池州市九蒸晒食品集团有限公司合作，对药食同源的黄精进行深度开发，研发黄精饮料、黄精果酒、黄精膏等系列黄精养生产品。利用淳六味公司百草园中药材种植基地和东篱菊特色药膳民宿，开展“药、医、游、食、养、研”等科普实践活动，全年接待游客11525人次。与安徽黄精交易市场管理有限公司、淳安县新安江生态开发集团有限公司共同投资建设“浙江黄精交易市场”项目，成立浙江淳六味黄精市场管理有限公司，力争形成“买全国、卖全国”的黄精产业集散地。

【项目建设】 2021年，县工贸公司投资2000万元完成临岐中药材仓储集聚区(二期)项目建设，新建中药材仓储集聚区及冷库8200平方米，助力大健康产业发展。投入90余万元对县生猪定点屠宰厂进行污水处理改造，完成污水处理扩建项目，建成180立方米、300立方米污水处理池各1个，保障淳安县生猪屠宰业务的正常稳定开展。续投3000余万元，完成临湖整治后续物业利用威坪东方水岸项目，并进入综合验收启动房产销售阶段。投资3255万元完成杭州千岛湖外高桥大酒店有限公司75%股权及债权收购事宜。

【生态保护】 2021年，县工贸公司启动淳安锡铁矿尾矿库清库项目前期工作，形成《淳安锡铁矿尾矿库初步勘察报告》《淳安锡铁矿试验研究报告》，在取得相应支持性成果的基础上，编制《浙江省淳安锡铁矿尾矿库清库项目工程可行性研究报告》。做好高陡坡退耕休耕工作，多次前往鸠坑乡原淳安蛟池化工厂橘园地块进行实地调查摸底，配合鸠坑乡政府对橘园承租农户进行政策宣传和思想沟通，实行退耕与绿化补植相结合，落实系统治理举措，完成鸠坑乡区块高陡坡退耕休耕9.33公顷。

【民生保障工作】 2021年，县工贸公司做好民生保障工作，全年屠宰检疫生猪84942头，实现营收2.48亿元，利润利润300余万元。为应对极端情况出现，保障肉品供给，为政府储备肉150吨。由控股企业郁川园公司承担创建省级淳安花猪保种养殖业务,按照浙江省农业科学院畜牧兽医研究所的选配建议,进行花猪配种,繁殖淳安花猪及二代猪,形成统一的饲养标准、养殖周期、管理规程,确保淳安花猪的品质,创响淳安花猪品牌。

【创新体制盘活资产】 2021 年,县工贸公司创新资产经营增效体系,形成新的盈利增长模式。引导民间资本投入 180 万元对公司资产进行提升改造,节省公司资金投入,公司资产得到更新,效益提高。盘活处置低效闲置资产,审时度势,解放思想,摒弃抱残守缺"死守家业"的旧观念,盘活资金近 900 万元。

【平安建设】 2021 年,县工贸公司开展安全生产和消防检查 18 次,排查并整改到位各类隐患 52 处,全年未发生安全生产责任事故。做好全国文明城市创建及垃圾分类工作,提高职工垃圾分类意识,做文明淳安人。

【招商引资】 2021 年,县工贸公司围绕专项攻坚,做好环千岛湖生态金融资本圈"一站式"服务工作,为注册阳光大厦企业办理注册、变更、银行开户等服务业务 400 余次,完成会议接待 183 场,参观考察接待 116 次,商务洽谈客人 220 余人次,服务企业家数达 180 余家,加速聚集高能级总部项目。注册在阳光大厦企业 1630 余家,实现税收总额达 1.72 亿元。 (方　晶)

·淳安千岛湖农业发展集团有限公司·

【概况】 2021 年,淳安千岛湖农业发展集团有限公司(以下简称淳安农发集团)深入践行"绿水青山就是金山银山"理念,持续加大重点领域、关键环节的改革探索力度,激发企业发展活力,取得较好的经济和社会效益。全年实现营业收入 3.52 亿元,利润 2389 万元。

【水力发电运行】 2021 年,淳安农发集团推行发电企业扁平化、一体化、标准化管理,强化岗位培训、创新现代科技管理模式,加大机电设备、线路、水电设施的维护力度,确保设备安全稳定运行。完成上网电量 13750 万千瓦时,实现产值 6450 万元。争取增效扩容补助电价 1600 余万元。

【水利工程建设】 2021 年,淳安农发集团采取项目经理负责制和片区管理相结合的管理方式,加强工程质量、进度和文明施工管理。全年承接水利工程项目 128 个,项目涉及全县 91 个村,工程总额约 10450 万元。

【土地开发整理】 2021 年,淳安农发集团与农发行淳安支行合作加大融资,为项目开发提供资金支持,截至 2021 年底,投入资金 4 亿元,开工建设土地开发项目 75 个,项目涉及全县 79 个村,工程总额约 1.05 亿元,实现利润 2140 万元。

【农饮统管】 2021 年,淳安农发集团根据农村饮用水县级统管要求,实行县级统管运维,管理体制改革基本成型,水质检测合格率、供水保证率均达 95%以上。27 项统管制度全面执行,23 家公司经营性资产核算全部完成,提升农村饮用水长效运行管理水平。

【统防统治】 2021 年,淳安农发集团会同县林业局开展全县 5333 公顷山核桃林病虫害统防统治,利用无人机飞防、人工群防、乡村跨界联防等多种防治方式,提高山核桃病虫害防治效率与实际效果,助力百姓增产增收。

【再生资源】 2021 年,淳安农发集团按照政府引导,国企控股,民企参与的运营模式,构建运维完善、顺畅的再生资源回收体系。69 个标准化再生资源回收网点建成运行,过渡分拣中心投入运营，实现废纸、金属、塑料、玻璃、衣物等顺利回收。

【蚕桑产业】 2021年，淳安农发集团完成茧丝绸公司股权回购，谋划蚕桑产业的生产、管理和销售，着重做好以淳牌蚕丝被为主打产品的终端产品品牌推广，增加蚕桑产业附加值。

【"515"工程建设】 2021年，淳安农发集团在整合乡镇分公司和国企平台资源基础上，全力推进"515"工程建设，实现生态家底一目了然，形成一批可复制、可推广的典型案例。11月，淳安县"两山银行"数字化应用场景被省发改委列入全省数字化改革"一地创新、全省共享"重点应用项目之一。

【数字化改革】 2021年，淳安农发集团以全省数字化改革为契机，着力推进数智赋能两山银行建设。依托浙里办App客户端，完善建设"两山金融"模块，与银行合作开发"两山共富贷""两山生态贷"等绿色金融产品。与县邮政局合作建设"两山农品"服务模块，帮助生态农业领域"两山"转化项目拓宽产品销售渠道。

【淳安县两山生态产业基金】 2021年，淳安农发集团与县财政局、淳安经济开发区共同设立两山生态产业基金2亿元，发挥金融资本在提升深绿产业化水平中的作用。

【枫树岭水电站获得国家级"绿色水电站"证书】 2020年12月，枫树岭水电站获得国际小水电联合会命名的"绿色小水电示范电站"证书。 （张　婷）

·淳安县交通发展投资集团有限公司·

【概况】 2021年，淳安县交通发展投资集团有限公司（以下简称县交投集团）以庆祝中国共产党成立100周年为契机，统筹推进高质量党建、高效益发展和高水平民生，实现"十四五"规划良好开局。至2021年底，集团资产总额78.22亿元，净资产33.64亿元，实现企业利润总额3700万元，比上年增长23.3%；全年实现营业收入2.7亿元。

【交通工程施工向外拓展】 2021年，县交通建设公司面对县内交通工程项目减少，直接委托施工难度加大，将施工业务从县内走向县外，从直接委托施工到通过公开招投标参与市场竞争，企业取得长足发展。全年参与68个交通工程项目公开招投标，中标4个工程项目，中标总金额6684万元。其中，余杭"路网三改"工程、富阳农村公路大中修工程两个项目为县外中标工程，中标金额近5000万元。

【砂石资源管理业务取得突破】 2021年，县交投集团完成对原千黄一标段约10余万吨砂石收储、原千黄二标段约20余万吨砂石收储任务，对砂石加工产品进行技改提升，推出整形后的沥青料用石子，全年实现营收8400余万元。参与全县砂石资源管理，通过与规资、财政、综保等部门对接协调，11月全县砂石资源管理实施意见和细则相继出台后，县交投集团成为全县砂石资源管理处置主体单位，并在当年实现全县砂石收储营收3400余万元。

【项目建设】 2021年，县交投集团推动实施330国道淳安千岛湖大桥至临岐改建工程PPP项目等7个政府投资项目，完成年度投资额2.6亿元。千岛湖配水工程进水口进场道路及配套绿化工程等4个新开工项目工程施工稳步推进。推进省市民生工程——4条断头路建设，其中大墅和里商两条段头路开工建设。千岛湖汽车客运总站及中心站公共所服务大提升项目已完成年度投资额120万元;“两山”高层次人才集聚区项目总投资300万元,完成共享研发中心装饰工程、“两山”人才家具采购和原逸和源绿化改造提升工程。东麟府房产开发项目12幢楼主体结构工程等均基本完成,投入资金4.87亿元,占总投资的47%。

【项目管理】 2021年,县交投集团全年重点抓好项目竣(交)工验收工作,以项目竣工验收关门程序倒逼各项工作,统筹推进项目变更、审计、资料档案等。全年组织项目交竣工验收相关会议23场。完成05省道淳安九龙至西阳段改建工程、潭唐公路屏门至郑中段改建工程等11个项目的竣工验收(其中历史遗留项目2个),淳杨公路环千岛湖绿道骑行桥工程等4个项目完成验收准备工作(其中历史遗留项目1个)。屏河公路威坪驮岭脚桥至叶家段改建工程等4个历史遗留项目卡脖子问题取得实质性进展。其余330国道淳安临岐至临安湍口段改建工程(淳安段)、丰茂半岛连接线工程2个项目的审计、专项验收工作按计划有序推进,其中330国道淳安临岐至临安湍口段改建工程(淳安段)完成环保验收和工程决算送审。

【巡察问题整改】 2021年,县交投集团以县委巡察“回头看”为契机,把巡察整改落实作为检验巡察工作成效的重要环节,对巡察反馈问题进行再检视、再整改、再提高。县委巡察中发现的47项问题整改清单有43个问题得到有效整改,做到对账销号、逐一落实、边查边改,立行立改。特别是涉及工程招投标、工程管理、风险管控和国有资产保值等问题,真正做到源头治理。先后制定下发《交投集团限额以下公共资源交易实施细则》《关于进一步规范淳安民间融资服务有限公司经营行为的若干意见》,修订完善《党委会会议议事规则》《民融公司章程》,通过制度规范企业经营行为。

【场站工作】 2021年,县汽车运输公司紧紧围绕“安全、服务、减亏”三条主线,以“全国文明城市创建”为契机,以“打造客运行业标杆”为宗旨,不断优化提升场站基础设施配套建设,为乘客提供更优的环境和更优的服务,充分展现总站窗口新形象。全年发送5.2万客运班次,安全输送旅客54万人次,受理行包安检92万件,查获危险品1135件,对80.2万名旅客进行测温查码安检。顺利通过国家卫生城市复评、全国文明城市创建、疫情防控、垃圾分类等各类检查、暗访、考核40余次。

(汪　璐)

·淳安县供销合作总社·

【概况】 2021年,淳安县供销合作总社(以下简称县供销社)有基层供销社6家、独资(控股)企业6家、参股企业5家,在服务“三农”和促进淳安社会经济发展中发挥积极作用。至2021年年底,培育发展中华全国供销合作总社重点龙头企业2家、省级骨干农业龙头企业2家、省三星级文明规范市场1家,县重点工业企业2家。全资及控股企业营业总收入3162万元,利润总额351万元,两项指标较上年均有增长。

【千岛湖蔬菜公司改制】 因千岛湖蔬菜公司亏损严重,2021年10月,县供销社党委研究实行蔬菜公司改制对千岛湖蔬菜公司实施改制,采取内部职工优化组合承包经营责任制的方式,扭转公司经营亏损。组合不进的职工按《中华人民共和国劳动法》解除劳动合同,并给予经济补偿金。11月4日,召开千岛湖蔬菜公司职工大会,向职工传达优化组合承包塘边、绿园两店经营改制方案;12月2日、12月29日两次召开县供销社党委会,优化蔬菜公司改制方案。通过公开内部职工竞价方式进行,2名职工分别承包塘边和绿园店。除1名患白血病职工作长期病假处理,保留其蔬菜公司职工身份外,剩余10名职工均自愿签订解除劳动合同的协议,经济补偿金于12月31日发放到位,整体经营体制改制也落实到位,解除劳动合同的职工思想稳定,承包人员安心经营,未出现纠纷。

【审计巡察】 2021年,县供销社以市审计和县委巡察为抓手,推进供销社腐败和作风问题重点整治工作。1月11日,杭州市审计局进驻县供销社,对淳安供销社改革政策落实情况进行专项审计;4月12日,市审计局反馈审计意见。3月2日至4月25日,县委专项巡察组对县供销社开展巡察“回头看”;7月11日,县委专项巡察组反馈巡察意见。县供销社党委根据审计发现的31个问题和巡察发现的36个问题,按照“六见”要求认真开展整改工作。审计整改方面,与农业、改革、财政等部门和乡镇共同敲定整改意见,落实任务分工;积极退回农资淡季储备补助资金,外高桥等3家单位房屋租金基本追缴到位,涉农担保费率及时降低;邀请第三方机构,对农合信息科技公司、蔬菜公司、担保公司、供销大厦新峰物业开展重点审计。巡察整改方面,7月23日提交整改报告,截至12月31日,有33个问题整改到位。

【综合改革】 2021年,县供销社履行农合联执委会职责,推进综合改革走深走实。抓住数字化改革机遇,积极融入省市供销社数字应用场景,签约省数字农合联基础平台合作协议,覆盖50%农合联会员,农合联数字化服务迈出稳健步伐。开展农合联组织规范化建设,威坪片区农合联积极申报示范性乡镇农合联,农合联组织发展质量得到有效提升。继续推进产业农合联建设,新组建柑橘产业农合联,产业农合联覆盖茶叶、蔬菜、柑橘淳安三大主导产业,区域农合联通用性服务和产业农合联专业性服务分工协作的新型农业社会化服务体系正在形成。

【为农服务】 2021年,县供销社强化农业生产服务,实施专业化统防统治,完成382.33公顷茶树、果树飞防植保;开展“送服务”活动,赠送40家农合联会员20万元农资商品;完成1000吨化肥和4吨农药应急储备;“茶叶专科医院”为茶农免费开展技能培训、技术指导等服务。创新城乡商贸服务,启动“供富大篷车”,组织全县农产品进杭城展销迎新年;参与“千岛农品”区域公用品牌打造,推动“千岛农品”“大下姜”55个农产品入驻杭州市民中心专柜展示展销;千岛湖茶叶市场发挥平台交易功能,完成交易量3905吨,交易额14亿元,创历史新高。优化信用担保服务。担保公司与县工商银行签订担保合作协议,突破与国有银行零合作。降低涉农担保利率,设立6个基层社农信担保服务代办点,实现担保业务办理县域范围全覆盖。全年完成担保业务20625.5万元,增长13.4%。

【经济发展】 2021年,县供销社对2000年后,全系统资金房屋、资产资源、债权债务进行清产核资,促进社有资产的合理利用和保值增值。以审计、巡察整改为契机,倒逼企业改善经营。蔬菜公司组织实施员工优化组合承包经营责任制改革,逐步扭转经营亏损;农合联资产经营公司将托管、运营的威坪、姜家、枫树岭3家乡镇农贸市场,划转给属地基层社管理运营,减少运营成本。基层社通过参与政府中心工作实现自身发展,大市供销社利用沿店低效资产参与枫树岭镇文旅综合体项目建设;临岐供销社全面建成中药材种苗基地，开展道地药材种苗的收购和培育。千岛玉叶公司托管的茶叶良种场，每年出圃茶苗1100万株，茶苗收入成为千岛玉叶公司重要经济增长点。

【自身建设】 2021年，县供销社党史学习教育突出“供销味”，挖掘新时代供销社扁担、背篓精神，将学习成果转化为“干实事，开新局”的具体行动。重视干部职工队伍建设，年内全系统招聘10名职工，开展系统中层干部调整，推进干部职工新老交替。发挥党员干部职工先锋模范作用，参与茶叶市场新冠疫情防控、全国文明城市创建、党员进社区志愿服务。从严落实全面从严治党主体责任、“一岗双责”和意识形态工作责任制，坚决反对“四风”，深化“三服务”，传递供销“好声音”，不断扩大供销社影响力。 （钱利君）

·淳安县茧丝绸有限公司·

【概况】 2021年，淳安县有桑园面积2547公顷，其中投产桑园2273公顷；全年发放蚕种32015张，比上年减少9703张，下降23.3%；收购蚕茧996吨（19918担），减少347吨（6948担），下降25.9%。平均张产31.1千克，张种收茧量减少1.1千克；张产值1703元，平均茧价2737元，提高651元/50千克，增长31.3%；全县户均养蚕收益1.12万元。县内2家缫丝企业10组自动缫丝机，年加工干茧480吨，生产厂丝180吨，年产值8280万元。实现社会效益和企业效益双丰收，企业效益比上年减亏200万元。

【蚕茧生产特点】 2021年，淳安县蚕饲养量和养蚕户大幅减少，蚕种饲养量减少9703张，下降23.3%；蚕茧产量减少347吨（6948担），下降25.9%，张种收茧量减少1.1千克，养蚕农户减少755户，蚕茧产值减少153万元，下降2.7%。即平均茧价增加651元，增长31.1%；蚕桑总产值持平。春蚕期桑叶涨势旺盛，虽有少量蚕发病、中毒但总体良好；夏期阴雨期较长、叶质薄；早中秋天气温度高，雨水少，气候干燥，有少量细菌病和脓病及中毒情况；晚中秋期长期干旱、后期温度也高于往年，导致桑叶上农药残留严重，出现蚕中毒现象普遍，再加上食桑天数缩短、茧质指标与往年同期相差较大。全县平均上车茧率86.3%，解舒率67.0%，毛折290.38，净度93.61，烘折234.96千克，上年平均上车茧率86.8%，解舒率71.0%，毛折284.29，净度94.25，烘折231.1千克，相比上车茧率降低0.5%，解舒率降低4.0%，毛折高6.09个点，净度低0.64分，烘折高3.86千克。随着茧丝绸行情的企稳回暖，蚕茧价格也逐步回归正常水平，2021年蚕农养蚕的效益得到较好的体现。全年平均收购上茧价2737元/50千克，较上年相比提高651元/50千克，提高31.3%，蚕农收益得到保障。3月上旬，淳安县主蚕区遭受霜冻灾害，桑园占比较大的农桑11、12系列为主的桑品种冻害严重。受冻面积占比三分之一，其中冻害严重损失较大的有威坪唐村片、梓桐富石等地，公司茧站技术人员第一时间将应对措施贯彻到各乡镇村，采取增施叶面肥、加强桑病虫防治、桑树摘芯降干、推广小蚕共育、加强大蚕期防高温等应急措施，缓解叶种平衡，通过一系列技术措施的贯彻落实，将霜害损失降到最低。7月下旬至8月中旬连续二十多天阴雨，导致桑树普遍出现生长发育迟缓，枝条细短、叶片小而薄、叶色泛黄，秋叶产量和质量稍差，9—10月遇高温干旱，在此种气候条件的影响下，桑园病虫（桑叶萎缩病、桑螟基数等）攀高、品种多、发生量大，影响晚中秋饲养，导致郭村、浪川、汾口等地大面积中毒和脓病发生。

【党史学习教育】 2021年，淳安县茧丝绸有限公司(以下简称县茧丝绸公司)为切实推进党史学习教育，增强服务意识，结合中国共产党成立100周年，立足实际、守正创新，通过开展特色鲜明、形式多样的学习教育，掀起党史学习教育热潮，增强学习教育的针对性和实效性，推动党史学习教育深入群众、深入基层、深入人心，激发员工干事创业强劲动力。通过学习，真正转变工作作风，真正落实在实际工作上，落实在解决具体问题上，落实在为蚕农办实事上，化解蚕农关心的热难点问题。健全、完善各项管理制度，同时，对各项制度执行情况加强监督、检查，发现问题及时处理。通过各项制度的完善，进一步改进干部员工的工作作风。突出重点，完善服务，各部、总站、茧站确定一个联系村、蚕桑大户、困难户，从资金、技术给予大力支持。尤其是方格蔟、蚕药、蚕桑专用肥的预借，有效缓解大户的资金压力。在技术上，通过建立示范点，以点带面，典型示范，提高蚕桑科技含量，从而有效地提高蚕茧产质量。据统计全县推出十几个品种20万元左右蚕用物资，其中预借桑树专用肥100吨。由于质量可靠、供应及时、保本销售、配套服务，深受广大蚕农欢迎。加强技术培训和指导工作，在按照生产需要做好技术服务的同时，与县农业农村局蚕桑站衔接，形成合力，多层次、全方位、多角度开展蚕桑技术培训，据不完全统计，全县举办培训班20期次，受训蚕农1800人次，发放技术资料5000余份。通过技术培训和养蚕期的技术指导，有力地提高广大蚕农种桑养蚕的水平。

【蚕桑生产】 2021年，县茧丝绸公司确定蚕种出库时间，结合淳安气候的实际，合理确定发种日期；通过广泛征求生产技术部门和基层意见，专题研讨，确定每期的出库日期。实践证明，发种日期定得不偏不倚、切合淳安县蚕桑生产实际。春蚕五龄后期和上蔟期内有效地避开高温逼熟和高温多湿天气，蚕茧产量和质量明显优于周边地区。按照技术标准催青，在蚕种领运、催青、发放等催青过程中按照《浙江省蚕种催青技术标准》操作。同时由于采用计算机自动化控制高密度放置进行蚕种催青，因控制手段、操作方法和管理模式等方面与传统的催青技术模式有较大的变化，对催青人员的要求和催青技术的贯彻与传统的催青方法有很大的改变，根据实际情况将催青的理论知识结合实际灵活运用，确保蚕种的孵化率。强化科技服务工作，公司干部职工统筹抓好疫情防控和蚕桑生产工作，主动作为，及时发布春季桑园培管要点、入村进户加强技术指导和信息宣传，引导蚕农分时段出工、分散干活，及时有序地开展桑园施肥、除草、防虫等田间管理和蚕房消毒等准备工作。蔟中管理期间，茧站职工多次到户，要求蚕农按公司管理标准做好蔟中管理并签字承诺；在茧站收茧前一两天，公司科室和茧站职工包干到村，抓好投售前的采茧分类选茧工作，有效提高蚕茧上车茧率和质量。精抓桑园病虫害防治，县蚕桑站及时提供病虫预报信息，茧丝绸公司及时采购和发放药品，茧站员工及时督促以村和农户为单位抓好病虫害防治；蚕业公司有针对性地对威坪的凤凰村、坑下村和姜家镇的郭村片和浪川乡的大连、联欢村133公顷病虫害重灾区进行无人机防治；有效实施好县统防项目工作，在抓好药品防治的同时，注重生物和物理防治工作的落实，全县保持食诱剂防治面积133公顷，淘汰老化和更新设施设备2千余大套；配合蚕桑站继续抓好实施性诱剂防治试验工作，及时安装杀虫灯等，有效筑牢病虫害防线，保障蚕茧生产。

【项目实施】 2021年，县茧丝绸公司抓好商务部“规模化集约化”蚕桑基地建设，5月28

日顺利通过省经信厅组织的项目验收，获补助资金300万元。推进三眠蚕试养项目，2020年在梓桐试养三眠蚕“苏超2号”获得成功的基础上，2021年分别在夏茧的郭村茧站、早中秋茧的浪川、虹桥头茧站推进试养“苏超2号”650张，夏茧和早中秋茧在汾口茧站诱导饲养三眠蚕20张。从试养结果来看，“苏超2号”茧质一般，但因干壳量高、张产高，蚕农收入、公司经营效益略有增加；诱导三眠蚕虽然丝质较优，但张产较低，经济性状较差。积极申报钱江特聘专家。成功申报第二批钱江特聘专家，聘请浙大教授时连根为公司开展“优质超细纤度蚕丝生产关键技术研究与示范”工作，开发出特殊风味的丝、绸及其制品，提高淳安蚕茧市场竞争力。完成课题申报、验收，完成“精品AAAAAA级原料茧生产示范基地”项目，补助资金50万元；做好县生态(蚕桑)项目申报。组织各总站做好新改种桑项目资金补助申报材料，养蚕大户奖励、十天养蚕法补助的资料整理、审核、公示、汇总和材料报送工作。

【蚕茧收烘经营】 2021年，县茧丝绸公司本着“节约、必需”的原则，在蚕茧收烘经营方面加强各总站、茧站费用核算和监管，合理提高管理费用和直接费用，提高工作效率；加强仓库费用控制；加强对总站、茧站财产物资的盘点和监管，防止出现“跑、冒、滴、漏”现象的发生。调研茧丝行情，当好蚕茧定价参谋。随着茧丝交易市场化程度的不断深化，市场行情瞬息万变，竞争压力不断加大，市场交易往往需要抓住价格的节点快进快出，结合这些方面的要求需要，茧丝管理部结合实际情况，在各期收购蚕茧前对蚕茧的数量、质量指标作出合理的预判，为公司经营班子精准定价作出决策当好参谋。抓好内部管理，保障蚕茧收烘质量。做好基层蚕茧收烘指导工作，落实好“优质优价”理念，各茧站切实把好主评关，认真把好方格蔟茧分类关，从收购中看到，二类茧占2.5%，与上年持平，含水率超标扣份比较到位，防止成本增大、烘折虚高现象，全县扣水份2850千克，为公司增效31余万元。严格进仓把关，样茧准确进仓安全。全年在公司机关抽调专人进行抽样工作，会同各茧库严格把好进仓关，严防不安全庄口进仓。本着保障样茧准确性时效性等大局出发，严格抓好进仓抽样工作。坚持茧站不插手样茧、大样贴封条、样茧不过夜、丝厂协助原则，从而保障进仓、样茧、考核等工作的公正性、公平性、准确性。严格按章办事，做好干茧分配销售。干茧分配销售直接影响公司经营效益、资金安全、厂家关系，干茧的分配和销售必须慎之又慎。在干茧分配数量上，改按机组数和实际开工数组合分配为按实际开工机组数分配；在干茧下库工作上，坚持财务确认资金到账、开干茧出库单，茧库管理人员见票发货的开票原则，杜绝无单发货保证公司资金安全。全年收购销售干茧423吨，销售额6530余万元，销售差价1080余万元。与上年销售差价770余万元，增加销售差价310余万元。

【党群工作】 2021年，县茧丝绸公司组织党员职工学习习近平总书记在庆祝中国共产党成立100周年大会上的讲话，认真学习讲话精神，围绕中心，对照自身思想和工作实际，积极查找问题、改进不足。公司上下提建议、意见130条(次)，提高员工思想道德素质。严格执行各项规章制度。要求每一位干部职工恪尽职守，做到自重、自警、自律，时刻牢记自己是国有企业员工的身份(违法乱纪惩处参照国家对行政事业干部的有关规定)，全面推行承诺制。党对企业的领导不断得到增强，党组织的战斗堡垒作用和党员的先锋模范带头作用力不断得到增强，工青妇工作不断得到增强。广大员工自动放弃“五一”休假主动下基层“跑田头、访蚕户、传技术、释疑惑、促增收”，向蚕桑重点村(户)无偿赠送蚕桑药品，丰富“以人为本，员工第一；以民为本，蚕农第一”两个第一的理念，增强职工的凝聚力，推动企业的精神文明建设。外宣工作亮点纷呈。认真做好信息报送，准确、真实、全面地反映公司2021年的蚕桑产业的新思路、新做法、新经验、新情况等，分别在《学习强国》《人民网》《杭州日报》等10余家网站和淳安各大主流媒体发表，全年录用稿件60余篇。提高工作积极性。为确保员工有健康的身体全身心地投入工作，享受生活，组织全体员工体检、疗休养，点燃工作热情，努力在工作岗位上有所作为。组织骨干外出广西、南通、嵊州等地考察，不断拓宽视野，积极引进外地先进的科学技术和管理经验，以促进蚕桑产业持续发展。同时，党组织的战斗堡垒作用和党员的先锋模范带头作用力不断得到增强，工青妇工作成效显著，圆满完成年度各项工作，实现“蚕农满意、政府满意、公司满意”的良好局面。 (倪文进)

·国网浙江省电力有限公司淳安县供电公司·

【概况】 2021年，淳安县全社会用电量15.19亿千瓦时，比上年增长6.2%；售电量14.16亿千瓦时，增长7.3%；最高日负荷28.53万千瓦，增长3.1%；综合线损率2.5%，供电可靠率99.99%；营业收入7.69亿元，利润395.45万元；电费回收率100%。用电户数24.75万户，增加0.80万户。产业单位营业收入5.15亿元，利润2615.89万元。

【安全生产】 2021年，国网浙江省电力有限公司淳安县供电公司(以下简称县供电公司)联合政府建立生态林区涉电火险隐患整治机制，有效防范重大森林火灾隐患。圆满承办“浙江金盾——淳安县2021人民防空综合应急演练”。全年安全生产保持总体平稳，未发生人身、电网和设备事故，基本实现年初提出的各项安全生产目标，保障全县经济发展和人民生活安全可靠供电。截至2021年年底，安全日达5978天。

【110千伏毛演输变电工程竣工】 110千伏毛演输变电工程于2020年12月21日开工，2021年11月18日竣工投产，总投资1.18亿元，变电容量2×31500千伏安，线路长度36.35千米。工程为亚运场馆及周边区域提供电力保障。

【规划编制工作】 2021年，县供电公司编制完善“十四五”发展规划，推动规划成果纳入地方政府规划。参与淳安县碳达峰行动方案编制，联合县发改局下发《大下姜“零碳”示范区电力能源行动方案》。

【企业管理】 2021年，县供电公司完成公司“子改分”工作。临岐、威坪供电所获评省公司“五小”供电所示范点。公司获评第七届国网公司文明单位、淳安县“大下姜建设贡献奖”。鼓励开展创新活动，带电作业“一种接线装置”获国家知识产权实用新型专利。

【优质服务】 2021年，县供电公司坚持“人民电业为人民”企业宗旨，以客户满意为目标，升级服务举措，提升电力营商环境。推广下姜村电力驿站建设模式，新建千岛湖高铁站等3个A类电力驿站和23个B类电力驿站，电力驿站入选国务院国资委“我为群众办实事”实践活动百项特色项目，下姜村电力驿站服务工作得到省委书记袁家军等领导调研肯定。积极应对台风“烟花”“灿都”，提前做好抢修队伍、应急物资、车辆保障等准备，投入抢修人员228人次，保障全县供电可靠。

促成县政府延续高压电气投资延伸到红线政策,依托"转供电费码"清退违规电费4.5万元,持续释放政策红利。建成大市、威坪、临岐三家数智型"六好"供电所、姜家首个无人营业厅。创新推出"电力关爱码",联合县民政局下发推进"电力关爱码"应用工作实施方案,并上线浙政钉平台,完成全县1400户独居老人电力关爱应用全覆盖,为独居老人提供电力数据增值服务,相关应用场景获浙江数据开放创新应用大赛杭州分赛区三等奖。完成全县24.7万户低压用户供售同期调整。平稳推进市场化电价改革,完成所有2467户市场化交易用户告知工作。落实"为群众办实事"实践活动要求,开展"庆百年、比赶超、零投诉"活动。全年投运送电项目131个,平均办电时长22天,比上年缩短14天。完成县两会等19个重要活动保电任务。成立亚运会保电协调办公室,完成场地自行车场馆送电。投资1700万元,完成17个老旧小区电力改造。配合政府推进330国道、新安东路治堵等工程,完成永通电缆厂迁址和农夫山泉一期增容送电。助力淳安光伏试点县建设,投资建设中洲樟村农光互补项目,完成大下姜区块4个光伏项目并网。公司党委与大下姜联合体党委签订联建协议,制定八大电力行动,助力大下姜乡村振兴共同富裕。

(朱伟杰)

·浙江千岛湖对外置业集团有限公司·

【概况】 2021年,浙江千岛湖对外置业集团有限公司(以下简称浙千置业集团)围绕经济指标、内部管理、项目建设、组织保障、反哺淳安等方面笃实奋进,做好"飞地"高质量发展。评估资产总额11.08亿元,实现营业收入2266.76万元,增长239.3%,减亏32.7%。

【制度建设】 2021年,浙千置业集团制定《浙千置业集团现金管理办法》《浙千置业集团招标文件会审管理办法》等16项制度,修改完善《浙千置业集团人力资源管理制度》等5项制度,从队伍建设、财务管理、工程管理等10多个方面加强国企监管。新引进2名硕士研究生学历、3名本科学历专业人才,选拔任用3名中层干部,3名职工考取中级职称。组织干部职工开展3次专题培训以及《中华人民共和国招投标法》《中华人民共和国民法典》等10余项法律法规、规章制度学习。

【反哺淳安】 2021年,浙千置业集团整合全县农户生态公益林资源获得淳安农商银行3.4亿元贷款,投资千岛湖智谷大厦项目进行分红,帮助全县337个村增加村集体经营性收入,实现股权分红收入4692万元。创新推出一月一主题的"千岛集市",每月25日至27日联动13个部门、23个乡镇对千岛湖农品、旅游、文创、美食等千岛湖农旅产品进行集中展销。集市开办后,吸引群众参与6万余人次,帮助各乡镇实现销售额400余万元。

【千岛湖智谷大厦】 2021年,千岛湖智谷大厦成功评选杭州市建设工程西湖杯奖、浙江省建设工程钱江杯奖、国家优质工程奖,完成总包工程、二次装修结算审计等项目收尾工作,新能源车充电桩、地下室停车系统提升等硬件配套均完成投用。数字经济加速集聚,入驻数字经济型企业11户,入驻面积2.35万平方米,出租使用率66%,收缴租金1600.31万元,收缴率92%。智谷大厦招商队走访接待企业400余家,成功招引1家数字经济型企业——轻气球数字科技(杭州)有限公司)入驻大厦。

【千岛湖智海大厦】 2021年,浙千置业集团完成千岛湖智海大厦所有96本不动产权证办理，产权全部过户至浙江杭千实业有限公司。与县移民局签订股权投资协议，将淳安移民资金7211万元入股千岛湖智海大厦，获得大厦49%股权，助力移民消薄增收。开园取得新进展，总部经济持续提升，实缴税企业82家，产生税收9867.99万元，其中500万元以上企业5家。

【政府投资项目】 2021年，浙千置业集团完成千岛湖智邦大厦的方案设计、施工总承包招投标、项目开工、项目部搭建、桩基工程、土方外运及底板浇筑等工作，完成固投入库9106万元，为目标任务182%。杭千智能制造中心完成方案设计、可研报告编制及社会风险评估等土地挂牌前期工作。同时，在方案设计环节中通过场内土方平衡及取消装配率要求等途径，节省造价近1亿元。

【社会投资项目】 2021年，浙千置业集团完成启昊电商产业园项目车间地上12层施工、综合楼地上10层施工，完成固投入库2000余万元。完成博华食品项目施工许可证办理，11月施工单位进场开工，完成桩基工程量的40%。（邬智雯）

（编辑　章小玲）

商务·贸易

·生态产业和商务局·

【概况】 2021年,县生态产业和商务局深入贯彻落实中共十九大精神,立足县情,坚持破旧立新,践行深绿发展,各项工作稳步推进。全县实现社会消费品零售总额90.03亿元,比上年增长7.5%。根据省商务厅公布的网络零售额情况,全县实现网络零售额84.96亿元,增长9.6%,网络零售额在全省26个加快发展地区中排名11位,增幅排名第21位。全县外贸进出口总额2.23亿美元,增长20.5%,其中出口额2.04亿美元,增长23.5%;进口额0.19亿美元,下降4.1%。实现规上工业高新技术产业增加值12.14亿元,增长18.8%,占规上工业增加值的43.1%。高新技术产业投资增长40.4%;全县实现数字经济核心产业增加值7.41亿元,增长3.6%,占全县生产总值的比重为2.9%。全县全年实现工业增加值39.66亿元,增长1.5%。

【制造业数字化转型】 2021年,县生态产业和商务局牵头做好数字化改革数字经济系统的建设。以"产业大脑+未来工厂"为核心架构,在省市指导下数字经济综合应用淳安门户迭代升级系统架构至3.0,其中深绿产业资源信息共享平台被列为杭州市数字经济系统场景建设"路演周"优秀项目。推动产业数字化发展。杭州千岛湖永通电缆有限公司等5家企业被列入2021年杭州市"未来工厂"体系培育企业(第一批)名单,其中杭州千岛湖啤酒有限公司被认定为"智能工厂"。全县规上企业数字化覆盖率完成100%目标。"电器主板生产信息化解决方案"等3个项目进入2021年度杭州市数字化改造攻关项目库,千岛湖智谷大厦成为全省首批数字经济"飞地"示范基地。加强5G基础设施建设。至2021年年底,新建5G基站356个,完成率142.4%。

【高新平台建设】 2021年,淳安县启动科技创新政策的新一轮修改完善,制定《关于加快科技创新推动高质量发展的若干意见》。全年兑现各类科技政策1500万元。通过深入企业提早介入、部门联动等各环节精准服务。对9家企业开展一对一的上门业务指导,7月8日组织专家对企业开展预审。对辖区科技型企业"地毯式摸底",深入了解企业情况,梳理企业成长性、研发能力、知识产权等情况,形成高新技术企业梯队建设,并对企业开展形式多样的各类科技创新培训,开展线上线下培训300多人次。实地走访企业50家,开展一对一的业务指导。亿诺城千岛湖科创园认定为市级众创空间。至2021年年底,科创园签约企业29家,入驻办公企业26家,其中国家高新技术企业1家,企业主要涉及智能设备、新能源、软件开发、通信技术、生物医药等多个技术领域行业。浙江省千岛湖啤酒微生物发酵技术研究院认定为省级企业研究院。浙江省天鑫天然护肤品高新技术企业研发中心认定为省级高新技术企业研发中心。

【产业招商】 2021年,淳安县下发《关于完善淳安县招商引资和投资促进工作体制机制的实施意见》,绘制深绿产业三级推进机制流程图,明确县领导组团招商安排,做优"一条龙"服务,凝聚全县力量攻坚产业项目招引。每月常态化召开深绿产业调度会,以问题为导向,集中精力,着力研究解决一批有影响力、带动力强的急需县级层面协调解决的重大招商引资在谈、推进项目,推动项目尽快落地。每半月由县领导牵头对产业项目进行预审备案,对在谈项目和推进项目进行赛马通报。按照"淳安县域招商一盘棋"发展思路,聚力招引及保障重大优质产业项目落地。下发《淳安县一体化招商实施方案》,积极探索产业平台"一区多点"招商开发模式。围绕水饮料重点产业,划定坪山区块主要承载中大型水饮料产业生产及产业链项目,在依托农夫山泉、修正、千岛湖啤酒等龙头企业水饮料产业集群基础上,先后招引总投资60亿元的噢麦力(OATLY)亚洲生态工厂景区项目、总投资5亿元的焕睿饮品生产与研发项目和总投资1亿元的年产5000吨果蔬饮料生产项目。借助金融会客厅、集聚区开园一周年等一系列活动的举办,不断夯实"千岛湖论坛"及"两山"高层次人才集聚区两大平台。吸引潘云鹤、江桂斌等115位顶尖专家学者和产业大咖加盟千岛湖智库,充分发挥人才引领生态特区建设作用,人才赋能产业,吸引宁波大学千岛湖研究院、武大绿洲绿色防控发展研究院、潘云鹤院士工作室等29家科研机构和院士工作室入驻两山集聚区。实现人才与产业相互赋能,促进人才经济转化。

【发展生态制造业】 2021年,淳安县制定《淳安县"十四五"生态制造业发展专项规划》,明确淳安县未来的产业发展方向,通过八大行动,加快生态制造业空间布局、重点打造百亿级水饮料产业、构建大健康产业集聚区、建立招商资源共享信息机制、推动三产融合搭建工业旅游发展平台,让淳安走出一条高质量发展高水平转化的新路径。

【规划布局】 2021年,县生态产业和商务局加强规划引领,优化商业新布局,结合国土空间规划,认真落实《淳安县商贸业"十四五"发展规划》的编制工作,督促编制单位突出问题导向、目标导向、政策导向、需求导向,充分考虑主导产业、项目支撑,重点围绕转型升级、招商引资、项目服务、经济运行四个领域工作进行深入阐释,全力营造竞争有序、规范经营、良性发展的商业环境,在主导方向上促进主客共享、城乡共荣局面的形成。同时,强化成品油零售、再生资源回收等特种流通行业市场准入的规划科学性和强制性,对县内成品油销量及加油站数量、规模及分布等情况进行摸底,准确掌握成品油市场发展状况和存在问题,提出切实可行的布点规划;结合垃圾分类"两网融合"体系,按照居民人口分布和属地空间要求,谋划分拣中心和回收网点的实际落位,全力打造高效智能、运行规范、环保安全的再生资源回收体系。

【商贸服务】 2021年,县生态产业和商务局根据县服务业领导小组办公室的统筹部署,进一步强化对相关商贸服务业产业市场主体的县级财政资金支持力度,为推进政策兑现提速,加大与乡镇平台的协同联动作用,为企业提供专业、专人、专属服务,按照"即报即审"原则,精简兑现流程,统一申报表格,科室内实地走访、定点联系、电话指导、上门辅导等多种形式,全力实现"零障碍"办理服务。此外,针对多报误报、条件不符、把握不准等现象,协调发改、财政、统计等相关部门民主决策,第一时间向企业做好沟通解释,协助企业查漏补缺，堵住廉政风险漏洞，确保政策措施尽快落地。兑现2020年度商贸服务业政策项目22个，补助金额134万元。

【促消费活动】 2021年，县生态产业和商务局优化财政资金配置，引导商业街区、商业综合体、餐饮企业、汽车贸易企业、家电企业等举办各类促消费活动，产生刺激带动消费的“叠加效应”，营造活跃的消费氛围。如中秋国庆期间，银泰城开展千屿庙会等活动，吸引消费者151945人次，实现销售额736万元；千啤小镇通过啤酒音乐节、国潮美食节等实现营业额214万元，接待消费者32000人次；骑龙巷推出奇屿市集等夜经济活动，实现营业额120万元，接待消费者61000人次，多家店铺营业额创历史新高。

【资源回收体系建设】 2021年，淳安县采取由县属国有企业牵头，采用分包入股形式招引其他回收终端市场主体，成立淳安县千岛湖再生资源管理有限公司，运营过渡性分拣中心，实际可用分拣面积10800平方米，拥有大型龙门剪1台、打包机6台，日均回收分拣量废纸20吨、废铁20吨、废有色金属3吨、废塑料4吨、废玻璃2吨、废衣物0.2吨。面积更大、功能更全的综合性分拣中心项目用地农转用工作完成，具备土地出让条件，并进入图纸设计阶段。此外，70个回收网点采用雇佣流动回收人员方式开展回收业务，统一配发工作证、工作服，公布回收电话，确保每周不少于14个小时。

【疫情防控】 2021年，县生态产业和商务局坚持外防输入不放松，内防反弹不松懈，要求综合体和商场等重点场所建立防控工作机制，制定应急预案，并签订防控责任书，做好健康管理、测温验码、口罩提醒、消毒通风等基础性工作。科室定岗定责，下沉检查，发现问题及时登记并要求整改，确保防疫措施无遗漏、监管无死角。配合县级有关部门扎实推进冷链食品“物防”工作，构建冷链食品疫情风险防控安全防火墙。开展商务领域餐饮企业、超市及相关贸易企业进口冷冻食品排摸，督促相关企业落实好社会责任，做好直接接触人员核酸检测和新冠疫苗接种工作。

【农产品电商发展】 2021年，淳安县实现农特产品线上销售3.2亿元，增长22.1%。千岛湖镇被认定为淘宝镇，千岛湖镇马路村、千岛湖镇前坞村、临岐镇临岐村、汾口镇汾口村、枫树岭镇下姜村被认定为浙江省电商专业村，其中临岐村和下姜村还被认定为浙江电商示范村，枫树岭镇成功创建浙江省数字生活新服务特色镇。

【粮食和应急物资保供】 2021年，淳安县健全粮安机制，深化党政同责。县委书记、县长联名签订《杭州市粮食安全责任书》，动态调整县粮食安全工作领导小组，细化任务分工，强化督考问责。坚持政策惠农，优化订单服务。严格执行粮食最低收购价保护和订单粮食政府奖励政策，坚决贯彻“早稻订单全覆盖”“应收尽收”原则，全年收购订单粮食1953.3吨，其中优质晚稻127.69吨。储粮轮换有序，结构调整到位。根据《浙江省地方储备粮管理办法》要求，全面完成省、市、县三级储备粮年度轮换计划，县级储备规模达2.795万吨，晚籼稻谷占比达35.74%。粮油保供稳固，实现闭环管理。全县设立15个粮油价格、行情监测点，并明确专人落实流通统计职能，粮情监测高效及时；设立26个粮食应急供应网点，3个粮食应急加工点(日加工能力180吨)，3家应急成品粮社会收购和储备企业(社会储粮200吨)，应急运输企业1家(日运输能力300吨)，形成覆盖粮食储备、流通、应急加工和供应的安全保障网络。完善物资体系，应急保供高效。继续丰富防汛抗台、防寒抗冻、疫情防控等物资的类别与数量，年度购入物资约1.07万件，价值约191.6万元；投资300万元用于县应急物资储备中心提升工程，进一步完善防潮、防漏、防尘、遮光等条件，持续提升信息化、智能化、数字化水平。在防汛抗洪、新冠疫情防控等关键时期，严格落实领导带班、责任人24小时值班制度，有序高效地向各乡镇和部门发放物资约2.2万件。

【会议会展产业对接】 2021年，县生态产业和商务局高标准、高质量完成淳安县会议产业"十四五"发展规划编制；积极承接市级、县级举办的各项会议活动，成功举办杭州—淳安特别生态功能区会展业发展研讨会、会展企业家高级研修班和千岛湖论坛系列会议活动；顺利启动和推进千岛湖国际会议中心（明豪酒店）和燕雁居国际会议会展中心项目建设，并成功引导国际理论物理中心（亚太地区）科研院和杭州市国际商务二十九号驿站落户于两山高层次人才集聚区。

【稳定外贸市场】 2021年，县生态产业和商务局了解外贸出口企业在生产经营、出口、报关、检验检疫等环节遇到的困难和问题，积极宣传各级外贸发展促进政策，鼓励企业开展自营进出口业务，不断加大对外贸企业支持和服务力度，帮助企业缓解资金压力，强化风险防范，稳定企业投资信心，及时组织政策申报，本年度兑现资金额度与上年基本持平。组织外贸企业参加各类线上、线下展会活动，特别是130届广交会活动，组织明嵘、恒搏、佳蔚、恺诺、瑞景、商辂、波菲特、华丽、天昊、云宵等多家重点企业报名，帮助企业抢抓订单，开拓国际市场。落实考核基础性工作，定期做好"订单+清单"系统和调查问卷系统催报工作，力争填报率和响应率达到省市考核要求。 （李　达）

·县对外合作和投资促进局·

【概况】 2021年，县对外合作和投资促进局全面落实市委2020年第三次财经委会议精神，稳步推进异地高质量发展五年行动计划，淳安在杭州"飞地"实现从小到大、从少到多、从点到面，初步形成"有地、有楼、有产业、有税收、有保障"的五有格局。千岛湖智谷大厦、千岛湖智海大厦等科创飞地、产业飞地相继落地。全年实现税收3.28亿元。入驻企业招引博士硕士人才96人，浙江远算科技有限公司闵皆昇博士成功申报杭州市"521"人才。杭千智能智造中心完成方案设计，千岛湖智邦、博华食品、电商产业园等项目建设有序推进，完成固定资产投资1.13亿元。建成全省首个新时代文明实践异地分中心，创新推出"千岛集市"主题党日活动，开展县内生态公益林、市级联乡结村帮扶资金、移民资金投入飞地项目，帮助337个村和131个库区村移民群体，实现消薄收益4951万元。

【招商引资】 2021年，县对外合作和投资促进局聚焦人工智能、云计算、大数据等产业导向，加快培育数字经济新动能，全年完成招商引税3.28亿元。新招引新能源博士工作站1个、数字经济企业20家，其中规模以上企业9家，入驻涉及大数据、新材料、人工智能企业15家。飞地新招租楼宇面积2.35万平方米，完成注册及税务征管转移企业125家。完成企业研发投入3014.7万元，增长77%，完成年度计划的154%。入驻国家高新技术企业4家，省科技型企业4家。

【人才项目】 2021年，飞地入驻企业现有本科学历以上人才911人，高层次人才5人，远算闵皆昇成功申报杭州市"521"人才。打通飞地企业同等享受淳安县应届毕业大学生人才政策通道，实现人才政策兑现20余次，兑现补助资金50余万元。建立特色创新创业平台——“千鲟”孵化器，全年引进创新创业人才项目15个。发挥飞地平台在杭优势，对接星程车服等淳安县高层人才评审项目19个，并积极推动项目落地。举办数字经济、“智汇淳安”等各类创新创业大赛，吸引中科热控等3个优质项目落地飞地园区。协助个推赴千岛湖两山高层次人才集聚区举办连续44小时的“黑客马拉松”，取得较好的影响。

【企业服务】 2021年，县对外合作和投资促进局成立企业服务科，制定《关于加快淳安飞地楼宇经济高质量发展的若干扶持意见》，全方位落实服务机制，协助解决企业在工商、税务、人才项目申报、日常运行等方面需求120余个，培育入规企业5家，拟入规企业27家，拟培育上市的3家企业处于融资后期。

【项目建设】 2021年，县对外合作和投资促进局完成固定资产投资1.13亿元。千岛湖智谷大厦完成配套提升并投用，成功获评“西湖杯”“钱江杯”“国家优质工程”等奖项。千岛湖智邦大厦完成地下室负二层浇筑，固投入库约9100万元。千岛湖智海大厦于2021年4月完成所有96本不动产权证办理，第一个实体项目溯新通信装修入驻。博华食品项目完成桩基工程量的40%。启昊电商产业园项目车间三完成十层、综合楼完成八层、车间四地下室完成80%，完成固投入库2220余万元。杭千智能制造中心完成方案的设计与评审工作。

【党群服务】 2021年，淳安县在杭州党群服务中心获评杭州市党史教育培训基地、全省百个数字赋能党群服务中心、集成服务示范党群服务中心称号。引导172名淳安籍在外成功创业人士回乡投资发展，储备村“两委”后备干部563人。建成全省首个新时代文明实践异地分中心，全年开展各类主题宣讲等活动80余场，服务各类群体5000余人次。共享便民中心承办业务3000余件，接待咨询1500余人次。创新推出“千岛集市”主题党日活动，对千岛湖农旅产品进行集中展销，吸引群众参与6万余人次，实现销售额500余万元。

（徐　沛）

·县烟草专卖局·

【概况】 2021年，县烟草专卖局紧紧围绕“数字强基年”定位，紧盯全面展示浙烟高质量发展“头雁风采”的五大目标、十大工程，各项工作齐头并进、多点开花，在杭州烟草地区综合业绩考核中获得第二名。全年销售卷烟1.61万箱，增长5.21%；批发销售额8.09亿元，增长11.9%；单箱结构5.01万元，增长6.3%。全年查获案件243起，增长31.4%；查获各类违法卷烟1.09万条，增长30.1%；办结国标网络案2起。

【业务经营】 2021年，县烟草专卖局开展“访企入会”活动18次，“云端”销量40.82箱，增长175.9%。国产雪茄烟全年销量10.27箱，增长45.4%，建成5家雪茄特色体验终端。建成现代终端545户，比重22.3%。零售户盈利度13.8%。

【市场监管】 2021年，县烟草专卖局成功办结“3·24”加热不燃烧网络案和“12·19”非法经营案，为以后侦破此类“新奇特大”案件积累宝贵经验。强化“双重”户重点监管，采用集中整治、突击检查、错时检查等方式，挖出辖区隐形大户3户，违法违规案件查处率500%、省重点籍案件查处率900%。联合市场监督部门开展“守护成长”专项行动，守护未成年人身心健康。

【依法行政】 2021年,县烟草专卖局以政务服务2.0建设、政府数字化转型为契机,通过提高窗口人员数字化应用水平和服务水平,持续优化政务服务水平,全年办理各类申请685份,网上办证率100%。

【基础管理】 对标管理争先进位,持续开展指标运行性态分析,充分激发全员争先创优动力,针对短板指标进行专项攻坚。2021年,对标小组排名第三,获历史最好成绩。积极融入地区各类创新平台,推进数据产品课题4个,加强市县协作、县县互助,为地区数字化转型贡献淳烟智慧。

【队伍建设】 2021年,县烟草专卖局选拔中层正职2人,完成1名中层副职和3名基层正职试用期满考核。开展新一轮"双聘"工作,严格落实竞聘程序,聘用专业技术职务人员10人,聘用职业技能等级人员15人。

【规范制度】 2021年,县烟草专卖局认真落实市局巡察和巡察"回头看"发现问题整改,加强廉政教育,领导带头讲解纪律教育课。强化重点领域、重点环节、重点时段的廉情风险防控,开展淳安烟草从业人员廉政行为问卷调查,推广廉政监督二维码,巩固涵养风清气正、山清水秀的良好政治生态。

(汪　铃)

(编辑　方红娟)

交通运输·邮政

·交通基础设施建设·

【概况】 2021年,淳安县实施交通建设项目16个(其中续建项目2个、新建项目9个、预备项目5个),完成投资63447万元,占年度投资计划(60747万元)的104.4%。

【客运场站公共服务】 2021年,淳安县扎实推进客运场站公共服务提升行动,客运总站增设远程手语翻译系统,中心站和总站分别完善轮椅坡道4处、无障碍厕所设施3个,落实售票低位服务问询整改2处,高铁千岛湖站新划定8处非机动车停车区,实现客运场所无障碍设施全覆盖。

【城乡公交】 2021年,淳安县采取下浮30%农村客运票价的方式,于12月20日起施行,实现城乡公交一体化率100%。进一步优化城市公交线路,新增K16路公交线。巩固客运"村村通"成果,新开通7个较大自然村农村客运班车。

【屏三公路东方大桥至唐村段竣工通车】 2021年9月29日,屏三公路东方大桥至唐村段改建工程竣工通车。该工程于2019年8月20日开工,按二级公路标准建设,设计速度40千米/小时,路线全长10.839千米,K0+000～K10+510段路基宽度为8.5米(2×3.5米行车道+2×0.25米硬路肩+2×0.5米土路肩),K10+510～K10+839段在老路基础上实施路面修复,按主要工程内容有路基、路面、桥梁等,其中改建路段10.51千米,路基宽度8.5米;利用现有公路并实施路面维修0.329千米。总投资28997万元。

【330国道千岛湖大桥至临岐段改建项目】 2021年6月25日,省重点项目330国道千岛湖大桥至临岐段改建项目开工。项目起点位于淳安淳开线与千威线交叉处,与330国道千岛湖大桥相接,路线向北经进贤湾开发区、左口乡,在临歧镇浪境坞村接现有昌文公路,终点位于临歧镇右口村附近,顺接在建的330国道淳安临岐至临安湍口段。项目采用一、二级公路标准设计,其中:起点至汪宅互通段约4.7千米采用一级公路标准,设计速度60千米/小时,本年完成投资2亿元,形象进度35%;330国道淳安千岛湖大桥至临岐段配套工程完成年度投资1000万元,形象进度5%。

【亚运赛道提升工程】 亚运赛道提升工程主要是对淳杨线、淳开线、郑鸠线及千威线4条公路赛道160.76千米进行提升改造(其中千威线K5+000～K12+100进行路面大中修长为7.1千米,郑鸠线K24+100～K52+510逐段进行路面大中修长为23.724千米,淳开线K0+000～K61+550逐段进行主线路面大中修长为42.49千米,淳杨线K0+000～K63+700逐段进行主线路面大中修长为

24.34千米，合计大中修97.654千米)，突出以赛道路面大中修为重点，兼顾赛道沿线绿道的提升、安全设施(标线、护栏)完善、结构物的美化、赛道沿线绿化景观提升。2021年完成投资2.1亿元，形象进度100%。

【交通小型实施项目】 2021年，淳安县农村公路(县乡道)路面大中修工程涉及千岛湖镇、枫树岭镇、浪川乡等11个乡镇，内容包括12条县乡公路进行路面大中修40.0千米、28条村道公路大中修30.54千米，农村公路病危桥改造10座，农村公路临时停靠站20座，农村公路安全保障及修复工程28条27.78千米。总投资1.055亿元，形象进度100%。

【沿路沿湖生态修复工程】 2021年，沿湖沿线生态修复工程涉及黄土裸露边坡55处，以裸露边坡生态修复为主，兼顾路侧排水设施恢复。完成年度投资1780万元，形象进度100%。

【虹横公路改造提升工程】 虹横公路提升改造工程起点为接威前公路(威坪开发区)，终点为横塘村头，总长5.589千米。本次提升改造路段设计为四级公路，设计速度20千米/小时，路基宽6.5米。本次提升改造主要利用现有地形进行局部拓宽，维修路面及交通设施、排水等。重点突出以局部路基拓宽、路面大中修、排水设施修复，同时兼顾安全设施维护。2021年完成投资1000万元，形象进度100%。

【亚运交通指示路牌增设】 亚运交通指示路牌增设更新项目为县域内相关主要干线公路，重要路口等节点路口增设必要的亚运村公路指向路牌。需新增F杆标牌20块，增加更换板面12块。2021年完成投资100万元，形象进度100%。淳安县特别生态功能区禁运标志增设工程为对涉及淳安生态功能区与毗邻地区连接道路处设置禁止化学危险品运输车辆驶入标志。需新增F杆标牌23块，单柱式标牌18块。2021年完成投资120万元，形象进度100%。

【大墅镇殊塘村与枫树岭镇衍昌村“断头路”项目】 起点接大墅镇村道大黄线，经白沙畈村、殊塘村、林家门前村，终点至枫树岭镇衍昌村，以四级公路标准建设，设计速度15千米/小时，路基宽度6.5米，桥梁宽7米(净6+2×0.5米)，路线总长2050米。主要建设内容包括挖方27112立方米、填方1844立方米、浆砌块石3795立方米、沥青混凝土路面11068平方米、护栏1188米及其他配套设施工程等。2021年度完成投资700万元，形象进度50%。

【全县修理厂油性漆更换改造完成】 2021年，县交通运输局完成全县18家修理厂油性漆改换成水性漆，以及烤漆房更换改造。新开5家企业全部适用水性漆。

【小型渔船检验工作】 2021年，淳安县运输服务中心开展小型渔船检验工作，完成734艘实船检验，制证471艘。

【城市公交线路调整】 2021年，千岛湖镇增开假日环县城夜间公交班线，优化调整或延伸6条公交线路，新增建材市场东、建材市场西和八小公交停靠点3处。

【运输行业疫情防控专项工作】 2021年，淳安县运输服务中心组织召开运输行业新冠疫情防控专项工作会议，督促企业做好新冠疫情防控常态化工作，推行车站、公交车、出租车扫场所码制度，落实冷链运输和大物防防疫管理,建立科室联系场站制度,督促企业做好场站、车辆消杀工作,并安排人员在客运中心站、汽车客运总站、汽车西站等7个车站落地检、候车大厅入口严格实行测温、扫码、行程码核验等制度,同时加强公交首末站、出租车上下车等地点排查和防疫指导,积极做好行业内新冠疫苗接种等防疫动员工作,组织行业内运输企业承担大规模核酸筛查人员、样本转运工作和大规模核酸筛查人员、样本转运演练,积极配合防控办做好本县驰援杭州滨江医护人员,县内隔离人员和各乡镇核酸样本的转运工作,协助做好人员流调工作。

【高效完成省民生实事项目】 2021年,县交通运输局建设"四好农村路"停靠站10处,智能光伏公交站2处,有力提升运输保障能力。

【持续优待优免政策】 2021年,淳安县实施老年人、残疾人乘车优待和教龄30年以上教师免费乘车政策。农村客运优惠206万人次,减免车费1144.83万元。

【"最多跑一次"改革】 2021年,县交通运输局受理行政许可2865件,小客车指标事项办理9098件。

【春运和节假日安全监管、运力准备和应急救援预案等工作】 2021年,县交通运输局按照"早准备、早部署、早落实"方针,重点抓好春运和节假日安全监管、运力准备和应急救援预案等工作,全年运送旅客392.45万人次(包含客运班线及旅游、包车),无重大安全责任事故发生。

【部分公交线路临时调整】 2021年,县交通运输局根据"五一"、国庆旅游市场旺盛,"双减"政策落地后学生夜间运输等市民出行的特殊需求临时调整部分公交线路,适当增加公交运力并延长收班时间,以优质的公交服务为群众出行提供保障。

【全国文明城市创建】 2021年,为提升全国"文明城市"创建硬件设施,县交通运输局更新老旧公交车站站棚、橱窗玻璃14处,维修母婴室2处,提升3个场站无障碍设施,推行无障碍公交5辆,在公交车、公交站点、车站等投放公益广告300余条,行业规范562份,公交车身投放垃圾分类等公益广告占比为15%。

·交通教育·

【机动车维修行业协会消防演习】 2021年9月15日,由淳安县运输服务中心、淳安县消防救援大队、淳安县汽车维修行业协会承办的机动车维修行业协会消防演习活动在淳安县坪山汽车城举行,来自各汽车维修企业的200余名负责人和安全员参加活动。

【淳安县"百业百匠"公路养护技能大赛】 2021年10月28日,由淳安县交通运输局、县总工会、县人社局主办,县公路服务中心承办的淳安县"百业百匠"公路养护技能大赛在浪黄线路段举行。比赛分初赛和决赛两个阶段。有32名从事公路养护的人员参加,产生一等奖1名、二等奖2名、三等奖3名。

【全县汽修行业安全风险防控培训会】 2021年10月14日,为落实安全生产要求,加强危险化学品生产企业易燃易爆危险场所安全管理,加强烤漆房易燃易爆防控监测,有效防范事故的发生,淳安县道路运输管理处联合县应急管理局召开淳安县汽修行业安全风险防控培训会。维修企业钣喷工及企业负责人约30余人参加会议。会议明确维修企业喷涂场所安全生产基本要求,按标准规范要求安装相关报警仪和防爆装置，防范喷涂作业场所生产安全事故发生。指导企业注册操作“浙江省危险化学用品单位一图一表系统”，确保企业及时、准确录入危险化学品安全风险数据信息，做好危险化学品信息采集工作。

【交通运输系统安全生产大培训】 2021年7月30日，县交通运输局组织开展交通运输系统安全生产大培训。局全体干部职工，“两客一危”(指从事旅游客运、公路客运和危险化学物品的车辆)企业、公交、出租、驾培企业、二类维修企业、20辆以上规模普通货运企业主要负责人和安全生产负责人等260余人参加。培训会邀请杭州正道高级工程师安玉林讲解新修改的《中华人民共和国安全生产法》、行业管理部门在工作中的注意事项，包括在检查过程中，如何检查双重预防机制、如何督促建立全员安全责任制等内容，并为大家现场答疑。

【开展全员执法轮训】 2021年3月15—19日，淳安县交通运输局开展全员执法轮训活动。县交通运输局全体执法人员及协管员分2批进行全封闭式队列、礼仪规范、法律法规、执法知识培训。轮训专门聘请武警教官、法律专家，对执法人员进行严格的队列训练，学员们严格遵守操练和队伍训练纪律，服从教官的指令，刻苦认真做好队列每一个动作，展示交通队伍精神风貌。同时，对行政执法证据采集、基层执法难点及应对措施等法律法规进行授课。

【淳安县获交通运输部第二批农村物流服务品牌】 2021年9月，淳安县“交旅融合＋电商物流＋特色产业”服务入选交通运输部第二批农村物流服务品牌。

【淳开公路获第二届全国美丽乡村路】 2021年10月，淳开公路被中国公路学会评为第二届全国美丽乡村路。

·邮政·

【概况】 2021年，县邮政局狠抓工作落实，经营发展稳步推进，经营质效明显提升，在服务当地农民群众、助力当地经济发展工作中都取得喜人的成绩，企业形象焕然一新，员工精神面貌大幅提升。全局实现业务收入5353万元。县邮政局被市邮政分公司党委授予“党建工作示范单位”称号，金融党支部被市邮政分公司党委授予“党支部建设示范点”、被县委组织部授予“淳安县先进基层党组织”称号。局党委书记获评“杭州市优秀共产党员”“淳安县劳动模范”。2名党员被授予“党员先锋”称号。

【党建工作】 2021年，县邮政局坚持党的领导，始终把党的政治建设摆在首位，坚持理论学习学深悟透，坚持“三个第一时间”学习机制，深入开展“理论武装提升行动”，认真贯彻新发展理念，坚持质量第一、效益优先，推动企业高质量发展。认真贯彻落实意识形态工作，强化意识形态教育，成立意识形态工作领导小组，制定下发《中国邮政集团有限公司浙江省淳安县分公司意识形态工作领导小组办公室责任分工表》，并组织召开2次党委会议专题研究意识形态工作。加强党的思想建设，切实用党的创新理论武装头脑、指导实践、推动工作。深化理论武装，扎实开展党史学习教育。每周五固定开展党史学习教育读书会，组织支部党员现场谈体会。全年组织召开党委理论学习中心组专题研讨会议4次，完成年度学习计划。结合党史学习教育，组织开展一系列庆祝中国共产党成立100周年活动。6月29日，召开庆祝中国共产党成立100周年党内先进表彰大会暨党史学习红色教育实践活动,表彰一批党内先进;7月1日,组织集中收看庆祝中国共产党成立100周年大会,并在会后第一时间组织党员代表开展“说新话、讲心声”活动;7月2日,各党支部召开支部党员大会,专题学习讨论习近平总书记在庆祝中国共产党成立100周年大会上的重要讲话精神。2021年,淳安邮政发展党员7名,实现党员全覆盖。2021年,通过党委对后备干部的民主推荐,市邮政分公司的考察,选拔任用1名后备干部为副局长,充实淳安邮政领导队伍,细化领导分工;选拔任用1名年轻后备干部为中层干部,强化优秀年轻干部的队伍建设,为企业高质量发展提供坚强组织保证。

【金融业务】 2021年,县邮政局金融业务收入完成3179万元,完成率100.7%,比上年增加328万元。其中,利差收入完成2083万元,增长10.7%。2021—2022年跨年度竞赛一阶段达成月均净增余额1.02亿元,圆满完成余额确保目标。全年理财保有量完成3838万元(含资管1450万元),完成率213%,是杭州市唯一达成目标的县局。完成保险四项指标,全年标保完成1.84亿元,完成目标的107.6%;中邮长险、新单、简易险、中邮健康险全面完成,其中中邮健康险完成率159.2%,第一个达成全省年度目标。中邮证券有效户、新增资金、三方存管等指标全面达成,是杭州唯一一个全面完成三项指标的县市局。

【寄递业务】 2021年,县邮政局寄递业务收入完成622万元,完成率55%。其中,标准快递业务收入完成142万元;快包业务收入完成255万元;国际业务收入完成4.7万元。从9月开始,淳安县、乡、村三级物流体系建设由邮政统一运营和管理。根据省市邮政农村三级物流体系建设要求,结合淳安邮政实际情况,按照“统一形象、统一系统、统一服务、统一管理、统一政策”的“五统一”建设指导思想,加快邮快、交邮合作,提升全县村村通站点质效。通过重新规划乡邮线路、整合现有营投人员,切实做好降本增效;通过普通服务网点与乡镇村村通示范点的融合叠加,彻底解决淳安普通服务业务的短板;通过深挖农村寄递市场,利用农村合作社、农企等资源,实现快包业务突破,同时通过站点的客户资源做好金融业务的精准引流。

【电商业务】 2021年,千岛湖品牌农产品馆在疫情防控形势下,积极作为,努力创新,借助“千岛农品”区域公用品牌发布和淳安县千岛农品共富促进会成立的契机,平台以“树品牌、提品质、促销售”为指引,有效助力农户销售农产品,带动农村农民增收致富。实现自身销售及带动本地农产品销售4016万元,订单23.94万笔,销售额增长12.9%。在杭州智谷大厦先后组织开展6期“千岛集市”活动;9月,开展“千岛农品”走进市级机关活动;10月,在杭州武林之星博览中心组织参加第八届中国(杭州)国际电子商务博览会,向社会展示“千岛农品”形象,助推农产品销售。通过宣传推广,品牌馆新增更多的合作平台,销售量逐步提升。

【传统业务】 2021年,县邮政局集邮与文化传媒部累计完成全年业务收入745.8万元,完成全年计划目标的97.1%。其中,函件业务收入完成252.03万元,完成全年计划目标的106.3%,列杭州市第二;函件新媒体业务收入完成133.43万元,完成全年计划目标的133.1%,列杭州市第一;集邮业务收入完成153.11万元,完成全年计划目标的100.1%,列杭州市第四;报刊业务收入完成340.66万元,完成全年计划目标的90.12%。积极融入政府、企业重点做好创新项目开发:成功签订

3D立体墙绘项目，实现业务收入18万元；千岛湖旅游新媒体项目，实现业务收入10万元；聚划算聚新鲜丰收上新项目，实现业务收入7.5万元；官窑八珍定制项目，实现业务收入4.5万元。

【协同工作】 2021年，按照省市邮政分公司相关要求，县邮政局以"专班"+"三挂三考核"工作机制，积极落实"比学赶帮超"及"消灭红榜指标"活动，专业联动，紧密配合，惠农项目稳步推进，联合邮储银行，聚焦本地"三农"发展，以农业主体作为拓客主渠道，积极开展协同走访，通过一级白名单推送，完成融资E新增贷款670.44万元，完成目标的181.2%，惠农项目9项指标全面完成。板块协同配合密切，秉承资源共享、渠道复用的模式，金融部联合邮储银行开展信用卡专项活动，进件信用卡462张；积极推进中邮证券第三方存管、开放式缴费平台、代发工资等项目，邮银双方强化日常沟通、过程全力配合，开辟共创共享共赢发展新模式。

【群团联动关心关爱员工】 2021年，县邮政局继续秉持以员工为本的服务理念，围绕员工生产生活开展一系列富有特色的工会活动。在业务发展、成本费用压力很大的情况下，积极压缩其他开支，补助员工参加省级、县级工会职工医疗互助工作以及对梓桐支局、临岐支局职工小家卫生间进行改造；继续开展为员工送蛋糕庆生；积极做好新春送温暖慰问活动和夏季送清凉慰问工作；开展女职工"沪马探险迎亚运"主题活动以及开展疗休养活动；因疫情影响，2021年组织30人前往舟山疗休养，缓解员工工作压力，加强企业团队凝聚力。（陆佳慧）

（编辑　方红娟）

通　信

·中国电信股份有限公司淳安分公司·

【概况】 2021 年,中国电信股份有限公司淳安分公司(简称电信淳安分公司)以习近平新时代中国特色社会主义思想为指导,深入贯彻中共十九届六中全会精神,坚持党建统领,坚定不移地接应省、市公司布置的各项工作和要求,守正创新,开拓升级,深化改革,奋力推动企业高质量发展。截至 2021 年底,有合同制员工 105 人、联营站员工 3 人,代管外包人员 105 人,下设 4 个部门、2 个中心、10 个支局。移动用户达 8.8 万户,净增 3218 户,5G 用户达 4.14 万户,净增 2.86 万户;宽带用户达 6.17 万户,净增 174 户;融合用户达 2.85 万户,净增 1413 户。主营收入完成 9104 万元,增长 5.8%;完成年度净利润目标,比上年增加 116 万元。

【强基深耕】 2021 年,电信淳安分公司进一步深化“强基深耕”,实施客户精细化经营,分别完成政企中心、DICT 中心、智云护航中心的创业承包;10 月,政企支局分设为政务支局和大企业支局;把原威坪支局所辖区域王阜乡整体划归到临岐支局。全年承包单元数量从 9 个增加至 12 个,结构进一步优化。

【社会渠道建设】 2021 年,电信淳安分公司积极开展强渠攻坚活动,全力推进核心商圈门店建设。实体门店达 34 家,其中自有网点 12 家、代理网点 8 家,新增快电网点 14 家,快电有销占比 100%。全年整体有销占比 76%,高销占比 50%。淳安渠道聚焦快电建设,以拓建和运营为抓手,渠道积极开展有组织现场营销,帮扶代理商负效益门店转化,做高效能的快电建设。

【主量规模发展】 2021 年,电信淳安分公司积极组织春开营销、“红五月”、国庆营销、周周 PK 赛等营销活动,聚焦保号+极致融合,全年新增保号 2451 户,拉动新增融合 698 户。借助活动强化宽带发展,发展宽带用户 8706 户。通过加强有效性管控、主动营销培训,开展宽带大会战、农村格局战、融合拉新攻坚战等活动推动存量单宽业务转融合,宽带融合渗透率达到 68%。在 iTV 业务发展上,结合智慧家庭、酒店完美联盟等营销,全年新增 iTV 用户 5739 户。截至 2021 年年底,净增宽带用户 165 户,存量宽带用户达 6.17 万户。

【乡村振兴工作】 2021 年,电信淳安分公司千岛湖城郊支局辖区内的文昌村以美丽乡村为基础,以数字乡村为引领,入围数字乡村百优村评选,开通数字乡村云平台,含 1 套数据驾驶舱、1 个以微信公众号为载体的微信门户,搭载数字乡村电视台,实现党建学习、特色产业展示、乡村安防治理、看家护院、看塘守地、看老护幼等多场景应用。其数据驾驶舱的直播监控,通过前期监控覆盖,实现对文昌村主要点位如村出入口、水库、林地等的实时监控，并在数字乡村云平台进行加载，提供直播和云回看。在微信门户实现党务、财务、政务“三务公开”，展示文昌村三项公开内容列表，实时同步乡村数字大屏。数字乡村电视台推送便民服务信息、发布应急公告，做到村情民知、民事村办，真正实现政府零距离为民服务。

【基础服务】 2021年，电信淳安分公司弘扬服务文化，分管领导入厅授、帮、带。每月推进总经理接待日，到中心厅听取客户声音；开展标杆服务评选，树立支局标榜。全年公众综合满意度本地网第一，政企综合满意度本地网第二，营业和装维参评率提升显著。优化星级服务，针对星级用户可线上办理业务，开展节日问候、生日祝福，并赠送生日礼物。利用“幸福学堂”暖店聚厅，营业中心营业员更是利用空余时间，以通俗易懂，由点及面现场授课的方式开展防诈骗、防骚扰安全讲座。利用厅店产品体验区为社会人士提供5G产品的介绍和体验，适时将厅店服务电话、社区经理联系电话告知到厅店的每一位客户。

【政企市场发展】 2021年，电信淳安分公司政企渠道持续开展各类进企业、进楼宇、进市场、扫街区等现场营销活动，新增各类宽带3147户，新增互联网专线和商务专线用户84户，新增收入60.59万元。“战狼行动”发展C网用户900户；完成团购大单3单，发展校园亲情电话5所，实现产数收入近10万元。至2021年底，分公司产数收入完成2039万元，增长14.9%。云业务重点突破政府、医疗等行业，天翼云完成收入162万元，增长38%。同时，积极拓展政企重大项目，中标亚运监控、应急管理局天通卫星电话、淳安生态特区智慧平台、城管人行道路及车载监控等建设项目，DICT收入达1098万元，增长15.4%。参与未来社区、数字乡村、市场监管局明厨亮灶、阿尔法城驻地网、卡口监控及村级监控等建设项目。参与县公安局“96110”防骗反诈接入，与县民政局共同发放留守儿童关怀腕表，践行社会责任。

【亚运专项】 2021年，电信淳安分公司完成亚运区块界首接入网机房改造，满足亚运区块网络建设需求。建设完成淳安界首体育中心至杭州电信枢纽机房的双路由光缆工程、淳安界首体育中心基础通信管道建设工程、淳安界首体育中心、公路自行车赛道沿线无线基站建设工程。建设通信管道8.6孔千米、布放光缆326皮长千米、4G基站43个、5G基站192个，各场馆无线室内分布系统2套，赛道沿线与场馆电信4G信号全覆盖，5G基本覆盖。同时根据场馆建设进度全面启动AGIS网、互联网专网的规划、建设与优化工作。

【管线工程建设】 2021年，电信淳安分公司全年管线类预算分配资金238.6万元，其中有线接入网164万元，传输网20万元，无线网54.6万元。建设项目39个，立项金额1705.65万元。其中：新建项目17个，立项金额925.2万元，续建项目35个，立项金额780.45万元，亚运项目9个(2个管道项目，7个线路项目)，立项金额834万元。完工2个，送审1个线路项目。线路维修费用预算分配180万元，维修预算进度完成92.2%。维护项目83个，立项金额1821.42万元。新建项目8个，立项金额218.3万元，全光网络建设依托小CEO零星应急订单系统加深光网覆盖和补盲覆盖，精准提升响应速度。

【网络能力提升】 2021年，电信淳安分公司进一步强化资源管理，开展机房、机架、光交标签打印扫描工作，标签扫码率在99%以上，

144 芯以上中继光缆整改完成率 100%。承载网建设、OTN、SDH 传输汇聚层网络安全及 IPRAN 接入环评估,对 IPRAN 的 B 设备双路由优化,对 IPRAN/C 网接入环创造条件闭环优化。开通 102 套华为 ATN980C 设备和 2 套 980B 承载 5G 业务(其中 7 套政企专用 980C),支撑 5G 建设和 5GBBU 机房堆叠回迁。新建开通 3 个 M24 汇聚站点和 32 个 M-OTN 接入站点,根据建设时序做好亚运场馆设备建设准备工作。重点推进 C4 中兴老旧传输 S380 设备下电退网,其中完成近 100 条业务割接。持续推进建设精品全光网和宽带提速,全年完成 4 套 OLT 优化:鸠坑 C300-1,茶园 C300-1,珍珠半岛 MA5800-1,阳光水岸 C300-1。推进 OLT 上联改万兆,基本完成双万兆上联改造,完成 OLT 一、二平面融合割接。完成 XGPON 薄覆盖,重点城区深入全覆盖,GPON 割接成 XGPON 千兆小区,支撑 FTTR 前端业务发展。完成 22 个集团千兆小区割接。至 12 月底,千兆 XgPOn 小区超过 50 个。城域网建设:完成 ME60 上联扩容 40G,下联 12510 扩容 40G。完成 BRAS(M6000)替换割接,2 套 bras 达到 200G,城域网出口带宽达 260G。完成开发区 9306 上联 12510 扩容 2 条 10G(共 60G)带宽。完成 H3C12510 新扩两块 48 口万兆板卡,至 2021 年底,累计 8 块 48 口万兆板卡。完成多台华为 S9306 扩容 48 口万兆板卡。完成中兴 S8900 系列交换机退网下电拆除。开通 L 网 53 个 RRU,C 网 1 个 RRU,5G 开通 218 个站点,AAU 数量 547 个。室分:开通 L 网 5 个 RRU,C 网 3 个 RRU,5G 开通 15 个 AAU,站点开通完成数量完成年计划 100%。开通亚运自行车场馆室分 4/5G 开通,自行车赛道开通 40 个 5G 站点。

【党建工作】 2021 年,电信淳安分公司党委理论学习中心组开展党史课题学习研讨 9 次,党史学习教育专题党课 8 次,学习研讨十九届六中全会精神 2 次,组织赴红色教育基地淳安县委旧址参观学习,组织参加“红船颂、南湖情”专题晚会、清明烈士祭奠活动,组织党员收看中国共产党成立 100 周年纪念活动。推进“我为群众办实事”工作,组织开展部门挂钩支局“五一”节日营销活动、国庆营销活动和参加支局百团大战现场营销活动;组织党员积极参与礼让斑马线、疫情防控、文明城市创建、防诈骗宣传活动,全年参加志愿者活动 300 余人次。开展“我为一线解难题”党建赋能活动。组织部门下沉支撑一线 1000 余人次。优化选聘 10 名党建指导员,挂钩帮扶基层承包单元,提升支撑一线实效。

(王小元)

·中国联通有限公司淳安分公司·

【概况】 2021 年,中国联合网络通信有限公司淳安县分公司(以下简称联通淳安分公司)内设综合部、市场部、政企部 3 个部门,以及千岛湖、汾口、威坪 3 个区域营销中心,在职员工 50 人。年主营收入达到 2581 万元,增长 26.8%。

【服务社会】 2021 年,联通淳安分公司全体员工坚守工作岗位,高质量为广大群众提供服务,确保新冠疫情期间广大群众通信服务不受影响。积极组织党员干部参与对口扶贫村帮扶活动,投入资金 5 万元。积极配合县政府完成新冠疫情防控、防汛抗洪、文明城市创建等重点工作。全力配合政府完成老旧小区改造,通过乡镇地区信号提升、小区宽带资源接入和检修等工作,满足有线和无线、线上和线下、城镇和乡村等不同用户的需求,不断提升用户满意度。

【网络建设】 2021 年,联通淳安分公司加快新型基础设施建设，推进5G网络共建共享，持续提升网络速率和覆盖面，开通5G基站365个，实现重点乡镇以上5G网络连续覆盖，农村5G网络基本覆盖，核心区5G速率达到700Mbps。全面优化与提升无线网质量、VOLTE话音质量，提高客户满意度。持续深入网络深耕，结合日常投诉处理，弥补网络盲点和网络短板，尽最大限度满足客户需求，提升客户满意度。

【企业文化】 2021年，联通淳安分公司秉承“客户为本，员工为根，服务为上，创新为魂，奋斗为荣”的企业核心价值观，围绕“强基固本，守正创新，融合开放”的战略主线。大力弘扬铁脚板精神，坚持有声、有色、有载体推进联通文化建设，建立宣传阵地打造文化长廊，学习声浪高涨、士气持续凝聚。努力实现发展质量新跃升，科技创新新作为，基础设施新升级，治理效能新提升，数智服务新突破。

【党风廉政建设】 2021年，联通淳安分公司以习近平新时代中国特色社会主义思想为指导，以党的政治建设为统领，深入学习贯彻习近平总书记关于全面从严治党特别是关于加强和改进党的建设的重要论述，增强“四个意识”、坚定“四个自信”、做到“两个维护”，积极开展主题学习教育，切实提高党员干部政治素质和党性修养，进一步端正员工的工作态度，提升员工的工作积极性和业务水平。

（办公室）

·淳安华数数字电视有限公司·

【概况】 2021年，淳安华数公司有员工220人，下设总经办、财务部、大众业务部、集客事业部、产品和业务支撑部、客户服务部、工程部、技术部和6个中心站。公司坚持党建统领、战略引导、改革攻坚、创新驱动，深入实施集团公司新一轮发展战略和数字化转型行动纲要，积极参与县数字化改革，扎实开展“管理提升年”活动和“铸金计划”第二季活动，经营运行持续呈现稳中向好态势。全年实现营收1.0299亿元。获评浙江省AAA“守合同重信用”企业；有线广播电视运营服务省级优秀单位；杭州市广播电视安全播出考核优秀单位；云上严家信息化项目荣获浙江省广播电视科技创新项目金潮奖基层优秀科技创新类（县级）二等奖；千岛湖城区营业厅荣获华数传媒优秀营业厅（金奖）。

【广播电视安全工作】 2021年，淳安华数公司抓实抓细责任落实，开展网络设施设备巡查，组织各类安全播出、安全生产应急演练，加强技术培训和提升，先后投入100多万元对电池监测系统、大网端监测设备、集客项目信息系统进行安全加固，提升安全等级，保障数据安全及运行安全。带领干部职工圆满完成重点时段节目的直转播和网络安全保障任务，确保中国共产党成立100周年期间庆祝活动以及全年其他重点时段，重要节目优质安全传送到千家万户。

【数字化改革项目】 2021年，淳安华数公司认真贯彻落实省市县数字化改革决策部署，紧盯“数字乡村”中的数字化小场景，抓住数字化改革的有利契机，牵头开发大下姜共同富裕应用场景、数智群团系统、人社真薪系统等应用场景。大下姜共同富裕应用场景项目以共富指数为引领，构建深绿创富、民生享富、智治安富和党建领富“1＋4”框架体系，开发建设15个子场景，不断探索大下姜乡村联合体共富模式的数字化路径。该项目荣获浙江省数字化改革门户集成优秀应用。县数智群团系统主要有“淳@童”“伊加工”两个内容，公司负责数字驾驶舱平台建设。“淳@童”项目以服务留守儿童为核心，整合“四面八方”力量,构建全社会共同关爱留守儿童新局面,该项目被纳入省级“揭榜挂帅”实施项目。“伊加工”则是围绕来料加工产业,建立政府、市场、经纪人、群众间的数智化桥梁枢纽,平均接单时间由过去的至少30天缩减为1～7天,让淳安广大城乡百姓更便捷地享受数智群团改革红利。伊加工项目被列为浙江省数字政府系统“一地创新,全省共享”应用项目。人社用工信息数字化“真薪”系统项目通过数字化平台以事实和数据消除工程建设项目中的用工纠纷模糊空间,以透明化手段监管和约束施工单位依法用工、合理计酬,为农民工提供举报投诉渠道,引导农民工依法维权,以事实为依据,以法律为准绳,切实解决工程建设项目中的用工纠纷和薪资支付拖欠纠纷,依法保障农民工合法权益,维护社会稳定大局。该项目被浙江省人社厅要求全省推广,相继被杭州政务信息、浙江政务信息、中国劳动报刊发和报道;被列入数字化改革杭州市数字法制赛道项目清单和省人社厅数字化改革入选项目清单;并获评浙江省数字化改革门户集成优秀应用。

【广电惠民工程】 2021年,淳安华数公司扎实做好低保和一、二级重度残疾人及军人优抚的视听费优惠减免工作。全年,低保减免7014户,一、二级残疾减免803户,优惠减免视听费120余万元。

【助力企业复工复产】 2021年,淳安华数公司以国企担当,践行社会责任与行业使命,与宾馆酒店用户共渡新冠疫情带来的困难,最大限度回馈用户,全年减免视听费30余万元,为宾馆酒店全面复工复产贡献华数力量。

【“铸金计划”活动】 2021年4月初,淳安华数公司正式启动“党建强动力、经营添活力——铸金计划”第二季活动,并将其作为党史学习教育特色实践活动的重要内容,充分发挥基层党组织和党员干部的能动性与创造力,推动党建发展和经营管理“双加强”“双推进”。围绕“铸金计划”系列活动,认真做好员工内购会、“5·16”智家工程师节和网格竞赛活动的部署及开展工作。“铸金计划”活动在杭州各区县公司中总成绩排名第三。

【开展光纤入户改造】 2021年,淳安华数公司完成农网光改59个建制村,小区改造1个,新建小区2个,合计光纤入户覆盖数18475户。光改后,高速宽带增长率为68.7%。

【企业管理】 2021年,淳安华数公司开展“管理提升年”活动,不断强化企业质量管理,提升服务质量。加强对各部门、中心站客服运维的考核力度,集客监控报修维修率从85%左右提升到95%以上,应急广播巡检率每月达到100%。应对市场竞争需要,积极开展管理体系认证工作,顺利取得环境管理体系、职业健康安全体系、质量管理体系、信息安全和信息技术服务管理体系等五大体系的认证资质,不断提高企业管理水平和企业自身竞争力。

(章　妍)

(编辑　方红娟)

财政·税务

·财政·

【概况】 2021年,淳安县实现财政总收入47.76亿元,增长19.0%,一般公共预算收入25.94亿元,增长13.9%,其中税收收入22.95亿元,增长10.1%。全县一般公共预算支出77.37亿元,增长0.9%。预算收支情况良好,财政收支平衡。

【财政收入】 2021年,淳安县一般公共预算收入占GDP的10.2%,一般公共预算收入占财政总收入的54.3%,税收收入占一般公共预算收入的88.5%。清理盘活2018年及以前暂存款755万元,收回财政专户资金3100万元。完成非税收入及其他收入23.57亿元,其中纳入一般公共预算收入管理的非税收入3.00亿元,占一般公共预算收入的11.5%。

【服务经济发展】 2021年,县政府制定《淳安县涉企政策兑现工作专项考核办法(试行)》,压缩涉企政策兑现流程和工作时限,兑现各类产业政策补助1.56亿元、惠及企业792家,为企业纾困解难,助力实体经济发展。落实企业减负。实施重点监控与精细管理相结合的税源征管措施,深入开展“三服务”行动,降本减负6.70亿元。优化营商环境。试行100万以上项目全部在交易中心开标,实现采购项目全程在线监控。政采云实现交易单数5480次,采购金额6.25亿元,其中电子化招投标项目385个。完成定点服务的统一招标及供应商征集8个。

【保障民生支出】 2021年,淳安县民生支出55.67亿元,占一般公共预算支出比重为72.0%。保障新冠疫情防控。设立新冠疫情防控专项资金,开通疫情防控物资政府采购绿色通道。新冠疫情防控直接支出3628万元。发展教育事业。教育支出10.28亿元,改造全县农村寄宿制学校“两室两堂”(指实训室练技、寝室结对、课堂优教、食堂护航)60间;完成城镇公办中小学校空调安装和线路改造,惠及学生22076人;购置专用校车70辆,覆盖淳安乡镇18个,惠及农村初中和小学25所。提升医疗卫生水平。卫生健康支出7.00亿元,实行基本医保市级统筹,新增政策5项,调整政策11项,取消政策3项,实现杭州地区同城同待遇。完善社会保障体系。社会保障和就业支出10.03亿元,落实企业技能提升培训、以工代训等稳就业扶持政策。最低生活保障标准由每人每月955元调整至每人每月1102元,特困人员基本生活补助标准由每人每月1373元调整至每人每月1837元,福利机构养育的孤儿基本生活费标准由每人每月2005元调整至每人每月2571元,社会散居孤儿基本生活费标准由每人每月1604元调整至每人每月2057元,城乡保险基础养老金标准由每人每月180元调整至每人每月275元,逐步实现与市级并轨。

推进民生实事。完成老旧小区综合改造工程17处,建筑面积46.55万平方米;加装既有住宅电梯45台;建设"美好家园"住宅示范小区4个;提升改造单村供水工程制水设施45处;新建及提升儿童之家25处。

【财政改革】 2021年,县财政局推进统一公共支付平台建设,县内金融机构全接入,完成交易27.8万笔,涉及资金11.81亿元,其中移动支付占比96.8%。持续深化电子票据改革,助力开票单位开通电子票据766家,位列全省第一。开展全省村级集体经济组织电子票据试点改革,枫树岭镇白马村开出全省第一张村级集体经济组织统一收据电子票。启动医疗电子票据竖版改横版试点工作,提升财政管理制度化、标准化和数据化水平。推进预算管理一体化业务系统建设,实现部门整体绩效预算编制全覆盖。升级国库集中支付系统,加强资金支付与采购管理等业务衔接,新增国库集中支付管理单位73家,实现部门预算编制、财政总预算执行和部门单位核算覆盖率均达到100.0%。完善生态特区财政体制。完成"强村富民"清单和"四个污染"防治实施方案编制。制定《淳安县特别生态功能区生态公益林补偿资金管理办法》,明确千岛湖配水工程水资源费省市县各级分成比例。

【财政监管】 2021年,县财政局坚守限额内地方政府债务不超警戒线和隐性债务不新增两个底线,动态监控全县27家国有企业和158家行政机关事业单位的负债和融资情况,核查3个风险点,完成年度化债任务。严防资金运行风险。加强库款运行监测,合理控制库款规模,提高国库支付能力,严防库款断链风险。严格公款竞争性存放,修订《淳安县行政事业单位公款竞争性存放评分标准》,完成单位公款存放招标6次、金额3.13亿元,财政性资金竞争存放2.60亿元。加强项目监管。深化政府投资项目绩效管理,创新项目分配机制,建立预算审核追溯制度,完成政府投资项目预算审核864个,净核减1.46亿元。强化政府采购绩效管理,开展政采云上架商品价格监测405项,发布价格预警223项、责令暂停上架11项;开展政府购买服务项目预算绩效审核,核减采购预算0.10亿元。

【队伍建设】 2021年,县财政局深耕"为民理财红管家"党建品牌建设,制定党史学习教育实施方案,构建全员集中学、个人深入学、老师带领学和现场体验学的"四学联动"模式。举行"光荣在党50年"纪念章颁发仪式,开展"逐梦百年　我心向党"党史知识竞赛、"民呼我为"主题实践活动等活动。推进"党建双强"创建,推进行业系统党建工作,结对共建省市注册会计师行业党组织,组建"三师聚能　党建聚力"公益服务队,赴企业开展特色服务,助企业解难题。提拔年轻中层干部16人,中层干部平均年龄从41周岁降为38周岁,全日制本科及以上学历人员占比提高到66.7%。　　　　(吴哲宇)

·税务·

【概况】 2021年,县税务局组织各项收入合计697048万元,比上年增加120251万元,增长20.9%,换算为一般公共预算收入为244348万元,增长12.6%。为平衡县财政收支、促进经济社会事业发展提供有力的财力保障。

【税收收入】 2021年,县税务局组织税收收入459675万元,增长16.7%(其中县级收入233449万元,增长11.5%)。办理出口退税11896万元,增长21.1%。

【疫情防控和经济社会发展】 2021年,县税务局强化内防内控,制定应急预案,筑牢疫情防线。严格执行干部考勤和假期管理有关制度,做到干部行程事先有审批、全程可掌握、事后可追溯。根据“谁使用、谁主管、谁负责”原则,加强对临聘人员、劳务派遣人员、乙方驻场人员、后勤物业人员的外出管理。严格落实党政机关工作人员疫苗“应接尽接”工作。落实各项税费优惠政策资金240648万元。

【社会保险费和非税收入】 2021年,县税务局组织社会保险费收入163942万元,增长0.6%。非税收入60890万元,增长614.7%。其他收入12541万元,增长4.8%。

【税收法治】 2021年,县税务局深入推进全局依法治税工作。组织开展《中华人民共和国契税法》《中华人民共和国城市维护建设税法》等主题税法宣传活动。严格落实国家税务总局及长三角首违不罚清单,坚持过罚相当、教育和处罚相结合。深化税务司法协作,与县人民法院合作探索建立民事执行与税费征缴协作机制,持续做好破产清算企业债权申报、清偿入库等工作,全年通过司法协作申报税收债权149.2万元。深入开展现金税费征缴专项整治“百日攻坚”行动,全方位梳理与核查税收票证7001份、税务机关代开发票12757份、委托代征单位代开发票3591份。

【税费政策】 2021年,县税务局强化协同共治,有序做好非税收入划转。加强与县财政局、县规划资源局、人民银行淳安支行等部门沟通对接,按期完成土地闲置费、国有土地使用权出让收入、矿产资源专项收入3项非税收入划转。做好企业所得税年度汇算清缴和后续审核,入库企业所得税86662.88万元,增长10.2%。组建3个清算小组,完成土地增值税清算项目37个,涉及销售收入693100.36万元,净退税2983.15万元。出口退税审核平均办理时限缩短至0.62天,实现当日税当日退,退税办理不隔夜。

【税种管理】 2021年,县税务局加强各税种管理,严守风险防控底线。先后开展纳税人票种清理,走逃失联企业虚开发票线索、代开发票疑点、ETC机动车红字发票重复抵扣、有开票未申报、未票收入未申报、留抵税额抵欠、福建平台虚抵虚开等核查,防范风险。规范企业所得税核定征收。严格落实相关原则,加强对纳税人的宣传辅导,减少核定户数。核定征收企业所得税298户,比上年657户下降54.7%。抓好季度申报质量考核。牵头组建专门团队,对企业的营业收入、营业成本、利润总额、资产总额、从业人数等指标进行逐户案头审核,及时辅导纳税人做好更正申报。做好年度汇算清缴和后续审核。有序推进“跟票管”和“按户管”工作,推送“按户管”三类风险疑点15户次,涉及风险发票4241份33275.54万元;推送“跟票管”风险疑点10户次,涉及风险发票40份290.40万元。加强个人所得税管理。做好经营所得个税汇算清缴工作。规范建筑安装企业核定征收个税退税。规范行政事业单位补贴奖金个税扣缴。

【办税缴费服务】 2021年,县税务局联合县工商联举办政企恳谈会,收集并解决问题23个。围绕“税收惠民办实事 深化改革开新局”主题,开展第30个全国税收宣传月活动,全年被各级媒体正面报道57次,其中新华网、人民网等国家级媒体刊发21篇。围绕2021年“我为纳税人缴费人办实事暨便民办税春风行动”主题,升级“三服务”团队,连续3次被县“三服务”办公室评为“红榜单位”。持续推进“非接触式”办税缴费,全年综合网办率98.6%,位列全市第三。

【征收管理】 2021年,县税务局深化税收征管改革,成立领导小组,建立会议管理、请示报告、文件会签、调查研究、督查督办、日常联络等制度。按月更新工作进展,编制学习要点及应知应会知识,刊发学习专刊5期。县局内网开设专栏,将落实事项一网集成,形成电子版“时间表”“路线图”。推进专票电子化试点扩围。开展宣传引导、咨询解答、辅导培训、诉求响应等,确保电子化试点稳步开展。全年新办企业已推广使用增值税电子专票789户,试点推广率100%,实现新办企业全覆盖。推进创新工作,加强应用系统整合,建设淳安税务应用集成平台,解决应用系统多点登录的问题。开发“税费征管基础工作监控平台”,完成26个功能模块的开发,实现问题数据实时发现,及时处理,夯实税源基础,其中通过欠税管理模块的运用,全年清缴欠税4894万元。

【大数据和风险管理】 2021年,县税务局发挥风险应对“扁平化”工作机制质量监控机制的优势,从质量和时效两个维度把控应对质量。股权投资和房地产风险专项分析,房产税风控模型搭建实施均取得实效,查补税款1940万元。增值税发票虚开风险得到有效遏制,大企业风险防控成效显著,查补税款800余万元。“以上月发票开具情况确定当期税收预测重点对象”的场景设计,在减轻工作负担的同时,进一步提升税收预测的准确性、及时性、安全性。

【党建工作】 2021年,县税务局认真开展党史学习教育,通过“集体研讨带头示范学,沿着足迹实地深入学,青年干部集中夜学,集中测试以考促学,邀请党史专家讲学”,加深对党史的认识了解,加深对党的创新理论的理解把握,更加坚定捍卫“两个确立”,更加自觉地做到“两个维护”。青年干部在杭州市税务系统党史知识竞赛中,获笔试团体第一名,现场竞赛团体三等奖,以及个人第一名、第三名的成绩;在团县委组织的“红船杯”党史知识竞赛中,获得个人第五名。纳税服务股党支部获得淳安县2021年度“最强党支部”。以社会主义核心价值观为主线,围绕“党旗红 税务蓝”主题,打造一个占地面积约500平方米由“源”“溪”“江”“湖”四馆合一的税务文化展厅,献礼建党百年华诞。

【纪检监察】 2021年,县税务局开展干部经商办企业、干部家属个人从事代理记账等涉税业务问题专项整治“回头看”工作,持续巩固专项整治成果。开展党员干部、公职人员酒驾醉驾及其背后“四风”问题专项整治,党员干部参与网络赌博问题专项整治,以及干部因私出国境管理自查和核查工作。全力推进纪律作风问题专项整治,全局191名在职干部、14名临聘人员实现专项整治自查承诺、谈心谈话、整改监督全覆盖。自查自纠问题159个。召开新任股级干部家属廉政座谈会,合力构建干部职工八小时外廉政监督防线,深化“家税共治”“社会共治”。承办淳安县清廉机关建设现场推进会,探索培育清廉税务品牌“秀水六廉”,发挥廉政文化的向心力。浙江省税务局、杭州市税务局党委分别巡察淳安县税务局党委、淳安县税务局开发区税务分局党支部、淳安县税务局千岛湖税务所党支部,党委履行管党治党责任接受一次全面“政治体检”,领导成员建设和干部队伍精神风貌接受一次“深度检阅”。

【政务管理】 2021年,县税务局进一步完善制度体系建设,建立健全行政管理、公文处理、财务管理、公务接待、后勤保障等规章制度,保证淳安县税务局正常高效运转。同时将各项制度通过工作内网设立“工作制度”专栏进行汇集发布，方便干部职工学习运用。

【绩效管理】 2021年，县税务局充分发挥绩效考核“指挥棒”作用，承接和分解组织绩效考评指标，每季度召开绩效考评分析会议，压实考评主体责任。依托数字人事完善干部个人绩效管理，个人绩效考评结果充分运用到年度优秀公务员评选中。在地方党委政府考核中，县税务局被评为“淳安县县级机关、直属单位党组织落实党建责任工作考核优秀等次”和“淳安县大党建考核进步奖”。

【人事管理】 2021年，县税务局开展青年“导师”带训培养工作，帮助新录用人员尽快适应工作，缩短岗位适应期。有序开展干部轮岗交流，全年轮岗交流46人次。开展干部选拔工作，通过民主推荐和竞争上岗相结合的方式，选拔正股级干部3人、副股级干部4人。做好干部职级晋升工作，4名干部获得晋升。备战“岗位大练兵、业务大比武”，2名干部进入杭州市前8名，1人代表杭州队参加全省比赛获得团体第一。方建晖、李志法、王键分别被评为全国税务系统百佳税务所长（书记）、全省优秀农村工作指导员、全省税务系统先进工作者。

【教育培训】 2021年，县税务局加快年轻干部培养，实施“党建＋业务”英才培养计划，通过考试、评比选出36名青年干部成为首批英才，开展专题培训4期，3名学员考取税务师，1名学员获得注册会计师证。在开发区税务分局试点青年干部业务主办制度，着力探索提升年轻干部业务素养途径。组织开展全员培训，培训3批干部165人次。

【服务地方中心工作】 2021年，县税务局发挥党团先锋模范作用，与团县委联合成立“e税行”志愿服务队；采取“党建引领＋社区共建＋志愿服务”形式，加强与千岛湖镇南山社区党委联动，实现资金帮扶、活动互助、人员联动。通过引进水蛭农业养殖项目，实现年销售收入100余万元，直接为村民增收7万余元。通过“线上＋线下”带货模式，“以买代帮”“以购代捐”，助力安阳乡农民销售茶叶、罐装笋、生态土鸡等农产品，增收25万余元。积极参与全国文明城市创建工作，组织党员干部138批1993人次，落实社区共建资金5.5万余元。

（詹黎平）

（编辑　方红娟）

金 融

·中国人民银行淳安县支行·

【概况】 2021年,淳安县金融系统坚定不移贯彻新发展理念,强双基、抓重点、守底线,精心组织开展惠民利企"五大专项"行动,积极助力淳安共同富裕示范区建设,以党建高质量发展推动基层人民银行履职提质增效。全年全县本外币各项存款余额408.78亿元,比2021年初增加13.86亿元,比上年少增1.55亿元;余额较2021年初增长3.5%,增速较上年下降0.6%。1—11月,全县金融机构本外币各项存款下降2.07亿元,但12月增加15.92亿元,其中住户活期存款增加10.38亿元,非金融企业活期存款增加11.83亿元,季末冲高明显。个人存款增长整体稳定。全县本外币住户存款增加28.31亿元,比上年多增9.72亿元。对公存款下降明显。全县本外币非金融企业存款下降4.28亿元,比上年少减5.88亿元;广义政府存款大幅下降14.17亿元,比上年多减21.10亿元。

【贷款增长】 2021年,淳安县金融机构本外币各项贷款余额414.61亿元,比2021年初增加56.96亿元,较上年多增11.17亿元;贷款余额较2021年初增长15.9%,增速比上年提高1.26个百分点。全县住户贷款增加31.60亿元,比上年多增1.03亿元,非金融企业及机关团体贷款增加25.35亿元,比上年多增10.14亿元。中长期贷款余额增加52.77亿元,占全部新增贷款的62.6%。涉农贷款余额增加42.43亿元,比上年多增7.43亿元;新增涉农贷款占全部新增贷款的74.5%,比上年下降2.0%。农村小微企业贷款增长11.3%。制造业贷款余额增加0.56亿元,增长2.9%。房地产开发贷款增加7.24亿元,个人按揭贷款增加9.89亿元。批发和零售业贷款增加4.26亿元,增长64.3%;住宿和餐饮业贷款增加0.76亿元,增长17.6%。

【金融服务】 2021年,人民银行淳安支行为辖内法人金融机构申请办理1万亿元再贷款资金9.30亿元,并指导淳安农商行发放涉农优惠贷款3867笔2197户,加权利率5.38%,节约融资成本640万元。推动法人银行发放普惠小微信用贷款2900笔7.39亿元,惠及市场主体2373户,信用贷款发放额占比23.2%;推动法人银行延期普惠小微企业贷款2423笔14.46亿元,惠及市场主体1785户,延期率80.6%。为淳安共同富裕示范区建设"寻短板、找对策",深入走访企业,了解金融服务实体经济的痛点和堵点,积极对接走访政府相关部门,深入了解乡村振兴发展、共同富裕建设规划以及对金融工作的诉求。紧密结合上级行关于金融支持山区26县的工作举措,谋划出台《金融服务淳安共同富裕示范区试点建设实施方案(2021—2025年)》,提出未来5年金融工作主要目标,从总量保障、产业布局、区域统筹、弱项短板和普惠服务等5个层面提出17项工作举措，并积极推动落实。稳步推进“五大专项”行动。组织开展“金融支持环境保护、旅游业、绿色金融、普惠金融、优化金融服务”五大专项行动。加强政府相关部门对接，梳理出重点企业信息近2.4万条，帮助商业银行有针对性地开展走访活动。全年金融系统行领导走访1004人次，摸排融资需求37.88亿元，贷款发放金额16.08亿元；走访个体工商户3684个。

【普惠金融】　2021年，人民银行淳安支行暗访排查银行网点37个，推动整改问题5个。全县银行机构均开通老年人支付服务“绿色通道”。配合银联深入助农服务点开展调研，探索运用银联“云闪付”推进助农服务数字化。开展助农服务点巡查及分类评级工作，推动助农服务点规范、可持续发展。2021年，淳安有助农服务点339个，助农服务点发生支付业务17.22万笔，交易金额2.07亿元。印发《关于推进银行业移动支付应用暨创建移动支付示范县工作方案》，牵头推动银联公司与千岛湖银泰城合作，联合开展特色商圈营销活动。云闪付App绑卡用户数39462个，比2020年年底增长12.2%。精心组织“3·15”消费者权益日、“6·14”信用记录关爱日等宣传活动10余次，发放征信、存款保险、防范非法集资和电信诈骗、文明倡议书、汇率避险等宣传折页或知识手册1.5万余份，受众近2.3万人次。引导银行机构加大茶叶收购旺季20元及以下券别原封新券投放力度，畅通不宜流通人民币回收渠道，提高流通中人民币整洁度。全县银行机构开展小面额人民币现金兑换活动64次，兑换残缺污损人民币36.14万元。对辖内银行机构开展全额清分、现金机具使用情况、残损币自查情况、反假货币培训工作等现场督导4次。组织银行机构开展不宜流通人民币专题培训，组织辖内15家银行机构90名现金从业人员参加全额清分知识竞赛，启动“淳安县全额清分示范银行网点”创建工作方案创建工作，并实施量化考核。继续开展打击整治假币违法犯罪专项行动，妥善处理1起假币收缴异议申诉，上交110.2万元假人民币。深化“外汇联络员暖心助企”专项行动，开展“外汇联络员暖心助企”活动50余次，帮助企业解决贷款融资及汇率避险等方面难题。

【金融风险防控】　2021年，淳安县不良贷款余额2.27亿元，比2021年初下降0.13亿元；不良率0.6%，比2021年初下降0.1个百分点。不良贷款与关注类贷款合计占全部贷款的比重为1.5%，比2021年初下降0.2个%。其中，关注类贷款余额3.73亿元，比年初减少0.06亿元；关注贷款占比0.9%，比年初下降0.2个百分点，关注类贷款占比延续下降趋势，连续8个月低于1%。指导辖内2家法人机构开展敏感性及流动性压力测试。抓实反洗钱监管，指导银行机构加强可疑交易监测，向公安机关移送案件线索8条，其中4条涉及网络赌博，3条涉及地下钱庄，1条涉及非法集资，配合县公安开展涉电信诈骗案件县域可疑账户核查2次。修订《淳安县金融机构突发风险事件应急预案》，开展1次金融机构突发风险事件应急演练。把打击治理电信网络诈骗新型违法犯罪工作列为“一把手”工程，现场核查、约谈指导、量化考核同频共振，压实银行机构账户管理和防诈责任。2021年，开展防诈现场宣传944次，覆盖4.84万人次；组织实施账户管理约谈4次，下发《加强账户管理指导建议书》4期，提出监管建议15条；全县银行机构对254.51万户银行账户开展两轮风险排查，存量账户风险排查100%全覆盖，注销风险账户68户，拒绝开户373户。向公安部门报送可疑开户信息22人次，成功阻止1起在校学生涉银行卡非法买卖犯罪，1起220万元疑似涉诈转账。

（办公室）

·浙江银保监局淳安监管组·

【概况】 2021年,淳安县银行业本外币各项贷款余额414.61亿元,比2021年初增加56.96亿元,增长15.9%;本外币各项存款余额408.78亿元,比2021年初增加13.86亿元,增长3.5%;不良贷款余额2.26亿元,不良贷款比例0.6%。

【履职质效提升】 2021年,浙江银保监局淳安监管组压实"一岗双责",充分利用党支部和党小组的平台,强化党史学习教育,全年自行组织学习活动15次;持续开展廉政风险防控排查,常态化开展警示教育,全年开展党员批评与自我批评2次,谈心谈话提醒3次,撰写学习心得体会3篇。另一方面是提升履职质效。持续完善"双转双赢、非现场监管、联动监管"平台建设,派出4人次参加省银保监局组织的现场检查,历时80多个工作日;及时完成行政许可属地监管意见6次;第一时间落实辖内111家银行保险网点疫情防控健康码扫码核验工作;积极参加县委县政府有关会议或工作98次,主动发出监管声音。

【监督管理】 2021年,浙江银保监局淳安监管组以持续推进"双转双赢"主题活动为抓手,积极引领辖内银行业不断创新服务方式,改善信贷管理,加大信贷投入,优化信贷结构。全县银行业各项贷款余额增加56.96亿元,多增11.18亿元,增量为历年最高;增长15.9%,提升1.3个百分点。精准施策。在走访调查的基础上,总结通报辖内银行业2020年度"双转双赢"主题活动开展情况,提升服务的经验与不足,并提出2021年银行业助力康美千岛湖高质量发展的服务方向。强化督导。适时走访督导银行机构提升"双转双赢"主题活动开展的主动性和创造性,全年银行业走访企业9980家次,撰写调研报告31篇,提出"双转双赢"举措71条;全县银行业新增首贷户3055户、办理中长期流贷1310笔36.5亿元、办理无缝续贷3931笔26.6亿元,为企业降低融资成本2300万元;通过利率优惠、手续费减免等为客户减费让利2920万元。推广应用。组织开展浙江省金融综合服务平台运用培训,走访督导银行机构加快线上对接,全年通过浙江省金融综合服务平台完成授信对接3579笔19.35亿元,完成"总对总"线上抵押登记5745笔38.4亿元。

【金融风险】 2021年,浙江银保监局淳安监管组始终将防范化解金融风险作为日常监管工作的重中之重,认真履行好县域法人银行机构监管第一责任人的职责,及时掌握辖内金融风险信息,全面强化各类风险防控。2021年年底,全县银行业不良贷款余额2.26亿元,比2021年年初下降0.1亿元,不良贷款比例0.6%,比年初下降0.1个百分点,不良贷款实现"双降"。面上通过下发监管意见等方式,全面传导风险防控责任与防控方向。点上着力强化2家法人机构的监管,突出信用风险、公司治理、关联交易和员工行为等风险防控;着力风险监测提示,全年发现业务数据异动16次,及时进行核实、问询和约见谈话,多方式提示风险;着力开展监管调查,提示并督改辖内部分银行对公账户业务管理不审慎、个人存款和中间业务收入季末大幅增长等市场乱象。

【消费权益】 2021年,浙江银保监局淳安监管组坚持"以人民为中心"的监管理念,以推进"内控合规管理建设年"为契机,积极引导辖内银行业保险业机构审慎合规开展金融业务,通过规范经营、完善流程、强化宣传和妥善处置等措施切实履行好消费者权益保护职责。全年接到投诉信息32件,监管组负责人都亲自督办、分析并提意见，及时转机构限期办结并报告，件件得到投诉人满意的回复，并为部分权益性投诉人挽回经济利益 10.7 万元。　（王卫国）

·中国工商银行股份有限公司淳安支行·

【概况】 2021 年底，工商银行淳安支行各项存款日均余额 39.12 亿元，比上年新增加 4.57 亿元。其中，对公存款日均余额 25.17 亿元，比上年增加 2.5 亿元；个人存款日均余额 13.95 亿元，日均增量 2.07 亿元。各项贷款余额 54.28 亿元，比上年增加 6.18 亿元。其中，公司贷款余额 27.7 亿元，比上年增加 8774 万元；个人贷款余额 26.52 亿元，比上年增加 5.35 亿元。实现拨备前利润 14250 万元，中间业务收入 2985 万元，分别完成全年任务的 81.4%和 62.7%，分别多增加 1844 万元和 327 万元。

【党建工作】 2021 年，工商银行淳安支行把学习贯彻习近平总书记重要讲话和重要指示精神作为第一议题，突出“把方向、管大局、保落实”的作用，切实体现党对经营的全面领导。强化意识形态的引领作用。将意识形态工作贯穿到支行各项工作中，开展全行员工全覆盖谈心谈话工作，通过思想引导和人文关怀，提升思想政治工作引领力和实效性。扎实开展党史学习教育。在党史学习教育中，支行党总支找准结合点和切入点，创办“党史学习教育简报”和“淳工 e 家”月刊，在积极传播支行正能量的同时，共同提振精气神、跑出加速度。全面推进网点产能提升工作。在“加强网点建设、提升网点产能”的背景下，一方面做好网点营销人员的配备和推进网点客服经理转岗，另一方面以个贷、普惠业务下沉促进网点客户引流，实现网点业务赋能。

【存款业务】 2021 年，工商银行淳安支行通过考核办法和行外掘金行动方案突出存款在考核中的核心地位。通过对市场部门主要负责人按旬实行红黄绿牌的过程管理，压实管理干部抓存款责任。通过实施网点员工开口营销激发员工内生动力和营销激情。支行每月召开行务例会，主要对支行核心指标进行分析推动。通过这些存款机制的建立，在全行员工中形成全员抓存款、日日讲存款的工作氛围。整体支行的存款工作形成部门联动、公私联动、私公联动、信息共享、全员参与的工作体系。

【贷款业务】 2021 年，工商银行淳安支行把贷款业务作为支行发展业务的撒手锏，坚持抓大不放小。大项目方面，主要是针对淳安县域的经济特点，抓住淳安特有的资源和特色经济，2021 年，支行发放青溪新城 1.5 亿元的城市有机更新贷款。审批完成杭州智邦协作建设飞地项目 1.8 亿元，绿城浙韵 0.9 亿元的房开项目，全年新增贷款 0.7 亿元。

【普惠业务】 2021 年，工商银行淳安支行坚持全行员工做普惠的机制，发挥全行员工的资源营销普惠业务。全年，普惠客户净增 192 户，余额新增 3.05 亿元，增长 92.0%。顺利完成分支行数个业务模式的“首笔”创新，包括杭州分行首笔“林权抵押＋专利权质押”组合普惠贷款、分行首笔 SSE 模式项下杭信贷融资、首笔个人创业担保贷款、首笔“双保”应急融资等，实现数个“首笔”、多个“第一”。突破小微企业特别是农业企业贷款的瓶颈，打破员工做业务的固有思维，提升员工做业务的创新思路，提升金融供给水平和服务质量。个人按揭贷款方面，坚持按揭总量领头雁的地位，全年按揭放款 3.8 亿元，新增 1.89 亿元。

【招商引资】 2021年,工商银行淳安支行通过加强招商引资渠道的建设,成功实现多个全县重大项目及重点招商引资客户落地。实现有贷户拓户7户,其中制造业有贷户拓户3户。

【机构条线】 2021年,工商银行淳安支行继续争取在本行的土地拍卖保证金专户存款直接转为非税专户,提高财政存款在本行的贡献率。该项工作同时也得到分行党委的高度认可,并且在杭州网讯上给予通报鼓励。继续加强与县法院的合作,争取到2户破产管理人账户。

【零售条线】 2021年,工商银行淳安支行新签私银客户5户。受理880张第三代社保卡。支行收单商户客户新增660户,比上年增长31.0%。在高端酒店客群中,对9家中高端酒店开展全面合作,覆盖率达60%。通过梳理2021年度政府项目清单、指定专人定期关注市县两级项目招标信息以及新房地产项目开工情况,及时跟进营销。

【资金产品及外汇贷款业务】 2021年,工商银行淳安支行顺利落地景义及其关联企业的跨境资本金分红等多笔资本项下业务,超额完成上级行下达的国际结算量、结售汇量、外汇日均存款增量、国业优质客户拓户4个核心指标,实现资金产品及外汇贷款业务的破零,其中国业优质客户拓户指标完成率300%,位列分行第一,国际结算量四行占比从2021年年初的24.2%提升至43.2%。

【风险防控】 2021年,工商银行淳安支行实现处置不良贷款563.30万元,其中常规清收539.35万元,核销23.95万元。做深做实客户分层会诊工作。全年开展客户会诊11次,通过做实客户分析提高风险判断的前瞻性,并积极落实大户跟踪督办要求。加强法人信用风险非现场监控。对上级行下发的各类客户监测预警信息,及时敦促客户经理采取相应措施,有效防控风险。加强个贷业务风险管控。按季做好风险楼盘处置,化解天清岛和景月湾花苑2个风险楼盘,完成上级行风险楼盘化解计划。加强个贷风险预警管理,对存在还款能力不足、用途不合规等问题的贷款提前介入跟进。加强支行风险管理及信贷队伍的建设。强化信贷政策制度的传导,定期对政策制度要点进行梳理和解读,对日常信贷工作中遇到的普遍性问题及各类检查排查发现的问题进行归纳总结,对于特别重要的政策制度及时进行专题提示;严格人员资质管理,对存量信贷人员持证情况进行全面梳理,禁止未取得资质人员进行流程操作,对尚未取得信贷资质的信贷人员全部通知要求参加考试,以实现全员持证上岗。同时积极鼓励其他岗位人员参与信贷资质考试,做好信贷人员储备工作。

【规范管理】 2021年,工商银行淳安支行定期开展案防教育培训和风险排查工作。对上级行有关会议精神和下发的文件,坚持第一时间传达、部署、落实,并利用全行员工大会、专业条线例会、“直通车”视频、部门网点“三会”、风险提示等多途径进行学习,进一步提高员工的风险意识和防控能力。在风险排查方面,制定支行屡查屡犯专项治理考核办法,为每个部门设置全年压降目标和扣罚标准,每个季度进行通报和专项辅导。支行屡查屡犯问题从近3年的年均60笔下降到33笔,下降45%。在员工行为动态管控方面实行100%的谈心谈话,第一时间了解员工情况动态。重点关注员工异常行为动态,全年通报批评9人,扣减绩效2人,调离岗位1人。在推动客服经理能力提升方面,经过一年的轮岗、培训,支行可胜任多个岗位的客服经理从

2020 年的 1 人提升至 4 人，客户经理梯队建设得到加强。（办公室）

·中国建设银行股份有限公司淳安支行·

【概况】 2021 年，中国建设银行股份有限公司淳安支行（以下简称建行淳安支行）深入学习贯彻习近平新时代中国特色社会主义思想，认真落实总行、省分行和市分行的各项工作部署和要求，坚持从严治党、从严治行。至 2021 年 12 月底，支行一般性核心存款日均余额 33.3 亿元，各项贷款余额 38.5 亿元（当年新增 2.7 亿元）。支行不良率 1.2%，比 2021 年年初下降 0.14 个百分点。

【三大战略】 2021 年，建行淳安支行普惠贷款新增 2.08 亿元，增长 88.5%，多增 1 亿元。立足当地，践行“两山”理念，依托金融科技力量，成功开发杭州分行首家建融智医互联网医院平台以及省分行首家淳安“两山银行”“两山任你淘”信息化平台。积极与政府对接政策性住房租赁项目，积极走访住房租赁公司等平台类客户。

【乡村振兴】 2021 年，建行淳安支行深入践行总行“三大战略”，聚焦乡村振兴等重点政策指向，以“裕农通”为突破口，积极推进绿色金融，深度融入两山银行，同时稳步调整信贷结构，优化信贷资源配置，着力将上级政策导向与地方区域特色融合发展，促进共同富裕。有效组织客户经理对 268 个“裕农通”服务点进行维护和拓展，实现活跃率 100%。其中党群服务点“裕农通”119 个，占 44%；活跃缴费服务点 179 个，活跃缴费服务点占 67%；双达标服务点 121 个，占 45%。全年乡村振兴卡开卡 3633 张，存款余额 7400 万元。

【疫情防控】 2021 年，建行淳安支行坚决贯彻落实总行、省行、杭州分行及当地防控办关于新冠疫情防控工作要求，快速行动，积极响应，高度配合，把新冠疫情防控工作作为当前最为重要的工作之一，加强组织领导，保障物资供应，做好排查监测，严格网点防护。同时践行社会责任，履职大行当担，积极配合参与共建单位社区志愿服务，建立绿色信贷通道，主动对接有需要的企业，积极支持企业复工复产，用建行温度和速度助力打赢新冠疫情防控阻击战。

【党史学习教育】 2021 年，建行淳安支行加强党史学习教育，提升党性修养。强化组织领导。成立党史学习教育领导小组，制定《党史学习工作规则》和《开展党史学习教育推进方案》等，全面部署，确保行动不走样，自选动作有特色。压实各级责任，总结推广好经验好做法。特邀县委党史学习教育宣讲团老师莅临现场，开展“从党的百年历史看党的初心和使命”党史培训，加深对“初心”和“使命”的理解；邀请 90 岁高龄的离休老党员汤启南讲述自己的从军经历；学好用实“身边的党史”特色教材和资源点，开展“观看睦剧大戏，传承红色基因”活动；加强党史宣传。利用“裕农通”点、“张富清金融服务队”等，走园区、进企业、下乡村、入学校，开展党史学习宣传 8 次，推动党史学习教育走深、走实、走心。开展党史知识竞赛。营造浓厚党史学习氛围，进一步坚定全行党员的理想信念，增强凝聚力和战斗力。

【党建共建】 2021 年，建行淳安支行党总支新签约党建共建单位 4 家，开展共建活动 8 次，如联合淳安县退役军人事务局，参观革命烈士纪念馆，弘扬烈士精神；参加淳安县千岛湖旅游集团文艺会演，颂红诗、读红书、唱红歌、展红艺；与杭州住房公积金管理中心淳安分中心，参观“解放淳安第一村”，听党课和重温入党誓词，体验党的苦难辉煌历程；与县工商业联合会、县第一人民医院签署党建共建协议，坚持资源共享、优势互补；联合杭州千岛湖发展集团机关支部、捕捞队支部和县财政局第二党支部，开展“党建共建聚合力，携手共谋促发展”活动，聆听劳模故事，感受“船头党建”；赴全国文明村汪宅村，开展“乡村振兴一裕农学堂”揭牌和授信活动。

【风险合规】 2021 年，建行淳安支行扎实开展党风廉政建设，筑牢反腐败斗争基石。支行党总支压实政治责任，认真履行党风廉政建设，巩固深化全面从严治党成果，毫不松懈抓好反腐肃纪，持之以恒整治“四风”；开展廉政上讲堂活动。组织学习《金融案鉴》《职务犯罪案件警示录》中的相关案例，加强清廉金融文化建设，营造支行风清气正的政治生态和良好发展环境；加强员工反腐败培训工作，如组织观看《权力的迷途》警示教育片等，落实反腐败工作要求，切实增强员工廉洁意识；严格落实亲属回避制度。针对需回避的 3 名员工，对其进行岗位调整，落实亲属回避制度。

【队伍建设】 2021 年，建行淳安支行平稳推进支行“双优化”工作，进一步夯实人才队伍建设。根据上级行工作部署，坚持人岗事相匹配、权责利相统一原则，通过加强与员工交流，扎实做好宣传疏导工作，最终保证支行“双优化”工作的顺利开展和平稳结束。通过岗位公开遴选提拔 2 名中层副职，让想干事、能干事、能干成事的优秀员工走上管理岗位，进一步拓宽选人用人渠道和员工职业发展通道，促进优秀人才脱颖而出；修订完善《支行后备人才队伍建设实施方案细则》，对后备库人员进行重检和动态调整，进一步提高广大员工干事创业的积极性。

【企业文化】 2021 年度，建行淳安支行在做好新冠疫情防控工作前提下，切实发挥工、团、妇组织的功能，组织开展形式多样、内容丰富、参与度高的员工活动 5 次，进一步丰富员工的业余活动，加强员工之间的交流；积极参与淳安县第二十二次“春风行动”等活动，捐款 1.09 万元；建行淳安支行获评“2021 年度杭州市经济文化保卫工作先进集体”。

（陈力飞）

·中国农业银行股份有限公司淳安支行·

【概况】 2021 年，中国农业银行股份有限公司淳安支行（以下简称农业银行淳安县支行）本外币各项存款 55.28 亿元，各项贷款 49.47 亿元，实现利润 1.22 亿元。

【网点】 2021 年，农业银行淳安县支行辖 1 个中心、2 个二级支行、物理网点 5 家、附行式自助银行 5 家，覆盖公司与个人的负债、资产业务；强化党建引领，落实“三会一课”制度、主题党日制度，认真组织开展党史学习教育，深入学习习近平在庆祝中国共产党成立 100 周年大会上的重要讲话和中共十九届六中全会精神，领会习近平新时代中国特色社会主义思想，有效发挥基层党建两个作用；一手抓疫情防控，一手抓业务发展，抓实金融服务“六稳”“六保”，落实“一行一镇一村”行领导挂点制度，实施综合营销、公私联动、上下联动，强化客户管理，围绕生态保护、共同富裕、基础提升、制造业转型升级等，持续做大信贷业务，支持地方经济发展；做好“三农”服务，支持乡村振兴，发挥乡镇网点辐射作用，加强乡镇挂职人员及惠农通服务人员管理，大力发展美丽城镇贷、林权抵押贷、综合经营权证抵押贷，开展金融知识宣传，支持脱贫攻坚，持续抓好普惠金融服务。

【企业金融管理】 2021年，农业银行淳安县支行全面落实新冠疫情防控要求，切实抓好新冠疫情防控工作；合规文化建设、案件警示教育、条线履职尽职检查、案防分析、内控评价、安全评估、和员工行为排查等自查自纠工作；强化案防管理，认真落实反洗钱、档案管理、保密管理、消费者权益保护等工作，提升支行基础管理水平；推进文明单位创建，加强人文关怀，组织开展各类文体活动，提高员工幸福感、归属感。 （管建辉）

·浙江淳安农村商业银行股份有限公司·

【概况】 2021年，浙江淳安农村商业银行股份有限公司（以下简称淳安农商银行）下辖36家网点，其中营业部1家、支行14家、分理处21家。在职员工426人。截至2021年12月底，各项存款余额152.25亿元，比上年增加16.54亿元，存款市场份额为37.3%；各项贷款余额129.87亿元，增加18.25亿元，其中涉农贷款119.69亿元、新增15.98亿元，增长15.1%，贷款市场占有率31.32%；五级不良贷款率为0.9%；缴纳税金6943万元。

【美丽乡村建设】 2021年，淳安农商银行在乡村产业构建、县域治理、数字赋能和人才技术保障等四方面落实16项服务举措，全程助力26县高质量跨越式发展；依托"两山银行"运营主平台，建立特色网格、精品项目走访活动，对接74个重点项目，解决融资需求25户、1.21亿元；通过"共创共富共享"三共联创机制，在下姜村构建共同富裕服务均等化示范点1个；与县住建局共同推出"幸福安居贷"贷款产品，发放3576.46万元用于农户改建，助推美丽乡村建设。与县委组织部对接乡村振兴人才"春雨计划"方案，为农业生产经营人才、乡村治理人才等人才发放贷款2.2亿元。

【服务实体经济】 2021年，淳安农商银行优化信贷结构，整理各类企业清单，扎实推进惠民利企五大专项行动，主动对接小微企业金融服务需求。普惠型小微企业贷款户数17603户，年净增3811户，多增841户。实施小微企业信贷"增氧计划"，积极推广"园区＋金融""街区＋金融"服务模式，进一步提升小微信贷的获得率和覆盖面，截至12月底，对933户小微企业进行预授信，预授信额度6.11亿元。用好支农再贷款工具，发挥精准滴灌作用，发放支农再贷款5555户20.98亿元，预计为企业让利减息2852万元，有效降低企业融资综合成本。大力推广省金综平台和杭州E融平台，小微易贷线上贷款产品，为小微企业提供"足额、便捷、便宜"的金融服务，撮合贷款5209笔34.39亿元，发放小微易贷249户9340万元。

【普惠金融】 2021年，淳安农商银行持续践行以人为核心的全方位普惠金融。走访辖内农户数52989户，农民专业合作社130户，提供资金支持逾5亿元。与县农业农村局联合开展农户小额普惠贷款"有感反馈"工作，在原基础上，通过线上数字贷款推广和线下普惠签约方式，积极进行用信推广，截至12月底，农户小额普惠贷款"有感反馈"有效农户数达10.72万户，实现有感反馈率达100%。通过"共创共富共享"三共联创机制，在下姜村构建共同富裕服务均等化示范点1个；加大丰收驿站铺设力度，建成154家，比2021年年初净增17家，丰收码助农服务点177家，助农服务点建制村覆盖面97.6%，服务农户约25万余人。成立"共同富裕金融专员"服务队，开展客户经理全面驻村工作，为村民解决"急、愁、难、烦、盼"5件事。设立在杭丰收驿站便民服务中心，有效服务在杭流动党员、在杭务工人员、淳安企业、淳安各乡镇部门外联等。

【政银合作】 2021年,淳安农商银行加强政银合作,与县农业农村局联合推出新型农业经营主体贷,助推绿色农业发展。截至12月底,发放新型农业主体贷款4.01亿元。与县审管办联合下文施行“四个办”便民举措,对接17个县级部门,将民生项目与金融需求的“一窗受理,集成服务”,实现54项政务服务在地域上的“就近办”、176项政务信息“自助办”、328项政务服务“掌上办”、17项高频便民服务“上门办”。与县市场监督管理局签订知识产权质押贷款战略合作协议,整体授信10亿元,主要用于企业技术改造及产业升级。

【社会责任】 2021年,淳安农商银行继续参与社会公益事业。定点结对帮扶捐助40万元;向村集体捐赠电脑等设备390套,改善村“两委”办公条件;以“青微之光　照亮童心”为主题,与团县委共同搭建乡村青少年宫、俱乐部4个,针对儿童需求联合团市委、团县委开展专项公益创投活动,出资50余万元推动“眼见未来”爱眼公益筛查活动、“校服变形记”捐赠活动举行;为山区儿童捐赠“数智小书房”、设立“进步奖学金”鼓励孩子进步;为支持学子完成学业、奖励优秀教师等捐赠教育资金88万元;先后组织530人次,参加全国文明城市创建共建道路巡查及十字路口道路执勤工作。获评杭州地区爱心慈善称号、校外教育工作爱心单位、杭州市慈善事业发展促进工作集体嘉奖。

【党建工作】 2021年,淳安农商银行购买200套、800余本党史读本,创编《党史专刊》1期、党建画册1期,创新线上领播活动84期、开展各类实践活动68场,为基层群众办实事49件;开展中层干部作风建设,坚持问题导向,保持战略定力,推动从严治党向纵深发展;党委理论学习中心组组织学习12次,深度研学“七一”等重要讲话精神5场;完成下姜村1个丰收驿站“最美党建窗口”创建;先后组织21名基层党支部书记赴福建古田、泉州、漳州参加基层党建业务培训。

【风险防控】 2021年,淳安农商银行制定下发“清堵遏治强”专项排查方案,组织5个检查组在自查基础上抽调30余人开展为期30个工作日的集中检查,实现人员、关键岗位和重点人群的全覆盖。在总行层面通过行长讲合规开展以案促纪、警示教育;在支行层面开展合规、审计巡回大讲堂等活动5期;在内部管理上以“合规建设年”活动为契机,加大风险环节日常检查、监管政策执行落地和员工全生命周期管理,抓实“以人为本、抓人促事”的基层服务能力;持续优化内部风险管理流程,加大公司治理架构优化、关联授信和议事决策执行专项审计,提高风险防范能力。

【企业文化】 2021年,淳安农商银行首次将“淳厚”文化升级为“活水金融”文化图谱,推出吉祥物“淳小安”及48个线上表情包;以生日庆祝、生病慰问、夏送清凉等活动关爱员工生活;成立羽毛球、登山、骑行、瑜伽等俱乐部,举办运动会、演讲比赛等文体活动,让广大员工想锻炼有平台,想展示有舞台、想演说有讲台;组织疗休养活动,开展退休人员荣退仪式、员工“拎包入住”工程,开发食堂点餐系统,进行员工参与工作服采购等工作,以增强员工归属感、安全感、获得感、幸福感。

(邵玉珍)

·广发银行股份有限公司杭州淳安支行·

【概况】 2021年,广发银行股份有限公司杭州淳安支行(以下简称广发银行淳安支行)有在职员工14人。至12月31日,存款余额2.75亿元,比年初新增加0.05亿元,其中对公存款 0.7 亿元，储蓄存款 2.05 亿元；支行各项贷款余额 8.04 亿元，比年初增加 2.36 亿元，其中对公贷款余额 4.21 亿元，个人类贷款余额 3.83 亿元。涉农贷款余额 5.62 亿元，比年初增加 1.77 亿元；普惠小微贷款 0.362 亿元，比年初增加 0.122 亿元。

【经营管理】 2021 年，广发银行淳安支行积极支持当地国资企业的发展，全年对公客户续授信 12800 万元，新增对公小微投放 504 万元。零售业务方面推出抵押易产品，在还款期限、无还本续贷方面（主要是贷款最长期限可达 20 年，可采用等额本金或等额本息方式还款，也可采用前 5 年只还息不还本，后 15 年等额本金或等额本息方式还款）进行改进，落地 5 笔，新增投放 780 余万元。通过小微企业走访＋扫码方式发放普惠小微贷款 900 余万元，普惠小微贷款增速高于综合贷款增速。推动普惠小微企业减费让利，实施取消小微企业服务收费项目如账户管理费、工本费、挂失费、小额转账手续费等措施；小微企业授信抵押物保费、评估费均由本行承担。每五周一次持续坚持窗口驻点，为企业办理业务提供咨询帮助，服务当地经济，全年开立对公账户 45 户，积极开展农民工工资专户、监管账户拓展营销工作，新开农民工工资专户 3 户，工资监管账户 2 户。

【安全防控】 2021 年，广发银行淳安支行全体员工签订案件防控工作责任书 14 份，实行分管责任，使案件防控责任到人，不留死角。支行负责人签订《内控案防尽责履职承诺书》，切实承担起“一把手”负责制，履行好“一岗双责”。通过多种渠道对员工开展合规、普法、警示案例、纪律教育等学习，宣导法律法规，监管制度，切实提升员工的合规意识。全年召开 5 次合规案防分析会，组织员工学习合规案防案例 23 次；支行通过“上门走访”和“微信视频”形式开展员工八小时外异常行为排查，覆盖率 100%，未发现异常情况。

【金融消保服务】 2021 年，广发银行淳安支行进一步提升消保理念，完善消保管理，根据《广发银行杭州分行 2021 年金融消费者权益保护工作方案》的有关规定，逐一落实各项消保工作制度，规范支行日常消保工作流程。全年无有效投诉。开展“3·15”金融消费者保护宣传周、“6·14”征信信用宣传、小小银行家、守住钱袋子、存款保险普及宣传、防范电信网络诈骗、反洗钱、防范非法集资等综合金融知识的普及宣传。

【党建工作】 2021 年，广发银行淳安支行党支部以“三会一课”、主题党日等活动为载体，加强党支部建设。坚持每月开展 1 次以上党支部活动，全年召开党员大会 26 次；每季度上党课 1 次，共计上党课 7 次。支部活动同时结合业务工作开展研讨，让党员更好地将党员身份与业务工作很好地结合起来，做到“两不误、双促进”。做好“我为群众办实事”活动，全体党员下乡进村，把金融综合服务切实送到人民群众中去；支行分别于 5 月 15 日、6 月 15 日前往枫树岭镇和青溪新城社区开展“防范非法集资、防范新型网络电信诈骗”等金融知识普及宣传，倾听老百姓最关心最急需的金融需求，切实解决群众急难愁盼问题。推进 E 秒贷客户多产品组合营销，带动经营性个贷业务发展，推进按揭贷款开发商及房产中介渠道建设，全年净增个贷基础有效户 169 户。推进综合＋线上展业，加强客户引流，通过综合金融、社区共建、政银联动等方式开展外拓活动 40 余场，通过云店推广等线上活动综合展业引入新客户 110 余户。

【乡村振兴工作】 2021 年，广发银行淳安支行根据“村企结对助力乡村活动”的实施意见，积极向上级行申请帮扶资金 3 万元，与结对的浪川乡洪家村党支部开展党员共建活动，给村民普及金融知识，为困难党员送去慰问。动员员工参与淳安县“春风行动”，支行 14 人捐款 5200 元。（办公室）

·民生银行股份有限公司淳安支行·

【概况】 2021 年，中国民生银行股份有限公司杭州淳安支行（以下简称民生银行淳安支行）有从业人员 23 人。截至 2021 年年底，各项存款余额 5.46 亿元，比年初增加 205 万元；各项贷款余额 9.34 亿元，比年初增加 2976 万元；全年总营业收入 4359 万元，利润总额 1991 万元。全年无经济案件和重大责任事故发生。

【党建工作】 2021 年，民生银行淳安支行始终坚持党建引领，突出党的核心地位。在建党百年之际，民生银行淳安支行员工积极投身总、分行党委改革转型战略部署，贯彻落实支行发展计划，全情投入党史学习教育，有力促进组织力量的提升和支行业务的发展。以主题党日活动为载体，认真落实组织生活民主会，将“两学一做”学习教育常态化开展，深入贯彻习近平新时代中国特色社会主义思想和中共十九大精神。深入开展主题教育活动，如 6 月 22 日联合淳安南苑共建社区各党支部书记 60 余人组织一次大型党建——“忆革命先烈，走红色之旅”活动，瞻仰红军北上抗日先遣队“白马之战”烈士纪念碑；走红色教育基地下姜村，并上一堂以“习近平在浙江联村结对，指导下姜村如何从贫困村走向绿富美”为主题的脱贫致富意义深远的党课。

【乡村振兴工作】 2021 年，民生银行淳安支行积极为 26 个加快发展县高质量跨越式发展出谋划策。借杭州分行乡村振兴推动之力，在支行层面设立乡村振兴执行小组，邀请杭州分行乡村振兴领导小组，于 8 月 20 日在淳安召开乡村振兴推动会，专题研究乡村振兴战略。民生银行淳安支行提出开展农（林）综合经营权抵押贷款的业务诉求，取得分行支持。深入开展生猪养殖企业的生产经营需求调研，希望在猪粮稳定方面出力。将脱贫攻坚与乡村振兴有效衔接和互相结合，不断提升服务乡村振兴质效。11 月 9 日，在衢州全省 26 个加快发展县跨越式高质量发展大会上，民生银行杭州分行与淳安县政府签署全面战略合作协议，承诺在“十四五”期间，民生银行向淳安投融资额度不少于 50 亿元。这为民生银行淳安支行发展打下政策基础。

【实体经济】 2021 年，民生银行淳安支行深入开展百地千名行长走访活动，行领导走访客户超过 200 余家，普惠业务得到较快发展。涉农贷款余额 6.88 亿元，增加 0.35 亿元。积极推进与担保公司合作，创新服务模式，针对家庭农场等新型经营主体探索涉农产业担保贷款；2021 年，民生银行准入浙江省农业金融担保有限公司、浙江省金融担保有限公司，开展专业担保公司担保贷款，其中浙江省农业金融担保有限公司将重点支持第一产业、民宿客户，淳安支行是杭州分行业务开展先进机构。继续推进下调涉农贷款风险计提比例，对涉农贷款 FTP 价格下调 50BP，鼓励加大对涉农贷款投入。2021 年，贷款利率水平在 2020 年下降 96BP 的基础上，进一步下降 16BP，让利于企、让利于民。

【金融宣传】 2021 年，民生银行淳安支行持续开展金融知识普及活动，在社区、市场、广场、商场、企业、乡村、建筑工地等场所广泛为客户提供金融知识宣传。以“6·14”信用记录关爱日暨传承红色基金践行征信为民”专题宣传活动和"6·15"防范非法集资集中宣传日为契机，联合人民银行在南苑社区设置宣传台、咨询点，开展征信知识、存款保险制度、反洗钱、非法集资及防金融诈骗等金融知识的宣传，提高消费者对金融知识的认识度，确保宣传普及工作的覆盖面和触达率。

【社会责任】 2021年，民生银行淳安支行积极践行社会责任，助力共建和谐家园。员工多次参加志愿服务，履行社会职责，扛起使命担当。参加志愿服务活动，党员及青年员工进社区和物业一起共同清理小区垃圾、张贴文明标语、清理"牛皮癣"及"僵尸车"等，并上门宣传创文明城市的意义、垃圾分类、防电信网络诈骗知识以及针对淳安县创建全国文明城市满意度开展问卷调查工作等。面对新冠疫情，支行员工凝心聚力，在做好自身防护的同时，有序落实各项金融服务和应急保障措施，积极为战"疫"助力，为战"疫"坚守，做战"疫"中最美的金融值守人。开展结对帮扶和慰问工作，走访共建社区困难家庭，送去米油等慰问品和慰问金；重阳节和春节时与共建社区慰问90岁以上老党员和生活困难党员，送去慰问品和祝福。积极参与淳安县慈善总会举办的"数智呵护　合力关爱　相伴成长"公开募捐活动，通过总、分行的支持，向留守儿童捐赠2万元。（方　晶）

·杭州银行股份有限公司淳安支行·

【概况】 截至2021年年底，杭州银行股份有限公司淳安支行（以下简称杭州银行淳安支行）各项存款余额20.59亿元；表内外融资余额32.96亿元。资产质量继续保持较高水平，不良贷款率0.2%。上交各项税收567.91万元。

【公司金融服务】 2021年，杭州银行淳安支行为11家国企授信39.7亿元，投放12.6亿元，其中表外投放2亿元；为2家国企债券授信12.5亿元。截至12月底，公司存款余额13.29亿元，比年初增加1.14亿元，日均余额14.6亿元，比年初增加2.41亿元，贷款余额10.12亿元，比年初增加1.77亿元，国际结算量完成3100万美元。与淳安县人民政府签订100亿元战略合作协议，以战略合作协议的签订为契机，制定国有企业全覆盖目标，提升城建类国企服务。

【小微金融服务】 2021年，杭州银行淳安支行持续服务县内小微经营实体。延伸服务半径，农户贷初具规模。以"党建＋普惠金融"上山下乡模式，采用"党建搭桥、金融服务、银政联动"等方式，深入村委开展"办实事、解难题、减负担"活动，解决农户融资难问题，有效发挥金融服务的"造血"功能。截至12月底，签订整村授信项目12个，农户贷授信309笔，授信金额4185万元，其中党员先锋贷92笔，授信金额2655万元。

【个人金融服务】 2021年，杭州银行淳安支行将金融资产新增作为零售业务的核心工作，采用理财经理与公鸡贷客户经理"1＋1"营销模式，推进财富交叉营销。持续强化"一次都不跑"的服务理念，致力提高客户的体验满意度，切实为客户提供快捷和方便。截至12月底，零售个人金融交产余额24.71亿元比年初新增2.59亿元。

【风险防控】 2021年，杭州银行淳安支行持续开展风险资产清收管理，清收存量贷款金额770.04万元，清收完成率106.9%。开展员工案件防控和行为排查，对异常情况进行访谈跟踪整改。加强对电信诈骗、非法集资、扫黑除恶等可疑交易监测及宣传工作。落实信贷管理、第三方合作、催收、整治市场乱象等方面的监测检查工作,配合监管部门对部分账户可疑交易进行排查上报。加强反洗钱、反欺诈工作。扩大消保宣教,加强投诉管理。坚持“以客户为中心”的服务理念,全年无投诉、无信访案件发生,创造零投诉的优秀成绩。

【党建工作】 2021 年,杭州银行淳安支行以党史学习教育为主线,以“三会一课”、支部主题党日活动为抓手,落实“三会一课”制度,严格党内组织生活,坚持民主集中制,有效执行“三重一大”集体决策。结合党建共建,学践结合,学史力行。以“我为群众办实事”实践活动为契机,积极为群众排忧解难,切实将党史学习教育转化为实际行动。以党建引领“贷”动乡村振兴,深耕“农户贷”,助力乡村振兴,为要建房、要装修、需要流动资金周转等有资金需求的农户提供信贷帮助。在创建全国文明城市之际,协助社区开展环境整治、创建宣传,清理垃圾、发放宣传资料、开展文明劝导,点亮微心愿,以文明实践助力特别功能生态区建设。开展“我为七一献热血”活动。用实际行动践行使命,用爱心凝聚力量,献礼中国共产党成立 100 周年。开展帮扶结对送爱心活动。落实春风行动为贫困人员募集 11300 元帮扶资金,通过系列活动精准帮扶救助困难群众。加强党建带工团,凝聚奋斗动力。充分发挥“杭银驿站”阵地作用,开展以“未来理财之星”为主题的少儿教育课程“小小银行家”、写春联送祝福、元宵猜灯谜活动、DIY 创意宫扇、DIY 香囊、向客户提供金融知识及反假币宣导服务的“理财微课堂”等宣传教育活动。

【社会责任】 2021 年,杭州银行淳安支行始终坚持“扎根一方热土、服务一方经济、造福一方百姓”的发展理念,在加快自身发展,努力为客户创造价值、为员工创造未来、为社会创造财富的同时,始终不忘回报社会特别是公益性和扶贫济困的社会责任,切实为康美千岛湖经济社会发展做出自己应有的贡献。行内以青年团员为主力组建雷锋志愿服务队,向广大群众提供便民服务及金融知识宣传,开展雷锋广场活动、道路网格化文明劝导、礼让斑马线等公益活动 20 余次。结合“百千万”梓桐镇党建共建,打造“幸福 99 农场俱乐部”,协助农户消薄增收;开展 1 年 2 次扶贫慰问,为 12 名困难户送温暖,捐助金额 6000 元;向县慈善总会捐赠 5 万元,用于儿童“数字呵护”项目建设,助力乡村振兴;“联乡结村”结对梓桐镇黄村村,捐赠 5 万元用于黄村村帮扶项目。积极开拓制造业及民营企业信贷客户,绿色康美金融服务得到社会各界好评,在全县满意单位评选中名列前茅,获得淳安县服务重点项目优秀单位第一名、金融产品(服务)创新优秀单位第三名。

【企业文化】 2021 年杭州银行淳安支行深入开展职工小家建设,本着想员工之所想,贴近、关爱员工的初衷,改造职工之家建设,配备能量加油站、职工书屋、母婴室、活动室等,创造温暖、舒适的工作环境。支行工会先后开展“三月女人天　庄园春意浓”主题活动、健康讲座、“携奋斗之志　行奋进之路”主题演讲比赛、“全员行动　助力春耕”劳动竞赛、“忆初心　跟党走”红色分健步行、“欢乐六一、欢乐成长”亲子活动、成立支行篮球队、参与淳安县全国文明城市创建文明督导活动,从多维度、多方面增强员工凝聚力、提升核心竞争力。先后获得 2021 年度淳安县贷款码推广应用劳动竞赛先进单位、淳安县反诈拒赌示范银行网点、淳安县现金全额清分示范银行网点称号。

(办公室)

·宁波银行股份有限公司杭州淳安支行·

【概况】 截至 2021 年年底,宁波银行股份有限公司杭州淳安支行(以下简称宁波银行淳安支行)各项存款余额5.78亿元;表内各项贷款余额12.36亿元,比年初增加3亿元,增长率32%;资产质量继续保持较高水平,不良贷款余额87.69万元,不良率0.1%。

【支持地方经济发展】 2021年,宁波银行淳安支行与政府平台持续合作,全力支持淳安项目建设。为淳安县内国有企业新增融资7.25亿元,其中表内贷款2.75亿元,表外融资4.5亿元。积极对接县内农业龙头企业,成功为其发放贷款5000万元,为乡村振兴提供金融保障支持。

【金融服务重点项目】 2021年,宁波银行淳安支行积极响应“加强科技金融服务、提升科技型中小微企业金融服务质效”号召,重视对淳安县科技型企业的信贷支持力度。面向科技型企业加大“科技贷”等产品的推广力度,向符合条件的科技型企业,发放信用类、抵押类或担保公司担保类贷款产品,用于满足孵化期、初创期、成长期等不同阶段客户的融资需求。截至2021年年底,走访淳安县内科技型企业12户,成功落地1笔信用类“科技贷”,为企业发放授信额度500万元。针对农户贷款融资难情况,推出以信用贷款为主体的村民路路通贷款,深入了解淳安地区村落特性,选择淳安县内5个目标村,对目标村的白名单村民进行逐个个体授信。专项活动小分队每周至少3天在目标村进行驻点活动,通过挨家挨户上门走访宣传,将宁波银行产品信息传达到户,并现场为有需求的村民办理贷款业务。截至12月31日,已为203户村民进行授信,授信总额2850万元,有21户村民提款使用,提款金额279万元。

【金融服务创新】 2021年,宁波银行淳安支行推出“线上+线下”的客户服务新模式,推出企业微信群经营、企业App经营和金融产品直播的方式,不仅让客户及时了解到第一手市场和产品信息,也提升企业客户移动端办公的体验。建立企业微信群125个,服务客户数200余户;每周推出“宁行看市场”系列视频号,及时分享最新的利率、汇率市场变动,办直播32场;企业App客户端让企业在手机端完成各类金融交易,如推出外汇金管家“一键问”企业人员,线上专家团实时解答外汇相关问题,提高服务效率。在个人客户的服务方面,同样运用企业微信群经营的模式,从传统的线下服务升级为线上更快捷高效的服务。将个人客户按客户类型组建成不同的企业微信群,如“社区客户群”“机关客户群”“商超客户群”等,每日在群内分享最新的金融资讯、宁波银行最新的金融产品信息等,让客户第一时间收获最新的金融信息,强化线上产品购买的高效服务体验;不定时在群内发送存款保险、个人征信信息保护、诈骗案例等金融基础知识,进一步提升客户群体防范金融风险的能力;客户如有对宁波银行杭州淳安支行服务及产品的意见和反馈,也可在群内开展沟通交流,工作人员会第一时间予以解答,进一步提升客户的满意度。

【金融科技优势发挥】 2021年,宁波银行淳安支行大力支持淳安县打造消费特色街区,拓宽旅游产品销售渠道,构建线上线下联动的新型网络营销体系。根据本地产业链特色,提供链条式服务体系,充分利用“易收宝”行业服务方案,提供现金管理个性化产品定制,如旅游景区、酒店、餐饮等行业,使商户享受安全、便捷、高效的支付服务。截至2021年年末,为27家商户提供定制线上收款服务,收款量达到1179万元。5月,充分利用智慧食堂项目的金融科技优势,对县规划食堂、市民中心食堂、行政服务中心及老社保中心食堂进行成功的改造升级,升级后的项目,满足菜品 AI 识别、结算人脸支付、用餐自助服务、餐盘光盘行动、饭卡在线充值五项功能，有效节省政府食堂人力成本，提高成员用餐效率，向绿色食堂迈出一大步。

【减费让利】 2021 年，宁波银行淳安支行持续推行各项服务手续费减免政策，降低客户金融基础服务项目成本，为企业减免网银转账手续费、征询函费用及对公电子服务年费等 31 余万元；持续推出折扣券、减息券等减息让利政策，进一步降低企业的融资成本。通过特色产品“五管二宝”服务好企业客户的同时为客户减免手续费，针对支行收款客户减免易收宝收款手续费 5 万元。推出线上无缝续贷产品，符合条件的客户仅需在网银端或者手机银行端进行一个确认就能完成贷款的无缝续贷，大大降低客户转贷成本以及转贷压力。全年通过该方式为客户减少转贷成本 16.52 万元。普惠信用方面，采用发放利息优惠券的方式直接将 3～5 折券配发至客户手机网银端，客户在提款时可直接使用优惠券，按优惠后的利率支付利息，通过该方式，为客户减少利息支出 136 万元。针对个人客户，持续推出白领通等系列产品的 4 折及 7 折优惠券活动，惠及个人客户 700 余户，实现减息让利 180 余万元。

【案防管理】 2021 年，宁波银行淳安支行持续关注员工案防管理相关工作开展，强化员工日常行为管理，防范员工道德风险：通过每日巡查，每月不固定时间点的联合检查、节假日前安全检查等，开展员工案防管理督导工作，重点对员工个人重要事项上报、重要物品保管、客户资料保管、双录工作开展情况等进行检查，制作员工一周行为榜及员工季度行为画像图，每周、每月、每季对员工出现的不规范行为进行盘点公示，进一步强化员工自主管理意识。每季度，由行长室成员进行案防典型案例的授课，由纪委委员开展全员廉政教育工作，进一步强化员工案防、合规等基础知识的积累。组织开展年度案防主题趣味知识竞赛活动，在复盘员工案防、消保、安全、合规等基础知识掌握情况的基础上进一步提升员工合规意识，强化全员合规安全知识储备，提升支行案防管理基础能力建设。年底，组织开展员工家属恳谈会活动，向员工及家属汇报支行取得的成绩，进行未来工作的展望，组织开展互动游戏，进一步加强同员工及家属之间的沟通，宣贯案防管理等重要内控管理规范的重要性，进一步取得家属对支行案防管理工作的理解和支持。

【关心关爱员工】 2021 年，宁波银行淳安支行始终关注员工的工作生活，通过丰富多彩的活动等，致力为员工营造一个温馨友爱的工作环境。支行管理人员每月开展员工关心关爱谈话工作，全员季度谈话全覆盖，关注员工职业发展，了解员工展业困难等，通过提供关键人信息、陪同走访等多种形式，帮助员工树立展业信心，提升员工产能。2021 年，组织开展“激情春夏，周周相遇”体育锻炼、健身兴趣活动，为员工联系运动场地，动员员工自愿参与到篮球、跑步、羽毛球、跳绳等体育锻炼活动中去，丰富员工生活，增强员工体质。组织开展“富春江桐洲岛两天一夜”团建活动，通过篝火晚会、CS 拓展、丛林探险等活动形式，释放员工压力，提升团队凝聚力。在炎热的夏季，每日为员工准备绿豆汤、银耳汤等冷饮，为员工配备防暑降温物品，关心员工的身体健康。组织开展多次员工集体生日会活动，为员工送上生日的惊喜，增强员工归属感。结合节假日活动，为员工及家属送上节日的慰问：教师节，为支行内训师送上鲜花，表达感谢；重阳节期间，邀请员工及其家属、长辈观看电影。

【党建工作】　2021年，宁波银行淳安支行积极响应淳安县政府巩固“国家卫生县城”成果及首次争创“全国文明城市”的号召，发动全体员工组成志愿者服务队伍，主动承担起社会责任，开展志愿者服务等公益系列活动，志愿者们穿起红马甲，穿梭在各个社区、里弄、百姓家中，协同社区共同开展环境卫生整治、文明城市创建行动；同时，为了迎接中国共产党成立100周年，将学习教育活动切实落到实处，努力践行社会主义核心价值观，强化宁行人的社会责任意识。组织金融知识宣传活动小分队2021年进入千岛湖镇各社区、小区、企业，开展防诈骗等金融知识宣传活动，宣传资产配置理念，普及金融知识。

【社会责任】　2021年初，宁波银行杭州淳安支行积极响应淳安县春风行动工作领导小组办公室关于第二十一次“春风行动”捐款活动的号召，专项组织开展爱心捐款活动。支行全体员工纷纷响应捐款倡议，捐款5500元统一汇至“春风行动”资金专户，专项用于淳安县“低收入农户结对帮扶”。以集体名义向留守儿童“数字呵护”项目捐款2万元，为困境和农村留守儿童提供精准帮扶。

（办公室）

·台州银行股份有限公司杭州淳安支行·

【概况】　2021年，台州银行股份有限公司杭州淳安支行（以下简称台州银行淳安支行）有从业人员23人。截至2021年年末，各项存款余额14013.77万元，比上年增长23.4%，各项贷款余额26025.11万元，增长57.4%，全年总营业收入1275.18万元，利润总额495.9万元。全年无经济案件和重大责任事故发生。

【乡村振兴工作】　2021年，台州银行淳安支行坚持“支农支小、服务‘三农’”的金融服务理念，将工作重心向小微企业、个体户、“三农”等群体的信贷资源倾斜，真正做到金融之水，灌溉实体之田。加强与政府部门的沟通与协作，积极响应政府部门号召，着重开展农村党员金融服务、扶贫创业工作落实、绿色节能信贷投放等工作的落地，多措并举加大涉农金融产品和服务创新，多渠道加大信贷支持，充分显示服务小微、服务“三农”的定位。坚持运用行内村居服务专项产品“村聚易贷·兴农卡”的优势，以批量、小额、预授信等形式更好地服务市场，扩大客户群规模，提高基层金融服务渗透率，同时持续深挖存量村居潜力，重视存量客户的维护，加大人力、物力的投放，提高产品服务覆盖率。截至2021年年底，对71个村（社区）5162户村（居）民实现预授信，户均额度在5万元左右，整村授信金额达3.5亿元，实际信用额度稳健增长。

【实体经济】　2021年，台州银行淳安支行积极落实银行转型服务促进经济社会转型取得经济金融“双赢”新局面的5个以上的具体实施方式、举措及其目标。绿色金融创新方面，持续推进以“绿色节能贷款”为典型代表的绿色金融产品。“绿色节能贷款”专门面向企业旨在通过更新节能设备或改进生产工艺流程以达到节能增效作用，通过免费为企业提供专业的“能源利用评估报告”，让小微企业直观看到节能增效投资的效益，并以示范作用带动其他小微企业提升技术改造动力。截至2021年年末，发放1080.8万元（主要是农、林、牧、渔业）。产业链金融创新方面，加大体内存量客户资源挖掘，通过寻找存量客户中符合供应链核心企业标准的客户开展定向对接，确保能够快速达成合作意向；关注监管部门及当地政府部门下发的供应链核心企业名录，积极寻求供应链业务合作机会。同时，以供应链业务为切入口，为其上下游小微企业提供综合性金融服务，有效落实淳安县融资畅通工程。金融支持民营与小微企业发展方面，严格按照“政策畅通、信息畅通、流向畅通、流程畅通”的总体思路开展各项金融服务工作，持续推进“三服务”“百行进万企”等活动，为企业配置最为合适的产品。截至2021年年末，通过走访收集100多个问题并为企业解决相关问题，涉及贷款金额4000余万元，移动工作站办理户数300余户，涉及金额4000余万元，微信分行办理户数600余户，涉及金额200余万元，24小时移动营业厅办理业务笔数800多笔；继续实行“免费银行”政策，承诺“服务不收费、服务更到位”，减轻小微企业客户的财务负担。“园区＋金融”方面，与新安江移民创业园、淳安县磊鑫电子商务产业园达成战略合作，举行园区授牌仪式。截至2021年年末，已为园区内部分商户配置合适的信贷产品，授信额度达4000万元。无接触式智慧金融推广方面，为支持小微民营企业、个体工商户主在疫情过后的复工复产，提升金融服务质效，积极推广“无接触式智慧金融”，如微信分行、24小时移动营业厅等。客户可通过不同的无接触式渠道申请贷款或其他金融服务，足不出户，解决客户融资难、融资慢的问题。

【社会责任】 2021年，台州银行淳安支行面对新冠肺炎疫情，凝心聚力，积极行动，做好各项金融服务和应急保障工作，为打赢疫情防控阻击战贡献力量。展期户数8户，合计金额191万元。在新冠疫情期间对辖内所有企业类贷款客户和生产经营类个体工商户开展电话大拜访，主动了解疫情对贷款客户产生的影响。全年走访1500余家小微企业、个体工商户。联合千岛湖派出所在淳安县千岛湖初级中学，开展“台州银行杯防诈骗”主题征文活动，主要面向七、八年级全体学生，紧紧围绕“防诈骗”主题，讲述发生在身边的诈骗案例，谈论自身对电信诈骗的认识及感想，以此宣传防诈小知识，提升师生防诈能力。收到400余篇参赛文章，评出优秀征文46篇。

【金融服务】 2021年，台州银行淳安支行不断优化网点环境和服务品质，获得“三星级网点”荣誉称号；积极推广行内特色服务产品App——移动营业厅，结合客户定位及实际需求推广视频柜员业务；加大创新，持续推进“两跑三降”，全面实行“最多跑一次”，更好地为客户提供全天候24小时掌上服务，足不出户就能便捷解决融资难题，提升客户满意度。

（江　琦）

·泰隆银行股份有限公司淳安支行·

【概况】 2021年，浙江泰隆商业银行股份有限公司杭州淳安支行（以下简称泰隆银行淳安支行）有从业人员29人。截至2021年年底，各项存款余额43339.41万元，比年初增加2167.48万元，增长5.3%。各项贷款余额64331.41万元，比年初增加9388.93万元，增长17.1%。全年营业收入4193.56万元，利润总额2809.21万元。全年无经济案件和重大责任事故发生。

【普惠金融】 2021年，泰隆银行淳安支行一直坚持“服务小微、服务大众”的金融服务理念，继续深入推进社区化经营与农村市场开拓，服务下沉，精准定位小微客户群，进一步贴近“三农”、支持“三农”、助力“三农”。采取定人、定点、定时的方式进村入户服务，积极推行优质金融服务，把银行服务送进家门，打通普惠金融的“最后一公里”。

【实体经济】 2021年，泰隆银行淳安支行结合自身业务特点及发展方向，充分利用现有的资源，全面支持小微企业，提升服务实体经济质效，把更多金融资源配置到实体经济发展的重点领域和薄弱环节，更好满足乡村振兴多样化金融需求。创新绿色信贷产品，在总分行绿色信贷产品的基础上，各业务部门根据淳安特色积极探索符合淳安特色的绿色信贷产品，同时实行让利减负、降低融资成本，差异化定价，采取“一户一价”，适当降低绿色金融贷款利率，降低客户融资成本；紧跟政策、精准投放。加大生态项目支持，主动跟进乡村振兴等民生工程的金融需求，提升休闲养生等旅游景区及基础项目建设中小微企业的金融服务，全面促进农旅融合，持续加大对民宿等生态旅游业的支持，推进扶贫金融持续创新，助力农村电商、农业产业链改革发展。不断探索小微企业金融产品创新和服务模式，支持小微企业健康、持续和创新发展，在继续推广“乐农贷”“易农贷”“道义贷”“先锋贷”“电商贷”等产品的基础上，继续深入调研各行业特征，量身定制信贷产品。创新知识产权（专利权）质押产品，推出“智融通”知识产权质押产品，为淳安专利、商标含金量高的科技型企业授信、支持企业发展。

【金融服务】 2021 年，泰隆银行淳安支行不断提高服务效率，提高服务质量，大力提升电子化水平，继续大力推进移动开户和 PAD 放款等，将每个移动终端打造成一个精简版的移动式银行营业厅，将服务送到客户身边，让客户感受到贴心服务。客户足不出户就可以享受泰隆银行的贷款，从开卡到贷款资金到账，最多不超过 1 个小时，实现“最多跑一次”的承诺，让客户感受到贴心服务。实行免收 68 项中间业务收费，如电汇、网银、手机银行转账手续费、承兑汇票手续费、短信费等，基本实现裸费经营，让利给客户，在此基础上，还主动通过多种途径提升服务、让渡价值，提高客户满意度。

【社会责任】 2021 年，泰隆银行淳安支行面对新冠疫情，全员动员，凝心聚力，做好各项金融服务与应急保障工作，切实采取支持疫情防控与企业复工的举措，与客户共克时艰。对客户开展电话拜访工作，每季度对支行信贷客户开展电话回访，主动了解疫情对客户的影响情况，了解客户实际需求并提供解决方案，做到客户 100%全覆盖。对于受疫情影响较大的企业或个体经营者，灵活放宽还款要求，提供延期还款、无缝续贷等服务，并对延期还款的企业进行罚息减免、不上征信，明确不抽贷、不压贷、不断贷的原则，全力支持企业战胜疫情、共度时艰。运用金融科技优势，大力宣传金融业务线上办理，为广大客户提供便捷、安全、优质、高效的线上金融服务。进一步加强金融知识宣传，积极开展形式多样的宣传推广走访活动，不断增强居民、农户和小微企业等经济主体的金融风险及信用意识，持续改善城乡金融生态环境。持续开展“联乡结村”和社区共建，与望湖社区开展共建活动，为金融扶贫贡献力量。开展公益性活动为汾口畹墅小学捐赠物文具、图书等学习用品。 （办公室）

·浙江淳安中银富登村镇银行有限公司·

【概况】 2021 年，浙江淳安中银富登村镇银行有限责任公司（以下简称淳安中银富登村镇银行）下辖 1 家支行，2 个网点，有在职职工 41 人。截至 2021 年年底，各项存款余额 24596 万元，各项贷款余额 55595 万元，贷款比年初增加 14987 万元。年末不良贷款余额 958 万元，不良率 1.7%。全年缴纳税金 80 万元。

【乡村振兴工作】 2021 年，淳安中银富登村镇银行按照提升农村人居环境要求，推出类按揭业务，对农村自建房、安置房发放乐家贷、宜居贷，按月还本付息，截至 2021 年年底,为103户农村建房户提供资金支持1690万元。针对企业和农户抵押物不足情况,开展农村住房财产权抵押贷款,发放农村住房财产权抵押22笔,金额1400万元。

【普惠金融】 2021年,淳安中银富登村镇银行持续开展产业链开发创新。积极走访淳安县核心企业,了解企业上下游特点,创新产业链金融,满足客户实际需求。到节能类企业上游、茶机生产企业下游、酒店上游等开展重点走访,通过产品创新为企业提供服务。向茶机生产企业下游客户发放贷款570万元,向节能类企业的上游企业发放贷款210万元。加大科技创新金融支持力度。加强对环保、节能、清洁能源、绿色建筑等领域的支持,逐户走访淳安县科技型企业,特别是环保科技型以及节能、清洁能源企业。向科技型企业发放信用贷900万元、环保科技型企业150万元。提升制造业金融服务质效。围绕制造企业普遍存在因投资大、负债高、抵押物不足等问题造成融资难问题,增加抵质押物种类,包括应收账款、国有和农村集体土地上的房产、大棚、土地流转等作为"准抵押物",特别是抵押物+OA敞口贷款,全年新增制造业贷款2714万元,最大程度纾困企业。

【资产质量】 2021年,淳安中银富登村镇银行持续加大逾期管理与不良清收处置工作力度,夯实信贷业务资产质量。主要采用依法清收、处置清收、协调清收、成立清收小组清收等方式追偿、处置存量不良贷款,通过追加担保等措施缓释潜在风险。实现不良清收137万元。

【风险管控】 2021年,淳安中银富登村镇银行开展全面风险排查,对日常工作进行全面"体检",开展检查20余次,发现问题62个。推动机制落地,持续跟进操作风险自查和问题整改情况,提升问题整改完成率和操作风险自查质量。对内部控制委员会会议召开质量,定期自检,对存在的问题制定整改措施,不断提升内部控制委员会履职质效。

【合规教育】 2021年,淳安中银富登村镇银行持续加大内部合规教育培训力度,创新教育形式,不定期组织开展案件警示教育活动,观看案件警示教育片,同时将中银富登的工作制度、员工异常行为每周一课等作为常规性培训内容定期组织学习。组织开展"内控合规管理建设年"活动,通过签订合规承诺书、学习警示案例、专项排查等方式促进员工合规意识及内控管理质量有效提升。

【党建引领】 2021年,淳安中银富登村镇银行坚持党建引领业务发展,从服务乡村振兴,支持共同富裕去理解和把握支农支小定位,激发发展动力。全年新增贷款442户,新增贷款1.5亿元,户均贷款34万元。三农金融部在各村党员大会进行产品宣传,结合防诈、防范非法集资宣传开展宣传活动20多次,充分发挥基层党组织战斗堡垒作用和党员先锋模范作用。

【社会责任】 2021年,淳安中银富登村镇银行积极响应县政府的号召,淳安中银富登村镇银行坚持每年开展"春风行动"捐款活动和"送温暖"活动,2021年度"春风行动"捐款1.05万元。先后举办文明礼让斑马线路口劝导志愿服务、端午节为乡镇老年人举办包粽子活动、"七一"困难党员慰问、进村党员大会宣讲金融知识,辐射7个社区及乡镇,慰问贫困户60户,发放慰问品近2万元。

(办公室)

·中国人民财产保险股份有限公司淳安支公司·

【概况】 2021年,中国人民财产保险股份有限公司淳安支公司(以下简称财保淳安支公司)认真贯彻落实县委县政府和上级公司的各项要求,创新产品夯实服务,完成签单保费18838万元,比上年增长13.5%;市场份额12月行业报表为53.8%,进一步巩固市场主导地位。

【组织架构】 2021年,中国财保淳安支公司落实总公司体制机制变革要求,推进事业部制建设,内设总经理室、综合部、理赔部、业务管理部、农险业务部、社保理赔部、个险业务六部、车商业务部、商团业务部和直销业务部10个部门,外设汾口营业部、千岛湖镇营销服务部、临岐镇营销服务部、大墅镇营销服务部、威坪镇营销服务部、文昌镇营销服务部和姜家镇营销服务部7个机构。组建政保专员团队和汾口电呼团队,重塑支公司管理体系和销售体系。

【干部队伍建设】 2021年,中国财保淳安支公司新提拔3名年轻员工分别担任营销部和营业部负责人;组建由中层干部党员及业务骨干为主力的西湖益联保、农险、汾口以及威坪等党员先锋队,为新推广的杭州特色农业主体综合险,乡村振兴保和西湖益联保等各项惠民保险政策宣传提供组织保障。打造学习型组织,每半月线上线下多渠道定期开展不同主题业务培训,其间聘请多位专家到公司开展花艺、反诈骗、健康养生、交通安全宣导以及党史学习教育等活动培训。

【保险服务】 2021年,中国财保淳安支公司推进总公司六大战略服务,全面保障淳安经济社会发展助力共同富裕。服务乡村振兴,推出“乡村振兴保”产品,为乡村居民公共安全、疫情防控、困难群众救助、乡村干部提供保障,全县12个乡镇投保,惠及11.3万人,提供风险保障5315.45万元,配合乡镇政府支付救助赔款35.5万元。依托全市系统拥有170万辆私家车客户优势,深化企业微信应用,推进社群运营项目;为大下姜振兴发展有限公司做了一期主题为“国庆节CC带你去梦开始的地方——大下姜”的活动,为汾口镇梳理和推荐在汾口过年的多种玩法,做了一期主题为“留杭过年的正确打开方式”的活动,将私家车主客户引流至淳安旅游、消费。全年开办17个农险品种,为7万余农户提供风险保障近10亿元,支付赔款873万元,其中葡萄赔付率771%、水蜜桃308%、水稻赔付率225%、鸡116%、母猪171%、柑橘97%、蚕90%。推进农险扩面增品提标,新推出杭州市特色农业主体综合保险,经营户参保304户,散户参保1.6万人,提供风险保障19亿元,支付赔款229万元。服务惠民健康,支公司作为“西湖益联保”淳安县的组长单位,在县委县政府和主管部门的领导支持下,将新推广的“西湖益联保”作为一项重要任务布置落实,参保率为66.7%,在全市排名第一。

【服务社会治理】 2021年,中国财保淳安支公司打造“保险+服务”和“安全+安心”的旅游公共环境,协调处理游客意外事故发生后在财产、交通、住宿、误工费、返程包车等方面的赔偿。新开办淳安县野生动物致害政府救助责任保险和病虫害防治政府救助保险。其中野生动物致害接报案145件,支付赔款14.46万元;因病虫害防治造成相应损失接报案15户,支付赔款2万元。

(吕丽萍)

·中国人寿保险股份有限公司淳安支公司·

【概况】 2021年,中国人寿保险股份有限公司淳安县支公司(以下简称中国人寿淳安支公司)设有营销发展部、收展发展部、个险培训部、团险部、银保部、客服部、综合部7个部门,有员工32人。营销人员月均在册588人,全年签约626人,截至12月底,在册481人,大个险主管64人。实现股份总保费收入2.85亿元。

【赔付情况】 2021年,中国人寿淳安支公司短险赔款2683.18万元,受理理赔案14592件,比上年增长15%;理赔直付案件达到5765件(其中二次理赔1457件),赔付金额248.61万元;理赔调查件1655件;客服岗受理来访、来电投诉63件(其中有效投诉29件);95519会办单1671件。

【创新服务】 2021年,中国人寿淳安支公司搭建平台,与计生、民政、旅游、农业等政府职能部门形成良好关系,在多次政府会议上公司保险宣传工作,提供三折页等宣传资料,加大保险宣传力度,并做好后续理赔服务对接人员,持续跟进保险服务,彰显公司责任担当。大短险保费、农村小额保险、计生业务保险、移民保险、学平险、建工险均实现增长,为更多客户提供保险保障与服务。

【社会责任】 2021年,中国人寿淳安支公司积极助力政府行动,力所能及参与公益活动;抗击疫情期间,组织开展消毒消杀、卡口值勤、捐款捐物等各项志愿者活动;积极参与"春风行动",捐款13700元;推动落实垃圾分类工作;创文明县城工作中安排人员落实网格道路的执勤。

【风险防控】 2021年,中国人寿淳安支公司根据新冠疫情防控要求,及时调整防控措施,进行合理管控,组织开展员工防疫教育,部署防疫工作,储备防疫物资,严格落实防疫工作。及时下发《淳安支公司2021年反洗钱工作计划》《淳安支公司开展2021年重点风险专项治理工作方案》《淳安支公司组织开展"问题整改年"工作的实施意见》《淳安支公司"内控合规管理建设年"》《淳安支公司人身保险市场乱象治理专项工作》《淳安支公司扫黑除恶专项斗争工作》等专项工作,实施风控联系人工作机制,根据履职清单,各职场建立风控联系人,压实责任。开展"2021年重点风险专项治理工作"、保险金融知识宣传、防范和打击非保险金融产品销售及非法集资等专项整治工作,做到早发现、早报告、早预警、早处置,从源头上防止非法集资活动的发生及蔓延。强基固本,依法履行反洗钱义务。各部门联系人负责反洗钱工作,并按照规定开展客户身份识别、客户身份资料和交易记录保存、报送大额交易和可疑交易报告、开展反洗钱培训和宣传。 (办公室)

(编辑 方红娟)

综合管理与监督

·发展和改革·

【2021年国民经济和社会发展计划执行情况】 2021年,淳安县践行“绿水青山就是金山银山”理念,以特别生态功能区建设为总领,聚焦聚力跨越式高质量发展和共同富裕建设,经济社会保持平稳发展。全县实现地区生产总值255.17亿元,按可比价格计算,比上年增长5.2%;第一产业、第二产业、第三产业增加值分别为40.42亿元、63.70亿元和151.05亿元,三次产业结构比优化为15.8∶25.0∶59.2。城镇居民人均可支配收入增长8.2%,农村居民人均可支配收入增长9.8%,实现城乡居民收入与经济同步增长、社会事业进步与发展水平同步提高。

【服务经济】 2021年,淳安县实现服务业增加值151.05亿元,增长8.5%。旅游经济平缓修复。全年接待国内外游客932.5万人次,实现旅游经济总收入154.18亿元,按可比口径分别增长9%、11.4%。紧盯旅游业“昼热夜冷,夏热冬冷”等短板,引进“月光之恋”声光秀、时光隧道等新产品新业态,推出系列旅游优惠政策及旅游主题线路,成为全省“微改造、精提升”试点单位。千岛湖旅游度假区被授予“国际滨湖度假最佳旅游目的地”称号,成功入选全省首批大花园“耀眼明珠”高能级景区。千岛湖镇成为全省首批AAAAA级景区城,千岛湖景区、下姜村入选文旅部“建党百年红色旅游百条精品线路”。亚运场地自行车馆完工,亚运分村项目加速推进。《淳安文化旅游地图》成功推出,“中国非遗产业IP数字化扶持计划”全国首站落户淳安。消费市场平稳恢复。全年实现社会消费品零售总额90.03亿元,增长7.5%。持续构建以骑龙巷、银泰城、鱼街、秀水街、万诚广场、啤酒小镇为支点,覆盖全城的主客共享消费格局。引导商业街区、商业综合体、餐饮企业、汽车贸易企业、家电企业等举办各类促消费活动。确立携程、同程、美团、驴妈妈、千旅电商五大电商平台合作模式,电商合作体系不断完善。

【工业经济】 2021年,淳安县实现规模以上工业总产值93.66亿元,增长10.7%。顶层设计持续优化,制定实施“十四五”生态制造业发展规划。水饮料产业做大做强。依托农夫山泉、千岛湖啤酒、标普健康、康诺邦等龙头企业,全年实现水饮料产业销售收入100.97亿元,增长16.1%。实施水饮料倍增行动,农夫山泉坪山工厂、天润果蔬饮料、焕睿饮料以及总投资60亿元的噢麦力(OATLY)亚洲生态工厂等项目签约落地。数字经济持续壮大。全年实现数字经济核心产业产值7.4亿元,深绿产业资源信息共享平台被列为杭州市数字经济系统场景建设“路演周”优秀项目。千岛湖啤酒、永通电缆、农夫茶园等5家企业被列入杭州市“未来工厂”培育库,全县规上企业数字化覆盖率达

100%。千岛湖智谷大厦新引进数字经济企业15家,成为全省首批数字经济“飞地”示范基地。高新经济创历史新高。全年实现高新技术产业增加值12.14亿元,增长18.8%。高新技术产业增加值占规模以上工业增加值比重达42.2%,提高5.3个百分点。新增推荐认定国家高新技术企业9家,省科技型中小企业26家,省级企业研究院和省级企业研发中心各1家。

【农业经济】 2021年,淳安县实现农业增加值41.07亿元,增长2.7%。制定新一轮生态农业扶持政策,争取上级扶持资金,全年投入扶持资金8000万元,向上争取乡村振兴、整乡镇推进、产业带等项目资金1.1亿元。着力推进科技强农、机械强农行动,与中国农业科学院开展项目合作,确定科技强农县院合作项目10个。深入推进保水渔业发展,加速渔业产业转型升级,成功创建省级渔业转型发展先行区。全省率先开展农林综合经营权抵押融资试点,推出“一窗受理,内部流转”快捷办证流程,全年为涉农经营主体解决融资贷款5710万元。成功上线特色农业主体综合保险,持续扩大农业经济保障范围。区域公用品牌更加响亮。创新推进“千岛农品”区域公用品牌实体化运作,形成以“母子”品牌、统分结合的“千岛农品”区域公用品牌。深化与盒马鲜生战略合作,扩面销售“千岛农品”系列产品。成功举办千岛湖茶博览会、千岛湖农博会、“千岛集市”主题推介等“千岛农品”品牌宣传推介系列活动,多途径扩大“千岛农品”的品牌知名度、美誉度。

【有效投资】 2021年,淳安县受交通投资骤减等因素影响,固定资产投资下降14.8%,有效投资总体稳定,呈现“增速逐季回落、结构优化调整”的特点。重点项目强力推进。重大项目支撑引领作用突出,省、市、县三级重点项目均实现“全年红”。其中:79个县重点实施项目完成投资45亿元,完成年度投资计划的103%;8个市重点实施项目完成投资20.6亿元,完成年度投资计划的105.8%;1个省重点实施项目完成投资2.05亿元,完成年度投资计划的102%。投资结构优化调整。“4+1”投资结构不断优化,为有效投资健康平稳增长打下坚实基础。其中:工业投资,高新技术产业投资,生态环境、城市更新和水利设施投资,民间项目投资大幅增长,分别增长41.9%、40.4%、19.7%、19.0%;交通投资因千黄高速等重大项目的完工,投资锐减,下降82.5%。

【城乡环境优化】 2021年,淳安县治理水平持续提升。实施“城市环境大整治、城市面貌大提升”长效管理,扎实推进全国文明城市创建,城市道路两侧、建筑工地周边、住宅小区环境秩序等专项整治成效显著,生活垃圾分类实现全覆盖。完成火炉尖、江滨、施家塘等17个老旧小区改造提升,既有住宅加装电梯50部。完成无障碍设施改造项目整改点位3899处,将坪山路、阳光路打造成为无障碍示范道路,梦姑路打造成省级绿化美化路。接入城市大脑98个停车场(点),基本实现“先离场后付费”系统全覆盖。下姜未来社区列入省级未来社区创建名单,千岛湖珍珠半岛社区、火炉尖社区列入市级未来社区创建名单,东方海岸小区成功创建浙江省园林式居住区。美丽乡村加速建设。持续打造新时代美丽乡村“升级版”。文昌镇、安阳乡成功创建省级美丽乡村示范乡镇,枫树岭村等7个村获评省美丽乡村特色精品村,建成界首乡“多彩玛璜”风情小镇、安阳乡黄川村“滨湖”风情小镇2个市级风情小镇。姜家镇、文昌镇成功创建浙江省园林城镇,临岐镇、文昌镇、梓桐镇等6个乡镇成功创建美丽城镇市级样板。淳安—西湖山海协作生态旅游文化产业园建设初显成效。“大下姜”联合体模式入选全省共同富裕首批试点。消薄增收再上台阶。成立县乡村振兴局，创新实施“强村带弱村”共建共享工程、“先富带后富”全面帮带工程，建立低保低边对象精准认定、返贫预警监测和帮扶项目收益共享三大机制，制定低收入农户产业发展扶持实施细则，低收入农户增收工作再获省政府督查激励，来料加工“伊加工”入选数字政府最佳应用，下姜村党总支获评全国脱贫攻坚先进集体。

【基础设施建设】 2021年，淳安县交通网络持续优化。杭淳开高速列入浙江省“十四五”交通发展规划，屏三公路东方大桥至唐村段建成通车，330国道千岛湖大桥至临岐段改建、亚运赛道提升工程等项目有序推进，完成县乡公路大中修40千米，淳开线入选全国“美丽乡村路”。供水能力持续提升。建成屏门、厦山2座自来水厂，完成姜家、界首、桥北、千岛湖、白马、临岐、汾口和威坪8座水厂管网延伸，提升改造单村供水工程45处。完成文昌西河、汾口伊家、左口朝阳3座水库除险加固，完成山塘整治9座。供电服务持续增效。千岛湖抽水蓄能电站项目成功签约，110千伏毛演变、燕山变和35千伏下姜变项目有序推进，新建10千伏线路78千米，配变增容布点294台、容量11.2万千伏安。建成A类电力驿站1个、B类电力驿站30个，创新推出电力“关爱码”，完成全县1228户独居老人智能监测设备安装。通信网络持续完善。新建5G基站356个，万人5G基站拥有量达到杭州县域领先水平。亚运自行车赛道沿线弱电杆线序化工程有序推进，实现亚运场馆以及亚运村5G网络全覆盖。下姜村成为全国首个5G网络全覆盖村。

【生态环境改善】 2021年，淳安县环境质量持续改善。开展千岛湖临湖地带综合整治“回头看”，加快收回项目后续综合利用，对整治成果再巩固再提升。全面打响污染防治攻坚战和生态环境巩固提升持久战，制定总投资19.98亿元的农业、林业、工业、生活4个污染防治方案，统筹推进国家级“山水林田湖草”生态保护修复试点、“污水零直排区”创建、“五水共治找寻查挖”专项行动等，县域环境总体质量保持优良，出境断面水质始终保持Ⅰ类，首获“五水共治”工作优秀市县“大禹鼎”银鼎。保护体系持续完善。《杭州市淳安特别生态功能区条例》颁布。创新开发全国首个水库全域智治平台，与中国科学院南京地理与湖泊研究所合作，成立千岛湖生态系统研究站，不断加强千岛湖保护科技支撑。稳步推进国土空间总体规划编制和乡镇级规划编制，建立生态综合保护调度会和“环保医生”签约机制，深化与上游安徽联动保护工作和“一巡多功能”机制。“两山”转化加快攻坚。“两山银行”生态金融模式被生态环境部作为典型案例发布推广。健全完善县乡两级联动平台，实现“两山”公司23个乡镇全覆盖。全年摸排梳理待开发生态资源资产520项，策划形成招商推介项目106项，推动转化实施项目56项。制定三级联审议事决策等工作机制，加快推进绿色金融、品牌农业、空心村有机更新等10余项配套改革，建设完成生态系统生产总值(GEP)数字化核算应用平台，为生态产品价值高质量转化持续赋能。“两山银行”数字化应用场景成功入选省数字政府首批“一地创新、全省共享”应用项目。

【公共服务】 2021年，淳安县医疗卫生提质提级。持续深化“网格管理＋硬核隔离＋精密智控”工作机制，扎紧扎牢新冠疫情防线，牢牢守住“零疫情”品牌。县第一人民医院二期项目建设完成，县中医院病房楼、姜家镇中心卫生院迁建工程有序推进，23个乡镇医疗卫生环境改造项目全部完成。县域医共体建设深入推进，县域就诊率和基层就诊率分别达 90.07%、68.33%。美好教育优化升级。高考成绩再续新篇，有 2 人被清华大学录取。推进县中小学校教育布局优化调整，撤并农村初中 4 所、小学 7 所(含校区)，撤销独立建制改校区 4 所，新组建九年一贯制中心学校 2 所。组建成立淳安中学教育集团，县第三中学建设项目、县第二幼儿园及培智学校新建项目有序推进，千岛湖镇第八小学、千岛湖镇中心幼儿园启用。义务教育教师待遇、教育“双减”政策有效落实。文化惠民提质增效。新建农村文化礼堂 6 个，实现建制村文化礼堂全覆盖。千岛湖文创客厅建成投入使用，骑龙巷文化书院项目有序推进。深化文化基因解码工程，深入提取里商仁灯、青溪龙砚、八都麻绣等重点非遗项目元素。持续开展送书下乡、文化走亲等活动。推动全民健身运动，组织开展公开水域游泳、公路自行车等大型体育赛事 15 场。

【民生保障】 2021 年，淳安县深入推进无障碍环境建设、关心关爱留守儿童等十大民生实事。低保、特困、困境儿童救助标准达到全市平均水平。城乡居民医保县内定点机构报销比例由 25%～60%调整为 35%～60%，大病保险、医疗救助、生育保险等险种政策实现杭州市域统一。创新推出抖音招聘、云聘会等举措，城镇新增就业人员 8379 人，登记失业率控制在 2.34%，最低工资标准由每月 1660 元调整到 2070 元，成功入选享受国务院政府特殊津贴专家 1 名。制定《关于进一步完善养老服务体系扶持政策的意见》，城乡居民基本养老保险基础养老金标准由每人每月 180 元提高到 275 元，建成汾口镇敬老院，完成困难老年人家庭适老化改造 400 户，创建康养联合体试点 2 家，新增机构养老床位 190 张。留守儿童数智关爱平台列入杭州市数字社会首轮“揭榜挂帅”中榜名单，新建儿童之家 14 家、改造提升儿童之家 28 家。在全市率先开展残疾人帮扶性就业试点，创新建立村级二星级“微型”残疾人之家 1 家，建成三星级以上残疾人之家 19 家，实现万人以上乡镇全覆盖。持续巩固“无欠薪县”创建成果，创新应用“真薪”数智平台，注册农民工 4.8 万余人，实现真实用工数据全过程留痕，有效减少农民工欠薪争议纠纷。

(徐厚权)

·市场监督管理·

【概况】 2021 年，县市场监督管理局围绕“全力开创特别生态功能区新局面，全面开启社会主义现代化新征程”的主题，聚焦六大领域，坚持党建引领，主动融入地方党委政府重点中心工作，服务淳安特别生态功能区建设和地方经济高质量发展。

【疫情防控】 2021 年，县市场监督管理局牵头大物防专班，全面开展隐患排查，强化“浙冷链”系统应用，突出进口冷链食品全链条监管，全年入库 54318 次，溯源码数 7187 次，赋码率和扫码率保持在 100%。9 月，对全县农贸市场、药店及 1300 余家餐饮单位进行摸排赋码，通过线下巡查、线上通报、行政约谈、督查整改等方式督促经营者落实聚集性场所健康码扫码核验工作。通过实现全县 26 个新冠疫苗储存配送和接种使用单位“浙苗链”系统应用全覆盖，启用“进口货物报备表单”系统对进口高风险非冷链集装箱产品开展备案抽查，采取“线上通知，线下关停”等方式配合督促棋牌室暂停营业，对沿街店铺从业人员进行新冠疫苗接种全覆盖摸排等举措。

【文明城市创建】 2021 年，县市场监督管理局牵头市场环境专项组，开展小餐饮后厨环境集中攻坚以及道路网格管理等工作，突出农贸市场和餐饮单位的整体规范提升，组织专题培训，进行综合治理，制定考核办法，线下网格化管理和线上宣传提醒相结合，持续加强宣传引导，及时查处不文明行为。全年发放公勺公筷盒4500余个、各类宣传资料1.5万余份、公示贴纸1.8万余份，立案查处4起，扣押处置不符合标准的塑料袋10万余只。

【品牌提升】 2021年，县市场监督管理局全力打造"千岛农品"县域品牌，指导申报"千岛农品"集体商标成功，同时制定"千岛农品"区域公用品牌规范管理标准，完成5大类14项农产品标准制定并建设品牌指导服务站，强化农业品牌保护和质量提升。助力"大下姜"产业提升，联系杭州市标准化研究院与大下姜联合体党委签订大下姜区域特色农产品高质量发展合作备忘录，完成大下姜区域三大项、六小项特色农产品标准研制。成功培育淳安县首个浙江制造"品字标"认证；修订国家标准1项、全国团体标准5项、省级团体标准2项，并指导发布全国首个鱼类养生药膳团体标准，填补领域空白；新增有机认证企业15家、产品18个，全县有机认证企业80家，占全省的9.4%，认证证书104张，占全省的8.6%，持续保持全市第一、全省领先。

【数字化改革创新】 2021年，县市场监督管理局依托"浙江市场在线"和浙里办商品市场服务专区应用场景，建成"数字化市场"智慧监管系统，发现处置各类问题866个，实现问题发现到处置的全闭环实时监管。扎实推行"浙江e行在线"应用，开展全县电动自行车综合治理集成改革，实现经营主体摸排、车辆和电池"浙品码"赋码、宣传培训、上线率四个100%全覆盖。推动网络订餐"明厨亮灶"全覆盖，全县687家外卖餐饮单位上线应用"浙江外卖在线"系统，发现处置问题网络餐饮经营者86家次，发布网络餐饮食品安全红黑榜曝光12家，约谈第三方平台2次，推行"外卖封签"并投放1万余份。在全市范围内率先开展省级食品生产企业"浙食链"系统应用揭榜挂帅，116家在产食品生产企业系统应用全覆盖，上链产品1068种、上链5990批次、出库102473批次；另有598家食品经营主体应用"浙食链"系统，扫码各类农产品125095批次。

【安全管理】 2021年，县市场监督管理局全面彻查燃气领域安全隐患，发现隐患单位65家，整改安全隐患106个，并对违法行为予以立案查处。全省率先完成特种设备安全赋码，作为全省试点，推行"五步法"，率先实现全县特种设备赋码全覆盖。新增14家三星级和5家四星级食安办，完善基层网格，实现星级乡镇食安办覆盖提升。开展全省药品异地储存配送试点工作，探索跨省监管模式创新，助力试点企业实现营业额16亿元，创造税收1亿余元。全年开展监督抽检和风险监测1932批次，不合格食品和问题风险闭环处置率达100%；查办各类案件398件，没收并销毁食品2000余千克，移送司法机关案件7件，采取刑事措施8人，切实维护市场经济平稳有序。

【民生实事】 2021年，县市场监督管理局全面落实民生实事建设项目，实现学校食堂"阳光厨房"全覆盖，保障用餐安全；新建民生药事服务站4家，为群众安全用药提供专业和便利化服务；建设放心消费重点县，培育放心消费单位1916家，无理由退货承诺单位664家，"五化"市场4家，放心工厂67家，放心消费维权联络站点42家，放心消费示范街、放心消费商圈和放心消费创建美丽乡村各1个，处理各类投诉举报2584件。

【党建工作】 2021年,县市场监督管理局以党史学习教育为抓手,打造"红盾先锋"党建品牌,持续推动党建引领,狠抓亮点打造。开展"红盾杯"党史知识竞赛,组织"周一夜学"、每日"半小时晨读",制定下发党委、支部、党员3张学习教育清单,举办党史主题电脑屏保设计比赛;组建"红盾讲师团",立足市场监管职能,选派各条线业务骨干进商圈、进市场、进企业为市场主体送政策、送指导、送培训;组建专业化"红盾先锋"志愿服务团,结合调查研究,通过知识产权融资、有机产业指导、网络反诈宣传等各类志愿服务,切实为企业办实事、为群众解难题;开展"支部争星、党员争先"双强双比活动,通过评比星级支部、党员微党课宣讲等形式,夯实支部基础、建强党员队伍、发挥示范引领作用,将党史学习教育走深走实,推动系统工作全面提质。

(汪嘉林)

·审计·

【概况】 2021年,县审计局完成审计项目20个,查出主要问题金额9.67亿元,其中违规金额1297万元、管理不规范金额9.54亿元。移送司法机关、纪检监察机关和有关部门处理事项14件,移送处理人员31人,移送处理金额586万元。出具审计报告和专项审计调查报告24篇,促进被审计单位制定、完善规章制度16项;提交审计信息97篇,被批示、采用57篇,县主要领导批示20篇。在杭州市优秀审计项目评选中,获一等奖1个、二等奖1个。

【专业审计】 2021年,淳安县通过财政审计,揭示淳安县2020年度财政预算管理中存在的政府性债务存在风险隐患、政府财务综合报告编报不完整、部分非税收入收缴不及时等问题,收回财政资金368万元,规范资金2.07亿元,促进相关制度机制进一步完善。如:县财政局采纳审计建议,及时督促指导全县主管部门将下属单位长期投资情况纳入政府财务报告,并对各单位年度财务报告编报质量情况纳入2021年综合考评财政资金绩效管理指标管理,印发《淳安县财政局关于进一步规范全县国有房屋和建筑物管理工作的指导意见》。

【经济责任审计】 2021年,淳安县建立组织、纪检等相关单位联合参加经责审计进点会和反馈会制度,探索建立"审计画像"制度,制定经济责任审计成果运用会商研判制度,进一步提升经责审计的监督合力。对4个乡镇(千岛湖镇、枫树岭镇、文昌镇、石林镇)、6个部门(县司法局、县经济开发区、县规资局、县档案馆、县总工会、县红十字会)、1家国有企业(县茧丝绸公司)11个单位的15名主要负责人实施领导干部经济责任审计,发现问题90个,主要涉及资产管理不到位、内控制度不完善、部分重大建成项目使用绩效率低、收储地块管理不到位、违规使用编外用工、合同签订不规范等方面,进一步盘活存量资产,完善内控制度,规范权力运行。

【政策跟踪审计】 2021年,县审计局重点关注数字化改革、村级"三资"管理、重大投资项目等事项。审计揭示"城市大脑"部分建成项目使用绩效不高、村级"三资"管理不规范、PPP项目在建设管理中存在一定的风险隐患等问题,促进制定有关制度机制,推动政府部门履职和重大政策落地见效。如:在数字化改革方面,县数据资源中心编制完成《淳安县数字化改革总体方案》《淳安县信息化项目建设管理办法》,县交通运输局建立《淳安县交通运输局公路治超非现场执法工作制度》,县城市管理局下发《关于进一步加强接入城市大脑"先离场后付费"停车场库管理的通知》;

在村级“三资”管理方面，印发《淳安县新型农村集体经济市场化运营主体管理办法（试行）》《淳安县农村集体经济组织“三资”管理制度》；在PPP项目建设管理方面，县卫生健康局按照监理合同对监理单位处罚2万元等。

【审计管理】 2021年，淳安县持之以恒把强化党对审计工作的集中统一领导落实落细，对虽未出具审计报告，但已取证的审计发现重大和敏感问题，以审计专报的形式，及时向审计委员会报告，进一步提升审计成果运用的时效性；将“审计整改情况”作为负面清单纳入2021年全县乡镇部门年度综合考核办法，实施负分制；推动完善党建统领的“七张问题清单”闭环管理机制，定期对上级和本级审计反映的涉及本县的问题进行梳理，汇总形成重大审计问题清单，纳入全县“七张问题清单”并加大力度督促整改，努力实现以整改成效促进提升党的领导力；梳理形成淳安审计发现“共性问题清单”，供相关部门、乡镇等单位在工作中借鉴参考，以进一步提升经济和廉政等风险的防范能力。

【党风廉政建设】 2021年，县审计局严格落实中央八项规定精神、审计纪律“八不准”等有关要求，在发放津补贴和福利、公务用车配备使用、公务接待等方面均按照相关标准和要求执行；将廉政风险排查防控工作纳入大党建工作责任制考核范围，定期召开党风廉政工作专题会议，排查廉政风险点，建立动态防控机制，及时消除重大风险点，排查出可能存在的利用职务便利权钱交易，致使发生政府资金流失等单位层面重点风险隐患14个，科室层面重点风险隐患35个；加强对“清廉审计”的宣传，制作宣传橱窗，打造“清廉审计”文化墙和党建墙；经常组织全体干部和协审中介机构开展廉政纪律教育，提高廉政风险防范能力；在干部选拔任用中，对任用请示及廉政鉴定报告实行单位主要负责人和派驻纪检监察组负责人双签字。 （章汉胜）

·统计·

【通过国家统计督察】 2021年9月6日，根据随机抽查原则，淳安县被抽中为国家统计督察的延伸督察县。9月10—15日，国家督察组先后对淳安县开展问卷调查、谈话问询、资料调阅、执法检查等督察工作，查阅县委办、县政府办、县统计局、县发改局、县生态产业局等单位台账资料，随机抽查30家工业、服务业、贸易企业进行数据质量检查，问询企业法人、统计负责人、统计员79人。在省、市统计局的指导和周密部署下，淳安县各级领导和部门、乡镇、平台高度协同配合，顺利通过国家统计督察。

【统计监测预警】 2021年，县统计局坚持重点指标有月报、重要情况有专报的原则，密切关注全县经济活动中出现的新情况、新问题，有针对性地撰写分析材料、提出意见建议。《2020年度全县统计执法检查情况》《一季度我县农业产值情况说明》《关于推进杭千“飞地”经济发展落实情况报告（续报四）》《经济运行总体良好＋薄弱指标仍需努力——2021年一季度省对26县考核主要经济指标对比分析》《2021年上半年消费市场运行情况简析》《省市协同全县联动我县顺利通过国家统计督察》均获得县委书记黄海峰的批示肯定。

【统计调研分析】 2021年，县统计局及时发布统计信息，着眼全县经济运行、转型发展、疫情影响、复工复产、刺激消费、“十大攻坚战”等方面做好统计咨政服务，开展分析研究，为领导决策和社会公众提供参考；编印《统计快报》《统计月报》《统计公报》《统计年鉴》《普查资料汇编》等，并适时发布；开展数据分析，做好绩效考核、全面小康、民生实事等考核指标的监测分析工作，及时发布监测统计分析报告，为县委、县政府加强经济运行工作调度提供有力参考。全年印发《淳安统计月报》11 期、《淳安统计》19 期。

【统计普法稽查】 2021 年，县统计局根据年度法治工作要点，制定《2021 年统计执法检查实施方案》，明确各专业和各执法组的执法工作任务；各执法组结合各专业报表工作情况，全面开展工业、能源、服务业、贸易、投资等重点领域的统计执法工作。全年开展统计执法 31 起，通过现场查勘，对 7 家单位进行行政处罚，其中 4 家进行当场警告处理、3 家进行警告并罚款处理。

【走访服务】 2021 年，县统计局立足统计工作，以“统计业务提升年”为平台，开展“我上一堂统计课”活动、“统计业务能手”评选活动；结合“民呼我为”主题活动，以“走基层、强服务、比作为、开新局”为主题，重点检查国家统计督察迎检准备、乡镇化肥农药统计整改、基层统计规范化建设和企业数据填报质量等工作，全年实现乡镇、重点部门和企业走访全覆盖。

【“两项收入”统计】 2021 年，县统计局实现样本走访全覆盖，走访样本点 20 个并召开座谈会，对样本户进行集中指导。开展 4 次业务知识培训，加强业务指导和月度数据的横向、纵向审核。

【党史学习教育】 2021 年，县统计局结合中层干部竞聘工作，开展“守初心、强信心、比作为、开新局”思想大讨论。全局党员干部以学党史为载体，以悟思想为根本，以办实事为重点，以开新局为目标，立足自身工作岗位，做好党史学习教育和工作推动的“结合文章”，开展“我为群众办实事”实践活动，扎实推动党史学习教育往深里走、往实里走、往心里走，全年走访企业、农户 200 余家，收集整理问题 30 余条，提出意见建议 10 个，发表工作简报 2 篇。

【第七次人口普查工作】 2021 年，淳安县发布全县第七次人口普查主要数据公报，落实普查工作经费，有力有序有效完成人口普查扫尾的阶段性工作，顺利通过国家人普办普事后质量抽查。县统计局获评市级先进集体，2 人分别获评国家级、省级先进个人。

【统计队伍建设】 2021 年，县统计局针对机关从事具体统计业务的人员，虽然熟悉从事的科室业务，但普遍缺乏对全局性、系统性、创新性业务的掌握，满足于老一套、老经验的现状，从 3 月开始，在全局层面进行岗位交流，优化人员力量配备，涉及 16 个岗位，并以此为契机，在全局掀起业务学习“比学赶帮超”高潮，有效提升全局人员的综合素质。5 月，通过公开选调，2 名乡镇干部加入统计队伍。

（李　垒）

·应急管理·

【概况】 2021 年，县应急管理局深入学习贯彻习近平新时代中国特色社会主义思想和习近平总书记关于应急管理重要论述，认真贯彻中共十九届五中和六中全会、省委十四届八次全会和市委十二届十一次全会精神，全面落实中央、省、市安全生产和应急管理工作各项会议决策部署，压实应急工作全链条、突发事件全周期、安全生产全闭环责任，补短板、促提升；聚焦“遏较大、降总数、固本质、强智控、提素养”，实现“精细化监管、精准化救援、精确化防范”，不断完善大安全、大应急、大减灾体系，构建统一指挥、专常兼备、反应灵敏、上下联动的应急管理体系，为淳安特别生态功能区建设提供安全保障。全县安全生产形势总体保持稳定，未发生较大以上安全生产事故；自然灾害方面，没有发生亡人事故。

【机制建设】 2021年，淳安县按照“党政同责、一岗双责、齐抓共管、失职追责”要求，从严压实党政领导干部安全生产责任、行业监管责任、属地管理责任，督促企业履行安全生产主体责任，强化安全宣传教育，切实把安全生产责任落实到最小单元。按照“管行业必须管安全、管业务必须管安全、管生产经营必须管安全”原则，县安委会连续下发《淳安县安全生产委员会关于调整淳安县安全生产委员会成员和专业、重点平台安全生产委员会及成员的通知》《淳安县安全生产委员会关于修订〈淳安县安全生产委员会组织结构和工作规则〉的通知》《淳安县安全生产委员会关于进一步完善全县安全生产责任体系的意见》，进一步完善组织架构；建立“1＋10＋2”工作机制，即1个县安委会＋10个专业安全生产委员会＋2个重点平台安全生产委员会，进一步明确安委会、专委会、重点平台安委会的工作职责。按照分管业务线划分，10个专业安全生产委员会、2个重点平台安全生产委员会主要负责人为相关领域分管副县长，并以“平安护航建党百年”安全风险隐患大排查大整治专项行动和安全风险普查为契机，聚焦问题导向，实现“1＋10＋2”实体化运作。

【尾矿库监管】 2021年，淳安县全面推进尾矿库“一库一策”精准治理，落实两座停运尾矿库安全风险管控措施。完善铜山锡铁矿尾矿库在线监测监控系统，推动尾砂综合利用。有序实施梓桐镇千岛湖矿产品有限公司尾矿库清库工程，总投入资金1200余万元，12月完成清库工作。

【危险化学品监管】 2021年，淳安县全面开展危险化学品企业“低、小、散”专项治理工作。全面排查安全隐患，完成96家危险化学品使用企业的安全隐患排查，排查隐患424项，其中重大隐患企业29家、重大隐患50项。督促落实整改75家，整改隐患389项；对难以完成整改的21家企业35项重大隐患，由县安委会进行县级挂牌督办，限期完成“一企一档”销号。规范油漆行业经营，严厉打击千岛湖城区和汾口、姜家、梓桐、临岐等集镇油漆经营户“下店上宅”“前店后宅”“无证经营”等违法经营行为。经整治，24家非法经营户自行退出市场；29家油漆经营户规范经营条件，依法取得危险化学品经营许可。

【安全生产行政执法】 2021年，淳安县结合新修订《中华人民共和国安全生产法》的宣传贯彻工作，有组织、有计划、梯次推进“全方位”执法大学习、“体检式”执法比武活动，推动执法流程规范化建设，将行政执法与隐患排查有机结合，加强重点行业和领域的安全生产隐患排查治理。录入应急管理部行政执法案卷111起，其中经济处罚110起，责令停产停业1起，收缴罚款102.2万元。

【安全生产重点工作】 2021年，淳安县推进“平安护航建党百年”安全风险隐患大排查大整治专项行动、“遏制重大、防控较大”攻坚和安全生产风险普查工作，组织执法检查力量13853人次，排查整治企业（场所）6785家次，发现隐患4127处，整改隐患3578处；普查企业（场所）1325家，其中危化领域4家、工矿领域397家、消防领域829家、建设施工领域70家、城区运行领域5家、旅游领域16家、道路运输领域4家，组织现场核验危化工矿企业

401家,核验比例达到100%。通过全域排查整治、重点领域攻坚、隐患闭环整改、建立安全生产风险信息数据库、绘制风险“四色图”和安全地图等,切实消除安全生产隐患,确保各类安全生产事故“零发生”。

【防汛防台工作】 2021年,淳安县继续推进台风洪涝科学防控能力提升46项工作,加强网格化管理,加强小流域洪水、地质灾害防御,细化预警预防措施和人员转移方案,预案到村、责任到人,汛前组织全县防汛隐患大检查,及时调整377名防汛责任人,督促做好风险隐患闭环整改。统筹相关部门做好预警工作,及时发布预警信息,将“浙江安全码”应用工作有效运用到防汛防台工作中,一键式信息传达,切实提高防控能力。在汛期,发布强降雨防御内部明电7份,下发工作提示单4次,组织会商30次,启动Ⅳ级应急响应9次,启动Ⅲ级应急响应2次,启动Ⅱ级应急响应1次,编印防汛工作简报15期,发布预警短信340156条。7月,为有效抵御防范第6号台风“烟花”,县应急管理局编发的《淳安县防汛防台抗旱应急工作手册》和县防指办制定的《防台防汛工作一线督导重点内容》得到杭州市委常委、宣传部部长戚哮虎的高度肯定。

【应急保障工作】 2021年,淳安县通过开展应急通信专用网络和应急指挥系统建设,以应急指挥中心数字化提升为抓手,接入视频会议、防汛、森林防火卫星监测、视频监控等系统,建立一中心一队伍快速同行协调联动机制,实现智能化生成应急救援方案;对11个多灾易灾乡镇和2个小微园区实现高空视频全覆盖;为全县23个乡镇配备可视化单兵,并将单兵接入县级融合通信应用平台。总结2020年新冠肺炎疫情、汛情经验,提前采购一批应急救灾物资,集中放置于县应急物资储备中心,有生活安置类、抢险救援类等各类物资14.59万件,价值279万元。制定物资调拨机制,做到灾前统一调拨到各乡镇、部门,确保供需平衡、实用有效。7月,防御“烟花”台风期间,调拨7批应急救灾物资到相关乡镇和单位,包括麻袋编织袋6000只、手电筒30只、雨衣雨鞋75套、应急生活包10包。11月,对11个多灾易灾乡镇的建制村配备“三大件”(应急发电机、排水泵和卫星电话),实现防汛“三大件”全覆盖。

【应急救援队伍建设】 2021年,淳安县加强专常兼备的应急救援队伍建设,将淳安县应急公益救援队、民安救援队、红十字救援队等社会化队伍效能最大化运用。全年社会化队伍参与各类应急处突、大型活动备勤和各类应急救援技能培训等活动116次,出动1184人次;同时建立健全基层应急救援体系,在23个乡镇建立不少于50人的应急综合救援队,354个村(社区)建立不少于10人的应急小分队。

【应急体验场馆建设】 2021年,淳安县根据省市对于应急体验场馆建设的有关要求,认真研究可行性方案,整合现有资源,挖掘潜在资源,制定三年推进计划,将应急(安全)宣传教育体验馆建设列入2021年政府投资项目;在2020年投资60万元建成1个Ⅱ类体验馆和3个Ⅲ类体验馆的基础上,2021年投资300余万建设完成1个Ⅰ类、2个Ⅲ类体验馆。

(宋建喜)

(编辑　程中青)

城市建设与管理

·住房和城乡建设·

【概况】 2021年，县住房和建设局(以下简称县住建局)按照县委县政府的部署，坚持精准防疫和经济社会协调发展，瞄准国际化休闲旅游小城市的发展定位，写好“迎亚运、大民生、大治理、大管理、大赋能”5篇文章，擦亮特别生态功能区共同富裕住建窗口底色，获评“十三五”杭州市实行最严格水资源管理制度工作集体嘉奖、城市有机更新工作集体嘉奖及全省新时代美丽城镇建设2021年度优秀单位、2021年杭州市美丽杭州突出贡献集体、治理城市交通拥堵工作先进集体、老旧小区综合改造提升工作先进集体、绿化工作综合考核结果优秀管理单位、海绵城市建设工作综合评价良好单位等称号。

【疫情防控】 2021年，县住建局按照全县新冠疫情防控工作要求，从严从紧从细指导行业企业做好亮码通行、重点人员排查管控、公共场所消杀、防控政策宣传等日常工作。积极组织引导住建行业从业人员自觉接种新冠疫苗1.3万人，接种率达99%。

【建筑工程】 2021年，县重点项目鼓山农贸市场完工结顶。修订建筑业、物业服务业发展政策，下发建筑业扶持资金42.51万元，物业行业扶持资金439.5万元。建筑施工企业新增48家，全县达到179家。新开工建筑工地54个，面积84.91万平方米，总投资额约10.83亿元。新开工装配式建筑项目9个，面积16.40万平方米。新开工钢结构装配式农房17户，建筑面积5200平方米。

【亚运品质空间建设】 2021年，淳安县完成亚运网球主题公园、阳光公园改造和新安东路(花园饭店至浪达岭加油站)交通治堵工程建设；精心设置千岛湖广场迎亚运鲜花小品，启动亚运观赛空间。完成5182个迎亚运无障碍设施点位整改，打造坪山路、阳光路无障碍示范道路。千岛湖东方海岸住宅区被评为浙江省园林式居住区，梦姑路被评为浙江省绿化美化路。加快推进省级未来社区下姜村未来社区、市级未来社区火炉尖社区创建。

【城乡风貌整治提升】 2021年，淳安县成立县级领导小组，制定《淳安县城乡风貌整治提升行动实施方案》，以“世界山水公园、东方休闲名湖”为目标，梳理8个样板区，骑龙巷传统风貌区和“姜家—界首”县域风貌区入选首批省级建设试点。

【美丽城镇建设】 2021年，淳安县完善“行动规划方案＋一镇一策＋三师一库(驻镇规划师、城镇发展师、县级美丽城镇首席设计师，美丽城镇项目库)＋数字化改革”的保障体系。编制县城千岛湖镇美丽城镇创建完成行动方案。推进淳北中药材产业集群、大下姜乡村振兴集群和淳西南旅游美丽城镇集群化建设。全年投资16.8亿元,完成246个建设项目。姜家镇被评为省级样板,临岐镇、姜家镇、文昌镇、石林镇、梓桐镇、瑶山乡6个乡镇获评市级样板。

【美丽乡村建设】 2021年,屏门乡金陵村、文昌镇卢家庄村、枫树岭镇枫树岭村、汾口镇交界村成功创建2020年省级美丽宜居示范村。在2021年美丽宜居示范村创建和传统村落风貌保护提升工作中,枫树岭镇白马村、左口乡龙源庄村完成形象进度50%。

【美丽农房建设】 2021年,县住建局完善"村庄农房设计引领、数字信息平台审批、物联网摄像头监管、建筑工匠亮证承建、中介机构提升服务"的智慧农房监管模式,开展农房图纸修改服务502户,下乡服务900次,发放通用图集图册500余份,安装农民建房监控视频200个,评选"最美农居"45户,培训农村建筑工匠1110人。全力推进农房建设施工安全保险、农房建房贷款、培育致富房等工作。

【历史建筑保护】 2021年,淳安县完成15个市级传统村落的保护与发展规划设计。开展新一轮历史建筑普查工作。完成444处历史建筑的保护图则编制、测绘建档、挂牌。

【智能体系建设】 2021年,县住建局完成"e房通"和"一楼一档信息平台"住有所居应用场景落实,公租房受理实现掌上办、网上办,公租房小区管理引进智能门禁、人脸识别系统。完善智慧物管、智慧工地、智慧市政等信息平台,积极推进人防信息化项目建设,配合完成县委办"一表通"应用数据、瓶装燃气供应监管、防欠薪"真薪"平台应用等工作。推进住建"一件事"集成联办,完善数字化联合验收方式,逐步推进住建审批事项全流程"网上办""掌上办""一证办""码上办",积极探索建设工程电子档案归档工作。

【营商环境优化】 2021年,淳安县办理杭州市首个工业项目亲清平台数字化竣工验收,全面实施管家上门服务模式,开展"三服务"活动344次,全力保障亚运场馆、银泰城(新城店)等重点项目,全年办结审批事项795项。

【住房保障】 2021年,淳安县放宽社保缴纳准入条件,调整优化公租房配租制度,实行差别化租金优惠政策。公租房申请实现常态化,完成四批360户公租房配租。发放疫情期间504家企业的1829名员工租房补贴91.45万元,兑现新引进374名应届大学生租房补贴374万元。

【城乡危房治理】 2021年,淳安县公共房屋隐患排查数据录入1143幢,农村房屋安全隐患排查数据录入124885幢,治理C级危房57幢、D级危房30幢。实施农村困难家庭危房即时限时救助111户。加强城乡白蚁精准防治,施工预防面积86.2万平方米。启动房屋装修备案专项攻坚行动,全年线上备案920条。

【老旧小区综合改造】 2021年,淳安县投资1.3亿元实施千岛湖镇老旧特韵小区综合改造工程,涉及施家塘、火炉尖、江滨3个社区,行岗路、炉峰路、园林村、人民路等17个区块,改造面积约46万平方米。既有住宅加装电梯65台通过方案联审,完成安装50台。

【污水治理运维】 2021年,汾口姜家污水厂清洁排放完成改造,城西、南山、坪山污水处理厂中水回用提升工程完成30%。改造污水管网2千米,新建、改造供水管网建成7.1千米,排查疏通管网70千米。强化千岛湖镇排水设施运维管理，整改492个破损市政设施点位，治理翡翠岛污水溢流等问题。全县城市污水处理率为97.2%。

【市政基础设施建设】 2021年，淳安县开发完成地下空间29.8万平方米。推进老旧小区改造等海绵城市项目建设，第19届亚运会淳安场地自行车馆入选杭州市海绵城市建设优秀项目。启动编制《淳安县“十四五”治理城市交通拥堵规划》《淳安县城区“十四五”路网规划》，推进千岛湖城区交通拥堵点研究，完成阳光路沥青路面(亚运赛道)大修工程和“和睦路”交通违停设施建设任务。实行联合预审协调踏勘机制，下发4个季度涉及开挖道路项目计划，处理第三方破坏燃气管网事故2起。

【市容环境治理】 2021年，淳安县健全“城市环境大整治、城市面貌大提升”长效管理机制，修补沥青路面约8万平方米，修补破损人行道4.5万平方米；更换破损雨水设施310件、维护照明设施2480处。修剪草坪灌木50余万平方米，补植苗木70万余株补植，更换鲜花300余万株，改造行道树池4300余个，消除黄土裸露1.2万余平方米，修复世行贷款项目森林生态系统41.67公顷。

【房地产市场】 2021年，淳安县坚持“房住不炒”定位，全面实施“一县一策”方案，完善房地产平稳健康发展长效机制，稳定市场预期。加强全装修项目质量管控，规范商品房信息公开，推进企业销售人员持证上岗，确保房地产市场平稳健康发展。

【建筑市场监管】 2021年，淳安县落实建筑企业信用管理，实施信用扣分企业12家，表彰33家优秀建筑企业。制定《淳安县防欠薪优秀建筑工地评选办法》，强化工程款和民工工资分账管理，协调处理工资纠纷108批次，涉及农民工409人，工资工程款约1366万元。3个项目被评为市“根治欠薪行动”成效明显项目。

【绿色建筑】 2021年，淳安县编制《淳安县建筑领域二氧化碳排放达峰专项行动计划》。发放形式审查意见书16份，接入杭州市建筑节能能耗监测平台项目4项。完成既有居住建筑改造2.50万平方米，公共建筑节能改造2.60万平方米；实施可再生能源应用面积41.28万平方米，完成可再生能源应用面积17.4万平方米。

【花园式建筑工地打造】 2021年，淳安县健全工地智慧管理体系，创新监管新模式，强化中介技术支撑。严格落实“控尘十条”措施，道路硬化2.1万平方米，标准化定型围挡2600米，公益宣传美化围挡6300米。4个项目获得西湖杯奖项，7个项目被评为市标管理优良工地，10个项目被评为县级“双标化”工地。“绿色、和谐、安全、文明”工地建设效果初显。

【物业管理服务】 2021年，县住建局规范物业党建引领，积极探索居民、业委会和物业服务企业共治体系，下发物业行业扶持资金439.5万元，全面开展小区环境秩序治理。成功创建千岛湖雅苑等6个杭州市“美好家园”住宅示范小区，淳建新村、银杏山庄2个省级红色物业项目。

【规范房产中介】 2021年，淳安县加强二手房交易市场整治，规范房地产中介机构及从业人员经纪行为，明确“先挂牌后交易”规则，排查中介机构82家，核验挂牌存量房677套，暂停网签措施19家，整改61家门店，下架问题房源5000多套；清理异常经纪人134

人、异常机构11个。

【供水管理】 2021年，县住建局积极配合推进水务一体化改革。加强自来水厂水质第三方检测，水质均符合要求。创建省级节水型标杆小区2个，省级节水型小区4个。

【燃气管理】 2021年，县住建局积极配合燃气一体户改革，113.45万个瓶装液化气钢瓶实行登记在册实现动态监管。全县天然气居民用户39953户，非居民用户446户。居民用气量228万立方米，非居民用气量530万立方米。大力推进“瓶改管”，老旧小区天然气安装832户。持续推进“镇村通”建设，完成枫树岭镇、威坪镇、汾口镇、文昌镇、下姜村等乡镇村管道燃气设施建设。

【消防管理】 2021年，淳安县完善“部门联合审查验收、第三方中介技术支撑、事前事中服务指导、保证验收一次通过”的模式，明确酒店类二次装修消防验收标准，做好历史遗留性产权消防确认工作，联合检查整改未审验已开业的营业场所32家。全年办理消防设计审查32件、消防验收25件、竣工验收消防备案52件。

【人防管理】 2021年，淳安县人防指挥部常态化运行，建立13支617人的人防专业队伍；时隔十余年之久的“114”工程闭环竣工；完成人防设施专项控规编制。组织开展警报试鸣防护演习、应急指挥通信建设、人防防护方案进小区、农村人防场所试点建设。做好全要素人防、重要经济目标单位防护方案修订。

【平安护航】 2021年，县住建局完善“发现问题—督办—整改并反馈—回访”闭环管理模式，开展扫黑除恶专项斗争，做好住建系统反诈骗活动，全面开展燃气领域排查周整改月、工程建设领域综合治理、“平安护航”安全集中攻坚、建设工程“质量攻坚”集中整治等活动，实施城市地下安全隐患、深基坑项目隐患、建设施工领域安全生产、市政设施及城市内涝自然灾害、房屋自然灾害等风险普查，确保住建领域和谐稳定。

【法治政府建设】 2021年，县住建局开展“八五”普法，持续做好“互联网＋监管”和“掌上执法”，认领行政处罚事项418项和行政检查事项606项，开展“双随机”检查13次。全年办理信访件1038件，荣获全县信访业务“三练三比”岗位练兵比武竞赛一等奖。办理人大建议14件、政协提案27件，参加县人大美丽淳安监督、保障房视察和政协“请你来协商”等活动。完成大产业培训1009人次。

【文明城市创建】 2021年，县住建局建立文明城市创建工作体系，创新模块化办公、市政园林网格化巡查等机制，牵头做好市政设施文明创建小组和环湖北路网格化工作，积极参与礼让斑马线、交通劝导等志愿者活动。

【党建工作】 2021年，县住建局认真组织开展党史学习教育，开展“物业志愿服务、老旧小区加装电梯、社区安装路灯、地下管线管理”等“民呼我为”服务。建筑与房地产协会党支部和物业协会党支部结成“党建联盟”。恒邦物业党支部获县先进党支部称号，县住建局退休党支部被浙江省委老干部局评为首批标准化党支部，市政园林发展中心党支部书记胡伟华被评为淳安县2021年度“最强领头雁”。

（高　兴）

·城市管理·

【概况】 2021年，县城市管理局办理行政处罚案件13280件,其中普通程序1557件、简易程序1187件、人行道违停10536件;规划执法拆除违法建筑139处、4720.02平方米;数字城管立案交办问题125740件,问题解决率100%,及时解决率96.10%;沿湖沿线巡查发现问题3245件,完成处置3245件,处置完成率100%;全年受理各类市民群众信访投诉2526件,按期办结率和回访核实率均达到100%。序化整治处理非机动车4482辆;收容无证或流浪犬4055只,年检783只,办证383只,结案106件;户外广告整治643处,许可审批1675件;渣土运输核准审批195件;临时占道审批许可533件,道路挖掘审批许可145件,建筑垃圾处置核准2件。县城管局获评全市综合执法优秀单位。

【全国文明城市创建】 2021年,县城市管理局深入推进全国文明城市创建工作,开展户外广告、毁绿种菜、城市"牛皮癣"、"僵尸车"等各项整治,破解餐饮油烟、违章建筑等城市管理难点问题,特别对玻璃橱窗广告和商铺门口摆放花盆等老大难现象,按照"一把尺子量到底"原则,坚持一个标准,全面开展整治攻坚,达到"窗明几净"市容管控效果,助力全国文明城市创建。清理"僵尸车"283辆,处置出店经营70起,清理占道堆物4454处,拆除违规广告牌643处,处置流动摊贩324起,清理"牛皮癣"、玻璃橱窗广告4165处,清理卫生死角1681处。

【沿湖沿线巡查】 2021年,淳安县下发《关于进一步完善我县千岛湖沿湖沿线综合巡查管理工作机制的通知》和《关于完善"一巡多功能"机制专题会议纪要》,为沿湖沿线巡查机制的优化完善提供制度保障;扎实开展沿湖沿线青山白化、山坡山顶视觉范围内大棚设施、焚烧冒烟、沿路沿湖黄土裸露整治、千黄高速两侧景观提升、千汾线两路两侧等综合巡查,曝光问题267件,制作专题事项交办单73件。

【城乡生活垃圾分类】 2021年,县城市管理局进一步完善考核办法,明确工作目标,细化工作任务,强化日常巡查和专项检查,建立"网格化一对一"指导服务工作机制,以网格化包干形式对所联系的单位进行指导服务,对各单位存在的重难点问题,逐个销号,并每周通报完成情况。制作垃圾分类操作手册,发布淳安县首部垃圾分类宣传片,组织开展"全民微信晒分类"网上打卡活动、"分类达人"及"浙江省高标准生活垃圾分类示范村"巡礼系列宣传活动。顺利完成省级示范小区18个、省级预备示范小区15个、省级示范村2个和省级示范预备村84个的创建任务,完成8个乡镇垃圾中转站和6个资源化处理站设备更新验收、50座建筑垃圾填埋场建设,26辆其他垃圾清运车交付乡镇使用,完成资源化处理站和中转站的废水收集池建设,废水外运项目顺利完成。全年交办抄告单138份,交办问题3167个,完成3167个,整改完成率100%。2021年垃圾分类工作获全市三等奖。

【城市环境整治】 2021年,淳安县颁发《淳安县"美丽杭州"创建暨'迎亚运'城市环境大整治、城市面貌大提升"专项考核细则(试行)》,充分发挥考核指挥棒作用,形成乡镇、部门共同参与九大类问题整治的良好局面。按照"无街不美景、无处不精细"原则,明确任务分工和阶段时间要求,采取"条块结合、以条为主、以块兜底"的办法,"产权单位负责、属地兜底管理"的原则,逐步开展城市家具亭棚杆箱、户外广告(招牌)、电子走字屏、车容车貌和各类宣传设施专项整治。发挥数字城管采集员巡查作用,对每个整治扫尾阶段开展"回头看",确保整治到边到底,不留死角。

开启无人机航拍智能化立体巡查模式，完成全城主要城市道路航拍全覆盖。全年发出交办单2693份，整改36949处环境问题；媒体宣传中获市级及以上领导批示24篇，市级及以上媒体报道118篇，综合成绩位列杭州市B组第二。

【市容市貌管理】 2021年，县城市管理局以形成“市容管控”淳安标准为着力点，继续推进精细化管理。推行“一条黄线”序化管理新机制，按照应划尽划原则，对城区机动车、非机动车车位进行重新布局，除线3512.4米、划线7428.3米，新增划线2850米，新增非机动车停车位181个、人行道机动车停车位68个，搬移不按规定停放非机动车3907辆；继续推广应用植入式犬类电子芯片，引导饲养人树立养犬必办证、遛狗必牵绳、粪便必自清的意识，对违规养犬、遛犬行为保持高压态势；落实渣土运输管理“最严标准、最高要求”的精神，重点查处县外偷运偷倒行为；制定《淳安县城管局关于开展全县燃气安全生产大检查的实施方案》，扎实开展燃气领域执法，全年办理案件11起；严格按照“立即停、坚决拆、严监管、综合治”的宗旨，有序开展防违控违工作和违法建筑查处工作，对九龙湾、翡翠岛等违建多发、易发重点小区开展无人机巡查，推进全县29个小区《住宅小区违建信息登记报告制度》公示栏的信息补充及更新。睦州大道获省级街容示范街称号。

【环卫保洁和垃圾处置】 2021年，县城市管理局严格参照环卫行业标准化管理，持续提升淳安环卫作业标准，通过创建和完善道路保洁精准化、设施清洗标准化、垃圾收运多元化、公厕服务人性化、湖面保洁立体化、生活污水零排化、垃圾分类全域化、新老城区一体化、督查考核规范化、基础设施配套化的“十化一体”淳安环卫作业模式，极力提高精细化管理标准，不断优化环卫服务质量。全年道路保洁路面范围231.82万平方米，城区洒水1.26万吨，清运生活垃圾10.27万吨，打捞湖面垃圾2498吨，处理粪便10550吨，处理船舶污水7.81万吨，垃圾填埋场处理渗滤液7.78万吨；光大垃圾处理厂处置其他垃圾7.65万吨、易腐垃圾2.62万吨；按特许经营协议处置其他垃圾费用提价7.88元/吨；建筑垃圾处置厂处置建筑垃圾6.95万吨。6月，县环卫中心在全市环卫行业职业技能比武大会中取得团体总分第二名的成绩，并在省“中联杯”环卫清扫职业技能竞赛中获团体三等奖。

【无障碍环境改造】 2021年，县城市管理局根据“迎亚运”无障碍环境提升工作要求，积极开展城区公厕无障碍设施建设改造，进一步强化城区公厕服务能力，建立公厕服务“所长协管制”，54名党员干部担任公厕“所长”，利用业余时间对公厕进行指导服务，并对公厕的风扇、无障碍标识、呼叫器、水龙头等设备设施进行日常排查，达到“保洁员＋所长”“1＋1＞2”的效果。该项工作被《人民日报》报道。

【数字化赋能城市管理】 2021年，县城市管理局探索实施人行道机动车违停10分钟短信提醒免罚政策，获得市民好评。据统计，近60%的违停车辆均通过短信提醒服务在10分钟内自动驶离。在商业密集、人流量大的区域实行4处喊话设备试点，通过“监控＋喊话”的形式探索非现场执法监管新模式，彰显人性执法。开展试点以来，通过智能喊话系统，劝离占道经营、违规停车等不文明行为80余起，立案查处违法违规案件20余起；通过PC端、执法端、商户终端“三端合一”形成“预警、整改、执法”动态闭环，实现对餐饮服务业油烟排放常态化、数字化、智慧化监管；

通过油烟在线监测系统提醒，查处油烟超标排放餐饮店2家。积极响应省数字化改革要求，深入开展"先离场后付费"，深化便捷泊车应用场景。截至2021年年底，全县有98个停车场(点)、10811个泊位接入"城市大脑"，开通"先离场后付费"功能，基本实现全覆盖。

【整合农产品自产自销点】 2021年，淳安县进一步整合城区自产自销点位，完善阳光、西园、东庄3处大型自产自销点管理和服务机制，重新规范城区其他10处临时自产自销点位，在满足城市管理原则的基础上最大程度服务周边农户和市民买卖需求，以扩大收益面。同时，结合水果销售实际，继续开展水果进社区活动，助力本地农户增收。

【行政执法改革】 2021年，根据"大综合一体化"行政执法改革工作要求，县城市管理局先后分两批完成485项省级执法事项和264项市级执法事项的划转。全年办理新划转事项案件36起。起草《淳安县推进"大综合一体化"行政执法改革实施方案》，为启动大综合一体化行政执法改革奠定坚实的基础。12月27日，县城市管理局完成主副牌调整，举行综合行政执法指导办公室挂牌仪式，综合行政执法工作步入新阶段。

【平安保障】 2021年，县城市管理局以平安护航中国共产党成立100周年为核心，明确"管行业必须管安全，管业务必须管安全"的责任要求，成立城市运行、渣土运输、内部管理、燃气安全和违章建筑等专项组，推进行业安全管理。秉承"守土有责、守土负责"的理念，开展内部安全隐患大整治大排查工作，对排查出的36处问题隐患，建立问题清单、责任清单、销号清单，切实找准问题和短板，制定对策措施，督促责任主体全面整改到位，有效防范和坚决遏制全局各类安全生产事故，为中国共产党成立100周年营造良好的安全环境。发挥城市管理巡查优势，向沿街商户宣传疫情防控知识，劝导行人佩戴口罩，做好局属各场所"小门"管控。 （汪　涛）

（编辑　程中青）

教　育

·综述·

【概况】 2021年,全县有幼儿园40所,小学48所,初中14所(含民办1所),普通高中5所(含民办1所),职业高中2所(含民办1所),电大教师进修学院1所,特殊教育学校1所。在校中小学生、幼儿42028人,其中在园幼儿9222人、小学生15856人、初中生8417人、普高学生5277人、职高学生3217人、特殊教育学生39人。全县有成人文化技术学校23所,村级成人学校(教学点)337所(处),民办培训机构9所,县社区学院1所,乡镇社区教育中心23个。全县有教职工4920人,其中在职公办教职工3858人、专任教师4106(含民办)、专职成教干部50人。

·学前教育·

【概况】 2021年,全县有幼儿园40所,其中公办幼儿园28所(下设22个分园、26个教学点)、民办园12所,省一级幼儿园3所(公办园2所、民办园1所)、省二级幼儿园45所(含分园)(公办园37所、民办园8所)、省三级幼儿园14所(公办园11所、民办园3所)。学前教育专任教师714名,其中大专学历以上710名、高中学历4人,专任教师学历合格率100%,专任教师证持证率97.9%。

·义务教育·

【概况】 2021年,全县有小学48所(不含南山学校小学部、里商中校小学部、梓桐中校小学部、王阜中校小学部),549个班级,在校学生15856人,专任教师1589人,学历达标率100%,其中专科毕业以上达99.78%;初中14所(含杭州千岛湖建兰中学初中部),227个班级,在校学生8417人,专任教师933人,专任教师学历达标率100%,其中本科以上98.99%。

【义务教育普及率巩固率】 2021年,全县小学入学率达100%,初中入学率达100%,小学巩固率达100%,初中巩固率达100%,"三残"适龄儿童、少年入学率达100%。

【解决上学难问题】 2021年,妥善解决586名(初中223名、小学363名)符合条件的进城务工人员、外来务工人员子女在城区初中小学就学问题。

·高中教育·

【普通高中教育】 2021年,全县有普通高中5所(淳安中学、淳安二中、汾口中学、威坪中学、杭州千岛湖建兰中学高中部),其中省一级重点学校1所(淳安中学),省二级普通高中特色示范学校2所(淳安二中、汾口中学),

省三级重点学校2所(汾口中学、威坪中学)。

【职业高中教育】　2021年,全县有职业高中2所,其中公办职高1所(千岛湖中等职业学校,为省二级中等职业学校)、民办职高1所(淳安县育才学校,为省三级中等职业学校);在校学生3217人,教职工数272人,专任教师259人。千岛湖中等职业学校被评为浙江省健康促进学校(近视防控特色学校)、杭州市第八批市级依法治校示范校、县文明学校、县无废学校,"校村共建助力下姜振兴校本实践"入选省职业教育改革优秀典型案例,并成功创建中华诗教先进单位;育才学校被评为县精神文明建设先进单位。千岛湖中等职业学校设4个专业部、4大主体专业。其中:电子专业为浙江省示范专业和浙江省实训基地;旅游专业为杭州市品牌专业、杭州市示范专业;机械专业为杭州市示范专业;电商专业为杭州市示范专业;工业机器人技术应用专业为新增专业。

·特殊教育·

【概况】　2021年,淳安县义务教育段7～15周岁"三残"儿童少年194人,入学总人数为192人,入学率为98.9%。其中:在县培智学校就读29人;随班就读135人;送教上门19人;非义务段入学9人;不具备接受教育能力2人。学前教育段有"三残"幼儿35人,入学率100%。其中:随班就读27人;送教上门4人;康复中心4人。高中教育段有"三残"少年92人,入学率88%。其中:培智学校13人;随班就读49人;送教上门5人;康复机构7人;不具备接受教育能力7人;3人联系不上;8人拒绝接受教育安置。

·素质教育·

【淳安县第七届中小学生科技节】　2021年,由淳安县教育局、共青团淳安县委、淳安县生态产业和商务局、淳安县科学技术协会、淳安县华数数字电视有限公司联合主办,淳安青少年活动中心承办的淳安县第七届中小学生科技节,有比赛项目39个。其中:参加市级比赛选拔项目23项,县级自行组织竞赛项目9项;科普主题活动6项,专项竞赛31项。有250余名学生代表淳安县参加杭州市中小学生科技节23个项目的比赛,获得15个市一等奖、30个市二等奖、131个市三等奖、5个市优秀奖,淳安中学最终入围2019"长三角"高中生科学辩论赛并一举夺冠。其中,创新项目"节水防污玩科学"大赛成为淳安特色项目。淳安县教育局获得杭州市科技节优秀组织奖。

【体艺教育】　2021年,千岛湖初级中学和南景幼儿园获得国家级足球特色学校称号;千岛湖镇青溪小学和千岛湖镇青溪新城小学获得杭州市绿色学校称号;大下姜自由野和千岛湖淳果小镇获得"省中小学劳动实践基地暨学农基地"称号。在杭州市体育抽测中,淳安县总平均分名列8县(市、区)第四。其中:千岛湖镇第一小学第十二名(共14所学校);汾口镇初级中学第十名(共13所学校);淳安二中第二名(共8所学校);育才学校第六名(共8所学校)。在艺术抽测中,淳安总平均分名列3个县市(桐庐、建德和淳安)第一。

·成人教育·

【概况】　2021年,全县成人文化技术学校23所,村级成人学校(教学点)337所(处),县社区学院1所,乡镇社区教育中心23个。全县专职成教干部50人。

【社会培训】　2021年,为推进全县大培训产业发展,县教育局充分挖掘资源,积极和乡镇、研学基地(营地)、下属单位(学校)对接,全年完成大培训2502人次。社会培训成果录入省学分银行工作达历史新高,全年录入学分银行82695人次。

【品牌创建】 2021年,全县培育2个市级示范社区学习共同体,1人获杭州市“百姓学习之星”称号,1人获杭州市“社区学习共同体十佳核心成员”称号。社区学院推送的“老年人智能技术应用”视频荣获市一等奖,纸质媒体荣获市三等奖。社区学院获得“杭州市社区教育数字治理示范社区学院”称号。

·民办教育·

【概况】 2021年,全县有民办学校2所、民办幼儿园12所、民办培训机构9所。实施“双减”(指减轻义务教育阶段学生作业负担和校外培训负担)政策后,有19所学科类机构转型或注销。

【校外培训机构专项整治】 2021年5月,县纪委监委将校外培训机构违规办学治理列为漠视侵害群众利益问题专项治理项目,且排在15个项目之首。7月,中央“双减”文件出台。县教育局与县市场监督管理局、县民政局、县文广旅体局等相关职能部门通力合作,在县行政服务中心设立转登专窗,集中三天时间在全市率先完成营利性培训机构转登工作,获市“双减”工作专班高度肯定,并在全市转登调度会上做经验交流。在23家营利性学科类培训机构中,办理注销7家,转为非营利3家,转为非学科类11家,剥离义务教育段2家,压减率达到100%。率先完成省厅“浙里培训”平台转登机构办结材料上传工作,实现压减率达双100%。积极实施义务教育阶段学科类培训机构资金监管工作。培训机构按要求将信息录入“安心培训”平台,所有培训费均采取线上支付方式,全部存入机构唯一的托管账户,采用“一课一销”的方式划转培训费用至机构结算账户。

·招生考试·

【高校招生】 2021年,全县普通高考报名1839人;普通高校录取1805人,录取率为98.15%。三类生高职报名401人,录取394人,高职录取率为98.25%。

【高中、中专招生】 2021年,全县各类高中招生文化考试报名2804人,淳安中学提前批、第一批分别录取80人、400人。淳安二中第二批录取441人,汾口中学第二批录取320人,威坪中学第二批录取240人,千岛湖中等职业学校第二批录取100人,育才学校第二批录取30人。千岛湖中等职业学校各部第三批招生计划652人。育才学校第三批招生计划383人。通过中考,录取普通中专15人。

【成人高考、自考】 2021年,成人高考总报名人数为1643人,其中专升本报考804人,高起点专科报考839人。全年自考毕业生2人。

·教学研究·

【教学专题研究论文评选】 2021年3月,淳安县第三十三届中小学(幼)教学专题论文评选活动举行,评出获奖论文447篇,其中一等奖75篇、二等奖148篇、三等奖224篇。2021年杭州市基教教研课题立项5项,立项结题10项。在2021年杭州市中小学和幼儿园教学研究(基教)评比中,全县获奖46篇,其中一等奖10篇(教研课题成果1篇)、二等奖13篇(教研课题成果3篇)、三等奖23篇(教研课题成果2篇)。

【教学调研】 高中教学调研聚焦课堂，以高三二轮复习教学调研为抓手，“命运共同体”工作常态化、专题指导专业化，努力提升复习教学效果和教育教学质量；有计划多层次开展对城区学校、中心镇学校、小微学校教学调研，加强对市提质强校试点学校——千岛湖初中和汾口初中重点指导，并完成对所有初中学校的调研和指导。小学教学调研继续坚持教研员联系联盟制度，按计划分类别调研20多所小学。除常规性的听课诊断指导，还对学校的教学管理、校本教研、青年教师专业成长、学校教研课题等进行针对性调研，为学校建设、教师成长、学生发展出谋划策。

【学科培训】 推进中学学科培训，根据学科特点，积极开展优质课比武、青年教师研训、初三复习研讨等活动。推进小学学科培训，培养一专多能的全科教师。整合资源，依托学科带头人、名师队伍，开展师徒结对抱团活动，以研促教，以赛促教。

【教研活动】 在中学教研活动方面，组织参与杭州市组织的各类学科教学比武活动，在杭州市各类优质课评比中斩获颇丰，其中数学获2个一等奖，政治、音乐学科各获1个一等奖。在小学教研活动方面，以“改变学习方式，提升学科核心素养”为课堂教学改革突破口，助推学科发展。在杭州市课堂教学评比中有7人获奖，其中“小学道德与法治”获一等奖。小学科学团队在市新课程培训中做单元展示；小学美术获市教师基本功比赛一等奖，有九组作品入选杭州市中小学“向阳而生”美术作品展。

【教研组建设】 加强教研组建设，在杭州市先进教研组评审中，千岛湖初中数学教研组、南山学校小学数学教研组被评为先进教研组。在省先进教研组评审中，千岛湖初中数学教研组被评为先进教研组。

【课程建设】 推进普高、义务教育选修课程开发，组织参加市课程建设培训。在杭州市第十七批普通高中精品选修课程评审活动中，淳安二中教师陈建创的“淳安抗战简史”被评为精品选修课程；在杭州市第十四届义务教育精品课程评审活动中，汾口镇小学教师汪志栋的“创客木工坊”、鸠坑乡中心小学教师汪文晖的“小茶农”被评为义务教育精品课程。

·教育科研·

【教育科研活动】 举行中小学幼儿园教科室主任工作例会；举行杭州市2021年教育科研立项课题负责人培训；举办2021年第五期教育科研大讲坛活动；落实“成果导向”下的教育科研骨干培训班活动；推介市、县教育科研一等奖优秀成果。

【规划课题立项】 2021年，全县有县级规划课题62项，教师小课题491项；市级规划课题13项，教师小课题17项；省级年度规划课题3项，省体艺卫专项课题1项，省级教育共富课题2项，省级“双减”备案课题2项；县社科联课题1项。

【科研成果获奖】 2021年，全县有县级教育科研优秀成果22项，教师小课题优秀成果160项；市级教育科研优秀成果13项，其中一等奖2项、二等奖4项、三等奖7项，教师小课题优秀成果17项，其中一等奖2项、二等奖4项、三等奖11项；省基础教育教学成果奖二等奖2项。

【科研论文评审】 2021年，县第22届教育科研优秀论文评审活动举行,评出获奖论文310篇。在市第十八届中小学德育(含心理健康教育和家庭教育)优秀论文(成果)评比中,淳安县获二等奖3项、三等奖2项。

【科研先进荣誉】 2021年,淳安县姜家镇中心小学被评为2019—2020年度浙江省教育科研先进集体,浙江省淳安中学被评为杭州市2021年度教育改革创新年度学校。章荣华、洪建军被评为2019—2020年度浙江省教科研先进集体和个人。章荣华、洪建军、卢远民被评为杭州市第四届教育科研标兵。

·队伍建设·

【概况】 2021年,全县有教职工4920人,其中专任教师4106人,公办在编教职工3858人。全县普高、职业学校、初中、小学、幼儿园专任教师合格学历分别为100%、97.3%、100%、100%、100%,高学历比例分别为5.77%、5.02%、99.14%、100%、99.44%,专任教师高级职称比例分别为42.13%、37.84%、37.83%、8.18%和0.56%。全县公办学校有校级干部203人,其中校(园)长86人、副校(园)长117人、女干部56人。全县学校有全国优秀教师6人,省级师德楷模5人,省特级教师2人,正高级教师3人,省级教坛新秀10人,131人才工程第三层次培养人选1人,县拔尖人才12人。2021年评出第四批县级学科带头人141人,第三批县级名师29人,第三批县级名校长5人。

【干部考察任用】 2021年,县教育局完成203名校(园)长考察评议和21名机关科室、直属单位中层干部述职评议工作。全年组织实施干部调配90人,涉及局机关、直属单位和中小学幼儿园干部选拔任用、岗位调整、正常退任等内容。其中:提拔局管中层干部27人(中层副职提任正职8人,新提任中层副职19人);交流中层干部54人(中层正职23人,中层副职30人,正职转任副职1人);任职年龄到限退任8人;辞职1人。

【校长培养】 认真落实"三名(名校、名校长、名老师)工程"行动计划,组织中小学幼儿园30名副校(园)长参加岗位任职培训;50名幼儿园(含民办)园长参加幼儿园课程建设管理能力、新修订的浙江省幼儿园等级评定标准解读及评估专题培训;275名中小学(幼儿园)校(园)长、书记,副校(园)长、副书记等参加为期5天全县教育管理干部暑期高端研修班的学习培训,开展"创新教育管理改革,推进学校高质量发展"主题沙龙活动,选取70篇优秀文章,编印《淳安县教育管理干部暑期高研班成果荟萃》。

【教师招聘】 2021年,全县公办中小学(幼儿园)招聘教师119人。其中:统一招聘88人(千岛湖中等职业学校2人、初中20人、小学57人、幼儿园9人);自主招聘17人(淳安中学2人、淳安二中6人、汾口中学3人、威坪中学5人、千岛湖中等职业学校1人);幼儿园教师定向委培毕业生14人。县外调入4人(职业高中1人、初中2人、幼儿园1人)。全年招聘硕士研究生8人。

【教师培训】 做好"十四五"教师专业发展培训工作,全年培训2958人次,其中县级项目28个,教师培训总经费达1054.5万元。10名本地名师参加淳安县特级教师、正高级教师培养人选培训班的系统培训,举行开班典礼暨师徒结对仪式。实施精进计划,高中英语、地理、生物60名青年骨干教师从浙师大顺利结业;淳安县初中语文新锐教师培训班30人、小学数学新锐教师培训班40人到杭师大参加为期一年的骨干教师培训进修。全县

210名体育教师在本县完成为期三天的全员业务提升培训。

【教师培养】 2021年，全年开展“科研志愿服务、专题学习”等8次，有2项成果获市二等奖、1项获市三等奖，2项规划课题省级立项、1项规划课题市级立项、5项小课题市级立项，发表论文2篇。章荣华工作室在杭州市教育科学研究院的标兵领雁工作考核中被确定为优秀等次。浙江省正高级教师徐素珍工作室开设6次活动，1项小课题市级立项，1项小课题获市三等奖，2篇论文获杭州市专题论文二等奖，3篇文章在省级刊物上发表，2名教师被评为杭州市教坛新秀，1名教师获省级基础教育精品课。25个“杭州市名师乡村工作室”开展形式多样的教学研修活动，并接受杭州市教育局的三年终审评估，圆满完成三年的研修学习计划。

【县管校聘】 2021年，县教育局推进“县管校聘”管理改革，加强全县教师的统筹管理，积极引导优秀教师校长向农村学校、薄弱学校流动，促进师资均衡配置，推进教育公平。改革涉及50所学校、3200余名中小学教师，跨校交流教师313人，其中选调进城116人。

【教育协作】 根据省教育厅《关于促进山区26县教育跨越式高质量发展实施方案》文件精神，淳安县15所学校(幼儿园)和西湖区15所学校(幼儿园)结成对子。县教育局选派千岛湖初中胡怡珍等15名专业技术人才赴杭州市十三中教育集团等学校挂职，为期一个月。开展各类教育援派工作，选派援藏教师2人、援疆教师5人、援巴教师4人。

【评优评先】 2021年，县教育局评出县级各类先进个人192人，其中县优秀教师86人、县优秀班主任45人、县春蚕奖37人、县师德先进个人24人；获市级各类先进个人29人，其中市杰出教育工作者3人、市优秀教师10人、市优秀校长3人、市优秀班主任6人、市优秀教育工作者4人、市农村教师突出贡献者3人。

【人才认定】 2021年，淳安县认定教师D类人才32人、E类人才1人，发放人才资金40余万元。

【职评和资格认定】 2021年，全县教师职称评审初次定级192人，评定中级职称127人(申报138人)、中小学高级职称39人(申报54人)、正高级职称1人(申报3人)。全年受理申请初中、小学、幼儿园教师资格257人，最终认定许可257人，认定通过率100%。

·经费设施·

【概况】 2021年，财政拨入教育事业费102752万元，比上年增长8.52%。生均预算内教育事业费与上年相比：普通高中增加1262.07元；职业高中增加2080.57元；初级中学增加3120.29元；小学增加2111.39元；幼儿园增加1.8元。

【新建学校】 2021年，继续实施千岛湖镇培智学校新建工程，用地面积1.33公顷，建筑面积约4200平方米，设置办学规模9个教学班，投资2900万元，计划2022年秋季投入使用。

【校舍维修】 2021年，投入2200万元，实施中小学、幼儿园校舍维修改造项目24项，其中幼儿园维修改造8项、校舍维修改造16项。

【教育资助】 2021年，全县资助学生11155

人次,资助金额 944.41 万元。其中:普高阶段,免学费 49.79 万元,惠及 407 人次,国家助学金 40.7 万元,发放 407 人次;中职阶段,免学费 606.4 万元,惠及 6064 人次,国家助学金 55.3 万元,发放 553 人次;农村义务教育阶段,“营养餐”补助 85.55 万元,惠及 1711 人次,寄宿生生活费补助 52.73 万元,发放 903 人次,非寄宿生生活补助 23.18 万元,发放 886 人次;学前教育阶段,减免保育费 30.76 万元,惠及 224 人次。

·教育装备·

【教育装备总投入】 2021 年,全县中小学教育装备总投入 2840 万元。县财政和乡、镇自筹 1200 万元,用于中小学常规教育装备配置更新及千岛湖镇中心幼儿园装备采购。政府投资项目 815 万元,用于千岛湖镇第八小学设备建设。省义务教育薄弱学校改造项目 825 万元,改造美术、音乐、科学、机器人等专用教室 38 个,建成互动、线上交流功能的普通教室 67 个。

【智能阳光厨房建设】 2021 年,县教育局在全县中小学幼儿园原有“阳光厨房”覆盖率 100%的基础上,配合县市场监管局抓好学校食堂从“阳光厨房”到“智能阳光厨房”的提升改造。千岛湖中等职业学校、千岛湖建兰中学、千岛湖镇第七小学、淳安县实验幼儿园等 84 家中小学幼儿园智能阳光厨房完成提升改造。

【之江汇教育广场应用】 2021 年,县教育局组织中小学教师参与之江汇教育广场网络同步课堂建设及省级精品数字资源建设,获多项奖。其中:有 3 名教师的网络同步课程获得省级奖(千岛湖初中周红斌获省级二等奖,千岛湖初中王爱刚、汾口镇初中梁静获省级三等奖);4 名教师获得省级专业教学空间优秀奖(汾口镇中梁静、千岛湖初中王爱刚、千岛湖镇三小方琴芳、千岛湖镇七小余丹华);8 名教师的教学空间获得杭州市精品教学空间称号(千岛湖中等职业学校郎飞彪、南山学校余泽星、千岛湖镇一小余佳友、县实验小学方艾亚、千岛湖镇三小方琴芳、千岛湖镇六小洪迪、管旭荟、千岛湖镇七小余丹阳);千岛湖镇一小严宓、刘珂菲、李数等 3 名学生获得省级优秀学员称号。在 2021 年度全省精品数字教育资源开发活动中,有 4 个数字教育资源获奖。其中:千岛湖镇一小余佳友的“一起来画速写”获名师专题微课程优秀奖;汾口镇小汪志栋的“妙联巧对”获基础教育组微课程优秀奖;千岛湖镇七小丰流英的“广开‘材’路——三年级习作教学启蒙”获基础教育组微课程合格奖;汾口镇小选送的“吃水不忘挖井人”获校园影视合格奖。

【校园书香工程】 2021 年 5 月,县教育局组织中小学参加 2021 年度浙江省书香校园“亮色工程”活动,6 所学校受益 20 万元。图书管理平台录入图书 1161343 册,本年度图书流通 90323 册。

【免费教科书和教辅资料】 2021 年,全县有 42028 名义务教育阶段学生享受免费教科书,共计 8061.243 万元;享受免费教辅资料,共计 291.8 万元。

【农村校园安保民生工程】 2021 年,淳安县投资 42 万元设立全县校方责任险。

·教育督导·

【教育履职考核工作】 县教育局成立以副局长汪丽美为组长,县教育督导事务中心主任廖前明为副组长,各科室长、专职督学为成员的工作组，分工合作，形成工作凝聚力。1月，全体责任督学赴富阳区教育局、滨江区教育局学习取经。督学分块细化解读“考核指标”，开列“资料清单”。上下通力配合。为完善台账资料，县人民政府教育督导委员会组织召开各部门协调会，前后两次召开县教育局科室长会议，面对面，点对点，一一核验资料，经多轮补充，4月底，将“自评报告”和各测评点佐证材料上报省督评平台。5月，打印、审核、装订纸质资料，并组织专兼职督学赴学校（幼儿园）现场预检，严要求督促整改。6月23—24日，省对县政府教育履职考核实地督查，通过见面会、部门走访、学校走访、电话访谈、座谈、台账核查、小组讨论、反馈会等形式，较好地完成省对县政府履行教育职责评价实地督查工作。10月，收到省政府教育督导委员会办公室的督导报告：淳安县人民政府2020年度履行教育职责情况优秀，总体评价为A等。

【全国优质义务教育均衡县创建持续推进】 2021年，淳安县有序推进以乡镇为中心的小学集聚化办学和以片区为中心的初中办学，逐步缩小城乡义务教育学校“每百名学生拥有高于规定学历教师数”等7项差异系数，争取于2023年进入省创建全国义务教育优质均衡县培育县（区）。

【专项督导】 2021年，县教育局对全县学校幼儿园进行细致督查指导，配合市对县学校幼儿园的防疫检查，协同县卫健疫等部门进行防疫工作检查。组织开展暑期中小学校违规补课专项督查；做好2020年度义务教育教师工资待遇落实情况专项督导；组织开展“双减”和“五项管理”专项督导工作；完成杭州市教育局对淳安县民办教育核评工作；完成省厅对市县教育发展业绩考核工作；完成对全县中小学幼儿园的教育业绩考核工作；完成开学常规检查、安全工作督查、中考巡视、体育测试巡考、校长考核、民办幼儿园乱收费专项治理等工作。完成教育现代化发展水平监测和基础教育生态监测评估工作。

【学校发展性督评】 2021年，县教育局完成全县中小学幼儿园2018—2020学年三年发展规划终结性评估和2020学年自主发展性指标的网上评估工作。9—10月，各校（园）上传资料至“淳安教育督导评估系统”；11月中上旬，由督导评估组通过分组、分类、分指标进行网上评估；12月，综合评估得分，公布评估优秀学校。

【规范办园督导】 县教育局开展全县幼儿园办园行为规范的全面督评。4月，举办园长办园行为规范督评培训会，组织各幼儿园开展自评，并上报督评材料；各督学完成责任区各幼儿园的网上督评，并撰写督评报告。5月，组织督学分组到全县各幼儿园开展实地办园行为督评，对不规范行为督促限期整改。

【责任督学区与督导队伍建设】 2021学年，全县中小学幼儿园责任督学进行调整，分6个责任区，有专职督学9人、兼职督学19人。

【县内教育满意度调查启动】 2021年10月下旬，县教育局委托第三方评测机构对全县中小学幼儿园进行问卷调查。11月上旬，启动第三方评测机构对全县学校（幼儿园）的满意度调查工作；中旬，将满意度调查结果分别反馈给各校，要求学校（幼儿园）根据结果调整工作思路，改进工作策略；下旬，积极对接省对县满意度调查组，配合做好线下学生问卷，对接学校（幼儿园）配合做好线上教师、家长及学生问卷。由于配合到位、对接紧密，各项调查工作顺利开展。

【学校品牌创建】 2021年，千岛湖镇第八小学成功创建省义务教育标准化学校，全县义务教育学校100%达到省义务教育标准化学校标准。青溪小学和千岛湖初级中学成功创建浙江省现代化学校。火炉尖幼儿园成功创建省二级幼儿园；金色阳光幼儿园等17所幼儿园通过省二级幼儿园复核。

·安全管理·

【校园"三防"建设】 2021年，全年为重点区域和乡村学校增派校园保安12人。截至年底，全县配备校园保安330人，保安基本装备配齐率100%。对全县所有学校(含教学点)一键式报警设备、视频监控系统、访客系统、人脸抓拍系统等进行摸排，推进"智安校园"建设。

【安全教育活动】 2021年，县教育局落实校园安全主体责任，固化宣教阵地，适时开展交通安全、反邪教、防溺水、预防毒品、防通信网络诈骗、防校园欺凌、消防等安全教育。建立长效机制，联合公安、交警、消防等部门开展校园安全整治教育、道路交通安全宣教百日攻坚行动、综治安全月、安全生产月、安全教育日等专项活动。利用省、市安全教育平台组织师生及家长开展相关专题教育活动，对课程完成率进行定期通报，确保安全教育课程落实到位。

【安全隐患排查整改】 2021年，县教育局开展全县教育系统平安巡防行动，以平安校园创建及隐患排查治理为重点，组织常态化督查和集中督查，建立相关台账。针对市县平安办开展的25批次的平安建设督查、杭州市校园安全专项督查、部门联合检查和系统内安全督查所涉及的全部学校180余个问题，督促学校及时落实整改，消除安全隐患。抓典型案例，做好安全预警，强化责任追究，把校园安全隐患排查、化解矛盾风险工作纳入平安校园考核体系。积极推进"双减"背景下校园及周边的安全维稳、综治管理工作，布置落实"一校一策"交通治堵工作。推动全县中小学(幼儿园)进行特异学生摸排，按"一人一档"进行建档管理。全力保障中国共产党成立100周年庆祝活动期间教育稳定，落实重要节点值班值守制度，全面开展教育涉稳风险隐患排查。对照《杭州市校园安全专项整顿工作实施方案》的相关要求，充分发挥部门优势，凝聚处置合力，对标对表开展县级专项督查，进一步夯实校园安全保障基础。

【护校安园提质扩面】 2021年，淳安县逐级签订年度安全工作目标管理任务书，实施"护校安园"专项行动提质扩面工作。在"护校安园"专项行动小学全覆盖的基础上，对标"四优化两提升"拉高标杆，统筹推进"护校安园"专项行动提质扩面工作，继续将工作标准和要求向上(中学)向下(幼儿园)延伸，逐步实现全覆盖。截至2021年年底，覆盖全县所有学校。

【校园智慧安防建设】 2021年，淳安县对照"四个100%"(校园专职保安员配备率100%，中小学封闭化管理率100%，校园紧急报警和视频监控达标率100%，校园"护学岗"设置率100%)，制定"四个100%""智安校园"建设个性化方案，提出"两步走"完成"四个100%"及"智安校园"工作计划。加快推进南山学校、威坪镇小2所"智安校园"示范点建设，启动全县校园外来访客管理、视频监控系统联网招投标工作，积极申报2022年县级民生实事项目，为提高教育教学质量提供坚强有力的保障。

【专用校车运营】 2021年，淳安县制定方案、制度，建立县级、局级、校级三级校车工作领导小组，明确责任分工，制定校车工作方案，推动接送协议签订工作。认真落实全员全岗全事责任制，多次深入排查路线，推进安全风险隐患排查，发挥“校车来了”App平台作用，加强学生校车工作档案管理，切实保障校车运营安全。专用校车覆盖全县18个乡镇、111条线路，惠及农村初中和小学23所，受益学生约2600人。

·工会·

【组织建设】 2021年3月，县教育工会举行十一届委员会全委(扩大)会议。11月，举办基层教育工会干部业务培训班，开展工会干部党史学习教育专题培训。12月，召开县教育工会十一届委员会议。全年选派22名基层教育工会干部参加市县总工会举行的各类业务培训。新组建千岛湖镇第八小学、梓桐镇中心学校、王阜乡中心学校3家基层工会组织。撤并枫树岭镇初级中学等11所学校工会，完善大墅镇初级中学等11所并入学校工会组织。淳安二中、南山学校、汾口镇小、千岛湖玉兰幼儿园等42家基层教育工会按期换届。9月，做好县教育工会和各基层教育工会两级智慧工会平台信息维护和完善工作，完成外县外系统和校际会员调转496人次。开展先进职工之家创建，已成功创建的按要求认真做好各类复评验收达标工作。淳安二中工会创建市级先进职工之家，里商中校、汾口镇中心幼儿园成功创建县级先进职工之家。认真学习“数智群团”工作要求，采写活动发布和风采展示，积极引导工会会员注册使用浏览点赞。12月，认真做好县教育系统先进基层工会、优秀工会工作者、优秀工会积极分子评选工作，推荐评选市教育系统先进工会组织5家、市优秀工会工作者7名、市优秀工会积极分子10名。完成淳安二中、千岛湖初级中学、汾口镇龙川小学等20家基层工会经费审计工作；完成对枫树岭镇初级中学、唐村小学等11家撤并基层工会的经费清算审计。

【工会活动】 2021年，县教育工会持续推进技能竞赛，用好“百业百匠”技能竞赛大擂台，有力推进学校系统县级“三级三类”技能比武。9月，开展县小学数学教师基本功大赛。10月，开展县第四届中小学青年教师基本技能比武暨“青年岗位能手”评选活动。千岛湖镇一小、镇七小等5所学校组织教学专业技能、现代化教育技术应用等内容的校级技能比武。丰富教职工文体活动。4月开展以“弘扬劳动精神　创建文明城市　迎接建党百年”为主题的教职工毅行活动。5月开展以“讴歌建党百年奋进路，启航中华复兴新征程”为主题的庆祝中国共产党成立100周年教职工诗词楹联征集评选活动，编印庆祝中国共产党成立100周年《千岛湖情韵》诗词专刊发送给各基层工会。6月开展教育系统庆祝中国共产党成立100周年师生书画培训、比赛、展览活动，获奖作品在县文化馆一楼展厅展出。12月，举办县中学教职工男子篮球赛。组队参加2021年“新安兵营杯”淳安县第三届职工迎新登高徒步大会。组队参加“社保杯”淳安县首届乒乓球团体联谊赛、县乒协举办的2021年“开发区杯”第二十五届乒乓球团体锦标赛、“教育杯”淳安县第二十七届乒乓球单项锦标赛。组队参加“全民健身·健康中国”2021年淳安县首届“足协杯”足球联赛。

【关爱职工】 2021年，县教育工会大力弘扬劳模精神、工匠精神，积极宣传教育系统劳模先进，开展省市级劳模慰问工作。开展“9·26”工匠日系列活动宣传。做好县劳动模范、省市教育系统最美志愿者、最美志愿组织、教育工匠、最美思政教师、最美班主任等评选的基层宣传发动推荐工作。淳安中学教师杜建超被评为淳安县劳动模范，千岛湖初级中学教师王爱刚被评为浙江省教育系统最美志愿者，千岛湖玉兰幼儿园教师吴丽霞被评为杭州市教育系统2021年度“杭州幼教工匠”，汾口中学教师吴立群被评为杭州市教育系统2021年度最美思政教师。认真做好市县工人先锋号评选表彰，汾口镇初级中学英语教研组、王阜乡中心学校小学数学教研组、千岛湖镇第三小学科学教研组被评为县级工人先锋号。做好疗休养工作，按照市县新一轮疗休养工作要求，认真开展教职工暑期疗休养，参加人数达2960人，其中省内2279人、省外(四川巴塘县)681人。9月初，开展教师节慰问工作，对各级各类学校80名优秀教师进行走访慰问。开展援藏援疆援川教师慰问工作，座谈并慰问12名援藏援疆援川教师。县教育工会及各基层教育工会在“五必访”中慰问教职工600多人次。认真开展困难教职工调查摸底，制定困难教职工慰问方案，由本级工会拨出年终慰问款10.29万元对全县80名困难教职工进行慰问；及时慰问因病住院校(园)长、工会主席。认真做好杭州市职工医疗互助保障工作，全县各级各类学校参保率达100%。

(徐建仁)

(编辑　程中青)

文化·旅游·体育

·综述·

【概况】 2021年，淳安县接待游客932.5万人次，实现旅游总收入154.18亿元，按可比口径比上年分别增长9%和11.4%。全年乡村旅游收入17.41亿元，增长3.3%。

·文化传承·

【非物质文化遗产】 2021年5月7日，县文广旅体局下发《关于公布淳安县第三批非物质文化遗产代表性传承人的通知》，新增县级非遗代表性传承人19人。6月12日，举办淳安县第三届竹马大赛。6月16日，青溪龙砚入选第三批浙江省优秀非遗旅游商品。6月23日，文渊狮城度假区、里商仁灯馆入选首批杭州市非物质文化遗产体验点。7月，完成原创睦剧大戏《茶山村的故事》创编，并被列为杭州市主题创作重点扶持项目。7—8月，在骑龙巷街区举办“非遗纳凉月”活动。8月23日，里商乡(里商仁灯)被省文化和旅游厅命名为2021年度“浙江省民间文化艺术之乡”，淳安三角戏、淳安竹马通过“浙江省民间文化艺术之乡项目”复核。11月17日，淳安县(睦剧)入选“第二批浙江省戏曲之乡”。11月22日，省文化和旅游厅公布第六批省级非物质文化遗产代表性传承人名单，淳安县王年法、宋世兰、何仁德3人成功入选。12月1日，组织淳安竹马、睦剧、“三吹三打”、汾口草龙、屏门花灯等国家和省级非遗代表性项目参加“千里携手　共话发展”巴塘·淳安文旅交流活动。12月2日，淳安县返里度假酒店、纳山纳水民宿、美客爰途民宿入选杭州市首批非遗特色酒店(民宿)培育名单。

【文物保护】 2021年4—5月，县文广旅体局完成古井标识牌制作安装及全县文物保护单位文物安全直接责任人公示公告工作。6月30日，召开淳安县文物安全工作会议。8月23日，县博物馆启动馆藏文物藏品登记入册工作。9月2日，淳安县文物局挂牌成立。9月15日，省文化和旅游厅党组成员、省文物局局长杨建武到淳安县调研文物保护工作。10月14日，县政府常务会议专题学习《中华人民共和国文物保护法》。11月，开展全县文物安全大排查。12月，完成第十三轮农村历史建筑修缮工作，修缮农村历史建筑13处。12月28日，县文广旅体局和县渔政局签订2022年度狮城水下古城监管协议。

·旅游资源·

【全域旅游】 2021年4月22日，淳安县召开国家全域旅游示范区创建工作推进大会，争创浙江省首个国字号旅游金字招牌“大满贯”。

【A级景区】 2021年1月1日，千岛湖景区开通龙山岛“清风之旅”旅游专线，全年接待游客238批次8713人。10月15日,千岛湖岐山药镇景区通过国家AAA级旅游景区景观质量评估。12月30日,九咆界风景区和啤酒小镇景区被杭州市文化广电旅游局评为2021年度放心景区。

【A级景区镇】 2021年1月7日,石林镇获评浙江省AAAA级景区镇,汾口镇、梓桐镇、枫树岭镇、临岐镇、富文乡、屏门乡获评浙江省AAA级景区镇。2月18日,姜家镇获评浙江省AAAA级景区镇。截至2021年年底,全县有浙江省AAAA级景区镇9个,AAA级景区镇4个。

【A级景区村】 2021年1月11日,文昌村、仰韩村、富泽村、严家村、西湖村、薛家源村、大墅村、枫树岭村获评浙江省AAA级景区村。2月7日,秋源村、妙石村获评浙江省AAA级景区村。截至2021年年底,全县有浙江省AAA级景区村55个。

【旅游新项目】 2021年1月17日,汇泉新品湖酒店试营业。4月26日,时光隧道项目试营业。6月19日,易禾水乐园正式开园,同日,福朋喜来登酒店正式开业。

【"百县千碗"点建设】 2021年12月17日,朋友圈鲜鱼馆、淳香苑食府、名湖食府、VOCO千岛湖阳光大酒店被省文化和旅游厅和省商务厅评为"诗画浙江·百县千碗"省级美食体验(示范)店。12月30日,千岛湖骑龙巷街区获评"诗画浙江·百县千碗"美食街区。

【民宿发展】 2021年,全县新增民宿(农家乐)30家。至年底,全县有民宿(农家乐)1122家,拥有床位1.9万个,其中精品民宿60家。9月9日起,县文广旅体局连续组织5场民宿培训会,分片区对民宿主进行业务指导。11月10日,在省文化和旅游厅组织的第二届民宿伴手礼大赛中,东篱居民宿的九制黄精茶丝、纳山纳水民宿的淳安竹马文创产品系列分别获得综合奖、传承奖。云水松涧民宿、峪涧民宿、得舍民宿被浙江省民宿等级评定管理委员会评定为银宿等级。三日茶寮(抹茶庄园)被杭州市民宿行业协会评定为五花民宿,玄山·岦外、云野慢谷被评定为四花民宿。

·旅游服务·

【宾馆酒店】 2021年12月24日,杭州千岛湖伯瑞特度假酒店被杭州市文化广电旅游局和杭州市饭店行业协会评为2021年"杭州文旅优质服务计划"优质饭店,杭州千岛湖啤酒温泉酒店、杭州千岛湖返里度假酒店被评为优秀饭店。12月30日,杭州千岛湖伯瑞特度假酒店被浙江省旅游饭店星级评定委员会评为浙江省"金树叶级绿色旅游饭店"。

【旅行社】 2021年12月16日,千岛湖金色假日旅行社、千岛湖友好旅行社被浙江省旅行社协会评为浙江省百强旅行社。

【旅游人才队伍】 2021年1月25日,县文广旅体局举办导游电视技能大赛决赛,通过比赛提升旅游服务质量。8月,推选导游王凡月参加浙江省第二届红色故事讲解员大赛,该导游成功入围决赛。11月,组织3名导游参加2021年杭州市第四届景点景区讲解员服务技能大赛,其中导游姜露萍获优秀讲解员称号,县文广旅体局获评优秀组织单位。11月29—30日,组织开展全县中高级导游及外语导游培训。12月30日,指导成立"钱林红金牌导游工作室"。

【旅游咨询服务】 2021年3月，县文广旅体局在千岛湖高铁站旅游咨询服务中心试点增加图书借阅服务，推动文旅融合。10月，千岛湖高铁站旅游咨询服务中心通过市文化广电旅游局验收，纳入全市旅游咨询服务考核体系。该咨询服务中心年接待旅游咨询3.8万人次，全县旅游咨询服务体系得到进一步完善。

【文旅体数字驾驶舱】 2021年，县文广旅体局按照省、市数字化文旅改革要求和市、县城市大脑建设规范，收集全县文旅体基础数据，采集景区入园、酒店（民宿）入住、文体场馆入馆等实时数据，纵向争取省、市文旅数据回流支持，横向争取县内公安、交通、城管、海事等9部门数据共享，采购旅游OTA点评等社会化数据，开发县文旅体数字驾驶舱，为数字化改革、旅游决策提供数据服务支撑。

【旅游特色应用场景建设】 2021年，县文广旅体局坚持问题导向、需求导向、效果导向，以“旅游品质数智提升”为切入点，打造跨部门、多业务协同的闭环应用场景，建立数据归集、分类反馈、闭环跟踪和结果运用一体化管理机制，改进旅游产品、提升服务质量，优化旅游目的地消费环境。7月22日，旅游特色应用场景在全市文旅系统数字化改革比学赶超场景路演比赛中获得第一名。

【杭州城市大脑文旅系统场景建设】 截至2021年年底，全县有61家酒店民宿上线自助入住系统，年自助入住平均使用率超60%。引导游客线上预约、错峰入园，撤销景区现场售票窗口6个，同时每个景区保留人工窗口，实现人性化服务。推进文旅系统“一卡通”应用，县博物馆、县图书馆5月底通过闸机改造实现刷社保卡入馆，千岛湖景区、龙川湾景区、石林景区3个国家A级旅游景区8月底实现社保卡“一卡通”入园。

·景区管理·

【A级景区管理】 2021年2月26日，千岛湖景区发布《千岛湖景区旅游接待管理办法》。7月20日，千岛湖景区发布《关于加强千岛湖景区特殊用船（艇）管理的通知》。9月22日，千岛湖景区建成月光岛短视频直播体验室，并向游客开放体验服务。10月30日，千岛湖景区月光岛萌宠乐园试营业。

【厕所革命】 2021年12月2日，月光岛情园公厕、燕山文化景区公厕、燕山文化景区停车场公厕被杭州市文化广电旅游局评为2021年度AAA级旅游厕所。

·行业、市场管理·

【行业安全管理】 2021年，县文广旅体局组织开展文旅体行业各层次安全工作会议50余次，开展宾馆酒店、景区、民宿等各类安全督查300余次，下发责令整改通知书9份、整改交办单6份。4月15日，召开淳安县广播电视安全播出暨非法卫星电视接收设施整治工作部署会。4月26日，召开淳安县文旅体行业安全生产工作会议。5月28日，召开淳安县旅游领域安全隐患大排查大整治暨安全生产风险普查工作部署会。6月15日，组织开展迎中国共产党成立100周年安全播出应急演练。7月12日，下发《关于立即开展全县泳池安全大排查的通知》，组织开展为期5天的暑期游泳场所安全检查。7月23日，联合县应急管理局制定《淳安县旅游业高风险项目安全监管暂行办法》。8月6日，召开全县旅行社新冠肺炎疫情防控工作部署会。

【行业审批】 2021年，县文广旅体局深化

“证照分离”改革，持续做好上级下放事项承接工作，取消审批1项，实行告知承诺4项。深化政务服务满意度评价，持续推进政务服务“好差评”制度。推进“网办”“掌办”，积极推进政务服务线上线下融合，引导群众防控期减少集聚办事不跑大厅，实现办事方式向好办、易办转变。推进文化艺术、体育类等非学科类校外培训机构管理转登工作，确保清零目标如期实现。2021年，受理事项199件，其中许可事项72件(娱乐场所、营业性演出、经营高危险性体育项目游泳、广播电视节目制作、旅行社等)，其他事项127件。杭州市企业信用联动监管平台反馈信65件，受理群众来访来电100余人次。

【行政处罚】 2021年，县文化市场综合行政执法队出动检查人员2146人次，检查经营场所1054家次，行政处罚立案调查6件，均按时办结，其中警告4家次，罚款31000元，没收非法所得408元，没收违法物品244个。

·节庆赛事·

【文化活动】 2021年4月22日，在枫树岭镇下姜村举办“心向党　赞歌诵”淳安县2021年全民阅读活动启动仪式。4月30日，举办“迎建党百年　享美好生活”浙江省民间音舞大型广场展演活动淳安分会场暨2021年淳安县第八届广场舞大赛决赛。5月18日，举办2021年千岛湖博物馆&旅游日活动。6月12日，在汾口镇举办“喜迎亚运　乐跳竹马”淳安县第三届竹马大赛。7月28—31日，举办“颂歌献给党　百年谱华章”杭州市第二十六届“三江”歌手大赛总决赛及颁奖晚会。12月1日，举办“千里携手　共话发展”巴塘·淳安文旅交流活动。

【旅游活动】 2021年1月29日，县文广旅体局推出“幸福浙里人，健康淳安年”春节主题宣传活动，发布《千岛湖春节假期安心游览指南》。2月10日，联合县融媒体中心对备战奥运会留浙运动员婚礼进行策划宣传，此热点新闻先后在中央广播电视总台综合频道《新闻联播》、中央广播电视总台体育频道等权威媒体平台播出。4月14日，举办2021年千岛湖红色旅游年启动仪式暨千岛湖旅游奖励政策发布会，邀请来自北京、广东、上海、吉林、江苏、浙江等7省2市的170多名旅行商代表与县内近180名涉旅企业代表，共同谋划千岛湖旅游发展新思路。4月16日，联合县总工会等单位举办2021年淳安县第四节“百业百匠”百场技能竞赛“大擂台”暨“鱼味馆”杯“百县千碗·淳安味道”厨艺技能比武大赛启动仪式。4月24—25日，举办淳安县第十次全民饮茶日活动。4月25—26日，组织石林镇、姜家镇、枫树岭镇、中洲镇、屏门乡等乡镇赴杭州千岛湖智谷大厦开展“千岛集市”旅游专题推介活动。5月14日，联合县总工会赴宁波组织疗休养恳谈会，突破以往单方面推介模式，邀请宁波市总工会及区县工会系统负责人、大型企事业单位工会负责人、疗休养组团社及媒体代表50余人与县内企业50余人面对面交流、一对一洽谈，精准高效撬动疗休养市场。5月30—31日，赴平阳县参加省文化和旅游厅主办的“红色根脉　红动浙江”——2021年千万游客寻访百年百景活动。启动仪式上，对作为红色资源点的下姜村和千岛湖景区进行重点推荐。6月26日，联合县农业农村局、县邮政局等单位赴杭州参加“好山好水出好品　共建共享促共富”千岛农品区域公用品牌发布会，分别以“探湖鲜”“寻山珍”“问茗茶”和“访果蔬”为主题，重磅推出4条“千岛湖农品寻源游”线路。9月28日，联合歙县文化旅游体育局组织开展“探街源秘境，走徽州天路”新安江街口大桥正式通车暨徽州天路自驾游主题活动。10

月21日，举办“百县千碗·淳安味道”2021美食品鉴发布会，现场评定发布淳安十大点心、十大冷菜和十大热菜。

【体育赛事】 2021年，淳安县举办15场大型体育赛事。10月17日，举办第十五届环千岛湖公路自行车赛，国内外3600余名选手参加男子精英组、男子挑战组、女子组的比赛，参赛人数创下历史之最。10月24日，举办2021年千岛湖公开水域游泳公开赛，2000余名选手报名参赛。10月30日，举办浙江省第二届生态运动会千岛湖徒步大会。10月31日，举办浙江省第二届生态运动会千岛湖铁人三项赛。

·媒体运营·

【图片库平台】 2021年12月9日，县文旅体图片库管理平台通过验收。该平台通过云空间技术支持，实现对本系统历年积累图片资料的智能化管理，实现系统内图片资料归口收集、分类管理以及移动搜索应用，依托平台连通互联网，实现网络相关图片智能化收集。

【年度文旅体图片和视频作品】 2021年12月，县文广旅体局开展“精彩文旅体2021”年度图片和视频作品征集和评审工作，80幅摄影作品和6个视频作品入选年度作品。

【千岛湖景区风光慢直播】 2021年12月23日，县文广旅体局抖音平台“千岛湖旅游”账号开通直播间功能。通过该功能，游客可以实时观赏黄山尖和梅峰揽胜风光。

【新媒体宣传大数据】 2021年，县文广旅体局微信服务号“千岛湖旅游”推送154条内容，总阅读量140.3万次，《幸福浙里人　健康淳安年　面向全省！千岛湖景区2月门票全免》阅读量6.4万次，为年度榜首。微信订阅号“千岛湖文旅体发布”推送424条内容，总阅读量46.9万次。全年被“诗画浙江文旅资讯”“杭州文广旅游发布”等省市文旅平台录用文章30篇。双平台总粉丝量增加至38.35万人。抖音平台账号“千岛湖旅游”全年发布150条内容，总播放量940万次，获点赞数9.8万次，粉丝数9.2万人。新浪微博账号“千岛湖旅游”全年发布1416条内容，总阅读量727.4万人。马蜂窝旅游网账号“千岛湖”全年3次成为首页热搜词，热搜曝光量超过1417万次，比2020年增长6倍多。

（葛蔡铭）

·融媒体·

【新闻宣传】 2021年，县融媒体中心全面抓好县主要领导的时政新闻，完成《淳安新闻》365期2959条新闻；做优民生新闻，开设“焦点时分”“民情热线”“立此存照”等栏目，同时党员记者深入一线，为群众解决实际问题十多项；做活红色宣传，围绕党史学习教育这一宣传重点，从微党课、浙皖共护一江水、妇女节纪念大会、红色淳安20章等角度切入，挖掘红色故事、聚焦先进人物、报道典型事迹。

【专题宣传】 2021年，县融媒体中心完成电视对农栏目《新乡村》节目播出261期，全年摄制短视频85个；增设《千岛农品》栏目；推出并摄制体验式旅游栏目——《Let's go！千岛湖》48期；配合中央广播电视总台新闻客户端完成《回家吃饭》等视频直录播近30场次；全年各媒体刊发各类疫情防控宣传信息2000多条次；开设“就业赶集　电视招聘”栏目和抖音在线招聘会，推出17家企业500多个就业岗位，解决新冠疫情防控期间企业招人用人难题。

【外宣工作】 2021年,在中央省市主流媒体刊发报道4836篇,其中中央广播电视总台综合频道14条(《新闻联播》13条),单条播出的《下姜村:好山好水好生活》时长3分26秒,刷新淳安新闻在《新闻联播》播出的时长纪录;浙江电视台播发209条,其中浙江卫视84条;全年刊发《人民日报》24篇,《人民日报》海外版3篇,新华社10篇,中新社6篇,《浙江日报》25篇(头版2篇),浙江新闻350篇,《杭州日报》25篇(头版1篇);广播349条,其中央广播电视总台7条、浙江之声116条;"学习强国"向上级平台报送稿件5100余篇,全年录用3326篇,全国平台录用334篇。

【做优"农品"宣传】 2021年,县融媒体中心策划赠送冬奥选手和亚运场馆建设者千岛农品的新闻,分别在中央广播电视总台《新闻联播》《晚间新闻》等知名栏目播出。6月底,千岛农品发布会活动新闻在中央广播电视总台农业农村频道《中国三农报道》、浙江卫视《浙江新闻联播》、杭州电视台《杭州新闻联播》《新闻60分》等上级主流媒体新闻栏目播出。此外,央视影音、中国蓝新闻、杭州之家等多家新媒体平台进行消息推送。7月,中央广播电视总台农业农村频道《中国三农报道》栏目连续播发《品牌发展促振兴　浙江淳安:用好"金字招牌"为农业发展开辟新思路》《品牌发展促振兴　浙江淳安:创新金融政策　破解农企融资难》两条"千岛农品"新闻。淳安电视台和户外电子大屏从7月19日开始,高密度播出"千岛农品"品牌宣传片。下半年,结合主题党日活动,县融媒体中心主要领导带队,到杭州千岛湖智谷大厦开展"千岛农品"品牌宣传和直播卖货活动。

【作品创新】 2021年,县融媒体中心有近20件作品和个人荣获省市奖项。新媒体作品《防汛抗洪　我县连夜转移受灾群众》获杭州市新媒体短视频类一等奖;广播长消息《"千岛湖·大下姜"扩编　向乡村振兴和共同富裕再出发》获得杭州市2021年度创新重大主题报道优秀新闻作品一等奖;县融媒体中心与中央广播电视总台浙江站合作的融媒体直播《千岛湖踏浪鱼歌》和广播作品《山中青年》分别获得"浙江新闻奖"创新奖和一等奖;林男和何善民合作的《淳广新闻》广播作品获2020年度浙江省广播电视播音主持奖广播播音类全省二等奖,实现省级播音奖项新的突破。

【人才培养】 2021年,县融媒体中心公开招聘紧缺专业人才5人,聘请新闻质量建设专家顾问1人;与浙江传媒学院等高等学校加强合作,围绕新媒体发展、全媒体新闻人培养等内容开展授课4次,参加高校、上级媒体单位各类课程培训达185人次。明确近3年"315"计划具体培养人才对象9人,申报市级"五个一批"人才1人。加强职称评聘工作,1人获评副高职称,4人获评中级职称。

【荣誉】 2021年,县融媒体中心公益广告项目首次被列入全国广电公益广告组织机构类扶持项目名单,实现国家级扶持项目零的突破。10月,县融媒体中心获评"十三五"杭州市实行最严格水资源管理制度成绩突出集体,受到杭州市人民政府办公厅的通报表彰。

(冯学志　徐满萍)

(编辑　程中青)

卫生健康

·综　述·

【概况】　2021年，淳安县有各类医疗机构331家，其中县级医院4家(综合性医院2家，中医院1家，妇幼保健院1家)，结核病防治所1家(挂靠在县疾控中心)，中心卫生院4家，乡镇卫生院17家，社区卫生服务中心2家，社区卫生服务站15家，乡镇卫生院分院32家，急救中心(站)8家，民营医院9家，民营门诊部9家，个体诊所、卫生所、厂矿学校医务室68家，村卫生室171个。全县核定床位1928张，实际开放床位2000张，全县卫技人员总数3164人，其中在公办医疗卫生机构(包括村卫生室)的2349人、医生1302人、护士(师)1409人、全科医生292人。每千人口卫技人员7.41人、医生3.95人、护士(师)4.30人。

全县医疗机构(含村卫生室)门急诊247.5万人次，出院病人总数6.57万人次，公立医疗机构总收入12.56亿元。

2021年淳安县县级医院业务情况表

表3

单位	门诊(人次)	出院病人(人次)	床位使用(%)	平均住院日(天)	总收入(万元)
县一医院	519923	30629	91.09	7.38	50435.67
县二医院	154225	8447	80.31	7.91	11190.32
县中医院	447669	15983	83.37	8.62	26492.81
县妇保院	302398	6993	68.22	5.39	10985.36
合　计	1424215	62052			99104.16

2021年淳安县中心卫生院业务情况表

表4

单位	门诊(人次)	出院病人(人次)	床位使用(%)	平均住院日(天)	总收入(万元)
威坪中心卫生院	135258	1372	55.87	6.60	4072.78
临岐中心卫生院	85208	1256	66.79	6.79	3101.51
大墅中心卫生院	33897	390	19.49	6.57	1215.76
姜家中心卫生院	48980	643	52.95	5.41	1719.79
合　计	303343	3661			10109.84

【疫情防控】　2021年，淳安县制定下发《关于印发淳安县大规模新冠病毒核酸检测工作预案和筛查实施方案的通知》，由县委副书记、政法委书记担任组长，下设采样工作组、转运工作组等6个小组。落实每个采样点的乡镇负责人、点位长、民(辅)警、登记人员、采样人员、消杀打包人员、标本转运人员、医疗垃圾转运等5000余人的姓名和联系方式，做到每个环节不漏人、每个步骤能衔接，实现核酸检测的全流程闭环管理。固定医疗保障人员。按照县级医院保障入境隔离点人员、乡镇卫生院(社区卫生服务中心)保障中高风险人员的工作机制，要求各医疗机构派驻固定人员参加医疗保障，由县防控办统一组织培训考核，强化责任到人、工作到位的要求，全年派出3420人次。固定隔离点专班司机。建立县一医院、县中医院和县妇幼保健院轮流派司机的专班制，固定1辆有专班司机的

负压救护车转运核酸阳性病人,并落实对司机的闭环管理。固定转送医院。坚持密接、次密接人员由负压救护车转运,中高风险人群由普通救护车转运的原则,全县8个急救站点(分中心)"点位点"转运相关人员1025人次。坚持"四有"制度保障新冠疫苗接种工作。按照"有专业的救护组""有必要的设备和药品保障""有专用的救护车""有救治绿色通道"等"四有"要求开展新冠疫苗接种保障工作,县级医院下派医务人员2130人次。

【医共体建设】 2021年,淳安县进一步深化县域医共体建设,以体系再优化、机制再实化、管理再细化、绩效再量化为目标,继续推动"人员、技术、设备"三下沉。截至年底,县域就诊率为90.07%,基层就诊率为69.62%。加大县域医疗资源的统筹统管力度,推进公立医院综合改革,控制医疗费用不合理增长,全省公立医院综合改革目标考核连续五年列全市第一。

【基础设施建设】 2021年,县一医院二期工程基本完工,县中医院病房综合楼主体结顶;姜家中心卫生院迁建工程和23个乡镇医疗卫生环境改造提升工程有序推动。投资2000余万元,用于更新县乡两级医疗设备。

【健康淳安建设】 2021年,淳安县在全省控烟工作考核中,得分83.13分,名列第29名,较2020年进步47位;在2020年度健康浙江考核中,以总分996.74分名列全省第9名,考核等次为优秀;成功创建省级卫生村289个、健康村(社区)69个、健康家庭2200户、健康企业24家、健康单位16家。扎实推进《健康素养进农村文化礼堂三年计划(2019—2021年)》,实现337个建制村全覆盖。高分通过国卫县城复评,实现国卫乡镇创建全覆盖。4家县级医院全部获得浙江省健康促进医院称号。瑶山乡中心小学通过省级金牌健康促进学校考核,实现零的突破。

【老龄工作】 2021年,淳安县持续开展敬老爱老助老"最美"系列、"敬老月"和"老年节"等系列活动,威坪镇河村村获评市级最美敬老爱老助老示范村,县中医院方诚等5人获市级最美系列选树典型;评选表彰县级十佳孝亲敬老之星;对全县1723名90周岁以上的老年人发放慰问金53.44万元;培育县级老年友好示范性社区4个,其中下姜村获评全国示范性老年友好型社区(村);培育县级老年友善医疗机构16家,其中县一医院和县中医院获评市级老年友善医疗机构;推动老年健康服务体系建设和医养结合工作,启动淳安县老年健康指导中心和淳安县安宁疗护中心试点工作;继续开展老年人意外伤害保险工作,投保总额237.05万元,惠及10.9万名老年人;提升老年人享受智能化就医服务水平,建立解决老年人就医"数字鸿沟"长效机制;淳安县文化惠老工程正式启动,杭州市老年书画家协会淳安示范基地成功揭牌;以老年协会为抓手,开展老年人防诈骗宣传工作,举办350余场防诈宣传活动,覆盖全县337个村和17个社区,发放宣传手册5万余册,近5万名老年人受益。截至2021年年底,全县有60岁以上老年人111011人,占全县总人口的24.52%。

·医政管理·

【公立医院改革推进】 2021年,淳安县4家县级医院顺利完成省政府开展的"双下沉、两提升"第三方评估工作。在2021年公立医院综合改革效果评价考核中,连续五年综合医改考核位列全市第一。

【医疗质量管理】 2021年,淳安县与省人民医院率先签订细化合作协议，统筹推进医疗卫生“山海”提升工程；与杭州市卫健委签订战略合作协议，杭州市中医院与淳安县中医院首度建立合作办医关系，淳安县23家基层卫生院与杭州主城区医疗机构帮扶结对实现全覆盖。全县23家乡镇卫生院(社区卫生服务中心)全部达到基本标准。临岐中心卫生院、大墅中心卫生院通过国家推荐标准。

【科教工作】 2021年，淳安县各级医疗机构积极创建省、市级医学重点学科，全县有省级重点学科和龙头学科5个、市级医学重点学科5个。指导县级培训基地规范化建设，组织完成对培训学员的年度考核；指导医院举办各类继教项目和申报科研课题，并实施经费补助工作。全年省级科研立项2项，省级继教项目8项，市级科研立项14项，市级继教项目33项。

【中医工作】 2021年，淳安县落实西医学习中医、中西医并重的工作部署，进一步提升中医药服务能力。淳安首个“西学中”培训班落地县中医院，参与培训学员175人；鼓励师带徒学习，在县卫健局备案师带徒学习的有22人；严格把关，积极推荐，2人被评为“杭州市名中医”，1人被评为“杭州市青年名中医”，1人被评为“杭州市基层名医”，名中医数量为历史之最。按照淳安县《50项基层常见多发病种中医药适宜技术推广目录》，在县中医药适宜技术培训推广基地开展培训，全年举办市级中医药继教班4次，培训人员600余人；开展中医技能竞赛2次；组织人员参加2021年杭州市中医药适宜技术应用技能竞赛，获得团体三等奖；印发中医药预防新冠肺炎宣传单2000份；组织县中医院向集中隔离人员和工作人员送抗病毒中药茶饮3000余份、香囊300余个。

【无偿献血】 2021年，县卫健局组织开展纪念第18个“世界献血者日”、《中华人民共和国无偿献血法》宣传、“我为‘七一’献热血”等活动，无偿献血占临床用血比例达100%。

·人事管理·

【干部队伍建设】 2021年，县卫健局坚持正确导向，全面分析研判和深入查找干部队伍建设工作中存在的薄弱环节，通过开展干部队伍建设“回头看”，全面掌握各医疗卫生单位领导班子在政治素质、业务能力、工作作风、工作实绩、为民服务等方面的现实表现，推动广大干部积极履职尽责、担当作为。同时，坚持有利于领导班子建设、有利于单位发展、有利于干部成长的原则，持续改善干部队伍结构，形成中青年结合、专业构成合理的干部梯队。全年新提任中层副职7人，进一步交流使用4人，到龄退任2人。

【人才工作】 2021年，县卫健局组织县级医院开展14场次的高层次紧缺人才自主招聘工作，录用高层次紧缺人才34人，其中全日制研究生13人。开展县域医共体公开招聘事业人员，录用31人。组织开展2021年定向培养基层人才工作，招生21人，其中本科生11人、专科生10人。5人入选杭州西部人才专项培养，2人获特别生态功能区人才自主认定，1人入选市医坛新秀培养计划，3人获评市级名中医。全年选派86名医疗技术骨干赴省内外三级医院进修培训，安排5名医疗技术骨干赴巴塘县挂职。利用全县医学技能培训中心，组织规范化培训学员、基层轮训人员、实习生等，进行医学专业技能培训考核，开展培训考核50余场次，邀请30名省市专家，开展30场人才继续教育活动。

【技术职称工作】 2021年，县卫健局组织

2021年度卫生初中级和高级职称报名考试工作，有322人报名参加卫生初中级职称考试，208人取得专业技术职称资格；149人报名参加高级职称考试，通过市级高评委及医共体自主评聘，53人取得高级职称专业技术资格。

·公共卫生·

【家庭医生签约服务】 2021年，淳安县以建设3家医共体家庭医生签约服务“示范乡镇”和23家“示范村”为抓手，充分发挥医共体牵头作用，建立“1+1+1+X”(1名签约对象、1名家庭医生、1名县级医院专家和若干名签约助手)签约服务工作机制，推进医防大融合，逐步实现基层以治病为中心向以健康管理为中心转变，提升管理效果。全年签约22.44万人，规范签约率62.68%，其中10类重点人群签约15.71万人，签约率91.35%，签约对象基层就诊率70.11%。继续落实杭州市慢病长处方管理，对签约居民的16种慢病提供长处方服务，全年为慢性病患者提供35.22万人次长处方服务。强化慢性病精准化管理，提高管理效果，实现慢性病管理质量大幅提升。高血压、糖尿病规范管理率分别为71.94%和71.41%，控制率分别为70.3%和60.26%。

【基本公共卫生服务项目】 2021年，淳安县开展上门服务33.24万人次，15.71万名重点人群和重点对象得到规范化管理，3.31万名高血压和糖尿病患者的血压和血糖得到有效控制，肺结核患者管理率93.33%。对1.1万名居民进行项目服务满意度调查，满意率达98.96%。省级慢性病综合防控示范区顺利通过复审，5月，以全市第一名成绩通过市级复审，并成功通过省级复审。推进新冠疫苗接种，全年接种68.23万人次，其中儿童接种8.28万人次，60岁及80岁以上人群新冠疫苗接种率居全市第一。慢病管理效果明显，探索基层慢病一体化门诊建设，两慢病的基层就诊率75.43%。报送的“与时俱进，打造基本公共卫生服务淳安品牌”入选2021年国家卫生健康委员会《基本卫生综合改革典型案例》。

【城乡居民健康管理】 2021年，淳安县强化老年人健康管理，落实集中体检、上门服务体检等服务举措。完成5.24万名65岁以上老人健康管理，管理率72.37%。规范城乡居民健康管理工作，完善电子健康档案内容，全县城乡居民规范化电子健康档案332407份，建档率92.85%。

【妇幼保健管理】 2021年，淳安县建立危重孕产妇抢救基金，县财政每年预算10万元专项资金用于危重孕产妇抢救。加强妇幼保健管理，通过实施免费服务当量的形式，打破乡镇辖区限制，使孕产妇、儿童在县内任何一家医疗机构均能免费享受基本公共卫生服务项目。推行动态管理和信息沟通机制，实现流动人员妇幼保健信息的“无缝对接”。县妇保院成功创建“杭州市更年期保健规范化专科门诊”。全县婚检率达96.24%；产前筛查率99.80%；系统管理率97.75%；产后访视率达98.21%。5岁以下儿童死亡率3.11‰，婴儿死亡率1.94‰；7岁以下儿童健康管理率98.69%；3岁以下儿童系统管理率97.68%；0～6岁儿童眼保健和视力检查覆盖率97.08%；新生儿疾病筛查率99.92%，新生儿访视率99.49%；持续推进婴幼儿照护项目，新增托位860个，每千人婴幼儿照护托位数达到2.6个。

【精神疾病管理】 2021年，淳安县有严重精神障碍患者2005人，重性精神病患者发现率为6.10‰,治疗率86.98%。全年列入特困免费治疗资助重性精神疾病患者714人,补助资金58万元。住院救助对象47人次,落实住院救助资金31万元。杭州市第七人民医院继续与淳安县妇保院技术协作,每月定期派驻副主任医师以上职称的精神(心理)科医师坐诊、查房,开展睡眠障碍治疗、青少年学习障碍、精神疾病早期干预、心理创伤咨询与治疗服务。

【社会心理卫生服务体系建设】 2021年,淳安县完成三级服务平台建设,全县心理咨询室正常对外开放。开通心理咨询热线,为200余人提供心理疏导服务;针对新冠疫情防控常态化形势下医护人员长期超负荷工作、心理压力大的现状,提供心理咨询。

·计划生育管理·

【计生指标执行】 2021年,淳安县计生主要指标执行情况良好,全县上报出生2493人,比上年减少724人,下降29.04%。其中:一孩出生1487人,减少217人,下降14.59%,一孩率为59.64%,上升6.67个百分点;二孩出生1019人,减少384人,下降37.68%,二孩率为40.87%,下降2.74个百分点;多孩出生41人,减少69人;当年出生上报及时率98.67%;人口出生率5.2‰,当年出生数较上年下降幅度大。

【"全面三孩"政策实施】 2021年,县卫健局严格有效落实"最多跑一次"改革措施,继续推行婚育情况承诺制、代办制、容缺受理制和网上办理,全面落实生育登记"一证通办"相关要求,生育登记和再生育审批流程得到进一步优化。积极推进婚育户"一件事"联办工作,及时督促乡镇核查处理,不断提升服务效率,截至12月底,全县办理生育登记2105例,其中一孩1320例、二孩765例、三孩20例;作出批准再生育决定50例。

【公共场所母婴设施建设】 2021年,县卫健局继续做好公共场所母婴设施建设工作,全县建成公共场所母婴室17个。与亚运组委会对接,及时跟进亚运场馆母婴建设工作。二级以上医院全部建有母婴室。对已建成的母婴室不定期走访,了解使用情况。

【计生依法管理】 2021年,县卫健局做好社会抚养费征收清理后续工作,对历史遗留问题进行梳理和分析,积极与县人民法院进行衔接沟通,确保和谐稳定。依法依规做好计生涉法审核工作,1—12月,审查各类先进和相关资格72批次,1431人。

【计生奖励优惠政策落实】 2021年,县卫健局继续做好计生奖特扶申报和审核工作,审核确认新增奖扶1258例,审核不通过奖扶8例,审核确认应发放奖扶10987例,应发放金额1054.75万元,新增特扶47例,审核不通过特扶1例,审核确认应发放特扶634例,应发放金额546万元,审核确认应发放并发症特扶金59例,应发放金额28.44万元。完成独生子女父母奖励费的申报、审核和资金发放工作,发放农村一次性独生子女父母奖励费43例,发放金额7400元,发放城镇失业人员独生子女父母奖励费44例,发放金额4100元,发放个体工商户独生子女父母奖励费16例,发放金额1600元。完成2021年市级公益金申报审核和推送工作,申请市级公益金12户19人,金额5.25万元。完成县级公益金申报审核工作,申报130人,金额21.15万元。完成独生子女农保补贴审核24551人,补贴金额245.51万元。

【计生宣教与技术服务】 2021年,县卫健局完成孕前优生健康检查 2980 人,覆盖率 97.13%。审核支付各类节育手术费用 1583 人次,支付金额 37.18 万元。发放避孕药具 51609 人次,增长 21.6%。全县实行“互联网+免费提供避孕药具服务”新模式,提高免费提供基本避孕药具发放服务信息化水平。实现免费避孕药具可追溯、发放服务可追溯,减轻基层负担,提高工作效率,为育龄群众提供更好的服务。全县基本避孕药具发放覆盖率 48.7%(考核指标 30%),免费基本避孕教具互联网发放率 93.11%(考核指标 80%)。开展优生优育、生殖健康、青春期健康教育以及幼儿性启蒙教育系列讲座 28 场。接待咨询人数 3000 余人次,发放宣传资料 3000 余份,受益人群 3000 余人。

·疾病预防控制·

【疫情概况】 2021 年,淳安县无甲类传染病报告;报告乙类传染病 10 种共 677 例,年报告发病率 205.80/10 万,比上年上升 8.99%;报告丙类传染病 4 种共 2801 例,年报告发病率 851.48/10 万,比上年下降 12.66%。新冠肺炎防控情况:全年报告确诊病例 11 例、无症状感染者 13 例,均为集中隔离的入境人员输入病例。采样检测 15532 人次,其中 11 例核酸检测结果阳性。全年调查处置密接、次密接 141 次,摸排管控密切接触者 399 人(其中入境人员航班密接 388 人)、次密接 297 人、一般接触者 221 人次,后续均未发现病例。物防方面,全年调查处置涉疫物品 8 次,摸排管控直接接触者 71 人次,后续均未发现病例。全年开展新冠病毒核酸采样检测 8426 份,其中冷链食品 1561 份、环境标本 1574 份、二级以下医疗机构环境标本 660 份、集中隔离点环境标本 1220 份、养老机构环境标本 90 份,检出阳性样本 1 份(经调查,与样本采集过程中存在新冠疫苗污染相关)。

【卫生应急】 2021 年,淳安县调查核实疫情监测系统自动预警 213 起,发生 4 起聚集公共卫生事件,均为涉及学校、幼儿园的传染病未分级事件,全部结案,波及 1447 人,发病 88 例;发生聚集性事件 10 起,其中涉及学校 5 起、幼儿园 3 起、省游泳队集训地 1 起、农村社区 1 起,发病 191 例,波及 4609 人,出动 114 人次,中心应急人员均能及时赶赴现场调查处置并有效控制疫情。8 月 18 日,县疾控中心参加由县卫健局主办的淳安县大规模人群新冠病毒核酸检测模拟演练。

【传染病监测】 2021 年,县卫健局继续开展霍乱监测,全县医疗机构肠道门诊初诊病人培养 1233 人,培养率 96.48%(1233/1278),检出沙门氏菌 21 例、副溶血性弧菌 3 例,未检出 O157:H7;餐饮、公共场所等行业重点人群健康体检粪检 15750 人,未发现霍乱病人与带菌者。手足口病采样检测 90 份,肠道病毒总阳性率 81.11%(73/90),其中 CA6 病毒 67 份、CA16 病毒 5 份、其他肠道病毒 1 份。组织 4 次禽流感外环境监测,采集样本 63 份经中心 PCR 实验室检测均未检出流感病毒核酸。加强登革热病例监测工作,检测医疗机构送检血样 55 份,未发现登革病毒核酸阳性,采集一般人群全血 101 份,上送市疾控中心做登革抗体测定。加强登革热防控工作。从 3 月开始开展伊蚊密度监测,全县设 2 个固定监测点,2 个流动监测点,每点每月各至少监测 50 户,全年监测 36 点次,合计 BI 指数为 10.0。

【重点传染病防控】 2021 年,县卫健局继续开展重点传染病防控。肺结核:全年登记肺结核病人 335 例,均按方案予以免费查治,督导管理率 100%。艾滋病:全年报告新发病例 4 例,对新发现及在册管理病例进行规范的治疗随访、CD4 数量和病毒载量检测,免费抗病毒治疗率 94.17%(113/120)。继续加强娱乐场所重点人群干预和自愿咨询检测力度，干预人数4421人次，发放宣传资料4935份、安全套5041个，开展HIV抗体检测2918人次。开展监管场所羁押人员和产前术前病人免费检测22481人次。

【免疫规划】 2021年，淳安县全面开展新冠病毒疫苗接种工作，儿童常规预防接种工作有序推进。加强与省市对接，做好全县新冠疫苗调配和管理，全力保障分发配送，全县疫苗供应636448剂次。各新冠疫苗接种单位加强统筹，克服困难，与乡镇政府密切沟通，开展新冠疫苗接种工作，完成684404剂次接种。各接种单位严格按照预防接种工作规范和接种工作任务要求具体实施，国家免疫规划疫苗基础免疫和加强免疫报告接种率均在95%以上。规范做好疫苗采购和疫苗冷链管理。全县采购免疫规划疫苗537621支、非免疫规划疫苗88289支。完善和更新冷链设备，在全县范围内建立全程冷链监测管理系统，实现疾控中心与各预防接种单位冷链温湿度全程实时监测。加大冷链设备更新和建设，购置冷藏车1辆、冷藏医用冰箱38台、低温冰箱10台、冷藏冷冻冰箱20台、接种台小冰箱43台、疫苗转运箱52只，在淳安县妇保院建立疫苗储存冷库1座。完成70岁以上老年人流感疫苗免费接种民生项目和初三学生麻腮风强化免疫工作。重点人群免费接种流感疫苗项目完成近9000人次接种，初三学生麻腮风接种2572剂次。落实安全接种。全县疑似预防接种异常反应（AEFI）监测系统报告个案139例，已完成审核139例；经调查判定为一般反应113个，占81.29%；诊断为异常反应6例，占4.32%，偶合症18个，占12.95%，心因性反应2个，占1.44%。无疑似预防接种有关的死亡病例报告，无群体疑似预防接种异常反应报告。

【慢性病防治及死因统计】 2021年，淳安县报告死亡3296例，其中男性1870人、女性1426人。粗死亡率727.97/10万（男性817.10/10万，女性636.88/10万），平均期望寿命80.36岁（男性77.9岁、女性83.03岁）。前五位死因顺位为：恶性肿瘤、心脏病、脑血管疾病、损伤和中毒外部原因、呼吸系统疾病。前五位死因占全年死亡总数的84.29%。全年报告糖尿病1465例，恶性肿瘤1894例，冠心病急性事件549例，脑卒中急性事件1934例。

【地方病和寄生虫病防治】 2021年，淳安县继续开展碘盐监测和碘缺乏病查病工作。加工厂碘盐监测中位数为24.5毫克/千克。全县按东、南、西、北、中选取5个乡镇，抽取210名学生进行甲状腺触诊，肿大率为2.86%。210个学生和105名孕妇合计抽查315份盐样，中位数为23.5毫克/千克，其中16份为非碘盐，299份碘盐中6份不合格，则非碘盐率5.08%，碘盐覆盖率为94.92%，合格碘盐食用率为93.02%，碘盐合格率为97.99%。5个乡镇检测二至四年级8～10岁学生尿碘210份，中位数为235.5微克/升，处于碘适宜状态；检测孕妇随机尿尿碘105份，孕妇尿碘中位数为161.3微克/升，处于碘适宜状态。总体显示淳安县盐碘环境是适宜的。开展孕期碘营养与子代认知能力状况调查，项目持续进行中。在汾口镇云林村和程店村开展春季查螺活动，投工42人，查面积16250平方米，人均查螺面积386.90平方米。查出有螺条块0个，查出有螺面积0平方米，有螺框出现率为0，捕获并解剖活螺0只。同时对云林村、程店村进行监测点查螺，调查框数7400框。全年流动人口血清抗体检测939份，无阳性。全年疟疾“三热”病人血检377人，其中外来人口51人。总血检率为0.83‰，外来人口占13.53%。

【健康危害因素监测】 2021年,淳安县开展食品安全风险监测,完成监测样品396份,在食源性疾病主动监测采样537例,采样检测率97.81%。检出沙门菌30例,沙门菌检出率5.59%,检出副溶血弧菌3例,副溶血弧菌检出率0.56%,全年完成调查上报食源性疾病事件3起。配合市疾控中心在淳安多家学校开展剩饭剩菜调查,参与省疾控菜肴采样调查,营养健康知晓率调查工作。做好农村饮用水监测工作,完成省卫健委等三部门下达的56个监测点及县爱卫办222个监测点饮用水水质监测任务;常规开展千岛湖镇出厂水、末梢水、二次供水水质监测。开展学生窝沟封闭防龋,进校服务64所,覆盖率100%;实施窝沟封闭3549人,封闭牙齿8518颗,封闭率达99.9%;对上年封闭对象进行复查,对封闭后已脱落的牙齿进行重新封闭,11月,杭州市口腔办组织抽查完好率达88%。在千岛湖镇南山小学、千岛湖初中开展学生口腔健康知识知晓率调查,小学生、中学生口腔健康知识知晓率为100%,正确刷牙率为100%。开展学生健康状况综合监测和学校环境监测。确定8所学校为国家学生常见病监测点学校,完成监测项目。积极参与学生视力调查复核工作。开展职业卫生监测,完成职业病及健康危害因素监测系统中需要完成的尘肺随访39例、工作场所职业病危害因素监测企业35家、职业健康监护审核报告、重点行业职业危害因素风险评估。常规开展病媒生物监测、医疗机构和托幼机构消毒质量监测、公共场所卫生监测、放射工作人员个人剂量监测。

【健康教育与健康促进】 2021年,县卫健局围绕全国高血压日、联合国糖尿病日、肿瘤宣传周等一系列卫生主题宣传日,联合多部门开展30余次大型的公众宣传活动。编印各类健康教育资料,发放各种宣传海报、单页折页、小卡片等30余种13万份、健康科普专刊17.6万余份;建立健康教育资源库,制作和整理各类宣传视频、文字、图片素材模板供全县医疗机构使用,通过“健康淳安”“淳安疾控”等新媒体平台广泛发布新冠科普知识。指导创建6所银牌健康促进学校、23所铜牌健康促进学校以及杭州市健康家庭、健康村和健康企业400余家,推进健康淳安建设。建立县科普专家库,开展健康教育知识“五进”宣传活动。整合县内专家资源,各企业、学校、社区、机关单位等按需申报专家参与健康知识普及行动,受益人数4000余人。

【检验检测和实验室管理】 2021年,县卫健局持续改进完善管理体系,积极参与室外质控活动,全年参加省市疾控系统和质监部门举办的15次29项能力验证活动,参加浙西六县、市(区)疾控中心实验室1次7项室间比对活动。科学统筹安排,完成实验室信息系统建设,艾滋病检测确证实验室建设。在完成农村饮用水监测、食品安全风险监测等专项检测任务、突发事件和新冠疫情应急检测前提下,完成艾滋病初筛、流动人口血吸虫病抗体、盐碘尿碘监测、公共场所卫生监测、钩体监测项目检测、消毒质量监测等实验室日常检测,做好疾病预防控制及健康相关工作的技术支撑。

·卫生监督·

【法制工作】 2021年,县卫健局办理处罚案件407件,罚没金额41.4万元。其中一般程序276件,罚没款41.395万元(公共场所类处罚案件211件,罚没款134450元;医疗处罚20件,罚没款217000元;传染病处罚40件,罚没款56500元;职业卫生处罚3件,罚没款6000元;学校卫生处罚2件,警告2件)。简易程序131件,警告130件,罚款1件,罚没金额50元。适用听证程序0件,实际听证0件;行政诉讼0件,行政复议1件;自觉履行407件。及时查处投诉举报案件,全年受理投诉举报16起,其中公共场所卫生10起、非法行医4起、医疗卫生1起、其他1起;交办9起、移送1起、来电6起;依据投诉举报线索立案处罚10起,及时答复率100%。双随机监管常态化。推行“双随机　一公开”监管为基本手段,重点监管为补充的监管模式。领取国家双随机监督抽查任务138家,其中医疗卫生14家、消毒产品1家、餐饮具集中消毒企业1家、传染病防治12家、放射卫生5家、学校卫生17家、公共场所82家;生活饮用水6家;省级双随机抽取任务数27个,抽取219家。全年完成“国双”(国家卫健委随机抽取监督对象、随机抽取执法人员)监督任务138家,处罚47家,处罚率34.1%;完成“省双”(省卫健委随机抽取监督对象、随机抽取执法人员)监督任务219家,处罚81家,处罚率37%,抽查事项21项,覆盖率100%,信用规则设置数25个,应用信用规则100%,跨部门数7个,跨部门率23.33%。促进监管对象自查自律,以“数字化监管”为指引,推广住宿场所、游泳场所、医疗机构等自查自律系统,进一步推动经营单位落实主体责任,住宿场所、游泳场所注册数及自查率均超额完成目标任务。

【环境卫生监督】　2021年,县卫健局结合国家卫生县城复评和全国文明城市创建等重点工作,通过全面摸排做到底数清、联合执法营造迎检氛围浓、业务培训促进行业自律强等手段对县内公共场所开展地毯式摸排和监督。全年公共场所类处罚案件256件,其中一般程序211件,简易程序罚45件,罚没款13.45万元。爱国卫生检查。全县有病媒生物防制服务单位10家。对病媒生物防治单位的备案情况、人员资质及相关台账制度是否符合规定、是否按规定配备预防控制鼠、蚊、蝇、蟑螂等情况开展检查,全年检查523户次,责令限期改正10家。游泳场所常规检。结合双随机工作,对全县20家游泳场所进行专项监督检查和监测,采集游泳池水样品60份,其中合格56份,合格率93.33%。以数智监管为指引,推广游泳场所自查系统、“放心游”项目等,游泳场所自查完成率100%。做好开展节前及重大活动保障。依托联合检查、专项监督等模式开展春节、劳动节、国庆节、中秋节前检查,检查住宿场所、电影院、足浴店、网约房等公共场所300余家。同时开展两会、“百名书记话共富”主题峰会等各类保障7次,出动卫生监督员20人次,出具卫生监督意见书12份。

【生活饮用水卫生监督】　2021年,淳安县持有有效卫生许可证的集中式供水单位11家(2家市政水厂、9家乡镇水厂)、二次供水单位16家(4家酒店、11家高层住宅、1所学校)、自建供水设施酒店3家。开展饮用水卫生监督检查79家次;开展水质监测,快检水样59份,合格率100%。实验室检测二次供水水样20份,合格率95%。对1家二次供水单位开展行政处罚,罚款500元。

【学校卫生监督】　2021年,县卫健局全面落实校园健康安全行动。开展监督监测。依托开学季检查,对全县69家中小学校和40所托幼机构重点开展传染病防控、病媒生物预防控制、饮用水卫生等检查,尤其加强学校饮用水监督抽检(全县公共供水学校67所、分散式供水学校1所、二次供水1所)。以双随机检查为契机,对17所学校、5所托育机构、5所校外培训学校进行教学环境检测,对9所学校给予警告行政处罚。保障中高考。对全县5家高考考点学校、12家中考考点学校开展卫生监督保障,对5家学校现场快速检测生活饮用水,考试前期对考点所在地的7家乡镇集中式供水单位开展出厂水快速检测,检测全部合格，全力保障学生饮水安全。

【餐具及消毒产品卫生监督】 2021年，县卫健局开展卫生监督指导4次，每季度抽检1次。实验室检测150份，合格130份，合格率86.67%(主要是检出阴离子合成洗涤剂)。全年对消毒产品生产企业监督检查5户次，查处投诉举报1起，对1起未取得消毒产品生产企业卫生许可证生产消毒产品案进行立案处罚，罚款5000元。

【医疗与传染病卫生监督】 2021年，县卫健局继续开展医疗机构消毒与灭菌效果监测。对65家医疗机构开展消毒与灭菌效果监测，抽检样品315份，其中物体表面64份、卫生手138份、医疗污水47份、内镜7份、内镜终末漂洗水8份、无菌器械包12份、牙科车针36份、血透治疗用水3份等。不合格8份(手卫生)，合格率97.5%。立案处罚4起，罚款0.6万元。围绕新冠疫情防控开展常态化监督指导，新冠疫情防控监督执法成效明显。对全县330家医疗机构全覆盖监督检查和指导，检查医疗机构900多户次，发放卫生监督指导意见书280多份，行政处罚87家，罚款4.15万元，其中简易程序警告48家、关停4家，有力规范全县传染病预检分诊工作。推进医疗废物数字化管理。在上年度实现医疗废物转运“分装加联运，小箱进大箱”的基础上，开发“淳安县医疗废物小箱进大箱转运监管系统”App，实现293家小型医疗机构医疗废物转运数字化管理。开展传染病防治分类监督，对81家医疗卫生机构进行传染病防治分类监督综合评价，包括疾病预防控制机构1家、二级医院6家、一级医院11家、未定级医疗卫生机构63家。针对发现的违法行为，责令限期整改，并予立案查处。开展“普法进医院”宣传讲座，开展活动6期，320余名医务人员参加培训。

【放射卫生监督】 2021年，县卫健局开展放射诊疗机构培训会及放射诊疗机构执法专项行动。全年检查放射诊疗机构23家，行政处罚3家，均予以警告处罚。

·爱国卫生·

【国家卫生乡镇创建】 2021年，淳安县实现全县23个乡镇国家卫生乡镇创建全覆盖。

【农村改水改厕】 2021年，淳安县三格式无害化厕所改造率100%;实施全县农村饮用水水质卫生监测，将农村日供水20立方米以上的372座集中式供水厂(站)列入项目监测范围，丰水期和枯水期各检测一次。全县有市级改水项目3个，项目资金60万元，分别是姜家镇桂溪村球山自然村(100立方米)自来水站、浪川乡狮古山村(150立方米)自来水站、界首乡洋田村(100立方米)自来水站。

【健康科普宣传】 2021年，主流媒体宣传作用彰显，电视台《健康淳安　你我同行》宣传栏目家喻户晓，纸媒《健康淳安》专版定期刊登《中国公民健康素养66条》，健康浙江建设(行动)纳入热点宣传条目。拓宽救护员培训平台，探索成立社区红十字救护名师工作室。“公勺公筷(夹)”行动成效明显，将“公勺公筷”配备使用情况列入全国文明城市创建攻坚战考核内容，全县重点餐饮单位“公筷公勺”配备率达到100%、使用率90%以上。

【健康素养进文化礼堂】 2021年，淳安县扎实推进《健康素养进农村文化礼堂三年计划(2019—2021年)》，开展健康讲座、健康活动、健康服务、健康支持性工具、中医药等健康素养元素进文化礼堂数达到337个，比例达到100%，实现建制村全覆盖。　(吴振威)

(编辑　程中青)

社　会

·人力资源和社会保障·

【就业服务管理】　2021年，淳安县城镇新增就业8379人，帮助城镇失业人员实现再就业2245人。其中，就业困难人员再就业1287人，城镇登记失业率为2.34%。失业保险基金收入3781万元，支出3075万元，当期结余706万元，累计结余5657万元，可支付能力22个月，失业保险参保人数51696人。

【人才交流会】　2021年，县人社局通过电视、微信、抖音、云媒体等线上招聘平台举办10场线上招聘活动，组织406家次企业参加，提供岗位10233个，求职报名4590人次，达成就业意向1306人。举办线下招聘会16场，组织420家次企业参加，提供岗位7159个，求职报名2196人次，达成就业意向1196人次。发放岗位手册5000余册、宣传海报5000余份。其中电视招聘成为人们春节期间较为关注的招聘方式。2月9日，举行线上人力资源招聘会，包括电视招聘、抖音招聘、微信及云招聘，有100家企业参与，提供800个职位，吸引近7000人关注，初步达成就业意向500余人次；2月20日上午9—11时，淳安电视台开播《就业赶集电视助阵》栏目，有21家县内重点企业推出455个就业岗位。在电视招聘栏目中，专业的就业指导师提供就业创业政策及职业规划等指导。电视招聘会吸引2000余人次观看，通过电视招聘达成初步就业意向近300人。

【高校毕业生就业服务】　2021年，淳安县引进高校毕业生751人，其中硕士研究生89人。

【博士后工作站建设】　2021年，淳安县新建省级博士后工作站2家，分别是千岛湖康诺邦有限公司博士后工作站和千岛湖瑞淳机器人有限公司博士后工作站。

【特聘专家选聘】　2021年，经专家评审确定，淳安县特聘专家6人，并下文公布拟选人员名单。

【高层次专业技术人才培养】　2021年，淳安县完成县级专业技术继续教育培训班4个，参加培训200余人。淳安县新安江生态开发集团有限公司徐高福入选享受国务院政府特殊津贴专家，是1993年以来首个入选国家级专家库的人才。

【创新创业项目】　2021年，淳安县面向海内外高层次人才征集并评审创新创业项目14个，为申报项目数量最多的年份。10月，组织开展创新创业项目评审活动。

【技能人才队伍建设】　2021年，县人社局完成各类职业技能人才培训6280人，其中职业技能培训39期1611人，企业技能等级认定

75期2585人,网络创业培训3期160人,行业项目制培训18期2245人;取得职业技能等级证书2536人、专项职业能力证书1218人;开展各类技能竞赛60场,其中县级一类竞赛11场、二类23场、三类26场,组织参赛选手2000余人,带动岗位练兵6000余人次;培养高技能人才1288人,其中高级工1031人,技师、高级技师257人;新认定县级技能大师工作室14个,创建杭州市技能大师工作室1个。

【大学生创业项目资助】 2021年,淳安县新评审大学生创业无偿资助项目2个,给予资助项目2个,资助资金总额4万元。

【事业人员队伍建设】 2021年,淳安县有事业人员7847人,其中县属事业单位7281人(教育系统3896人、卫健系统2031人),乡镇事业单位566人。完成2021年度7847名事业单位工作人员和机关工勤人员考核工作。完成全县专业技术人员职称续聘7754人次,职称晋升审批356人次。完成2021年县教育局下属事业单位和县卫健局下属3家县域医共体岗位设置审批备案工作。全年办理144名事业单位工作人员和机关工勤人员的退休手续。

【招聘工作】 2021年,淳安县招聘事业单位工作人员313人,其中县教育局下属中小学招聘127人、县卫健局下属医院招聘98人、其他县属事业单位招聘88人。

【事业单位工资福利】 2021年,淳安县完成全县事业单位工作人员正常晋级工作,涉及7800余人次,人均增加80元/月。完成全县事业单位基本工资标准调标工作,基本工资人均月增资约300元。

【劳动监察执法】 2021年,县人社局开展动态巡察工作,书面审查用人单位4717家,走访排摸企业和在建工程项目3000余家,梳理风险隐患89条,化解欠薪问题105个,为161名农民工和企业职工追讨欠薪208.5万元。开展重大工程建设项目劳资纠纷专项治理等专项检查4次,检查用人单位和工程项目129个。继续实行“两备案一承诺”制度,完成备案小额工程项目1714个,备案率达100%,并全部实现欠薪“零投诉”。率先在全省成立淳安县劳动纠纷人民调解委员会,整合人社信访、劳动监察、调解仲裁经办力量,设立全科受理专门窗口,对劳动纠纷诉求实行即接即办,对疑难纠纷分类流转信访、监察、仲裁等法定程序限时办结。全年接待群众来电来访888批次,涉及3245人,涉及劳动纠纷金额4251万元;收到调处申请467件,调解成功率95.71%。劳动保障监察大队窗口获评全国优质服务窗口。

【网签电子劳动合同工作全面推进】 2021年,根据省人社厅数字化改革要求和市人社局工作安排,县人社局通过宣传发动、上门服务、业务线包干等方式扎实推进网签电子劳动合同平台应用推广工作。截至12月31日,在该平台签署劳动合同32775份(电子化加工30210份、网签2565份),完成率居全市第二位。

【和谐劳动关系创建】 2021年,县人社局举办“规范企业用工保障职工权益”系列专题培训会3场,引导用人单位按时足额支付工资、农民工依法理性维权,营造维护农民工劳动报酬权益的良好氛围。淳安经济开发区被认定为2021年杭州市和谐劳动关系建设标杆园区;浙江恒淳邦物业管理有限公司、杭州千岛湖啤酒有限公司、浙江骏兴建筑有限公司、淳安新都建设有限公司、淳安蓝海建设工程有限公司等5家企业被评为2021年杭州市“贯彻新发展理念”企业社会责任建设A级企业；浙江骏兴建筑有限公司、浙江恒辉保安服务有限公司、中匠鲁班（杭州）建设有限公司、浙江华慷建设有限公司等4家企业被认定为2021年杭州市创建和谐劳动关系先进企业。

【依法依规行政】　2021年，县人社局制定下发2021年法治政府建设暨普法宣传工作要点，利用各类招聘会、进社区志愿服务等活动载体，积极开展人社政策大宣传。严格贯彻落实行政执法“三项制度”，完善重大行政决策监督管理规定，努力提高涉及重大民生事项和全局性工作的决策水平和决策能力。完成行政规范性文件梳理25份，开展规范性文件合法性审查5件。送评市人社局案卷评查17卷；县司法局案卷评查6卷，互评13卷。完成劳务派遣监管、人力资源服务监管、用人单位工资支付、用人单位社会保险参保等19个主项109个子项的“双随机”检查工作。认真做好行政出庭应诉工作，行政机关负责人出庭率达100%，其中1起案件由主要负责人出庭应诉，全年3起行政诉讼案（其中二审案件2起）均无败诉。同时，做好行政执法人员执法证件的换发工作。

【劳动人事争议调解仲裁】　2021年，县人社局坚持“规范、便民、高效”的原则和“鼓励和解、加强调解、快速仲裁、衔接诉讼”的工作方针，坚持快立、快审、快结的办案要求，及时办结劳动人事争议案件，全年办理案件63件，其中立案受理45件、不予受理18件，立案数比上年增长45%，涉案金额444.86万元，仲裁案外化解争议59件。仲裁结案率97.8%，仲裁调解率93.2%，调解成功率98.3%，仲裁终结率93.2%，网络办案率38.3%。案件处理平稳有序，各项指标在全市排名靠前。

【工伤认定及劳动能力鉴定】　2021年，淳安县工伤认定413人，其中死亡5人；因工鉴定办理155人，其中完全丧失劳动能力（一至四级）0人，大部分丧失劳动能力（五至六级）2人，部分丧失劳动能力（七至十级）149人，无级4人；因病鉴定办理29人，其中24人因完全丧失劳动能力而办理退休（退职）手续。

【城乡居民基本养老保险基础养老金提高】
从2021年1月1日起，淳安县城乡居民基本养老保险基础养老金提高至275元/人·月，受惠人数8.97万人。

【社保参保征缴】　2021年，淳安县基本养老保险参保率为99.06%，职工基本养老保险参保68473人（含灵活就业24217人），城乡居民基本养老保险参保86803人，工伤保险参保76911人（其中办理建筑工伤213家，建筑工伤参保人数31148人）；取消省内养老保险转移，方便省内人员自由就职流动；办理养老转入326人，转入金额1327万元，养老转出1696人，转出金额2954万元。

【社保待遇】　2021年度，淳安县企业退休（职）新增2170人，实际正常发放29449人，月发放养老金9682.29万元；企业精减、供养新增74人，实际正常发放2469人，月发放养老金218.2万元；机关事业退休新增209人，实际正常发放5628人，月发放养老金4013.05万元；机关精减、供养新增9人，实际正常发放162人，月发放养老金24.01万元；城乡居民养老保险退休新增4158人，实际正常发放人员87768人，月发放养老金2368.69万元。受理工伤保险结算1585人次，合计基金支出1697.2万元。

【企退人员社会化服务】　2021年，淳安县开展第十一轮（2021年度）企业退休（职）人员和中华人民共和国成立前老工人健康体检和领取养老金资格认证工作，总体检人数24489人，体检率达到86.28%，参加认证27911人，认证率99.67%。 (徐年利)

·医疗保障·

【概况】 2021年，县医疗保障局全面贯彻落实省市县委决策部署，坚持以“共同富裕、高标保障、高质发展、优质服务、群众满意、基金安全”和党史学习教育为工作要义，积极推进公平医保、精准医保、数字医保、绩效医保、法治医保和清廉医保建设，着力提升全县参保群众的基本医疗保障水平，着力推进医疗保障事业高质量发展，助力特别生态功能区和共同富裕示范区建设。

【市级统筹稳步推进】 2021年4月3日，淳安县成立基本医疗保险市级统筹领导工作专班，根据特别生态功能区建设“两个不低于”的目标，坚持“制度政策统一、基金统收统支、管理服务一体”为原则，做好政策差异梳理，完善基金数据测算。11月4日，《杭州市全面做实基本医疗保险市级统筹实施方案》经市政府常务会议审议通过，明确2022年基本医保杭州市政策统一，明确在各县(市、区)完成年度征收任务之后，职工医保赤字由市县8∶2分担，城乡居民医保2022年度新增部分缺口按照市县2∶8比例标准固化分担，对淳安县均予以20%倾斜。

【医疗保险待遇调整】 2021年1月1日，淳安县城乡居民医保县内定点医疗机构的最低报销比例由25%提高至35%，城乡居民医保年度列支限额由8000元提高至20000元，城镇职工医保年度列支限额由9000元、11000元提高至20000元，增设城乡医保门诊300元起付线，大病保险、医疗救助、生育保险等险种政策与杭州市一致，不再保留差异性政策。

【医保参保征缴】 2021年，淳安县基本医疗保险户籍人口参保人数45.19万人，户籍人口参保率达到99.65%。

【健康补充保险成效初显】 2021年，淳安县“西湖益联保”参保人数231465人，参保率为66.68%，居杭州市第一。据不完全统计，截至10月底，全县“西湖益联保”待遇享受人数2048人，赔付金额1971.74万元，赔付率56.79%，全县个人医疗费用负担5万元以上的人数减少55.97%。

【困难人群应保尽保】 2021年5月起，淳安县通过浙江省大救助信息系统，主动获取困难群众动态变化清单，及时维护参保人员持证信息，做好未参保人员参保动员工作，确保“不漏一户、不少一人”。全县在册低保12526人、低边3837人、特困592人，均参保基本医疗保险，实现100%参保。

【高额费用有效兜底保障】 2021年，淳安县建立困难救助联席会议制度，县医疗保障局联合县银保监组、县红十字会、县总工会、县残联、县民政局开展困难人群高额费用化解联审，确保困难人群高额医疗费切实得到化解。全县化解3名困难人员高额医疗费用，化解高额医疗费78441.52元。

【“医银合作”建设】 2021年8月10日，淳安县“医银合作”项目启动仪式举行。淳安农商银行、工商银行淳安支行作为第一批合作银行，39个网点正式上线运行。全县参保群众均可就近办理个人参保登记、参保人员长住外地备案、医疗费用零星报销受理等13项医保高频业务。

【医保支付方式改革】 2021年,淳安县开展辖区内DRGs病案交叉检查工作,对县内12家有住院功能的医疗机构进行病案交叉检查,派出临床专家24人次、病案专家12人次,现场检查病案213份。

【医保基金可持续运行情况分析】 2021年,县医疗保障局委托浙大社会保险研究所何文炯团队到淳安开展医保基金精算平衡分析,从参保情况、基金收支及结余情况、统筹基金支出发生情况、影响基金收入、支出因素、按病种点数付费工作情况,全方位分析医疗保障基金运行面临的形势、存在的主要矛盾和问题,为下步精确监管提供有力依据。

【医保业务贯标】 2021年,淳安县完成364家医药机构、1253名医保医师、1211名医保护士、175名医保药师基本信息的审核及编码映射工作。完成药品、门诊慢特病病种、日间手术、医疗服务项目、医用耗材等业务编码比对映射,开展点对点指导和督促,医疗服务项目先后更新5次,有3082条医疗服务项目编码更新为国家编码。

【医保电子凭证推广】 2021年,淳安县坚持“线上线下”宣传两手抓,“线上”通过微信公众号、微信群和QQ群等新媒体开展宣传,“线下”邀请支付宝团队到淳安培训,积极宣传激活医保电子凭证,在全县23个乡镇便民服务中心、364家定点医药机构张贴医保电子凭证激活流程,营造浓厚宣传氛围,全县医保电子凭证两定机构改造率达100%。

【医保业务线上办理工作推进】 2021年,县医疗保障局落实异地转移、长三角地区跨省医保关系转移接续“一网通办”,截至10月底,办理基本医疗保险关系转移173人,接续228人。联合县卫健局即时完成系统改造,实现社区服务中心“互联网+诊疗”全覆盖。

【“打击欺诈骗保”专项治理】 2021年1月,县医疗保障局联合县卫健局、县财政局、县纪委对15家定点医疗机构实施专项治理“回头看”,追回医保基金8.04万元。6月,通过定点医疗机构自查自纠,退回医保基金68.22万元。

【“打击欺诈骗保”协同治理】 2021年,县医疗保障局联合县纪委、县人民法院、县公安局建立基金追偿协作机制,与县卫健局、县市场监督管理局多次开展联合检查、双随机抽查和专项联系等活动,全县形成医保部门牵头、多部门配合、齐抓共管维护医保基金安全的态势。全年开展联合检查监督活动4次,完成县内定点机构医疗开放床位超标准、医养结合机构“医养不分、以医代养”等问题的治理,其中联合县公安局完成淳安康复医院医保违法案件调查,追回医保基金63.99万元。

【“打击欺诈骗保”宣传活动】 2021年,淳安县开展各类“打击欺诈骗保”宣传活动5场、条例专题宣传9场次,发放宣传海报3555份,发放条例问答手册3000份,发放折页2600份。

【党史学习教育】 2021年,县医疗保障局开展“青年医保人说党史”活动,组织全体党员干部赴衢州浙西革命斗争纪念馆、县中国工农红军北上抗日先遣队纪念馆等红色教育基地开展党史学习教育。制定“三服务”实施意见,把“我为群众办实事”主题实践活动作为党史学习教育的重要内容贯穿始终。全年收集各类问题建议12条,开展各类医保政策宣讲20余次,化解矛盾问题6个。

【党风廉政建设】 2021年,县医疗保障局完善内部管理监督机制,修订完善内部管理机制10余项,构建起“决策、执行、监督”三分开的管理机制。建立“三级”谈话机制、风险防控机制、温馨提醒机制。全年开展廉政教育讲座19次,参加省市县廉政教育培训16人次,参观廉政教育基地4次,排查风险点62个、高风险点7个。

【医保基金运行】 截至2021年10月底,淳安县职工医保基金收入(含生育)4.6936亿元;支出4.3341亿元,比上年同期3.8648亿元增长12.14%;职工医保基金结余2.1485亿元(其中,统筹基金结余-5684万元,个人账户结余2.7169亿元)。城乡居民医保基金收入4.3226亿元(其中缴费收入1.2436亿元,财政补助3.0710亿元,利息收入80万元);支出4.0559亿元,比上年同期3.999亿元增长1.42%;城居医保基金结余3823万元(尚有应付未付市医疗保障基金垫付一卡通结算款6000万元)。 (王慧艳)

·民政·

【概况】 2021年,县民政局深入贯彻习近平总书记关于民政工作的重要指示精神,紧紧围绕县委、县政府的重大战略部署,着力打造“幸福养老、精准保障、和谐治理、移民共富、移风易俗”五大品质区,为纵深推进特别生态区建设奋力开启共同富裕新征程贡献民政力量。淳安县被省移民办评为2021年度浙江省水库移民工作考核优秀县;县民政局被评为2021年度全市民政工作考核优秀单位、2021年度县人大代表建议承办优秀单位、2021年度县平安稳定工作先进集体、2021年度县巩固拓展脱贫攻坚成果和帮扶工作优秀单位。

【疫情防控】 2021年,县民政局下发《关于认真做好养老机构新冠肺炎疫情防控工作的紧急通知》等文件,组织和指导全县养老机构、居家服务机构打好三轮应急战和常态化防控,确保养老机构老人“零感染”。同时,推动民政服务机构、养老机构工作人员核酸检测和新冠疫苗接种工作,县民政局和全县养老机构工作人员核酸检测和新冠疫苗接种率均达100%。结合疫情形势,及时调整民政服务事项,婚姻登记服务中心实行预约办理,湖山公墓实施预约祭扫,有效避免人群集中接触。养老机构封闭式管理相关专报在《杭州政务信息》发表并得到副市长陈卫强的批示肯定。

【民生实事项目】 2021年,县民政局全面完成省市政府实事项目,困难老年人家庭适老化改造完成400户,机构养老床位新增190张,完成省级示范型居家养老服务中心7家、康养联合体建设试点2家。千岛湖镇社工站建设完成,运行良好。

【政府投资项目】 2021年,汾口镇敬老院建设完成;大墅镇、威坪镇敬老院进场施工;里商乡敬老院取得县发改局项目建议书批复,开展方案设计;新建、提升改造老年食堂30个,推进有老年食堂并正常运营照料中心290个。

【养老服务】 2021年,淳安县制定《关于进一步完善养老服务体系扶持政策的意见》和《淳安县养老服务电子津贴实施办法》,不断完善养老服务政策体系。县民政局成功争取市福彩公益金农村留守老人关爱项目,安排第三方每月为1000名以上的困难留守老人提供上门走访、服务和关爱活动。

【养老人才队伍建设】 2021年,县民政局培育护理员培训基地2家、等级认定机构1家,开展养老护理员等级认定、技能提升、技能大赛和护理知识进农村文化礼堂等活动 15 场，培训护理员 140 人、助老员和家庭照护者 600 人，70 人取得职业技能等级证书。

【低保残保】 2021 年，淳安县制定社会救助家庭经济状况认定办法，深入实施低保、低保边缘家庭渐退期制度。对原收入型、残疾人单列户按规定落实各项收入豁免机制，原支出型低保家庭按规定享受渐退期一年。2021 年年底，全县有在册低保对象 9531 户 12362 人，低保边缘对象 1785 户 3313 人，特困供养对象 595 人；发放低保金 1.154 亿元，特困分散供养资金 348.05 万元，有效保障困难群众的生活。低保金从每人每月 955 元提高至 1102 元。

【特困补助和临时救助】 2021 年，淳安县特困人员基本生活补助从每人每月 1373 元提高至 1837 元。全县发放因病因灾临时救助资金 920 户 170.725 万元；为低保、低边、特困、孤儿、事实无人抚养儿童等 18767 名对象发放节日临时生活补助 1123.5 万元。县民政局和医保部门对接，通过大数据共享，及时发现、救助因病困难的家庭，并在乡镇建立临时救助备用金制度，对于突发困难的家庭实现先行救助，提高救助及时性。

【孤儿和困境儿童救助】 2021 年，县民政局持续开展农村留守儿童、困境儿童的动态排摸管理，截至年底，全县有留守儿童 3249 人、困境儿童 1023 人。为孤儿、事实无人抚养儿童、低保家庭儿童发放生活补助 459.6 万元。建设困境和农村留守儿童数智关爱平台，为儿童提供“实时动态”的精准关爱、帮扶与保护，在全县 23 个乡镇推广试用，涉及 1063 人。完成儿童数智关爱保护平台上线数字社会门户工作，数智关爱平台小程序上架浙政钉和浙里办，并被列入杭州市数字社会首轮“揭榜挂帅”中榜名单。制定儿童之家运维管理经费使用办法，对全县按省市县标准建设的儿童之家进行补助，实现儿童之家长效规范运营。全县儿童之家达 82 家，形成“一乡镇一品牌，一村一特色”新格局。散居孤儿和事实无人抚养儿童生活补助标准从每人每月 1604 元提高至 2057 元，低保家庭中重病重残儿童和一般儿童的补助标准分别从每人每月 649 元和 324.5 元提高至 955 元和 477.5 元；新增低边家庭中重病重残儿童和一般儿童补助标准分别为每人每月 955 元和 286.5 元。

【慈善救助】 2021 年，淳安县完成第二十一次“春风行动”救助工作，募集资金 1108.6124 万元，救助农村因病因灾困难家庭、城镇失业无业和企业退休困难家庭、在职困难职工家庭等 14662 户，发放慰问金 948.015 万元。参与东西部协作，发动社会各界捐款捐物 20 万元，县慈善总会与四川省巴塘县波戈溪乡夺格村结对。积极探索“互联网＋慈善”模式，通过腾讯公益平台开展留守儿童、退役军人、残疾人相关项目募捐。实施复兴助学、大病助医、残疾人危房改造、慈善“我飞拥军”等慈善项目，发放各类慈善帮扶救助款 527.5 万元。召开“长三角慈善一体化联席会议”，省慈善联合总会在枫树岭镇下姜村设立“居家养老照料中心改造”项目，投入资金达 200 万元。

【流浪乞讨人员救助管理】 2021 年，县民政局出动巡查 326 人次，劝导 68 人次，救助 23 人次。深入开展“寒冬送温暖”“夏季送清凉”关爱流浪乞讨人员专项救助活动，发放御寒衣被 46 件、防暑药品及食品 30 余份。

【规范村级组织运行】 2021 年，县民政局配合县委组织部制定下发《淳安县关于进一步规范村级组织运行"五项机制"(试行)》，对村级组织规范运行、村"两委"干部规范履职等方面作了明确。在村级组织换届结束后制定下发《村民代表管理办法(试行)》，强化党对基层组织的领导。加强对村民代表的管理和考核，充分发挥村民代表在乡村振兴、基层治理中的力量和作用。指导各乡镇、村(社区)完成村规民约(居民公约)修订工作，有效发挥村规民约(居民公约)在基层治理中的重要作用。

【社会工作人才建设】 2021年，县民政局联合相关乡镇开展两次专职社区工作者招聘，进一步充实社区工作力量。举办全县社区工作者培训班，联合县纪委、党校、农业农村局分三期开展全县村(社区)监委会主任培训，并组织人员赴建德、桐庐等地参观考察美丽乡村建设和村务管理工作，促进村社区干部履职能力提升。配合县委人才办出台相关文件，将通过助理社工师、中级社工师、高级社工师考试的人员的补助标准分别提升至1500元、3000元、5000元；全年有104人通过社会工作者职业水平考试。新建乡镇社会工作站8家，组织开展全县社会工作站建设研讨会，并与杭州主城区、海宁市马桥街道开展城乡社区结对活动，有力提高社工站服务水平。

【社会组织管理】 2021年，县民政局联合县教育局、县文广旅体局、县委宣传部、县科协、县工商联等单位开展线下集中年检，社会组织参检率100%、合格率89.8%。深入推进"双减"工作，配合县教育局、县市场监管局完成2家学科类校外培训机构"转登"工作，做好5家学科类校外培训机构的规范提升工作。推进"僵尸型"社会组织清理整治工作，完成注销登记14家，督促整改4家。规范行业协会商会收费，完成所有行业协会商会自查自纠工作。2021年获评杭州市AAA社会组织3家、AAAA社会组织1家，淳安县飞扬运动舞蹈俱乐部主任倪飞被评为全省社会组织领军人物。

【移民扶持项目】 2021年，淳安县水库移民专项资金安排移民项目371个，移民资金补助总额15675.49万元，超额完成省市的考核目标任务，有效增强水库移民群体"造血生血"能力。

【移民救助】 2021年，县民政局投入移民意外伤害保险保费145万元，有449人获得近207万元的受益，有力保障困难移民的基本生活。

【移民资金使用改革】 2021年，县民政局稳妥有序将原淳安县新安江库区服务建设投资公司(事业单位)资产整体划转至新成立的淳安县新安江库区建设有限公司(国有企业)。积极探索移民长效增收模式，成立淳安县水库移民资产运营股份有限公司，安排7230万元资金投资杭州钱塘新区"智海大厦"合作项目，与浙千集团公司合作，共同拥有2.6万平方米的智海大厦的全部产权(其中淳安县水库移民资产运营股份有限公司占股权的49%)。积极争取省市对淳安水库移民工作的支持，在省民政厅颁发《推进民政事业高质量发展建设共同富裕示范区行动方案(2021—2025年)》中，淳安县被列入浙江省水库移民飞地抱团发展试点。

【殡葬管理与服务】 2021年，县民政局将殡葬设施建设用地纳入国土空间规划。谋划县湖山公墓异地扩建工程，深入开展惠民殡葬专项治理、提标增项扩面工作以及殡葬业价格秩序、公益性安葬设施建设经营专项整治工作。严格落实"四免费两赠送"政策，全年火化遗体3231具，减免殡葬服务费223.87万元。

【婚姻登记】 2021年，县民政局贯彻执行《中华人民共和国民法典》，实行离婚登记冷静期，依法依规做好各类登记。全年办理结婚登记1955对、离婚登记560对，补发结婚证4087件、离婚证133件，登记合格率、群众满意率均达100%。推进婚姻家庭辅导服务，全年接待准备办理离婚的夫妇527对，其中调解暂缓离婚102对、成功化解126对。

【党建和群团工作】 2021年，县民政局深入开展党史学习教育，全年开展各类党史学习教育16次，并组织人员赴开化浙西革命斗争纪念馆和革命遗址进行党史学习教育。组织青年党员参加市民政系统党史学习教育知识竞赛并获得第2名的好成绩。深入推进"三走进、三服务"（走进企业、走进社区、走进农村、服务科学发展、服务城乡基层、服务人民群众）"民呼我为""我为群众办实事"等专项活动，发动党员干部积极参与全国文明城市创建和国卫复评工作。深化"清廉民政"建设，开展一科室一品牌"贴心民政"行动，局机关第一支部被评为2020年度"五星级"基层党组织，福利院被评为县精神文明建设工作先进集体。助力淳安革命老区建设，高质量完成《淳安县革命老区发展史》的校对和出版，县民政局被省老促会授予"《浙江省革命老区发展史》丛书编纂工作先进集体"称号。

【考核工作】 2021年，县民政局在全市民政工作目标考核中为优秀等次，县级机关、直属单位党组织落实党建工作责任考核结果为优秀等次，县级机关、直属单位综合考评结果为先进单位。（王振华）

·红十字会·

【概况】 2021年，县红十字会以"保护生命和健康，改善易受损害群体的境况"为工作主线，当好党和政府人道领域的助手，积极开展助力疫情防控、救灾救援、人道救助、救护培训、造血干细胞捐献和人体器官（遗体、组织）捐献、志愿服务及人道传播等红十字各项专项工作，推动全县红十字事业实现新发展取得新成绩。全年募集救灾救助款募集款70.5万元，发放救灾救助款115.41万元，人道救助困难群众2308人次；红十字应急救护培训普及18341人，救护员培训1408人，动员捐献造血干细胞志愿者采样入库70人，造血干细胞实现捐献1人，人体器官（组织）捐献6例。

【党建工作】 2021年，县红十字会党组书记带头履行第一责任人职责，其他党组成员按照分工要求，认真抓好职责范围内的红十字相关工作，统一思想认识，明确工作方向，强化与社会爱心人士对接联系，动员并吸纳其为红十字会的理事、会员、志愿者。党组狠抓思想作风建设，贯彻落实中央八项规定精神，教育引导干部职工增强规矩意识。每月扎实开展"支部主题党日"活动，每季度党组书记为全体党员干部上1次党课。同时扎实开展"走亲连心三服务""红十字文化进乡村"等实践活动。"七一"期间，组织全体党员，偕同红十字志愿者参观中共淳安县委旧址纪念馆，沿着先辈的足迹，开展党史体验活动。开展帮扶活动，为"联乡结村"的富文乡聚璧源村解决经费4万元；走访慰问村里病残孤老及50年以上党龄的困难党员；对口帮扶四川巴塘5万元。

【人道救助】 2021年，县红十字会致力于关爱易受损害群体，联合县卫健局、县民政局、县残联等单位，在全县范围内持续推进“红十字博爱送万家”、“失独家庭关爱”、“晴彩中国”浙江淳安行、助孤“云帆计划”、“携手文明·‘救’在身边”、“博爱·至善”等红十字博爱救助品牌项目。在春节前夕，集中走访慰问发放人道救助款物11.64万元，重点慰问生活特困群众，因受灾、突发事件导致的暂时困难家庭，造血干细胞捐献者、人体器官(组织)捐献者、红十字会员和志愿者的困难家庭等；实施“睛彩中国”浙江淳安行项目，为102名困难家庭和特殊人群眼疾患者，发放救助金168529.34元；启动实施助孤“云帆计划”项目，发放救助资金30.24万元(“云帆计划”是由杭州市红十字会与杭红公益联盟联合发起，在淳安试点的针对淳安散居孤儿和事实无抚养儿童的公益项目)。

【救护培训】 2021年，县红十字会结合“携手文明‘救’在身边”项目，扎实开展救护培训“五进”活动(进社区、进农村、进学校、进机关、进企事业单位)，广泛普及救护知识与技能，组织举办应急救护培训百余场。强化提升救护培训师资102人，组织应急救护师资参加杭州市应急救护大赛，应急救护师资队伍得到强化提升，为应急救护培训考教分离工作打下扎实基础。在全县133辆公交车上配置红十字急救箱。建设新时代文明实践红十字“救”在身边示范基地大墅镇新时代文明实践所、县红十字应急救护培训站、千岛湖中心湖区红十字救护站、千岛湖镇火炉尖社区新时代文明实践站、汾口镇杨旗社区新时代文明实践站、界首乡周源村新时代文明实践站等“一所五站”宣传阵地，助力健康淳安建设。

【“博爱家园”建设】 2021年，县红十字会坚持把“博爱家园”作为红十字基层组织建设的“重要窗口”，推进城乡“博爱家园”建设，进一步做好巩固提升、提质扩面工作。新建千岛湖镇汪宅村、富文乡聚璧源村、金峰乡金峰村、界首乡周源村4家红十字博爱家园，全县红十字博爱家园增至6家。

【“三献”工作】 2021年，县红十字会充分发挥红十字志愿者队伍组织优势，常态化开展“三献”(指无偿献血、捐献造血干细胞、捐献人体器官)动员，助推“三献”工作，造血干细胞捐献、器官捐献人数不断增长，人体器官(遗体、组织)捐献工作迈上新台阶。每周四以无偿献血采血点为场所，组织开展造血干细胞捐献、人体器官(遗体、组织)捐献发动宣传活动。截至12月底，全县登记造血干细胞捐献采样库容量70人份，实现造血干细胞捐献1人，完成人体器官(组织)捐献6例。

【红十字青少年工作】 2021年，县红十字会结合学校红十字会推进红十字青少年工作，实施“救在身边·校园守护”行动。截至12月底，全县有1所“省级红十字示范”学校、10所“杭州市红十字示范”学校。5月15日，千岛湖初级中学开展第十三届“爱心义卖”博爱活动。2000余名师生、家长欢聚在学校田径场，共唱赞歌共献爱心。当天活动爱心义卖32499.2元。

【志愿服务】 2021年，淳安县健全完善县红十字应急救援、救护培训、心理救援、博爱宣传、造血干细胞捐献、人体器官(遗体、组织)捐献、空巢老人关爱等七支志愿服务队，结合世界红十字日、世界急救日、防灾减灾日、重阳节等重要时间节点，组织志愿者开展志愿服务100余次，弘扬“人道、博爱、奉献”的红十字精神，增强红十字文化传播的责任意识，自觉将传播人道理念与培育践行社会主义核心价值观相结合，红十字志愿者参加基层社会治理、人道服务、引领社会新风尚，社会影响力进一步提升。

（方华美）

·退役军人事务·

【概况】 2021年以来，县退役军人事务局认真贯彻省、市、县决策部署，以贯彻习近平总书记关于退役军人重要指示精神、落实中央决策部署、提升退役军人服务保障水平为主要任务，大力开展优抚褒扬、移交安置、就业创业扶持、走访慰问、帮扶解困、信访接待、权益保障、双拥共建等工作，坚持以“数智杭州”为发展导向，以数字化改革为引领，围绕淳安特别生态功能区建设目标，全面推进退役军人全生命周期服务管理工作，取得较好实效。

【党建工作】 2021年，县退役军人事务局加强基层党建，落实支部主题党日、“三会一课”、组织生活会、民主评议、党费交纳等组织生活制度，切实提高机关党建工作规范化、科学化、制度化水平。坚持四个“贯穿始终”，扎实开展党史学习教育。组建的“红色老兵宣讲团”走进乡镇、机关、社区、学校、企业，开展革命传统教育宣讲。认真履行党风廉政建设主体责任和“一岗双责”，修订完善廉政风险清单，推动主体责任落实。坚持党管干部、党管人才原则，严格按照组织程序选拔任用，选调工作人员1人；丰富党外干部“同心行”活动载体，积极开展群团活动，激发干部队伍活力和内生动力。

【老兵码推广申领】 2021年，淳安县以数字化改革为引领，围绕淳安特别生态功能区建设目标，紧跟省市退役军人领域数字化改革步伐，积极开展“杭州老兵码”申领宣传和审核工作。全县23个乡镇申领率达到72%，申领比例位列全市第一。

【拥军优抚】 2021年，淳安县设立双拥共建示范点4个，开展春节、建军节走访慰问部队官兵、退役军人和其他优抚对象活动，全年发放慰问金、慰问品合计价值125万元。发放各类优抚金3000余万元，组织40余名带病回乡退伍军人赴省荣军医院短期疗休养，为现役义务兵父母和烈士遗属提供免费体检；为全县三等功以上立功受奖现役军人家庭送喜报；持续开展信息采集和光荣牌悬挂工作，使优抚对象深切感受到党和政府的关心和温暖。推荐参加全国双拥模范城创建工作成绩突出的集体和个人评选，其中淳安县中医院获评全国双拥模范城创建工作成绩突出集体，汪鹏为获评全国双拥模范城创建工作成绩突出个人。

【褒扬纪念】 2021年，县退役军人事务局多次与相关部门专题研究，认定浪川乡“孤魂碑”墓葬群为烈士纪念设施，并全力做好保护工作。推动全县2000人参与“守护·2021年清明祭英烈”活动，缅怀烈士丰功伟绩；积极讲好英烈故事，讲解员章小玲在“百年征程，致敬英烈”杭州市第一届英烈讲解员比赛中获三等奖和“杭州市三星英烈讲解员”的称号。9月30日，在枫树岭镇白马红军北上抗日先遣队烈士纪念碑前举行“9·30”烈士纪念日公祭活动。

【服务保障体系建设】 2021年，淳安县扎实推进全国示范型退役军人服务中心（站）、新时代枫桥式退役军人服务中心（站）建设，成功创建省级新时代枫桥式退役军人服务中心（站）28家。设立崇军志愿服务点609家，涵盖医院、餐饮、民宿、零售、超市、体育运动等各种生活业态，初步形成政府部门倡导推动、社会力量积极参与的崇军志愿服务工作格局。举办退役军人书法展、退役军人乒乓球比赛等崇军文体活动，引导广大退役军人红心向党,激发干事热情,传播正向能量。

【就业创业】 2021 年,淳安县举办退役军人返乡欢迎仪式暨专场招聘会。支持退役军人创新创业,组织 3 家企业、团队报名参加市退役军人创新创业大赛,其中 1 家企业获现代农业项目二等奖。全年组织退役军人专场招聘会、网络招聘会等 2 次,推出 300 余个就业工作岗位,帮助 100 余人实现就业。

【第二届“最美退役军人”评选】 2021 年,淳安县开展第二届“最美退役军人”评选活动,评选产生 10 名“最美退役军人”,充分展现淳安县退役军人风采,引发退役军人群体的强烈情感共鸣,在全社会产生强烈反响,得到省厅市局高度肯定。

【“兵支书”创业培训班】 为深入贯彻落实习近平总书记关于退役军人事务工作的重要指示精神,2021 年 9 月 26—28 日,县退役军人事务局举办“兵支书”创业培训班。全县“兵支书”、乡镇分管负责人 80 余人参加培训。培训坚持理论联系实际,立足国情、县情,通过集中授课、现场教学相结合的方式,深入学习“乡村振兴创业指导”“淳安县乡村旅游发展趋势”“乡村旅游发展新业态探索”“大力推进共同富裕 建设美好生活”等课程内容,并赴余杭径山镇实地参观径山镇退役军人服务站、乡村创业项目。通过培训,进一步提升县内“兵支书”基层治理和美丽乡村建设能力,夯实产业发展理论水平,充分发挥基层党组织“领头雁”的带头作用,为扎实推进共同富裕发挥了积极作用。 (鲁慧珍)

(编辑 程中青)

乡 镇

·千岛湖镇·

【概况】 2021年,千岛湖镇总面积356平方千米,辖16个建制村、13个社区。全镇总户数31438户,总人口84974人,其中城镇人口73762人,乡村人口11212人。林地面积13858.87公顷,耕地面积496.29公顷,粮食播种面积349.73公顷。

全年实现规模以上工业总产值6.20亿元。财政总收入43255万元,比上年增长76.3%,其中地方税收收入13636万元,增长42.8%。村级集体经济总收入3642.86万元,增长16.1%;农民人均收入28907元,增长7.1%。

新建8个村级垃圾分类收集点,完成千岛湖垃圾资源化处理站、沿湖沿溪终端设施动力改造提升等项目建设,规范千黄高速、配水工程等重点项目污水排放设施管理。

完成现代服务业增加值84亿元;接待乡村游客114万人,实现旅游经济收入1.53亿元;完成电商销售额5.6亿元。编制招商资源手册,精准招引杭州骠牌科技有限公司、浙江蓝城联胜酒店管理有限公司、杭州千岛湖蓝顶酒店管理有限公司、艺翰(杭州千岛湖)艺术培训有限公司、杭州千岛湖珂珂西里酒店等7个深绿产业项目,实际到位资金7500万元。推进燕山文化景区、淳安三中等县重点项目建设,福朋喜来登酒店开业。新培育县级农业龙头企业1家。

完成17个区块的老旧小区改造项目和4个区块的方案设计,落实49台加装电梯。成功入选市级"美好家园"住宅示范小区4个、市级绿色社区11个,千岛湖镇政府获评"2020年老旧小区改造工作优秀集体"。完成汪宅村多规合一实用性村庄规划编制,完成周坑、富城等精品村建设。

完成城乡居民养老保险和城乡居民医疗保险收缴工作;落实符合条件的农村低保家庭及时清退;救助困难群众253人(户),发放救助金15万元。完成望湖社区无障碍社区、6家省市级儿童之家创建,建成汪宅村省级社工站。深化信访代办制度,开展撤村建居等历史遗留问题化解,常态化抓好疫情防控工作。

实施农村文化礼堂、祠堂等文化阵地场所改造提升,高分通过国家卫生县城复评,启动全国文明城市创建工作。完成征兵任务,为部队输送优质兵源。

2021年,千岛湖镇获评全国"示范型退役军人服务中心(站)"、杭州市第七次全国人口普查工作成绩突出集体、杭州市消除集体经济薄弱村三年行动工作集体;镇人武部被市警备区评为"五星级基层武装部"及窗口单位。屏湖村、富泽村获评2020年度浙江省"善治"示范村。李家坞社区党委获评杭州市先进基层党组织。

【千岛湖镇命名30周年纪念大会】 2021年7月30日,千岛湖镇命名30周年纪念大会召开。县委书记黄海峰致辞，浙江省国资委党委委员、省属企业外派监事会主席方建平，浙江大学宁波理工学院党委书记胡征宇等领导出席。1991 年，县委、县政府将排岭镇更名为千岛湖镇，目的是发挥千岛湖品牌效应，推动县城做大做强，塑造第一形象窗口，打造全县发展龙头。30 年来，千岛湖镇奋发有为，砥砺前行，坚持服务大局和自主发展两手抓，因势而谋、应势而动、顺势而为，生态本底不断厚实，城市更新卓有成效，基础设施日臻完善，旅游产业蓬勃兴起，社会事业蒸蒸日上，文化文明相得益彰，五美社区美美与共，城市能级实现整体跃升，获评国际花园城市、中国魅力自然生态名镇、国家级卫生县城等称号，走出一条通往富裕富足、宜居宜业的康庄大道。会上发布镇歌《美丽的千岛湖镇》，展示千岛湖镇三十年发展成果和城乡发展美丽画卷，成立由 56 家本土企业共同参与的共富基金，和以共同发展、共同富裕为目标的物业、果蔬、乡旅三大联盟，举行共同富裕项目签约。

【2021 年千岛湖镇睦邻节】 2021 年 7 月 31 日，千岛湖镇举行 2021 年杭州千岛湖睦邻节，活动以“我们走在幸福大道上”为主题，分“城乡巨变振奋人心、和谐家园睦邻友善、幸福大道携手共赴”3 个篇章，全面展示千岛湖镇全面小康共富共美的建设成果。千岛湖镇社会各界代表还围绕全国文明城市、国卫复评、省级美丽城镇三大创建，共同发起《创建誓言》，宣誓要团结一心，众志成城，抢抓机遇，奋力拼搏，敢抓敢管，敢为人先，打好四大攻坚战，谱写千岛湖镇共富共美新篇章。睦邻节还开设消薄增收农特产品展销摊位，来自千岛湖镇各村的 20 多种优质农特产品进场展销。 （叶　雯）

2021 年千岛湖镇各建制村负责人及人口情况表

表 5

村　名	村党组织书记	村委会主任	人口(人)
屏　湖	缪发春	缪发春	662
进　贤	方旭民	方旭民	722
汪　宅	方洪涛	方洪涛	3943
青　溪	朱渭清	朱渭清	914
周　坑	王有根	王有根	892
宋家坞	方　勇	方　勇	574
富　城	王红星	王红星	573
马　路	梅竹根	梅竹根	906
云　村	张东来	张东来	684
汪　家	宋勇来	宋勇来	1072
联　丰	宋春霞(女)	宋春霞(女)	1374
宕　里	董文军	董文军	866
坪　山	王贤旺	王贤旺	921
前　坞	欧阳绍平	欧阳绍平	1280
富　泽	方来山	方来山	716
淡　竹	徐　斌	徐　斌	1236

2021 年千岛湖镇各社区负责人名录

表 6

社区名称	党委书记	居委会主任
李家坞	陈　燕	陈　燕
西　园	鲁建军	鲁建军
施家塘	夏红丽	夏红丽
火炉尖	詹淑芳	詹淑芳
江　滨	胡海燕	胡海燕
新　北	叶　蔚	叶　蔚
南　山	戴学华	戴学华
南　苑	陆晓宇	陆晓宇
望　湖	汪泳涛	汪泳涛
城　东	汪智贤	汪智贤
阳　光	孙凌翔	孙凌翔
新　城	邵双凤	邵双凤
青　城	方志晔	方志晔

·文昌镇·

【概况】 2021 年，文昌镇总面积 221 平方千米，辖14个建制村、119个村民小组。全镇总户数4250户，总人口14481人。山林面积17331.8公顷；耕地面积494.2公顷，其中水田345公顷。

实现农村经济总收入45.60亿元，比上年增长3.6%；农村集体经济总收入1604.44万元，增长33.7%；农民人均收入25324元，增长6.6%；实现财政总收入4771万元，地方财政收入2142万元。

规上工业总产值27500万元，增长48.5%。优化组团招商模式，完成自嗨锅植物奶饮品、泰通食品、中南高科科创谷、路桥集团科技养护基地、杰克比尔森品酒、云南九州昊成威士忌酒厂等项目签约。实现固定资产投资入库数据9253万元。开展全域旅游工作，年度文昌镇获评AAAA级景区镇，西河村获评AAA级景区村庄。

推进302省道风貌管控示范带建设；围绕“精美窗口、活力小镇”为定位，投入2000余万元实施骑行绿道、文化提升、沿线节点打造等项目，小镇客厅、邻里中心、特色街区相继成型；实施何氏宗祠、方式家庙等文化礼堂品质提升工程；文昌村状元文化，富山露台非遗文化得到进一步挖掘；高质量推进卢家庄、东树坑市级精品村，丰茂市级特色村，浪洞、光昌边县级一般村建设。文昌镇成功创建美丽城镇市级样板镇和省级园林城镇；王家源村获评2021年度杭州市“美丽河湖”村庄。

践行“两山银行”理念，推进“领头雁”工程。东树坑村成立氧心谷景区管理有限公司，旅居养生项目迭代升级实现村集体、农户、企业三方共赢；王家源村创新消薄模式，利用闲置农田改造建成智慧农场项目，推动农村闲置资源转型升级；西河村发展党建消薄基地，形成“好客西河”系列网红产品；富山村富山学园项目专注旅游研学、团建培训、农事体验活动，带动当地农产品销售；文屏村挖掘“鱼文化”打造“好鱼文屏　秀水花舍”，促进民宿经济蓬勃发展；龙冠企业以“企业＋合作社＋青叶经纪人＋茶农”的专业化发展模式，辐射带动周边农户增收，成为实现共同富裕的典范。全镇14个建制村实现集体经济总收入达50万元以上且经营性收入达30万元以上。6月，全镇所有建制村全部完成“5030”消薄任务。

高铁千岛湖站打破铁路传统供餐模式，推行高铁个性化服务，与浙江铁发集团、千岛湖鱼味馆合作推出“为旅客打造一碗好饭”的热链餐服务，体验“舌尖上的高铁”。与铁路部门深度合作，将千岛湖品牌农产品带上高铁，让千岛湖优质农产品沿着高铁网走向千家万户。

做好危房排查治理工作，完成4户困难家庭14户非困难家庭危房改造。完成13户困难老年人家庭适老化改造、文昌幼儿园改建、文昌卫生院改造，8家照料中心（老年食堂）正常运营。完成城乡居民养老待遇资格认证3142人，落实零星征地失地农民保障20人，组织企退人员认证和体检536人。创建四星级残疾人之家，完成4户困难残疾人家庭无障碍改造工作。全镇创办9家老年食堂，乡镇级居家养老服务中心常态化运营。创建省级儿童之家1个；投资35万元完成卫生院改造和卫生院发热门诊室建设；投资135万元实施学校“两堂两室”改造，最美幼儿园提升、节水型校园、教师宿舍电力改造等项目建设。

社会治理规范有序。横向联合城管、公安、司法、市管、运管、交警等部门，纵向贯通平安、消防、环保、国土等业务线，构建覆盖全镇域的安全防控网。加强与央企华建公司合作构建智慧管理体系，将人脸识别、自动预警等功能融入智慧化管理平台，逐步实现从事后追溯升级为事前预警和事中应急。提升铁路护路工作，完善高铁与地方“路地警务融合”淳安模式。围绕“到淳第一站点，离淳最后一岗”定位,高度重视场站周边维稳安保工作,建立高铁新区管委会综合指挥室,全面负责高铁场站及周边区块总调度。

【王家源村举行“全国文明村”授牌仪式】 2021年8月4日,文昌镇王家源村举行“全国文明村”授牌仪式。王家源村地处县域东部,紧邻05省道,村域面积15.88平方千米,2007年建制村规模调整时由原王家、丰源、塔心3个建制村合并而成。村域内山体连绵,山脉清晰,水资源丰富而清洁,山地植被以毛竹、杉、松、柏及阔叶林为主,是休闲之胜地、养生之天堂。近年来,该村依托美丽乡村、“五水共治”、百“源”经济等建设吸引近亿元的社会投资,生态农业、精品民宿、田园观光旅游综合体等产业发展强劲,物质文明、精神文明、生态文明协同发展。2020年11月,王家源村被中央文明委命名为第六届“全国文明村”。

2021年文昌镇各建制村负责人及人口情况表

表7

村　名	村党组织书记	村委会主任	人口(人)
东树坑	方国旗	方国旗	409
卢家庄	卢向阳	卢向阳	953
西　河	程秋豪	程秋豪	813
王家源	蔡晓航	蔡晓航	1137
潭　头	何社会	何社会	1431
下　潘	王成生	王成生	865
文　昌	何永来	何永来	2094
市　畈	汪志云	汪志云	1024
浪　洞	周樟林	周樟林	815
文　屏	邵文美(女)	邵文美(女)	603
西　阳	王水花(女)	王水花(女)	840
丰　茂	肖树青	肖树青	1442
富　山	方水有	方水有	1374
光昌边	刘小华	刘小华	681

·石林镇·

【概况】 2021年,石林镇总面积144平方千米,辖7个建制村、41个村民小组。全镇总户数1446户,总人口4940人。山林面积7946公顷、耕地面积171.4公顷。

全年实现村级集体经济总收入545.49万元,增长21.2%;服务业增加值8045万元,增长12.0%;社会消费品零售总额11681万元,增长9.0%;固定资产投资额6027万元,完成全年任务100.5%;财政总收入570.62万元。

开展七村联建联营,集中各村帮扶资金1000余万元建设茶园、富德物业楼,为农夫山泉、乡情山泉等企业提供配套服务,年获租金60余万元,村均增收8万余元,实现强村带弱村。依托“公司+合作社+农户”模式,以七村合股的农旅发展有限公司为龙头,深化现代农业园区建设,配套建设日晒面仓储基地、茶笋加工厂、农特产品馆等农业加工、物流、销售设施。其中,日晒面产业列入全县亿元集聚产业项目,加工户覆盖6个建制村,解决200余人就业。

成功招引杭州千岛湖云上天泉水业有限公司,项目一期投资3000万元,已完成取水工程签约。项目定位花园式工厂,将打造石林镇“旅游+工业”新地标。推进乡情山泉水厂项目,通过模式转变和技术升级,实现技术壁垒突破和销售渠道的全新定位。

启动云上·三春晖精致康养生活区项目(富溪源商住楼)、九龙源坡地村镇项目等一批文旅融合项目建设。其中,云上·三春晖精致康养生活区项目作为全县唯一个社会投资续建开发的临湖整治房地产组处置项目,总投资1.8亿元,计划打造集康养酒店、研学基地于一体的综合体。

把“体育+旅游”作为产业发展的核心动

能，推动石林景区、运动港湾、毛竹源湖区游等联票联营，“淳安白小线（自行车）—石林港湾（皮划艇）—富溪线（漂流）—石林景区（定向）”入选“浙江省运动休闲旅游精品线路”名单。举办尾波冲浪、水上桨板等赛事活动4场，全年接待游客71.6万人次，实现旅游收入1亿元。

投资1500万元的富德污水处理站、投资310万元的沿湖农村生活污水处理终端提升改造工程启动建设。依托新时代美丽乡村建设，抓好治污运维、河长制、垃圾分类、清洁乡村、青山白化整治、黄土裸露整治等基础工作。投资300余万元完成集镇街区立面维修，投资300余万元实施美丽乡村重点村和一般村建设，提升城乡环境风貌。巩固“国家卫生镇”创建、小城镇环境综合整治成果。成功创建市级美丽城镇样板。

【石林镇入选杭州市市级美丽城镇样板(第一批)名单】 2021年10月14日，石林镇成功入选2021年度杭州市市级美丽城镇样板（第一批）名单。石林镇坚决把创建工作作为“打造港湾运动小镇，争当全域旅游示范”的重要支撑，以建设“文旅特色型美丽城镇”为目标，紧紧围绕“五美”创建要求，举全镇之力，整合提升各类资源，统筹推进美丽城镇创建各项工作开展，不断促进生产、生活、生态深度融合。

【石林镇列入第二批浙江省职工疗休养基地】 2021年12月31日，淳安县石林运动休闲小镇入选第二批浙江省职工疗休养基地名单。石林镇先后打造“银宿”拾得·水石间、“网红民宿”倾镜·千岛湖、“新锐民宿品牌”花筑酒店等一批精品民宿酒店。石林景区新增松鼠玻璃栈道、高空秋千、步步惊心桥、悬崖飞拉达、樱桃乐园等网红体验项目，推动景区景点迭代升级。邀请杭金衢近百家旅行社实地考察线路，促成石林景区、仙人谷漂流、水上运动中心等抱团合作，联票运营，打好全域旅游组合拳。

【淳安县第一届校园棋类星锐赛(国际象棋、象棋)】 2021年4月17—18日，由淳安县人民政府、杭州市体育彩票管理中心、淳安县智力运动推广中心主办，淳安县文化和广电旅游体育局、淳安县石林镇人民政府、杭州濮家小学教育集团及浙江省钱江棋院承办的“2021年中国体育彩票杭州市淳安县第一届校园棋类星锐赛（国际象棋、象棋）”在淳安县石林镇中心小学举行。来自杭州主城区和淳安本地近百名选手参加比赛。活动旨在培养农村学生对棋类活动的兴趣，加强对孩子的棋类素质教育，从小开发孩子的思维能力。活动也是石林作为运动休闲小镇的有益补充。 （方仙婷）

2021年石林镇各建制村负责人及人口情况表

表8

村名	村党组织书记	村委会主任	人口(人)
茶　园	张福根	张福根	595
千岛湖	陈开泉	陈开泉	490
富　德	邵小平	邵小平	942
棠　高	何加富	何加富	395
双　西	胡木祥	胡木祥	1153
岭　足	方贵军	方贵军	462
玳　瑁	练志洪	练志洪	903

·里商乡·

【概况】 2021年，里商乡总面积316平方千米，辖13个建制村、118个村民小组。全乡总户数3409户，总人口11223人。山林面积19838.97公顷；耕地面积291.73公顷。

实现财政总收入4182.53万元，其中地方财政收入1905.61万元；村级集体经济总收入980.27万元,增长18.9%。

有茶园1216公顷,茶叶总产量400吨,产值1.06亿元。建成江村、塔山2家市级现代茶叶示范园区;培育特早生新品种“白牛早”;打造“商辂坊”名茶、“天池云雾茶”品牌;有各类茶叶专业合作社(公司)30家。

完成沿湖沿溪45处污水终端提升改造和“污水零直排区”创建,实现生活垃圾投放、收集、运输、处置闭环管理。完成向阳村“污水零直排”创建。完成全县首例茶叶领域无人机植保,有效推进农药化肥减量。实施新增百万亩国土绿化行动,新造林35.2公顷;完成迹地还林造林40.4公顷;推进大径材培育项目面积92公顷;实施森林抚育140公顷。

推进小城镇环境综合整治,精心打造小镇客厅、邻里中心。建成新时代美丽乡村市级精品村3个、市级特色村1个、县级重点村3个。

引进仁里美宿、羽轩酒店、港湾酒吧、应景影视等企业入驻“大千古街”。聚焦大旅游、大农业、大健康等重点产业,先后引进村坑村农文旅综合体、里阳村紫云山景区、鱼泉村耕读小镇等绿色发展项目。有民宿37家,其中精品民宿、酒店4家。全年游客接待近30万人次,旅游经济收入3640万元。成功创建AAAA级景区乡。有小型水力发电站4家。引进总部经济企业68家。

投资1.32亿元,全面完成临湖整治任务,13个项目顺利通过验收;收回大千古街126套住宅和碧水湾酒店项目3.2公顷土地。

建设42千米环湖绿道,大中修36千米道路,乡域交通得到优化。实施农村饮用水提升工程,推进里商水厂建设,建设23千米防洪堤,生产生活配套更加齐全。

改造提升乡敬老院,建成县级示范型养老服务中心和杭州市四星级残疾人之家。建立“名医服务站”,让百姓在家门口享受到优质医疗服务。推进中小学教师“两堂两室”改造提升,乡幼儿园被评为省级三级幼儿园和全县绿色学校。

建成三元阁展示馆、商辂展示馆、非遗文化“仁灯展示馆”、杨桂枝生平展示馆等文化设施。建成8家星级文化礼堂;组织开展商源庙会、正月仁灯会等特色民俗活动。

成功创建市级四星残疾人之家,依托“党建+残疾人之家”模式,帮助21名残障人士实现再就业,发放工资25.5万元。

【里商乡入选“浙江省民间文化艺术之乡”】2021年8月,浙江省文化和旅游厅完成2021年度“浙江省民间文化艺术之乡”的评审命名工作,里商乡凭借省级非物质文化遗产——里商仁灯,通过2021年度“浙江省民间文化艺术之乡”评审。里商仁灯是省级非遗项目,也是里商乡非遗招牌。有省级传承人1名、市级传承人1名、县级传承人2名。为更好传承和保护非遗文化,里商乡立足发展开发非遗旅游项目,制定省级非物质文化遗产里商仁灯项目开发保护方案,依托大千古街,建设非遗产业园,采取前店后坊经营模式,将里商仁灯制作、表演等传统技艺类互动性较强的非遗项目开发为体验性旅游项目。2018年后,先后建成仁灯街、商辂文化展示厅、里商仁灯体验馆。以里商仁灯为核心元素的灯具,分别在电视剧《梦开始的地方》、电影《我和我的家乡》以及里商乡大千古街投入使用。在里商乡中心学校建设非遗培训基地,聘请省级非遗传承人作为客座教授,开展仁灯制作技艺、仁灯表演课题研究,并开设教学兴趣班,专门设立状元学堂,建立完善良好的师承梯队。建成研学旅游基地——里商乡仁灯展示馆,年接待游客量达3000余人。同时,开发打造“状元古道”,丰富研学旅游线路,进一步促进商辂学子文化发展繁荣,挖掘和打造

“商辂求学路”景点，有效做到文旅融合发展。

【里商茶叶节】 2021年4月10日，2021年里商茶叶节在里商乡大千古街举行，29家地方特色摊位入驻，销售商品琳琅满目，吸引来自全国各地的游客和茶商、茶友等千余人参加。里商乡素有“百里茶香 万亩茶海”的美誉，茶叶生产历史悠久，茶文化源远流长，有茶园1216公顷，是千岛湖茶核心产区之一。“山清水秀、以茶会友”是本次茶叶节的主题，饱含着里商茶产业敞开胸襟、广迎八方来客的热情。活动旨在打通聚资、聚才、聚智的关键节点，在采摘制作名茶的基础上，丰富茶叶品种，加快深绿产业链推进，寻求特别生态功能区茶产业发展新路径，狠抓改革创新，努力打造更高端的精品文化茶；进一步发挥里商大千古街的商业带动作用，做优农旅融合发展文章，拓宽农业发展新路径，促进乡村振兴发展。 （钱 霞）

2021年里商乡各建制村负责人及人口情况表

表9

村名	村党组织书记	村委会主任	人口(人)
塔 山	朱顺根	朱顺根	1407
村 坑	方建新	方建新	550
江 村	江志宏	江志宏	671
里 阳	许合喜	许合喜	896
向 阳	向建新	向建新	710
武 源	於裕庭	於裕庭	967
鱼 泉	商复恒	商复恒	552
五 兴	胡胜利	胡胜利	593
里 商	商国山	商国山	1831
郎 范	郎共伟	郎共伟	1033
洞坑口	张爱娟(女)	张爱娟(女)	626
石 门	叶世广	叶世广	630
石 湾	解华明	解华明	757

·富文乡·

【概况】 2021年，富文乡总面积151平方千米，辖8个建制村、79个村民小组。全乡总户数2459户，总人口8266人。山林面积1.17万公顷；耕地面积290公顷，其中水田105公顷。

全年财政总收入665.86万元，增长59.5%，其中地方财政收入314.73万元；上缴税收322.33万元，增长64.9%。村级集体经济总收入579.27万元，增长19.0%。

完成富文土烧股份制改造，由全乡8个建制村集体和新农村公司共同出资1000万元，成立淳安千岛湖清文农业发展公司，通过分红收益助力各村消薄增收，在年底按各村入股比例进行分红。组织申报绿色食品茶园43.33公顷、创建无公害茶园288公顷。选送的茶叶在2021年中国千岛湖茶博览会上，获得手工组一等奖、机制组二等奖和千岛湖龙井银茶王奖。完成事宏水果专业合作社的杭州美丽示范农业建设申报立项，有序推进杭州市“菜篮子”工程建设项目源耕农业蔬菜基地。

成功引进集新材料产品研发、生产、销售于一体的实体专业型企业杭州远烨新材料有限公司，于2021年10月正式投产，主要为海康威视、大华股份等上市公司提供配套产品。生产的产品通过ISO9001质量体系认证，当年产值400万元，解决就业40余人。

投资900余万元，完成金富线、大槽线、富毛线等3个路段的道路大中修。投资300万元建设青田供水站工程。投资800余万元，实施清平源的富文村、六联村、聚璧源村等河道综合整治和防洪堤建设。投资120.06万元实施富文中心小学及中心幼儿园“两堂两室”改造。

开展国家卫生乡和全国文明城市创建工

作,顺利通过国家卫生乡创建省级技术评估。投资400万元,对21公顷高铁渣场实施复垦复绿,全力保障美丽杭州迎亚运城市环境大提升工程。开展农村人居环境整治专项行动,投资500余万元,开展查林村市级精品村建设。投资360余万元,实施18个污水终端提升改造。

利用旧茧站一楼约350平方米进行建设,投资195万元,建成金萧支队历史馆,给广大党员干部群众提供一个新的学习教育基地。

推进未来乡村创建,积极对接杭州七彩文化科技集团,达成未来乡村创建战略合作协议。立足富文实际,紧紧围绕"五化十场景"建设,编制未来邻里、未来文化、未来健康、未来生态等十场景的创建方案。富文村列入2021年淳安县唯一的省级未来乡村创建试点村。

【富文乡金萧支队历史馆正式开馆】 2021年11月20日,富文乡金萧支队历史馆正式开馆。金萧支队是抗战时期和解放战争时期活跃在金华、杭州、绍兴地区的重要人民武装力量。富文乡是金萧支队中共江西县(富春江以西)淳建区委区政府、区武装中队创建地。淳建区武装中队从1949年1月开展工作至5月22日撤建,在短短5个月内开展富德战斗、高岭战斗和多次反围剿战斗,为配合解放军南下作出了贡献,在淳安人民革命史上留下光辉的一页。富文乡金萧支队历史馆是利用该乡一旧茧站一楼约350平方米进行建设,并投资195万元建成的。馆名由中央政策研究室原副主任方立题写,内容分为抗战金萧、解放金萧、淳安金萧、难忘金萧、今日金萧五大板块,是内容比较完整的一个金萧支队历史馆。该馆的建成,给广大党员干部群众提供一个开展党史学习教育、理想信念教育和爱国主义教育的党建新阵地,有力助推富文大培训产业和未来乡村建设,对淳安传承红色文化、发展红色旅游必将起到积极促进作用。

【富文乡"世界读书日"活动】 2021年4月22日,富文乡联合江西教育出版社、县委人才办和县教育局,在富文乡中心小学共同举办一场"人才引领乡村振兴"童话专家和乡土人才进乡村童话学校暨何夏寿《天天当助理》首发式,迎接第26个世界读书日的到来。省特级教师、中国儿童文学研究会理事何夏寿向富文乡中心小学及乡村赠送《天天当助理》儿童小说128册,献礼"世界读书日"。活动现场还挂牌成立何夏寿特级教师乡村教育工作室等4家五星级乡土人才工作室,共同奏响"人才引领乡村振兴"新乐章。

【富文乡第七届乡村旅游文化节——赛艇千峰联赛】 2021年10月30—31日,富文乡第七届乡村旅游文化节——赛艇千峰联赛在杭州市淳安县富文乡培生船艇水上运动训练基地举行。比赛吸引来自浙江、上海、江苏、深圳、江西等全国10多个地区的9支队伍近200名选手参加,众多知名赛艇选手和爱好者前来观赛。通过联赛活动,将乡村旅游与现代运动融合,成为对外展现富文乡"康美小城镇、城市后花园"独特魅力的新方向。

【富文乡未来乡村发布会】 2021年11月20日,富文乡举办未来乡村发布会,通过观看未来乡村宣传片和展望未来乡村创建蓝图,向村民展现未来乡村美好愿景,诚邀村民以共创方式,加入未来乡村新家园的建设。七彩集团与亚厦股份、五洲管理、孙桥溢佳等四家企业就共创未来乡村达成合作意向,签署未来乡村合作协议。活动现场首发开启富文未来幼儿园共创计划,富文"最美"网红小学旁,将建成一所"最美"未来幼儿园。

(汪腾飞)

2021年富文乡各建制村负责人及人口情况表

表10

村名	村党组织书记	村委会主任	人口(人)
青 田	邵 军	邵 军	691
富 文	王佳明	王佳明	2095
漠 川	方福东	方福东	677
聚壁源	方有汉	方有汉	1852
方家畈	姜晓勋	姜晓勋	611
查 林	乐伟刚	乐伟刚	755
重 坑	邵亦峰	邵亦峰	684
六 联	谢 华	谢 华	901

·左口乡·

【概况】 2021年,左口乡总面积175平方千米,辖9个建制村、136个村民小组。全乡总户数3305户,总人口11509人。山林面积13252.3公顷;耕地面积500.27公顷,其中水田327.68公顷。

财政总收入829.37万,其中地方财政收入405.64万;上缴税收412万元。农村经济总收入6.64亿元,增长8.0%;村级集体经济总收入674万元,增长9.1%;经营性收入346.58万元,增长26.5%;农民人均收入20983元,增长9.3%。旅游经济收入6647万元,增长15.0%。

提前完成千岛湖临湖地带综合整治5个整治类项目,17个保留管控类项目,按期收回桃源居项目,主动对接联系客商20余次;深入开展农村人居环境整治攻坚战;全面普及“一村一保洁员”,配保洁员14人,建成垃圾收集点37个,配置垃圾桶376个、垃圾清运车4辆,实现农村生活垃圾100%无害化处理;建成卫生公厕11个、无害化卫生户厕户618户,卫生户厕普及率100%;巡河率达100%,5条河道水质持续保持Ⅰ类,小微水体保持在Ⅲ类以上;左源溪被评为“最美河道”;完成污水“零直排”区建设工作,沿湖污水处理终端全部实现“中水回用”。

新增水稻、茶叶、车厘子、蔬菜等基地46公顷;七大果园总产值800余万元;高新技术企业光大国家地方鸡种基因库改建落地并获得相关装置3项专利;打造千岛湖直播小镇、浙江政务短视频联盟、乡村振兴馆特色平台,集中展示全县旅游产业和特色农产品,被中央广播电视总台农业农村节目中心授予乡村振兴观察点。

推动芳桥村精品村建设,重点推进“华东第一石板溪”溯溪路线,成功实践“两山银行”模式,打造溯溪运动户外运动基地;招引左商回归投资500万元成立杭州千岛湖雨贡农业科技有限公司,与村集体签订小麦种植收购协议,打造“共富基地”;落地8个“两山”转化项目,可直接带动村集体和群众增收300余万元,并增加乡财政税收80万元以上。有来料加工经纪人37人,来料加工点19个,从业人员达1000余人。

实现乡域内文化礼堂全覆盖,创建显后村五星级文化礼堂、省级儿童之家,协办县第五届农村文化礼堂村歌大赛;“左口金丝蜜枣制作技艺”被县政府命名为第七批非物质文化遗产代表性项目;创建杭州市卫生乡镇、浙江省卫生乡镇,并高分通过国家卫生乡镇市级验收;培养9支村级文化队伍,开展各类文化活动600余场次,送戏下乡20场次,文化走亲25场次,集中性文化培训14场次,荣获第五届村歌大赛金奖,第六、第七届排舞大赛银奖。

创新“3+2=1”的“乡—村—网格—农户”的四级联动模式,扎实做好境外、中高风险地区返回人员的排查管控工作;党员干部全部下沉一线,带头24小时值守“小门”;设置11个乡村级服务点,发动600余人次参与到新冠疫情防控工作中;加大宣传力度,提高左口籍百姓新冠疫苗接种率。

全乡在册低保257户、340人,在册低边户38户、67人,做到应保尽保、应退尽退;创建乡三星级残疾人之家,开展送慰问活动9次,申报残疾人创业能手2名、残疾人创业基地1个。

左口乡人民政府被评为2021年度浙江省卫生乡镇;左口乡雌龙源村文化礼堂被评为2021年度杭州市四星级农村文化礼堂。

【乡村振兴观察点落户淳安左口】 2021年10月17日,中央广播电视总台农业农村节目中心在浙江省的首个乡村振兴观察点落户启动仪式在左口乡桥西村毛岭自然村举行。乡村振兴观察点项目,是中央广播电视总台农业农村节目中心为第四个中国农民丰收节推出的一系列高质量升级改版举措中的重要内容,在全国范围内选择典型村庄,全视角、全过程展现乡村一线振兴发展鲜活故事,并将客观记录所在省区市乡村振兴战略实施情况,大力宣传各地脱贫攻坚和乡村振兴的新举措,凝心聚力号召更广大群众参与和推进乡村振兴。淳安既拥有优渥的地理资源和令人赞叹的地貌风景,也是一个非常典型的山区县、农业县,聚焦淳安,聚焦左口乡,以日、周、月、年的方式来观察发生在这里的一切真实故事,希望通过观察点的观察、记录和传播,让更多老百姓了解淳安的美丽风光和最朴实的民俗风情,了解浙江的乡村振兴和共同富裕等工作。项目落地左口乡桥西村后,中央广播电视总台农业农村节目中心将部署融合传播力量,打造微融媒体中心,深入挖掘和宣传当地在乡村振兴、绿色发展上的新实践、新探索、新经验。活动当天,中央广播电视总台农业农村节目中心融媒体项目《同频共振》还通过央视频平台进行直播。“网红街”骑龙巷、“最美乡村小学”富文乡中心小学以及直播小镇热火朝天的助农带货等场景都得到集中展示。 (余 艺)

2021年左口乡各建制村负责人及人口情况表

表11

村名	村党组织书记	村委会主任	人口(人)
桥 西	宋锦岐	宋锦岐	755
瑶 村	余文中	余文中	1100
显 后	方 亮	方 亮	1389
左 口	姜秋香(女)	姜秋香(女)	1472
芳 桥	余伟金	余伟金	865
方 家	洪世文	洪世文	1286
龙源庄	洪贺平	洪贺平	1870
塘 边	洪有景	洪有景	1503
雌龙源	方采军	方采军	1269

·金峰乡·

【概况】 2021年,金峰乡总面积150平方千米,辖9个建制村、84个村民小组。全乡总户数2046户,总人口6009人。山林面积5252公顷;耕地面积335.6公顷。

全年实现工农业总产值27000万元,比上年增长145.9%;财政总收入1133.76万元,增长9.0%,其中地方财政收入558万元。农村经济总收入67621.5万元,增长8.5%;村级集体经济总收入649.05万元,增长26.8%;农民人均收入23134元,增长7.9%。

成功引进光大布草洗涤项目,计划总投资3000万元,其中一期投资2000万元。已完成一期厂房新建和设备定制,计划2022年下半年投入试运营。引进蒋岭湾农旅项目已启动建设,种植粮食5.33公顷,民宿房屋完成征用,计划投资2000万元;成立工作专班,紧盯陆家埠酒店双路供电及员工宿舍用地审批等,用心服务和保障县重点项目。

把确保粮食安全作为“三农”工作的首要任务来抓,完成460公顷耕地的“非粮化”情况调查,14公顷粮食功能区的种植现状摸底,摸排出耕地抛荒面积0.7公顷、粮食功能区需整治优化面积5.27公顷,分别完成整治任务的100%和86%。安排市级“联乡结村”帮扶资金117万元用于水稻种植基地配套工程，在朴树坞水稻基地种植水稻8公顷。全年完成生猪保供出栏1450头。深化联乡结村，探索建设“岭上花开”共富菜地，全年在金峰及周边乡镇收购土豆、南瓜、辣椒等5.1万千克，发放现金35万元，入选全县消薄典型案例。

围绕“五水共治重点管理乡镇”摘帽这一目标，重新研究出台生态环保工作实施方案和对村考核办法，新设村级环保监督员11人，重新聘用村保洁员、垃圾分拣员和河道保洁员28人，严格管理和对标考核村级环保队伍，建立“五水共治找寻查挖”问题动态数据库和“四张清单”，实行挂图销号，推动农村环境面貌持续向好。全年发现问题160个并全部整改到位。加强沿湖沿线排污监管，严控千威、千汾沿湖沿线及支流流域范围新增污染物排放项目。对现有的排水口统一安装标识标牌统一监管，严防偷排，政企合力改造提升排污设施2处。严格农业面源污染防治，全年回收农药包装袋4.02万袋(只)，82公顷统防统治和48.67公顷水土保持任务均落实到点位，圆满完成农业面源污染治理任务。扎实开展库区减少一季种植、园地休耕、种植结构调整、山核桃园人工机械割草替代化学除草剂的使用等工作。强化重点区域、重点节点环境景观提升和生态修复，筹集120余万元，完成12处“迎亚运”山体生态修复和千黄高速两侧环境景观整治；龙澳建材砂石堆场和建筑垃圾资源化处置场边坡完成复绿。

投资840万元推进新时代美丽乡村建设。县级一般村安上村建设项目已完工，市级美丽乡村特色村建设工程安上村完成形象进度55%，县级重点村景源村建设项目已完成。锦湖、景源、金峰、安上、锦溪、山后等6个村完成“5030”消薄任务。加快推进金元山省级地质灾害点的搬迁安置工作，自筹600万元完成凸坑坞安置点土石方、边坡治理、挡墙及强夯工程，投入400余万元实施水、电、道路、污水处理、绿化停车场等配套项目建设，25户农户在新址开工建房。完成2.5千米朱安线、1.3千米千上线、0.6千米千景线损毁道路修复。持续推进新冠疫情常态化防控工作，新冠疫苗接种工作基本实现适龄人群全覆盖。

【淳安县内库湾水质提升现场会暨千岛湖“净湖卫士”护水队成立仪式】 2021年11月10日，淳安县内库湾水质提升现场会暨千岛湖“净湖卫士”护水队成立仪式在金峰乡景澜返里度假酒店举行，启用一座1724平方米的“水上菜园”，这也是千岛湖首个正式推广的生态浮岛。产自“水上菜园”的蔬菜，将通过品牌化运作销往市场，收益用于乡镇村集体消薄和农户增收。　（童　昕）

2021年金峰乡各建制村负责人及人口情况表

表12

村名	村党组织书记	村委会主任	人口(人)
金　峰	毛桃美(女)	毛桃美(女)	810
殿　峰	徐小勤	徐小勤	596
山　后	江志龙	江志龙	473
百　照	李建平	李建平	692
景　源	王建红	王建红	896
锦　溪	江国新	江国新	861
安　上	李新竹	李新竹	407
朱　家	余　珍(女)	余　珍(女)	343
锦　湖	吴国民	吴国民	931

·临岐镇·

【概况】 2021年，临岐镇总面积222平方千米，辖16个建制村、162个村民小组、1个社区。全镇总户数5950户，总人口20298人。山林面积18644公顷；耕地面积829.8公顷，其中,水田670.3公顷。

全年实现规上工业总产值2.06亿元,上年增长21.9%;财政总收入3010万元,增长11.9%,其中,地方财政收入1547万元;上缴税收1353万元,增长0.6%。村级集体经济总收入1386.92万元,增长17.5%;农民人均收入24269元,增长6.1%。

全镇中药材种植总面积3867公顷。组建淳北中药材种植联盟,建成14个中药材全程溯源基地和中药材生态立体栽培基地。发展中药材林下套种733公顷、中药材联户连片发展333公顷、中药材园地经济27.33公顷。"淳六味"道地药材生态化栽培项目获省农业丰收奖一等奖。覆盆子、白花前胡获国家农产品地理标志登记证书,"淳萸肉"等5个商标获得国家地理标志证明。制定发布4个中药材中华中医药学会国家级团体标准,3个中药材省级地方标准。中药材交易市场招引35家药商入驻,市场交易总金额达3亿元。新增盈铭深冷、冠煌精密等5家规模以上工业企业,新增淳六味、西橙信息等4家服务业限额以上企业,新增常香果、腾农菇业等7家农业龙头企业。

形成合浦中药材产业园区和溪口生态制造产业园两大产业集聚区,有规模企业20余家,其中规模以上工业企业5家。以"产业建设项目年""产业经济扩规年"为抓手,强化项目建设落地。维鼎生物、开韵实业等10重点建设项目有效推进,努力实现重点项目投资完成率、竣工达产率始终走在全县前列。

成立中药材产学研人才(博士)工作站;淳味堂专家工作站、汉广中药材初加工有限公司专家工作站获评市级专家工作站。建成李时珍广场商旅综合体、中药材仓储冷库、小镇客厅、中医药文创街区,举办千岛湖第七届覆盆子采摘节暨中医药文化传承助推乡村振兴论坛。研发覆盆子果饮酵素、果酱膏方、冻果蜜饯、药膳品鉴等旅游产品。成功创建浙江省AAA级景区镇、杭州市级中小学生研学基地和浙江省中医药文化养生旅游示范基地,五庄村、仰韩村成功创建AAA级景区村。

投入资金1000余万元更换成品洗衣池2783台,接户井1785只,对全镇40个污水处理设施进行提升改造。在全县范围率先剿灭Ⅲ类以下小微水体,推进225公顷统防统治和59公顷水土保持等面源污染防控,境内5条河流和出境交接断面水质均保持Ⅰ类水质。获评省级"五水共治"工作考核优秀乡镇和市级"五水共治"(河长制)"二十佳"镇街称号。推进污水处理厂等县级重点项目前期工作,落实街长制等长效管理机制。建成16个再生资源化回收点和46个智慧化村级垃圾转运点,"考垃"App智慧垃圾分类平台扩面推广。打造范村、仰韩、梅口、吴峰等市级垃圾分类示范村,高标准推进市级垃圾分类达标乡镇创建。

以打造全域最美生态临岐为目标,深化小城镇环境综合整治,建成忠孝仰韩、岐妙上谷、花田吴峰、生态范村等美丽乡村示范村和市级精品村,五庄村和吴峰村分别获得省级美丽宜居示范村和省级引领型农村。完成集镇入城口改造提升、美丽生态绿道、商旅综合体等项目建设。

"责任医生"签约100%,免费孕前优生检测完成率96.1%。投入校园基建项目资金500余万元,完成中小学教学楼、食堂、硬件改造提升。2021年临岐初中中考上淳中线41人,在同类学校中连续六年排名第一。充分利用农村闲置土地,挖掘各村资源禀赋、特色风貌和文化内涵,打造"一村一品"美丽乡村。新建村级文化礼堂5个,仰韩村创建省级五星级文化礼堂和杭州市十佳文化礼堂,梅口村创建杭州市四星级文化礼堂,建成三星级"残疾人之家"。村歌《美丽高峰》获第二届千岛湖农博会金奖和最佳村歌创作奖。

城乡居民基本养老和基本医疗保险费参

保率均达到100%。低收入农户“两不愁三保障”问题全面清零,园区企业新增200余人就业。

【临岐司法所获“全国模范司法所”称号】 2021年11月,司法部公布全国模范司法所表彰名单,县司法局临岐司法所上榜。临岐司法所结合本镇特点,严格制定标准化合法性审查制度,全面推行“司法所+法律顾问”的合法性审查模式,做到“应审必审”“应查尽查”,会同镇、村法律顾问发挥专业作用,为党委政府、村级组织、市场主体依法治理提供保障;围绕诉源治理需求,建立淳北区域矛盾纠纷联席分析研判机制和边界毗邻跨界地区人民调解联防机制,机制建立以来,平稳化解较重大的涉稳事件5起;借助“一站式”公共法律服务平台建设,充分发挥农村法律服务队、法治化营商法律服务团等职能,推进实体、网络和热线三大平台融合发展,实现公共法律服务与群众的“无缝衔接”,指导创建市级公共法律服务示范点1家。开展留守儿童法治夏令营、“红岐”道德法治讲堂、宗教场所普法等普法活动180余场次,指导创建省级民主法治村4家;以社区矫正“修心教育”为基础,认真贯彻“智慧矫正”和“精准矫正”工作,归正人员帮扶帮教率达到100%,未发生社区矫正对象脱漏管和再犯罪案件,通过指导成立“娘家侬”调解工作室、“娘家侬乡贤调解智囊团”、“娘家侬调解志愿者服务队”等方式,打响“娘家侬”人民调解品牌。

【中医药文化小镇联盟成立】 2021年5月,中医药文化小镇联盟在临岐镇正式成立,国家中医药管理局原副局长李大宁担任名誉主席,临岐镇人民政府任首届轮值主席单位,龙兴超人中医药文化平台、浙江省中药材产业协会和福建省中药材产业协会任秘书长单位。联盟的成立,将集聚产业人才智力、聚焦中医药特色文化挖掘、创新整合优势资源、赋能小镇产业转型升级,深入研究覆盆子道地中医药文化与品质的潜在价值,打造以特色产业为主导实现乡村振兴的样板镇,为产业提档升级开拓新思路。临岐镇将以联盟成立为契机,围绕百草临岐润养小镇特色,继续挖掘开发更多中医药优势资源,传承发展临岐中医药特色文化,推动小镇文化旅游、产品贸易、健康养生等农文旅、农工贸融合发展,赋能小镇产业转型升级,推动中医药事业高质量发展,进一步助力乡村振兴。

【千岛湖第七届覆盆子采摘节】 2021年5月13日,千岛湖第七届覆盆子采摘节暨“中医药文化传承助推乡村振兴”产业论坛在临岐镇国潮互联网润养体验中心举行。活动的举办将使临岐镇进一步围绕覆盆子初加工、深加工,坚持走“一颗果”的农文旅、农工贸融合之路,推进文化赋能、产业升级,继续深化打造“养你的覆盆子”品牌,全力建设以“淳六味”为核心的中药材产业强镇,助力乡村振兴。同时,继续以农文旅融合为着力点,以推进全国文明城市创建和省级美丽城镇样板镇建设为抓手,持续“对症下药”,服务好中药材产业发展各环节,以中药材全产业链建设为主攻方向,力争在中药材一产种植、二产加工、三产旅游等产业融合发展上实现新突破。活动现场,临岐镇发布覆盆子奶昔、奶茶、透明质酸钠饮品、复合营养素风味饮料等4款新产品;与纯元健康科技(广东)有限公司签订《覆盆子创新研发产业化开发项目》协议。

【临岐镇残疾人之家成功创建杭州市四星级残疾人之家】 2021年12月,临岐镇残疾人之家成功创建杭州市四星级残疾人之家。临岐镇残疾人之家位于淳安县临岐镇临岐村外金坑自然村,2019年5月按二星级标准创建,2021年提升至四星级标准,占地面积1266平方米、建筑面积3639平方米，内设作业室、活动室、康复室、休息室、阅览室、棋牌室、食堂等服务功能室。由临岐镇人民政府依托临岐镇农村五保供养中心创办，主要面向本乡镇劳动年龄段内的智力、精神和重度残疾人，兼顾其他有需求的残疾人，提供生活照料、技能培训、康复训练、文体活动、辅助性就业、心理疏导和社会适应能力训练等服务，让残疾人能够参与社会、融入社会、回归社会。有服务对象21人，管理人员6人，兼职医生4人，与临岐镇中心卫生院建立医疗服务保障关系，努力为每一位残疾人提供细致周到的服务，致力于打造温馨有爱的“家”。（王浩航）

2021年临岐镇各建制村负责人及人口情况表

表13

村名	村党组织书记	村委会主任	人口(人)
范　村	章建飞	章建飞	626
吴　峰	鲁建春	鲁建春	1001
新　华	鲁卫东	鲁卫东	928
左　源	鲁为森	鲁为森	1489
叶家畈	叶立仙	叶立仙(女)	776
临　岐	徐晓静	徐晓静(女)	3276
梅　口	王淳根	王淳根	932
仰　韩	童云鹏	童云鹏	993
高　峰	陈忠来	陈忠来	1102
里　口	童光庭	童光庭	1241
夏　中	鲁结斌	鲁结斌	1467
溪　口	管升木	管升木	1462
审岭脚	鲁普恒	鲁普恒	1214
半　夏	俞春香	俞春香(女)	1500
右　源	方　娟	方　娟(女)	1629
五　庄	夏发义	夏发义	662

·瑶山乡·

【概况】 2021年，瑶山乡总面积128平方千米，辖10个建制村，90个村民小组，2783户，9529人。有劳动力6455人，其中男劳动力3475人、女劳动力2980人；总劳动力中从事农林牧渔业4015人，从事工业648人，从事商业、饮食业243人，从事非农行业1549人。

全年实现工农业总产值4.28亿元，其中工业产值1.138亿元、农业总产值3.142亿元；农民人均纯收入25520元，地方财政收入298万元。

全乡农作物播种面积1478公顷。主要有：粮食649公顷，产量2531吨；油菜籽90.67公顷，产量178.81吨；蔬菜176.2公顷，产量3442.31吨。有茶园52.5公顷，产量69.32吨。有山核桃面积4050公顷，产量1900吨，产值1.14亿元。柑橘、桃、梨等水果面积22公顷，产量310吨。全年生猪饲养1531头，出栏头数1814头。养蜂4710箱，产蜂蜜592吨，产蜂王浆6269千克。产笋干41吨。造林73公顷。

全乡完成统防统治1533公顷，完成山核桃人工割草793公顷，推广有机肥380吨、配方肥50吨。新发展中药材87公顷，深化与省151第一层次人才黄精专家斯金平合作，引入滇黄精新品种，建立试种基地1.33公顷和合作基地8公顷。建立健全农产品追溯体系，常态化检测农产品440余批次。大力推进生猪保供和水稻种植。

全年招引企业13个，其中产业项目4个、税源经济9个。瑶山乡健康产品研发生产基地、杭州杭千派农业科技有限公司、天坪村高山休闲养生等3个项目入库深绿平台，实际投资额1725万元；9个税源经济企业产生税收收入150余万元。依托淳北区块产业联盟，引进浙江红曲科技有限公司，年产值2500余万元，实现规模以上企业“零突破”。联合旅游度假区管委会引进首家数字经济企业宝卡信息(杭州)服务有限公司，年产值近亿元。发展产业+旅游模式，以“时令水果采摘”为旅游新热点，打造“休闲、生态观光、田

园采摘”线路1条

实施美丽乡村建设，完成琅洞村“精品村”，幸福村“重点村”，何家村、贡坑村、琅坑源村“一般村”建设。以建设美丽宜居乡村为目标，逐步实现农村人居环境明显改善，村庄环境基本干净整洁有序，村民环境与健康意识普遍提高。高标准完成“线乱拉”专项整治、交通环境提升工程。

完成城乡养老缴费3178人，城乡居民基本养老保险一次性待遇申领246人，城乡居民养老资格认证201人。完成全乡223户低保核查核实工作，新增28户低保户，发放补助2.25万元，临时救助16户，救助金额2.8万元。开展失能贫困老人评估工作，完成4户无障碍改造项目、户适老化对象改造。全面实施适龄妇女“两癌”免费检查1431人，完成率104%。

推进文化礼堂建设，基本完成文化礼堂建制村全覆盖。投入20万元，实施瑶山乡中心小学校校合作项目，购买摄像头及投影仪等影响设备。实施幸福村物业楼建设项目，建设占地240平方米，建筑面积近800平立米，可为村集体带来每年10万元收入。投入资金75万元，完成何家村、琅洞村、张家村林地生产辅道建设，方便林农机械上山和林果下山，降低生产成本，增加林农收益。完成琅坑源村老年食堂及救灾中心修缮及装修工程。通过农产品销售、物业出租等举措，全乡9个村提前实现“5030”工作目标。

【第十二届千岛湖山核桃丰收节】 2021年11月19日，第十二届千岛湖山核桃丰收节在瑶山乡何家村文化公园隆重举行。活动展示作为山核桃之乡的瑶山，按照高质量发展，高水平转化的要求，探索走生态、绿色、和谐的奋进之路的历程，让山核桃“走出去”迎来更多、更大、更广的发展机遇，给百姓带来更多收入。3000多名游客进农业示范基地采摘、品尝瑶山特色小吃、参观特色农产品。活动现场还进行极具本土特色的《瑶山秋千》《瑶山三吹三打》等非遗节目表演，公布评选出的10名“最美瑶山人”。

【“云上天平”民宿一期建成运营】 2021年8月28日，在瑶山乡天坪村海拔1040米的老庵基自然村，名为“云上天平”的“众筹民宿”一期建成运营。民宿一期投资600余万元，由村物业房改造而成，有标间、Loft、亲子房多样房型10间，配有接待大厅、餐厅和小型会议室，是集住宿、观光、餐饮于一体的高山休闲养生度假民宿。规划中的星空帐篷、房车营地、观光游步道、休闲垂钓等二期项目计划于2022年实施。 （方 齐）

2021年瑶山乡各建制村负责人及人口基本情况表

表14

村名	村党组织书记	村委会主任	人口(人)
琅坑源	方红建	方红建	1612
爱 国	方建春(代)	方建春(代)	675
张 家	汪小蓉(女)	汪小蓉(女)	640
琅 洞	方汝祥	方汝祥	833
幸 福	洪茂君	洪茂君	1119
贡 坑	胡小媚(女)	胡小媚(女)	563
何 家	方献花(女)	方献花(女)	1311
富 岩	占永庆	占永庆	851
天 坪	唐建鹏	唐建鹏	773
岭后源	方法根	方法根	1152

·屏门乡·

【概况】 2021年，屏门乡总面积163平方千米，下辖11个建制村、85个村民小组。全乡总户数3855户，总人口12199人。山林面积13100公顷；耕地面积274.3公顷；园地1657公顷。

全年实现农村经济总收入18.34亿元，增长9.0%，其中农业收入3.39亿元，工业收入2.25亿元，旅游收入2800万元。实现财政总收入932万元，地方财政收入463万元。实现村集体经济总收入855万元，增长22.4%，村集体经济经营性收入263万元，农民人均收入24612元，增长9.0%。

实施市级整乡镇推进农业产业发展项目，利用林下资源发展中药材1333公顷，采用人工除草、统防统治、有机施肥等生态种植模式，保证本地药材的品质。打造“将军面”“金刚刺酒”“冻米糖”等农特产品，质量不断提升。

引进的浙江华粟智能科技有限公司、杭州晟粟电子科技有限公司、浙江萨宝信息科技有限公司均落户临岐工业园并实现投产，其中浙江华粟智能科技有限公司已实现产值1000万元。总部经济戴鑫技术有限公司实现服务业营业收入2.83亿元。

实施五和村AAA级景区村、金屏峡谷绿道、九咆界景区整改等工作，打造金陵双坪、上西等养生村落，巩固文化强乡创建成果，推出睦剧、绿狮、板凳龙等本土文化品牌活动展演和“屏门味道”系列美食、“绿狮系列”文创产品，以文旅融合推进全域旅游示范区建设。全乡有民宿特色村1个(秋源村)，民宿21家，床位480余个，餐位1480个。

投资4000余万元实施农村污水运维设施项目建设，高标准推进集镇“污水零直排区”创建，农户截污纳管实现全覆盖。投资500余万元实施垃圾中转站建设、购买垃圾分类运输车等物资，提升垃圾分类处理能力。实施垃圾分类科普馆建设，承办市县垃圾分类现场会。扎实推进农村人居环境提升行动，统筹“八个最美”创建，不断提高城乡生态颜值。

抓好国家级非遗项目屏门睦剧的发掘传承工作，将其打造为最具辨识度的屏门“文化金名片”，建设睦剧长廊、举办睦剧旅游节，成立王姝苹睦剧工作室，特邀杭州市剧协王杭娟等13名国家一、二级演员担任睦剧老师。

投资300余万元实施乡综合文化站改造提升工程，总建设面积2550平方米，内设新时代文明实践中心、电商服务中心、农产品展销馆等，配套新建睦剧大舞台、多功能排练厅、睦剧非遗展示馆、文化广场、八都麻绣馆、民俗展示馆以及非遗道具陈列馆等。投资230万元实施屏门乡中心小学提升改造工程，不断改善教学环境。

投资2500余万元新建屏门自来水厂，至年底，完成工程进度的40%。完成城乡居民养老保险参保3116人，城乡居民医疗保险参保7398人。成功创建示范型乡镇居家养老服务照料中心，老年食堂实现建制村全覆盖，日均服务200人次。完成市级社会组织公益创投项目实施并通过验收，成功创建示范型乡镇级社会组织服务中心。改造提升乡退役军人服务站和6家村级服务站。推进“残疾人之家”规范化、标准化建设，创建三星级“残疾人之家”。

是年，屏门乡退役军人服务站获评首批全国示范型退役军人服务中心(站)，屏门乡成功创建2021年度省级新时代美丽城镇建设基本达标乡镇；屏门乡食安办成功创建2021年浙江省四星级乡镇(街道)食安办。

【第四届屏门乡睦剧文化旅游节】 2021年12月3日，“睦韵千岛　缘定屏门”第四届屏门乡睦剧文化旅游节暨杭州千岛湖睦剧院成立20周年节庆活动在屏门村举行，《屏门花灯》《屏门绿狮》《淳安竹马》等传统非遗文化节目登场。

(徐丽敏)

2021年屏门乡各建制村负责人及人口情况表

表15

村名	村党组织书记	村委会主任	人口(人)
将　坑	童建文	童建文	858
屏　门	王小明	王小明	1458
佛岭后	郑永忠	郑永忠	1217
圭　川	方蒋林	方蒋林	1013
齐　坑	方银来	方银来	1210
童家坪	张有财	张有财	747
金　陵	项家龙	项家龙	607
五　和	童祥贵	童祥贵	1789
上　中	章朱军	章朱军	833
秋　源	章嫩荣	章嫩荣	975
隐　将	章孝良	章孝良	1492

·威坪镇·

【概况】 2021年,威坪镇总面积301平方千米,辖35个建制村、437个村民小组,1个社区、6个居民小组。全镇总户数15874户,总人口46183人。林地面积20470.7公顷、耕地面积2692.7公顷。

实现地方税收收入1488万元,上年下降35%;村集体经济总收入2553万元,增长17.2%;村经营性总收入1168万元,增长26.1%;农民人均收入20046元,增长9.5%;镇域溪流交界断面水质始终保持在Ⅰ类。

强化农业面源污染治理,推广山核桃就地脱蒲堆肥,完善测土配方施肥,发展林下经济、循环经济等新农业模式。以“肥药双减”和“禁用草甘膦”为原则,完成化肥农药使用量减少15%,实施统防统治4533公顷。推进绿化造林和森林彩化,全镇森林覆盖率达86.6%,林木蓄积量157.93万立方米。全面推进粮食功能区、抛荒整治、“迎亚运”裸露山体生态修复景观提升等工作。落实长效监督,开展“都美环境大整治”“百日攻坚”“找寻查挖”行动,建立人大监督、纪委督查约谈、交叉检查机制,排查整治乱堆乱放、违搭违建等600余处。

贯彻“共抓大保护、不搞大开发”和“水质持续改善、景观持续提升”要求,拆除临湖有碍观瞻建筑10处、2万余平方米,整治修复土地13.3公顷。完成东方水岸等12个项目的关停整治回购和22个管控类项目的整治监管工作。清理浙皖交界网箱720只、渔排渔船142只。联合歙县街口镇落实“共护母亲湖”行动,深入推进退耕还林、退湖还湿措施。落实镇级6条河道河(湖)长33名。整治五、六、七都源流域河道,实施水库山塘除险加固,治理水土流失和灾后水毁修复。

实施院县合作项目,形成以蚕桑、水果等为主导,桃园、猕猴桃园、茶叶产业园多产联动的优势特色产业,成功创建省级农业特色强镇。以传统农业为依托,整合资源、盘活资产、活用资金,探索形成“特色餐饮消薄、林下经济消薄、精品园区消薄、研学红旅消薄、线上带货消薄、物业业态消薄”等模式,完成村集体总收入2553万元,经营性收入1168万元,35个建制村全部完成“5030”任务。

推进“品牌+创建”建设,打造集全域旅游、生态农业、健康养生、文化创意于一体的“长三角威山湖”度假胜地旅游品牌,形成以汪川村孝廉文化为主题的研学游,以三坦、茶合村红色文化为背景的红色游,以梦栖驮岭民宿群为代表的文旅融合品质游线路,全年接待游客4.2万人次,直接创收395万元。招引、培育小微数字经济企业2家,发展电商主体27家,注册商城3家,建设村级物流网点26个。本土电商年销售额达1000万元,总部跨境电商年销售额超3600万元。

结合水功能区规划调整,将方腊洞、东方厂、石印山以及适宜发展的区域调出水功能区,集镇建成区由原先的2.8平方千米调整为7.8平方千米。围绕产业发展定位,布局“东延、西进、南伸、北调、中突”的发展格局,新建威坪中心广场、湖滨新苑、旅游接待中心、农贸综合市场、客运中心站等。投资4.2亿元的乡镇首个PPP项目淳安县威坪客运中心及交通基础设施工程竣工;投资3700万元实施千威线、虹横线、威前线等县乡公路大中修工程;投资3000万元完成病危桥修复3座,村道大中修15条、长27.9千米。

做好各类社会风险排查管控,开通民情热线,成立全镇网格66个,全年受理信访件600余件,调解矛盾524件。建立矛盾纠纷化解三步走模式,充分发挥"仲规依"、服务热线、镇村干部的调解作用,力争将矛盾纠纷化解在源头、化解在一线,信访总量下降23%。深入开展防诈骗宣传,组建镇村三级防诈骗微信群,每日通报解析诈骗案件,范围辐射全镇党员干部群众。

梳理排摸全镇C、D级危旧房156处,腾空率100%,拆除62处,修缮加固94处,治理率达100%;拆除临湖有碍观瞻建筑10处、2万余平方米,整治修复土地13.33公顷。打造三沿两排、三桑三柿、三街四居、三港五场、三公六院等景观文化节点20余处。投入110万元推进美丽庭院创建,成功创建安川村、汪川村等"美丽庭院示范村"4个。打响青净茶合、情暖叶家、孝廉汪川、妙文妙石等乡村品牌,研发特色农产品文创伴手礼,增强品牌辐射影响力。全面推进镇域"村落景区"建设,落实"千村示范、万村整治",成功创建AAA级景区村落4个,AA级景区村落7个,A级景区村落10个,覆盖率达60%。

完成城乡居民养老参保0.92万人,完成医疗保险参保2.31万人。筹资92万元购买群体小额人身意外伤害险,实现全镇百姓小额保险覆盖率100%。发放最低生活保障资金1035万余元、1.39万人次。投入扶贫资金590万余元,实施扶贫项目15个,助力各村消薄。对标"两不愁三保障",扎实落实"先富带后富"、"一户一干部"、民生直通车等帮扶措施,深化最多跑一次改革,借力36个村(社)级代办员实现村级办事服务"零跑次",实现一窗办理、一网通办,全年办结事项8000余次,综合自助机办件3950次,满意率100%。

【屏三公路建成通车】 2021年9月29日,威坪镇屏三公路东方大桥至唐村段改建工程建成通车,标志着淳安县首个乡镇PPP公路项目全部竣工。该项目包含千黄高速威坪出口连接线工程威坪镇客运中心新建工程、屏三公路东方大桥至唐村段改建工程3个子项目,总投资4.36亿元。项目起点位于威坪镇东方大桥桥头,终点为唐村加油站,沿途经过虹桥社区和蜀阜、汪川、杜川、厚屏、凤凰、坑下、唐村7个建制村,全线按二级公路改建,全长10.84千米,设计车速60千米/小时。屏三公路的改建完工,惠及威坪七都源2.2万人出行,威坪镇也借此构建一张由千威、屏三、屏河、威前、新虹横5条主干线向周边轮状辐射的高标准快速路网,进一步蓄积发展后劲。

【直播销售稻米】 2021年11月初,稻谷收割时节,为更好地助农惠农,威坪镇党委政府结合"办实事、解难题、减负担、共富裕"专题实践活动,组织青年党员干部、当地商会、乡贤、归侨等直播带货人员深入田间地头,通过"网络宣传+直播带货"系列活动,在微信直播、淘宝直播间、抖音、小程序、今日头条等平台同步推广,宣传千岛农品·威牌大米。直播活动帮助村民销售大米5万千克,总价值80万元。

【设立"揭榜挂帅"制度】 2021年,威坪镇积极探索青年人才干部管理体制,不断壮大青年人才队伍。威坪镇通过"揭榜挂帅",强化青年人才干部技能比武,组建"威坪声音、都美韵味、美文美图、乡音主播、金牌讲解、信息攻坚”六大队伍，激发和汇聚青春力量，在助力乡村振兴和共同富裕的各个岗位上发光发热，完成宣讲50余次，相关报道材料26万余字，拍摄照片3万余张，制作视频260余个。

（邵兴 吴祥丰 王佳靖）

2021年威坪镇各建制村负责人及人口情况表

表16

村名	村党组织书记	村委会主任	人口(人)
旗 山	徐满法	徐满法	1057
琴 坑	王东大	王东大	1285
横 塘	王红旺	王红旺	2499
五 丰	王有忠	王有忠	1336
三 洲	王小江	王小江	1371
邵 宅	邵光清	邵光清	652
方 宅	方升利	方升利	1701
青 联	叶 飞	叶 飞	1530
蔗 川	钱跃文	钱跃文	1953
蜀 阜	徐高飞	徐高飞	1494
驮岭脚	徐江勤	徐江勤	783
杜 川	吕贤明	吕贤明	1042
厚 屏	余绿水	余绿水	1446
汪 川	徐有忠	徐有忠	2180
河 村	徐金水	徐金水	2403
洞 源	唐立勤	唐立勤	636
茶 合	徐文礼	徐文礼	1063
妙 石	徐嫩玉	徐嫩玉	879
贤 茂	方会明	方会明	956
三 坦	江爱华	江爱华	540
叶 家	叶如红	叶如红	1908
安 川	王玉其	王玉其	866
杨家畈	王建勤	王建勤	772
岭 脚	王 勇	王 勇	516
洪 圻	王小军	王小军	1264
合 富	叶红日	叶红日	942
石 柱	叶勇军	叶勇军	1440
新 茂	方亲迪	方亲迪	762
长 岭	方桂生	方桂生	1113
西 山	徐红正	徐红正	558
桐 溪	唐春丰	唐春丰	1811
唐 村	唐风信	唐风信	2552
笔 峰	郑桥威	郑桥威	1002
坑 下	童小军	童小军	1559
凤 凰	徐建军	徐建军	1391

·王阜乡·

【概况】 2021年，王阜乡总面积168平方千米，辖15个建制村、173个村民小组。全乡总户数5790户，总人口17254人。山林面积15620.4公顷；耕地面积1026.6公顷。

实现财政总收入273.64万元，其中地方财政收入134.7万元；税收收入138.91万元。村级集体经济总收入1108万元，增长1.6%。

设立金紫尖野菊花原生境保护区，其中核心区域10公顷；千岛湖久顶农业科技有限公司龙脑樟种植园区成功申报县级现代农业示范园区；举办严家大方茶古法炒制技能竞赛活动。

规上工业企业浙江敬存仁生物科技有限公司实现销售产值3400余万元，增长12%。梳理招商资源信息270余条，编制新招商手册，线上线下接洽客商70余批次，开展招商活动20余次。举办“2021年第七届杭州千岛湖王阜纳凉节之浪漫云端之旅”旅游节庆活动。引进总投资5亿元的滨江云顶桃源项目，力争把胡家坪村打造成省内标杆的乡村振兴共同富裕示范区。启动王阜乡中药材精深加工产业区项目。投资1000万元在王阜乡王阜村园坦坪荒山区块进行场地整理，种植中药材龙脑樟40公顷。

完成农业统防统治401公顷，水土流失预防保护56公顷；完成有机肥替代66吨，配方肥推广124.2吨；完成4家化肥农药实名制销售和2家规模农业经营主体肥药定额施用。投资93万元完成长竹线1千米大中修项目建设，投资30万元完成严家坪桥维修项目。投资600余万元完成沿溪沿线湿改无土、终端提升及全乡15个村雨污合流、旧管网更新整改；投资170余万元完成新畈污水零直排村创建项目；投资5万余元对乡特殊垃圾分类堆放点进行提升;投资12万元完成金紫村、新畈村建筑垃圾填埋场建设并投入使用;完成马山村垃圾分类省级高标准示村建设。

进行教育区划调整,从2021年秋季学期起,王阜乡中心小学、严家小学与王阜初中合并成立王阜乡中心学校。完成王阜乡自来水厂项目并投入使用,解决全乡1.3万余人的"喝水难"问题。巩固省级卫生乡镇,争创国家级卫生乡镇,实现市级、省级卫生村覆盖率100%。深入推进新冠肺炎疫情防控,科学布控,精密智控,严格落实常态化新冠肺炎防控措施。

王阜乡获评2021年度杭州市征兵工作先进单位、2021年度杭州市生活垃圾治理工作优胜乡镇。马山村获评2021年度省级高标准农村生活垃圾分类示范村、被命名为2021年省级宗教法治宣传教育基地,王阜乡马山村党支部获评2021年度县级"党建双强"最强党支部;柳塘村被命名为2021年度省级"民主法治村"。

【实施教育区划调整】 2021年5月,实施教育区划调整,从2021年秋季学期起,保留王阜初中,撤销王阜乡中心小学、严家小学独立建制,与王阜初中合并成立王阜乡中心学校;撤销王阜乡中心小学王村埠校区,并入王阜乡中心学校;考虑到教育设施改善项目推进情况,设立王阜乡中心学校郑中校区。

【千岛湖滨江云顶桃源项目启动】 2021年9月16日,滨江集团乡村振兴战略合作框架协议签约暨千岛湖滨江云顶桃源项目启动仪式在王阜乡胡家坪村举行。云顶桃源项目总投资5亿元,依托王阜乡桃坞塔千米海拔高山走势,随形就势布局三期精品山野酒店,精心规划徒步健身、风景观光、农牧体验、品茶摘茶、越野索降等项目,打造集避暑、康养、休闲、娱乐、健身等为一体的综合型高品质旅游胜地,力争把胡家坪村打造成省内标杆的乡村振兴共同富裕示范区。 (蔡淑妮)

2021年王阜乡各建制村负责人及人口情况表

表17

村名	村党组织书记	村委会主任	人口(人)
金　紫	王书红	王书红	1293
管　家	管辉东	管辉东	1061
长　川	徐拥军	徐拥军	930
柳　塘	翁爱新	翁爱新	1282
郑　中	方小军	方小军	1324
新　畈	翁芳英(女)	翁芳英(女)	837
华　坪	王奖常	王奖常	1096
王　阜	王贤华	王贤华	1852
山　川	方燕红(女)	方燕红(女)	799
马　山	王小英(女)	王小英(女)	1139
严家坪	王贤军	王贤军	1932
横　路	方有富	方有富	1005
金家岙	詹智明	詹智明	1150
闻　家	闻申唐	闻申唐	1053
胡家坪	罗长木	罗长木	501

·鸠坑乡·

【概况】 2021年,鸠坑乡总面积104平方千米,辖8个建制村、86个村民小组。全乡总户数2541户,总人口7425人。山林面积7578.6公顷,耕地面积827.8公顷。

全乡村级集体经济总收入651.8万元,增长20.3%。地方财政收入88万元,税收收入182万元。

围绕"有机茶小镇"建设目标,启动鸠坑茶中国重要农业文化遗产项目申报工作,完成汉唐鸠坑茶研学基地、非遗传承馆等项目建设,完成九村联建项目主体工程,谋划新茶博馆布展工作;推进新良种茶园基地建设,谋划十二坝茶园改造项目;加强鸠坑茶文创中心与故宫文创合作力度，提升产品附加值；强化校地合作深度，发挥浙江大学茶学系技术优势，开展茶叶栽培技术、炒制工艺等方面的培训指导，吸引茶学系师生来鸠坑指导实践，挖掘鸠坑茶文化内涵，提升小镇经济美誉；举办“鸠坑种·母亲茶”助力乡村振兴——鸠坑有机茶小镇推介会，进一步提升鸠坑茶的品牌影响力；加快生态农业和农旅融合，有效串联茶树王、茶博馆、文创中心等资源，推出鸠坑茶旅线路。9月，淳安县鸠坑万岁岭茶叶专业合作社选送的红茶、毛尖茶获第十三届国际名茶评比金奖。11月，鸠坑万岁岭茶叶专业合作社选送的毛尖茶被评为第14届中国义乌国际森林产品博览会金奖。年底，淳安县鸠坑唐圣茶叶有限公司、杭州千岛湖鸠农茶叶有限公司被认定为“杭州市专家工作站(B类)”，鸠坑陆圣茶叶专业合作社被评为2021年度市级示范性农民专业合作社，千岛湖阡陌家庭农场有限公司被评为2021年度省级家庭农场。

树立“一户一处景、一村一幅画、一乡一天地”全域大美理念，开展以环境卫生、道路交通、沿街沿湖景观整治为重点的集中攻坚行动，拆除乱搭乱建9处，“你拍我改”问题销号完成200处。完成畅园农业大棚及9处水上浮动设施整治工作。深化美丽河湖建设，落实河长制和清洁乡村长效机制，辖区内3条主要溪流水质保持优良。深化生活垃圾分类，在乡机关推行垃圾分类室长、厅长制度，强化检查指导、排名通报，加强村级生活垃圾分类的检查考核，提升生活垃圾分类质效。国家卫生乡创建顺利通过市级明察和省级暗访。投入210余万元，完成中联等5个村的农村污水沿湖沿溪终端提标改造项目。实施青苗村、严村村、赋置村等省级新时代美丽乡村建设。

推进城乡居民养老保险、医疗保险、西湖益联保参保工作，落实养老、医疗保障待遇政策。强化城乡低保、残保动态管理，确保“不漏一户、不落一人”，全年发放低保金234.6万元。投资20万元改造乡镇级居家养老服务中心并实施社会化运营；推进居家养老医养结合全覆盖，着力提升居家养老服务能力，有效解决老年人居家养老需求。继续推行政府购买养老服务，服务1320人次。投资20万元完成中心小学教师“两堂两室”改造，完成小学布局调整。统筹推进农村新冠疫苗接种工作，保障人民群众生命安全和身体健康。

深化基层治理，完善“党组织领导、网格长管理、农户参与”的基层治理体系，充分发挥“鸠小青”“红美人”志愿服务队的作用，全方位开展宣传、调处等工作，积极防范打击通信网络诈骗等新型犯罪，加强金融风险防范，切实守护公共安全。全力推进数字赋能乡域社会治理现代化，完成社会治理体系迭代升级。强化应急管理，狠抓工作责任和值班值守工作，全方位抓好安全生产、森林防火、道路安全等工作落实。深入开展志愿服务活动，充分发挥新时代文明实践站所作用，将“文明帮帮码”“志愿汇”等指尖上的志愿活动落实在行动上，常态化开展电动车头盔佩戴、文明出行劝导活动，不断提升文明素养。

【“鸠坑种·母亲茶”鸠坑有机茶小镇推介会】

2021年4月18日，由中国茶叶学会、淳安县人民政府、杭州市总工会主办，中共淳安县委宣传部、淳安县农业农村局、淳安县鸠坑乡人民政府、淳安县文化和广电旅游体育局、淳安县总工会、淳安县融媒体中心、淳安县邮政局、淳安县茶文化研究会等道承办的“鸠坑种·母亲茶”鸠坑有机茶小镇推介会在杭州市运河文化广场举行。杭州市、淳安县相关部门乡镇、茶企代表等汇聚一堂，共品鸠茶清香。鸠坑茶产业合作签约仪式、鸠坑茶生产文化系统申报中国重要农业文化遗产仪式同期举行。此次“鸠坑种·母亲茶”鸠坑有机茶小镇推介会以茶为媒，集开幕式文艺展演、茶文化推介及茶叶展销活动于一体，以“鸠坑种·母亲茶”为主题的特色节庆活动，旨在整合茶文化资源，做强千岛湖茶、鸠坑有机茶品牌。通过行业协会搭台、政府背书、各大媒体和平台支持，共同推动春茶的销售和传播，大力促进茶农增收和鸠坑乡经济发展。

（余文彩）

2021年鸠坑乡各建制村负责人及人口情况表

表18

村名	村党组织书记	村委会主任	人口(人)
中　联	胡万星	胡万星	1317
乳　洞	严　鑫	严　鑫	764
星　光	洪竹茂	洪竹茂	634
赋　置	鲍朝阳	鲍朝阳	1175
金　塔	管士勤	管士勤	1099
严　村	严红梅(女)	严红梅(女)	1094
常　青	徐玲玲(女)	徐玲玲(女)	698
青　苗	王永光	王永光	644

·宋村乡·

【概况】 2021年，宋村乡总面积79.71平方千米，辖6个建制村、59个村民小组。全乡总户数2103户，总人口6886人。山林面积6975公顷；耕地面积218公顷，其中水田141.7公顷。

实现工农业总产值1.97亿元，比上年增长30.2%；财政总收入742万元，增长102.3%，其中地方财政收入370万元；上缴税收45万元，增长25%。农村经济总收入4.26亿元，增长5.4%；村级集体经济总收入434万元，增长16.1%；农民人均收入18842元，增长9.6%。

坚持走“错位发展、特色发展”之路，推动农业向规模化、产业化、品牌化发展。技改提升传统茶园13.33公顷，新孵育品种茶2公顷，山核桃1.33公顷，香榧4.67公顷，油茶13.33公顷。

新培育农业龙头企业1家，示范性家庭农场1个，规范性农民专业合作社2家。突出品牌营销，利用乡村旅游文化节、电商平台等推动“千岛绿园银针”名茶销售。强化产业延伸，杭州云源一叶实业有限公司以宋村特有银针茶为原材料，创新开发出“冷泡茶”时令产品，实现高山茶叶深加工，提高产品附加值。鱼肉小笼包入选中央广播电视总台国货优选。新培育来料加工经纪人10人，发放来料加工费500余万元，带动低收入农户增收30余万元。

推进农村生态环境综合整治，完成危旧房修缮、违章搭建、乱堆乱放400余平方米和30余户农户外立面改造、旱厕整治。广泛开展垃圾分类宣传，云港口、镜洪、胡家畈、青山口4个村成功创建杭州市垃圾分类示范村；统筹推进“两路两侧、四边三化、清洁乡村”专项整治，成功创建兰川农村生活污水治理示范村；国家卫生乡创建顺利通过市级和省级检查。

成功引进县级重点项目——千岛湖状元谷越野基地，计划投资3500万元，建造一个以赛事活动为基础，集新车发布、培训体验、越野体验、自驾游、改装等多种业态的山地体育运动主题营地，2021年完成投资2000万元。继续培育各类农家乐、民宿24家。以“云里雾里”“纳山纳水”“鱼儿的家”“二十五里青山”组成的宋村精品民宿群知名度不断提升，“鱼儿的家”获“浙江省白金宿”称号。

投资200余万元推进村级停车场、生产道路硬化建设。投资500余万元完成云港口、宋村两村集镇环境整治提升。

实施“一村一策”消薄计划，以共享经济模式，推动6个村入股经营云港口共享餐厅、共享酱菜坊、白云溪现代农业孵化园等消薄项目，实现集体经济抱团发展、提质增效、有钱办事。

全部完成6个村的党群服务中心和文化礼堂建设修缮工作；投资70万元完成宋村中心小学操场、宿舍和乡中心卫生院的提升改造；实施家庭责任医生签约制度，优化计生服务，提高民生服务质量；全乡6家养老照料中心和6家老年食堂正常运营。出资18万元为宋村户籍百姓投保农村小额保险。

【新时代宋村发展畅想会】 2021年1月2日，在“千黄高速”开通的10天之后，宋村乡举行以“新机遇、新模式、新未来”为主题的2021年新时代宋村发展畅想会。宋村乡的乡贤、专家学者、企业家围绕“宋村产业发展方向”和“新时代宋村新型集体经济模式”等主题热烈探讨，积极建言。大家畅谈宋村的资源、产业、空间区位优势，还梳理总结出“善闯、忠勇、笃实”的新时代宋村精神。活动对乡贤们提出殷切希望，希望他们能够当好投资家乡、发展宋村的“中流砥柱”，真正把“宋村人经济”转化为“宋村经济”，成为推介家乡、招商选资的“形象代言”，提升宋村知名度和美誉度，吸引和带动更多的有识之士关注宋村、创业宋村。把对家乡的拳拳真情，转化为支持家乡发展的实际行动，继续在扶困助学、社会就业、乡村振兴等方面贡献力量，为家乡发展描绘出更精彩的画卷。

【千岛湖状元谷越野基地项目】 2021年，宋村乡历史上首个县级重点项目——千岛湖状元谷越野基地扎实推进。该项目占地面积13公顷，总投资3500万元，2021年投资2000万元。拟建造一个以赛事活动为基础，集新车发布、培训体验、越野体验、自驾游、车辆改装等多种业态的山地体育运动主题营地，补充宋村乡旅游业态。　（方小铨）

2021年宋村乡各建制村负责人及人口情况表

表19

村名	村党组织书记	村委会主任	人口(人)
云港口	史华勇	史华勇	1405
青山口	夏建平	夏建平	1254
胡家畈	夏金来	—	716
镜　洪	张良峰	张良峰	767
宋　村	宋泽民	宋泽民	1499
白云溪	王建明	王建明	1245

·姜家镇·

【概况】 2021年，姜家镇总面积225.6平方千米，辖17个建制村、1个社区、333个村民小组。全镇总户数8418户，总人口25950人。山林面积16606.3公顷，耕地面积1204.25公顷。

实现农村经济总收入39.7亿元，比上年增长6.7%；农民人均纯收入达23705元，增长7.1%。完成乡镇地方财政收入3160万元。17个建制村2021年年底全部完成“5030”考核任务，经营性收758万元，增长15%，总收入2200万元，增长15%。

注册资本100万元的杭州千岛湖椿秋红农业开发有限公司投入生产；注册资本2000万元的杭州莹林生物科技有限公司启动建设；成立淳安县泰创养殖有限公司，注册资本1000万元。田丰家庭农场被评为市级示范性家庭农场。

规模以上工业销售产值12569万元，增长8.6%。全年新培育工业小微企业4家，新培育规上企业1家、科技型企业1家，工业技改投入1826万元；全年固定资产入库项目10个，其中社会投资项目6个，完成固定资产投资2882万元。新增税源企业杭州科锋建筑装饰材料有限公司，税收319.44万元。完成招商引资项目5个，实际投入资金1亿元。

总投资8千万元的易禾水乐园，于6月

正式开业;总投资额1.5亿元、总用地面积1.47公顷的望星空树屋酒店项目,和投资6亿元、总用地面积4.49公顷的千岛湖沈聚盛旅栈项目继续推进。全年新增规模以上服务业企业1家、税源企业2家,新发展网上商城5家,新增市场主体139家,其中个体户117家。全年服务业增加值达21767万元。全年旅游接待205.3万人次,实现旅游收入2.77亿元,分别增长2.6%、23.7%。

深化实施“污水零直排区”建设,全镇铺设污水管网18.7万米,管网覆盖率达92%,无堵人工生态湿地示范点建设获省领导批示肯定。全镇配备垃圾集中收集点67处、再生资源回收点19处,完成一体化垃圾桶采购和垃圾分类装运工作。投入100余万元建成集镇水污智能分离系统。

按照国家AAAA级景区创建标准,全面推进千岛湖沪马探险乐园智能优化、品质提升工程,旋转飞椅、网红秋千、步步惊心等新项目建成开放,新建停车场占地0.5公顷,增加停车泊位200个。成功举办“劳伦斯杯”LTW浙江龙川湾分站赛、2021年中国休闲垂钓俱乐部(筏钓)超级联赛等路亚赛事。

启动郭村水厂建设,规划总用地3312.74平方米,工程概算5170.97万元,至12月底完成总进度50%。概算总投资1128.75万元的大同坑水库项目完成总进度的98%。概算总投资288.92万元,总库容7.51万立方米的夫畈山塘建设工程竣工验收。

全面推进文旅型美丽城镇省级样板创建。投资100万元的邻里中心项目于6月底投入使用,投资400万元的小镇客厅项目、投资100万元大数据数字驾驶舱项目于9月底投入使用。

加强红色文化和非遗文化保护利用,投资40余万元完成唐敦禄烈士故居修复和索面非遗馆建设,唐敦禄烈士故居被列入淳安县党员干部学习教育基地。协助浙江省体育局成功主办“发现狮城”淳安姜家第一届定向挑战赛。

城乡居民养老保险参保人员8309人,完成考核参保率98.5%;城乡居民医疗保险参保人数15372人,完成考核参保率99.5%。落实第22次春风行动因病因灾救助对象69户,发放救助金6.4万元。推进新冠疫苗接种,完成第一针新冠疫苗接种率100.3%,完成第二针接种完成率为100%。

是年,姜家镇被浙江省林业局评为浙江省自然保护地融合发展示范镇,被浙江省体育局评为第四批省级运动休闲乡镇培育单位,被杭州市城乡环境治理协调小组办公室评为市级美丽城镇样板(第二批);千岛湖沪马探险乐园被浙江省体育局、浙江省文化和旅游厅评为浙江省运动休闲旅游优秀项目;文渊狮城度假区被杭州市文化广电旅游局评为第一批杭州市非物质文化遗产体验点。

【千岛湖沪马探险乐园超级滑板车获评省运动休闲旅游优秀项目】 2021年10月,浙江省体育局、省文化和旅游厅联合开展的2021年度浙江省运动休闲旅游示范基地、精品线路和优秀项目评定工作结果出炉,千岛湖沪马探险乐园超级滑板车成功获评2021年度浙江省运动休闲旅游优秀项目。千岛湖沪马探险乐园位于姜家镇球山村,是集自然观光、山地户外运动、传统文化等于一体的山地休闲区。园内设有空中悬挑玻璃观景长廊、玻璃栈道、丛林索道、超级滑板车、ATV越野摩托车、网红秋千等一批极具体验性的户外运动项目。其中,超级滑板车项目赛道全长4.6千米,蜿蜒在大山周围,刺激又欢乐,全程滑行时间约8分钟。通过滑板车上独特的刹车装置,游客完全可以自行控制滑行速度,是淳安地区唯一拥有无须驱动就可体验到刺激的车类项目。

【创建文旅型美丽城镇省级样板】 2021年，姜家镇全面推进文旅型美丽城镇省级样板创建，制定形成美丽城镇建设作战表，梳理出5类、14项、30条创建任务，小镇客厅、邻里中心、乡村小脑、大数据数字驾驶舱等新建项目顺利完成，小镇客厅投资400万元、邻里中心总投资100万元、大数据数字驾驶舱计划投资100万元，集镇功能大幅优化，小镇风貌品质提升，成功创建文旅型美丽城镇省级样板。

【探索“智慧治污”模式】 2021年，姜家镇深入推进“污水零直排区”建设和农村生活污水治理工作，投入100余万元建成水污智能分离系统，探索推广废水智慧自分，精准实施油水智慧分离，构建水质水量智慧监测，落实污水上岸智慧管理。11月，在全省“两污”现场会期间，此做法得到副省长高兴夫的充分肯定。

【姜家镇获评首批浙江省自然保护地融合发展示范镇】 2021年8月，浙江省林业局公布首批浙江省自然保护地融合发展示范镇(村)名单，姜家镇位列榜单，成为淳安县首批入榜乡镇。姜家镇位于淳安县西南部，集镇三面临水，一面靠山，湖中有镇，镇中有湖，有着典型的江南山水风貌。地域总面积225.6平方千米，山林面积16606.3公顷，重点生态公益林面积9240公顷，活立木总蓄积量1059368立方米，森林覆盖率达83.2%，林木绿化率达85%。镇立足当地自然环境优美、森林资源丰富等生态优势，致力于开展以修复身心健康、延缓生命衰老为目标的森林游憩、度假、疗养、保健、养老等旅游服务活动，力促产业与生态融合发展。姜家镇坚持生态就是发展、环保就是民生的融旅发展之路，坚持点线面结合实施森林生态建设。完成城镇公园绿地改造提升工程，高标准建成墨香湖二期花海项目，使“脏乱空闲地”变成人人爱来的“网红打卡地”；完成龙川湾国家森林康养基地景观提升工程，改造提升“坐在客厅里垂钓的水屋”、“会呼吸的树屋”、70公社、80公社、90公社、龙川湾千岛湖国际垂钓中心等景观项目，实现“养心”“养身”“养体”的完美融合；建成千岛湖沪马探险乐园，打造中国第一个“山地运动休闲度假乐活综合体”；持续开展人工造林、补植改造生态绿化工程，加强目的树种培育，促进森林自然更新；推进瀛山书院遗址保护修复工程，修缮建成瀛山书院、大观亭、得源亭、仰止亭、登瀛桥和半亩方塘等遗址，完善山水诗情完美融合的全域发展新格局。 (邵航锐)

2021年姜家镇各建制村负责人及人口情况表

表20

村名	村党组织书记	村委会主任	人口(人)
桂　溪	姜有福	姜有福	1559
双　溪	汪红球	汪红球	2075
玉　泉	张文军	张文军	1394
姜　家	姜英杰	姜英杰	2125
郁　川	唐升寿	唐升寿	1448
银　峰	徐明新	徐明新	2333
郭　村	汪红宝	汪红宝	2567
章　村	章宁汉	章宁汉	1740
郁　源	程朝锋	程朝锋	1006
霞　社	洪顺建	洪顺建	1691
黄村桥	程学文	程学文	1382
石　颜	洪日财	洪日财	637
霞　五	胡小海	胡小海	1418
赤　城	余元生	余元生	1167
浮　林	占铁鑫	占铁鑫	1395
沈　畈	章红兵	章红兵	918
夫　畈	章勇频	章勇频	843

·梓桐镇·

【概况】 2021年，梓桐镇总面积153.6平方千米，辖18个建制村、57个自然村、182个村民小组。全镇总户数5969户，总人口18458人。山林面积11708.2公顷；耕地面积767.47公顷。

全年实现工农业总产值21.11万元，比上年增长10.4%；财政总收入1567.33万元，增长11.1%，其中地方财政收入784.54万元；上缴税收755.17万元，增长15.3%。农村经济总收入1551万元，增长32.5%；村级集体经济总收入1306.76万元，增长11.5%；农民人均收入25600元，增长10.1%。

发展毛豆、大葱、茶叶、甜玉米、莲藕等经济作物，全镇有良种茶园467公顷，中药材等经济作物167公顷，水稻基地20公顷、大葱基地13.33公顷、毛豆基地13.33公顷、甜玉米基地3.67公顷、莲藕基地1公顷。依靠钱进农业、娘心农品馆、文佳农业等多家农业龙头企业带动，为相关村带来稳定收入。打造稳定的农产品“点对点”销售平台，全年销售梓桐小香薯、水稻等农产品4万余千克，实现增收30余万元。立足传统茶叶、蚕桑、山核桃、番薯农业资源和新引进的草莓、圣女果等特色农业，推进消薄增收工作，全镇18个村全部完成“5030”消薄任务。

腾退收储工业园区、废旧茧站、学校等闲置资源，引进符合本地特点和具有发展潜力的绿色项目30个；梓杭精密、百盛车业、强镁能源等被认定为省级科技型中小企业、市级高新技术企业。推进农民“家门口”就业增收，培育扶持来料加工经纪人，年发放加工费900余万元。

有连锁品牌酒店尚客优1家，边际、芷庐、梓园等精品民宿3家，乡村民宿16家。有柴夫粗粮、粉丝妹等电商企业10家、网店150家、电商主播25名，实现销售额2800万元。

全覆盖提升改造治污设施，建造标准化治污终端46个、规范化治污设施74个；完成集镇污水零直排示范街、叶家庄村污水零直排村建设，梓溪工业园区终端获评市级最佳终端，西湖治污示范村项目成为全县标杆。开展亚运沿线青山白化、黄土裸露整治行动，沿线风貌得到有效提升。做好生活垃圾分类工作，推进垃圾分类设施标准化全覆盖，打造黄村、结蒙等一批垃圾分类示范村；推进黄村市级精品村、卢家县级重点村建设。梓溪、杜井入选省级“美丽宜居·浙江样板”双百村，黄村成为引领型农村社区。

完成《梓桐镇总体概念发展规划》编制，成功引入艺术培训学校、斫琴工坊等艺术项目。成功举办第七届书画艺术节、浙江最美女艺术家作品巡回展、“浙江风采　决胜全面小康”全省美术作品展等艺术活动，开发形成独具特色农牧文旅融合精品旅游线路，全年接待游客40余万人，旅游经济收入300余万元。引导大量本土农民参与油画、版画、陶艺等艺术创作，全年开办新农民培育营10余场次，“我们的日子”艺术IP日渐响亮，“德隐陶局”农民瓷器被列入上海市政府采购名录。成功推出梓桐“诗画小曲”酒、胡江梅干菜饼等一系列文创衍生产品，有效搭建线上书画销售平台和线下文创作品交易集市，实现艺术变现。

全力抓好新冠肺炎疫情防控，常态化推进“精密智控＋网格化管理”，全面推进疫苗接种工作。实施杜石线、郑鸠线等公路大中修工程，完成舒村至并峰农村联网公路项目。完成农村饮用水改革，启动梓桐第二水厂建设和部分村自来水项目建设。完成中心幼儿园扩建、“两堂两室”改造及中小学校合并。

走访慰问低收入农户、困境儿童、困难老人等特殊群体；持续扩大城乡居民基本社会保险覆盖范围；对因灾、因病等存在返贫风险人群持续开展定向救助，上报救助农户56户。成功创建省星级残疾人之家、全国首批示范型退役军人服务站。

是年，梓桐镇被认定为2021年度浙江省

AAAA级景区镇，被评为杭州市消除集体经济薄弱村三年行动工作成绩突出集体、2021年度第二批杭州市市级美丽城镇样板镇、2021年度县级平安乡镇；黄村村被认定为2021年度省级民主法治村、浙江省AAA级景区村庄。

【"绿水青山"书法艺术展暨梓桐农民书画村创建】 2021年4月17日，"绿水青山"书法艺术展开幕暨梓桐农民书画村创建启动仪式在梓桐艺术馆举行。本次展出的中国美术学院70余幅书法作品，深情讴歌近年浙江省深入践行"绿水青山就是金山银山"理念、努力建设"美丽浙江"所取得的辉煌成就。

【千岛湖·梓桐镇第七届书画文化节】 2021年11月27日，以"文化共富、艺术梓桐"为主题的梓桐镇第七届书画文化节在千岛湖梓桐汽车公园举行。书画文化节分为共建共享、共创共富两个篇章，进行竹马、板凳龙、大头合等原汁原味的民俗文化表演，播放"艺术梓桐"和《我家的菜谱》之娘心酱宣传片，发布梓桐镇书画艺术发展规划蓝图，举行杭州韩美林艺术实践基地和杭州青少年活动中心美术部梓桐写生基地授牌，展出"甬巢中国""同山共水见乡情"农民书画优秀作品，以及共富羊场、培训学校、陈穆之艺术馆、研学培训引流计划共富等项目的签约。

【浙江美术馆"星驰潮涌"主题艺术特展梓桐巡展】 2021年9月29日至10月27日，浙江美术馆"星驰潮涌——庆祝中国共产党成立100周年主题艺术特展"在梓桐艺术馆巡展。活动围绕中国共产党百年征程中浙江发生的历史故事，以沉浸式新媒体交互空间聚焦浙江数字化改革成功的呈现，用心记录党的历史，用情温故党的记忆，用笔描绘党的画卷。　　（徐夏芸）

2021年梓桐镇各建制村负责人及人口情况表

表21

村名	村党组织书记	村委会主任	人口(人)
叶家庄	叶光建	叶光建	804
西　湖	毕红春	毕红春	839
富　石	邵文进	邵文进	878
梓　溪	胡国生	胡国生	1218
并　峰	胡晓华	胡晓华	939
黄　村	黄笑卫	黄笑卫	1205
杜　井	胡淑琴(女)	胡淑琴(女)	1823
杏　富	胡为电	胡为电	729
常　宁	胡发荣	胡发荣	1578
胡　江	徐红梅(女)	徐红梅(女)	1065
姜　桐	姜早花(女)	姜早花(女)	810
唐　家	唐海燕(女)	唐海燕(女)	1014
卢　家	卢有清	卢有清	1656
结　蒙	徐剑平	徐剑平	1410
河　联	徐中心	徐中心	856
三　联	姚红升	姚红升	709
程家源	程炳法	程炳法	943
尹　山	严早发	严早发	388

·浪川乡·

【概况】 2021年，浪川乡总面积105.1平方千米，辖17个建制村、167个村民小组。全乡总户数6108户，总人口19944人。山林面积7930.5公顷，耕地面积1036公顷。

实现经济总收入27.71亿元，增长8.0%；农业总产值2.28亿元，增长3.1%；财政税收572万元，增长16.7%；服务业增加值1.21亿元，增长12.0%；社会消费品零售总额1.51亿元，增长8.0%；固定资产投资4456万元，完成年度任务的148.5%；招商引资实际到位资金2181万元，完成年度任务的218.1%；农民人均收入25245元，增长6.8%。

蚕桑投产面积482.6公顷，蚕农882户，养蚕7502张，蚕茧产量315.6吨，产值

2093.31万元。完成联欢农业重点项目前期投资2790万元,建成万头种猪基地;完成"千岛小铺"农产品仓储分拣物流配送中心建设,实现种植、冷藏、加工到配送的一体化经营,并与盒马鲜生实现战略合作。

持续推进"政府+商会+企业"合作模式,引入联欢农业投资3118万元,石匠建材项目投资1000万元和善农农业投资1600万元;引进税源企业杭州源配和金裕农业;初步达成鸿勋企业作为负责园区招商管理公司。推行"一对一"联系服务企业工作机制,加大在谈项目的跟踪服务力度,积极争取百福展柜土地指标取得实质进展。坚持数智化赋能,推进"数智群团"、伊加工等平台应用,推进数字经济发展和省科技型企业培育,激发市场主体活力。

开展"'美丽杭州'创建暨'迎亚运'城市环境大整治、城市面貌大提升"行动,通过加强千汾公路沿线综合整治、打造"丝情画意"主题示范带,完成立面整治2万余平方米,集镇道路沿线绿化整治6000余平方米。抓实美丽城镇"日巡查、周例会、月总结"及"街长制""网格+""两站两员"长效管理制度。创建以季度村书记论坛为载体,开展志愿服务120余次、集镇巡查80余次,创建美化庭院65户,实施垃圾分类入户宣传5000余户,全面激发浪川百姓美丽城镇共建共享意识。

挖掘"送驾岭阻击战"和大连岭中共下浙皖特委旧址等红色资源,对红色狮古山展示馆进行整合提升,打造党史学习教育基地和浙西红色文化展示窗口。芹川古民居、红色狮古山展示馆、红军纪念广场入围2021年度千岛湖红色文化旅游年"红色传承、绿水青山"精品旅游线路。打造"荷美新桥"主题景区村,入选AAA景区村培育名单。做实亚运筹备区块配套项目建设,浪山庵绿道、新岭绿道基本建成。首届西南部古道文化旅游节在全县节庆活动评比中获一等奖。

深化"五水共治",投资2200万元,统筹推进终端改造、区域流域综合治理、水厂备用水源、管网连接工程及特色的水文化项目建设,全力打好环境污染防控治理攻坚战。芹川治污经验在省"两污"现场会上推广。推进垃圾分类和无害化处理工作,完成垃圾中转站污水收集池工程建设、完成43个垃圾集中收集点监控全覆盖、11个村的特殊垃圾临时堆放点建设和2个村建筑垃圾填埋场建设。

消薄增收高效推进,村集体总收入达到1026万元,经营性收入511万元,村均收入60万元,村均经营性收入32万元。加快推进峰川村乡村振兴种植产业园、鲍家村绿色产业园、裕丰村中华蜂养殖项目、大塘村集体肉牛养殖等4个市级财政帮扶项目、芳梧生态养殖基地等1个镇街协作项目建设。

完成小学、幼儿园基础设施及节水项目建设;完成百姓健身房、体育小康村提升项目建设;创建新时代文明实践所,广泛开展文明志愿服务活动400余场次;积极参与县级文体比赛,荣获县第八届广场舞大赛金奖和第三届竹马大赛银奖。汇源村获评浙江省善治示范村;大塘、新桥、大联3个村获评杭州市健康村;桃源村获评杭州市和谐(文明、平安)示范村;狮古山、芳梧、峰川、大塘、马石、联欢、桃源等村获评2021年度浙江省卫生村。浪川乡退役军人服务站获评全国示范型退役军人服务站;全朴、洪家、狮古山3个村退役军人服务站获评2021年省"新时代枫桥式退役军人服务站。

【省AAA级景区镇创建】 2021年12月,浪川乡成功创建省AAA级景区镇。浪川乡按照淳安县浪川乡旅游产业发展三年行动计划要求,紧紧围绕"多彩田园　富美浪川"的形象定位,以历史文化为依托,以健康养生、休闲运动、文化研学为方向,按照"旅游发展全域化、旅游供给品质化、旅游效益最大化"的要求，抢抓机遇，乘势而上，全面提升旅游产业基础、推进旅游产品建设、完善旅游综合环境，努力打造形成特色明显、市场认可度高的旅游产品体系。2021 年，全乡接待游客 40 余万人次，实现旅游经济收入 4000 余万元，旅游产业成为浪川带动百姓致富增收的核心产业。

【红色狮古山展示馆开馆】 2021 年 7 月 16 日，红色狮古山展示馆开馆。该馆是在原连岭村祠堂基础上建造的，主要展示中共下浙皖特委历史和送驾岭阻击战。中共下浙皖特委于 1936 年 5 月在狮古山成立，是淳安历史上唯一的中共地市级领导中心。中共下浙皖特委建立后，淳遂歙边区革命斗争风起云涌，革命烈火熊熊燃烧，革命红旗迎风招展，党组织不断扩大。游击根据地从狮古山向周围的淳安、遂安、歙县、休宁发展，革命的火种形成燎原之势。送驾岭阻击战发生在 1934 年 9 月，是中国工农红军北上抗日先遣队途径浪川转移进入皖南地区时具有重要战略意义的一场战役。展示馆是浪川乡对全乡红色资料的整合提升，打造党史学习教育基地和浙西红色文化展示窗口重要举措，将有力推动爱国主义教育，促进红色研学旅游，并带动周边群众增收共富。

【云上浪“穿”小镇客厅】 2021 年，浪川乡围绕“蚕意小镇”乡村底色，打造云上浪“穿”小镇客厅。通过挖掘浪川历史资源，深耕细耘农耕文化，结合传统韵味和现代元素，把小镇客厅建设成为集品牌孵化、产品展售、公共交流、教学实践等多项功能于一体的新型创意驱动平台和展示窗口，全面提高浪川群众感悟历史的文化自信。小镇客厅收录红色故事 79 个，展示产品 230 余件，接待游客 1 万余人，成为浪川“重要窗口”文化地标。

【杭州千岛湖千选生态食品有限公司(千岛小铺)】 2021 年，浪川乡进一步细化生态农业产业链群，通过建链、补链、强链，在专、精、特上下功夫，引进杭州千岛湖千选生态食品有限公司(千岛小铺)，成功打通农产品产销“堵点”，形成种植、分拣、加工、冷藏到配送的一体化经营格局，为浪川果蔬农业建立一个以冷链为核心的高端流通平台。同时，与盒马鲜生形成战略合作，实现田头与灶头的直接匹配对接。（胡　航）

2021 年浪川乡各建制村负责人及人口情况表

表 22

村名	村党组织书记	村委会主任	人口(人)
桃　源	叶　辉	叶　辉	890
占　家	占鲜忠	占鲜忠	1187
杨　家	杨汉民	杨汉民	981
峰　川	汪思建	汪思建	926
洪　家	洪芬芳(女)	洪芬芳(女)	1179
大　联	孙华飞	孙华飞	1538
联　欢	程新宏	程新宏	1020
鲍　家	—	鲍芳佳(副主任，主持工作)	1517
马　石	毛钟玉	毛钟玉	1530
芹　川	王银平	王银平	1620
新　桥	王健淳	王健淳	833
大　塘	章霞归(副书记，主持工作)	—	1046
全　朴	余苏北	余苏北	1121
汇　源	王启洋	王启洋	1211
狮古山	鲍良和	鲍良和	1254
裕　丰	许顺军	许顺军	732
芳　梧	王建有	王建有	1368

·界首乡·

【概况】 2021 年，界首乡总面积 121 平方千米，辖 8 个建制村、90 个村民小组。全乡总户数 3075 户，人口 9416 人。山林面积 8311.5

公顷,耕地面积620公顷。

农村经济总收入10.43亿元,增长7.5%;村集体经济总收入682.6万元,增长3.8%;村集体经营性收入343.6万元;农民人均收入23562元,增长7.0%;财政总收入6148.7万元,增长37.9%;上缴税收107.5万元。

全面完成土地整理。总面积2.6公顷的姚家垦造水田项目完成县级验收,总面积1.1公顷的松源宅基地复垦项目初步完成。对全乡乱占耕地图斑进行重新摸排和全面举证,并对新发现的违法乱占耕地的房屋进行系统录入。做好农村建筑工匠管理及建房合同备案工作,积极推广农房质量保险和农房建房贷款。沿湖沿线村庄建房安装视频监控,杭州市智慧农房信息系统落地。

总投资1500万元"植物工厂"项目完成公司注册。总投资7000万元的开发金山旅游探险项目完成规划方案。县级重点项目千岛湖樱花岛,种植樱花2万株,完成入口停车场、接待中心及景区门口游客中心用房建设。

探索"公司+基地+农户+技术+品牌"的运行模式,进一步做大做强柑橘产业。充分利用整乡推进和"集成创新"两大载体,加强与院所合作,在品种、品质、采摘期、林相等方面再上新台阶。大力发展数字农业,推进13公顷橘园品种改良,实施智慧农业工程;与大型电商平台深化合作,探索物业、农业服务、水果精包装加工销售一条龙增值业务。

利用微信公众号、广播等媒体以及宣传专栏、悬挂横幅、发放宣传单等形式开展垃圾分类宣传;提升垃圾分类基础设施,完善落实考核制度、建立村级网格化责任包干等督查制度。将28个日处理能力达20吨以上的农村生活污水治理设施终端打造成标准化运维站点。投入300余万元对全乡沿湖沿线27个终端进行提升改造。不断创新河长制,每月定期召开河长制会议,充分发挥各级河长督办查办作用。投资1000万元完成水土保持项目1个,水库除险加固项目1个,农饮水项目2个。

推进亚运分村周边环境整治,严格按照施工节点等要求,倒排工期、挂图作战,把精品意识贯穿于亚运场馆配套项目建设全过程和各环节,确保质量过关,实施亚运周边村庄应急通道、消防站、观众通道、志愿者保障大楼(原桐子坞小学改造)等项目建设。

动态管理精准救助,完成8户困难老年人家庭适老化改造,5户残疾人无障碍设施改造并通过验收。8个村9个老年食堂正常运营。新引进姚家村套笔和燕源村彩笔包装2个来料加工项目,全乡有加工点10个、工人180余人。全乡儿童之家正常运行,有周源村、严家村2家省级儿童之家。养老保险、医疗保险参保率100%。

界首乡被杭州市委、杭州市人民政府评为美丽杭州建设(2013-2020年)突出贡献集体。严家村党总支获评杭州市先进基层党组织,周源村党支部获评淳安县先进基层党组织。

【千岛湖·界首自行车运动小镇"鲁能胜地杯"铁人三项赛】 2021年4月18日,2021年千岛湖·界首自行车运动小镇"鲁能胜地杯"铁人三项赛,在淳安亚运分村举行。比赛由浙江省体育产业联合会和淳安县人民政府主办,淳安县界首乡人民政府、淳安县文化和广电旅游体育局承办,上海大铁体育文化发展有限公司执行、千岛鲁能胜地独家冠名。吸引国内外1300名运动员参赛,其中外籍选手226人。

【千岛湖湖上森林度假乐园(樱花岛)启动】 2021年4月,县重点工程界首千岛湖樱花岛项目动工。项目位于鳌山村,计划投资1亿元,总体规划面积约70公顷,包括千亩樱花园、千岛湖湖上森林"农旅融合示范建设创建工程、千岛湖森林安全防护体验中心、有机农产品示范基地、爱情岛樱花婚纱摄影旅拍基地板块，通过视觉、触觉、听觉、味觉系统的综合设计，打造以樱花赏景、婚纱摄影、户外运动、生态研学、亲子度假、农产品文创、网红直播基地为主要功能的国家级大型森林旅游自然度假示范景区。　　（唐家凯）

2021年界首乡各建制村负责人及人口情况表

表23

村名	村党组织书记	村委会主任	人口(人)
姚　家	姚建君	姚建君	1254
松　源	方京姣(女)	方京姣(女)	1215
洋　田	姜木风(女)	姜木风(女)	688
燕　源	洪干平	洪干平	1359
鳌　山	章胜元	章胜元	1015
周　源	周建荣	周建荣	1046
严　家	严宏芳	严宏芳	1431
桐子坞	程新明	程新明	1408

·汾口镇·

【概况】　2021年，汾口镇总面积237平方千米，辖42个建制村、481个村民小组、1个社区。全镇总户数16394户，总人口54532人。山林面积15333.3公顷；耕地面积2320公顷。

全年完成规上工业总产值48693万元；完成规上工业销售产值43700万元；完成固定资产投资6985万元；完成税收收入3978.81万元，其中增值税收入3276.98万元、其他税费收入701.83万元；完成乡镇地方财政收入1447万元。农村经济总收入92.48亿元，增长8.2%；村级集体经济总收入3471万元，增长26.5%；农民人均收入22064元，增长10.0%。

全年完成抛荒整治面积75.53公顷；新建高标准农田项目2个计373.33公顷；新增水稻种植面积44公顷，新增产量440吨。新发展连片中药材基地13.33公顷，茅山车厘子基地15公顷；蔬菜种植面积815.53公顷。推动实施低效茶园淘汰更新，完成改植换种基地6.7公顷。"千亩芍药基地"获评现代农业示范园区。继续扶持"一水两用、一田双收"的"稻鸭""稻鳖"混养新模式，提高规模效益。千岛湖清水鳖养殖基地开展科技攻坚，建设智能化仓储保鲜及冷链物流中心。完成无公害农产品复查换证企业2家，绿色食品认证企业1家，有机认证企业2家，通过有机换证4家。

持续推进招商引资，新引进威士忌研发、低压电器制造、浙西商贸综合体、智能化洗车设备制造、汾口康养文化中心、湖川塘中草药种植、千岛湖开元名庭酒店等招商项目7个，实际投入资金5000万元。全过程跟踪服务，助推项目早落地、快建设、早投产、快见效。赴县外招聘工人，帮助美科光电等企业招工100余人。

投入5000余万元，完成亚运赛道沿线景观提升及沿线村庄风貌改善工程，创建美丽庭院700户；建成1个美丽宜居示范村、2个市级精品村、13个新时代美丽乡村一般村。投资1037万元，实施2021年"联乡结村"项目7个，助力茅屏、水南等6个村集体实现增收。成立以42个村为股东的乡村振兴公司——龙耳山农业开发有限公司统筹村级发展项目，筹集1000万元投入宋京村帮促项目。

完成湿地二期项目建设，成功打造山水林田湖草综合治理的示范样板。成功承办杭州市污水零直排现场会。入选省级森林康养名镇。垃圾分类持续推进，茅屏村获评省高标准农村生活垃圾示范村，汪家桥、三底、水南等16个村获评市级垃圾分类示范村。深化清洁乡村、农村治污运维、河湖长制等日常生态环保工作，完成沿湖沿线整改工作，发挥智慧河流管理系统功能，有效提升流域监管，确保霞源山一级水源地和辖区内4条溪流水质常年保持优等水平。

投资1637.51万元开展教育基础设施建设,其中600万元用于学校“两堂两室”改造,不断优化教学条件;2021年高考,汾口中学一段上线193人(含体艺类),保持连续五年增长态势。启动郑家、鲁村等3处历史建筑修缮;与《钱江晚报》合作推出“汾口寻根”系列报道,刊发40余篇,阅读量超200万次;依托4处省级文保单位、1个省级非遗项目和1条市级文创街等资源平台,着力打造一批精品、特色、多元的旅游套餐;成功举办首届以数字化赋能非遗IP产业为核心的非遗国风集活动。

小城镇环境综合整治成功入选全省首批美丽城镇省级样板镇;成功创建AAAA级景区镇。打造全县“商贸物流业新中心、生态制造业新中心和粮油主产区”的目标定位,重点推进项目落地。浙西贸易市场整体改造完成,好又多商贸中心开张,精品民宿仁里美宿进驻春风里商业街,汾口商贸城引入首家四星级酒店开元名庭酒店,千啤地块以2.311亿元成功出让。

投入5000余万元实施镇域自来水管网改造及延伸工程,投入8000余万元实施自来水厂新建工程,投资4500万元新建敬老院项目。对淳开线、淳杨线、杨璜线3条主要道路与各村道平交口情况进行排查;投资200余万元开展道路交通安全隐患整治,高分通过市级道路交通安全隐患整治挂牌验收。从严从紧落实疫情常态化防控,按“不漏一户、不落一人”的要求,推进疫苗接种工作。医疗、养老保险连续5年实现保障全覆盖,居家养老照料中心基本实现全覆盖。

【淳安县西南片旅游联盟共富项目集中签约暨汾口镇第三届稻香节】 2021年10月16日,由淳安县人民政府、西南部区块产业发展党委主办,县委组织部、县委宣传部等12家单位承办的淳安县西南片旅游联盟共富项目集中签约暨汾口镇第三届稻香节在汾口镇稻香公园举行。姜家、界首、梓桐、浪川、汾口、中洲等6个乡镇共谋产业抱团升级,建立“规划共谋、资源共享、客源互送、信息共用、宣传联动、合作共赢”的区域旅游合作新模式,促进西南片区各乡镇联动发展,为淳安全力打造共同富裕示范凝聚更强大的智慧和力量。现场进行草龙、歌舞表演,举办乡野拔河、运粮归仓等趣味比赛。

【淳安县首届非遗国风集】 2021年6月12日,由杭州市文化创意产业发展中心、淳安县人民政府主办,县委宣传部、县文化和广电旅游体育局、汾口镇人民政府、玩物得志App承办的淳安县首届非遗国风集在汾口镇举行。活动分非遗民俗、国风体验、国风集市3个特色主题街区,设有汉服时装秀、民族乐舞表演、民俗技艺展示、地方美食品鉴等互动体验环节,以及五彩福绳、彩绘斗蛋等亲子体验游戏。来自浙江大学等高校的专家学者、淳安非遗传承人代表等,就淳安非遗文化产业发展进行了交流和探讨。活动旨在促进产业对接,产业落地、校企合作、文旅开发等方式,整合社会资源,打造淳安文化产业名片,通过新国风元素与传统非遗项目的碰撞,集中展示淳安的非遗产业发展成果,进一步助力弘扬淳安优秀传统文化、活跃民间艺术活动、打响淳安特色文旅品牌。 (黄军航)

2021年汾口镇各建制村负责人及人口情况表

表24

村名	村党组织书记	村委会主任	人口(人)
交　界	程良军	程良军	1913
汪家桥	汪武英(女)	汪武英(女)	1424
水　南	郑家仁	郑家仁	1460
禾　田	程和平	程和平	1162
鲁　村	詹君建	詹君建	2274

续表24

村名	村党组织书记	村委会主任	人口(人)
桃林畈	姚建宏	姚建宏	1448
红 星	余新忠	余新忠	1476
富 溪	汪建伟	汪建伟	1431
赤川口	余文斗	余文斗	1619
龙 门	夏祯理	夏祯理	978
三 渡	余本亚	余本亚	832
富占源	郑 伟	郑 伟	926
三 底	姜立顺	姜立顺	611
郑 家	郑义传	郑义传	1801
天林庄	汪贵英(女)	汪贵英(女)	865
舒 翠	郑名树	郑名树	1049
杨旗坦	郑名飞	郑名飞	781
宋 祁	余利富	余利富	1640
祝 家	祝泽永	祝泽永	833
汾 口	汪国平	汪国平	2331
寺 下	余志富	余志富	1264
章 姚	蒋樟林	蒋樟林	978
仙 居	张凯华	张凯华	1580
石 畈	余伟军	余伟军	901
翁川源	余家军	余家军	1640
龙 山	徐小兵	徐小兵	1229
射 墩	余学良	余学良	1149
西 村	徐杭南	徐杭南	929
茅 屏	汪宏刚	汪宏刚	1172
云 林	余爱珠(女)	余爱珠(女)	1513
栗园里	余长岭	余长岭	1183
毛 家	杨苏华(女)	杨苏华(女)	1519
百亩畈	汪国平	汪国平	1207
岭 后	汪 军	汪 军	816
荷 塘	卢 鹏	卢 鹏	1026
横 沿	姜新利	姜新利	912
陆 乡	蒋建林	蒋建林	996
龙 源	姜贤飞	姜贤飞	1162
红 旗	高赐洪	高赐洪	1517
宋 京	余永辉	余永辉	1264
湛 川	余钱起	余钱起	1214
石 峰	郑田军	郑田军	1060
杨旗社区	洪 琛	洪 琛	1972

·中洲镇·

【概况】 2021年,中洲镇总面积166平方千米,辖15个建制村、223个村民小组。全镇总户数5979户,总人口19968人。山林面积15313.5公顷,耕地面积762.4公顷。

全镇村级集体经济总收入1052.93万元,增长22.1%。地方财政收入221万元,税收收入407万元。

继续打造现代农业、智慧农业、科技农业、规模农业。全镇有现代农业产业园区7个、粮食生产功能区15个。淳安千岛湖宝田财女粮油专业合作社持续探索"稻香文化"为主题的农文旅融合发展模式日益成熟;樟村、木瓜、札溪联建10公顷白金芽茶基地形成规模;左川茶叶制销基地、徐家村果蔬采摘基地、南庄村党建特色种养结合示范基地、中洲村"十三层"梯田成型;茶山、南庄、余家开展"大茶山"农文旅融合示范景区建设。

坚持"共抓大保护 不搞大开发"发展战略。南庄、茶山、中洲、乘风源等村先后完成线路规整,美丽天际线初具雏形;深入推进"找寻查挖"专项整治,完成问题整改231处;启动畈头、李家畈等垃圾分类示范村创建;先后联合省林业局、省文广集团、县教育局开展大型植树活动;深入实施"河长制",将武强溪智慧平台纳入钉钉系统;组织开展流域禁渔行动,缴获各类渔具40余件;持续推进农业面源污染治理,推广有机肥1085吨、配方肥150吨,实施统防统治171.6公顷。

投资2亿元的浙江省内最大集中式农光互补项目在樟村村毛山岗启动;县级重点项目郁林万头生猪基地完成设备安装及园区道路建设;以"方志敏精神"为主题的北上文旅项目配套项目建设基本完成。完成千龙生态源二期建设。以"中洲红"品牌为牵引,成功举办浙马百公里马拉松接力赛、线上线下联动缅怀英烈、南庄乡村旅游推介等特色活动，开发以红矛笋尖煲、木连银包金等为代表的“中洲红宴”，放大中洲红餐饮联盟带富效应。邀请方志敏女儿方梅、谭志刚之子谭建闽等红二代走进红色中洲，为红色发展赋能。鼓励引导来料加工加快发展，扎实推进曦光照明扩规扩容；成功引进杭州诚诺电子电器制造有限公司招商项目。

加强新冠疫苗接种，完成新冠疫苗接种第一针7182针，第二针6698针；推进农民健康体检1938人次，新增签约家庭医生4400人，村民家门口就医用药，医生上门服务形成良性闭环。聚焦公共服务短板，完善“文化大讲堂”等设施，南庄村成功创建五星级文化礼堂。木瓜村与县规划资源局、碧桂园集团攻坚政企村红色联盟，为乡村文化礼堂送来各类书籍、设备器械。加强危旧房治理，拆除遗留违建4处。推进基础设施建设，乘麻线列入市打通断头路三年行动计划。制定基层治理考核细则，化解矛盾纠纷86起，化解积案4起，消除不稳定隐患。

中洲镇被评为淳安县美丽乡村(农村人居环境提升)建设先进单位、淳安县2021年度固定资产投资考核投资总量组优秀单位、淳安县2021年度重点实施项目成绩突出单位考核1亿元以下组一等奖。中洲镇南庄村党支部被评为浙江省先进基层党组织，南庄村被评为2021年度省级民主法治村，南庄村文化礼堂被评为浙江省五星级文化礼堂，中国工农红军北上抗日先遣队纪念馆及旧址群入选浙江省党史教育基地，茶山村党支部被评为淳安县优秀党组织，李家畈村被评为淳安县文明村，杭州千岛湖瓦洱登家庭农场入选全省家庭农场百佳案例。

【毛山岗集中式农光互补项目动工】 2021年9月10日，由浙江大有集团有限公司投资的全省在建最大光伏项目中洲镇樟村毛山岗集中式农光互补项目正式开工建设。该项目发电量将全额上网，规划总装机容量60兆瓦，分2期建设，其中第一期总投资约2亿元，装机容量40兆瓦，占地面积52公顷，年发电3971万度，测算年平均收益1600万元。项目投产后，可为中洲增加就业机会，提高土地附加值，增加村集体收入，改善农村生态环境。

【汪霞红获全国第十一届残疾人运动会金牌】

2021年10月23日，在全国第十一届残疾人运动会暨第八届特殊奥林匹克运动会田径赛场上，淳安中洲籍运动员汪霞红在女子T44级200米比赛中获得金牌，这是本届运动会淳安选手获得的首枚金牌。汪霞红出生在中洲镇南庄村一个普通农民家庭，一出生她的左脚就有残缺。2008年，在杭州举行的全国青少年锦标赛获得100米第一名、200米第一名，首次在全国性比赛中获得冠军；2011年获得第八届全国残疾人运动会女子T44级别400米第一名，同时打破该级别的全国纪录；2015年获得第九届全国残疾人运动会女子T44级400米第一名。2017年获得全国残疾人锦标赛中女子T44级100米第一名和400米第一名。2018年获得全国残疾人锦标赛中女子T44级100米第一名和200米第一名。2019年获得全国第十届残疾人运动会暨第七届特殊奥林匹克运动会100米、200米、400米项目第一名，因表现突出被浙江省人民政府授予二等功1次。 (陆桂圆)

2021年中洲镇各建制村负责人及人口情况表

表25

村名	村党组织书记	村委会主任	人口(人)
南　庄	汪华北	汪华北	1114
茶　山	汪亨敏	汪亨敏	1292
樟　村	吴家伟	吴家伟	2097
徐　家	徐承福	徐承福	2103

续表25

村名	村党组织书记	村委会主任	人口(人)
畈　头	汪礼华	汪礼华	799
木　瓜	洪　飞 (2021年1—3月) 洪利军 (2021年3—12月)	洪　飞 (2021年1—3月) 洪利军 (2021年3—12月)	612
长　埂	胡远军	胡远军	1073
余　家	程名山	程名山	1465
乘风源	李诗军	李诗军	637
霞　童	童建平	童建平	1393
李家畈	李景财	李景财	707
中　洲	程本良	程本良	2379
左　川	唐民芝	唐民芝	759
札　溪	吴良华	吴良华	844
叶　村	余诗杰	余诗杰	2694

·大墅镇·

【概况】 2021年,大墅镇总面积163平方千米,辖13个建制村、78个村民小组,1个社区。全镇总户数4403户,总人口13780人。山林面积11611.27公顷;耕地面积637.6公顷,其中水田521.13公顷。

全年实现规上工业总产值13368万元;农业总产值19511万元;财政总收入1555.35万元,增长18.0%,其中地方财政收入903.08万元;上缴税收652.27万元,增长10.6%;村级集体经济总收入1163.03万元,增长28.5%。

实施特色产业带项目9个,基地项目3个,大下姜产业项目4个。特别是茶叶产业方面,新建茶叶加工厂4个,53.33公顷茶叶基地的道路基础设施得到提升,13.33公顷基地安装了喷滴灌设施。中药材产业进一步发展,新引进的禾通农业顺利投产,并通过公司+农户模式种植艾草基地26.67公顷;金葫芦公司种植名贵中药材三叶青10公顷,并落实下一年度三叶青种植基地13公顷。全年新发展县级林下经济种植2公顷,其中林下黄精种植1.6公顷,灵芝0.4公顷。继续实施淳安县大下姜省级林下经济示范区项目,完成林下黄精示范基地13.33公顷,推广项目56公顷,林下香榧种植8.67公顷。

组织排摸全镇闲置土地、房屋、厂房等资源,将这些资源分门别类,精准对接投资客商需求,实现腾笼换鸟。整合各村帮扶资金,新建改建共享茶厂、小微企业孵化园二期等标准厂房1500平方米。初步规划抽水蓄能电站和千年舟竹制品加工项目,全力配合县委县政府落实项目落地。先后引进汉鹏建筑劳务、臻藏高档实木家具、桃源凌家自然博物营地、新型缝纫线线业加捻等项目,到位资金1700余万元,税源收入200余万元。全镇有来料加工经纪人45人,来料加工从业人员1270人,全年发放来料加工费500余万元。

完成新注册服务型企业33家,发展电商6家(含2家商城电商)。成功举办大下姜"墅上花开"田园幸福跑、艾草文化节等节庆活动。千岛湖(大下姜)自由野研学营地一期项目完工,并成功创建浙江省中小学劳动实践基地(第三批)暨学农基地,接待游客3.2万人次,初步形成以研学营地为核心,整合生态、红色、产业和文化资源的研学产业。全年接待游客41.6万人次,实现旅游经济收入2496万元。

完成珍贵树种基地造林10.87公顷,油茶基地7.33公顷,香榧种植0.33公顷,毛竹园改造种植香榧8.67公顷。实施健康森林抚育和大径材培育49.33公顷,其中大径材培育项目19.33公顷、森林抚育项目30公顷。世界银行贷款项目森林生态系统修复工程项目39.27公顷通过验收;洞溪村上榜"浙江森林氧吧"名单。成功创建星级旅游公厕2座。4条河流水质均为Ⅰ类;交接断面水质主要指标监测结果水质为Ⅰ类。大墅镇获评杭州市农村生活污水治理设施提升改造先进乡镇、2021年度县生态综合保护工作成绩突出集体。洞溪村上榜“浙江森林氧吧”名单。

成功举办淳安县新时代文明实践所建设工作现场会，在13个建制村建立新时代文明实践站；实施大墅镇中心小学教学楼重建工程，完成大墅初中、小学“两堂两室”改造工程；完成中医院大墅分院住院楼扩建工程；有序推进镇敬老院改扩建项目；深入开展垃圾分类知识宣讲、季度督查，完成垃圾桶更换和再生资源回收站建设，桃源凌家、孙家畈、高山、岭干、凤山、西园6个村成功创建市级垃圾分类示范村；继续推进殊塘——衍昌接线工程建设。

完成凤林社区党群服务中心改造和社工站建设，社工站配备2名中级社会工作师、1名初级社会工作师以及2名专职社工。强化殡葬服务与管理，做好各村公益性墓地违规收费排查，推进生态公墓建设，全年完成生态公墓建设263穴。做好残疾人的两项补贴审核工作，每月享受补贴人数309人，月发放金额约15万余元；完成残疾人动态更新调查人数638人，其中2021年新增持证残疾人41人，两项补贴发放新增79人；为残疾人发放康复器材53件；省级残疾人无障碍设施改造3户；发放残疾人大学生就学补助金1万元；为10户一户多残家庭减免有线视听费补助2520元；成立村(社区)残协组织14个，有成员106人。提升农村居家养老服务工作，提高资源整合效率，把凤林社区居家养老服务照料中心嵌入镇居家养老服务中心，更好地服务农民集聚区居民。委托第三方杭州钱江养老服务中心管理和服务大墅镇的政府购买居家养老服务对象，全年政府购买居家养老服务人数89人，金额7万余元。实现全镇15家有老年食堂的照料中心全天候正常运营。对12户生活困难老年人家庭进行适老化改造，投资9.6万元。完成13个村村规民约修订及合法性审查和备案工作。新建洞溪村留守儿童之家；上坊完小儿童之家被评为杭州市基础性示范儿童之家。

【大墅镇亮相“启航2022”中央广播电视总台跨年晚会】 2021年12月31日晚，“启航2022”中央广播电视总台跨年晚会首次在浙江举办。跨年晚会运用短片的形式，讲述浙江的文化与发展。播放的淳安短片《远行·愿景》，以“共同富裕”为主题，选取大墅竹匠余允省、新大墅人艾灸馆毕医生、自由野欢快撒欢的小朋友、质朴热情的乡亲等素材，介绍大墅镇独特的自然风光，深厚的人文底蕴，产业的快速，丰富的特色产品魅力，展现大墅镇坚定践行“绿水青山就是金山银山”理念，以建设大下姜共同富裕示范区试点为目标，以山海协作生态旅游文化产业园为重要抓手，敢于担当作为、勇于创新突破，全力擘画共富大下姜·大美新大墅宏伟蓝图。

(王鸿钢)

2021年大墅镇各建制村负责人及人口情况表

表26

村名	村党组织书记	村委会主任	人口(人)
大　墅	方小刚	方小刚	1769
孙家畈	余苏和	余苏和	625
桃源凌家	凌明俊	凌明俊	864
大　坞	张苏建	张苏建	806
凤　山	胡青田	胡青田	545
西　园	王　俊	王　俊	673
高　山	余世新	余世新	954
洞　溪	王金仙(女)	王金仙(女)	1016
上　坊	余利民	余利民	1820
桃　林	方友平	方友平	905
岭　干	余常春	余常春	1027
儒　洪	余海建	余海建	1513
栗月坪	王丰蓉	王丰蓉	1132

·枫树岭镇·

【概况】 2021年，枫树岭镇总面积308平方千米，辖18个建制村、129个村民小组。全镇总户数5709户，总人口18154人，有外来人口450人。山林面积22717公顷，耕地面积883公顷，其中水田面积51.07公顷。

乡镇财政收入975万元，税收收入1900万元；服务业增加值1.47亿元，增长10.5%；农民人均可支配收入34320元，增长10.4%。

深化铜山片中药材、夏峰片红高粱、白马片农特产品特色产业带建设。形成由1个省级现代农业园区，油茶和毛竹2个万亩产业，香榧、中药材等9个千亩基地构成的农林产业振兴布局。白马片通过“集体流转＋企业服务＋农户就业”模式，实现农产品全产业链开发，笋干产值达到500万元、毛豆产值100余万元，地瓜干产值2000余万元。建成铜山20公顷仿野生中药材基地，完成大下姜林下经济和秸秆综合利用项目。推出“一村一蜂场”共富计划，举办书记网上买年货等活动。

引进投资200万元的淳鹏饮品落户源塘村，投资400万元的蒋和友酒业落户夏峰村；基本建成总投资1.5亿元的文旅客厅。设立“两山银行”大下姜分行，录入闲置物业楼和农房61幢、46534平方米。

丰富下姜村景区宜游业态，打响下姜村旅游品牌，下姜村入选全国百条红色旅游线路；杭州宏逸集团投资梦逸的院子民宿二期建成；汪村村成功创建AAA级景区村庄；举办白马地瓜干节、大下姜开蜜节、红高粱丰收节等节庆活动。全年接待游客135.05万人次，住宿7.21万人次，旅游收入1.02亿元。其中下姜村接待游客83.16万人次，住宿5.1万人次，旅游收入7146.1万元，分别增长8.2%、24.4%和54.5%。

投资105万元实施夏龙线道路大中修工程。完成横山安置点景观围墙、给供水、排污纳管、污水处理池、电、路、绿化等基础配套工程建设；完成汪村村娄底安置点室外工程建设。建成下姜村省级垃圾分类示范村；建成上江村污水零直排区；投资294万元对沿湖沿线23座无动力农村污水处理终端池实施提升改造，更新资源化处理站设备。将垃圾分类督导员、污水运维员、河道水务员等统一整合为环保员，提升环保工作效率。5条河道的交界断面常年保持Ⅰ类水质。

推动农村饮用水达标提质，完成5个农村供水站建设；白马水厂主体工程开始施工，管网铺设完成工程量的70%。大下姜马云小学建设稳步推进；投资380万元的镇初级中学操场边坡治理及学校“两堂两室”改造工程基本完成；实施教学布局调整，枫树岭镇初级中学并入大墅镇初级中学。完成16处危房改造、92宗农民建房审批；农村不动产确权登记发证移交2670本；完成312户低保户核查、269户低边户核查，清退不合规低边户127户。安排助学资金14.29万元，用于保障低收入农户子女就学；发放计生特殊家庭扶持资金24.48万元。

枫树岭镇获评浙江省农村文化礼堂建设示范乡镇、2021年浙江省数字生活新服务特色镇、杭州市2020年度平安建设先进集体。下姜村党总支获评全国脱贫攻坚先进集体、全国争先创优先进基层党组织，下姜村获评全国示范性老年友好型社区、被授予“第十二批省级爱国主义教育基地”；源塘村党支部被评为杭州市先进基层党组织。

【下姜村党总支被授予全国脱贫攻坚先进集体称号】 2021年2月25日，在全国脱贫攻坚表彰大会上，下姜村党总支被中共中央、国务院授予全国脱贫攻坚先进集体称号。2001年起，在以习近平总书记为代表的六任省委书记的接力帮扶下，在下姜村党总支的红色引领下，下姜村实现从“穷山沟”到“绿富美”的蝶变。2015年，下姜村起步探索发展乡村旅游致富的新路子，成功创建国家AAAA级旅游景区；成立下姜景区管理公司，对全村民宿实行“五统一”管理制度(统一规划，统一营销，统一管理，统一分客，统一结算)，带头创新消薄增收新载体；推出“入股联营”机制，成立下姜实业发展有限公司，并在全国范围内首招乡村振兴职业经理人。通过这种由村民以“资源、资金、人口”自由入股的方式，“村集体＋企业”“村干部＋职业经理人”共同管理的创新模式，引领下姜村老百姓走共同富裕之路，同时探索出一条可持续和可复制的乡村振兴道路。2020年下姜村农民人均可支配收入42433元，旅游经济收入4626万元。

【下姜村被命名为2021年全国示范性老年友好型社区】 2021年11月9日，国家卫健委、全国老龄办将全国992个社区命名为2021年全国示范性老年友好型社区，枫树岭镇下姜村成功入选。下姜村一直致力于建立成一个整体的大家庭，通过免费开放老年食堂、健康体检及老寿星、孝亲敬老典范发放奖励等举措，让老年人可以在村中感受到温暖与关爱。针对村中老龄化现状和实际，下姜村从老年人对健康生活的角度出发，带动全体村民，引进各项技术，采取一系列行之有效的措施来解决存在的问题，切实提高老年人在下姜村的幸福感和获得感，形成精神与物质并重的智慧居家养老健康服务体系。下姜村还不断改善基础设施，为老年人提供优质健康的生活条件。 (王国江)

2021年枫树岭镇各建制村负责人及人口情况表

表27

村名	村党组织书记	村委会主任	人口(人)
下　姜	姜丽娟(女)	姜丽娟(女)	784
源　塘	陈文平	陈文平	489
枫树岭	胡忠源	胡忠源	516
湖　景	凌露明	凌露明	1231
铜　山	余建苏	余建苏	1521
鲁家田	汪文贤	汪文贤	806
大　源	余金威	余金威	505
薛家源	王华明	王华明	540
上　江	姜齐红	姜齐红	1050
夏　峰	江敏琼(女)	江敏琼(女)	776
丰家源	丰龙华	丰龙华	1135
夏　村	刘丽萍(女)	刘丽萍(女)	1301
汪　村	王红昌	王红昌	1841
衍昌村	胡志新	胡志新	1435
白　马	吴约木	吴约木	1383
大桥头	廖贤良	廖贤良	732
周家桥	俞如文	俞如文	936
官　川	唐爱平	唐爱平	1151

·安阳乡·

【概况】 2021年，安阳乡总面积146平方千米，辖12个建制村、114个村民小组。全乡总户数3635户，总人口11385人。

2021年全乡实现财政总收入572万元，比上年下降27.9%，其中地方财政收入282万元，下降23.2%。农村经济总收入16.79亿元，增长11.0%；村级集体经济总收入872万元，增长5.1%；农民人均收入25715元，增长11.2%。

把壮大村集体经济、富民增收作为中心工作来推动，通过土地流转、项目招引、资产盘活等举措，推动完成消薄增收任务。全乡12个村均建成富有特色的党建消薄基地，形成以安阳村生态有机大米、红山岙村高山茶叶、乌龙村深山蜂蜜等为代表的农业特色产业。10月，昌墅村消薄基地举办以“共同富裕，幸福‘稻’老”为主题的丰收节在中央广播电视总台《新闻联播》栏目播报。

9月，通过招商引进的红山谷景区项目正式开工，该项目由中国民营企业500强之一的宁波华东城集团负责建设，一期投入3000余万元。10月，安阳加油站顺利运营。杭州阿礼水蛭项目等一批深绿产业落地，培育一批符合安阳产业发展的税收新增长点。规上企业实现总产值8213.3万元。

以集镇为中心，辐射五都源、六都源旅游产业，串联起五堡民宿、上梧溪流域的水果采摘、乌龙三井尖、畏岭古道等旅游资源。全年接待游客28万人次，实现旅游经济收入1800余万元。

与千岛湖水基金合作，在上梧溪流域建成杭州市首条生态沟渠，探索农业面源污染防治。成立以中国农业大学康绍忠、浙江理工大学教授梁宗锁、中国计量大学教授朱成等为核心成员的试验团队，在山下村建立占地8公顷的千岛湖消落带净水农业安阳试验区。在安阳集镇水域实施“生态浮岛＋生物膜”生态修复项目，开展典型库湾脱氮除磷原位示范研究，形成“源头减量＋末段治理＋水体吸附”的安阳护水新模式并带动研学产业的发展。

投资306万元，实施集镇十三坯地块整治；实施五堡山路自然村整治，不断打造节点景观，提升淳杨线整体环境；完成2021年水利工程建设前期勘测、设计概算及项目评审和财审工作。投资1300余万元，完成“十四五”大武强溪农村河道整治工程建设、五都源水厂与枫树岭大水厂并网工程建设，启动外畈村叶主自然村饮用水提升工程建设的各项前期工作。投资1570万元，实施涉及4个建制村的上梧溪流域综合治理工程建设。

完成全省乡镇综合文化站评估定级工作，安阳乡综合文化站被确定为2级；推进省级文明乡创建、市级文明村创建及农村文化礼堂建设；做好民盟市委会、阳光教育基金会、致公党到学校开展的帮教助学工作。

农村医疗保险、养老保险等救助保障体系进一步健全。全面提高低收入农户消薄水平，对全乡所有收入型、支出型低保进行上门入户调查，对全乡30余户低收入家庭根据实际情况进行不同程度的调标。抓好残疾人之家的启动工作，成功创建三星级残疾之家。

安阳乡被命名为省级文明乡、2021年度浙江省美丽乡村示范乡镇；安阳乡红山谷风景线被评为2021年度浙江省美丽乡村风景线；安阳乡黄川村被命名为2020年度杭州市和谐(文明、平安)社区(村)。

【领导调研】 2021年1月6日，杭州市副市长胡伟赴安阳乡开展“三服务”活动。先后调研乌龙村文化礼堂项目建设、黄川村治污运维终端、日头山精品村项目并在安阳乡召开座谈会。2021年12月5日，县委书记杨建根到安阳乡调研护水科研、生态建设工作。2021年12月20日，县委副书记、县长张鸿斌赴安阳乡调研净水农业项目、水蛭项目及红山谷景区建设项目并在红山岙村召开座谈会。

【安阳乡党群服务中心启用】 2021年6月18日，安阳乡启用新党群服务中心。新的党群服务中心位于集镇，靠近淳杨线，占地面积862平方米，建筑面积1820平方米，共三层。

【安阳乡加油站启用】 2021年9月12日，杭州市淳安县安阳综合供能服务站正式启用，项目总投资6700余万元。该加油站项目是服务地方经济发展的重要配套设施，对下一步安阳全域旅游开拓以及招商引资都有很好的带动作用。

【红山谷景区项目开工】 2021年9月17日，安阳乡红山谷景区项目开工。红山谷景区位于安阳乡红山畲村,距离千岛湖镇约35分钟车程。景区总面积90公顷,项目总投资3150万元,由中国民营企业500强之一的宁波华东城集团投资建设,浙江亿景旅游开发有限公司负责实施。主要以瀑布奇观体验为核心、国家AAAA级旅游景区为目标——“世外桃源仙谷瀑”为主题,拟打造融生态休闲、乡野度假、自然教育三大功能于一体的旅游项目。 (余奇峰)

2021年安阳乡各建制村负责人及人口情况表

表28

村名	村党组织书记	村委会主任	人口(人)
乌　龙	陈日敬	陈日敬	1144
红山畲	余贤军	余贤军	1012
下栖梧	余银池	余银池	1502
昌　墅	余军福	余军福	969
山　下	吴英红	吴英红	695
上　梧	吴红明	吴红明	885
五　堡	余玉钢	余玉钢	668
安　阳	余的华	余的华	1040
黄　川	陈志鹏	陈志鹏	1006
外　畈	余华东	余华东	732
桐　川	王朝有	王朝有	824
裛　岭	余家茂	余家茂	908

(编辑　刘东山)

重要名录

·2021年淳安县党政机关、群众团体主要负责人名录·

【县委和县委机关】

县　委

书　记	黄海峰	（　—2021年11月）
	杨建根	（2021年11月—　）
副书记	张鸿斌	
	郑志光	（　—2021年1月）
	赖明诚	（2021年1—11月）
	许海波	（2021年12月—　）

常　委（书记、副书记均为常委，略）

	赖明诚	（　—2021年1月）
	姚伟明	（　—2021年6月）
	徐恒辉	（　—2021年11月）
	鲁连美（女）	
	宋立新	（　—2021年4月）
	许海波	
	费林建	（　—2021年11月）
	胡拥波	（　—2021年11月）
	汤燕君（女）	（　—2021年11月）
	何烨锋	（2021年4月—　）
	卜利斌	（2021年11月—　）
	吴克青	（山海协作挂职干部）
	徐新勇	（2021年6月—　）
	罗孙一鸣	（2021年11月—　）
	沈国红	（2021年11月—　）
	章临凯	（2021年11月—　）
	王　刚	（2021年12月—　）

委　员(书记、副书记、常委均为委员,略)

董文吉
郑志光
刘小松　（—2021年10月）
章传强　（—2021年12月）
商松懋　（—2021年12月）
杨　勇　（—2021年11月）
王跃平　（—2021年12月）
洪余良
方必盛　（—2021年12月）
钱立华　（—2021年12月）
胡红宝
徐军飞　（—2021年11月）
张飞燕　（—2021年12月）
毛善智
方开银　（—2021年12月）
姜小旺　（—2021年12月）
王苏宝　（—2021年12月）
江灵强　（—2021年12月）
何宇富　（—2021年12月）
何小林　（—2021年12月）
黄红婷(女)
方　阳
邵全胜　（—2021年12月）
汪爱祥　（—2021年12月）
商建军
余　飞　(2021年12月—　)
李浙峰　(2021年12月—　)
罗宝华　(2021年12月—　)
金晨旦　(2021年12月—　)
姜　君(女)(2021年12月—　)
张　波　(2021年12月—　)
许哲丰　(2021年12月—　)
钱红建　(2021年12月—　)
叶孔军　(2021年12月—　)
徐建强　(2021年12月—　)
陈　君　(2021年12月—　)
程　军　(2021年12月—　)

余旭权　(2021 年 12 月—)
严国栋　(2021 年 12 月—)
余国富　(2021 年 12 月—)
余顺明　(2021 年 12 月—)
汪仁发　(2021 年 12 月—)
钱　江　(2021 年 12 月—)
徐宗政　(2021 年 12 月—)
王伟东　(2021 年 12 月—)

县纪律检查委员会(县监察委员会)

书　记　徐恒辉　(—2021 年 11 月)
沈国红　(2021 年 11 月—)
主　任　徐恒辉　(—2021 年 11 月)
沈国红　(2021 年 12 月—)
副书记、副主任　徐军飞　(—2021 年 11 月)
方爱民　(—2021 年 4 月)
严国栋　(2021 年 12 月—)
汪发通　(2021 年 12 月—)

县委办公室(政研室、保密办、机要局、县档案局)

主　任　徐新勇

县委台湾工作办公室(县政府台湾事务办公室)

主　任　徐新勇

县委组织部(县公务员局)

部　长　费林建　(—2021 年 12 月)
何烨锋　(2021 年 12 月—)

县委直属机关工作委员会

书　记　费林建　(—2021 年 12 月)
何烨锋　(2021 年 12 月—)

县委新经济与新社会组织工作委员会

书　记　胡红宝

县委宣传部(县新闻出版局)

部　长　汤燕君(女)(—2021 年 12 月)
章临凯　(2021 年 12 月—)

县政府新闻办公室

主　任　余国富

县委精神文明建设委员会办公室

主　任　余国富

县委互联网信息办公室(网络舆情监测应急中心)

主　任

县社会科学界联合会

主　席　　胡炳君

县委统战部

部　长　　鲁连美(女)

县民族宗教事务局

局　长　　宋　宏　(2021 年 7 月—)

县政府侨务办公室

主　任　　余顺明

县委政法委员会

书　记　　郑志光(兼)(—2021 年 1 月)

赖明诚(兼)(2021 年 1—11 月)

许海波(兼)(2021 年 12 月—)

县委机构编制委员会办公室

主　任　　徐国建

县委巡察机构

办公室主任　　胡正阳

第一巡察组组长　　谢吉荣　(—2021 年 5 月)

李许金　(2021 年 5 月—)

第二巡察组组长　　徐旭建　(—2021 年 9 月)

储菜仙(女)(2021 年 9 月—)

第三巡察组组长　　叶建乐

第四巡察组组长　　黄永平

县委县政府信访局

局　长　　徐建明

县委老干部局

局　长　　何小武　(2021 年 5 月—)

县委党校

校　长　　费林建(兼)(—2021 年 11 月)

何烨锋(兼)(2021 年 12 月—)

党委书记　　邵红卫　(—2021 年 9 月)

方　丽(女)(2021 年 9 月—)

县行政学校

校　长　　赖明诚(兼)(—2021 年 1 月)

许海波(兼)(2021 年 1—12 月)

卜利斌(兼)(2021 年 12 月—)

县委党史研究室

主　任　　朱华民

【县人大常委会和人大机关】

人大常委会

主　任　　董文吉

副主任　　徐月焕　（ —2021 年 2 月）

　　　　　章传强

　　　　　管国良

　　　　　洪永鸿

　　　　　叶春晖

　　　　　毛夏平

党组书记　　董文吉

人大常委会办公室

主　任　　徐明主

监察和法制司法工作委员会

主　任　　方四雷

农业和农村工作委员会

主　任　　陆发平　（ —2021 年 9 月）

　　　　　钱立华　（2021 年 9 月— ）

城建环保工作委员会

主　任　　汪新明

代表工作委员会

主　任　　杨武军

教科文卫工作委员会

主　任　　王新华

社会建设工作委员会

主　任　　姜建明　（2021 年 9 月— ）

财政经济工作委员会

主　任　　徐夏冰（女）

委　员（各工委主任均为人大常委会委员，略）

　　　　　江灵强

　　　　　余国富

　　　　　汪仁发

　　　　　张飞燕

　　　　　徐晓晶

　　　　　王红娟（女）

　　　　　周光华

　　　　　吴家有

　　　　　王圣祥　（ —2021 年 2 月）

　　　　　方加余

汪建敏
陈汉康

【县人民政府和政府机关】

县人民政府

县　长　　张鸿斌
副县长　　赖明诚　（ —2021年1月）
许海波　（2021年1—12月）
卜利斌　（2021年12月— ）
吴克青(山海协作挂职干部)
商松懋　（ —2021年1月）
余红英(女)(—2021年12月)
余　飞
李浙峰
黄　青(女)(省下派挂职干部)
方飞燕(女)(—2021年12月)
罗宝华　（2021年1月— ）
金晨旦　（2021年9月— ）
姜　君(女)(2021年12月—)

经济开发区

党工委书记　　许海波(兼)
管委会主任　　许海波(兼)
管委会常务副主任
王跃平　（ —2021年1月）
钱红建　（2021年1—9月）
钱　江　（2021年9月— ）

千岛湖旅游度假区

党工委书记　　宋立新(兼)(—2021年4月)
何烨锋(兼)(2021年4—12月)
管委会主任　　宋立新(兼)(—2021年4月)
何烨锋(兼)(2021年4—12月)
管委会常务副主任
汪荣富　（ —2021年1月）
张日军　（2021年1月— ）

县政府办公室(外事办)

党组书记　　徐宗政
主　任　　徐宗政

档案馆

党组书记　　邵吉明　　（　—2021 年 1 月）
　　　　　　管峰华　　（2021 年 1 月—　）

馆　长　　邵吉明　　（　—2021 年 1 月）
　　　　　　管峰华　　（2021 年 1 月—　）

机关事务服务中心

主　任　　方文贤　　（　—2021 年 6 月）
　　　　　　吴　聪　　（2021 年 6 月—　）

发展和改革局

党委书记　　毛善智

局　长　　毛善智

教育局

党委书记　　鲍永红

局　长　　鲍永红

公安局

党委书记　　李浙峰

局　长　　李浙峰

政　委　　胡国宏

民政局(移民局)

党委书记　　王武祥

局　长　　王武祥

司法局(行政复议局)

党组书记　　叶俊军　　（2021 年 1 月—　）

局　长　　叶俊军　　（2021 年 1 月—　）

财政局(国有资产监督管理办公室)

党委书记　　陆建育

局　长　　陆建育

人力资源和社会保障局

党委书记　　袁　君(女)

局　长　　袁　君(女)

规划和自然资源局

党委书记　　钱立华　　（　—2021 年 11 月）
　　　　　　王伟东　　（2021 年 11 月—　）

局　长　　钱立华　　（　—2021 年 11 月）
　　　　　　王伟东　　（2021 年 11 月—　）

住房和城乡建设局(民防办)

党委书记　　何宇富

局　长　　何宇富

交通运输局

党委书记　　何小林　　(　—2021 年 9 月)
　　　　　　洪余良　　(2021 年 9 月—　)
局　长　　　何小林　　(　—2021 年 9 月)
　　　　　　洪余良　　(2021 年 9 月—　)

农业农村局(乡村振兴局)

党委书记　　方海珍(女)
局　长　　　方海珍(女)

林业局

党委书记　　黄红婷(女)
局　长　　　黄红婷(女)

文化和广电旅游体育局(文物局)

党委书记　　方必盛
局　长　　　方必盛

卫生健康局

党委书记　　商建军
局　长　　　商建军

退役军人事务局

党组书记　　姜建明　　(　—2021 年 9 月)
　　　　　　唐　敏　　(2021 年 9 月—　)
局　长　　　姜建明　　(　—2021 年 9 月)
　　　　　　唐　敏　　(2021 年 9 月—　)

应急管理局

党委书记　　方文田
局　长　　　方文田

审计局

党组书记　　徐建球
局　长　　　徐建球

市场监督管理局(知识产权局)

党委书记　　方爱民　　(2021 年 4 月—　)
局　长　　　方爱民　　(2021 年 4 月—　)

统计局

党组书记　　王建民
局　长　　　吴立新　　(　—2021 年 6 月)
　　　　　　汪丽霞(女)(2021 年 6 月—　)

医疗保障局

党组书记　　王建平
局　长　　　方红星

城市管理局(综合行政执法局)

党委书记　　方开银

局　长　　方开银

千岛湖生态综合保护局(水利水电局)

党委书记　　汪荣富　　(2021年1月—　)

局　长　　汪荣富　　(2021年1月—　)

生态产业和商务局(经济和信息化局、科学技术局、粮食和物资储备局)

党委书记　　方　阳

局　长　　方　阳

对外合作与投资促进局

党委书记　　姜小旺

局　长　　姜小旺

市生态环境局淳安分局

党组书记　　方肇兴　　(　—2021年9月)

　　王红娟(女)(2021年9月—　)

局　长　　方肇兴　　(　—2021年9月)

　　王红娟(女)(2021年9月—　)

供销合作总社

党委书记　　王建才　　(　—2021年9月)

　　何小林　　(2021年9月—　)

主　任　　王建才　　(　—2021年9月)

　　何小林　　(2021年9月—　)

行政审批管委会办公室

党工委书记　　赖明诚　　(　—2021年1月)

　　许海波　　(2021年1—12月)

　　卜利斌　　(2021年12月—　)

主　任　　方朝晖

千岛湖传媒集团有限公司

党委书记　　方振华　　(　—2021年1月)

　　余国富　　(2021年1月—　)

总　裁　　方振华　　(　—2021年1月)

　　余国富　　(2021年1月—　)

总编辑　　张志鹏

千岛湖旅游集团有限公司

党委书记　　方震凡

董事长　　方震凡

总经理　　郝　云(生态特区下派挂职干部)　　(　—2021年9月)

　　程剑明　　(2021年9月—　)

千岛湖建设集团有限公司

党委书记　　王光贵

董事长　　王光贵

总经理　　童德根

交通发展投资集团有限公司

党委书记　　缪宝根

董事长　　缪宝根

总经理　　钱贤君

千岛湖农业发展集团有限公司

党委书记　　滕建平

董事长　　滕建平

总经理　　方　杰

新安江生态开发集团有限公司

党委书记　　柯尚逵

董事长　　柯尚逵

总经理　　徐小忠

工贸资产经营有限公司

党委书记　　管三平

董事长　　管三平

总经理

【县政协和政协机关】

县政协

主　席　　刘小松　　(—2021 年 2 月)

　　郑志光　　(2021 年 2 月—)

副主席　　王晓林

　　何建法

　　占志明　　(—2021 年 2 月)

　　胡　敏

　　商松懋　　(2021 年 2 月—)

　　邵文涛

　　汪雪梅(女)

党组书记　　刘小松　　(—2021 年 1 月)

　　郑志光　　(2021 年 1 月—)

秘书长　　邵全胜

常　委(主席、副主席、秘书长均为常委,略)

　　王建军

　　王根标　　(—2021 年 10 月)

王新华　（ —2021 年 2 月）
方为宾　（ —2021 年 6 月）
方伟文
方红星
方爱民
方福水
叶斌英
刘志贵
严旭兵
李　斌
吴立新
吴雪源
何　婧
余运德
汪书芬
陈田飞
陈华进
郑　斌
郑晓峰
祝云祥　（ —2021 年 2 月）
姚樟树　（ —2021 年 2 月）
倪苏俏
徐香枝
徐夏冰　（ —2021 年 2 月）
唐淑芳
鲁耀华
雷　平
解佑星　（ —2021 年 2 月）
徐宗强　（ —2021 年 10 月）
胡红宝
卢合理　（2021 年 2 月— ）
余顺明　（2021 年 2 月— ）
吴玉玲　（2021 年 2 月— ）
余建成　（2021 年 2—6 月）
张　辉　（2021 年 2 月— ）
陆新辉　（2021 年 2 月— ）
黄雅琴　（2021 年 2 月— ）
洪　莉　（2021 年 2 月— ）

政协办公室

主　任　　余运德

提案委员会

主　任　　王根标　（ —2021 年 9 月）

　　　　　方肇兴　（2021 年 9 月— ）

委员工作委员会

主　任　　余建成　（ —2021 年 6 月）

　　　　　卢合理　（2021 年 6 月— ）

经济科技委员会

主　任　　姚樟树　（ —2021 年 1 月）

　　　　　卢合理　（2021 年 2—6 月）

　　　　　张飞燕　（2021 年 6 月— ）

城建和人口资源环境委员会

主　任　　徐香枝(女)

社会法制和港澳台侨委员会

主　任　　方为宾　（ —2021 年 6 月）

　　　　　吴立新　（2021 年 6 月— ）

文史和教文卫体委员会

主　任　　徐宗强　（ —2021 年 9 月）

　　　　　邵红卫　（2021 年 9 月— ）

【法院、检察院机关】

人民法院

党组书记　　张　波

院　长　　张　波

人民检察院

党组书记　　杨　勇　（ —2021 年 11 月）

　　　　　许哲丰　（2021 年 11 月— ）

检察长　　杨　勇　（ —2021 年 11 月）

　　　　　许哲丰　（2021 年 11 月— ）

【军事组织】

人民武装部

部　长　　王　刚

政治委员　　胡拥波　（ —2021 年 9 月）

　　　　　康忠永　（2021 年 9 月— ）

【群众团体】

总工会

党组书记　　张飞燕　　（—2021年5月）
　　　　　　谢吉荣　　（2021年5月—）

主　席　　　叶春晖

常务副主席　张飞燕　　（—2021年5月）
　　　　　　谢吉荣　　（2021年5月—）

团县委

党组书记　　徐晓晶　　（—2021年9月）
　　　　　　洪晓珍（女）（2021年9月—）

书　记　　　徐晓晶　　（—2021年9月）
　　　　　　洪晓珍（女）（2021年9月—）

妇　联

党组书记　　王红娟（女）（—2021年9月）
　　　　　　王丽娟（女）（2021年9月—）

主　席　　　王红娟（女）（—2021年9月）
　　　　　　王丽娟（女）（2021年9月—）

科　协

党组书记　　汪爱祥

主　席　　　汪爱祥

文　联

党组书记　　姚樟树　　（2021年1月—）

主　席　　　姚樟树　　（2021年1月—）

残　联

党组书记　　周光华

理事长　　　周光华

工商联

党组书记　　陆新辉　　（2021年1月—）

主　席　　　陆新辉　　（2021年1—10月）
　　　　　　郑晓峰（兼）（2021年10月—）

侨　联

主　席　　　余顺明　　（2021年12月—）

红十字会

专职副会长（主持工作）
　　　　　　吴　潇　　（—2021年9月）
　　　　　　吕仙梅（女）（2021年9月—）

【事业单位】

融媒体中心(广播电视台)

主　任　　汤燕君　（女，兼）（ —2021 年 12 月）

杭州住房公积金管理中心淳安分中心

主　任　　方拥军

【其他行政事业机构】

税务局

党组书记　　徐庭柱

局　长　　徐庭柱

邮政公司

党委书记　　高　星

总经理　　高　星

电信公司

党委书记　　王　刚

总经理　　王　刚

国网浙江淳安县供电公司

董事、党委书记　　杨　峰　（ —2021 年 10 月）

总经理、党委副书记

　　杨　峰　（2021 年 10—12 月）

　　谭海云　（2021 年 12 月— ）

总经理　　王小斌　（ —2021 年 10 月）

副总经理、党委书记

　　王小斌　（2021 年 10 月— ）

气象局

党组书记　　周光清

局　长　　周光清

中国人民银行淳安县支行

党组书记　　戴茂青

行　长　　戴茂青

浙江银保监局淳安监管组

主　任　　吴传海　（ —2021 年 10 月）

中国工商银行淳安县支行

党总支书记　　余　彬

行　长　　余　彬

中国农业银行淳安县支行

党委书记　　许伟坤

行长　　许伟坤

中国建设银行淳安县支行

党总支书记　　余武平

行　长　　余武平

浙江淳安农村商业银行股份有限公司

党委书记　　徐　峻

董事长　　徐　峻

行　长　　王敏行

中国银行淳安县支行

党总支书记　　杜蕴博

行　长　　杜蕴博

中国农业发展银行淳安县支行

党支部书记　　齐卫峰

行　长　　齐卫峰

中国人民财产保险公司淳安县支公司

党支部书记　　陈　伟　　（ —2021 年 2 月）

胡　滨　　（2021 年 2 月— ）

总经理　　陈　伟　　（ —2021 年 2 月）

胡　滨　　（2021 年 2 月— ）

中国人寿保险公司淳安县支公司

党支部书记　　邱纪君　　（ —2021 年 1 月）

余久昌　　（2021 年 1 月— ）

经　理　　邱纪君　　（ —2021 年 1 月）

余久昌（主持工作）　　（2021 年 1 月— ）

烟草专卖局（公司）

党组书记　　傅建国　　（ —2021 年 1 月）

戴　烨　　（2021 年 9 月— ）

局长（经理）　　傅建国　　（ —2021 年 1 月）

戴　烨　　（2021 年 9 月— ）

副局长（副经理）（主持工作）

戴　烨　　（2021 年 1—9 月）

【乡镇负责人】

千岛湖镇

党委书记　　洪余良　　（ —2021 年 9 月）

钱红建　　（2021 年 9 月— ）

镇　长　　王丽娟（女）（ —2021 年 12 月）

钱江锋　　（2021 年 12 月— ）

人大主席　　吴家有　　（ —2021 年 12 月）

毕　成　(2021年12月—)

文昌镇

党委书记　罗宝华　(—2021年1月)

方胜杰　(2021年1月—)

镇　长　方胜杰　(—2021年1月)

王胜英(女)(2021年1月—)

人大主席　梅丽军　(—2021年1月)

方旭峰　(2021年1月—)

石林镇

党委书记　徐　涌

镇　长　洪鹏飞

人大主席　王伟霞(女)(—2021年1月)

方加鹏　(2021年1月—)

里商乡

党委书记　唐　敏　(—2021年9月)

何钰杰　(2021年9月—)

乡　长　余金刚　(—2021年12月)

王成良　(2021年12月—)

人大主席　滕淑燕(女)(—2021年12月)

金华娃　(2021年12月—)

金峰乡

党委书记　汪鹏飞

乡　长　徐玉美(女)

人大主席　夏祯富　(—2021年12月)

徐　弘　(2021年12月—)

富文乡

党委书记　余旻樟

乡　长　何钰杰　(—2021年12月)

徐毅鹏　(2021年12月—)

人大主席　徐文文

左口乡

党委书记　储菜仙(女)(—2021年9月)

徐新平　(2021年9月—)

乡　长　徐新平　(—2021年12月)

汪红娟(女)(2021年12月—)

人大主席　余　涛

临岐镇

党委书记　钱　江　(—2021年9月)

	叶孔军	（2021年9月— ）
镇　长	徐娟芳（女）	（ —2021年12月）
	汪　辉	（2021年12月— ）
人大主席	张宏斌	（ —2021年12月）
	胡奕锋	（2021年12月— ）

屏门乡

党委书记	程剑明	（ —2021年9月）
	徐红星	（2021年9月— ）
乡　长	徐红星	（ —2021年12月）
	季小飞	（2021年12月— ）
人大主席	洪永流	（ —2021年12月）
	夏晓东	（2021年12月— ）

瑶山乡

党委书记	叶孔军	（ —2021年9月）
	周　凯	（2021年9月— ）
乡　长	周　凯	（ —2021年12月）
	方升林	（2021年12月— ）
人大主席	王圣祥	（ —2021年1月）
	鲁杭春	（2021年1月— ）

威坪镇

党委书记	徐建强	
镇　长	陈　君	（ —2021年12月）
	朱玉荣	（2021年12月— ）
人大主席	余龙飞	（ —2021年1月）
	王圣祥	（2021年1月— ）

王阜乡

党委书记	方　丽（女）	（ —2021年9月）
	徐金飞	（2021年9月— ）
乡　长	宋　宏	（ —2021年7月）
	程建祥	（2021年12月— ）
人大主席	闻云发	（ —2021年1月）
	吴新君	（2021年1月— ）

鸠坑乡

党委书记	张盛剿	
乡　长	章新华	（ —2021年1月）
	郑智忠	（2021年1月— ）
人大主席	王华强	（ —2021年12月）
	邵新根	（2021年12月— ）

宋村乡

党委书记	洪志峰	
乡　长	徐毅鹏	（—2021年12月）
	章小燚	（2021年12月—）
人大主席	方旭峰	（—2021年1月）
	章迁新	（2021年1月—）

姜家镇

党委书记	王何勇	（—2021年9月）
	陈　君	（2021年10月—）
镇　长	王伟东	（—2021年12月）
	叶利剑	（2021年12月—）
人大主席	叶利剑	（—2021年12月）
	王华强	（2021年12月—）

梓桐镇

党委书记	钱红建	（—2021年1月）
	程王镇	（2021年1月—）
镇　长	程王镇	（—2021年1月）
	管海波	（2021年1月—）
人大主席	季小飞	（—2021年12月）
	方建辉	（2021年12月—）

浪川乡

党委书记	严国栋	（—2021年9月）
	汪巧明	（2021年9月—）
乡　长	张　杰	
人大主席	方永华	

界首乡

党委书记	张日军	（—2021年1月）
	蒋　鑫	（2021年1月—）
乡　长	钱江锋	（—2021年12月）
	方加余	（2021年12月—）
人大主席	姜崇平	（2021年1—12月）
	余绍刚	（2021年12月—）

汾口镇

党委书记	程　军	
镇　长	蒋　鑫	（—2021年1月）
	章新华	（2021年1月—）
人大主席	方加余	（—2021年12月）
	王国宏	（2021年12月—）

中洲镇

党委书记　　陆新辉　（—2021年1月）
　　　　　　汪巧明　（2021年1—9月）
　　　　　　王小晶　（2021年9月— ）
镇　长　　　汪巧明　（—2021年1月）
　　　　　　王小晶　（2021年1—12月）
　　　　　　商贵华　（2021年12月— ）
人大主席　　章迁新　（—2021年1月）
　　　　　　陈贤成　（2021年1月— ）

大墅镇

党委书记　　张俊华　（—2021年4月）
　　　　　　余旭权　（2021年6月— ）
镇　长　　　余旭权　（—2021年12月）
　　　　　　王金明　（2021年12月— ）
人大主席　　王成良　（—2021年12月）
　　　　　　王红丽（女）（2021年12月— ）

枫树岭镇

党委书记　　余慧梅（女）
镇　长　　　徐金飞　（—2021年12月）
　　　　　　徐高鹏　（2021年12月— ）
人大主席　　姜华军　（—2021年12月）
　　　　　　王曙光　（2021年12月— ）

安阳乡

党委书记　　汪发通　（—2021年9月）
　　　　　　余文武　（2021年9月— ）
乡　长　　　余文武　（—2021年12月）
　　　　　　徐晓晶　（2021年12月— ）
人大主席　　方有根　（—2021年1月）
　　　　　　徐　迅　（2021年1月— ）

（陈健敏）

·2021年淳安县先进名录·

【国家及国家部门级先进集体】

2021年淳安县获国家及国家部门级先进集体情况一览表

表29

获奖单位	奖项名称	授奖单位
枫树岭镇下姜村党总支	全国脱贫攻坚先进集体	中共中央、国务院
枫树岭镇下姜村党总支	全国争先创优先进基层党组织	中共中央
枫树岭镇下姜村	全国百条红色旅线路	文旅部、中宣部
淳安县	2020年度全国信访“三无县”	国家信访局
枫树岭镇下姜村	全国示范性老年友好型社区	国家卫生健康委、全国老龄办
淳安县	“乡村振兴观察点”	中央广播电视总台
淳安县下姜小流域	2021年度国家水土保持生态清洁小流域	水利部
县劳动保障监察大队	全国人力资源社会保障系统优质服务窗口	人力资源和社会保障部
县规划和自然资源局	中国实践典型案例	自然资源部
县司法局临岐司法所	全国模范司法所	司法部
汾口镇陆乡村	全国模范人民调解员会	司法部

【国家部门下属单位、协会级先进集体】

2021年淳安县获国家部门下属单位、协会级先进集体情况一览表

表30

获奖单位	奖项名称	授奖单位
千岛湖初级中学	全国足球特色学校	教育部体艺卫教育司
千岛湖南景幼儿园	全国足球特色学校	教育部体艺卫教育司
县林业局	森林草原防火无人机应用示范单位	国家林业和草原局防火司
县市场监督管理局	“十三五”期间全国直销违法案件优秀案例(河北华林生物技术有限公司浙江分公司虚假宣传案)	市场监管总局价监竞争局
千岛湖初级中学科技创新工作室	最具特色“云上工作室”	中国科协青少年科技中心
县融媒体中心	2020年度广播电视公益广告扶持项目名单传播机构类	国家广播电视总局办公厅

【省及省属部门级先进集体】

2021年淳安县获省及省属部门级先进集体情况一览表

表31

获奖单位	奖项名称	授奖单位
淳安县	2020年度平安县	省委、省政府
县委政法委	2019—2020年度全省反邪教工作成绩突出集体	省委、省政府
县林业局	“森林浙江”建设突出贡献集体	省委、省政府

续表31

获奖单位	奖项名称	授奖单位
县林业总场有限公司	“森林浙江”建设突出贡献集体	省委、省政府
开发集团	“森林浙江”建设突出贡献集体	省委、省政府
枫树岭镇下姜村	第十二批省级爱国主义教育基地	省委、省政府
安阳乡	浙江省文明乡	省委、省政府
杭州市生态环境局淳安分局	全省“五水共治”工作先进集体	省委、省政府
捕捞一队党支部	浙江省先进基层党组织	省委
石林镇双西村文化礼堂	2020年度五星级农村文化礼堂验收合格名单	省委宣传部、省农村文化礼堂建设工作领导小组办公室
千岛湖骑龙巷文化创意街区	浙江省文化创意街区	省委宣传部
下姜“梦想宣讲团”	2021年浙江省基层理论宣讲成绩突出集体	省委宣传部
汾口镇杨旗坦村	2020年度省级书香文化礼堂	省委宣传部
枫树岭镇下姜村	2020年度省级书香文化礼堂	省委宣传部
里商乡五兴村	2021年省级墨香文化礼堂	省委宣传部
枫树岭镇下姜村	2020年度省级五星级文化礼堂	省委宣传部
中洲镇南庄村	2020年度省级五星级文化礼堂	省委宣传部
汾口镇宋祁村	2020年度省级五星级文化礼堂	省委宣传部
文昌镇西阳村	2020年度省级五星级文化礼堂	省委宣传部
石林镇双西村	2020年度省级五星级文化礼堂	省委宣传部
临岐镇范村	2020年度省级五星级文化礼堂	省委宣传部
金峰乡金峰村	2020年度省级五星级文化礼堂	省委宣传部
大墅镇儒洪村	2020年度省级五星级文化礼堂	省委宣传部
枫树岭镇	2021年省文化礼堂建设示范乡镇	省委宣传部
淳安县大下姜	首批文旅助力共富最佳实践案例	省文化和旅游厅
枫树岭镇下姜村	2021年浙江省电子商务示范村	省商务厅
枫树岭镇退役军人服务站	浙江省首批全国“示范性退役军人服务站”	省退役军人事务厅
浪川乡	浙江省首批全国“示范型退役军人”服务中心(站)	省退役军人事务厅
淳安中学	浙江省2021年度节水型单位	省住房和城乡建设厅
县规划和自然资源局	浙江省农房确权登记发证工作成绩突出集体	省自然资源厅
县规划和自然资源局	浙江省自然资源系统改革创新优秀案例	省自然资源厅
县财政局	2020年度全省财政管理绩效考评优秀单位	省财政厅
枫树岭村	2021年省级民主法治村	省司法厅
千岛湖阡陌家庭农场有限公司	2021年度省级家庭农场	省农业农村局
淳安县	2020年度浙江省水库移民工作考核优秀县	省民政厅
县社科联	2020年度市县社科联测评优秀单位	省社会科学界联合会
县民政局	《浙江省革命老区发展史》丛书编纂工作先进集体	省革命老区开发建设促进会
南山学校	2020年浙江省青少年足球特色学校	省教育厅
汾口镇中心幼儿园	2021年浙江省青少年校园足球特色幼儿园	省教育厅
千岛湖初级中学	浙江省现代化学校	省教育厅、省教育督导室

续表31

获奖单位	奖项名称	授奖单位
千岛湖初级中学数学教研组	省优秀教研组	省教育厅教研室
开发集团	浙江省林业局、林学会第二十一届科技兴林奖一等奖	省林业局
开发集团	浙江省生态文化建设突出贡献集体	省林业局
县林业局	浙江省林业规划财务工作突出贡献集体	省林业局
浙江千岛湖西南景区旅游有限公司	浙江森林氧吧	省林业局
淳安县	2020 年度全省水利工作综合绩效考评优秀县	省水利厅
淳安县	2020 年度全省农业水价综合改革工作绩效评价优秀县	省水利厅等 4 部门
县水利水电局	2021 年小型水库系统治理和水利工程管理“三化”改革成绩突出集体	省水利厅
淳安县心约婚姻家庭工作室	浙江省婚姻家庭纠纷化解品牌工作室	省妇联
安阳乡中心小学	浙江省儿童之家	省妇联
大墅镇妇联	浙江省示范乡镇(街道)妇联	省妇联
县人力资源和社保局人社窗口、千岛湖风景区东南湖区管理处售票组、淳安中学英语教研组、县中医院神经内科医护组、千岛湖镇新北社区便民服务大厅	浙江省巾帼文明岗	省妇联
县司法局	全省“枫桥式”司法所建设成绩突出集体	省司法厅
县司法局	2021 年度浙江省档案工作目标管理省一级单位	省司法厅、省档案局
淳安农商银行	2021 年度杭州辖内银行业非现场监管报表考核一等奖	中国银保监会浙江监管局
淳安农商银行	2021 年度杭州辖内银行业金融机构监管统计工作竞赛三等奖	中国银保监会浙江监管局
县人民检察院	全省扫黑除恶专项斗争先进集体	省委办公厅、 省政府办公厅
县人大机关	2021 年全省人大信息工作成绩突出的单位	省人大常委会办公厅、省人大常委会研究室
汾口镇政府	全省松材线虫病防治工作和全面禁止非法交易、滥食野生动物工作突出贡献集体	省政府办公厅
县政府	浙江省“十三五”实行最严格水资源管理制度成绩突出集体	省政府办公厅
县残疾人联合会	2020 年 99 公益助残先进单位	省残疾人福利基金会
县妇联	第一批数字政府系统“一地创新、全省共享”应用项目建设主体	省数字政府建设专班、省政府办公厅
县融媒体中心	共享联盟合作奖	浙江日报报业集团委员会
县融媒体中心	年度融媒中心 20 强	省新闻工作者协会县级融媒体工作委员会、省报协县(市、区)传媒工作委员会
鱼儿的家	最具贡献民宿	省旅游民宿产业联合会
纳山纳水民宿	最佳非遗主题民宿	省旅游民宿产业联合会
左口乡食安办	浙江省四星级乡镇(街道)食安办	省食品药品安全委员会
枫树岭镇	浙江省三星级乡镇食安办	省食品药品安全委员会
石林镇食安办	2021 年浙江省四星级乡镇食安办	省食品药品安全委员会办公室

续表31

获奖单位	奖项名称	授奖单位
浪川乡	2021年浙江省三星级乡镇(街道)食安办	省食品药品安全委员会办公室
宋村乡	2021年浙江省三星级乡镇(街道)食安办	省食品药品安全委员会办公室
枫树岭镇下姜村退役军人服务站	2021年全省“新时代枫桥式退役军人服务站”	省委退役军人事务工作领导小组办公室
枫树岭镇上江村退役军人服务站	2021年全省“新时代枫桥式退役军人服务站”	省委退役军人事务工作领导小组办公室
枫树岭镇枫树岭村退役军人服务站	2021年全省“新时代枫桥式退役军人服务站”	省委退役军人事务工作领导小组办公室
浪川乡全朴村	2021年全省“新时代枫桥式退役军人服务中心(站)	省委退役军人事务工作领导小组办公室
浪川乡狮古山村	2021年全省“新时代枫桥式退役军人服务中心(站)	省委退役军人事务工作领导小组办公室
浪川乡洪家村	2021年全省“新时代枫桥式退役军人服务中心(站)	省委退役军人事务工作领导小组办公室
左口乡人民政府	2021年度浙江省卫生乡镇	省爱卫办
浪川乡狮古山村	2021年度浙江省卫生村(复审确认)	省爱国卫生运动委员会
浪川乡芳梧村	2021年度浙江省卫生村(复审确认)	省爱国卫生运动委员会
浪川乡峰川村	2021年度浙江省卫生村(复审确认)	省爱国卫生运动委员会
浪川乡马石村	2021年度浙江省卫生村(复审确认)	省爱国卫生运动委员会
浪川乡大塘村	2021年度浙江省卫生村(复审确认)	省爱国卫生运动委员会
浪川乡联欢村	2021年度浙江省卫生村(复审确认)	省爱国卫生运动委员会
浪川乡桃源村	2021年度浙江省卫生村(复审确认)	省爱国卫生运动委员会
浪川乡芹川村	全省无邪教创建示范工作成绩突出集体	省委建设平安浙江领导小组
安阳乡	2021年度浙江省美丽乡村示范乡镇、2021年度浙江省美丽乡村风景线	省“千村示范、万村整治”工作协调小组办公室
左口乡桥西村、塘边村	2020年度浙江省善治示范村	省乡村振兴领导小组办公室
石林镇	2021年度浙江省生活垃圾分类示范区	省生活垃圾分类工作领导小组办公室
石林运动休闲小镇	第二批浙江省职工疗休养基地	省总工会办公室
石林镇千岛湖村退役军人服务站	2021年全省“新时代枫桥式退役军人服务站”	省委退役军人事务工作领导小组办公室
石林镇双西村	2021年度省级高标准农村生活垃圾分类示范村	省“千村示范、万村整治”工作协调小组办公室
县第一人民医院	2021年浙江省医院品管大赛综合组佳作奖	省医疗服务管理评价中心、省医疗质量控制与评价办公室
县医疗设备管理质控中心	2020年度全省医疗设备管理质控中心先进集体	省医学装备管理中心、省医疗设备管理质控中心
县临床麻醉质控中心	浙江省麻醉质控先进集体	省麻醉质控中心
县中医院	2021年浙江省医院品管大赛潜力奖	省医疗服务管理评价中心
县中医院	2021年浙江省医院品管大赛佳作奖	省医疗服务管理评价中心
千岛湖初级中学	浙江省第三届中小学跳绳锦标赛线上团体积分赛中学组三等奖	省第三届中小学跳绳锦标赛组委会
千岛湖初级中学	省中小学书香校园亮色工程受益学校(三类)	省教育技术中心
县税务局纳税服务股(办税服务厅)	浙江省青年文明号	省“青年文明号”“青年岗位能手”活动组委会
富文乡中心小学	2021年度青少年户外体育运动(先进单位)	2021浙江省青少年体育户外营地比赛赛事组委会

【市及市属部门级先进集体】

2021年淳安县获市及市属部门级先进集体情况一览表

表32

获奖单位	奖项名称	授奖单位
县委宣传部	2021年度杭州市创建"文明城市"工作突出贡献集体	市委、市政府
县财政局	2021年杭州市美丽建设　突出贡献集体和个人	市委、市政府
县委政法委	2020年度平安创建先进集体	市委、市政府
县司法局	2020年度杭州市平安创建(市域社会治理现代化)先进集体	市委、市政府
杭州市生态环境局淳安分局	2021年杭州市美丽建设突出贡献集体	市委、市政府
界首乡	美丽杭州建设(2013—2020年)突出贡献集体	市委、市政府
左口乡人民政府	2020年度杭州市平安创建先进集体	市委、市政府
界首乡严家村党总支	杭州市先进基层党组织	市委
县交通运输局机关党总支	杭州市先进基层党组织	市委
淳安中学	杭州市先进基层党组织	市委
浪川乡洪家村	杭州市先进基层党组织	市委
县规划和自然资源局	2020年度杭州市两山实践创新基地建设突出集体	市政府
淳安农商银行	2021年度杭州市慈善事业发展促进工作集体嘉奖	市政府
县残疾人联合会	2021年度杭州市爱心助残行动行政奖励集体嘉奖	市政府
镜洪村	杭州和谐(文明、平安)社区(村)考评工作示范村	市政府
宋村村	杭州和谐(文明、平安)社区(村)考评工作良好村	市政府
青山口村、胡家畈村、白云溪村、云港口村	杭州和谐(文明、平安)社区(村)考评工作达标村	市政府
枫树岭镇源塘村	杭州市先进基层党组织	市委组织部
枫树岭镇	2021年度市级基层统战工作典型范例	市委统战部
县卫健局代表队	"永远跟党走—红旗飘飘"杭州市庆祝中国共产党成立100周年党史知识大赛团体二等奖	市委宣传部、市委党史研究室
淳安县千岛湖秀水之声工作室	2020年度全市社会舆情信息工作业绩突出单位	市委宣传部
千岛湖南苑社区	杭州市2021年度"优秀书香社区"	市委宣传部
姜家镇郁川村	2021年度市级四星级文化礼堂	市委宣传部
鸠坑乡中联村	2021年度市级四星级文化礼堂	市委宣传部
汾口镇毛家村	2021年度市级四星级文化礼堂	市委宣传部
千岛湖镇联丰村	2021年度市级四星级文化礼堂	市委宣传部
汾口镇茅屏村	2021年度市级四星级文化礼堂	市委宣传部
威坪镇驮岭脚村	2021年度市级四星级文化礼堂	市委宣传部
富文乡富文村	2021年度市级四星级文化礼堂	市委宣传部
大墅镇孙家畈村	2021年度市级四星级文化礼堂	市委宣传部
汾口镇汾口村	2021年度市级四星级文化礼堂	市委宣传部
安阳乡乌龙村	2021年度市级四星级文化礼堂	市委宣传部
中洲镇樟村	2021年度市级四星级文化礼堂	市委宣传部

续表32

获奖单位	奖项名称	授奖单位
左口乡雎龙源村	2021年度市级四星级文化礼堂	市委宣传部
屏门乡佛岭后村	2021年度市级四星级文化礼堂	市委宣传部
浪川乡狮古山村	2021年度市级四星级文化礼堂	市委宣传部
鸠坑乡严村村	2021年度市级四星级文化礼堂	市委宣传部
王阜乡闻家村	2021年度市级四星级文化礼堂	市委宣传部
威坪镇安川村	2021年度市级四星级文化礼堂	市委宣传部
里商乡鱼泉村	2021年度市级四星级文化礼堂	市委宣传部
屏门乡秋源村	2021年度市级四星级文化礼堂	市委宣传部
枫树岭镇源塘村	2021年度市级四星级文化礼堂	市委宣传部
枫树岭镇下姜村	2021年度市级“十佳红色文化礼堂”	市委宣传部
姜家镇郁川村	2021年度市级“十佳红色文化礼堂”提名	市委宣传部
浪川乡狮古山村	2021年度市级“十佳红色文化礼堂”提名	市委宣传部
中洲镇茶山村	2021年度市级“十佳红色文化礼堂”提名	市委宣传部
县民政局	2021年度全市民政工作考核优秀单位	市民政局
县民政局	庆祝建党100周年党史知识暨综合行政执法法律常识竞赛二等奖	市民政局
姜家镇中心小学	杭州市基础型示范儿童之家	市民政局
县医疗保障管理服务中心	市级先进经办机构	市医疗保障局
县税务局税收风险管理股工会小组	杭州市先进职工小家	市总工会
汾口镇横沿小学	先进职工之家	市总工会
汾口镇横沿小学	先进职工之家	市总工会
开发集团(千发集团)	五一劳动奖章	杭州市总工会
县规划和自然资源局	杭州市规划和自然资源宣传工作先进单位	杭州市规划和自然资源局
左口乡芳桥村	浙江省AAA级景区村庄	市文化广电旅游局、市农业农村局
县信访局	杭州市信访系统“三练三比”岗位练兵比武竞赛三等奖	市信访局
千岛湖南景幼儿园	杭州市教育系统第二批清廉学校优秀案例	市教育局
南山学校	2020学年杭州市市长杯青少年校园足球联赛小学男子乙组优胜奖	市教育局、体育局
富文乡中心小学	浙江省健康促进学校(银牌)	市教育局
安阳乡中心小学	杭州市示范教科室	市教育局
淳安县第二中学	2021年杭州市中小学生科技节中学生辩论赛一等奖	市教育局、市科学技术局、市科学技术协会、团市委、杭州青少年活动中心、杭州日报报业集团、华数传媒网络有限公司
淳安县第二中学	2021年杭州市中小学生科技节中学生辩论赛亚军	市教育局、市科学技术局、市科学技术协会、团市委、杭州青少年活动中心、杭州日报报业集团、华数传媒网络有限公司
千岛湖初级中学	浙江省健康促进学校(银牌)	市教育局
千岛湖初级中学	杭州市智慧教育示范校	市教育局

续表32

获奖单位	奖项名称	授奖单位
淳安县第二中学	杭州市2020年度浙江省健康促进学校(银牌)	市健康办、市卫生健康委、市教育局
千岛湖镇第六小学	杭州市教育系统第二批“清廉学校”示范点	市教育局
千岛湖中等职业学校21园林班	2021年度杭州市先进班集体	市教育局
千岛湖镇青溪初级中学	杭州市红十字会博爱学校	市红十字会
县税务局团委	2020年度杭州市五四红旗团委	团市委
威坪镇小学	巾帼文明岗	市妇联
安阳乡中心小学	杭州市儿童之家	市妇联
青溪新城小学	杭州市“绿色学校”	市环保局
青溪新城小学	杭州市健康促进学校	市健康办
淳安县育才学校	18护1班杭州市先进班级	市教育局
淳安县育才学校	19护2班杭州市先进班级	市教育局
梓桐镇中心小学	杭州市第三批中小学、幼儿园示范教科室复审	市教育局
县司法局机关党支部	最强支部	市司法局委员会
淳安千岛湖水之灵文化发展有限公司	2020浙江最受欢迎原创演艺节目	浙江日报报业集团
县睦剧团	杭州市文化广电旅游行业“十佳红色社团”先进集体	市文化广电旅游局
梓桐镇	AAAA级景区镇	市文化广电旅游局
县市场监督管理局	杭州市药品稽查执法大比武暨法律知识竞赛集体二等奖	市市场监督管理局
县市场监督管理局青溪市场监督管理所	“2021年度基层治理能力提升”先进单位	市市场监督管理局
县市场监督管理局	2021年杭州市食品安全抽样技能大比武二等奖	市市场监督管理局
县第一人民医院手术室、县实验幼儿园、县税务局纳税服务股	杭州市三八红旗集体	市妇联
威坪镇小学语文教研组、县中医院脾胃病科、县第一人民医院神经内科护理组、淳安县恒邦物业管理股份有限公司巾帼志愿队、县融媒体中心新媒体中心	杭州市巾帼文明岗	市妇联
县人民法院威坪法庭党支部	2020—2021年度杭州市政法系统“最强党支部”	市委政法委
县人民法院临岐人民法庭	集体三等功	市中级人民法院
县残疾人联合会	2020年度区、县(市)残联工作目标综合评估优秀单位	市残联
县残疾人联合会	2021年杭州市残疾人青少年田径、游泳锦标赛组织奖、体育道德风尚奖	市残联
县残疾人联合会	杭州市残联系统党史知识竞赛三等奖	市残联
杭州住房公积金管理中心淳安分中心	庆祝中国共产党成立100周年“学党史　知党史”党史知识竞赛一等奖	杭州住房公积金管理中心
中国人民银行淳安县支行	2019—2020年度机关青年文明号	中国人民银行杭州中心支行
淳安生态环境监测站	2020年全市生态环境应急监测优秀单位	杭州生态环境监测中心
淳安生态环境监测站	2021年实验室汞能力验证满意单位	杭州生态环境监测中心

续表32

获奖单位	奖项名称	授奖单位
中国建设银行股份有限公司淳安支行	2021年度杭州市经济文化保卫工作先进集体	市公安局
界首乡	先进基层武装部	杭州警备区
枫树岭镇汪村村	浙江省AAA级景区村庄	市文广旅游局
枫树岭镇	浙江省数字生活新服务特色镇	省数字生活新服务工作联席会议办公室、市商务局
浪川乡	浙江省AAA级景区镇(乡、街道)	市文化广电旅游局
浪川乡新桥村	浙江省AAA级景区村庄	市文化广电旅游局、市农业农村局
安阳乡上梧溪灌区	2021年度杭州市农业水价综合改革优秀典型案例	市林业水利局　市发展和改革委员会　市财政局　市农业农村局
鸠坑乡中联村	2021年度杭州市除四害建设先行村、2021年度省级除四害村	市爱国卫生运动委员会办公室、市农业农村局、市卫生健康委员会
鸠坑乡	第三批市级基层统战工作典型范例	市委统战部
石林镇	2021年杭州市市级美丽城镇样板	市城乡环境治理协调小组办公室
金峰乡人民武装部	先进基层武装部	杭州警备区
县卫生健康行政执法队	2021年全市亚运保障卫生监督应急演练团体二等奖	市卫生健康综合行政执法队
县卫生健康行政执法队	2021年杭州市卫生健康系统职业技能竞赛卫生监督技能大比武团体一等奖	市卫生健康委
县护理质控分中心	2020年度优秀护理质控中心	市护理质控中心
县第一人民医院	基层药事管理优秀奖	市药事管理质控中心
县第一人民医院检验科PCR检验组	在疫情防控中表现突出的单位	市新型冠状病毒肺炎疫情防控工作领导小组
县院感管理质控分中心	2020年度优秀院感管理质控中心	市医院感染质控中心
县中医院	杭州市中医护理帮扶助力优秀单位	市中医护理质量控制中心
县中医院	2021年杭州市青年护士应急情境模拟技能竞赛优胜奖	市卫生健康委
县中医院	2021年杭州市青年护士应急情境模拟技能竞赛团体优秀奖	市卫生健康委
浪川乡新桥村	2021年度杭州市除四害建设先行村	市卫生健康委
县中医院	2021年杭州市中医药适宜技术应用技能竞赛团体三等奖	市卫生健康委
县中医院	全国双拥模范城创建工作突出集体	市政府办公厅
淳安县融媒体中心(淳安县广播电视台)	"十三五"杭州市实行最严格水资源管理制度工作嘉奖集体	市政府办公厅
县千岛湖生态综合保护局	"十三五"杭州市实行最严格水资源管理制度成绩突出集体	市政府办公厅
县统计局	第七次人口普查工作集体三等功	市政府办公厅
县人力资源和社会保障局	杭州市稳就业保就业工作成绩突出集体	市政府办公厅
千岛湖初级中学	市教育系统第二批优秀清廉案例学校	市教育局党委
千岛湖初级中学数学教研组	市优秀教研组	市教育局教研室
县税务局千岛湖税务所党支部	全市税务系统"十佳基层党组织"	市税务局党委

续表32

获奖单位	奖项名称	授奖单位
县税务局"青淳向党"青年理论学习小组	杭州市税务系统2021年度"十佳示范青年理论学习小组"	市税务局党建工作领导小组办公室
县人大机关	2021年全市人大信息工作成绩突出的单位	市人大常委会办公厅、市人大常委会研究室
南山学校	2021年杭州市学校心理辅导优秀站	杭州市学校心理健康教育指导中心
富文乡中心小学	杭州市无烟单位	市卫生健康委
富文乡中心小学	2021品牌杭州生活品质总点评(年度区块)	市委全面深化改革委员办公室
县妇联	2020年度杭州市生活垃圾分类优胜单位	市生活垃圾分类工作领导小组办公室
县妇联	2021杭州市"文艺健身公益行"项目优秀组织单位	市妇联、市妇女活动中心
淳安县第二中学	2020年度平安示范单位	中共杭州市委创建"平安杭州"领导小组
县委宣传部机关党支部	学习强国·学习组织之星	市建好用好"学习强国"学习平台工作领导小组办公室
县第一人民医院党委	2020年杭州市"学习强国学习组织之星"	市建好用好"学习强国"学习平台工作领导小组办公室
梓桐镇	第二批美丽城镇样板	市城乡环境治理协调小组办公室
淳安农商银行	乡村振兴人才银行	省农村信用社联合社、杭州市委人才办
淳安农商银行	2021年度杭州市银行业金融机构第七轮安全评估成效突出集体	市公安局经济文化保卫支队
淳安千岛湖秀水街经营有限公司	2021年"爱心驿家"	市总工会办公室
浙江千岛湖旅游股份有限公司	2020年度平安示范单位	市委创建"平安杭州"领导小组
浙江千岛湖旅游股份有限公司方剑鸣劳模工作室	杭州市工人先锋号	市总工会杭总工办
浙江千岛湖景区旅游有限公司石林景区	2021年度杭州文旅优质服务计划优质景区	市旅游协会
王阜乡中心学校	杭州市教育系统先进工会组织	中国教育工会杭州市委员会
淳安县	2021年度水土保持目标责任制落实情况评估优秀县	市水资源管理和水土保持工作委员会办公室
文昌镇中心幼儿园	杭州市合格教科室	市教育发展研究中心
淳安中学	2020年度杭州市教育系统先进工会组织	中国教育工会杭州市委员会
淳安中学	杭州市2021年教育改革创新年度学校	杭州市教育学会
安阳乡黄川村	2020年度杭州市和谐(文明、平安)社区(村)	杭州市和谐社区建设领导小组
安阳乡安阳村、下栖梧村	2020年度杭州市健康单位	健康杭州建设领导小组办公室
安阳乡黄川村、红山岙村	2020年度杭州市第二批生活垃圾分类示范	市生活垃圾分类工作领导小组办公室
杭州市云源一叶实业有限公司专家工作站	2021年杭州市专家工作站	市院士专家服务工作协调小组

【县委、县政府表彰 2021 年度平安稳定工作成绩突出集体名单】

枫树岭镇
左口乡
里商乡
富文乡
中洲镇
县法院
县检察院
县委宣传部
县民政局
县应急管理局
县农业农村局
县市场监管局
县交通运输局
县生态产业和商务局
旅游度假区管委会
县交投集团
县工贸公司
高铁派出所
三十六都酒店管理有限公司
淳安县捷城物业管理有限公司

【县委、县政府表彰 2021 年度淳安县精神文明建设工作成绩突出集体名单】

县住房和城乡建设局
县市场监督管理局
县机关事务服务中心
县委政法委
县教育局
县总工会
县行政审批管理委员会办公室
县财政局
县人民检察院
县公安局交通警察大队
千岛湖建设集团有限公司
淳安华数数字电视有限公司
千岛湖镇
富文乡青田村
鸠坑乡严村村

大墅镇“墅上青年说”宣讲团
千岛湖镇新城社区
千岛湖镇南山社区
县市容环境卫生保障中心
千岛湖林场
千岛湖初级中学
千岛湖镇第七小学
县实验幼儿园
千岛湖秀水街经营有限公司
浙江恒淳邦物业管理股份有限公司

【县委、县政府表彰2021年度武装工作成绩突出集体名单】

基层武装部

文昌镇人民武装部
临岐镇人民武装部
汾口镇人民武装部
姜家镇人民武装部
梓桐镇人民武装部
界首乡人民武装部
枫树岭镇人民武装部
县交通运输局人民武装部
县建设集团人民武装部
县开发集团人民武装部

征兵工作

千岛湖镇人民政府
富文乡人民政府
中洲镇人民政府
浪川乡人民政府
安阳乡人民政府

【国家及国家部门级先进个人】

2021年淳安县获国家及国家部门级先进个人情况一览表

表33

单位	获奖人	奖项名称	授奖单位
开发集团	徐高福	政府特殊津贴	国务院
左口乡龙源庄村昌龙服装加工厂经纪人	方夏英	全国巾帼建功标兵	全国妇联
县税务局	方建晖	全国税务系统百佳税务所长(书记)	国家税务总局
县统计局	余中娟	全国七人普先进个人	国务院人普办
开发集团(千发集团)	晏文娟	中央企业优秀共产党员	国务院国资委党委
杭州市生态环境局淳安分局	叶　藤	2020年全国打击危险废物环境违法犯罪行为活动表现突出个人	生态环境部办公厅、最高人民检察院办公厅、公安部办公厅
杭州市生态环境局淳安分局	程芝君	“三线一单”工作表现突出个人	生态环境部办公厅

【省及省属部门级先进个人】

2021年淳安县获省及省属部门级先进个人情况一览表

表34

单位	获奖人	奖项名称	授奖单位
中洲镇	陆新辉	“森林浙江”建设突出贡献集体	省委、省政府
县林业局大墅林业中心站	徐金华	“森林浙江”建设突出贡献集体	省委、省政府
县委政法委	胡永军	2019—2020年度全省反邪教工作成绩突出个人	省委、省政府
智旅公司	齐　芳	“建行杯”浙江省首届巾帼村播大赛·优秀奖	省妇联、省农业农村厅、省商务厅、中国建设银行浙江省分行、市人民政府
县委老干部局	姜　埭	全省先进老干部工作者	省委组织部、省委老干部局、省人社厅
王阜乡王阜村	王贤华	第四届浙江省“最美文化礼堂人”	省委宣传部
浪川乡	鲍文政	2021年省级文化示范户	省文化和旅游厅
县人民检察院	黄笔奇	全省检察机关数字检察办案骨干	省人民检察院
县市场监督管理局	唐曙卿	2021年度浙江省市场监管安全保障工作成绩突出个人(特种设备安全监察)	省市场监督管理局
县市场监督管理局	余　杰	2020年度知识产权保护工作中成绩突出个人	省市场监督管理局
县市场监督管理局	何腾飞	药品稽查“执法雄鹰”	省药品监督管理局
县市场监督管理局	何腾飞	全省药品稽查执法工作成绩突出个人	省药品监督管理局
县林业局	钱　斌	浙江省林业规划财务工作突出贡献个人	省林业局
县林业局生态公益林和计划财务综合管理站	宋丽红	浙江省林业规划财务工作突出贡献个人	省林业局
淳安一品鸠坑毛尖茶叶有限公司	管利明	浙江省百名最美巾帼新农人	浙江省妇女联合会、浙江省农业农村厅
县人民法院	方　莹	个人二等功	省高级人民法院

续表34

单位	获奖人	奖项名称	授奖单位
县人民法院	孙　婷	第一期“法官论坛”优秀体会文章二等奖	省高级人民法院
淳安中学	洪建军	2019—2020年度浙江省教科研先进集体和个人	省教科院
县税务局	李志法	浙江省农村工作指导员工作成绩突出个人	省委办公厅、省政府办公厅
县税务局	王　键	全省税务系统先进工作者	省税务局　省人力资源和社会保障厅
千岛湖初级中学	王爱刚	浙江省教育系统“最美志愿者”	省教育工会
淳安中学	潘　玥	浙江省教坛新秀	省人民教育基金会
千岛湖初级中学	刘和宁	省驻甘孜工作队先进专技人才	省赴四川省甘孜州帮扶工作队
淳安县育才学校	洪　涛	浙江省优秀教师	省民办教育协会
县森林病虫害防治检疫站	宋志强	全省松材线虫病防治工作和全面禁止非法交易、滥食野生动物工作突出贡献个人	省政府办公厅
姜家镇人民政府	姜文杰	全省松材线虫病防治工作和全面禁止非法交易、滥食野生动物工作突出贡献个人	省政府办公厅
县水利水电局	邵继樟	浙江省“十三五”实行最严格水资源管理制度成绩突出个人	省政府办公厅
中国人民银行淳安县支行	吴毅敏	机关优秀党务工作者	中国人民银行杭州中心支行
中国人民银行淳安县支行	徐　珊	机关优秀共产党员	中国人民银行杭州中心支行
中国人民银行淳安县支行	倪智燕	机关优秀共青团员	中国人民银行杭州中心支行
县司法局	施华聪	“2016—2020年全省普法工作先进个人	省委办公厅、省政府办公厅
县司法局	程一平	全省社区矫正工作成绩突出个人	省司法厅
县司法局	叶惠娟	全省司法行政系统岗位技能比武三等奖	省司法厅政治部
县司法局	方雨昕	优秀通讯员	浙江日报报业集团党委
浙江泽道律师事务所	陈富强	浙江省律师行业优秀共产党员	省律师协会
千岛湖法律服务所	吴文书	全省基层法律服务行业防疫抗疫工作先进个人	省基层法律服务工作者协会
浙江泽道律师事务所	章献彪	《民法典》宣讲先进个人及全省律师行业防疫抗疫先进个人	省律师协会
县公证处	陈　艳	浙江省优秀公证员	省公证协会
杭州市生态环境局淳安分局	余传冠	2021年度优秀生态环境监测工作者	浙江省环境监测协会
淳安县融媒体中心(淳安县广播电视台)	张志鹏	年度十佳领军人物/年度人物特别奖	省新闻工作者协会县级融媒体工作委员会、省报协县(市、区)传媒工作委员会
县融媒体中心(淳安县广播电视台)	方俊勇	浙报集团最佳报道组工作者	浙江日报报业集团
县融媒体中心(淳安县广播电视台)	刘雪姣	2020年度全省广播电视新闻协作先进个人	浙江广播电视集团
富文乡人民政府	姜向勇	2021年度浙江省生猪增产保供成绩突出个人	浙江省人民政府办公厅

续表34

单位	获奖人	奖项名称	授奖单位
县第一人民医院	洪　琴	2021年度浙江省防治艾滋病性病优秀志愿者	浙江省性病艾滋病防治协会
县第一人民医院	吴海虹	抗击新冠肺炎疫情先进个人	省医学会放射学分会
县第一人民医院	徐旭冬	浙江省超声医学特别奉献荣誉称号	省医师协会
县第一人民医院	赵　红	浙江省超声医学特别奉献荣誉称号	省医师协会
县中医院	童桂秀	民盟浙江省委会社会服务工作先进个人	民主同盟浙江省委
县中医院	徐慧青	首届浙江省护理创新大赛和护理创新人才评选优秀奖	省医疗器械行业协会、省发明协会
县中医院	谢美华	首届浙江省护理创新大赛和护理创新人才评选优秀参与奖	省医疗器械行业协会、省发明协会
县中医院	童桂秀	杭盟榜样提名奖	民主同盟浙江省委
县民政局	王武祥、陈霞等3人	《浙江省革命老区发展史》丛书编纂工作先进个人	省革命老区开发建设促进会

【市及市属部门级先进个人】

2021年淳安县获市及市属部门级先进个人情况一览表

表35

单位	获奖人	奖项名称	授奖单位
县委政法委	汪仁发	杭州市委政法队伍教育整顿三等功	市委、市政府
县规划和自然资源局	王伟东	杭州市最美公务员	市委、市政府
县委第二巡察组	汪　强	杭州市乡村振兴(城乡区域统筹发展)工作成绩突出个人	市委、市政府
县委宣传部	林进立	2021年度杭州市创建“文明城市”工作突出贡献个人	市委、市政府
县委宣传部	陈　航	2021年杭州市美丽建设突出贡献个人	市委、市政府
枫树岭镇人民政府	李　刚	杭州市平安创建工作先进个人	市委、市政府
县人民法院	廖卫国	个人嘉奖	市委、市政府
杭州市生态环境局淳安分局	王玉珍	2021年杭州市美丽建设突出贡献个人	市委、市政府
县司法局	姚志刚	最美公务员	市委
县邮政局	高　星	杭州市优秀共产党员	市委
淳安中学	洪红生	优秀支教工作者	中共台江县委
淳安中学	洪红生	优秀支教工作者	中共黔东南州委
县残联	周光华	2021年度杭州市爱心助残行动行政奖励个人嘉奖	市政府
县融媒体中心(淳安县广播电视台)	林　男	杭州市优秀党课主讲人	市委组织部
县融媒体中心(淳安县广播电视台)	胡竞亚	杭州市抗击新冠肺炎疫情先进个人	市委组织部
梓桐镇人民政府	唐亚馨	杭州市优秀党课主讲人	市委组织部

续表35

单位	获奖人	奖项名称	授奖单位
县融媒体中心(淳安县广播电视台)	何善民	杭州市青年理论宣讲暨微型党课大赛三等奖	市委宣传部、市委直属机关工委、市教育局、市国资委、团市委
县中医院	戴梦姗	“永远跟党走——红旗飘飘”杭州市庆祝中国共产党成立100周年党史知识大赛团体二等奖	市委宣传部、市委党史研究室
县融媒体中心(淳安县广播电视台)	何善民	2021“杭州青年说”选拔大赛优胜奖	市委宣传部、团市委
富文乡富文村	方建林	2021年度市级“十佳文化礼堂人”	市委宣传部
石林镇双西村	胡木祥	2021年度市级“十佳文化礼堂人”提名	市委宣传部
威坪镇汪川村	徐有忠	2021年度市级“十佳文化礼堂人”提名	市委宣传部
千岛湖初级中学704班	唐者也	市尊师孝亲美德少年	市委宣传部
县民政局	吕　鑫	2021年度杭州市慈善事业发展促进工作个人嘉奖	市民政局
县民政局	方莉、吴其敏	2021年度杭州市最美社工	市民政局
县民政局	钱玉英	2021年杭州市最美养老护理员	市民政局
县民政局	王力群	2021年杭州市“五一”劳动奖章	市总工会
县信访局	余干平	杭州市信访系统“三练三比”岗位练兵比武竞赛优胜个人	市信访局
县融媒体中心(淳安县广播电视台)	林　男	杭州市优秀播音员主持人	市文化广电旅游局
县人民检察院	洪晓亮、陆云婷	全市检察理论研究潜力人才	市人民检察院
县人民检察院	王芳军	杭州市第一届全市行政检察能手	市人民检察院
县人民检察院	裴红霞	杭州市第一届公益诉讼检察能手	市人民检察院
县人民检察院	钱波波	第二届全市检察机关电子数据取证大赛业务标兵	市人民检察院
县人民检察院	洪晓亮	杭州市检察机关刑事检察专业人才	市人民检察院
县人民检察院	姜德英	杭州市检察业务专家	市人民检察院
县人民检察院	童建新	记三等功	市人民检察院
县人民检察院	裴红霞	记三等功	市人民检察院
县规划和自然资源局	余月英	从事档案工作二十年	市档案局
县规划和自然资源局	唐　武	规划资源系统行政复议诉讼办案业务能手	市规划和自然资源局
杭州千岛湖建兰中学	千幼娟	杭州市第18届中小幼、中职教坛新秀	市教育局
杭州千岛湖建兰中学	王　菁	杭州市第18届中小幼、中职教坛新秀	市教育局
杭州千岛湖建兰中学	王成鑫	杭州市第18届中小幼、中职教坛新秀	市教育局
南山学校	赵　科	杭州市教坛新秀	市教育局
南山学校	王　丽	杭州市教坛新秀	市教育局
南山学校	张峰源	杭州市教坛新秀	市教育局
富文乡中心小学	章祥杰	杭州市教育系统工会积极分子	市教育局
富文乡中心小学	姜蔚颖	2021年杭州市优秀校长	市人民教育基金会、市教育局
淳安第二中学	胡晓平	杭州市优秀教师	市人民教育基金会、市教育局

续表35

单位	获奖人	奖项名称	授奖单位
淳安第二中学	管晓芳	2021年杭州市中小学生科技节优秀指导教师奖	市教育局、市科学技术局、市科学技术协会团市委、中国棋院杭州分院、杭州青少年活动中心、华数传媒网络有限公司
淳安第二中学	管晓芳	2022年杭州市中小学生科技节优秀指导教师奖	市教育局、市科学技术局、市科学技术协会团市委、中国棋院杭州分院、杭州青少年活动中心、华数传媒网络有限公司
千岛湖玉兰幼儿园	吴丽霞	杭州市优秀教育工作者	市人民教育基金会
淳安中学	仇夜生	首批杭州市杰出教育工作者先进个人	市教育局
淳安中学	胡新芳	首批杭州市杰出教育工作者先进个人	市教育局
淳安中学	汪飞洲	2021年杭州市优秀教师	市教育局
淳安中学	唐革进	2021年杭州市优秀校长	市教育局
淳安中学	姜红民	2021年杭州市优秀教育工作者	市教育局
浙江省淳安中学	洪建军	杭州市第四届教育科研标兵	市教科所
淳安县汾口镇中心幼儿园	余　姝	第18届中小幼、中职教坛新秀	市教育局
淳安县汾口镇中心幼儿园	余　姝	2021年杭州市治保先进个人	市公安局
汾口镇初级中学	张银妹	杭州市优秀班主任	市教育基金会、市教育局
千岛湖初级中学	童纪华	杭州市优秀校长	市教育局
千岛湖初级中学	毛文博	市优秀教师	市教育局
千岛湖初级中学	汪　燕	市成绩突出少先队辅导员	市少工委、团市委、市教育局
千岛湖中等职业学校	卢远民	杭州市教育科研标兵	市教育局
千岛湖中等职业学校	范叶文	杭州市优秀团员	团市委
县财政局	余晓婷	“红船杯”2021杭州市共青团党团知识竞赛三等奖	团市委
千岛湖中等职业学校	徐　磊	杭州市优秀团员	市教育局
千岛湖镇青溪初级中学	方伟群	杭州市优秀教师	市教育局
千岛湖镇青溪初级中学	陆芳木	杭州市教育系统优秀工会工作者	中国教育工会杭州市委
王阜乡中心学校	徐素珍	最美杭州人——感动杭城十佳教师	市教育局
王阜乡中心学校	徐振锋	杭州市优秀教师	市教育局
威坪镇小学	王力刚	2021年杭州市中小学生科技节优秀指导教师	市教育局、市科学技术局、市青少年活动中心
威坪中学	张金彪	杭州市农村教师突出贡献者	市人民教育基金会、市教育局
威坪中学	方旭红	杭州市优秀班主任	市人民教育基金会、市教育局
威坪中学	唐欣杨	杭州市教坛新秀	市教育局
杭州千岛湖建兰中学	余红美	杭州市优秀教师	市人民教育基金会、市教育局

续表35

单位	获奖人	奖项名称	授奖单位
淳安县育才学校	方　正	“中国梦资助情”征文优秀指导老师	市资管中心
淳安县育才学校	顾淑英	“同心筑梦跟党走——我和党的故事”征文比赛中获市二等奖	市教科院
杭州市港航行政执法队	钱　勇	杭州市五一劳动奖章	市总工会
中国建设银行股份有限公司淳安支行	游跃斌	杭州市银行业金融机构第七轮安全评估成效突出个人	市公安局
淳安农商银行	王　胤	2021年度全市经济文化保卫工作先进个人	市公安局
淳安农商银行	董建温	2021年度全市经济文化保卫工作先进个人	市公安局
县市场监督管理局	童勇军	2021年度最美市场监管人	市市场监督管理局
县市场监督管理局	陆巧云	疫情防控先进个人	市市场监督管理局
千岛湖镇青溪小学	徐慧红	杭州市三八红旗手	市妇联
县综合社会福利院	张　琼	杭州市三八红旗手	市妇联
县融媒体中心	缪　烨	杭州市三八红旗手	市妇联
屏门乡童家坪村	项桂香	杭州市三八红旗手	市妇联
瑶山乡何家村	方献花	杭州市三八红旗手	市妇联
县农业农村局	汪雪梅	杭州市巾帼建功标兵	市妇联
县旅游集团	何胤昉	杭州市巾帼建功标兵	市妇联
浪川乡人民政府	汪红梅	杭州市巾帼建功标兵	市妇联
县教育局	郑苏娟	杭州市巾帼建功标兵	市妇联
县人民法院	虎高峰	个人三等功	市中级人民法院
县人民法院	汪　睿	个人三等功	市中级人民法院
县人民法院	程俊霞	杭州市法院系统第二十届学术讨论会论文优秀奖	市中级人民法院
县人民法院	方　丹	杭州市法院系统第二十届学术讨论会论文优秀奖	市中级人民法院
县司法局	王海鹏	2021年度社区矫正能手	市司法局
淳安县司法局	吕　芳	2021年度行政复议办案能手	市司法局
县司法局	姚志刚	2021年度人民调解能手	市司法局
县司法局	程一平	全市司法行政系统2021年度“最美司法行政人”	市司法局
千岛湖初级中学	胡怡珍	市教坛新秀	市教育局办公室
千岛湖初级中学	祁明君	市教坛新秀	市教育局办公室
千岛湖初级中学	余伟霞	市教坛新秀	市教育局办公室
千岛湖初级中学	程国强	市教育系统优秀工会工作者	市教育工会
淳安县青溪新城建设投资发展有限公司	徐　拓	疫情防控中表现突出个人	市新型冠状病毒肺炎疫情防控工作领导小组
淳安千岛湖秀水街经营有限公司	何爱玉	在疫情防控中表现突出的个人	市新型冠状病毒肺炎疫情防控工作指导小组

续表35

单位	获奖人	奖项名称	授奖单位
县千岛湖生态综合保护局	方志发	“十三五”杭州市实行最严格水资源管理制度先进个人	市政府办公厅
县千岛湖生态综合保护局	方　辉	“十三五”杭州市实行最严格水资源管理制度先进个人	市政府办公厅
县千岛湖生态综合保护局	俞发康	“十三五”杭州市实行最严格水资源管理制度先进个人	市政府办公厅
县千岛湖生态综合保护局	童文旭	“十三五”杭州市实行最严格水资源管理制度先进个人	市政府办公厅
县规划和自然资源局	汪　靖	杭州市全域土地综合整治和自然资源要素保障工作个人嘉奖	市政府办公厅
汾口镇横沿小学	赵美月	杭州市教育系统优秀工会工作者	中国教育工会杭州市委
县司法局	王海鹏	杭州市司法行政系统庆祝中国共产党成立100周年“党课我来讲”青年理论宣讲暨党史故事分享大赛三等奖	市司法局党委
县司法局	张立真	最美党员	市司法局党委
浙江信仁律师事务所	马超群	杭州市律师行业优秀共产党员	市律师协会
千岛湖律师事务所	张欣苗	杭州市律师行业优秀党务工作者	市律师协会
杭州市生态环境局淳安分局	王裕成、江威、方文华	2020年度应急监测先进个人	省杭州生态环境监测中心
县融媒体中心(淳安县广播电视台)	何善民	2021年“理想点亮　青春有光”杭州市互联网行业党员演讲比赛一等奖	市委宣传部网信办
县融媒体中心(淳安县广播电视台)	何善民	“侨心向党·圆梦中华”杭州市侨界庆祝中国共产党成立100周年演讲赛三等奖	市归国华侨联合会
胡家畈村	宋长春	2021年度杭州市生活垃圾分类一星级宣传督导员	杭州市垃圾分类办
左口乡人民政府	方　瑾	2021年度爱心助残行动行政奖励——个人嘉奖	市政府办公厅
浪川乡	汪红梅	2021年度杭州市巾帼建功标兵	市妇联
浪川乡	王　俊	2021年度杭州市警备区征兵先进个人	市政府、杭州警备区
县统计局	郑晓华	个人三等功	市政府办公厅
县人力资源和社会保障局	袁君、詹浩、陈卫刚	杭州市稳就业保就业工作成绩突出个人	市政府办公厅
县税务局	何　奕	杭州市青年岗位能手	市“青年文明号、青年岗位能手”活动指导委员会办公室
县税务局	方建晖	杭州市税务系统“十佳党支部书记”	市税务局党委
县税务局	郑佳晨	杭州市税务系统2021年度青年理论学习标兵	市税务局党建工作领导小组办公室
县人大机关	徐明星	2021年全市人大信息工作成绩突出的个人名单	市人大常委会办公厅、市人大常委会研究室
浪川乡	张　杰	杭州市全域土地综合整治和自然资源要素保障工作个人嘉奖	市政府办公厅
石林镇	张福根	杭州市优秀共产党员	市委办公厅
金峰乡	程志润	情报工作先进个人	杭州警备区
梓桐镇人民政府	方　祯	2021年度杭州市党委系统优秀信息员	市委办公厅

续表35

单位	获奖人	奖项名称	授奖单位
县卫生健康行政执法队	管元芬	2021年杭州市卫生健康系统职业技能竞赛卫生监督技能大比武医疗卫生和传染病防治监督个人三等奖	市卫生健康委
县卫生健康行政执法队	徐爱娟	2021年杭州市卫生健康系统职业技能竞赛卫生监督技能大比武职业卫生和放射卫生监督个人二等奖	杭州市卫生健康委员会
县疾病预防控制中心	王　芳	杭州市最美医师	市卫生健康委
县第一人民医院	周胤婵	2020年度优秀党员	农工党杭州市委
县第一人民医院	余美红	杭州市卫健系统“最美抗疫卫士”	市卫生健康委
县第一人民医院	章期生	杭州市卫健系统“最美抗疫卫士”	市卫生健康委
县第一人民医院	洪文忠	杭州市卫健系统“最美抗疫卫士”	市卫生健康委
县第一人民医院	黄健戈	杭州市第七批市级名中医	市卫生健康委
县第一人民医院	余美红	杭州市最美医师	市卫生健康委
县第一人民医院	邵华平	2021年杭州市放射对比剂不良反应救治职工职业技能竞赛优胜奖	市医学会
县第一人民医院	方伟琳	2021年杭州市放射对比剂不良反应救治职工职业技能竞赛优胜奖	市医学会
县第一人民医院	项志英	2021年杭州市放射对比剂不良反应救治职工职业技能竞赛优胜奖	市医学会
县第一人民医院	方秋月	2021年杭州市输血技能比武输血相容性检测三等奖	市临床用血质控中心
县第一人民医院	鲍　涛	2021年杭州市青年骨科医师病例大赛二等奖	市骨科质控中心
县第一人民医院	胡俊峰徐淑芬	2021年杭州市医疗机构医疗设备管理维护技能竞赛三等奖	市医疗设备管理质控中心
县第一人民医院	唐　玮、周胤婵	2021年杭州市医疗机构医疗设备管理维护技能竞赛三等奖	市医疗设备管理质控中心
县第一人民医院	伊华军	民族团结进步创建先进个人	甘孜州委宣传部、州委统战部、甘孜州民族宗教事务委员会
县第一人民医院	汪婉君	第十一届杭州市医院青年药师技能竞赛二等奖	市药学会、市药事管理质控中心
县第二人民医院	任建民	杭州市卫生健康系统“最美抗疫卫士”称号	市卫生健康委
县第二人民医院	汪意华	杭州市卫生健康系统“最美抗疫卫士”称号	市卫生健康委
县中医院	姜成军	杭州市第七批市级名中医	市卫生健康委、市人力资源和社会保障局
县中医院	陈专心	杭州市首批市级青年名中医	市卫生健康委、市人力资源和社会保障局
县中医院	王炎琴	杭州市卫生健康系统最美抗疫卫士	市卫生健康委
县中医院	王炎琴	杭州市最美医师	市卫生健康委
县中医院	章美英	杭州市卫生健康系统最美抗疫卫士	市卫生健康委
县中医院	童桂秀	杭州市卫生健康系统最美抗疫卫士	市卫生健康委
县中医院	童桂秀	2020年杭州市人大代表履职积极分子	市人大常委会

续表35

单位	获奖人	奖项名称	授奖单位
县中医院	童桂秀	2020年杭州市人大代表优秀建议	市人大常委会
县中医院	谢美华	杭州市首届中医护理创新大赛二等奖	市卫生健康委、市中医护理质量控制中心
县中医院	向　旭	杭州市首届中药养生膏方制作竞赛三等奖	市卫生健康委
县中医院	郭　莎	杭州市青年护士应急情况模拟技能竞赛脱防护服项目三等奖	市卫生健康委
县中医院	余　刚	杭州市青年骨科医师技能大赛优秀奖	市卫生健康委
县中医院	陆海英	杭州市职工经济技术创新能手称号	市职工经济技术创新活动领导小组
县中医院	胡俊杰	杭州市“优秀青年岗位能手”称号	市青年文明号岗位能手活动指导委员会办公室
县中医院	吴彩虹	杭州市爱老敬老助老最美医护	市老龄委
县中医院	方　诚	杭州市爱老敬老最美医护	市老龄委
县中医院	戴梦姗	杭州市党“庆百年华诞、忆百年党史”知识竞赛二等奖	市党群服务中心
千岛湖玉兰幼儿园	吴丽霞	2021年度杭州幼教工匠	中国教育工会杭州市委员会
千岛湖玉兰幼儿园	鲍丽春	杭州市优秀教师	市人民教育基金会、市教育局
淳安中学	方宇航	2020年度市人大代表履职积极分子	市人大常委会
淳安中学	姜红民	2020年杭州市“学习强国.学习个人之星”	市建好用好“学习强国”学习平台工作领导小组办公室
县委宣传部	何春耕	学习强国·学习个人之星	市建好用好“学习强国”学习平台工作领导小组办公室
县委宣传部	方才军	学习强国·学习个人之星	市建好用好“学习强国”学习平台工作领导小组办公室
县委宣传部	陈泽华	学习强国·学习服务之星	市建好用好“学习强国”学习平台工作领导小组办公室
县民政局	王力群	2021年杭州市最美民政人	市民政局党组
县人民检察院	洪晓亮	杭州市政法系统模范个人	市委政法队伍教育整顿领导小组办公室
县人民法院	郑苏程	模范个人	市委政法队伍教育整顿领导小组办公室
南山学校	王　华	杭州市教育系统优秀工会积极分子	中国教育工会杭州市委员会
汾口镇横沿小学	赵美月	杭州市教育系统优秀工会工作者	中国教育工会杭州市委员会
淳安第二中学	唐家骅	杭州市教育系统优秀工会积极分子	中国教育工会杭州市委员会

【县委、县政府对部分公务员给予奖励】

一、记三等功名单(107 名)

千岛湖镇:钱红建　洪运明

文 昌 镇:宋跃华

左 口 乡:胡亚琳

临 岐 镇:叶孔军

威 坪 镇:朱玉荣　邵　兴　郑知廷　郑春艳　徐建新

宋 村 乡:王　敏

姜 家 镇:王俊杰　汪建祖

梓 桐 镇:马靓颖

汾 口 镇:任佳彩　谢航凯

中 洲 镇:陆桂圆

大 墅 镇:余旭权　宋鼎鸿

枫树岭镇:徐丽君

安 阳 乡:汪文明

县法院:蒋烟明　叶元聪　吴洁　洪来兵

县检察院:吴琦倩　黄笔奇　鲁晓坪

县委办:童金成　叶光华

县委组织部:王卫华　方玄琴

县委编办:徐国建　詹思君

县人大常委会机关:徐明主　程建法　何智燕　姜海仙

经济开发区:章　涛　吴爱忠

县政府办公室:郑圣奇

县档案馆:方文飞

县发改局:毛善智　汪慧敏　徐厚权

县公安局:余小平　万　漪　朱雯婷　何腾云　余豪俊　胡炜剑　徐　毅　徐曙光　凌丽琳

县民政局:宋瑞平

县司法局:黄志梅　汪信文　童　昱　童　雪　徐　英

县财政局:陆建育　王　强　王传民　汪丽华　胡继武　徐晓辉　程启明　潘沁弘

县人力社保局:王日根　朱　华　郑志军　唐渊东

县规划资源局:王伟东　徐贤清

县住建局:方伟红

县交通运输局:王卫民

县农业农村局:方海珍　张宏斌　余青平　汪　强　王小锋　王应平　王知荣　叶　婷　徐　波

县林业局:王建琴

县文广旅体局:徐跃进

县卫生健康局:吴　潇

县应急管理局:徐　晋
县市场监管局:方　茜　李国平　姜维杰　徐晓阳　唐曙卿
县综合执法局:方有政　方超群　余　弦　余丽斌　陈慧娟
县生态综保局:童文旭
县生态产业局:姜礼元　叶丽琴
县生态环境分局:王玉珍
县总工会:谢吉荣
县 残 联:周光华
县委党校:宋志军
县审管办:陆　颖

二、嘉奖名单(615 名)

千岛湖镇:钱江锋　毕　成　余秋华　叶　飞　方建勋　徐振华　管士建　王　辉　方国明　叶　雯　余　杰　沈　中　张钱雷　郑省岭　郑韶建　姜水仙　徐　康　徐俊杰　黄蔚凯　章顺来　董文洁　蒋少锋　童　协　鲍晓冲
文 昌 镇:方胜杰　方万里　何秀萍　汪文祥　陈先奔　余林凤　徐大立　方如根　占晔飞　陈志兴
石 林 镇:徐　涌　洪鹏飞　方加鹏　丰建军　严　颖　余美娟　徐华山
里 商 乡:何钰杰　方新民　项卫红　余中平　王寿安　陈以壮
金 峰 乡:徐玉美　叶　恒　何　婧　黄永平　叶　蕾
富 文 乡:徐毅鹏　徐文文　章银美
左 口 乡:徐新平　陆　健　江干妹　孙玉权　方　骥
临 岐 镇:贾桂海　汪讨横　汪祥瑛　郑　钧　宋小鸿　吕　嘉　陈　翠　鲁　君
屏 门 乡:徐红星　邵晓春　何杰云　余荣晓　郑茶根
瑶 山 乡:周　凯　鲁杭春　吴玉玲　刘三明　洪明汉　洪晓龙
威 坪 镇:徐建强　王圣祥　郑志娟　方　晓　夏国元　余红卫　方　琦　江建超　吴祥丰　汪学成　陈雯婷　林张亮　於小仙　胡佳俊
王 阜 乡:吴新君　郑勇俊　唐红燕　李　锐　王茗全　王莹莹　汪国敢　徐晓芳
鸠 坑 乡:张盛剿　郑智忠　李继东　徐兵权
宋 村 乡:洪志峰　周　霞　宋晓女　胡仙贵
姜 家 镇:陈　君　叶利剑　王晓武　刘理森　严　莹　洪周焱　黄　芬
梓 桐 镇:管海波　方建辉　伊建华　胡国锋　段黎君　王林辉　吴　凯　汪东红
浪 川 乡:张　杰　鲍芳军　张　辉　杨　斌　汪红梅　姜　洁
界 首 乡:蒋　鑫　方琳飞　余金辉　陆钧远　项亚星
汾 口 镇:程　军　章新华　王国宏　江明霞　程　萍　汪逢生　方飞鸿　方兰英　汪晓宇　胡文彪　胡　伟　章建飞　童世红　管　毅
中 洲 镇:王小晶　陈贤成　姜　维　吴建新　朱红伟　吴乔越　郑骁燕
大 墅 镇:洪秀丽　金　斌　方　倩　余明聪　唐建明
枫树岭镇:余慧梅　李　刚　童利军　洪爱丽　方向荣　许能富　杨　枫　余泽慧　汪文聪

蒋佳倩
安 阳 乡:余文武　蒋利平　周　成　蒋发英　蒋晚霞
县纪委县监委:汪发通　汪爱莲　张秋涛　汪向军　严建军　程建军　吴好良　蒋　毅
王旭明　宋　君　王绍基　王富设　姜玉红　王　剑　王俊杰　方　波
方　睿　方建华　方超斐　余　晨　余芳村　余淑英　余慧丽　郎雅君
项明火　胡　俊　徐贤宾
县法院:周建发　徐卫平　姜勇军　王小春　方　林　方敏俊　朱惇昊　刘　安　孙　婷
孙夏飞　吴文胜　余永忠　余秀玲　余珂健　汪丽琴　郑苏程　郭佳俊　黄河清
程俊霞　蔡姣姣
县检察院:洪友良　方志长　童建新　王国军　羊润芳　李韩英　余　琪　汪文静
陆云婷　商　珺　蒋文明
县委办公室:王春莲　王智伟　钱　炜　詹　明
县委组织部:洪胜利　蓝公伟　余平国　钱俊贤　童勇敏
县委宣传部:徐小晟　汪思强　余爱兰　方才军　林进立　管卫亮
县委统战部:翁美云
县委政法委:汪仁发　罗德华　包卫兵
县委巡察办:胡正阳
县信访局:姜建军
县委老干部局:姜　堘　傅绍兵
县人大常委会机关:程建渭　闻云发　方四雷　胡月秀　陆发平　向　健
县政协机关:邵全胜　余运德　王伟霞　余新亮　卢合理　吕　庆　邵红卫　章旭华
方文佳　严黎琳
经济开发区:钱　江　何建峰　张　浩　茅军芳　程　敏
旅游度假区:张日军　王中华　方瑞华
县政府办公室:徐宗政　钱江华　吴　敏　姜松涛　王跃峰　邵俊伟
县档案馆:滕淑燕　徐开颜　方　青
县机关事务中心:吴　聪　刘玲燕　宋艳华　张　平
县发改局:方文贤　王晓军　童国强　王舟燕　闫　菲　周楚乔　徐枫琳莉　郭丹丹
县教育局:徐建平　刘　勇
县公安局:王　武　李金宝　吴国华　方娟红　胡泽全　钱学智　詹伟君　徐　林　马晓旭
王　丹　王　捷　王丽君　王国锋　王昌华　王诗雨　王晓东　王嘉玲　方　城
方小淳　方飞翔　方功勋　方华春　方明良　方春华　方晓明　方琴景　占晓军
叶　腾　叶景诚　包建勇　朱　毅　朱建强　刘　丰　刘　旸　刘　勇　江文友
江伟彬　严旭恒　杨　虹　何　旭　何　坚　何　涛　何玉坤　何怡苑　余　微
余中文　余利君　余昌伟　余金成　余俊飞　余晓逸　余敏捷　余辉明　余新淳
余端康　余燕君　汪中勇　汪正武　汪沛东　汪启明　汪翔军　汪燕伟　宋海谦
张　帅　张　骏　陆　康　陈志成　陈宏亮　陈建功　陈俊华　陈慧燕　邵义刚
林叶民　金建良　周　锐　周　翔　周子俊　郑建东　项卫平　赵翔龙　胡　利

胡　杰　胡伟军　胡宇飞　胡作生　胡彩彬　俞剑锋　姜伟光　姜骏伟　洪　旭
洪学进　姚　路　姚名展　姚壮名　夏　靖　夏慧萍　倪万里　徐　星　徐　晖
徐卫升　徐卫红　徐华栋　徐旭辉　徐和平　徐建平　徐碧清　徐鑫峰　唐红波
黄　敏　商华天　程小虎　程　锐　程建设　鲁建勋　童未黎　童光木　鲍晓冬
解宏强　潘楷春

县民政局:陈　霞　朱国新　王振华　朱忠慧　刘莉莉　严利民　汪　蕾　胡春苗

县司法局:余维初　徐　涛　赵云龙　王晓婷　何　芳　余娟娟　汪淑俊　周　刚　施华聪
洪　杰　程一平　詹　敏　詹春霞　潘凯华

县财政局:万海卫　王宝军　方建宏　余　超　余永亮　余诗伟　汪　婷　汪银晖　郑仲宇
郑智勇　胡佩玉　姜启军　徐　胜　徐熠恕　潘程程

县人力社保局:杨珠香　鲁春福　江河平　王　力　毛丽萍　方文珍　叶思明　许力鑫
苏家鹏　杨建朝　汪　薇　张发燕　陆　麟　邵玉燕　洪满华　祝国莲
钱　弩　徐年利　黄为峰　商旭东　蒋　敏　詹水娣

县规划资源局:甘　锋　刘银燕　解华金

县交通运输局:洪余良　方腾华　鲁金牛　方建东

县农业农村局:方志道　彭革东　方伟文　王向红　方学鹏　包景曙　冯玉琴　吴菊琴
吴韶东　沈　鹏　罗金峰　项卫民　姜志标　姜国良　夏鸿斌　钱小林
钱志冲　徐　勇　徐仁政　徐旭敏

县林业局:陈华进　廖北海

县文广旅体局:方必盛　程雪梅　叶柏富　方　剑　方丹琦　任蔚江　李　群　潘金均

县卫生健康局:商建军　程志平　方志斌　汪凤鸣　吴小妹　陆国花　项志强　姜平华
徐爱娟　童晓光　管元芬

县退役军人事务局:黄海兵

县应急管理局:缪宝军　郑留华

县审计局:徐建球　方润豪

县市场监管局:蒋晓宁　江灵平　范亚明　王廷明　毛仲鑫　苏　浩　吴小玲　吴铁成
何淑静　何腾飞　余　珰　余上平(已退休)　汪旭敏　汪继航　汪嘉林
陆巧云　陈利真　邵永忠　罗　京　金　菲　周　婧　胡俊东　洪　峰
袁　梦　袁志杰　徐苏蒙

县统计局:余绍彬　程叙金

县医疗保障局:方圣智　吕卫军　胡火红　俞　敏

县综合执法局:程志英　程运和　王　祥　王文刚　王玉娇　王夏霖　方　超　余士刚
余建新　余钟文　汪良子　汪绘勇　汪晓萌　武艳秋　周崇高　胡　斌
柴琳曦　徐喜爱　商　庭　鲁小芸　童金丽

县生态综保局:邵继樟　方志发　赵功尧　钱立军　章根秀

县生态产业局:严小平　向　艳　杨中华　何樟勇　章　蓓

县对外合作与投资促进局:姜小旺　徐　沛

县生态环境分局:余永华　程芝君

县供销合作总社:陈霜妮
县总工会:王　甦　王　令　周丽君
县妇联:王丽娟　王慧英　钱爱芳
县文联:姚樟树
县工商联:陆新辉　方雅倩
县审管办:方朝晖　汪　艳
公积金中心:毛红萍

【县委、县政府表彰2021年度平安稳定工作成绩突出个人名单】

方泽岳　（县委办）
姜海仙　（县人大办）
钱江华　（县府办）
朱洁慧　（县政协办）
徐子霖　（县纪委监委）
吴　聪　（县机关事务服务中心）
胡红宝　（县委组织部）
齐巧芳　（县委宣传部）
宋　宏　（县委统战部）
杨晓利　（县委政法委）
蒋烟明　（县法院）
余珂健　（县法院）
陈啸天　（县检察院）
李　珊　（县检察院）
朱建强　（县公安局）
张大明　（县公安局）
方旭明　（县公安局）
吴林涛　（县公安局）
徐　涛　（县司法局）
徐志卫　（县信访局）
季红梅　（平安创建工作专班）
章明晓　（县审计局）
管勇军　（县交通运输局）
方贵鹏　（县住建局）
洪　健　（县规资局）
曾腓力　（县林业局）
储言者　（县教育局）
张侠斐　（县综合行政执法局）
任蔚江　（县文广旅体局）

程胜红　（县应急管理局）
黄海兵　（县退役军人事务局）
鲁耀华　（县残联）
王慧英　（县妇联）
方卫红　（经济开发区管委会）
蒋小妹　（千岛湖镇）
谢　琳　（文昌镇）
徐　涌　（石林镇）
李保华　（里商乡）
徐玉美　（金峰乡）
汪讨横　（临岐镇）
潘慧苗　（屏门乡）
洪晓龙　（瑶山乡）
徐建强　（威坪镇）
余平安　（王阜乡）
洪志峰　（宋村乡）
余世祥　（姜家镇）
蒋　鑫　（界首乡）
陈　炯　（梓桐镇）
章建飞　（汾口镇）
金　斌　（大墅镇）

【县委、县政府表彰2021年度淳安县精神文明建设工作成绩突出个人名单】

刘玲燕　（县机关事务服务中心）
吴俊彪　（县文联）
范小青　（县委统战部）
胡　俊　（县纪委监委）
万　漪　（县公安局）
余继华　（县民政局）
程玉珺　（县应急管理局）
柴文斌　（县林业局）
徐贤清　（县规划和自然资源局）
章明晓　（审计局）
王利华　（县委政法委）
蒋文春　（县互联网信息指导中心）
孙　迎　（千岛湖旅游度假区管委会）
汪卫忠　（县法院）
钱爱芳　（县妇联）

方圣智　　（县医疗保障局）
姜智荣　　（县融媒体中心）
郑红明　　（县审管办）
余永华　　（市生态环境局淳安分局）
章凌燕　　（县财政局）
方雨昕　　（县司法局）
王建民　　（县统计局）
徐梦淑　　（县市场监管局）
夏玉珍　　（县税务局）
吴建民　　（县教育局）
姜　磊　　（县综合行政执法局）
童金丽　　（县综合行政执法局城东中队）
吴利平　　（县未成年人思想道德建设领导小组办公室）
何胤昉　　（县旅游集团）
姜秉圣　　（县交投集团）
叶永青　　（县建设集团）
孙邦建　　（县开发集团）
周永平　　（华数公司）
方　笑　　（青少年活动中心）
杨丽娟　　（市容环境卫生保障中心）
余秋华　　（千岛湖镇）
王秀华　　（大墅镇）
胡国诚　　（临岐镇）
倪明娟　　（鸠坑乡）
翁旭晖　　（里商乡）
钟　琳　　（左口乡）
吴祥丰　　（威坪镇）
占晔飞　　（文昌镇）
章安东　　（浪川乡）
方圣全　　（宋村乡）
陈　燕　　（李家坞社区）
胡群贤　　（淳安中学）
方秀英　　（南山学校）
唐巧进　　（县图书馆）
何安娜　　（县第二人民医院）

【县委、县政府表彰2021年度武装工作成绩突出个人名单】

党管武装

钱红建　（千岛湖镇）
汪鹏飞　（金峰乡）
叶孔军　（临岐镇）
程　军　（汾口镇）
陈　君　（姜家镇）
王光贵　（县建设集团）
柯尚逵　（县开发集团）

专武干部

汪文祥　（文昌镇人民武装部）
王玉华　（里商乡人民武装部）
唐挺伟　（左口乡人民武装部）
徐新文　（临岐镇人民武装部）
邵晓春　（屏门乡人民武装部）
毛剑君　（瑶山乡人民武装部）
陈华骥　（威坪镇人民武装部）
王林辉　（梓桐镇人民武装部）
翁　伟　（界首乡人民武装部）
方旺盛　（大墅镇人民武装部）

征兵工作

余　培　（千岛湖镇人民武装部）
余凯政　（里商乡人民武装部）
黄水强　（临岐镇人民武装部）
杨　枫　（枫树岭镇人民武装部）
郑文华　（卫生健康局人民武装部）
宋长康　（教育局淳安县第二中学）
王朝峰　（县融媒体中心）

民兵工作

张凤娟　（千岛湖镇李家坞社区）
卢国清　（文昌镇浪洞村）
陈晓华　（石林镇双西村）
吴枝位　（金峰乡景源村）
杨振明　（里商乡塔山村）
郑晓春　（富文乡富文村）
徐来根　（左口乡龙源庄村）
方建明　（临岐镇半夏村）
张雁军　（屏门乡将坑村）

何志明　　(瑶山乡何家村)
王云中　　(威坪镇叶家村)
叶稳朝　　(王阜乡横路村)
史华勇　　(宋村乡云港口村)
洪进兵　　(鸠坑乡中联村)
余业军　　(汾口镇寺下村)
余荣伟　　(中洲镇叶村村)
程朝锋　　(姜家镇郁源村)
丁红卫　　(梓桐镇西湖村)
翁晨骏　　(浪川乡大联村)
严富国　　(界首乡燕源村)
余泽文　　(大墅镇桃林村)
姜祖见　　(枫树岭镇下姜村)
吴胜平　　(安阳乡崀岭村)
程　磊　　(应急连防汛抗洪排)
王建明　　(应急连水上搜索救援三排)
卢志红　　(应急连防汛抗洪二排)

·各类获奖成果·

【国家及国家部门级】

2021年淳安县获国家及国家部门级各类成果奖一览表

表36

获奖单位(姓名)	获奖作品	奖项名称	授奖单位
县委宣传部(杭州青诺文创有限公司)	动画连续剧《下姜村的绿水青山梦》	中国文化艺术政府奖第四届动漫奖"最佳动漫作品"	文化和旅游部
县千岛湖生态综保局(杨约顺)	共同富裕,从"水"开始……	水润农家"讲好农村供水故事"征文活动	水利部、中国水利文协
徐　洁	《巡游》	"康美千岛湖"全国摄影大展荣获入展作品荣誉	《中国摄影》杂志社
千岛湖初级中学胡怡珍	《勇敢站出来》	全国中小学心理健康教育课堂教学能力展示三等奖	北师大教材研究院
千岛湖初级中学808班周梦露	《天上的星星,梦中的你——中小学生睡眠时间统计》	2021(第六届)全国中小学生统计作品创意设计比赛浙江省唯一推荐作品奖	中国统计教育学会
威坪镇小学方永胜	《奏响教学三部曲　追求课堂新实效》	中国教育学会"优质论文评比"一等奖	中国教育学会
县林业局(李红俊)	多花黄精产业化关键技术研究与推广	梁希林业科学技术奖科技进步奖二等奖	国家林业和草原局中国林学会
县第一人民医院	《构建医共体内基层高血压患者的一体化优质服务管理体系》	2021年度中国现代化管理典型案例评选:医院战略管理典型案例	国家卫健委能力建设和继续教育中心
县第一人民医院(王晓玲)	漫游百草临岐寻觅"淳六味"	2020年"中医药健康文化精品(动漫)遴选活动"中医药动漫人气作品	中华中医药学会

【省及省属部门级】

2021年淳安县获省及省属部门级各类成果奖一览表

表37

获奖单位(姓名)	获奖作品	奖项名称	授奖单位
县民政局(王振华)	养老机构公建民营运作绩效评估及优化研究——以浙江省淳安县为例	2021年浙江省民政政策理论研究成果二等奖	省民政厅
杭州市淳安生态环境监测站	《淳安县"十三五"生态环境质量报告书》	浙江省"十三五"生态环境质量报告书三等奖	省生态环境厅
纳山纳水民宿	省级民宿伴手礼	淳安竹马文创产品系列	省文化和旅游厅
县人民检察院	胡某某受贿、滥用职权案	2021年度全省检察机关刑事诉讼监督类精品案例	省人民检察院
县人民检察院	王某某等人虚假诉讼监督系列案	2021年度全省检察机关民事检察类精品案例	省人民检察院
县人民检察院	督促保护英雄烈士纪念设施行政公益诉讼系列案	2021年度全省检察机关公益诉讼类精品案例	省人民检察院
县人民检察院(杨　勇、胡浩然)	《"以审判为中心"语境下检察主导庭审的途径》	2021年度全省检察机关知名期刊和普通期刊优秀成果	省人民检察院
县人民检察院(杨　勇、陆云婷)	《生态环保检察领域"四合一"办案模式研究》	2021年度全省检察机关知名期刊和普通期刊优秀成果	省人民检察院
县人民检察院(杨勇、汪文静)	《认罪认罚案件被告人上诉权利保障与限制——从刑事诉讼价值理论探究二者的矛盾与平衡》	2021年度全省检察机关知名期刊和普通期刊优秀成果	省人民检察院
淳安中学(管社平、胡群贤、洪建军)	《指向精准教学的高中生学情分析系统的设计与应用》	二等奖	省教科院
唐家骅	小试"有道云笔记"改进教学备课和教学管理	浙江省"教师教育十百千工程"优秀故事和案例征文	省中小学教师培训中心、省教育行政干部培训中心
吴俊红	让箱庭疗法助推班主任高效践行班级德育管理	浙江省"教师教育十百千工程"优秀故事和案例征文	省中小学教师培训中心、省教育行政干部培训中心
汾口镇小学(汪志栋、马盈盈、余青、余勇、金如玉、方泉、余逸倩)	妙联巧对	省级精品微课程	省教育厅教研室
汾口镇小学(汪志栋、张东华、余逸倩)	《吃水不忘挖井人》	省级数字教育资源	省教育厅教研室
千岛湖初级中学(徐建规)	《亚运新杭州》MV(作曲)	浙江省"文化传播奖"	省人民政府新闻办公室、省广播电视集团
千岛湖初级中学(王爱刚)	玩转编程无人机	之江汇网络同步课程精品课程省三等奖	省教育技术中心
千岛湖初级中学(章秀)	曲苑寻珍之福建南音、曲苑寻珍之东北二人转	浙江省精品微课程	省教育技术中心
千岛湖初级中学(王江北)	几何画板	浙江省信息技术提升工程2.0优秀课件	省教育技术中心
千岛湖初级中学(周红斌)	平台助力微课程,泛在学习显个性	浙江省信息技术提升工程2.0优秀网络应用空间	省教育技术中心
千岛湖初级中学(汪高民)	"青春风采"课例	在《义务教育教科书美术教学资源库八年级下册》图书中出版	浙江人民美术出版社
千岛湖初级中学(严密)	"绚烂的民族服饰"课例	在《义务教育教科书美术教学资源库八年级下册》图书中出版	浙江人民美术出版社

续表37

获奖单位(姓名)	获奖作品	奖项名称	授奖单位
千岛湖初级中学(808班聂严)	《且将新火试新茶》	省中小学学生科技创新作文大赛三等奖	2021年浙江省中小学学生科技创新作文大赛组委会
千岛湖初级中学(711班鲁轩宇)	《致中国人民的一封信》	省中小学学生科技创新作文大赛优秀奖	2021年浙江省中小学学生科技创新作文大赛组委会
千岛湖初级中学(705班余欣蕊)	《中国"牛起来"》	省中小学学生科技创新作文大赛优秀奖	2021年浙江省中小学学生科技创新作文大赛组委会
千岛湖初级中学(801班邵思千)	《以科技之光,照强国之路》	省中小学学生科技创新作文大赛优秀奖	2021年浙江省中小学学生科技创新作文大赛组委会
千岛湖初级中学(908班方钱瑾睿)	《星辰大海,九天揽月》	省中小学学生科技创新作文大赛优秀奖	2021年浙江省中小学学生科技创新作文大赛组委会
千岛湖初级中学(705班洪若曦)	《瓶瓶罐罐做实验,拼拼凑凑搞研究》	省中小学学生科技创新作文大赛优秀奖	2021年浙江省中小学学生科技创新作文大赛组委会
商淳莉	《旅行社产品设计——乡村研学游正当时》	教师职业能力大赛旅游产品设计(二等奖)	省中等职业学校职业技能大赛组委会
县交投集团	302省道	2020年度省级绿化美化精品道路及特色精品道路	省交通运输厅、省"三改一拆"行动领导小组办公室、省交通厅浙整改拆办
县委老干部局(傅绍兵)	新时期推进党建引领离退休干部作用发挥的探索	2021年度全省老干部工作"优秀调研报告"	省委老干部局
县林业局(李红俊)	多花黄精产业化关键技术研究与推广	浙江省科技兴林奖一等奖	省林业局、省林学会
县林业局(宋唯真)	浙江淳安野生脊椎动物物种多样性调查与编目及栖息地片段化对鸟类影响研究	浙江省科技兴林奖三等奖	省林业局、省林学会
方根深、宋唯真、郑新建、詹立明、蒋念亮、汪圣礼、方鸿、黄世国、方卫军	淳安古树资源调查与风险评估体系构建及保护技术措施设计	浙江省林业优秀工程咨询成果奖一等奖	省林业局工程建设协会
徐高福、方中平、王志平、王理、詹立明、何宇琳、翟帅、黄昊、余明华	淳安县林业总场有限公司森林经营方案(2019—2028年)	浙江省林业优秀工程咨询成果奖一等奖	省林业局工程建设协会
李春才、詹立明、方晓、项慧娟、朱国才	富春江—新安江风景名胜区枫常公路白马服务站等等设施项目风景区内建设选址论证	浙江省林业优秀工程咨询成果奖三等奖	浙江省林业局工程建设协会
县千岛湖生态综保局(杨约顺)	浙江淳安:丰水地区也重节水	"浙江治水好新闻"优秀奖	省治水办、省新闻工作者协会、省环保厅、省水利厅
县司法局	《基层社会治理实践"下姜样本"》	入选省级法治浙江建设十五周年十大最佳实践案例	省委依法治省办、省法学会
县司法局	《法治乡村建设的"下姜样本"》	入选《法治浙江"重要窗口"实践100例》	省委依法治省办
县司法局	淳安县临岐镇乡镇法治化综合改革	入选全省法治化综合改革试点乡镇(街道)	省委依法治省办
杭州千岛湖沪阳农业开发有限公司	千岛俏菇	2021年浙江精品鲜菇银奖	省农业技术推广中心

续表37

获奖单位(姓名)	获奖作品	奖项名称	授奖单位
县第一人民医院(急诊科)	“提高创伤病人在抢救室滞留时长符合率”项目	2021年浙江省医院品管大赛进阶组潜力奖	省医疗服务管理评价中心、省医疗质量控制与评价办公室
县第一人民医院(血透室)	“医共体机制下乡镇卫生院血透室同质化管理体系建设”项目	2021年浙江省医院品管大赛进阶组潜力奖	省医疗服务管理评价中心、省医疗质量控制与评价办公室
县第一人民医院(手术室)	“提高手术安全核查执行正确率”项目	2021年浙江省医院品管大赛综合组佳作奖	省医疗服务管理评价中心、省医疗质量控制与评价办公室
县第一人民医院(五病区)	“提高 VTE 预防措施的落实率”项目	2021年浙江省医院品管大赛综合组佳作奖	浙江省医疗服务管理评价中心、浙江省医疗质量控制与评价办公室
县第一人民医院(门办)	构建医共体内基层高血压患者的一体化优质服务管理体系	2021年浙江省医院品管大赛综合组佳作奖	省医疗服务管理评价中心、省医疗质量控制与评价办公室
县第一人民医院(王丽芳)	便携式手指精细运动训练板	首届浙江省护理创新大赛和护理创新人才评选中获优秀参赛奖	省医疗器械行业协会,省发明协会
县第一人民医院(王丽芳)	适用于偏瘫患者的自助口腔护理用具	首届浙江省护理创新大赛和护理创新人才评选中获优秀参赛奖	省医疗器械行业协会,省发明协会

【市及市属部门级】

2021年淳安县获市及市属部门级各类成果奖一览表

表38

获奖单位(姓名)	获奖作品	奖项名称	授奖单位
淳安县	“关爱留守儿童　阅读服务进乡村”阅读品牌	杭州市2021年“十佳阅读品牌”	市委宣传部
县委宣传部、旅游集团(睦剧团)	《茶山村的故事》	2021年度市文艺精品工程重点扶持项目	市委宣传部
县委宣传部、千岛湖睦剧团	《海瑞夫人》	2021年度市文艺精品工程扶持项目	市委宣传部
淳安县睦剧团	睦剧原创大戏《茶山村的故事》	杭州市精品工程	市委宣传部
县人民检察院	创新办案模式　助力生态环保	2021年杭州检察优秀微课	市人民检察院
县人民检察院	张某拒不执行判决裁定融合式监督案	2021年度全市检察机关未成年人司法保护精品案例	市人民检察院
县人民检察院	生态环保监督案　无人机技术协助	2021年度全市检察机关检察技术精品案例	市人民检察院
县人民检察院	王某某等人虚假诉讼监督系列案	2021年度杭州市检察机关十大法律监督案例	市人民检察院
县人民检察院	章某诈骗案	2021年度全市检察机关刑事检察精品案例	市人民检察院

续表38

获奖单位(姓名)	获奖作品	奖项名称	授奖单位
姜德英、裴红霞、陆云婷	《跨区域生态环境保护领域检察公益诉讼研究》	2021年度全市检察机关优秀调研成果	市人民检察院
杨勇、姜德英、裴红霞、陆云婷	《跨区域生态环境保护领域检察公益诉讼研究——以新安江流域一体化保护为研究视角》	市法学会2021年结题优秀课题"三等奖"	市委政法委、市法学会
徐洁	《画中画》	"发现乡村之美"主题摄影三等奖	市农业农村局、杭州日报编辑委员会、市摄影家协会
威坪镇小学(徐志杭、王中轩、王思彤〈学生〉)	《寻红色根脉——都美红领巾在行动》	中小学生"红色印记"微视频活动一等奖	市教育局、市科学技术局、市青少年活动中心
安阳乡中心幼儿园(何月霞、余芯、宋晓云、余莉)	《石头大玩家:指向担当品质培育的主题活动设计与实施》	2021年杭州市优秀科研成果(综合类)三等奖	市教育局
杭州千岛湖建兰中学(葛杨林)	论文《基于核心素养的理解性教学策略研究》	荣获2021年杭州市中小学和幼儿园教学研究评比三等奖	市教育局
杭州千岛湖建兰中学(徐才良)	论文《理解性教学下的对比阅读:〈猫〉主题新解》	荣获2021年杭州市中小学和幼儿园教学研究评比一等奖	市教育局
姜家镇中心幼儿园(徐亦义)	童年不同年　游戏亦有戏——借民间游戏助力隔代养育家庭精彩带娃	2021年杭州市学校家庭教育指导优秀论文　一等奖	市教育局
千岛湖南景幼儿园(余红英)	指向幼儿语言发展的"垃圾分类"主题区域的创建及实践研究	小课题三等奖	市教育局
姜家镇初级中学	课间操	"喜迎亚运"2020学年杭州市中小学阳光体育大课间展评杭州市三等奖	市教育局
谢灵	《主题·概念·情境:试论统编历史教材教学三要素——基于〈三国两晋南北朝的政权更迭与民族融合〉的教学思考》	2021年杭州市中小学和幼儿园教学研究论文评比一等奖	市教育局
余苏成	《深度学习:高考二轮数学微专题复习的实践与研究——以2019年浙江高考数列应用题的解答为例》	2021年杭州市中小学和幼儿园教学研究论文评比二等奖	市教育局
王菁	《探索web2.0理念下思政课议题式教学路径》	2021年杭州市中小学和幼儿园教学研究论文评比三等奖	市教育局
王丽洁、唐俊东	《学习任务群视域下〈乡土中国〉思辨性阅读教学策略的实践与研究》	2021年杭州市中小学和幼儿园教学研究论文评比三等奖	市教育局
王宇宁	《基于跨媒介阅读与交流任务群的教学探索》	2021年杭州市中小学和幼儿园教学研究论文评比三等奖	市教育局
汾口镇小学(程宁娟)	《基于雷达图的小学英语高段作文个性化评价研究》	2021年杭州市优秀科研成果小课题三等奖	市教育局
汾口镇小学(余勇)	《看见阅读:小学一年级"和大人一起读"活动的有效设计实践》	2021年杭州市优秀科研成果小课题三等奖	市教育局
汾口镇小学(马盈盈)	《单元整组背景下"立意＋项目"策略》	杭州市教学专题论文三等奖	市教育局
姜家镇中心小学	《淘课·教课·研课:新入职教师卷入式研修的路径研究》	杭州市教育科研成果综合二等奖	市教育局
姜家镇中心小学(李楚君)	《画数学:基于"思维可视化"的小学数学错题教学研究》	杭州市教育科研成果个人一等奖	市教育局

续表38

获奖单位(姓名)	获奖作品	奖项名称	授奖单位
姜家镇中心小学(余露)	《农村小学假期劳动学习实践活动的探索与研究》	杭州市教育科研成果个人二等奖	市教育局
千岛湖初级中学(郑攀)	《辽、西夏与北宋的并立》	杭州市公办初中提质强校行动首批试点学校教师说课比赛二等奖	市教育局
千岛湖中等职业学校(丁宏媚)	《比读　整读　联读:中职语文群文阅读教学的实践探索》	2021年杭州市中等职业教育与成人教育专项(教育教学)论文二等奖	市教育局
千岛湖中等职业学校(方华凤)	《定向　凿路　搭梯　登顶　赏景——中职个性化群文阅读教学的实践研究》	2011年杭州市中等职业教育与成人教育专项(教育教学)论文二等奖	市教育局
千岛湖中等职业学校(余丽霞)	《从"应试"到"应世":农村中职语文生活写作教学探究》	2021年杭州市中等职业教育与成人教育专项(教育教学)一等奖	市教育局
千岛湖中等职业学校(管利文)	《一卡在手　学习无忧——"导学卡"在中职电子电工课堂教学中实践研究》	2021年杭州市中等职业教育与成人教育专项(教育教学)论文二等奖	市教育局
千岛湖中等职业学校(蒋军海、钱国才、叶淑莹、方味花、钱民政)	《三维三型·三师三展:指向未来学习的旅游英语课程构建与实施》	杭州市教育科研优秀成果(职成教专项)一等奖	市教育局
王阜乡中心学校(徐素珍)	《学习圈:农村小学数学深度学习的样式探索》	2021年杭州市中小学和幼儿园教学研究评比二等奖	市教育局
王阜乡中心学校(徐素珍)	《指向深度思维的"四Q"学习策略》	2021年杭州市小学数学教学论文评比二等奖	市教育局
郑红娟	《"E"作业:互联网+背景下优化小学英语课后作业的实践研究》	2021年杭州市中小学和幼儿园教学研究(基教)评比一等奖	市教育局
蒋有兵	《大单元视阈下"以文促习"教学实践研究》	2021年杭州市中小学和幼儿园教学研究(基教)评比结果二等奖	市教育局
县交投集团	枫常线改建工程	2020年度全市公路水运工程市级示范"平安工地"	市交通运输局
县交投集团	枫常线改建工程	2020年度杭州市交通建设工程"交通西湖杯"	市交通运输局
淳安县睦剧团	睦剧原创大戏《茶山村的故事》	杭州市文化广电旅游行业最佳党史宣传才艺奖	市文化广电旅游局
县残疾人联合会	发挥"党建+产业"优势,助推"残疾人之家"再提升	2020年度比学赶超创新项目获得优秀项目奖	市残联
县残疾人联合会	《可可托海的牧羊人》	杭州市第九届残疾人艺术会演三等奖	市残联、市文化广电旅游局、市教育局、市民政局、杭州文化广播电视集团
县残疾人联合会	《淳安竹马》	杭州市第九届残疾人艺术会演优秀奖	市残联、市文化广电旅游局、市教育局、市民政局、杭州文化广播电视集团
县人大常委会	一体化全覆盖建设"农家式"代表联络点的探索与实践	第二届"杭州人大工作与时俱进案例"	市人大常委会办公厅
县人大常委会	监督推动成立全省首家生态环保检察官办公室,为提升公益保护质效提供淳安模式	第二届"杭州人大工作与时俱进案例"(提名)	市人大常委会办公厅

续表38

获奖单位(姓名)	获奖作品	奖项名称	授奖单位
县司法局机关党支部	“青年法治宣讲团”项目	最优项目	市司法局党委
淳安县鸠坑万岁岭茶叶专业合作社	万岁岭牌千岛湖毛尖	杭州名茶金奖	市茶叶产业协会、市茶叶学会
淳安县鸠坑万岁岭茶叶专业合作社	万岁岭牌千岛湖毛尖	第14届中国义乌国际森林产品博览会金奖	第14届中国义乌国际森林产品博览会组委会
县第一人民医院(神经外科/五官科)	《凌晨一点》	2021年杭州市青年护士风采展示短视频征集大赛“优秀视频”	市卫健委团工委、市护理学会、市护理质控中心
县委网信办	《红色遍山野　往事“漫”党史》	第二届杭州市网络正能量精品	市委网信办
县委网信办	《下姜村的绿水青山梦》	第二届杭州市网络正能量精品	市委网信办
商淳莉	《旅行社产品设计——乡村研学游正当时》	教师职业能力大赛旅游产品设计(二等奖)	市中等职业学校职业技能大赛组委会
余　骁	现场操作	Python程序设计(二等奖)市中等职业学校职业技能大赛组委会	

附 录

淳安县人民代表大会常务委员会工作报告

——在淳安县第十六届人民代表大会第五次会议上

淳安县人大常委会主任 董文吉

2021 年 2 月 24 日

各位代表：

我受县十六届人大常委会的委托，向大会报告工作，请予审议，并请县政协委员和列席人员提出意见。

二〇二〇年主要工作

一年来，县人大常委会在县委的坚强领导下，在省市人大的监督指导下，高举习近平新时代中国特色社会主义思想伟大旗帜，深入学习贯彻党的十九届四中、五中全会精神、习近平总书记关于坚持和完善人民代表大会制度的重要思想，政治建设从严从实，服务大局合拍合力，开展监督依法依规，代表工作出色出彩，自身建设有力有效，坚持守初心，站稳人民立场，强化履职担当，新时代人大工作再上新台阶。全年共召开人大常委会会议 8 次，听取和审议“一府两院”工作报告 10 个，作出决议决定 9 项，开展视察、调研、执法检查 39 次，任免国家机关工作人员 53 人次，顺利完成县十六届人大四次会议确定的各项目标任务。

一、旗帜鲜明讲政治，在维护党的领导、保持正确方向上态度坚决

常委会牢牢把握坚持党的领导、人民当家作主、依法治国有机统一的根本性制度安排，不断加强政治建设，确保人大工作立场不变、方向不偏。

坚定政治方向，增强人大使命意识。始终把政治建设摆在首位，坚持用习近平新时代中国特色社会主义思想武装头脑、指导实践、推动工作，增强“四个意识”、坚定“四个自信”、做到“两个维护”。深入学习贯彻党的十九届四中、五中全会精神、习近平总书记系列重要讲话精神以及关于坚持和完善人民代表大会制度的重要指示精神，使我县人大工作始终沿着习近平总书记指引的方向奋力前行。

坚持党的领导,增强人大担当意识。始终把人大工作置于县委领导之下,与县委思想同心、政治同向、行动同步。坚决维护县委权威,不折不扣执行县委决定,重大事项主动向县委请示、重点工作主动向县委汇报,全年共向县委请示报告22次。坚持党管干部和人大任免相结合,依法选举和任免国家机关工作人员。落细落实县委人大工作会议精神,逐项逐条对照进行深入研究、抓好落实,增强做好新时代人大工作的使命与担当。

坚决当好参谋,增强人大服务意识。按照县委统一部署和要求,积极参与新冠疫情防控、防汛救灾、"十大专项行动"、临湖地带综合整治、重点工作督查、"大下姜"联合体乡村振兴等工作,到位不越位、担责不推责。对临湖整治47个保留项目进行审议,并发出建议书,为省级相关部门同意保留项目使用空间预留指标和征收报批提供依据,为淳安发展争取宝贵空间。三个专门委员会尽职尽责,主动发挥自身特点和优势,为全县经济社会发展献计献策。

二、聚焦聚力促发展,在强化监督调研、维护民生福祉上积极作为

常委会紧扣特别生态功能区建设大局,紧盯事关改革发展的重大问题和人民群众的关注热点,精准监督、靶向发力,全力推进县委重大决策部署落到实处。

持之以恒聚焦生态保护。全面启动淳歙跨省交流合作,组织两地70多名人大代表和部门、乡镇负责人联合视察、座谈交流,达成"流域共保不争论、交流互促不作秀、发展联手不推责"的"三不"共识,建立"五个三"合作机制,签订《新安江—千岛湖生态保护绿色发展合作备忘录》。此项工作得到省、市、县领导多次批示肯定,荣获"浙江人大工作与时俱进奖"特别奖,为推动"长三角"一体化发展提供了"淳安经验"。持续监督千岛湖保护等决议贯彻执行,专题调研"像保护西湖一样保护千岛湖",听取和审议《淳安县(千岛湖)环境质量管理规范》贯彻落实情况,要求把《规范》落实与特别生态功能区建设、与省委巡视组反馈意见整改相结合,着力破解"多规融合"等难题。专题调研固体废物处置体系暨生活垃圾分类设施建设,持续助力国家卫生乡镇创建,不断提升全县生态环境综合保护水平。

持续不断聚力经济发展。全过程关注"十四五"规划编制情况,通过座谈、走访等多种形式开展分组调研,征求部门、乡镇、企业和基层人大代表等各层面意见建议350余条次,听取和审议"十三五"规划纲要执行情况和"十四五"规划纲要编制情况报告,为审查批准规划纲要草案奠定基础。密切关注全县经济运行情况,专题听取国有资产管理情况报告,加强政府重大投资项目审查监督,听取和审议半年度国民经济计划执行情况报告,积极助推经济社会平稳发展。高度关注《浙江省民营企业发展促进条例》贯彻落实情况,专题调研金融服务地方经济发展、企业历史遗留问题及村级留用地综合开发利用情况,视察林下经济产业发展情况,提出一系列意见建议,助力经济发展。以预算绩效为重点,深入开展预决算审查监督,依法强化政府性债务监督,专题听取审计问题整改情况报告,促进政府从"用对钱向用好钱"转变。

持正守信监督民生改善。始终关注民生项目实施,不断改进监督形式,将全体县代表编入7个中心组,就近就地开展监督,共督查项目215个,发现问题137个,提出意见建议108条,坚持开展满意度测评,助力助推十件民生实事项目落地见效。持续关注教育、医疗、社会保障等三个最普惠、最基本、最实在的民生福祉,助力县一医院和中医院等级创建、义务教育优质均衡县创建及退役军人服务保障体系建设,维护群众根本利益。专题调研农村生态宜居富裕情况和“米袋子”“菜篮子”“钱袋子”保障工作，聚焦农村集中供水，专题询问农村饮用水达标提标工作，专题视察老旧小区改造、“四好农村路”建设、先富带后富、大下姜产业发展、城市大脑建设、亚运会体育场馆建设等工作，听取共青团志愿工作情况报告，跟踪督查农村集体经济消薄工作审议意见以及“最多跑一次”专题询问意见落实情况，不断满足人民群众对美好生活的需求。

持重笃行助力新冠疫情防控。统筹推进新冠疫情防控和经济社会发展，全力助推“两手硬、两战赢”。听取和审议疫情防控工作情况报告，建立“疫情防控两联系”制度，主任会议成员走访疫情防控一线人大代表 42 人、企业人大代表 74 人，收集问题 152 个，跟踪推动解决 65 个。发动全县各级人大代表积极投身全民抗“疫”，及时发出倡议书，从慷慨捐款捐物、主动参与执勤，到医护代表坚守一线，再到村社代表构筑基层防线，全县各级人大代表用实际行动践行着代表使命。

三、紧盯法规严把关，在促进依法行政、维护司法公正上履职尽责

常委会认真贯彻落实党中央关于坚持和完善人民代表大会制度新要求，与“一府一委两院”同步同轨推进法治淳安建设，为县域治理体系和治理能力现代化提供法治保障。

守卫法规助推立法。主动请缨配合市人大做好淳安特别生态功能区立法工作，履行立法起草工作领导小组成员单位工作职能，组织召开特别生态功能区保护和发展等座谈会，积极向上反映淳安实际和百姓呼声，先后与市立法责任单位进行了 12 次对接和互动，提出意见 200 余条次，有力助推特别生态功能区管理体制进一步完善、省市财政支持力度进一步增强。积极争取省市人大帮助呼吁建立“千岛湖—新安江流域一体化联动保护和保障机制”，助推生态补偿机制落实，争取省市优质公共服务、民生保障资源向我县倾斜。配合省市人大做好修订《浙江省乡村振兴促进条例》《浙江省土地管理条例》《浙江省水资源管理条例》意见征求等工作，努力让法规立得住、真管用、惠民生。

守住底线推进依法。认真履行“七五”普法工作职责，积极组织开展《民法典》宣传和宪法日宣传活动，坚持常委会会前学法，组织“一府一委两院”、政府工作部门负责人学习野生动物保护决定、基本医疗卫生与健康促进法、企业破产法等法律法规，提高领导干部运用法治思维开展工作、解决问题、推动发展的能力。积极推进社会管理，常委会班子成员积极参与督导联系乡镇村(社)组织换届选举工作，稳步推进基层民主政治建设。关注行政负责人出庭应诉工作，听取和审议矛盾纠纷化解“最多跑一地”工作情况报告，筑牢基层治理“第一道防线”。积极探索创新执法检查方式方法，采取走访调研、社会调查、第三方评估等多种形式，开展《非物质文化遗产法》《无障碍环境建设条例》执法检查，切实督促法律法规有效实施。

守护公平促进尊法。听取和审议企业破产审判工作报告，督促法院和相关政府部门充分发挥职能作用，依法清理“僵尸企业”，助力“腾笼换鸟”，以更加有力的法治保障助力营商环境优化。听取检察院半年工作报告，阅好期中答卷，对检察公益诉讼审议意见进行“回头看”，支持检察机关进一步深化公益诉讼工作，更好运用法律武器维护国家利益和社会公共利益。组织人大代表走进法院旁听庭审，进一步增强人大代表对法院审判活动的认知度和参与度，以案释法，以案普法。健全完善规范性文件备案审查工作机制，依法对县政府报送的 16 件规范性文件进行流转审查。及时分析研判信访工作动态，受理来信来访 27 件次，积极回应群众合理诉求，维护人民群众合法权益。

四、围绕中心齐发力,在促进代表履职、改进基层工作上积极探索

常委会注重发挥代表主体作用和乡镇人大前沿阵地作用,积极为代表履职创造条件、做好服务,着力加强和改进基层人大工作。

初露峥嵘求“优”,促进代表履职。全县创新推广“农家式”代表联络点建设工作,按照“就近、方便、管用”的原则,将代表联络点建在农村代表家中,统一发放标识牌、服务卡和记录本,形成联络站、联络室、联络点“三位一体”的立体化代表联络格局。全县1110个“农家式”代表联络点共发放代表联系卡29万张,通过板凳式、圆桌式、火炉式等特色联络形式,收集各类意见建议4164条,解决问题1568个,有效打通代表联系选民“最后一米”。坚持开展县领导进联络站接待群众和督办建议活动,县级领导干部到所在选区代表联络站与代表和群众面对面沟通,共接待基层代表和选民163人,督办代表建议149件,现场解决问题21件。

初写黄庭求“深”,发挥代表作用。注重代表素质培养,统筹开展代表培训,探索代表列席村级会议和代表向原选区选民述职工作,提升代表履职能力和水平。邀请代表参加政情报告会及审议、视察、调研、执法检查、建议督办、民生实事项目监督等活动,拓宽代表知政督政渠道。发挥代表模范带头作用,积极参与“十大专项行动”、重点项目建设、公共事务管理、基层社会治理等中心工作,协调和处理矛盾纠纷,展现代表干事创业风采。

初衷不改求“实”,办好代表建议。把好代表建议质量关,组织代表开展走访调研,充分听取群众意见,加强代表建议的指导、审核把关,提高代表建议质量。坚持重点建议县政府领导领办和人大常委会领导督办制度,各承办单位坚持办理工作“一把手”负责制,专题审议建议办理情况报告,落实网上公开、中期督办、不满意件重办、代表小组集体评议、办理情况督查考核等措施,建议办理质量与效果实现新提升。县十六届人大四次会议上代表提出的156件建议均在法定期限内办结,解决率达62.8%,10件重点建议有效落实,得到群众普遍好评。

五、增强素质提效能,在加强自身建设、提高履职水平上与时俱进

常委会主动顺应新时代发展形势,聚焦“政治机关、代表机关、工作机关、权力机关”定位,不断加强自身建设,着力提高依法履职的能力和水平。

心中有梦,努力提高工作水平。完善人大常委会党组理论中心组学习、支部主题党日活动等制度,建立机关学习交流研讨制度,打造“人大讲坛”,扎实抓好人大干部培训,充实人大干部业务知识储备,提升综合履职能力。优化组织机构,依法设立社会建设工作委员会,完成监察和法制司法工作委员会更名。加强和改进调查研究,围绕淳安高质量发展问题和民生热点开展调研,为县委决策和政府落实有关工作提供参考。

心中有责,规范遵守工作制度。建立健全党组工作规则,严格执行请示报告制度,认真落实县委决策部署和指示精神。坚持常委会组成人员联系代表制度,定期走访、看望人大代表。建立月度工作完成情况通报制度,强化工作落实的刚性。严格落实审议意见整改落实情况销号及公开办法,提高人大监督工作实效。创新人大新闻宣传工作制度,出台人大机关信息宣传考核办法,及时反映人大工作亮点,讲好人大故事。全年共在国家省市刊物刊发各类工作信息113篇。

心中有戒,不断改进工作作风。忠实履行党建、意识形态、党风廉政建设主体责任,坚持邀请派驻纪检监察组参加人大各类会议和活动,支持纪检监察组履行职责。持续抓好党风廉政建设,坚决落实中央八项规定精神,驰而不息转作风,营造良好政治生态,以作风建设的新成效保证常委会各项工作有序规范高效推进。常态化开展“三服务”工作，将以人民为中心落到实处，实打实、硬碰硬地帮助解决企业、群众和基层反映强烈的普遍性、倾向性问题。

各位代表，一年来常委会所取得的成绩，是县委高度重视、全力保障的结果，是“一府一委两院”及其职能部门协作配合、各级人大代表积极参与、各乡镇党委政府和社会各界大力支持的结果。在此，我代表县人大常委会表示衷心的感谢！

一年来，常委会始终坚持正确政治方向，站稳政治立场，立足人大工作的性质和特点，按照“党委所需、政府所急、百姓所盼、人大所能”原则，坚持务实创新，在重大事项决定、监督工作、人事任免、代表工作、自身建设等方面勇于探索实践。

一年来，我们坚持依靠人民群众和人大代表，创新推出跨省交流和推动“农家式”代表联络点建设，使人大工作贴近中心、贴近民生、贴近实际。依法处理好与“一府一委两院”的关系，寓支持于监督之中，形成推动工作的整体合力，有效促进了经济社会平稳健康发展。

一年来，全县乡镇人大和全体代表认真履职、敢于发声、主动作为，积极反映群众呼声，助力人大工作迈上新台阶，在此，我向大家表示崇高的敬意！

面对新形势新任务新要求，我们清醒地认识到，我们的工作与党委的要求、人大肩负的职责、人民群众的期望相比，还存在一些短板和需要改进的地方：监督工作实效有待增强；跟踪问效机制还不够健全；代表工作高质量发展还有差距；常委会及机关自身建设有待深化；对基层人大工作的联系与指导还需加强等，需要我们在新的一年里认真研究，不断加以解决。

二〇二一年主要任务

各位代表，2021 年是中国共产党成立 100 周年，是“十四五”规划的开局之年，是县乡两级人大代表换届之年，更是特别生态功能区建设的关键之年。今年县人大常委会工作的总体要求是：高举习近平新时代中国特色社会主义思想伟大旗帜，深入学习贯彻习近平总书记关于坚持和完善人民代表大会制度的重要思想、习近平法治思想，深入贯彻落实党的十九届五中全会精神，认真落实县委十四届十次全会精神，坚持党的领导、人民当家作主、依法治国有机统一，履行宪法和法律赋予的职责，努力推动新时代人大工作高质量高水平发展，为全力开创特别生态功能区新局面、全面开启社会主义现代化新征程作出人大贡献。

一、政治建设再加强，坚决落实县委决策部署。坚持党对人大工作的全面领导，深入学习贯彻党的十九届五中全会精神、习近平总书记关于坚持和完善人民代表大会制度的重要思想，通过人民代表大会制度保证党中央和省、市、县委决策部署得到全面贯彻。进一步提高政治站位，增强“四个意识”、坚定“四个自信”、做到“两个维护”。始终坚持在县委领导下开展人大工作，坚持重大事项、重要活动、重点工作，事前主动向县委请示，事后及时向县委报告，坚决做到县委决策什么、人大就参谋什么，县委部署什么、人大就监督什么，始终与县委同频共振、同向发力。

二、工作监督再聚焦，全力助推生态特区建设。着眼经济发展取得新成效，聚焦“十四五”规划高质量实施，持续深化预算联网监督，听取财政预决算、审计、政府重大投资项目、国民经济计划执行、国有资产管理、专项资金绩效评价、审计问题整改等情况报告，继续关注企业历史遗留问题，专题调研资源整合情况、文旅融合发展、城市大脑应用情况,专题视察国家全域旅游示范县创建及旅游产业复苏情况。着眼农业农村开创新局面,听取和审议高质量发展农业产业情况报告,专题调研森林康养产业发展、农村建设用地复垦利用情况,视察生态开发、农业科技成果转化、气象为农服务等工作。着眼生态文明建设实现新进步,深入开展“淳安、休宁、屯溪、徽州、歙县五地人大跨省护水齐发力、万名代表绿色发展共发声”系列活动,助力“新安江一千岛湖”生态走廊、淳安特别生态功能区建设。持续跟踪千岛湖保护决议、《淳安县(千岛湖)环境质量管理规范》等决议决定贯彻落实情况,听取和审议城乡污水设施运维情况,专题视察千岛湖主要支流水质监测体系建设。着眼民生福祉达到新水平,紧盯群众关注的民生热点和难点问题,强化民生实事项目监督,推动票决项目落地见效,持续巩固常态化新冠疫情防控成果,听取和审议全县保障性住房建设情况和医疗保障基金监管情况,专题调研农村文化礼堂管理使用情况,视察中小学德法教育、数字档案、应急管理体系和应急管理能力建设等工作,关注亚运会筹备工作情况。

三、法律监督再规范,依法推动法治淳安建设。聚焦治理效能得到新提升,听取和审议法治政府建设情况的报告,依法作出“八五普法”决议。听取和审议检察院认罪认罚从宽制度实施情况,根据省市统一部署适时听取监委工作报告,开展《基本医疗卫生和健康促进法》《保障农民工工资支付条例》《浙江省粮食安全保障条例》《浙江省宗教事务条例》执法检查,调研全县人口结构变化和城区车库、柴间出租管理情况,持续监督行政负责人出庭应诉工作,听取法院半年工作情况报告,促进依法行政和公正司法,推动法律法规全面有效实施。继续加强规范性文件的备案审查,举办常委会法制讲座,深入实施人大任命干部任前法律考试、宪法宣誓、任后监管等制度。认真处理群众来信来访,积极配合省市人大做好特别生态功能区立法和其他法律法规意见征集工作,推动千岛湖镇基层立法联系点作用得到更好发挥,为全面开启现代化征程提供更有力的法治保障。

四、代表工作再务实,不断焕发人大工作活力。把好代表“入口关”,及早谋划和启动县乡两级代表换届选举工作,做好连任代表组织推荐,新任代表摸底举荐,代表候选人资格审查等工作,确保选好人民代言人。把好代表“能力关”,试行开展人大各工委联系指导机制和代表中心组履职竞赛机制,全面推广代表向原选区选民述职工作,健全代表履职积分测评制度。把好代表“活动关”,邀请代表列席常委会会议、参加视察调研、执法检查和市县组织的重大活动,组织代表参与民生实事项目全过程监督,推行代表列席同级党委政府相关会议制度。把好代表“履职关”,拓宽代表履职平台,充分利用“农家式”代表联络点开展接待和联系选民等活动,深化县级领导干部进代表联络站活动。

五、自身建设再提升,着力提升人大履职水平。完善人大组织制度、工作制度、议事规则,持续开展人大干部履职培训,切实把人大机关建设成为对党忠诚的政治机关、全面履职的工作机关、密切联系群众的代表机关以及人民满意的权力机关。持续改进工作作风,全面加强常委会机关效能建设,坚持议而必决、决而必行、行而必问、问而必实,提升履职能力。深入贯彻落实全面从严治党要求,持之以恒正风肃纪,营造忠诚干净担当、廉洁勤政有为的工作氛围。加快建设和完善“智慧人大”管理平台,强化数字赋能,提升县人大机关工作效率和常委会履职工作质量。强化工作指导交流,加强与上级人大、兄弟县市人大的联系和沟通,加强对乡镇人大工作的监督、指导,保持良性互动。统筹谋划启动

《人大志》编撰工作，加强和改进人大信息宣传工作，传递人大好声音，讲好人大好故事，不断增强新时代人大工作整体实效。

各位代表，新目标引领新航向，新征程续写新篇章。让我们更加紧密地团结在以习近平同志为核心的党中央周围，在中共淳安县委的坚强领导下，充分发挥人民代表大会制度优势，团结凝聚全县人民的智慧和力量，坚持更高政治站位、更足制度自信、更强责任担当、更实工作作风，为全力开创特别生态功能区新局面、全面开启社会主义现代化新征程作出新的更大贡献！

政协第九届淳安县委员会常务委员会工作报告

——在政协第九届淳安县委员会第五次会议上

政协第九届淳安县委员会主席　刘小松

2021年2月22日

各位委员：

我代表政协第九届淳安县委员会常务委员会，向大会报告工作，请予审议，并请会议列席人员提出意见。

二〇二〇年工作回顾

2020年是极不平凡、极不简单、极不容易的一年。一年来，全县上下在中共淳安县委的坚强领导下，团结一心战疫情、抗汛情，克难攻坚抓"六保"、促"六稳"，深入推进特别生态功能区建设，全县经济社会各项事业取得了弥足珍贵的成绩。一年来，县政协常委会坚持以习近平新时代中国特色社会主义思想为指导，紧扣全县中心工作，认真履行三大职能，切实担负起把党中央和省市县委决策部署及对政协工作的要求"落实下去"、把各党派团体和各族各界人士的智慧力量"凝聚起来"的政治责任，为打造"重要窗口"生态特区魅力风景线贡献了智慧和力量。

一、始终坚持政治引领，确保正确履职方向

常委会紧紧抓牢政治建设，切实增强"四个意识"、坚定"四个自信"、做到"两个维护"，确保政协事业行稳致远。

持续加强理论武装。深入学习贯彻中共十九届五中全会精神和习近平总书记考察浙江、杭州重要讲话精神，认真贯彻落实中央和省市县委政协工作会议精神，切实做到学思用贯通、知信行统一。制定政协党组理论中心组学习制度，建立常委会、专委会和工作组学习机制，统筹抓好党内和党外学习、委员和机关学习，组织委员赴宁波大学、厦门大学培训，进一步筑牢思想政治根基。一年来，共组织党组和主席会议成员学习18次，常委会专题学习4次，举办委员培训班3期，参加学习培训达600余人次。

坚持党的全面领导。坚决服从县委领导，严格执行政协党组织向县委请示报告制度，做到重大事项及时向县委请示，重要工作及时向县委汇报，重要情况及时向县委反映。紧扣全县中心任务，认真谋划年度工作要点和协商计划，全力完成县委布置的各项工作。充分发挥政协党组织在政协工作中的领导核心作用，巩固"不忘初心、牢记使命"主题教育成果，严格落实"一岗双责"，确保党的领导贯穿于政协工作的全过程。

广泛凝聚思想共识。坚持把加强思想政治引领、广泛凝聚共识作为中心环节，深入开展"三个年"活动，及时把广大委员、各界代表

人士的思想和行动统一到中央和省市县委的决策部署上来，把智慧和力量汇聚到"共建特别生态区、共享康美千岛湖"的奋斗目标上来。充分发挥政协联系广泛的独特优势，深入做好政策宣传、解疑释惑、理顺情绪、化解矛盾等工作，进一步引导社会各界共同致力特别生态功能区建设。一年来，常委会认真组织召开政情通报会，积极举办新年茶话会、中秋茶话会和委员联欢会，组织卫生、教育、企业、农村等界别委员开展约谈，努力为全县中心工作画出最大同心圆。

二、始终坚持服务大局，助力实现两战全胜

常委会坚决贯彻县委关于统筹推进新冠疫情防控和经济社会发展的决策部署，努力为"两手硬、两战赢"贡献力量。

在大战大考中彰显担当。面对突如其来的新冠肺炎疫情，及时动员政协系统迅速投入疫情防控斗争，第一时间发出《政协委员抗击新冠疫情"三懂""三要""三严格"》和《关于做好疫情防控"十二个从严措施"落实的通知》。广大委员和政协机关干部闻令而动，各尽所能、各展所长，积极参与执勤值守、捐款捐物、稳产稳岗、保障供应等工作，共开展志愿服务700余人次，累计捐款捐物110余万元，以实际行动彰显了新时代政协人的责任担当。

在双线作战中贡献智慧。紧跟县委部署，及时组织人员深入联系企业、委员企业、重点项目开展"走亲连心三服务"活动，详细了解企业生产经营困难，精心指导企业有序复工复产，并向县委、县政府报送了《当前复工复产经济运行中存在的问题及建议》。有关"建立精准研判机制、优化细化扶持政策、狠抓大旅游复苏增长、扩大投资催生消费"等建议，得到了县委、县政府的重视和采纳。针对上半年经济复苏的实际困难，及时组建7个工作组，由主席会议成员带队，深入重点企业、重点项目和有关乡镇部门开展"经济运行情况"走访调研，通过摸实情、破难题，积极助推"六保""六稳"工作。

在一线攻坚中展现风采。按照县委统一部署，常委会领导和广大政协委员积极投身"十大专项行动"、"飞地经济"突破、抗洪救灾、建制村规模调整、村社组织换届等中心工作，全力配合县委、县政府攻克重点难点问题。主动加强与上级政协对接，积极争取住浙全国政协委员考察团来淳考察和全市政协主席学习会在淳召开，认真配合省课题调研组来淳开展"推进生态保护补偿模式机制创新"调研，尽心助力市政协开展"推进淳安特别生态功能区建设"专项民主监督，省市政协的有关建议得到了省市委的高度重视。

三、始终坚持资政建言，助推打造生态特区

常委会围绕特别生态功能区建设，精心选题、精准建言，广集良策促进决策优化，广聚共识推进决策实施。

依托"请你来协商"平台献务实之计。制定"请你来协商"平台运行操作规范，建立"党政点题、政协破题"工作机制，先后成功举办"生态制造业转型提质发展""打造国际一流休闲旅游目的地""城市大脑智能交通体系建设""千岛湖镇老旧小区污水设施运维管理"等6场专题协商活动，县委书记黄海峰、县长张鸿斌等县领导亲自点题、全程参加，广大委员深度调研、献计献策，多方面的协商意见被县委、县政府采纳并予以落实。推进"请你来协商"进社区、下乡村，先后组织委员与基层单位、基层群众开展"微协商"20场次，有效助推了基层有关问题的解决。

聚焦"两山"转化通道谋精准之策。为发挥我县满目青山的资源优势，加快推进我县林业产业融合发展，常委会采取走访座谈、外出考察等多种方式开展调研，形成了《关于推进现代林业产业高质量发展的建议》。调研报告中所提出的"提升发展林业种植业、大力发展森林康养产业、择优发展涉林精深加工业、继续深化林业改革创新”等建议,得到了县委、县政府领导的充分肯定。围绕优质农产品精深加工、农村闲置房利用、文旅产业融合等课题,相关委组深入调研、献计献策,多方位助推我县“绿水青山”向“金山银山”转化。

着眼党政重大关切建睿智之言。政协九届四次会议期间,委员们围绕全县经济社会发展重大事项和社会关注的热点难点问题开展协商讨论,汇总形成12个方面50条意见建议并报送县委、县政府。按照县委部署,专题就“社区建设”开展调研,并向县委、县政府提交了《关于我县社区建设情况的调研报告》。组织人员到安吉余村考察,向县委报送了《关于赴安吉余村考察情况的汇报》,得到了县委黄海峰书记的批示肯定。一年来,委员们还就“十四五”规划编制、政府投资项目和民生实事项目安排等进行深入协商,围绕千黄高速建设、农村卫生室能级提升、亚运场馆及配套设施建设、网约房管理等进行深入视察,形成各类建言报告14份,努力为党委政府提供决策参考。

四、始终坚持监督为民,力助党政决策落地

常委会注重选择民生热点问题开展民主监督,创新形式、丰富载体,推动党政决策部署的有效落地。

关注民生诉求,加强提案监督。坚持将提质增效贯穿提案办理监督的全过程,不断完善提案预审机制和领办、交办、督办机制,进一步提高提案办理实效。县政协九届四次会议立案的214件提案全部得到办复,已经解决的提案占72.4%,部分解决的提案占19.2%。在县委、县政府领导和有关部门的高度重视下,“统筹推进老旧小区综合改造及加强后期维保”“推进主城区公交车站信息化建设”等一大批事关民生改善的提案得到了有效落实。

聚力民生实事,加强专项监督。按照省市政协统一部署,深入开展“助推淳安特别生态功能区建设”“省市县高水平全面建成小康社会补短板”“社会治理领域‘最多跑一地’”“农村饮用水达标提标行动”“助推无障碍环境建设暨交通出行安全”等专项集体民主监督,通过查短板、提建议,助推中心工作落地见效。持续推进“助推城乡生活垃圾分类处理”专项监督,先后组建12个监督小组深入城区12个社区、47个居民小区及部分乡镇开展明察暗访活动26次,收集各类问题147个,提出意见建议150多条。

紧盯民生关切,加强选派监督。着眼提高派驻监督的针对性和实效性,继续向12家事关全县经济社会发展和民生事业保障的重要部门派出民主监督组,在加强日常监督的基础上,先后形成“推进城市‘最多挖一次’改革”“加强小区业委会建设”等9份民主监督建议书。同时,常委会还先后选派20批次100余名委员参与基层党建述职评议等活动,充分发挥政协民主监督的独特作用。

五、始终坚持团结民主,汇聚改革发展合力

常委会充分发挥人民政协大团结、大联合的组织优势,不断凝聚社会共识,积极汇聚各方合力。

广泛团结联谊,增进交流合作。加强与民主党派、工商联、港澳台侨、宗教界、新社会阶层等人士的交往交流,充分发挥政协之友联谊会、政协企业家联谊会、政协书画院等平台作用,通过影响有影响力的人,把更多的人凝聚在党的周围。加强与上级和兄弟县市政协的联谊交流,主动宣传推介淳安。加强与外地淳安商会的联系,新冠疫情期间专门组织人员进行上门走访,及时了解外地淳商企业复工复产情况,齐心抗疫,共克时艰。

深化为民服务,畅通民意渠道。健全社情民意信息收集、上报、反馈机制,一年来,共收集政协委员社情民意信息420条，经整理编辑向县委、县政府编报《社情民意反映》专刊15期、增刊4期，有关“加强对乡村道路车辆超载超限治理”等建议，得到了省政协录用并报全国政协；有关“规范‘直播带货’助推产品销售”等建议，引起了县委、县政府主要领导的高度重视。深化“委员活动月”机制，积极引导委员知民情、解民忧、暖民心，共开展便民服务活动70余场次，收集政府民生实事项目、“请你来协商”议题和提案线索200余个。

弘扬政协文化，汇集人文智力。强化文史资料存史资政、团结育人功能，深入挖掘和弘扬本土历史文化，合力推动新安文化研究，有序推进《淳安村落》《淳安印迹》《当代淳商》《政协志》等文史资料编撰。支持政协书画院开展文化采风、书法培训、创作交流，先后与省政协诗书画之友社等联合举办书画联展活动，深入开展“送书画艺术进基层”活动，进一步营造发展氛围、汇聚人文力量。

六、始终坚持固本强基，提升政协履职能力

常委会持之以恒践行严实要求，全面加强自身建设，努力打造“有为、活力、和谐”政协。

政协党的建设进一步加强。认真落实“党的组织对党员委员的全覆盖、党的工作对政协委员的全覆盖”要求，制定完善《政协党组工作规则》《专委会党支部工作规则》《党的工作对政协委员全覆盖的联系制度》等12项制度，进一步推动政协党建工作制度化、规范化。积极支持县纪委监委派驻纪检监察组履行职责，大力营造风清气正的政治生态环境。先后完成机关党总支、机关支部、离退休支部换届，重新调整6个专委会支部成员和部分党小组组长，进一步强化政协党组织的结构体系。常委会推进“两个全覆盖”工作得到市政协的高度肯定，并在全市政协党建工作会议上进行经验交流。

政协工作触角进一步延伸。按照“有组织、有场所、有制度、有活动”的标准，在全县乡镇分别组建“乡镇政协工作联络组”，切实为基层政协委员收集社情民意、开展协商沟通、服务基层群众提供平台。充分发挥政协界别特色和委员专业优势，先后建成各具特色的“委员工作室（站）”11个。一年来，各乡镇政协工作联络组和委员工作室（站）共开展各种形式的履职活动100余场次，有力推动了基层协商民主建设，切实提升了政协工作在基层的影响力。

政协履职活力进一步激发。认真贯彻中央和省市县委提出的“重点解决政协基础工作薄弱、人员力量薄弱”的要求，不断强化政协履职的支撑和保障。修订完善《委员履职考核管理办法》《先进工作组考核计分标准》等制度，出台委员活动经费使用管理意见，全面优化委员履职服务与管理。深入落实政协机关谈心谈话、请假报告、办文办会、财务管理等制度，加强老干部工作，推进“书香政协”建设。加强政协微信公众号、委员风采等宣传阵地建设，全面展现委员履职成果。一年来，各类主流媒体先后刊发我县委员风采13人次，抗疫事迹37人次，何喜平委员荣获淳安县第二届道德模范，方福水、詹淑芳等34名委员荣获优秀委员称号，进一步树立了新时代政协委员的新样子。

各位委员！一年来，我们深刻领悟到，加强党的领导是做好政协工作的根本保证。必须牢牢坚持以习近平新时代中国特色社会主义思想为指导，全面推进政协系统党的建设，切实做到“党委有号召、政协有行动，党委有部署、政协有落实”。一年来，我们深刻体会到，县委重视、政府支持是做好政协工作的重要前提。县委书记专题会议每月听取政协党组工作汇报，县委常委会专题研究政协工作，并分解落实加强人民政协工作的责任清单；县委书记黄海峰带头参加“请你来协商”活动，亲自联系政协工作，6次出席政协重要会议和活动,9 次对政协履职成果作出重要批示;县长张鸿斌带头领办重点提案,亲自向政协委员通报政情,专题就《"十四五"规划纲要》《政府工作报告》向政协征求意见建议;县委、县政府领导出席政协各类协商会议和活动 44 人次,领办重点提案 12 件,对有关履职成果批示 24 件次,这既是对县政协工作的肯定,也是对政协委员的鼓励和鞭策!一年来,我们深刻感受到,发挥委员主体作用是做好政协工作的坚实基础。广大委员珍惜政协情缘,珍惜委员荣誉,在履职尽责的道路上初心不改、使命不怠、奋斗不息,以实际行动为新时代淳安政协事业发展留下了铿锵足音。

各位委员!收获来自耕耘,但更靠的是有中共淳安县委的坚强领导和杭州市政协的精心指导,靠的是有县人大常委会、县政府的大力支持和各乡镇部门、社会各界的密切配合,靠的是有全体新老"政协人"的接续奋斗。在此,我代表县政协常委会,向所有关心支持淳安政协事业的各位领导、各界朋友表示衷心的感谢,向全体政协委员的辛勤付出致以崇高的敬意!

各位委员!在肯定成绩的同时,对照新时代政协工作的要求,我们必须清醒地认识到工作中还存在一些问题和不足。主要表现在:政协系统党的建设还需进一步加强,凝聚共识工作的载体还需进一步创新,专门协商机构的优势还需进一步体现,开展民主监督的形式还需进一步拓展,等等。这些都要认真对待,深入研究,努力改进。

二〇二一年工作任务

2021 年是中国共产党建党 100 周年,是开启全面建设社会主义现代化国家新征程和实施"十四五"规划的开局之年,也是本届政协的收官之年。新的一年,县政协工作的总体要求是:以习近平新时代中国特色社会主义思想为指导,在中共淳安县委的坚强领导下,坚持以"全力开创特别生态功能区新局面、全面开启社会主义现代化新征程"为主题主线,把加强思想政治引领、广泛凝聚共识作为中心环节,坚持发扬民主和增进团结相互贯通、建言资政和凝聚共识双向发力,进一步发挥专门协商机构作用,为助力打造"重要窗口"生态特区魅力风景线,实现我县"十四五"精彩开局贡献新智慧、汇聚新力量。

一、强化政治担当,同频共振开启新征程

始终牢记人民政协是政治组织,必须毫不动摇地打牢共同政治基础,承担共同政治责任。要坚持把习近平新时代中国特色社会主义思想作为加强思想政治建设的主线和灵魂,完善学习制度体系,狠抓政治理论学习,以理论清醒保证政治坚定,以思想自觉引领行动自觉。要坚决服从县委领导,切实把县委的重大决策部署贯彻到政协履职全过程,确保政协工作始终与县委中心工作同频共振。继续加强政协系统党的建设,健全完善政协党建工作链条,不断提高"两个全覆盖"工作水平,引领广大政协委员全力投身"十四五"发展,全面开启社会主义现代化建设新征程。

二、聚力主责主业,高效履职展现新作为

紧扣特别生态功能区建设,精心打造履职载体,深入开展资政建言,在助推"十四五"精彩开局中贡献政协智慧。

继续加强"请你来协商"平台建设。要聚焦党政中心大事、改革发展要事、民生改善实事、社会治理难事,通过"党政选题、政协破题",有效开展"请你来协商"专题协商活动。要结合新形势新要求,进一步创新"请你来协商"的组织方式,更好地发挥"请你来协商"平台在党政决策、施政等方面集智慧聚合力的作用。持续推进"请你来协商"进社区、下乡村,聚焦"乡村振兴""基层治理"等主题,深入开展"微协商"活动,推动协商民主向基层延伸。探索完善协商议政新格局,拓展协商新渠道，不断提高协商质效。

充分发挥政协民主监督功能。要积极运用会议协商监督、派驻小组监督、委员视察监督等方式，助推县委、县政府决策部署得到有效落实。继续加强与省市政协民主监督的协同联动，持续关注“特别生态功能区建设”等事关全局工作和人民群众利益的问题开展专项集体民主监督，进一步增强对重点工作、重大事项的监督合力。继续发挥选派民主监督员的作用，把握监督方向、突出监督重点、完善监督举措，积极助推部门工作有效开展。继续完善提案工作机制，推动提案办理监督常态化，不断提高政协提案工作水平。

持续推动建言资政提质增效。要聚焦“高标准保护、高质量发展、高品位建设、高品质民生、高效能治理、高水平创新”的目标要求，组织政协常委会、专委会工作组深入开展选题调研；围绕事关长远的重大政策实施、重大改革落地、重大项目推进等重大事项，精心组织开展主席会议视察；紧盯人民群众关心的热点、难点问题，多形式组织开展专项视察，努力做到参政参到关键处、议政议到点子上。要不断完善建言资政工作载体，创新建言资政履职方式，提高建言资政的及时性、科学性和有效性。

三、抓牢中心环节，团结奋进汇集新力量

团结民主是政协的两大主题，凝聚共识是政协履职工作的中心环节。要正确处理好一致性和多样性的关系，在多元多样中立主导，在交流交融中谋共识，团结引导社会各界不断增进对中国共产党和中国特色社会主义的政治认同、思想认同、理论认同、情感认同。要把凝聚共识融入日常履职活动中，注重加强与各民主党派、工商联、无党派人士和各人民团体的联系交往与合作共事，深入开展联谊交流、委员走访、界别约谈、委员活动月、走访联系异地商会等活动，进一步凝聚和释放共推淳安改革发展的正能量。积极支持政协之友联谊会、政协企业家联谊会、政协书画院开展工作，发挥好乡镇政协工作联络组、“委员工作室（站）”等平台作用，不断延伸政协履职触角，努力把更多的人团结凝聚在党的周围。协同推进新安文化的研究，全面完成《淳安村落》文史丛书的编辑出版，继续抓好《淳安印迹》《当代淳商》等文史资料的征集编纂工作，不断发挥文史资料以文“化”人的作用，为特别生态功能区建设画好最大同心圆。

四、坚持与时俱进，拉高标杆提升新能力

新时代人民政协要实现新作为，就必须融入新时代、担当新使命。要持续抓好政协委员和政协机关“两支队伍”建设，认真研究破解工作基础、人员力量“两个薄弱”问题，进一步打造“懂政协、会协商、善议政”和“守纪律、讲规矩、重品行”的政协团队。注重发挥委员主体作用，持续加强委员学习培训，保障委员民主权利，关心委员工作生活，畅通委员履职渠道，切实用真情温暖委员、用事业凝聚委员、用机制激励委员、用平台成就委员。加强政协专委会建设，完善专委会工作机制，有效发挥专委会基础作用。进一步加强政协机关建设，教育引导机关干部强化一线意识，坚持一线作为，争创一流业绩。要关心关爱机关年轻干部的锻炼成长。继续重视加强政协老干部工作。大力支持派驻纪检监察组履行监督执纪职责，积极配合县委开展巡察工作，努力营造风清气正、干事创业的良好氛围，不断推动政协事业高质量发展。

各位委员！征程万里风正劲，重任千钧再奋蹄。让我们更加紧密地团结在以习近平同志为核心的党中央周围，在中共淳安县委的坚强领导下，倍加珍惜时代机遇，倍加珍惜组织重托，倍加珍惜人民期盼，忠诚履职，团结奋进，为全力开创新局面、全面开启新征程作出新的更大的贡献！